Georg Bollenbeck

Bildung und Kultur

Glanz und Elend
eines deutschen Deutungsmusters

Insel Verlag

Für Helmut Kreuzer

Erste Auflage 1994
© Insel Verlag Frankfurt am Main und Leipzig
Alle Rechte vorbehalten
Druck: Wagner GmbH
Printed in Germany

Inhalt

stimmigkeit 297 – Die vorübergehende Reaktivierung des Deutungsmusters in der Nachkriegszeit 301 – Westorientierung und Wirtschaftswunder besiegeln die Auflösung des Deutungsmusters 305

Bildung und Kultur

I.
Von der Macht eines Deutungsmusters.
Annäherungen

Wer ist »Kulturträger«? Eine Wahlrechtsdebatte
als Beispiel semantischer Integration

Wieso hat die Stimme eines Bordellbesitzers mehr Gewicht als die
eines Superintendenten? Könnte Schiller, würde er noch leben, als
»Kulturträger« von der dritten in die zweite Abteilung des Drei-
klassenwahlrechts aufrücken? Welche Partei kann sich auf »Bildung«
und »Kultur« berufen? Darüber streitet man sich 1910 im preußischen Abgeordnetenhaus. Die Debatten sind heftig. Schließlich
geht es um politischen Einfluß, um den Erhalt oder die Beseitigung
des indirekten Wahlrechts (ein rechtsliberal-konservativer Kom-
promiß aus dem Jahre 1849), nach dem die Wähler entsprechend
der jeweils gezahlten Steuern in drei Gruppen eingeteilt werden –
mit dem Resultat, daß die Stimmen von tausend Reichen genauso
viel gelten wie die von zwanzigtausend Armen. Die Debatte ent-
zündet sich an einer Gesetzesvorlage, die der Reichskanzler und
preußische Ministerpräsident Bethmann Hollweg in das preußische
Abgeordnetenhaus einbringt. Gewiß, sie enthält einige Änderungen. In den entscheidenden Punkten ändert sich allerdings nichts:
die Stimmabgabe soll weiter öffentlich erfolgen, und die Klassen-
einteilung bleibt. Das ruft nicht nur den Protest der Sozialdemokratie hervor, sondern führt auch zu scharfer Kritik in der liberalen
Presse. Doch auch die Konservativen und das Zentrum, wenngleich
mit unterschiedlichen Begründungen, lehnen die Wahlrechtsvor-
lage ab. So bleibt der Regierung schließlich nichts anderes übrig, als
den Gesetzentwurf zurückzuziehen.
Immerhin, er hätte den Superintendenten dem Bordellbesitzer
gleichgestellt. So sah es jedenfalls eine Modifikation des bestehenden Wahlrechts vor. Demnach sollten neben aktiven Offizieren und
anderen auch diejenigen in die nächst höhere Wählerklasse einge-

stuft werden, die »vor wenigstens zehn Jahren vor einer akademischen deutschen Behörde in Preußen eine Prüfung bestanden haben, zu deren Ablegung ein wenigstens dreijähriges Studium auf
einer Universität oder einer anderen sonstigen deutschen höheren
akademischen Lehranstalt erforderlich ist«.[1] Wohin aber mit den
Dichtern und Künstlern, den hochgeschätzten, aber nicht staatlich
approbierten? Schiller, der literarische Nationalheld, wird von den
Kritikern des Wahlrechts angeführt, um die Absurdität der Wahl-
rechtsänderung zu veranschaulichen. Auch er wäre, so wird im
Herrenhaus zugesichert, höher eingestuft worden, habe er doch ein
medizinisches Examen gemacht. Dem widerspricht der Sozialdemokrat H. Ströbel im Abgeordnetenhaus. Schiller sei kein Arzt
gewesen, lediglich »Feldscher«, habe also keinen akademischen
Abschluß und würde deshalb nicht höher eingestuft werden. Daran
zeige sich die Absurdität der »Kulturträgerprivilegien«, welche die
»wirklichen Kulturträger« – Ströbel erwähnt nicht nur Schiller,
sondern auch Hebbel und Rosegger, Hauptmann und Liliencron –
ohne Repräsentanz ließen.
Die wenigen Hinweise mögen eine hochgradige politische Polarisierung veranschaulichen. Hier eine agrarisch-ultrareaktionäre Partei, die das Dreiklassenwahlrecht braucht, um die hohen Zölle zu
erhalten und die drohende Erbschaftssteuer zu vermeiden; dort
eine Sozialdemokratie, die, von Massenaktionen getragen, auf das
geheime, allgemeine Wahlrecht setzt, und die dennoch, flügelstark
und handlungsschwach, kein aktivierendes politisches Nahziel
mehr zu formulieren vermag. Die markante Polarisierung in der
Debatte ist hier freilich von nachgeordnetem Interesse, denn unterhalb der politischen Gegensätze – des Versuchs, die Sozialdemokraten als »Terroristen« auszugrenzen oder, im Gegenzug, den
Konservativen »kannibalische Verachtung des menschlichen Seel-
enlebens« zu attestieren – läßt sich eine sprachliche Gemeinsamkeit ausmachen, ein Deutungsmuster, dessen Geltung und Wert
alle, der preußische Konservative von Richthofen und der radikale
Sozialdemokrat Karl Liebknecht, anerkennen, über dessen Bewertung und Zurechnung man sich jedoch streitet, und das die Redner
jeweils für ihre Partei gegen die andere reklamieren. Dieses Deutungsmuster, seine Entstehung und Wirkung, interessieren uns
hier.

Schon ein erstes Durchlesen der stenographischen Berichte zeigt: fast alle berufen sich auf »Bildung« und »Kultur«. Und »Bildung«, so könnte der kleinste gemeinsame semantische Nenner dieser Debatten lauten, vollzieht sich als individuelle Aneignung geistiger Güter im Medium einer nationalen »Kultur«, zu der vorrangig Wissenschaft und Kunst gerechnet werden. – Wie gesagt, Anlaß der Debatte ist jener Paragraph aus dem Gesetzentwurf, der eine Höherstufung der staatlich lizenzierten Akademiker vorsieht. Sie bilden die Kerngruppe eines Bildungsbürgertums, dessen Reputation und Einfluß mit der forcierten Industrialisierung zu sinken beginnt. Im preußischen Dreiklassenwahlrecht war eine Art symbolisches Kapital der »Bildung« nicht vorgesehen. Daß Examen und Titel mit dem Anspruch auf besondere Berechtigungen verbunden waren und einen erhöhten Sozialstatus sowie Privilegien bedeuteten, ist jedoch Teil preußisch-deutscher Tradition. Darüber hinaus steht der Rekurs auf die beiden Begriffe in einem erweiterten nationalgeschichtlichen Begründungszusammenhang. Mit »Bildung« und »Kultur« läßt sich deutsche Geschichte interpretieren. Sie erscheint, je nach Standpunkt, als Verwirklichung deutschen Geistes im »Kulturstaat« oder als die Unterdrückung des Geistes durch den Obrigkeitsstaat. In den einzelnen Reden sind so die gemeinsamen Deutungsmuster mit unterschiedlichen Argumentationslinien verknüpft, die auf die politische Polarisierung jeweils rückverweisen und sie rhetorisch bestätigen. Gerade weil »Bildung« und »Kultur« allgemein anerkannt sind, werden sie für die politischen Vorstellungen der eigenen Partei reklamiert und dem politischen Gegner abgesprochen.

»Lebhafte Pfui-Rufe bei den Sozialdemokraten – Große allgemeine Unruhe und lebhafte Rufe rechts: Raus!« vermerkt das Protokoll, bevor Bethmann Hollweg seine Rede beginnt. Offensichtlich wissen die Sozialdemokraten, was sie erwartet. Nicht zu Unrecht. Denn der preußische Ministerpräsident unterstellt ihnen einen »nackte(n) Willen zur Macht«; er sieht durch die »nackte Zahl« der »großen Masse« Preußens organische Entwicklung gefährdet, bescheinigt den Sozialdemokraten »Terrorismus« und begründet schließlich das Dreiklassenwahlrecht mit einer Argumentation, die auf die historische Gewordenheit verweist und den konservativen, ja traditionalistischen Zug des Historismus bestätigt. Folglich sei das Verlangen nach einer Angleichung des Wahlrechts in Deutschland »eine dogmatische Forderung ohne jedes Verständnis für die Eigenart der deutschen Nation, ihrer Geschichte und Kultur«. Es gäbe im Norden und Süden unterschiedliche politische Formen. Das sei kein Zufall der Geschichte, sondern liege »in einem tiefen Zug des deutschen Wesens, der, wenn er auch die Quelle unseres politischen Elends war, doch mit dem Reichtum und der Innerlichkeit deutscher Kultur und mit dem Besten, was Deutschland geschaffen hat, eng zusammenhängt«. Ein Redner der Konservativen versichert anschließend, er sei ebenfalls für »Bildung« und die »Ideale«, die der Ministerpräsident angesprochen habe. Auch sei es verständlich, wenn die königliche Staatsregierung daran denke, »gewissen ›Kulturträgern‹« – jetzt fällt, nicht ohne einen maliziösen Unterton, das Wort – mehr Rechte über die Geschicke Preußens einzuräumen. Eine Demokratisierung Preußens aber lehne man ab, denn die bringe das Land unter den Einfluß süddeutscher Demokraten.

Daraufhin rufen ihm die Sozialdemokraten »Kulturstaat« zu. Das ist offensichtlich aus deren Munde ein Reizwort für die Konservativen, veranlaßt es doch deren Redner zu folgender Replik: »Die Kultur? – Mein Gott! die Sozialdemokratie und Kultur!! (Große Heiterkeit)«. Dem entgegnet der sozialdemokratische Abgeordnete H. Ströbel (in der Partei auch als »Bildungsheini« bezeichnet), die Sozialdemokratie habe allen Anspruch darauf, »als Trägerin der Kultur angesehen zu werden«; denn sie habe nicht nur für politische Bildung und Aufklärung gesorgt, »sondern auch für die allgemeine Bildung«: »Die Sozialdemokratie hat freie Volksbühnen und Kunstinstitute aller Art geschaffen – zu dem Zweck, das Volk bekannt zu machen mit den Kunstwerken der größten Dichter der Vergangenheit und Gegenwart«. Man habe Kunstabende veranstaltet, die Musik gepflegt und versucht, die Masse »zu möglichst hoher allgemeiner Bildung emporzuheben«, und letztlich habe das Volk ein Recht, »sich emporzuentwickeln zur Sonnenhöhe der Kultur (Lachen rechts)«.

Die Redner der Sozialdemokratie zeigen sich ebenso bildungs- wie kulturbeflissen. Sie polemisieren gegen die »Kulturprivilegien« und votieren für die Rechte des Volkes; sie sprechen den Konservativen »Bildung« und »Kultur« ab, bezeichnen sich als deren Träger, und zeigen ihre »Bildung«, indem sie für ihre Argumentation zahlreiche Dichter und Denker anführen. Goethe, Schiller, Hauptmann und Ibsen werden genannt; die hätten allerdings Auffassungen vertreten, die sich mit denen der Junker nicht deckten. Darüber hinaus auch Herwegh, Winckelmann, Lessing oder Nietzsche. Der Eindruck drängt sich auf, sie wollten die konservativen, liberalen und bürgerlich demokratischen Redner an »Bildung« und »Kultur« überbieten. »Allgemeine Bildung«, »Kultur«, Kunst und Wissenschaft, dies alles – auch die Lichtmetaphorik von der »Sonnenhöhe der Kultur« erlaubt den Schluß – wird als »Geistiges« und »Nichtalltägliches« hochbewertet. Offensichtlich akzeptieren die Sozialdemokraten in der Tradition von Lassalle und Wilhelm Liebknecht ein bildungsbürgerliches Deutungsmuster. Vielleicht läßt sich damit auch jenes milde »Lachen rechts« (kein böses »pfui« oder gar »raus« wie häufig) erklären, mit dem Ströbels Ausführungen über die Massen, die man »emporzuheben« oder »emporzuentwickeln« habe, kommentiert werden. Wer auf der »Sonnenhöhe der Kultur« zu sitzen vermeint, der kann denjenigen, der immer strebend sich bemüht, belächeln, ohne sich bedroht zu fühlen; bestätigt doch gerade dessen Streben eigene Vorstellungen. Ein erstes Beispiel für den noch näher zu erläuternden paradoxen Sachverhalt, daß gerade das Streben der Sozialdemokraten um die Aneignung von »Bildung« und »Kultur« bildungsbürgerliche Deutungsmuster ausweitet und deren sozialdistinktive Funktion bestätigt.

Was heißt Deutungsmuster? Einige Erläuterungen zum Verhältnis von historischer Semantik und Sozialgeschichte

Die beiden Begriffe »Bildung« und »Kultur«, so wurde behauptet, stehen für ein Deutungsmuster. Es bleibt zu klären, was damit gemeint ist und ob es lohnt, sich mit ihm zu beschäftigen. – Schon die Wahlrechtsdebatte hat gezeigt, daß sich Begriffe wie »Bildung« und »Kultur« einer Verbaldefinition entziehen, die einen ganzen Prozeß semiotisch zusammenfassen will. Es sei nur an die vage Allgemeinheit des bereits erwähnten kleinsten semantischen Nenners erinnert, in der die historische Fülle der prallen und variablen Sinnhorizonte jeweiliger Verwendung verschwindet. Hinzu kommt:

Auf ein Deutungsmuster kann man nicht zeigen. Wohl aber erlaubt es die Analyse seiner Entstehungs- und Verwendungsgeschichte. Es geht hier um das, was gemeinhin als historische Semantik und Begriffsgeschichte bezeichnet wird, also um die Entstehung, die Kontinuität und den Wandel eines kollektiven Wirklichkeitsbewußtseins, welches an sprachlichen Spuren ausgemacht werden soll.[2]
Im Mittelpunkt der Arbeit steht somit nicht Wortgeschichte, sondern Begriffsgeschichte. Zwar sind Wörter Vehikel der Begriffsgeschichte, doch betreibt Begriffsgeschichte keine Wortgeschichte. Anders ausgedrückt: Nicht alle Bedeutungen des Wortes »Kultur« sind begriffsgeschichtlich bedeutsam, hingegen können andere Wörter, wie etwa »Bildung« oder »Geist«, für eine Begriffsgeschichte der »Kultur« bedeutsam werden. Damit ist eine Forschungsperspektive eröffnet, die Bedeutungserklärungen nicht, wie etwa ein bedeutungsgeschichtliches Wörterbuch, auf das sprachliche Mittelsystem hin perspektiviert und eine lexikalische Bedeutung als abstrakte herstellt. Für die lexikographische Praxis und die Bedürfnisse der Wörterbuchbenutzer mögen tradierte Techniken der sprachsystemischen Bedeutungsbeschreibung, das Anführen von Synonymen, Definitionen und Angaben zum Bezeichneten, pragmatisch sinnvoll sein, doch sollte nicht übersehen werden, daß damit die historischen Verweisungshorizonte der Verwendung ausgeblendet bleiben. So haben, um die Debatten im Abgeordnetenhaus nochmals anzuführen, die Argumente der Politiker verschieden gestaffelte Traditionen, die sich mit dem sprachsystemischen Aspekt einer »Sprachgeschichte« nicht erklären lassen. Ein bedeutungsgeschichtliches Wörterbuch ist für den Historiker ebensowenig hilfreich wie ein Meßtischblatt für den Landschaftsmaler. Gerade weil die mögliche lexikalische Bedeutung von »Bildung« und »Kultur« deren Sinnhorizonte abkappt und damit eine sprachsystemische Bedeutungskonstante gewinnen kann, bleibt sie für eine Begriffsgeschichte unhistorisch-abstrakt. Denn die fragt nicht nach spracheigener Strukturierung, sondern nach dem Zusammenhang von historischer Konstellation und begrifflicher Repräsentation. Das gilt jedenfalls für eine Begriffsgeschichte im Horizont der Sozialgeschichte.[3]
Sicher, »Bildung« und »Kultur« haben auch eine beachtliche theo-

riegeschichtliche Tradition. Die soll ausführlicher behandelt werden. Denn von ihr geht die Erfolgsgeschichte des Deutungsmusters aus. »Bildung« und »Kultur« sind zentral in der wissenschaftlichen Diskussion, insbesondere in der Philosophie, Pädagogik und Geschichte.[4] Ja, wir beobachten zur Zeit der Wahlrechtsdebatte verstärkte Terminologisierungsbemühungen in zwei jungen Disziplinen, in der Kulturphilosophie und der Kultursoziologie. Aber dies spielt für die Argumentation der Abgeordneten keine Rolle. Hier sind sie eher als nachwissenschaftliche Begriffe einer »Bildungssprache« präsent, die sich aus Elementen des deutschen Idealismus und Neuhumanismus zusammensetzt und die Zeit der großen Ideen wie Systeme überlebt hat. Auch das ist ein Befund, der verallgemeinert werden kann: Begriffsgeschichte als Sozialgeschichte zielt nicht auf die Geschichte wissenschaftlicher Erkenntnis. Sie handelt vorrangig von gesellschaftlicher Kommunikation, von allgemeinem Weltwissen und seiner Handlungsanbindung. Eine wissenschaftsgeschichtliche Untersuchung von »Bildung« und »Kultur« wäre an der Integration von Begriffen in einen Kanon von Fachthemen ebenso interessiert wie an einer Bildungs- oder Kulturtheorie, in der der jeweilige Begriff als zentraler Terminus eines Ganzen erscheint. Unsere Fragestellung aber stellt vor- und nachwissenschaftliches Wissen – es könnte auch »Weltwissen« genannt werden – in den Mittelpunkt.[5]
Die Erfahrung historischer Wirklichkeit läßt sich keineswegs an einzelnen isolierten Wörtern ablesen; und vielleicht veranschaulichen die angedeuteten unterschiedlichen Bedeutungebenen von »Kultur«, daß man allzu leicht den Wörtern als Eigenleistung zurechnet, was lediglich anhand der Begriffe innerhalb ihrer sozialgeschichtlichen Verwendung zu rekonstruieren wäre. In einzelnen Darstellungen erscheinen demzufolge die mehr oder weniger geordneten Wortkörper als Zettelkastenkadaver, die auch gelegentliche geistesgeschichtliche Impulse nicht mehr zum Leben erwecken können. Dabei sollte der Tatbestand synchron unterschiedlicher Bedeutungebenen auch vor dem Fehlschluß warnen, historisch durchgehaltene Wortkörper zeugten von einer historisch kohärenten Verwendungsgeschichte. Das Wort hat bei W. v. Humboldt einen anderen Sinn und eine andere Bedeutung als bei einem Ethnologen. In der Begriffsgeschichte ist Begriff ein Terminus der

Analyse und kein Hinweis auf isolierte sprachkommunikative Eigenleistungen. Begrifflich werden Wörter in der gesellschaftlichen Kommunikation dann, wenn sie sich gegen ihre bloße Namens- und Bezeichnungsfunktion sträuben und kommunikatives Eigengewicht gewinnen, wenn sie nicht mehr primär auf außer ihnen liegende Kommunikationsinhalte verweisen, sondern, wie »Bildung« und »Kultur« in der Wahlrechtsdebatte, selbst Kommunikationsinhalte werden.

So sind sich, um nochmals das Beispiel der Wahlrechtsdebatte anzuführen, die verschiedenen Redner darüber einig, daß Schiller oder andere Autoren der »Kultur« zugerechnet werden, zugleich aber überwuchert der Streit um die wesentlichen Inhalte des Ausdrucks »Kultur« die nominative Problematik völlig. Es handelt sich ja nicht darum, die Mängel und Vorzüge der »Bildung« oder der »Kultur« zu erwägen. Die Begriffe werden selbst zum höchsten Maßstab. Wer sie wem zu- und abspricht, das bleibt zu zeigen. Man urteilt in deren Namen, ergreift ihre Partei, um die andere Partei zu verurteilen. Diese Hochschätzung als unbestreitbarer Wert schließt programmatische Unterschiede nicht aus. Gerade die starken Unterschiede im begrifflichen Gehalt zeigen die Verselbständigung zum Sinngehalt an und sind häufig der Ausgangspunkt eines Streites um die Begriffe. Nochmals: Begriffe können nicht als Substanz fester Bedeutungen und Bezeichnungen gelten. Dadurch werden sie hochvariabel für vielfältige Sinnbezüge. Solchermaßen abstrakt und verselbständigt kann ihre Geschichte nur als die Geschichte ihrer Funktion erklärt werden, als ihr diskursiver und sozialgeschichtlicher Zusammenhang, ohne den sie unerfüllt und abstrakt bleiben.

Wo die begriffsgeschichtliche Praxis mehr sein will als ein neuer Name für Ideengeschichte, da nimmt sie das begrifflich aufgerüstete Wort zum Anlaß, Leistungen darzustellen, die als solche weder Leistungen des Wortes noch des Begriffs sind, sondern Leistungen des Wort-Begriffs in der sprachlichen Kommunikation. In neueren Forschungen wird deshalb vorgeschlagen, die etwas irreführende Bezeichnung »Begriffsgeschichte« durch eine »Semantik der Diskurse« oder durch »Diskursanalyse« zu ersetzen, weil damit die Vorstellung, Bedeutungen hafteten am Wortkörper, durch die Vorstellung eines Ensembles kommunikativer Praktiken und Verfahren ersetzt wird; eines Ensembles, das, um mit Foucault zu reden, systematisch die Gegenstände erst bildet, von denen es spricht.[6] Demnach können Begriffe genannte Wörter erst analysiert werden, wo sie mit ihrer Geschichte stellvertretend für einen Diskurs in einem spezifisch sozialgeschichtlichen Zusammenhang stehen. Vielleicht ist jetzt die Behauptung vom »Begriff als Anlaß für eine Verwendungsgeschichte« verständlicher.

Für die historische Semantik liegen mit den textuellen oder diskursiven Spuren gesellschaftliche Verhältnisse in der Form vor, in der sie das praktische Bewußtsein der Akteure von ihren Verhältnissen bildeten. Insofern reflektiert der Zustand eines Vokabulars soziale Zustände. Die Beschäftigung mit vergangener Kommunikation kann so als Versuch gelten, anhand der Deutungsmuster Sinnbildung und symbolische Vergesellschaftung zu entziffern. Schon in dieser unspezifisch umfassenden Bestimmung ist Sprache für die Sozialgeschichte von Interesse.[7] Mit »Bildung« und »Kultur« sind soziale Relevanzstrukturen folgenreich versprachlicht. Das Deutungsmuster leitet Wahrnehmungen, interpretiert Erfahrenes und motiviert Verhalten. Diese individuelle Sinngebung vollzieht sich persönlich, ist aber keineswegs unvergleichbar, denn Deutungsmuster meint von außen angeeignete, vorgefertigte Relevanzstrukturen, die man nicht auswählt, sondern eher übernimmt. Was die Geschichtsphilosophie als Differenz von Subjekt und Objekt, von Handlung und Resultat herausstellt und in verschiedenen Metaphern als anonyme Macht zu bestimmen versucht, läßt sich für die historische Semantik, weniger spekulativ und bescheidener, mit der Einsicht berücksichtigen, daß beim Deutungsmuster die Definitionsversuche der Benutzer keineswegs die Ratio seiner Verwendung wiedergeben. Die Geschichte seiner Verwendung hat so auch das Nichtgesagte und Ausgegrenzte zu erklären.[8]

»Bildung« und »Kultur« interessieren uns hier als Elemente der Weltdeutung mit möglicher Handlungsanbindung. Beides soll die Kennzeichnung Deutungsmuster beinhalten. Ein Deutungsmuster verfestigt sich kollektiv, ist ein Typus vorangegangener Erfahrung, dient als Bestimmungsrelation zur gegenwärtigen Zeit und kann mit seinen programmatischen Überschüssen auf zukünftige Möglichkeiten verweisen. Aus Sicht einer umfassenden Perspektive symbolischer Vergesellschaftung bestätigen und befestigen »Bildung« und »Kultur« die Organisation gesellschaftlicher Beziehungen, die soziale Identität der Trägerschicht wie die Anordnung und Verteilung gesellschaftlicher Bewußtseins- und Wissensbestände.[9] Folglich betont die Erforschung des in Sprache eingebauten Deutungsmusters kollektive statt individueller, nachwissenschaftliche statt wissenschaftlicher Einstellungen. Und sie interessiert sich nicht nur für den Inhalt, sondern auch für die kommunikative Verteilung von Einstellungen, für ihre Fähigkeit, unterschiedliche gesellschaftliche Praxen zu durchdringen. Insofern geben die Begriffe Stoff und Anhalt für die symbolische Vergesellschaftung unterschiedlicher Praxisbereiche, und sie gewinnen damit auch, indem sie eine zunehmend arbeitsteilige und binnendifferenzierte Gesellschaft totalisierend überwölben, eine ideologische Funktion. Streng genommen, gibt es nicht ein *festes* Deutungsmuster. Vielmehr bewährt sich seine Prägekraft in den jeweiligen historischen Abwandlungen.

Gibt es einen semantischen Sonderweg?

Typisch deutsch soll das Deutungsmuster sein. Das ist sicher keine unproblematische Behauptung. Und so bleibt zu fragen, ob diese Charakterisierung nicht auch an alte, verhängnisvolle Vorstellungen von einem Nationalcharakter erinnert, an jene gefälligen Selbstbilder und abwertenden Fremdbilder, die das Wahre und Bessere jeweils dem eigenen Volk zusprechen. Es sei versichert, solche Stereotypenbildung gilt es zu hinterfragen und nicht zu bestätigen. Allerdings kann der Hinweis auf ihren projektiven Charakter nicht von der Frage entlasten, ob es denn solche nationalen Unterschiede realiter gebe, und wie sie in dem Selbstbild und durch das Selbstbild verfestigt werden. Der »Nationalcharakter« kann wissenschaftlich in einem umfassenden Sinne auf die Besonderheit eines nationalen Habitus zielen.[10] Wenn in der Alltagssprache etwas als typisch englisch oder typisch französisch bezeichnet wird, dann sind damit Beobachtungen unterschiedlicher Verhaltensweisen und Lebensstile zusammengefaßt. Auch in den Künsten und Wissenschaften glaubt man solche Unterschiede ausmachen zu können. Etwa, wenn von der niederländischen Malerei des 17. oder der deutschen

Musik des 19. Jahrhunderts, vom amerikanischen Pragmatismus oder von den Systemen des deutschen Idealismus die Rede ist. Das mag zunächst, angesichts der verhängnisvollen Wirkung aggressiver Selbst- und Fremdbilder, allzu nachsichtig-neutral klingen. Es ist auch so gemeint. Denn mit der Entstehung der modernen Nationalstaaten bildet sich vorerst ein Nationalbewußtsein heraus, das bei dem eigenen Volk wie bei den anderen Völkern ohne chauvinistische Einfärbung Gemeinsames und Trennendes ausmachen will. Gewiß, das braucht die Leitidee einer nationalen Größe und einen säkularisierten Auserwähltheitsglauben. Schon früh, es sei an Turnvater Jahn erinnert, lassen sich auch aggressivere, chauvinistische und antisemitische Töne hören. Schon früh schafft der Nationalismus als identitätsstiftende Integrationsbewegung ein Arsenal nationaler Mythen. Armin der Cherusker, Karl der Große oder Kaiser Barbarossa werden dann zu Symbolfiguren deutscher Größe. Sprache, Literatur und Kunst dienen als Berechtigungstitel für die erhoffte nationale Erneuerung. Als »Kultur« zusammengefaßt, erlangen sie in Deutschland gerade infolge der nicht vorhandenen staatlichen Einigung eine hohe kompensatorische Bedeutung. Der Literatur kommt hierbei eine besondere Rolle zu. Ob nun als mittelalterliche Epik oder frühneuhochdeutsche Prosa, ob als Minne- oder Meistersang, sie gilt als traditionssichere Objektivation eines deutschen Nationalgeistes. Umfassender aber leisten »Bildung« und »Kultur« ihren Beitrag zum Nationalismus als Integrationsideologie. Mit dem Deutungsmuster kann man gerade angesichts politischer und ökonomischer Rückständigkeiten ein nationales Selbstbewußtsein mit Blick auf die Künste und Wissenschaften, das heißt insbesondere auf die Literatur und Philosophie entwickeln. Sie gelten als Aktivposten vergangener und zukünftiger nationaler Größe. Für Friedrich Schlegel sind die Deutschen schlicht die »Griechen der Neuzeit«, und Adam Müller behauptet in seinen *Vorlesungen über die deutsche Wissenschaft und Literatur*, die Wendung, die der wissenschaftliche Geist in Deutschland genommen habe, sei »die wichtigste Begebenheit in der Geschichte der modernen Bildung«. Über die Funktion des Deutungsmusters für die einheitsstiftende Kraft des Nationalismus wird noch zu sprechen sein. Jetzt bleibt hervorzuheben, daß der Nationalismus zwar von Beginn an ein diffuses Sendungsbewußtsein enthält, daß er aber

zunächst, trotz gelegentlich schriller Deutschtümeleien, durch eine
Verbindung des nationalen mit dem kosmopolitischen Denken ge-
dämpft bleibt. Wenn Schiller von den Deutschen als »Menschheits-
volk« spricht, dann ist darin jene charakteristische Verbindung von
Sendungsbewußtsein und weltbürgerlichem Idealismus angesprochen, eine Verbindung, die noch nicht auf Herrenvolk, rassische
Überlegenheit und Weltherrschaft zielt.

Nationale Eigenheiten können so während des 19. Jahrhunderts
noch unter dem neutralen Vorzeichen der Andersartigkeit angesprochen und reflektiert werden, auch wenn der jeweilige Vergleich, etwa mit Frankreich oder England, Unterlegenheits- oder
Überlegenheitsgefühle beinhalten mag. Das ändert sich erst, als in
der späteren Bismarckzeit und Wilhelminischen Zeit ein Sonderwegbewußtsein entsteht, das mit Blick auf westeuropäische Verhältnisse den deutschen Weg zu einem modernen Nationalstaat als
fundamentalen und überlegenen Richtungsunterschied herausstellt. Formal ist ein solches Sonderwegbewußtsein keineswegs
typisch deutsch, inhaltlich schon. Unter dem Vorzeichen der »Zivilisation« beansprucht in Frankreich die nachrevolutionäre Sprache
eine Sonderrolle für das französische Volk und dessen Geschichte.
Bei Victor Hugo erscheint es als »Missionar der Zivilisation«, und
die Deutschen werden mit dem Verdacht der Barbarei überzogen.[11]
In Deutschland aber erhält das Sonderwegbewußtsein eine forciert
antiaufklärerische und antidemokratische Ausrichtung. Demnach
sind der »Geist« des deutschen Volkes und der Charakter seiner
»Kultur« andersgeartet als der »Geist« und die »Kultur« der westeuropäischen Länder, gibt es eine besondere Idee des organisch
gewachsenen »Kulturstaates« und der deutschen Freiheit, die Inter-
essenhader und Parteiengezänk nicht kennt. Wenn der preußische
Ministerpräsident auf den »organischen« Charakter des Staates verweist und die Forderung eines allgemeinen und geheimen Wahlrechts als »dogmatisch« unter Berufung auf »deutsches Wesen und
deutsche Kultur« ablehnt, dann argumentiert er in dieser Tradition.

Unter Berufung auf deutsche »Bildung« und deutsche »Kultur«
verstärkt sich eine antiaufklärerische, idealistisch-romantische Tradition gegen Positivismus und Rationalismus, gegen Empirismus
und Materialismus. Thomas Manns *Betrachtungen eines Unpoliti-*

schen fassen diese verbreiteten Vorstellungen in einer einzigartigen Form zusammen, wenn sie im Namen von »Kultur, Seele, Freiheit, Kunst« gegen »Zivilisation, Gesellschaft, Stimmrecht und Literatur« polemisieren. Auch hier erweist sich das Deutungsmuster als wirksam und hochmobil: Im Gegensatz zwischen der vermeintlich »tiefen« deutschen Kultur und der vermeintlich »flachen« westlichen Zivilisation bündeln sich zentrale Elemente eines Sonderwegbewußtseins. Vor allem aber: Von ihm ist nicht nur eine kleine Schicht intellektueller Stichwortgeber, sondern das gesamte Bildungsbürgertum geprägt. Es läßt sich politisch keineswegs auf »liberale« oder »konservative« Positionen beschränken.[12] Auch eher liberale Gelehrte wie Ernst Troeltsch oder Friedrich Meinecke sind von ihm geprägt. So überrascht es nicht, daß die Vorstellung einer »deutschen Bildung« und einer »deutschen Kultur« zu den prominenten Elementen der »Ideen von 1914« zählt. Sie wird schlagwortartig vereinfacht in der Propaganda vom »Kulturkrieg«, den Deutschland gegen den egoistischen Utilitarismus der Engländer und den flachen Materialismus der Franzosen zu führen habe.

Bisher war von Selbstbildern die Rede, von einem eher gemäßigten Bewußtsein der Andersartigkeit und von einem eher aggressiven Sonderwegbewußtsein, aber nicht von einem realen Sonderweg. Ob es diesen gibt, das ist bis heute in der Geschichtswissenschaft umstritten. Die Heftigkeit des Streits unter Historikern resultiert aus dem Tatbestand, daß es hier nicht um fachwissenschaftliche Detailfragen geht, sondern um eine zentrale Kategorie der Interpretation nationalgeschichtlicher Entwicklung. Politische Optionen kommen damit verstärkt ins Spiel; und selbst hinter geschichtstheoretischen und methodologischen Argumenten werden Bemühungen sichtbar, die deutsche Geschichte nicht mehr von 1933 her zu interpretieren. Das Herzstück der These vom deutschen Sonderweg machen die gescheiterte Revolution, die verspätete Staatenbildung und die Stärke der bürokratisch-obrigkeitsstaatlichen wie die Schwäche der parlamentarischen Institutionen aus. Die westeuropäische Entwicklung gilt hier als »Normalfall«. Neben diesen ereignisgeschichtlichen und sozialgeschichtlichen Begründungen werden auch mentalitätsgeschichtliche oder geistesgeschichtliche Traditionen angeführt. Demnach geht es um autoritäre Mentalitä-

ten und demokratische Defizite, um den Weg von Luther über
Nietzsche zu Hitler, um »die Zerstörung der Vernunft«, um den
Zusammenhang von politischer Entmündigung, abstrakter Geistig-
keit und vormodernen Denkweisen.

Die Argumente der Kritiker der Sonderwegthese bestehen aus geschichtlichen und eher methodologischen Einwänden. Demnach
könnte von einer gescheiterten 48er Revolution keine Rede sein, sei
der Begriff der »bürgerlichen Revolution« eine Legende, könnten
Frankreich und England nicht die Kriterien für eine »Normalentwicklung« liefern, gebe es auch in anderen Ländern irrationale
Traditionen und Demokratiedefizite. Demnach liege, so das methodologische Argument, in der Sonderwegthese die Gefahr, vergangene Wirklichkeit eindeutig und polarisierend auf den Nationalsozialismus hin auszurichten und damit andere Kontinuitätslinien abzuschneiden.[13]

Mit der Charakterisierung des Deutungsmusters als »typisch
deutsch« befindet man sich offensichtlich in einer schwierigen Gemengelage von fachwissenschaftlichen Problemen und politischen
Präferenzen. Die Rede von einem Sonderweg erscheint jedenfalls
dann problematisch, wenn man nach einem Normalweg fragt. Sicher, für universalgeschichtliche Begriffe wie Moderne oder Kapitalismus könnten, unter Berufung auf Marx oder Max Weber,
allgemein geltende Kriterien, wie die Entzauberung der Welt durch
einen spezifisch okzidentalen Rationalismus, bürgerlich-demokra-
tische Institutionen oder industriell-kapitalistische Produktion, angeführt werden. Mit ihnen wird heute der Entwicklungsstand der
sogenannten Entwicklungsländer bemessen. Aus einer jeweils nationalgeschichtlichen Perspektive geraten aber höchst unterschiedliche Eigenwege in den Blick, die vom Pfad der westlichen
»Normalentwicklung« abweichen, selbst wenn sie schließlich wie
im Falle Westdeutschlands nach 1945 dort einbiegen. Auch das
wird die Untersuchung unseres Deutungsmusters belegen.

Die modernen Begriffe entstehen mit der europäischen Aufklärung. Und sie erhalten doch im deutschen Idealismus und Neuhumanismus ihre nationale Eigenheit, denn hier entsteht mit der
Verknüpfung von »Bildung« und »Kultur« die theoretische Fassung des Deutungsmusters. Die Begriffe bleiben zunächst Teil
kommunikativ ebenso eingeschränkter wie theoretisch tiefsinniger

philosophischer Konzepte. Große Wirkung erlangen sie erst durch ihren Sprung aus der Welt der Philosophen und Pädagogen in die Welt der Bildungsbürger, der Schicht, die in Deutschland zunächst mit ihrem Berufs- und Leistungswissen die Modernisierung betreibt, und die später von der beschleunigten Modernisierung überholt werden wird. Doch nicht nur wegen dieses Nacheinanders wird die wissensgeschichtliche Konturierung ausführlicher behandelt. Der deutsche Idealismus und der Neuhumanismus verleihen den Begriffen eine intensionale Komplexität, die in der Sozialgeschichte nicht aufgeht. Das Deutungsmuster wirkt in der Praxis des Bildungsbürgertums nachwissenschaftlich, weil theoretisch weniger anspruchsvoll als in der Philosophie und in der Pädagogik. Es wirkt zugleich aber auch vorwissenschaftlich, weil seine theoretischen Annahmen einzelne Wissenschaften, insbesondere den Historismus und die Geisteswissenschaften, prägen. Eine solch spannungsreiche Wechselwirkung zwischen theoretischen Entwürfen und einer folgenreichen Sozialgeschichte läßt sich beim Zivilisationsbegriff nicht ausmachen, weder in England noch in Frankreich. Vor allem aber: In der Semantik des deutschen Bildungsbürgertums werden die beiden Begriffe »Kultur« und »Bildung« zu einem Deutungsmuster verknüpft, das individuelle Sinngebung und symbolische Vergesellschaftung qua Sprache organisiert und damit Wahrnehmung lenkt. Das Bildungsbürgertum ist die eigentliche Trägerschicht des Deutungsmusters. Mit ihm versucht es, Welt zu erklären und zu gestalten. Die Geschichte des Deutungsmusters ist mit dem Schicksal des deutschen Bildungsbürgertums verbunden, mit dem deutschen Eigenweg in die Moderne und einer Modernisierungskrise, mit der das Bildungsbürgertum schließlich anfällig für den Nationalsozialismus wird.

Darin gründet die enorme Zentralität des Deutungsmusters als eine Art diskursiver Angelpunkt deutscher Geschichte seit der Auflösung der Ständegesellschaft.[14] Der Einwand, andere diskursleitende Begriffe des Bürgertums im 19. Jahrhundert wie »Freiheit« und »Nation« oder »Fortschritt« und »Evolution« wiesen einen ähnlichen vielförmigen Beziehungsreichtum als Indikatoren und Faktoren in gesellschaftlichen Verhältnissen auf, ist zutreffend, erledigt aber nicht unsere Fragestellung. Denn die zielt auf typisch deutsche Deutungsmuster. In den genannten Begriffen äußern sich europäi-

sche Tendenzen, der Aufstieg des Bürgertums, die Koalition zwischen Liberalismus und Nationalgedanke, ein Zeitbewußtsein, das
auch unabhängig von pessimistischen Philosophemen Veränderung
als Verbesserung bestimmt. Das gilt z. B. für Frankreich, England
und Deutschland. Deshalb lassen sich diese Begriffe in verschiedene Sprachen übersetzen, auch wenn sie in ihren nationalen
Traditionen durchaus unterschiedliche Bedeutungen aufweisen.[15]
Freiheit geht z. B. in der deutschen politischen Philosophie eine
verdächtige Verbindung zu Notwendigkeit und Autorität ein. –
Wie aber steht es mit »Bildung« und »Kultur«? Die sind kaum zu
übersetzen. Denn sie weisen ein seelenhaftes Pathos auf, das sich
mit dem protestantischen Bildungsbürgertum ausbildet und eine
weltliche Frömmigkeit anzeigt.[16] Als Inbegriff von geistiger Tätigkeit und geistiger Vergegenständlichung decken sie sich nicht mit
Erziehung und Ausbildung, mit Zivilisation und Kultiviertheit.
Wenn Jacob Burckhardts *Kultur der Renaissance* ins Französische
mit *La Civilisation en Italie, au temps de la Renaissance* (1885)
übersetzt wird, dann ist damit die Vorstellung des Autors von der
»Kultur« als »Summe der Entwicklung des Geistes« verfehlt.[17]
Die Herkunft der Begriffe aus dem deutschen Idealismus und Neuhumanismus gibt ihnen einen spekulativen und metaphysischen
Überschuß, eine Tendenz, etwas an den Phänomenen auszudrük-
ken, was sich in ihrem bloßen Sosein, in ihrer Positivität und
Gegebenheit nicht erschöpft. Das schließt Banalisierungen im bildungsbürgerlichen Alltag nicht aus. Hier sei nochmals der Unterschied zwischen einer wissenschaftsgeschichtlichen und sozialgeschichtlichen Optik betont. Mit der Philosophie als strengem
Wertungsmaßstab gerät die Erfolgsgeschichte des Deutungsmusters, die enorme Akzeptanz von »Bildung« und »Kultur« im
19. Jahrhundert, zur Geschichte eines Trivialisierungsprozesses von
achtunggebietenden Philosophen zu Epigonen, von großen Entwürfen zu einer banalen Praxis. Nietzsches Polemik gegen die
»Bildungsphilister«, seine Warnung vor der selbstgefälligen Überschätzung der deutschen »Kultur« reflektiert diesen Trivialisie-
rungsprozeß. Dieser Polemik geht es um die Kühnheit des
Denkens, um die heroischen Leistungen großer Geister. Von daher
bezieht sie ihre Schärfe. In der sozialgeschichtlichen Optik ist aber
gerade das Abschleifen hochkomplexer Konzepte zu einem Deu-

tungsmuster eine Voraussetzung für dessen Wirksamkeit; übrigens einer Wirksamkeit, die gerade durch Nietzsches Polemik belegt wird!

»Bildung« und »Kultur« – trivialisiert – erscheinen als Besitz, als sozialreputative Aktivposten, mit denen man sich schmückt; der Kulturbegriff wird zudem affirmativ, d. h. es kommt zu einer Ablösung der geistig-seelischen Welt als selbständiges Wertreich von der »Zivilisation«, der tatsächlichen Welt alltäglicher Konkurrenz. Das sind dann die »hohen Werte«, die folgenlos, aber phrasenreich den Alltag ausschmücken. Auch davon wird zu sprechen sein. Allerdings ohne zu übersehen, daß eine Spannung zwischen banaler Praxis und konzeptionellem Überschuß bestehen bleibt. Deshalb kann die Gegenwart als Zustand von »Bildung« und »Kultur« im normativen Namen von »Bildung« und »Kultur« kritisiert werden. Auch hier erweist sich die Untersuchung von Gesichtspunkten, die in Sprache eingebaut sind, als fruchtbar: Die Begriffe liefern der kritischen Reflexion den Gegenstand ebenso wie die normativen Kriterien, und sie erlauben damit eine Trennung zwischen »falscher« bzw. »wahrer« »Bildung« und »Kultur«. Insofern bildet das Deutungsmuster ein semantisches Gefängnis, dem das Bildungsbürgertum und seine Denker, bei unterschiedlichen pragmatischen Absichten, nicht entkommen. In ihm finden sich so unterschiedliche Köpfe wie Nietzsche und Marcuse. Der eine kritisiert den »Bildungsphilister« im Namen der echten Bildung, der andere die »affirmative Kultur« im Namen der eigentlichen.[18] Beide werden hier nur erwähnt, weil sie die Wirkung des Deutungsmusters repräsentieren; jene Wirkung, die bei Marcuse bis zu einer Studentenbewegung reicht, deren Frontstellung gegen Arbeitsteilung und Entfremdung die »transzendenten Ziele der Kultur« anvisiert.[19] Die formelhafte Unterscheidung von »Kultur« und »Zivilisation« enthält eine Kritik an der Moderne, die nicht einfach als irrational abgetan werden kann, sondern die als regressiv-antikapitalistisch zu bezeichnen wäre. Das sensibilisiert gegenüber den Regellosigkeiten und Krisen der Gegenwart. Nicht ohne Grund läßt sich gerade in der deutschen Intelligenz eine große Skepsis gegenüber dem Kapitalismus ausmachen.[20] Zugleich aber drängt das Deutungsmuster dazu, gesellschaftliche Probleme zu vergeistigen, indem es moralische Fragen und kulturelle Werte da anführt, wo ein

Blick auf gesellschaftliche Interessen und politische Zusammenhänge angebracht wäre. Das schafft einen Wirklichkeitsverlust und
macht das Bildungsbürgertum anfällig für das vermeintlich kleinere
Übel des Nationalsozialismus. Insofern läßt sich die Geschichte
unseres Deutungsmusters, ohne geschichtsphilosophische Hypo-
theken und teleologische Zwangspfeile, auch als komplexe Geschichte der Modernisierungsleistung und folgenden Modernisierungskrise entfalten. Denn mit dem Deutungsmuster erweisen sich
im 19. Jahrhundert die Bildungsbürger zunächst als Protagonisten
der Modernisierung. Später aber führt die entfaltete bürgerlich-ka-
pitalistische Gesellschaft zu einer wachsenden Diskrepanz zwischen modernen Strukturen und im Deutungsmuster enthaltenen
traditionellen Wertvorstellungen. »Bildung« und »Kultur« lassen
sich nur mit der spezifischen deutschen defensiven Modernisierung
»von oben« erklären, mit dem, was Hans Freyer die »Zwischenlage« von Feudalsystem und kapitalistischer Gesellschaft nennt.[21]
Die Auflösung des Deutungsmusters betreibt ein entfalteter Kapitalismus, indem er die soziale Bedeutung wie die kommunikative
Hegemonie des Bildungsbürgertums unterminiert und die Funktion von »Bildung« wie »Kultur« für individuelle Sinngebung und
symbolische Vergesellschaftung einschränkt, schließlich sogar auf-
löst.
Bei der Frage »Sonderweg oder Eigenweg« könnte die Unterscheidung zwischen den allgemeinen Strukturen und Funktionen einer
Gesellschaft als Resultat eines Prozesses und ihrer Entstehung als
besonderer Entwicklungsgeschichte hilfreich sein. Das Resultat
»Kapitalismus« oder »Moderne« sollte durch nichtspekulative
theoretische Verallgemeinerungen in seinem transnationalen Charakter gekennzeichnet werden; was aber keineswegs nationale Eigenwege »dahin« ausschließt. Modernisierung als Prozeß braucht
eine universalgeschichtliche Theorie der »Moderne« oder des »Kapitalismus« als theoretische Verallgemeinerung und heuristische
Annahme. Sie muß aber zugleich als Geschichte einer konkreten
Entwicklung speziellere Prozesse, d. h. auch nationale Eigenheiten,
berücksichtigen. Damit können krude Oppositionen wie etwa
»vormodern-modern« durch differenziertere Betrachtungen ersetzt werden, ohne daß eine nationalgeschichtliche Optik den
universalgeschichtlichen Horizont ausblendet. Deshalb braucht

man das Konzept einer Modernisierung, die als Vorgang unterschiedliche Bereiche einer Gesellschaft erfassen kann, auch deren Semantik.[22] Demzufolge läßt sich z. B. das wilhelminische Deutschland, hochindustrialisiert und rückständig zugleich, kaum auf einen Nenner bringen. Es weist mit der überständigen Machtstellung alter Eliten oder dem Überhang obrigkeitsstaatlicher Mentalitäten offensichtliche Modernisierungsdefizite auf.[23] Selbst der Nationalsozialismus kann in einem eingeschränkt sozialen und ökonomischen Sinn als »Modernisierungsbewegung« angesehen werden, obwohl er andererseits in einem politischen und moralischen Sinn gerade als Höhepunkt des Eigenwegs den Tiefpunkt der deutschen Geschichte ausmacht. Deshalb läßt sich der Nationalsozialismus nicht als Betriebsunfall abtun und in der Katastrophenabteilung der Weltgeschichte unterbringen. Er ist einzigartig. Er hat eine spezifisch deutsche Vorgeschichte. Doch ist die nicht identisch mit der deutschen Geschichte.

Das hat auf den ersten Blick wenig mit unserem Thema zu tun und zielt doch auf einen zentralen Aspekt der Themenstellung. Denn die Verwendungsgeschichte des Deutungsmusters erschließt diese Spannungen zwischen unterschiedlichen Modernisierungselementen, gerade indem sie vor dem Horizont einer Gesellschaftsgeschichte dargestellt wird. – Der Historiker sei ein rückwärtsgewandter Prophet, heißt es bei Friedrich Schlegel. Die Geschichte unseres Deutungsmusters ist nur von 1933 her zu erklären, von dem Versagen eines Bildungsbürgertums gegenüber der Politik. Erst von hier aus werden die Konzepte Schillers und W. v. Humboldts in ihrer Wirkung verständlich. Und doch läßt sich sein Ermöglichungszusammenhang wie seine Funktionsgeschichte nicht auf eine teleologische Kontinuitätslinie bringen, weil »Bildung« und »Kultur« auch für die Leistungen des deutschen Bildungsbürgertums stehen; für »kulturelle« Leistungen, so sollte hinzugefügt werden, die selbst strengen Kritikern des Sonderwegs, wie H. Plessner oder Adorno, H. Holborn oder Lukács auch nach 1933 eine dauerhafte Faszination abverlangen. Ganz zu schweigen von jenen verspäteten Bildungsbürgern, die, wie etwa Fr. Meinecke, auch nach 1945 an eine weltbürgerliche Mission des »deutschen Geistes« glauben und mit der Gründung von »Goethegemeinden« der »deutschen Katastrophe« zu begegnen gedenken.

Es sei wiederholt: Hier ist kein Erklärungsprivileg gegenüber der
Sozial-, Wirtschafts- oder Politikgeschichte behauptet. Allerdings
bietet die Untersuchung mehr als eine Spezialgeschichte einzelner
Segmente von Weltwissen, weil sich, so die heuristische Grundan-
nahme, in der Verwendungsgeschichte von »Bildung« und »Kultur« während des Übergangs von der Ständegesellschaft zur
bürgerlich-kapitalistischen Gesellschaft die typisch deutsche Dialektik von normativer Höhe und tiefem Fall, von Emanzipationsanspruch und politischer Unmündigkeit, von Modernisierungsleistung und Modernisierungskrise ausformt.

II.
Von alten Wörtern zu modernen Begriffen.
Die wissensgeschichtliche Konturierung des Deutungsmusters

1. »Kultur« in der abendländischen Tradition der Gelehrtensprache

Die Präsenz der Begriffe am Ende des 18. Jahrhunderts

In der *Berlinischen Monatsschrift*, dem Zentralorgan der Popular-philosophie, schreibt Moses Mendelssohn 1784: »Die Worte Auf-klärung, Cultur, Bildung sind in unsrer Sprache noch neue Ankömmlinge. Sie gehören vor der Hand bloß zur Büchersprache. Der gemeine Haufe verstehet sie kaum«. Gekoppelt mit dem Glanzbegriff »Aufklärung« erlangen unsere Begriffe hier an prominenter Stelle offensichtlich eine diskursleitende Geltung, die ihnen die einschlägigen Lexika der Zeit noch nicht zusprechen.[1] Sie sind ja auch, wie zu hören ist, »neue Ankömmlinge«. Das kann sich nicht auf die Wortkörper beziehen – die sind ja »alt« –, sondern muß als Hinweis auf eine semantische Innovation bewertet werden. Ihre Reichweite sollte allerdings trotz der auf den ersten Blick einschränkenden Bemerkungen nicht gering geschätzt werden. Verweist doch »Büchersprache« hier keineswegs, wie häufig vermutet, auf das fachspezifische Vokabular einer isolierten Gelehrtenwelt, sondern ganz im Gegenteil auf das Projekt einer neuen Intelligenz, auf deren Vorstellungen von einer geschmeidigen Nationalsprache, die den Standescharakter des Sprachgebrauchs wie die »Gallicoma-nie« in Deutschland überwinden soll; eines Projekts, das die Her-ausbildung einer »Kulturnation« durch Sprache für eine herausra-gende Erziehungsaufgabe hält. Ein Blick in Leibnizens Briefwech-sel mag den Standescharakter des Sprachgebrauchs im 17. und frühen 18. Jahrhundert belegen und damit die nachfolgende Ten-

denz zu einer nationalsprachlichen Öffentlichkeit veranschaulichen. Der Philosoph schreibt an Angehörige des Hofes und des
Adels in französischer Sprache, an Fachkollegen in lateinischer, an
Verwandte in deutscher Sprache. »Büchersprache« ist, wie es bei
Herder heißt, »ein künstliches Gewächs«, das aus der Mundart
mehrerer Provinzen entsteht, dem die Aufgabe zukommt, durch
Verfeinerung der Sprachgewohnheiten »die wachsende Cultur uns-
res Vaterlandes« zu befördern.[2] Das Projekt einer sich konstitu-
ierenden Nation qua Sprache zielt auf eine Öffentlichkeit über die
Gelehrtenwelt hinaus. Dies unterstreicht auch der Hinweis auf den
»gemeinen Haufen«, denn mit ihm deutet sich bereits die für die
bürgerliche Gesellschaft des 19. Jahrhunderts stärker ausgeprägte
Unterscheidung zwischen »Gebildeten« und »Volk« an. Wer heute
die Rede von der »demokratischen Informationsgesellschaft« wörtlich nimmt, der mag in der Unterscheidung ein Anzeichen für den
Dünkel der »Gebildeten« und für eine sozial eingeschränkte Kommunikation sehen. Für den Historiker verbietet sich ein solches
Schnellurteil. Denn für ihn drückt die bei Mendelssohn angedeu-
tete Opposition zwischen »Gebildeten« und »Volk« die tendenziell
unabgeschlossene Ausweitung auf ein schreibendes und lesendes
Publikum aus; er sieht darin das von obrigkeitsstaatlichen Zensur-
maßnahmen – unter deren Druck erscheint auch die *Berlinische
Monatsschrift* – gefährdete Projekt einer Öffentlichkeit als Dis-
kursgemeinschaft ohne ständische Geschlossenheit.
Gut ein Jahrzehnt später als Mendelssohn zählt August Freiherr
von Knigge – er nennt sich selbst demonstrativ das Adelsprädikat
weglassend »der freie Herr von Knigge« – in seinem Bestseller
Über den Umgang mit Menschen die Begriffe zu den »großen Wörtern«. Die gebraucht er selbst operativ in seinem Buch, obgleich er
davor warnt, sie bei religiösen und politischen Schwärmern allzu
ernst zu nehmen: »Man gewöhne sich daher [...] die großen Wörter: Glück der Welt, Freiheit, Gleichheit, Rechte der Menschen,
Kultur, allgemeine Aufklärung, Bildung, Weltbürgergeist und dergleichen für nichts anders als für Lockspeisen oder höchstens für
gutgemeinte leere Worte zu nehmen, mit denen diese Leute spielen wie die Schulbuben mit den oratorischen Figuren und Tro-
pen [...].«[3] Daß der jakobinische Edelmann in seinem Verhaltens-
brevier für den Mittelstand die Begriffe selbst braucht, etwa um die

»Grade der Kultur« zu bestimmen oder die Vorgeschichte der
Französischen Revolution zu erklären, belegt ihre Unvermeidbar-
keit bei der Beschreibung gesellschaftlicher Verhältnisse und historischer Prozesse. Wenn er vor ihrem Gebrauch in dem Abschnitt
warnt, wo sich der lebenskluge Autor mit »Enthusiasten, über-
spannten, romanhaften Menschen, Kraftgenies und exzentrischen
Leuten« beschäftigt, dann wird deutlich, daß Begriffe, die sich nach
der Seite des Sprachsystems weder als Bedeutung noch nach der
Seite des kommunikativ Gemeinten als Sachverhalt auflösen lassen,
mit ihrem hohen Abstraktionsgrad zu Leer- und Blindformeln geraten können. Offensichtlich reagiert Knigge auf den Umstand, daß
Grundideen der deutschen Aufklärung, herausgelöst aus dem Zusammenhang der Entwürfe, zu Schlagwörtern geraten. Dazu zählen auch »Bildung« und »Kultur«.
Diesen Abstraktionsgrad müssen sie zuvor erreicht haben. So
bleibt zunächst die Aufgabe, die Begriffsgenese auch »nach rückwärts« innerhalb bestimmter sozialer und historischer Praxen auszumachen. Im Mittelpunkt der folgenden Abschnitte steht deshalb
die Entstehung der Begriffe »Kultur« und »Bildung«, ihre Bedeutung als Wörter innerhalb »abendländischer« Wissensbestände und
ihre Etablierung als moderne, auch sozialgeschichtlich relevante,
Begriffe in der zweiten Hälfte des 18. Jahrhunderts. Diese Genese
vollzieht sich innerhalb eines grundlegenden semantischen Wan-
dels. Im transnationalen Übergang von der altständischen zur
modernen Welt erlaubt eine Fülle neuer Worte wie »Geschichte«
oder »Fortschritt« und neuer Wortbedeutungen wie »Revolution«
oder »Republik« den Schluß, daß die alten Schulbegriffe und
Kunstwörter des »status scholasticus«, des gelehrten Standes, nicht
mehr ausreichen, um gewandelte Erfahrungen auszudrücken. Mit
Blick auf die politisch-sozialen Begriffe hat Reinhart Koselleck dafür die gelungene Metapher von der »Sattelzeit« eingeführt, jener
Zeit, in der Begriffe rückwärtsgewandt auf Sachverhalte verweisen,
die der Kommentierung bedürfen, und in der sie zugleich »vor-
wärts und uns zugewandt« neue Bedeutungen gewinnen, die in die
Gegenwart reichen. Im Verlauf der zweiten Hälfte des 18. Jahrhunderts rücken »Bildung« und »Kultur« zu modernen Begriffen auf,
indem die beiden alten Worte aus der Sprache der Mystik und des
Pietismus bzw. aus dem Lateinischen neue, vielfältige Sinnbezüge

erhalten, die allerdings nicht zum Wortkörper selbst, sondern zu seiner Verwendungsgeschichte gehören.

Wenn hier ein noch näher darzustellender Zusammenhang von Erfahrungswandel und Begriffsgenese herausgestellt wird, dann sollte damit nicht der Eindruck aufkommen, als würden zentrale Elemente der Realgeschichte wie Ökonomisierung und Universalisierung, Beschleunigung und Individualisierung den Wortkörper wie eine Bedeutungsessenz durchtränken. Das gibt, wie bereits ausgeführt, den einzelnen Begriffen zuviel Ehre und Gewicht. Denn ihnen wird so als Eigenleistung zugerechnet, was lediglich anhand der Begriffe innerhalb kommunikativer Zusammenhänge und sozialgeschichtlicher Erfahrungen zu erklären wäre. Das ist mit dem Ausdruck Verwendungsgeschichte gemeint. So ist es kein Zufall, daß bei Mendelssohn wie bei Knigge die Begriffe, gerade weil ihr Sprachgebrauch reflektiert wird, in einem diskursiven Bündel anderer Begriffe vorkommen.

Begriffsgenese: »cultus« bzw. »cultura« im Lateinischen

Historische Vorgänge und begriffliche Repräsentation gehören nicht automatisch zusammen. Dennoch gibt es einen Zusammenhang von geschichtlicher Konstellation, jeweiliger Erfahrung und sprachlicher Repräsentation. Für eine historische Semantik bleibt die sprachliche Repräsentation, die Weltdeutung und nicht das Weltgeschehen, der Ausgangspunkt. Das mag trivial klingen, hat aber den Vorteil, Rückdatierungen zu vermeiden, die sich auf allgemeine Tatbestände beziehen, welche eine anthropologisch fundierte Theorie mit dem Terminus »Kultur« zu bezeichnen pflegt. Nehmen wir Arnold Gehlen als ein prominentes Beispiel. Der versteht den Menschen als ein biologisches Wesen, das gezwungen ist, sich selbst und seine Welt herzustellen. Für ihn ist der Mensch »von Natur ein Kulturwesen«. Die Paradoxie lebt aus der biologisch-empirischen Fundierung der Gehlenschen Anthropologie und ihrer antimetaphysischen Zielsetzung. Insofern ist das Wort »Kultur« in dieser anthropologischen Theorie ein sinnvoller Terminus zur Analyse der Conditio humana. Die beginnt folglich beim »Urmenschen«. Der Terminus wirkt so gebietskonstitutiv und repräsentie-

rend zugleich, denn er gibt einer empirisch disparaten Ebene eine
Einheit, und er beansprucht zugleich, über diese Ebene »an sich«
etwas auszusagen. Soviel soll hier nur angedeutet werden, um herauszustellen, daß »Kultur« als Terminus einer »Theorie der Kultur«
oder einer theoretisch geleiteten »Geschichte der Kultur« nicht primär auf den Zusammenhang von sprachlicher Repräsentation und
geschichtlicher Konstellation ausgerichtet ist, sondern ex post geschichtliche Tatbestände mit Termini, die theoretisch-systematisch
ausgewiesen sind (oder es sein sollten), untersucht. Hingegen interessiert sich die historische Semantik gerade für den angesprochenen
Zusammenhang, für die Sprache als Indikator von und Faktor in
geschichtlichen Verhältnissen. Gesellschaften, die ihre »Kultur«
nicht ansprechen, bleiben für sie stumm. Sie ist damit von der Begründung der »Kultur« durch eine Kulturtheorie befreit, was aber
keineswegs theoretische Kopflosigkeit bedeutet. Vielmehr verlagert
sich bei ihr das Theorieproblem hin zu der Frage nach dem Verhältnis von Sprache und Geschichte in deren historischem Vollzug.
Für die Untersuchung der Genese unserer Begriffe verbieten sich
damit Rückdatierungen, die eine »Kultur ohne Kulturbegriff« behaupten, weil sie wegen des Augenmerks auf historische Tatbestände die Optik der historischen Semantik falsch ausrichten.
»Merkwürdig ist, daß die Griechen kein ganz erschöpfendes Wort
[...] für die Kultur hatten, sie, die Hochkultivierten«, schreibt 1804
Friedrich August Carus in seinen *Ideen zur Geschichte der
Menschheit*. Die Verwunderung wird vor dem Hintergrund eines
neuhumanistischen Kulturbegriffs verständlich, der im Unterschied zu dem der Spätaufklärung Arbeit und Technik ausgrenzt
und statt dessen mit verklärendem Blick auf die griechische Polisgesellschaft die Wissenschaft, aber insbesondere die Kunst, als
Medium der persönlichen Bildung bestimmt. Davon später mehr.
Dieser Kulturbegriff ist lediglich, wie andere auch, Objekt der historischen Semantik, er zählt aber nicht zum Organon der theoretischen Annahmen. Bei ihm interessiert vor allem die jeweilige
Gegenwart als Fundament für eine Projektion in die Vergangenheit.
So läßt sich bei Carus der Bruch zwischen dem europäischen »Kulturbegriff« der Aufklärung – in England und Frankreich wird dafür
der Parallelbegriff »Zivilisation« gebraucht – und einem spezifischen deutschen ausmachen; einem Begriff, der sich nicht mehr

übersetzen läßt und der zur nationalspezifischen Modernisierungs-
geschichte des Bildungsbürgertums gehört. Was hier von der Begriffsgeschichte ex post als semantische Innovation im Vollzug
herauszustellen wäre, erlaubt nicht den Schluß, das antike Griechenland sei eine »Kultur ohne Kulturbegriff«.[4] Der neuhumanistische Kulturbegriff im ausgehenden 18. und frühen 19. Jahrhundert
lebt aus zeitgenössischen Erfahrungen, aus der politischen Parallele
zwischen der zersplitterten griechischen Staatenwelt und der deutschen, aus der normativen Utopie eines hellenischen Menschentums und seiner schöpferischen Leistungen. Etwas salopp formuliert: Die Frage, warum die »hochkultivierten« Griechen keinen
Begriff für »Kultur« hatten, wird von W. v. Humboldt an Platon
gestellt. Mit dieser Zeitdifferenz ist die Einheit des historischen
Vollzugs von Sprache und Geschichte überdehnt. Die Griechenlandbegeisterung ist eine Projektion von der jeweiligen Gegenwart
in eine idealisierte Vergangenheit. Sie sagt nichts über den Zusammenhang von Begriff und Geschichte im antiken Griechenland aus,
wohl aber läßt sie Rückschlüsse auf ein entstehendes Bildungsbürgertum zu, auf dessen enthusiastische Vorstellungen von der steri-
len Reinheit eines schönen Hellas.

Von Interesse ist aber die Frage, warum es, trotz einzelner Bezeichnungen für bestimmte Tätigkeiten, keinen griechischen Begriff für
das gibt, was der Mensch über die Natur hinaus herstellt, warum es
aber im Lateinischen mit der Verbform »colere« (= wohnen, sich
aufhalten; pflegen, bebauen) als Ausgangspunkt und der Substan-
tivableitung des Partizips Perfekt »cultus,-us« und »cultura« Ausdrücke gibt, die auf die naturgerichteten Aktivitäten der Menschen
verweisen; und die damit eine wirkungsmächtige Grundlage für
vielfältige Übertragungsvorgänge auf die Pflege der Menschen und
ihrer Umstände bilden. Ohne dies ist die Entstehung des modernen
Kulturbegriffs im 18. Jahrhundert undenkbar.

Obwohl die Wirtschaft der griechischen Antike auf dem Ackerbau
beruht und obwohl die Denker und Schriftsteller der klassischen
Zeit ein ausgeprägtes Bewußtsein der »technischen« Fähigkeiten
des Menschen besitzen, faßt im Griechischen kein Begriff das zusammen, was die Menschen mit der Natur und über sie hinaus
machen, während das Lateinische mit »cultus« und (seltener) mit
»cultura« ein solches Wort aufweist. Der Grund dafür ist sozialge-

schichtlicher Art. Bereits in der frühgriechischen Adelswelt wird körperliche Arbeit gering geschätzt. Für den Kriegeradel gilt sie als unwürdig. Später in der Polisgesellschaft rechnet Platon die Ackerbauern der Klasse der Dienenden zu. Für Aristoteles können die Angehörigen der produzierenden Schichten, die Bauern, Handwerker und Händler, nicht als Bürger im vollen Wortsinn gelten, weil sie durch ihre Arbeit depraviert sind und ihnen die nötige Muße zu den Staatsgeschäften fehlt. Menschen, so läßt uns Aristoteles in seiner *Politik* wissen, die für die Sicherung ihrer materiellen Existenz leben, sind nicht Bestandteil der Polis, sondern Voraussetzung für ihren Bestand. Die Bemühung um das Überleben schließt offenbar die Verwirklichung eines vollkommenen Lebens aus. Die Abwertung der unmittelbar produktiven Arbeit koppelt die Welt der ökonomischen Sphäre als niedere Welt der Sklaven und Handeltreibenden ab von der politischen Sphäre als Ort der Vervollkommnung. Kriterium ist dabei die Tüchtigkeit für die Polis. Folglich kennzeichnet nicht mühevolle Anstrengung (»ponos«), sondern sinnvolle Tätigkeit (»praxis«) den Bürger. »Bildung« (»paideia«) bleibt als Prozeß und Resultat einer Erziehung mit »Muße« und »Zweckfreiheit« verbunden. Darauf wird sich der Neuhumanismus beziehen, indem er, auch dies ist ein Indikator für deutsche Zustände, den politischen Aspekt der Tüchtigkeit für die Polis nahezu ausblendet. Bei Aristoteles bleibt die Entfaltung menschlicher Persönlichkeit im Handeln für das Gemeinwesen und wissenschaftlicher Tätigkeit nur denkbar als Ideal weniger Vollbürger; ein Ideal, das umgangssprachlich als elitär bezeichnet werden könnte, und das, historisch gerecht betrachtet, aus der hintergrundserfüllten Selbstverständlichkeit der Sklavenhaltergesellschaft lebt. So beschönigt Aristoteles die Sklavenarbeit keineswegs als menschenwürdig, wohl aber rechnet er mit ihr als etwas Niederem und Notwendigem.[5]

Die Griechen kannten somit keinen einheitlichen Begriff der »Arbeit«, und das mag erklären, warum die Polisgesellschaft keinen Begriff von »Kultur« im Sinne eines anstrengenden menschlichen Austauschs mit der Natur entwickelt hat. Sie sah in den »technischen« Fertigkeiten des Menschen nicht Mittel zur Veränderung der Natur, sondern Mittel zur Befreiung des Menschen von den Zwängen der Natur, auf daß er sich höheren Aufgaben zuwenden kann.

Anders in der römischen Antike, der bäuerlichen Tradition Roms, seiner Wehrverfassung und der gesellschaftlichen Vorherrschaft des Landadels entsprechend. Hier wird der Landbau nicht als eines freien Mannes unwürdig erachtet, zum einen deshalb, weil freie Bauern bis ins 2. Jahrhundert v. u. Z. den Kern des römischen Heeres ausmachen, zum anderen, weil die Erträge aus Grundbesitz und Landwirtschaft die Voraussetzung für den Eintritt in die Honoratiorenschaft und damit für den Erwerb von Prestige und politischer Macht bilden. »Labor« ist so als mühevolle Arbeit anerkannt und nicht mehr als niedrige Sklaven- und Handwerkertätigkeit abgewertet.[6] Deshalb kann »cultura agri« bzw. »cultura agrorum« als Pflege und Bebauung der Felder wie auch der Sorge um die Haustiere positiv bewertet werden. Diese agrarische Bedeutung von »Kultur« ist ja bis heute in Worten wie Obst-, Misch- oder Treibhauskultur präsent. Sie bildet im klassischen Latein den Ursprung für Übertragungen in verschiedene Bereiche: dies kann die Pflege des Menschen, seine Erziehung und Sorge um sich selber meinen; aber auch abstrakter, die Pflege von Wissenschaften und Künsten und schließlich die übernatürlichen Dinge, die Verehrung von Götzen, Göttern oder des Gottes umfassen. »Cultura autem animi philosophia est«, heißt es bei Cicero.[7] Diese Wendung ist allerdings für die Antike untypisch. Verbreiteter ist »cultus animi«. Doch wird gerade »cultura animi« in der Frühen Neuzeit zum Ausgangspunkt für die Etablierung des modernen Kulturbegriffs. – Neben dieser aktiven Bedeutung, die Pflege als Prozeß herausstellt, findet sich auch die des Resultats. »Cultura« meint dann den Obstgarten, den Weinberg oder das bebaute Feld; schließlich auch, wie bei Tacitus, ein ganzes Land, die Sitten und Lebensweise seiner Bewohner, wenn er Germanien als »tristem cultu aspectuque« (»unfreundlich hinsichtlich seines Zustands und seiner Erscheinung«) bezeichnet.[8] »Cultura« bzw. »cultus« umfassen somit im Lateinischen den gesamten Bereich menschlicher Tätigkeit als »Kultur« von etwas bzw. als Resultat von Kultivierung. Gelegentlich finden sich die Wörter ohne Objekt, was aber nicht heißt, daß »Kultur« als abstrakter Begriff in dem von uns angegebenen Sinne reflexiv und verzeitlicht wird. Zwar kommt »cultus« und »cultura« schon eine bescheidene synthetische Kraft zu; extensional, d. h. hinsichtlich der außersprachlichen Objekte, die der Ausdruck bündelt, läßt sich

schon eine große Vielfalt ausmachen mit einer Spannweite vom be-
arbeiteten Acker bis zur »Pflege des Geistes«. Im Einzelfall bleibt
allerdings der sprachliche Ausdruck fast immer an ein bestimmtes
Objekt gebunden. Intensional, d. h. hinsichtlich des Wortinhalts,
der Merkmale und Eigenschaften, die es charakterisieren, bleibt der
Ausdruck unentwickelt. Trotz der Tendenz zu einer typisierenden
Zusammenfassung verschiedener Gegenstände und Bereiche können die Ausdrücke keine Geltung als moderne Begriffe erlangen,
weil sie in den jeweiligen Diskursen noch keine bestimmten Sinn-
und Deutungspotentiale abgrenzen. So kann sich »cultus« bzw.
»cultura«, trotz der positiven Bewertung, keineswegs zu einem
Sinngehalt verselbständigen, der über die bloße Namens- und Verweisungsfunktion hinausgeht. Deshalb überwuchert die Frage nach
den wesentlichen Inhalten des Ausdrucks noch nicht die Benennung außersprachlicher Realitäten. Man weiß im Lateinischen immer, was »cultus« bzw. »cultura« bezeichnen, gerade weil mit den
Ausdrücken noch nicht über Pläne, Zufälle und Konflikte der
»Kultur« reflektiert oder gar dem Gang der Menschheitsgeschichte
vom Anfang bis zum Endzustand Sinn zugeschrieben wird. Die
Ausdrücke reflektieren nicht den Zustand oder die Geschichte der
Gesellschaft noch enthalten sie Erwartungsmomente gegenüber
einer möglichen Zukunft. Das widerspräche ja auch antiken Vorstellungen, die Geschichte entweder als absteigende Linie vom
Goldenen Zeitalter sehen, oder sie als bloßen Wechsel bestimmter
Zyklen bestimmen. Dermaßen weder reflexiv noch verzeitlicht,
eignen sich die Ausdrücke zwar für die Beschreibung der Welt, aber
weniger für ihre Deutung.

Die Ausdrücke gehören in jenes noch wenig erforschte Arsenal von
Wissensbeständen, die, konserviert durch die Gelehrtensprache Latein, von der Antike bis in die Neuzeit reichen. Die Macht der
Tradition schließt allerdings Bedeutungsverengungen nicht aus. So
gerät im Mittelalter die Benennungsspannweite von »cultus« bzw.
»cultura« nahezu in Vergessenheit – aus Gründen, die hier nur angedeutet werden können.[9] »Cultus« wird im Mittelalter eher auf
den religiösen Kult bezogen, bei »cultura« findet sich die landwirtschaftliche Bedeutung ebenso häufig wie die kultische. Demgegenüber spielt der Aspekt der Erziehung oder der Pflege von Künsten
und Wissenschaften eine geringe Rolle. Zwar ist das grundlegende

Ethos der neuen Religion dem bäuerlichen Leben keineswegs
fremd; schließlich sind Fischer und Landleute in Galiläa die ersten
Christen, ist die Bibel erfüllt mit Bildern vom Feld, von der Schaf-
herde und vom Weinberg. Doch erscheint nach christlichem Verständnis der transzendente Gott und Schöpfer aller Dinge als der
oberste Ackermann. »Cultura ipsius est in nos«, heißt es bei Augu-
stin: dem Menschen obliegt die Pflege Gottes, seiner Taten und
seiner Worte. Das kann den Menschen bessern, aber nicht Gott.[10]
Demnach ist Gott der Ursprung der »Kultur«, die Natur Gottes-
werk. Das mittelalterliche Wort »natura« läßt sich nicht mit dem
Wort »Natur« in moderner Bedeutung übersetzen; denn »natura«
gilt, darauf verweisen auch zahlreiche Allegorien, als Dienerin Gottes, in der sich dessen Gedanken und Pläne verkörpern. Für den
mittelalterlichen Menschen ist die Natur deshalb voller Symbole.
Auch wenn der Mensch die Natur bearbeitet, so entsteht damit
doch kein entfaltetes Bewußtsein eines Verhältnisses zwischen Subjekt und Objekt. Für ihn existieren keine strengen Grenzen, die das
Individuum von der Welt trennen. Er findet sich selbst in der Außenwelt und nimmt den Kosmos als »Subjekt« wahr. So kann
»cultura« zwar auf Ackerbau verweisen, aber mit dem Fehlen eines
konzeptuellen Gegensatzes zwischen Mensch und natürlicher Umgebung vermag sich das Gegensatzpaar »Natur-Kultur« nicht zu
enfalten.[11]

Die Reaktivierung des antiken Bedeutungsumfangs und
veränderte Vorstellungen im frühneuzeitlichen Denken

Die Situation verändert sich mit der Krise der mittelalterlichen
Ständegesellschaft. Die eingeschränkte Bedeutungsentwicklung
von »cultus« und »cultura« wird jetzt unter Rückgriff auf antike
Wurzeln erweitert, zunächst im Lateinischen, später auch in einzelnen Volkssprachen, insbesondere im Deutschen.[12] Dabei umfaßt
der Ausdruck die Pflege des Menschen, als Sorge um sich selber
und als die Erziehung anderer. Zudem weist er nun, wie in der
Antike, auf einen weiteren Übertragungsbereich, nämlich auf die
Pflege von Tugenden, Wissenschaften und Künsten. Zunächst werden »cultus« und »cultura« nicht stärker unterschieden, doch läßt

sich im 17. Jahrhundert eine Eingrenzung von »cultus« auf die kultisch-religiöse Bedeutung ausmachen. Im Unterschied zur Antike wird nun »cultura« häufiger gebraucht – sicherlich als Folge des Ciceronischen »cultura animi« – im Sinne der Pflege von Tugenden, Anlagen und Fähigkeiten bei sich selbst und an anderen. Vorherrschend wird mit positiver Wertung der antike Sinn funktioneller Pflege reaktiviert, also der Prozeß und weniger der Zustand oder das Resultat. Demnach ist »Kultur« weder ein Geschenk einer transzendenten Macht, noch »wird« oder »wächst« sie von selbst wie etwas »Natürliches«.

Wie ist die Reaktivierung des antiken Bedeutungsumfangs zu erklären, welche Spuren veränderter Zusammenhänge und Tatsachen lassen sich daran ablesen? Das Aufkommen von »großer Stadt«, Gewerbe und erweiterten Ware-Geld-Beziehungen gefährdet nicht nur den sozialen Bau des mittelalterlichen Europas, sondern auch die damit verbundene Vorstellung von der Gesellschaft als einheitlichem Organismus vertikaler Beziehungen von Herrschaft und Unterordnung wie horizontaler, kooperativer Beziehungen. Jetzt betreibt ein neuer rationalistischer Denkstil, der in den Notwendigkeiten des städtischen Gewerbes wie des wachsenden Handels gründet, die Auflösung des mittelalterlichen Weltbildes. Gewiß, was an der Neuzeit »neu« und »alt« ist, wann sie einsetzt, um später von einer »neueren« bzw. »neuesten« Zeit abgelöst zu werden, das ist bis heute umstritten. Der Übergang von der altständischen zur modernen Welt läßt sich jedenfalls nicht als ideen- oder ereignisgeschichtlicher Bruch ausmachen, eher als komplizierter und widersprüchlicher Prozeß, in dem die Aufstapelung des Alten durch neue Formen der Weltdeutung und Weltbearbeitung abgebaut wird. Huizinga hat dafür – gegen Jacob Burckhardts verherrlichende Projektion von der Renaissance als dem Beginn der modernen »Zivilisation« – die geglückte Metapher vom »Umschlagplatz« geprägt, den es in seiner Gegensätzlichkeit zu verstehen gelte. Und das mit guten Argumenten. Denn das Mittelalter erweist sich als weitaus dauerhafter und weniger dunkel, als es die kunstsinnigen Bewunderer der glänzenden Wiedergeburt wahrhaben wollen. Burckhardts Pessimismus gegenüber der eigenen, als häßlich empfundenen Gegenwart mag ihn zur Herausstellung von »Schönheit«, »Größe« und »ganzem Leben« in der Renaissance verführt haben.

Allerdings spricht dessen Kurzformel »von der Entdeckung der
Welt und des Menschen« auch zwei zentrale Momente neuer, dauerhafter Einstellungen an, die zur mentalen Vorgeschichte des
Deutungsmusters zählen. Quasi unterhalb der einzelnen theoriegeschichtlichen Verästelungen, Ungleichzeitigkeiten, individuellen
Differenzen und Innovationen verändern sich bei den »literati« die
Auffassungen und Formen des Erfassens der Wirklichkeit. Ohne
mit der biblischen Idee von der Gottesebenbildlichkeit des Menschen zu brechen, beginnt in der Renaissance die Auflösung der
theozentrisch-anthropomorphen durch eine subjektiv-anthropo-
zentrische Perspektive. Gemeint ist hier eine neue Vorstellung vom
Menschen, der sich selbst als Bezugspunkt zu deuten beginnt und
seine Stellung gegenüber einer Natur, deren Eigenwertigkeit nun
zunehmend gedacht werden kann. Die Persönlichkeit des Mittelalters war vorrangig Standespersönlichkeit; die der Renaissance versteht sich als autonomes Subjekt. »Ich bin einer und möchte
ungeschmälert einer bleiben«, erklärt Petrarca. Mit den Vorstellungen von sich selbst bekommen auch die Vorstellungen von der Welt
ein anderes Gesicht. Allgemeine (und hinlänglich bekannte) Veränderungen im Repräsentationsmodus der Künste mögen dies veranschaulichen – vor allem dann, wenn man nicht nur nach dem »Was«
fragt (noch lange behaupten sich hier ja religiöse Muster), sondern
nach dem »Wie«. Dazu jeweils ein Beispiel aus der bildenden Kunst
und der Literatur. Die neu entdeckte Linearperspektive macht das
Individuum außerhalb des Bildes zum Zentrum der Komposition,
die sich ja auf einen fingierten Betrachter und nicht mehr wie in der
»Bedeutungsperspektive« auf einen säkularisierten Raum bezieht.[13]
An den Autobiographien läßt sich ein Abbau (von Gott) vorgegebener Lebensmuster und die Ausbildung von Subjektivität und
Individualperspektive ausmachen.[14] – Die religiöse Konzeption des
mittelalterlichen Raums, in dem sich Gottes Segen ausbreitet, wird
nun durch die eines Raums ersetzt, der vermeßbar erscheint und
dessen Distanzen berechenbar sind. Fernhandel und Kolonialex-
pansion schaffen erweiterte ökonomische, die Herausbildung moderner Territorialstaaten politische Räume. Nun meint Natur
zunehmend eine empirische, außerhalb der Menschen gegebene
Welt. Damit kann sie intensiver zum Objekt der Bearbeitung und,
auf eine völlig neuartige Weise, zum Gegenstand naturwissen-
schaftlicher Forschung werden.

Folglich gewinnt die menschliche Tätigkeit als körperliche und geistige Arbeit, als Selbsterziehung und Erziehung anderer an Gewicht. Gewiß, schon die jüdisch-christliche Tradition bricht mit der Antike, wenn sie körperliche Arbeit als von Gott auferlegte Mühsal bestimmt. Seit der Vertreibung aus dem Paradies ist Arbeit mit dem Fluch Gottes verbunden: »So soll nun der Acker verflucht sein um deinetwillen; unter Mühsal sollst du dich von ihm ernähren [...]« (Gen 2,15). Mit dem göttlichen Fluch erhält sie aber auch eine göttliche Legitimation. Das Christentum kann als Religion »für alle« nicht die Arbeit der Sklaven und Kolonen, der Bauern, Handwerker und Händler gänzlich abwerten, wohl aber schätzt es die asketisch-spirituelle Übung höher als die manuelle Arbeit, der allerdings innerhalb der »distributio officiorum« ein theologisch legitimierter Platz zugewiesen wird. Mit dem Ausbau der Stadt, dem städtischen Handwerk und dem Handel tritt eine zunächst kaum bemerkbare Verschiebung in der Einschätzung von »vita activa« und »vita contemplativa« ein. Handwerkliche Arbeit wird noch vor der protestantischen Ethik mit dem Beten gleichgestellt und somit aufgewertet.[15] Über den Calvinismus hinaus bleibt Arbeit weiterhin religiös gerechtfertigt. Sie erfährt so in »alten Formen« eine markante Aufwertung. Das fächert sich semantisch unterschiedlich auf und kann nicht auf die Teleologie einer »protestantischen Ethik« (mit dem Kapitalismus als Endpunkt) beschränkt werden. Dazu zählt auch ein humanistisches Bildungsprogramm, das sich der menschenformenden Macht der Antike versichert und in Anlehnung an Ciceros Bildungsziel die »studia humanitatis« propagiert. Diese umfassen vor allem literarische Studien und sollen den Menschen zu dem formen, was er zu sein hat, zum »homo humanus«.[16] Auch wenn es sich hier um Konzepte einer literalen Elite handelt, für die das Studium der »literae« den höchsten Wert ausmacht, Konzepte einer Elite, auf die das alte Ideal des sich selbst genügenden stoischen Weisen noch eine große Anziehungskraft ausübt, so läßt sich doch auch unter dem Leitbegriff »studia humanitatis« ein neues Pathos der Tätigkeit ausmachen, das den Humanismus überlebt und die »nobilitas literaria«, das gelehrte Bürgertum, prägen wird.[17]
Mit diesen Veränderungen in den Formen der Weltdeutung und Weltbearbeitung entsteht verstärkt ein Bedürfnis, die Möglichkei-

ten und Resultate der Menschen, ihre Pflichten und ihr Zusammenleben zu reflektieren. Die seit der Renaissance häufigere, immer positiv bewertete Verwendung von »cultura« bzw. »cultus« in einem funktionellen Sinn mit weitem Übertragungsbereich zeigt diesen Erfahrungswandel an. Man könnte einwenden, es gehöre schließlich zum zeitlosen Selbstverständnis des Menschen, sein eigenes Wirken und seine eigenen Leistungen gegenüber dem, was von Natur aus gegeben, abzugrenzen. Gemäß einer (in diesem Fall) unhistorischen Anthropologie erscheint der »eigentliche Gegenstand« von »Zivilisation« bzw. »Kultur« dann als »zeitloses Phänomen«.[18] Diese Vorstellung verkennt allerdings den historisch variablen Zusammenhang von »Gegenstand«, Erfahrung und einem »Selbstverständnis«, das sich sprachlich artikuliert. Weil sich die historische Semantik gerade dafür interessiert, braucht sie sich die Beweislast »zeitloser Gegenstände« nicht aufzubürden. Gleichwohl reflektiert sie, ohne eine Identität zwischen dem Bewußtsein der Akteure und ihren Verhältnissen zu behaupten, den Zustand eines Vokabulars als Ausdruck geschichtlicher Zustände.
Unter theoriegeschichtlichen Vorzeichen mag die Rückführung des aufgezeigten Erfahrungswandels auf die beiden idealtypischen Elemente der erhöhten Individualisierung und des intensivierten Weltbezugs – etwa angesichts der komplizierten Herausbildung einer Vorstellung vom Naturgesetz, oder dem widersprüchlichen Ineinander von religiösen und säkularen Denkmustern – als Pauschalisierung bewertet werden. Das ist auch zutreffend und erledigt doch nicht unsere Fragestellung nach geschichtlich gewachsener Welterfahrung, die in Sprache aufbewahrt ist. Jener Welterfahrung, die dem individuellen Denken voraufgeht und doch von den Denkentwürfen einzelner geprägt sein kann. Um dies zu veranschaulichen, sei hier eine Metapher erwähnt, die Adam Müller, der Begründer der romantischen Staatstheorie, gebraucht, um die ökonomische und geistige Entwicklung eines Landes zu bestimmen. Dabei unterscheidet er zwischen einem »physischen Warenkapital«, das durch Geld, Kredit und Handel »mobilisiert« werde und einem »geistigen Erfahrungskapital«, das »durch Sprache, Rede und Schrift realisiert und in Bewegung gesetzt« werde.[19] Dieses »geistige Erfahrungskapital« interessiert hier mehr als der individuelle Wucher mit ihm. Für unsere Fragestellung bleiben ja gerade die kollektiven, langfri-

stig wirkenden Veränderungen hervorzuheben; Veränderungen, mit denen seit der Auflösung der Ständegesellschaft das lateinische »cultura« (und seltener »cultus«) wieder über den landwirtschaftlichen und kultischen Bereich hinausweist und neue Akzente erhält, die eine entscheidende Etappe in der Vorgeschichte unserer Begriffe ausmachen. Der Mensch hat im Humanismus für seine Würde selbst zu sorgen, und so überrascht es nicht, daß mit der Cicero-Renaissance, etwa bei Erasmus oder Thomas Morus, die »cultura ingenii«, das heißt die Ausbildung aller Anlagen, gefordert wird.[20] Bei Bacon, um ein weiteres besonders wirkungsmächtiges Beispiel zu nennen, erscheint »cultura animi« an zentraler Stelle, nämlich in der Ethik, im Zusammenhang mit einem Persönlichkeitskonzept, das auf Erziehung als Ausweitung von Wissen in praktischer Absicht setzt. Dahinter steht die Idee einer Pflicht des Menschen zur Erkenntnis wie die Behauptung eines Anspruchs der Menschheit auf Wissenschaft. Auch Bacon befindet sich noch auf dem »Umschlagplatz« zwischen Altem und Neuem. Die Vorstellung vom »Wissen als Macht« (»Knowledge is power«), die Betonung einer neuen Erfahrungswissenschaft, die den Wohlstand der Gesellschaft fördert und den »Gegner«, die Natur, durch genaue Kenntnis derselben besiegen will, verstärkt nicht nur das Pathos der Tätigkeit, sondern eröffnet auch die Perspektive eines neuen Verhältnisses zur Natur. Programmatisch dafür der Titel seines Gesamtwerks: *Die große Erneuerung der menschlichen Herrschaft über die Natur (Magna instauratio imperii humani in naturam)*. Soll der Mensch das naturgesetzlich Mögliche ausführen, so muß er sich selbst und andere »beackern« – gelegentlich spricht Bacon auch von den »Georgica Animi« –, um den Umgang mit der Natur zu lernen und sie durch »Erfahrung« zu beherrschen. Ob Bacon dem Mittelalter oder der Neuzeit zuzurechnen ist, das braucht hier nicht entschieden zu werden. Sicher, den Anspruch auf Wissenschaft begründet er noch theologisch mit einem von Gott verliehenen Rechtstitel (»ex dotatione divina«), und seine konkreten Erklärungsversuche halten noch an überlieferten Vorstellungen fest, wenn sie mit Wörtern wie »spiritus« oder »Magie« operieren. Zugleich aber, das ist hier wichtiger, verweist bei ihm folgenreich und an zentraler Stelle »cultura animi« auf eine Neueinschätzung der menschlichen Kräfte und Mittel. Wissen wird bei Bacon, darauf hat Hans Blumenberg hingewiesen, nicht mehr als ruhende und beglückende Anschauung der sich selbstdarbietenden Dinge, sondern als Arbeit und Kraftprobe angesehen; und dies, so sollte hinzugefügt werden, mit einer konsequent praktischen Zielsetzung auf den Nutzen von Staat und Gesellschaft. Bezeichnend dafür, daß in der englischen Version der Ethik (1605) »cultura animi« entweder wörtlich mit »culture of the mind« oder aber mit »practice« – im Sinne von nützlicher Tätigkeit – wiedergegeben wird.[21] Bekannt ist das Titelblatt seines Hauptwerks. Es zeigt ein Schiff der East India Company, das durch die Säulen des Herkules (Gibraltar) hindurchfährt. Nahezu allegorisch stellt es den Zusammenhang von Handelskapital und menschlicher Wißbegierde, von »physischem Kapital« und »geistigem Erfahrungskapital« dar. Beiden wird mit der Ausfahrt die Möglichkeit des »plus ultra« eröffnet. In der Bildunterschrift erscheint die Welt der Seefahrt und des Handels als Garant neuer Erkenntnisse: »Viele werden hinausfahren und das Wissen wird wachsen« (»Multi pertransibunt & augebitur scientia«). Bacons »große Erneuerung des Wissens«, sein Versuch, wissenshindernde Vorurteile abzubauen und im Namen der Nützlichkeit die Herrschaft über die Natur zu erringen, zersetzt das mittelalterliche Weltbild und trägt entscheidend dazu bei, das Selbstbewußtsein der praktischen Naturforschung zu befestigen. Der Wortgebrauch von »cultura« bzw. »culture« steht so in einem neuen theoriegeschichtlichen Zusammenhang, allerdings ohne daß ihm eine neue, über den umfassenden antiken Sinn der »Pflege« hinausgehende Bedeutung zukommen muß, denn der Ausdruck selbst bezeichnet noch nicht synthetisch, was Bacon mit seinen neuen Ideen aussagen will.

Pufendorf und viele andere werden sich auf Bacon berufen. Noch Hegel nennt ihn den »Heerführer aller Erfahrungsphilosophie, mit dessen Sprüchelchen man sich auch bei uns noch die Werke ziert«. Das verweist auf eine große Wirkung. Von »cultura animi« im Sinne der Pflege von Fähigkeiten und Anlagen bei sich und bei anderen ist insbesondere nach Bacon häufiger die Rede, wenn es um Selbsterziehung und Erziehung, Pflege der Künste und Wissenschaften, Förderung des Handels oder der »Industrie« geht. Wie läßt sich das im einzelnen darstellen und begründen? Nach dem Muster »›cultus‹ bzw. ›cultura‹ bei...« könnte jetzt eine Galerie der Größen neuzeitlichen Denkens vorgestellt werden. Das macht aber wenig

Sinn, weil ein solches Verfahren weder der Leistung des einzelnen Denkers noch dem historisch-semantischen Erkenntnisinteresse gerecht wird. Allzu leicht entstünde so mit dem verengten Blick aufs beziehungslose Wort und ohne theoriegeschichtliche Zusammenhänge die Vorstellung eines sich selbstbewegenden isolierten Ausdrucks, der von Denker zu Denker springt und zu den Schlüsselwörtern frühneuzeitlichen Denkens zählt. Das ist aber nicht der Fall. Denn »cultura« entwickelt noch keine eigene diskursiv-pragmatische Dynamik. Es kann, darüber später mehr, lediglich als unauffälliges Wort der Gelehrtensprache gelten – allerdings als ein häufig benutztes, weil es die angesprochenen Veränderungen im geistigen Erfahrungskapital auszudrücken vermag, ohne in die Terminologie einzelner Entwürfe eingebunden und identifizierbar zu sein. Damit bleibt das Wort »offen« für die unterschiedlichsten Richtungen neuzeitlichen Denkens. Zu beachten bleibt außerdem: Es geht in diesem Zusammenhang ja auch nicht um die Bedeutungen eines Worts, um den semasiologischen Aspekt von allen möglichen Haupt- oder Nebenbedeutungen, etwa den landwirtschaftlichen oder kultischen, sondern um die Eignung eines Ausdrucks für die spätere Etablierung als Begriff. Ebensowenig sollten unter onomasiologischen Vorzeichen alle Bezeichnungen für die angesprochenen Veränderungen im geistigen Erfahrungskapital aufgelistet werden. Die schlagen sich schließlich im gesamten Sprachhaushalt frühneuzeitlichen Denkens nieder.[22]

»Civilitas«: Vorstufe eines westeuropäischen Zivilisationsbegriffs

Von Interesse ist in diesem Zusammenhang allerdings das Wort »civilitas«, insofern es die Vorstufe eines westeuropäischen, insbesondere französischen Zivilisationsbegriffs ausmacht, der in der Spätaufklärung mit dem deutschen Kulturbegriff nahezu übereinstimmt, im Neuhumanismus folgenreich abgewertet und schließlich gegen Ende des 19. Jahrhunderts aus chauvinistischer Sicht im Namen der »deutschen Kultur« mißachtet werden wird. Auch »civilitas« und von ihm abgeleitete Wörter gewinnen mit den veränderten Formen der Weltdeutung und Weltbearbeitung an Gewicht.

Insofern zeigt »civilitas« unterhalb verschiedener neuzeitlicher Theorien und Philosophien langfristige Veränderungen im geistigen Erfahrungskapital an, die in den modernen Begriff »civilisation« einmünden und in dessen Verwendungsgeschichte synthetisch gebündelt werden. Und doch werden die Ausdrücke erst im letzten Drittel des 18. Jahrhunderts – das kann hier zunächst nur angedeutet werden – mit der geschichtsphilosophischen Dimension der Zeit und in einem neuartigen Verwendungszusammenhang eine intensionale Komplexität erhalten, die Vorgänge und Ergebnisse menschlichen Handelns nach dem Sinn und dem »Gang« des Menschengeschlechts befragt. Erst damit beginnt die analytische Sondierung nach den Bedingungen und Bestandteilen der »Kultur« bzw. der »Zivilisation«, nach deren Wert und Unwert. Jetzt verselbständigen sich die Begriffe zu eigentlichen Sinngehalten. Selbst ohne Objekt oder Genitivattribut bezieht sich der Wortgebrauch von »cultura« oder »civilitas« auf einzelne Bereiche und Erscheinungen. Das Gemeinte läßt sich so fallweise identifizieren. Nicht was »Kultur« oder »Zivilisation« bezeichnen, sondern was diese programmatisch bedeuten, welche Inhalte sie haben, was sie »wert« sind, darüber entsteht Streit. Festzuhalten bleibt jetzt: Ähnlich wie bei »cultura« ist auch bei »civilitas« im modernen Begriffsgebrauch aufgehoben, was in den alten Gebrauchswörtern auf vielfältige und unterschiedliche Weise angesprochen wurde. Insofern zählt die Wortgeschichte zur Vorgeschichte der Begriffe. Und gerade mit ihr wird der semantische Bruch, die neuartige Etablierung moderner Bewegungsbegriffe, kontrastiv deutlich.

»Civilisation« ist ein Neologismus aus der Mitte des 18. Jahrhunderts.[23] Das antike Latein kennt kein Substantiv »civilisatio«, wohl aber das von »civis« (»Bürger«) abgeleitete Adjektiv »civilis« und die Substantive »civitas« und »civilitas«.[24] Die Ausdrücke beziehen sich auf Stadt und Bürgerschaft. Sie können in der Spätantike auf ein zivilisiertes Leben und zivilisierte Sitten verweisen. Sie sind stets positiv besetzt und enthalten eine räumliche und »politische« Komponente, indem sie die Grenze gegenüber dem Wilden und »Unzivilisierten« markieren und vom Menschen als Gemeinschaftswesen ausgehen. Beide Aspekte bleiben auch im Mittelalter präsent. Auch in diesem Fall ist im Lateinischen wie in den Volkssprachen zu beobachten,[25] daß die Auflösung der Ständegesell-

schaft zunächst zu semantischen Verschiebungen (nicht zu Brüchen!) führt. Das umfaßt den Aspekt der Verfeinerung ebenso wie
den Raumaspekt – als Resultat, nicht als Vorgang, so sollte hinzugefügt werden, denn anders als »cultus« und »cultura« kennt
»civilitas« keine transitive Bedeutung.

»Civilitas« bezeichnet im Humanismus »gutes Benehmen«, Höflichkeit. De civilitate morum puerilium (1530) betitelt Erasmus
seine Schrift, die eine Art Höflichkeits- und Verhaltenslehre für
Knaben enthält. Offensichtlich bildet hier »civitas« den Hintergrund, nämlich die nicht thematisierte, aber vorausgesetzte Vorstellung, daß Höflichkeit nur in einem wohlgeordneten Gemeinwesen,
im städtischen oder höfischen Milieu (Erasmus widmet die Schrift
einem jungen Prinzen), möglich ist. Im Wortgebrauch läßt sich jene
neue Vorstellung vom Menschen und erhöhte Individualisierung
ausmachen. Gewiß, Erasmus' Schrift steht auch noch in der unpersönlichen Tradition mittelalterlicher Manierenbücher. Doch sollte
nicht übersehen werden, daß bei ihm die Gegenüberstellung von
»fromm« und »böse«, »gut« und »schlecht« einer differenzierten,
individuellen und empirischen Sehweise gewichen ist. Die Reflexion über gesellschaftliches Verhalten ist keine individuelle Besonderheit von Erasmus, denn mit der Auflösung der Ständegesellschaft und ihrer hierarchischen wie kooperativen Normen wird das
Problem des Verhaltens in der Gesellschaft problematischer. Veränderte Verhältnisse drängen zur Reflexion der Verhaltensweisen. Für
Norbert Elias fällt die Schrift des Erasmus in jene »fruchtbare
Übergangszeit nach der Lockerung der mittelalterlichen und vor
der Stabilisierung der anderen neuzeitlichen Gesellschaftshierarchie«.[26] In ihr wird das Gefühl dafür, was zu tun und zu lassen ist,
differenzierter; um sich nicht gegenseitig durch Fehlverhalten zu
beleidigen, wächst die Rücksichtnahme auf Empfindlichkeiten.
Damit steigert sich die Selbst- und Fremdbeobachtung wie auch
das Vorzeigen des eigenen »guten« Benehmens und die Rücksichtnahme gegenüber dem vermeintlich »schlechten«. »Sieh anderen
ihre Verstöße nach«. Das ist bei Erasmus die »maxima civilitas«.

Das Programm einer »civilitas« im Sinne einer zunehmenden »Verfeinerung« wendet sich an städtische Oberschichten und, mit der
Etablierung feudalabsolutistischer Territorialstaaten, verstärkt an

den höfischen Adel. Als in der höfischen Welt des aufkommenden
Absolutismus die humanistische Vorstellung eines vollkommenen
Menschen vollends unpolitisch wird und in den Dienst des Leit-
bilds vom vollkommenen Hofmann, vom »cortegiano«, oder später
vom »honnête homme«, tritt, da schenkt man entsprechend der
neuen, festen Gesellschaftshierarchie den Rangunterschieden im
Benehmen genaueste Beachtung. Das zählt zur Grundforderung
der neuen Höflichkeit, der »Civilité«, wie es im Französischen, der
Sprache des Hofes, heißt. Allerdings läßt sich die neue Vorstellung
von Verfeinerung nicht auf die »höfische« Höflichkeit beschränken. Auch Städter können für sich eine »Civilité« beanspruchen.
Der Eintrag in ein Wörterbuch (1694) der klassischen Epoche lautet: »Civilité: ehrsame, sanfte und feine Art sich zu betragen und zu
unterhalten [Höflichkeit]. Man muß jedermann mit Höflichkeit
behandeln. Man lehrt die Kinder kindliche Höflichkeit. Nur Bauern und grobes Volk lassen Höflichkeit vermissen«.[27] Ausgegrenzt
werden hier in alter Tradition der Abwertung des »rusticus« die
Bauern. Das »grobe Volk« paßt allerdings nicht mehr in den alten
»urbanitas-rusticitas-Gegensatz«. Neue Erfahrungen mit städtischen Unterschichten und landlosen Landbewohnern äußern sich
hier. Auch im Deutschen meint »civilisiert« Verfeinerung und
»Höflichkeit«. Als im Jahre 1708 eine Neuübersetzung von Dede-
kinds *Grobianus*, einem anti-grobianischen Bestseller aus der Mitte
des 16. Jahrhunderts, wiedererscheint, da ist nicht nur die grobiani-
sche Darstellung des lotterbubenhaften »Helden« Grobianus zeitgemäß gemildert – skatologisch-fäkalische Scherze, »Fürze« und
»Scheißhaufen« kommen jetzt nicht mehr vor –, da deutet sich auch
im neuen Titel der angesprochene Verfeinerungsprozeß an: *Der un-
höfflich Monsieur Klotz mit poetischer Feder beschrieben und allen
gescheuten und civilisierten Gemüthern zu belachen vorgestellt.*
Höflichkeit wird, angebunden an höfische Lebensformen, hochbewertet und kann gerade deswegen im 18. Jahrhundert mit zuneh-
mender Kritik am »höfischen Verhalten« und im Namen einer
neuen mittelständischen Gefühlskultur als Komplize einer un-
glaubwürdigen Maskenhaftigkeit verdächtigt werden. »Civilité«
erscheint so als etwas Äußerliches, als zeremonielle Höflichkeit,
übertriebene Feinheit, täuschende Kunst und wird im Französischen zunehmend durch »politesse« ersetzt. Im Deutschen bleibt

»zivilisiert« dem Verdacht der Äußerlichkeit ausgesetzt. Kant etwa klagt: »Wir sind civilisirt bis zum Überlästigen zu allerlei gesellschaftlicher Artigkeit und Anständigkeit«, und »Civilisirung« verbindet er mit »der Ehrliebe und der äußeren Anständigkeit«.[28] Räumlich läßt sich bei »civilitas« eine Ausweitung ausmachen, die zugleich eine stärker wertende Binnendifferenzierung beinhaltet. Bekannt ist Dantes »civilitas humana« im Sinne der ganzen Menschheit. Aber auch bei ihm meint der Ausdruck vorrangig ein wohlgeordnetes Gemeinwesen. Erst mit den Berichten über außereuropäische Völker und den Entdeckungsreisen gerät die Vorstellung einer zivilisierten Lebensweise zum Wertungsmaßstab für die vermeintlich unzivilisierten afrikanischen oder amerikanischen Völker. Sie leben als »Barbaren« in der »Barbarei« außerhalb der »civilitas«. Diese Unterscheidung bietet eine nicht zu unterschätzende dauerhafte ideologische Legitimation für die Brutalitäten der Kolonialherren. Europäer können sich so als Befreier verstehen, auch wenn sie als Eroberer kommen. In »civilitas humana« und der Unterscheidung zwischen Zivilisierten, weniger Zivilisierten und Barbaren deutet sich bereits ein Dualismus zwischen Menschheitspathos und Eroberungsabsicht an, der in der Verwendungsgeschichte des französischen Begriffs »civilisation« ein große Rolle spielen wird: Er steht zunächst im Zeichen der Aufklärung und der Französischen Revolution mit dem Versprechen der Befreiung der Menschenbrüder von verfluchten Despoten, wie es etwa Condorcet gibt;[29] später zeigt er sich stärker nationalstaatlich und machtpolitisch akzentuiert, bis hin zur Propaganda des Ersten Weltkriegs – doch auch hier erscheint das französische Volk als der »erstgeborene Vertreter« und »Missionar« der Zivilisation.

»Civilitas« und »civilis« bezeichnen zunächst nur Resultate und Zustände, nicht Prozesse, auch wenn sie als Gebrauchswörter im Bereich der »Verfeinerung« und des »Raums« einen Wandel im geistigen Erfahrungskapital anzeigen. Voraussetzung für den Neologismus »civilisation« als moderner, geschichtsphilosophisch aufgeladener Bewegungsbegriff sind allerdings transitive Wortformen. Die finden sich nicht im Lateinischen, sondern in den Volkssprachen; mit »civiliser« im Französischen seit der zweiten Hälfte des 16. Jahrhunderts, und mit dem englischen »to civilize« im 17. Jahrhundert. Im Deutschen sind für diese Zeit keine Belege für ein Verb bekannt, wohl aber das Partizip in Verwendungen wie »zivilisierte Völcker«, so bei Leibniz, oder »civilisierte Gemüther«, so der bereits angeführte Buchtitel aus dem Jahre 1708.

Unterschiedliche, westeuropäische und deutsche Benennungsvorgänge bei ähnlichen intellektuellen Problemlagen

Zu fragen bleibt, warum dies so ist. Das hat etwas mit der rückständigen nationalpolitischen und nationalsprachlichen Entwicklung Deutschlands zu tun. Das »Heilige Römische Reich Deutscher Nation« bildet, ausgeschlossen von der überseeischen Expansion, für nahezu zweihundert Jahre eine Art »Hinterland der aufsteigenden atlantischen Welt« (H. Holborn). Es ist ein buntscheckiges Gebilde von großen absolutistischen Territorialstaaten, ständisch mitregierten Landesfürstentümern, theokratischen Herrschaften, halbautonomen Städten und kleinen Zwergobrigkeiten. Deutschland verpaßt die Herausbildung des modernen Territorialstaates, und damit verzögert sich auch die Entwicklung einer Nationalsprache. Politisch fragmentiert, fehlt ihm ein geistiges Zentrum, ein auf das Land ausstrahlender Mittelpunkt wie Paris in Frankreich oder London in England. In diesen großen Städten kann sich ein neues Publikum entfalten, ein Publikum, das sich in der Nationalsprache, nicht in der Gelehrtensprache Latein, verständigt. Dreitausend »gens de goût« vermutet Voltaire in Paris. Eine in Europa verbreitete Zeitschrift wie der *Mercure de France* erscheint in einer Auflage von siebentausend Exemplaren. Aus heutiger Sicht mögen die Zahlen gering erscheinen, doch verweisen sie auf die Entstehung eines größer werdenden neuartigen Leserkreises, der die Verhältnisse der Politik, der Wissenschaften und der Kunst kennenlernen und kommentieren will. Dazu eignet sich die alte Sprache der Gelehrten nicht, sollen doch die Schranken fallen, die das Lateinische zwischen dem neuen Wissen und der Nation zieht. In Holland bedient sich Simon Stevin der Volkssprache. Bacon und Hobbes veröffentlichen ihre Werke neben dem Lateinischen auch schon in englischer Sprache. In Frankreich schreibt Descartes einige seiner Werke in Französisch. Hier erklärt bereits seit 1539 die »Ordonnance« Franz I. das Französische als verbindliche Sprache der Rechtsprechung.

In Deutschland hingegen verzögert sich die Herausbildung einer anerkannten Nationalsprache. Deshalb entsteht im Deutschen, so darf vermutet werden, aus »civilitas« bzw. »civilis« keine volkssprachliche transitive Wortform. Hier wird mit Blick auf Versailles als Vorbild das Französische zur Sprache des Hofes und des Adels, bleibt das Lateinische noch weit ins 18. Jahrhundert hinein die Sprache der Gelehrten. Friedrich II. z. B. beherrscht im Bann der französischen Klassik das Deutsche nur unzureichend, lehnt die entstehende deutsche Nationalliteratur eines Lessing oder Klopstock ab. Die »Frankophobie« der deutschen Schriftsteller ist auch eine Antwort auf die »Frankophilie« der Höfe. Als 1687 ein zweiunddreißigjähriger Leipziger Juraprofessor, Christian Thomasius, die erste Philosophievorlesung in deutscher Sprache hält, da artikuliert sich in dieser Attacke gegen das Wissensmonopol der nur lateinisch sprechenden akademischen Hierarchie auch der Anspruch des Bürgertums auf Teilhabe am geistigen Leben. Der Standescharakter des Sprachgebrauchs in Deutschland läßt sich auch an der dominanten Rolle des Französischen leicht erkennen. Bossuet, der Hofprediger der französischen Monarchie, schreibt an Leibniz französisch. Leibniz antwortet ihm in der gleichen Sprache, nicht in der deutschen. Noch Herder beklagt den Standescharakter der Sprache und sieht einen Zusammenhang zwischen Nationalsprache und Nationalentwicklung. Deutsch spreche man mit den Domestiken, Französisch aber mit den Vertretern des gleichen Standes; »dörfen wir uns«, so fragt er, »wohl wundern, warum die deutsche Nation so nachgeblieben, so zurückgekommen und ganzen Ständen nach so leer und verächtlich worden ist, als wir sie leider nach dem Gesamturteil andrer Nationen im Angesicht Europas finden«.[30] Schon wenige Jahre später setzt allerdings europaweit die Bewunderung für das deutsche Geistesleben, die schöne Literatur, die Philosophie und die Musik ein.
Die These von der Rückständigkeit der deutschen Verhältnisse sollte auch deshalb nicht überstrapaziert werden. Denn je nach Blickpunkt stellen sich die Zustände unterschiedlich dar. Aus wirtschafts- oder verfassungsgeschichtlicher Sicht erscheint dieses lokker verbundene Reich als ein rückständiger Rest mit großer Vergangenheit. In den machtpolitischen Auseinandersetzungen der europäischen Staatenwelt wird mit den erstarkenden Territorial-

staaten, mit Österreich oder Preußen, nicht aber mit ihm gerechnet. Für unsere Fragestellung ist jedoch ein anderer Aspekt von Interesse: Dieses Reich wird zwar von zahllosen politischen, ökonomischen und religiösen Trennungslinien durchzogen, doch sollte nicht übersehen werden, daß die oft angeführte mauerdurchzogene Enge der deutschen Verhältnisse für Wissenstransfer durchlässig war. Der Nachteil der politischen Zerrissenheit, von national-unitarischen Historikern des 19. Jahrhunderts häufig beklagt, schuf auch Freiräume für unterschiedliche Lehrmeinungen. Weil jeder große Landesherr seine Universität ausbaut, haben Lutheraner, Calvinisten oder Jesuiten einen institutionellen Rückhalt. Fast jede Lehre kann in Deutschland irgendwo gelehrt werden. Als z.B. Christian Wolff, die zentrale Gestalt der deutschen Philosophie in der ersten Hälfte des 18. Jahrhunderts, aufgrund königlicher Kabinettsordre und infolge gemeinsamer Intrigen zwischen orthodoxen Lutheranern und Pietisten aus Halle vertrieben wird, kann er nach Marburg gehen. Im preußischen Halle gilt seine Lehre als gottlos und spinozistisch, im hessischen Marburg ist sie willkommen. Dort erwartet ihn kein isoliertes Abseits, sondern eine glänzende Professur mit internationaler Anerkennung. Offensichtlich befördert das Elend der politischen Zersplitterung eine Vielfalt von Lehrmeinungen, die an den Hochschulen Frankreichs oder auch in Oxford oder Cambridge nicht aufkommen kann, weil hier der Katholizismus bzw. die englische Hochkirche das akademische Leben überwachen. Sicherlich, das kann den Nachteil der fehlenden großen Hauptstadt als mögliches geistiges Zentrum nicht wettmachen. Das alte Reich sollte auch nicht als Hort der Freiheit herausgestellt werden. Religiöse Intoleranz und fürstliche Eingriffe sind an der Tagesordnung. Doch steht, vereinfacht ausgedrückt, das geistige Leben besser da als das ökonomische oder gar politische Leben. Zwischen den Akademien und ihren Mitgliedern bestehen internationale Kontakte. Der Welthandel fließt zwar an Deutschland nahezu vorbei, der Ideentransfer aber nicht. So gerät das »Hinterland der aufsteigenden atlantischen Welt« nicht ins intellektuelle Abseits, vielmehr nimmt es teil an der Internationalisierung des Wissens durch national organisierte Akademien der Wissenschaften. Leibniz und Tschirnhausen sind Mitglieder bzw. Korrespondenten der Pariser Akademie. Das lateinische Werk macht Chri-

stian Wolff zu einer europäischen Berühmtheit. Umgekehrt werden
die Denker der französischen und englischen Aufklärung in
Deutschland rasch rezipiert. Der nationalpolitischen und nationalsprachlichen Rückständigkeit entspricht also keine intellektuelle
Rückständigkeit, auch wenn im England und Frankreich des 17.
und frühen 18. Jahrhunderts, so sehen es auch die Zeitgenossen, der
Fortschritt von Wissen und Wissenschaft vorrangig stattfindet.
Das wird hier nur erwähnt, um unterschiedliche westeuropäische
und deutsche Benennungsvorgänge bei ähnlichen europäischen intellektuellen Problemlagen zu begründen. Während die transitiven
Verbformen »civiliser« im Französischen und »to civilize« im Englischen um die Mitte des 18. Jahrhunderts den Neologismus »civilisation« erlauben, konzentriert sich im deutschen Sprachgebiet die
Entwicklung auf das Wort »Kultur«, bzw. zunächst auf das lateinische »cultura«. Deutlich zeigt sich dies bei Samuel Pufendorf, dem
bedeutendsten deutschen Naturrechtler. In dessen Staatslehre findet sich bei der theoriegeschichtlich folgenreichen Betonung der
ethischen Freiheit und Würde des einzelnen, der Herausstellung
des Sozialen wie der wechselseitigen Pflichtbindung zwischen
Herrscher und Untertanen ein komplexerer Bedeutungsinhalt und
eine markante Bedeutungserweiterung von »cultura« und »Kultur«. Denn bei ihm rückt der Ausdruck in den Zusammenhang von
neuzeitlichem Naturrecht und Aufklärung. Er etabliert sich hier im
Horizont der systematischen Betrachtung von Gesellschaft und
Geschichte mit einer ersten Terminologisierungstendenz. Letzteres
läßt sich daran erkennen, daß Pufendorf Definitionsversuche unternimmt, und der Ausdruck innerhalb seines Naturrechts eine
zentrale Stelle erhält. Allerdings ist der Sprachgebrauch dabei noch
keineswegs festgelegt: häufig erscheint anstelle von »cultura« auch
noch »cultus«.[31]

Pufendorfs theoriegeschichtliche Vorarbeiten
zum modernen Kulturbegriff

Wir haben gesehen, wie bei Bacon (den Pufendorf kennt und erwähnt) »cultura animi« den Aufbruch der Erkenntnis eines naturwissenschaftlichen Praktizismus ausdrückt, der die Frage nach der

Normgebung des individuellen wie gesellschaftlichen Lebens weitgehend ausschaltet.[32] Die Naturwissenschaft kommt ohne eine Gesellschaftswissenschaft aus, weil für Bacon die englische Krone gesellschaftliche Stabilität garantiert. Er lehnt im *Novum Organum* die Änderung der Gesellschaft ausdrücklich ab. Bei Pufendorf aber, dem Professor für Natur- und Völkerrecht in Heidelberg und Lund, dem schwedischen und brandenburgischen Hofhistoriographen, erweitert sich der Bedeutungsumfang hin zu Gesellschaft und Staat, ohne daß der Aspekt der Pflichten des Menschen gegen sich selbst verlorengeht. Er verwendet explizit den ciceronischen Ausdruck »cultura animi« und bestimmt sie ähnlich wie Bacon als Verwertung der Kräfte, Anwendung der Studien und Bestimmung der Ziele. Allerdings muß er diese Bedeutung semantisch ausfächern, weil er sie auf das Gemeinschaftsleben ausdehnt, und sie damit eine rechtlich politische Dimension erhält. In der zweiten Auflage des Hauptwerks *De jure naturae et gentium* (1684) beschäftigen sich dreizehn Paragraphen mit dem, was unter »cultura animi« zu verstehen ist.[33] Offensichtlich wird »cultura animi« in der traditionellen funktionalen Bedeutung von Pflege der Anlagen, Fertigkeiten und Tugenden sich selbst und anderen gegenüber komplexer und umfassender, ist doch hier der Ausdruck eingebettet in die naturrechtliche Begründung aller Gesellschaft als bewußte Setzung. Deshalb erstreckt sich mit der Vorstellung einer »socialis vita« die funktionelle Bedeutung über die Individuen hinaus auf das gesamte Leben: Neben »cultura animi« treten Ausdrücke wie »vitae cultus« oder »vitae cultura«.

Die Hypothese des Naturzustandes (»status naturalis«) und die mit ihr verbundenen anthropologischen Annahmen markieren den zentralen Punkt der Naturrechtstheorie und der politischen Theorie allgemein. Das Deckblatt der ersten deutschen Übersetzung von *De Officio Hominis et Civis* (*Einleitung zur Sitten- und Staatslehre oder kurze Vorstellung der schuldigen Gebühr aller Menschen und in Sonderheit der bürgerlichen Staats-Verwandten*, 1681) zeigt eine allegorische Darstellung des Naturzustands; nämlich einen Diener (unverkennbar ein Philosoph), der seinen Herrscher (dieser hat auf seinem Schoß ein Werk mit dem Titel *Jus Naturale* liegen) auf einen zwischen Gräsern kriechenden, sich von wilden Früchten ernährenden nackten Menschen aufmerksam macht. Der Mensch lebt im

Naturzustand offensichtlich vereinzelt und tierähnlich ohne Kleider und Werkzeug. Er ist als Mängelwesen in eine wilde Natur geworfen, unfähig, sich ohne Mithilfe seiner Mitmenschen zu erhalten. Der Mensch muß, darauf verweist die allegorische Darstellung, um sich auf höherem Niveau zu erhalten, die Geselligkeit pflegen und ihr dienen. Erst in der »socialis vita« entfalten sich Ackerbau, geistige Anlagen und sittliches Verhalten. – Das Naturrecht stellt auf das ab, was durch die Vernunft ergründet werden kann. Es glaubt die Gesetze des Zusammenlebens zu entdecken, verpflichtet den einzelnen, seine Fähigkeiten auszubilden, so daß sie zum Nutzen anderer gebraucht werden können. Die Menschen geben ihre natürliche Freiheit auf, gründen durch Übereinkunft Staaten, um sich mit ihrem Schutz gegen die Übel, die dem Menschen vom Menschen drohen, zu wappnen. Das erinnert an Hobbes, dessen *Leviathan* (1651) als Apologie der absolutistischen Monarchie oder als Vorläufer einer modern-liberalen Staatsauffassung gelesen werden kann. Bei Pufendorf aber ist eine eindeutigere monarchistisch-absolutistische Neigung unverkennbar, wenn er häufiger die Pflichterfüllung des Staatsbürgers und seltener dessen Rechte herausstellt. Nicht ohne Grund erscheint in der Allegorie die Staatsperson als absolutistische Herrscherperson. Der Philosoph – welche Aufwertung des Gelehrten – aber organisiert mit Hilfe des vernunftgeleiteten Naturrechts das menschliche Zusammenleben: es bestimmt den Zustand der Gesellschaft und die rechtlich-politischen Konsequenzen!

Um den neuartigen Stellenwert von »cultura« bzw. »Kultur« zu erläutern, bedarf es einer näheren Bestimmung des Naturzustandes. Der ist bei Pufendorf, ähnlich wie bei Hobbes, kein bestimmter empirisch auszumachender historischer Ort, sondern entsprechend der mathematisch-naturwissenschaftlichen Denkmethode ein theoretisch konstruiertes Erklärungsmodell, das allerdings mehr bietet als eine ungeschichtliche Konstruktion, weil es als bewußter, logisch-prinzipieller Gegensatz zu zivilisierten Verhältnissen die Reflexion gesellschaftlicher Existenz erlaubt.[34] Der Naturzustand hat gleichsam idealtypischen Charakter. Mit ihm kann die Vergesellschaftung des Menschen und die Herausbildung der »societas civilis« gedacht werden. Er kann durch Fakten zwar bestätigt, aber nicht widerlegt werden. Der Naturzustand kann als

logisch konstruiertes Gegenbild zur zivilisierten Menschheit verstanden werden, als ein Gegenbild, mit dem der Selbsterzeugungs-
prozeß der Gattung in zivilisatorisch-technischer wie in politisch-
rechtlicher Hinsicht verständlich wird. Der »status naturalis« ist in
einem zeitlichen und räumlichen Sinne der Zustand außerhalb der
Gesellschaft, er ist das Gegenüber des »status civilis«. Hervorzuheben bleibt, daß die Hypothese vom Naturzustand den gegenwärtigen Zustand der Menschheit weltimmanent erklärt, daß seine
»socialitas« als Fundament der Gesetzlichkeit, Ordnung und Le-
bensannehmlichkeit keiner transzendenten Legitimation bedarf,
sondern innerweltlich begründet wird. So kommt Pufendorf ohne
die biblische Überlieferung und den göttlichen Schöpfungsplan
aus. Das empört seine orthodox-protestantischen Kritiker, die ihm
Ketzerei vorwerfen: Schließlich sei Adam nicht vom gütigen Gott
in eine wilde Welt, elend lebend wie ein Tier, gesetzt worden. Was
nüchtern als Abbau von theologischen Denkmustern bezeichnet
werden könnte und heute geläufig erscheint, ist für Pufendorf ein
riskantes Unternehmen. Über Jahre muß er sich in Debatten recht-
fertigen. Die Polemik zwingt ihn jedoch, seine Leitworte zu präzisieren. Dazu zählt auch »cultura«.
Im Streit mit seinen Kritikern schreibt sich Pufendorf an den modernen Begriffsgebrauch heran. Denn in der Vorstellung von den
Menschen als Subjekten der Geschichte mit bestimmten zivilisatorisch-technischen Erfahrungen und politisch-rechtlichen Strukturen erhält bei ihm »cultura« als Anstrengung der Menschen, über
den Naturzustand hinauszugelangen, einen komplexeren Bedeutungsinhalt und einen umfassenderen Bedeutungsumfang. Der zentrale Stellenwert des Ausdrucks innerhalb der systematischen
Betrachtung von Gesellschaft und Geschichte zeigt sich deutlich
da, wo Pufendorf den »status civilis« als »status culturae« ausweist.
So heißt es in *Eris Scandica* (1686): »Auf eine zweite Weise haben
wir den Naturzustand des Menschen betrachtet, insofern er jener
Kultur [culturae] gegenübergestellt wird, die zum menschlichen
Leben aus der gegenseitigen Hilfe, dem Fleiß und den Erfindungen
der anderen Menschen durch eigenes Nachdenken und Vermögen
oder durch göttliche Anleitung hinzugekommen ist«.[35] Offensichtlich faßt hier »cultura«, positiv bewertet und ohne Genitivattribut,
»cultura animi« und »vitae cultus« bzw. »vitae cultura« zusammen.

Indem das Wort die Aneignung wie die Vergegenständlichung zivilisatorischer und technischer Fertigkeiten anspricht, erhält es innerhalb der Naturrechtslehre die Bedeutungsnuancen der Arbeit, der Moral und der Gesellschaftlichkeit.

Pufendorf kann allerdings nicht als Begründer des modernen Kulturbegriffs herausgestellt werden, weder unter theoriegeschichtlichen noch unter kommunikationsgeschichtlichen Vorzeichen. Gewiß, seine vernunftbegründete Naturrechtslehre läßt das Wort in einem völlig neuen Zusammenhang von Aufklärung, Gesellschaft und Geschichte erscheinen. Dabei drückt der Wortgebrauch einen Prozeß und einen Zustand aus. Mit ihm läßt sich alles, was die Menschen ohne Gottes Hilfe und Heilsplan über die Natur hinaus geschaffen haben, benennen. Dennoch kann sich »Kultur« nicht zum Sinngehalt verselbständigen, weil Pufendorfs Denken die geschichtsphilosophische Dimension fehlt. Daran hindert ihn eine mathematisch-naturwissenschaftliche Methode, die der Konstruktion des Naturzustands verpflichtet ist. Einerseits ermöglicht der »status naturalis« die Reflexion gesellschaftlicher Existenz, und er bricht, indem er die Perspektive eines vom Naturzustand fortschreitenden Selbsterzeugungsprozesses der menschlichen Gattung eröffnet, mit einer traditionellen Geschichtsbetrachtung, die das Geschehene in seiner Konstanz und Wiederholbarkeit auszumachen versucht. Andrerseits aber befestigt die mathematisch-naturwissenschaftliche Methode noch die Erwartung, dem »status naturalis«, d. h. auch den Krisen von Geschichte und Gesellschaft, durch eine rationale Konstruktion zu entkommen. Die zentrale geschichtsphilosophische Erfahrung, daß Menschen zwar Geschichte machen, aber nicht über sie verfügen, daß man Geschichte zwar erkennen, aber nicht aus ihr heraustreten kann, erlaubt das Pufendorfsche Denken nicht. Bei Pufendorf kennt die Begründung der Gesellschaft als willkürliche Setzung keine empirisch gesättigte Spannung zwischen Zukunft, Vergangenheit und Gegenwart. Mit ihr kann die Erfahrung, daß sich die Geschichte hinter dem Rücken der Menschen vollzieht, nicht gemacht werden. Deshalb braucht Pufendorf keine Schicksals- und Vorsehungsmetaphorik, keine »puissance superieur« wie Turgot, keine »invisible hand« wie Smith, keine »Naturabsicht« wie Kant, um die Totalität des historischen Prozesses einzufangen. Damit bleibt bei ihm »cultura« ein unproblematisches Leitwort, mit dem ohne geschichtsphilosophische Irritationen die Herstellbarkeit des »status civilis« thematisiert werden kann. So ist »cultura« bei ihm weder reflexiv noch in einem empirischen Sinn verzeitlicht. Der Wortgebrauch enthält keine programmatischen Überschüsse, keine analytischen Erörterungen über die Bedingungen und Bestandteile, Grade und Stufen der »Kultur«. Auch ohne Genitivattribut ist in der Regel evident, was gemeint ist. Hinzu kommt: Pufendorfs Wortgebrauch bleibt isoliert. Auch bei Thomasius und Wolff, seinen Nachfolgern in der Naturrechtslehre, die das von Hobbes herkommende Naturrecht in Deutschland durchsetzen, findet die umfassende Bedeutung keine unmittelbare Fortführung, zumindest nicht, so sollte hinzugefügt werden, unter der Bezeichnung »cultura« bzw. »Kultur«.

Warum aber wurde dann Pufendorf erwähnt? Im Gebrauch des Wortkörpers hat er keine unmittelbaren Nachfolger gefunden. Das stimmt. Was er aber mit dem Wort »cultura« anspricht, und worauf es innerhalb seines naturrechtlich begründeten Entwurfs von Gesellschaft verweist, das wird auf unterschiedliche und vielfältige Weise in der Naturrechtslehre und im Kameralismus fortgeführt. »Cultura« zeigt bei Pufendorf einen entscheidenden Wandel im geistigen Erfahrungskapital an, nämlich die systematische Betrachtung von Gesellschaft und Geschichte (im eingeschränkten Sinne), von politisch-rechtlichen wie zivilisatorisch-technischen Zuständen, von Herrschaft und Staatenbildung aufgrund anthropologischer Annahmen, die den Menschen als entwicklungsbedürftiges und entwicklungsfähiges Mängelwesen bestimmen. Für die Perspektive einer historischen Semantik sind theoriegeschichtliche Innovationen und Differenzen nur dann von Belang, wenn sie tieferliegende, langfristige und kollektive Veränderungen in den Wissensbeständen anzeigen. Das ist bei Pufendorf der Fall. Denn in seinem Denken sind bereits beherrschende Themen der Aufklärung angesprochen, etwa die Frage, wie naturhaft gegebener Eigennutz mit dem solidarischen Bedürfnis der Gemeinschaft vereinbar ist, oder wie sich innerweltlich Souveränität begründen läßt. Der verengte Blick auf den Wortkörper »cultura« verstellt gerade die Wahrnehmung jener Veränderungen von Wissensbeständen, die später in der Verwendungsgeschichte des modernen Kultur- bzw.

Zivilisationsbegriffs gebündelt werden. Zu beachten bleibt darüber hinaus, daß »cultura« noch keine zentrale Rolle in verschiedenen Diskursen spielt, sondern weiterhin als zwar häufig gebrauchtes, aber nicht abschließend terminologisiertes Wort der lateinischen Gelehrtensprache gelten kann und insofern zwar in einer internationalen, doch national eingeschränkten Öffentlichkeit benutzt wird.

Wenn Pufendorf »cultura« mit dem »status civilis« verbindet und den Fleiß, die Erfindungen und die gegenseitige Hilfe dem »status naturalis« gegenüberstellt, dann reflektiert er zwar die Genese der bürgerlichen Gesellschaft, aber er erweist sich damit noch nicht als deren Theoretiker. Seine Theoriebildung zielt auf die Herrschaftsausübung des absoluten Souveräns, sie geht zwar von der Gemeinschaftsfähigkeit des Menschen aus, sie spricht dem Obrigkeitsstaat aber das Recht zu, diese durch Zwang zur Gemeinschaftswilligkeit zu steigern. Zu unterscheiden ist also zwischen der bürgerlichen Naturrechtskonzeption und dem absolutistischen Adressaten, der so zu einer vernünftigen Politik verpflichtet werden soll. Das hat scheinbar wenig mit unserer Fragestellung zu tun und trägt doch wesentlich zur Erklärung bei, warum sich das Wort »Kultur« im Deutschen durchsetzt.

Warum und wie setzt sich das Wort »Kultur« im Deutschen durch?

Das deutsche Wort »Kultur« findet sich schon um 1700 bei Christian Weise und Leibniz, der sich ja *Unvorgreifliche Gedanken, betreffend die Ausübung und Verbesserung der deutschen Sprache* macht und dabei sogar schon an ein neues Publikum denkt, an die »Frauenzimmer«, die Leute des Hofes und der Welt.[36]
Eine größere Verbreitung erhält das Wort aber erst in dem Moment, wo sich die theoretische Legitimation des absolutistischen Staates zu einer »empirischen« Lehre des konkreten Staatshandelns im Bereich der Ökonomie und der Verwaltung ausweitet, wo also der Kameralismus entsteht. Der setzt als spezifisch deutsche Spielart des Merkantilismus verstärkt auf die Macht des Obrigkeitsstaates.[37]
Zweifellos drücken sich darin angesichts bekannter Rückständig-

keiten gegenüber Westeuropa Erfordernisse einer erhöhten Staa-
tenkonkurrenz und die Notwendigkeiten sozioökonomischer Modernisierung aus. Es geht also um »Reformen von oben«. Das
umfaßt auch die Vorstellung, die innere Wohlfahrt zu erhöhen. Bei
den Theoretikern des Kameralismus verschwindet das Volk im Ver-
tragsabschluß, es gibt seine Rechte weitgehend auf. Damit erhöhen
sich aber die Herrscherpflichten gegenüber den Ansprüchen des
Volks auf »Glückseligkeit«. Worum es geht, mag der barocke Titel
der grundlegenden und populären Staatslehre von Christian Wolff
veranschaulichen: *Vernünfftige Gedancken Von dem Gesellschafftlichen Leben der Menschen Und insonderheit Dem gemeinen Wesen Zu Beförderung der Glückseligkeit des menschlichen Geschlechts* (1721). Demnach besteht ein Vertrag zwischen Untertanen
und Obrigkeit, die »zur Beförderung der gemeinen Wohlfahrt und
Sicherheit« verpflichtet ist. »Die hohe Landes-Obrigkeit, welche
einen Staat mächtig machen will«, muß dafür sorgen, »daß die Unterthanen sich mehren, so viel als das Land nähren kan, und in dem
Lande zugleich soviel Reichthum ist, als nur immer möglich zu
erhalten, das ist, daß man viele und reiche Unterthanen habe«.[38]
Wolff, der als Schöpfer einer deutschen philosophischen Terminologie gilt, kommt hier ohne das Wort aus, aber er spricht einen
zentralen Zusammenhang an, in dem »Kultur« gebraucht werden
wird.
Geht es um die Verpflichtung des Staates zur Hebung des allgemeinen Wohlstands, so ist nun häufiger von »Kultur« im Sinne einer
umfassenden Pflege einzelner Bereiche die Rede. Dabei wird der
Bedeutungsinhalt keineswegs komplexer, bestimmt doch der Kameralismus entsprechend der vorherrschenden mathematisch-naturwissenschaftlichen Denkmethode den Staat als eine Art Maschine, deren Sinn und Zweck sich genau bestimmen läßt. Im
Vergleich zu Pufendorfs naturrechtlicher Reflexion über den Zusammenhang von »Naturzustand« und »Kulturzustand« wird das
Wort im Kameralismus theoriegeschichtlich anspruchsloser, aber
zugleich wirkungsgeschichtlich folgenreicher. Entsprechend dem
rationalistischen Ideal einer zentral gesteuerten Aktivität der Be-
hörden und einer zentralen Planung der ökonomischen Tätigkeiten
erhält der Bedeutungsumfang allerdings eine Weite, die gelegentlich
schon Binnendifferenzierungen notwendig macht. Welche Aufga-

ben damit im einzelnen verbunden sein können, läßt bei Johann Heinrich Gottlob von Justi, einem der Hauptvertreter des Kameralismus, schon der Titel seines Hauptwerks erkennen: *Die Grundfeste zu der Macht und Glückseeligkeit der Staaten; oder ausführliche Vorstellung der gesamten Policey-Wissenschaft. Erster Band, welcher die vollkommene Cultur des Bodens, die Bevölkerung, den Anbau, Wachsthum und Zierde der Städte; desgleichen die Manufacturen, Fabriken und Commercien, und den Zusammenhang des ganzen Nahrungsstandes abhandelt. Zweyter Band, welcher die häusliche Regierung, die bürgerlichen Tugenden, die innerliche Sicherheit, die Anstalten wider Feuersgefahr, die Ueppigkeit, die Versorgung der Armen, und mithin vornämlich die Stadt-Policey so wohl, als die practische Erkenntniß der Policey-Wissenschaft abhandelt* (1760). Hier haben wir eine Lehre des konkreten Staatshandelns, die dem absolutistischen Staat im Namen der »Policey«, d. h. aller Belange der Verwaltung, nahezu unumschränkte Einflußmöglichkeiten, aber auch Wohlfahrtspflichten zuspricht. Damit gerät »das Ganze« des Staats- und Volkslebens in den Blick, steigt der Kurs empirischer Befunde. So werden bei Justi statistische Daten erhoben und Tabellen angeführt, um die Verbesserungsvorschläge zu begründen und zu veranschaulichen.

»Kultur« bleibt in diesem Zusammenhang nicht auf die traditionelle Bedeutung von Pflege des Bodens beschränkt. Auch muß, so ist zu erfahren, »das unbewegliche Eigenthum des Volkes [...] kultiviert werden«.[39] Mit der Vielzahl der »Pflegebeziehungen« werden Unterscheidungen notwendig. Deshalb spricht Justi von der »Cultur des Bodens«, der »Cultur des Landes« und allgemeiner von der »Cultur der Oberfläche«; und er differenziert zwischen einer »natürlichen Cultur«, die sich auf die Bearbeitung des Bodens bezieht, und einer »moralischen Cultur«, die »in Ansehung der Wohlfahrt des Staates« über die gerechte Verteilung des Eigentums zu bestimmen habe. Beide Aspekte vereinigen sich in der Vorstellung einer »Cultur« ohne Genitivattribut, für die sich schwerlich, so Justi, ein Punkt festsetzen läßt, über den sie nicht hinaus getrieben werden könnte: »[...] die vollkommenste Cultur leidet immer noch Verbesserungen«. Wo »Cultur« sich als Verbesserung der Zustände und im Vertrauen auf die Steuerungsfähigkeit des absolutistischen Staates auf nahezu alles bezieht, kann das Wort ohne Bezug auf einen konkreten Bereich gebraucht werden. Damit wird es aber noch nicht zum modernen Begriff. Sein Inhalt bleibt unkompliziert, weil die institutionellen und ökonomischen Tätigkeiten ihre Richtung und ihr Ziel im Ausbau des Territorialstaates finden. Das »Geld« und die »Städte«, »das Genie und die Arbeitsamkeit des Volkes« und vor allem »die Wissenschaften«, »welche die Barbary ausrotten, und ein rohes, wildes, ungesittetes Wesen unter den Völkern vertreiben« – sie alle gelten als Garanten stetiger Verbesserungen, nicht aber des Fortschritts. Denn die Verbesserungen sind nicht als Vor- und Zwischenstufen eines ferneren Gelingens bestimmt, sondern Ausdruck der gesellschaftsgestaltenden Funktion des absolutistischen Staates. Der statischen Anthropologie, in der »Eigenliebe«, »Selbsterhaltung« und »Ehrgeiz« als »natürlich, und gleichsam angebohren« bestimmt werden, entspricht der vernunftgeleitete Vertrag, der die Bürger zu Untertanen in einer stabilen Ordnung macht. Es geht um Verbesserungen mit übersichtlicher Reichweite ohne geschichtsphilosophische Dimension: Fortschrittszuversicht oder Fortschrittskritik vermag der Kameralismus so nicht zu thematisieren. Er hat zwar in der Naturrechtslehre ein philosophisches Fundament, doch verstehen sich die Kameralisten vorrangig auch als Verwaltungswissenschaftler, die mit Hilfe der geschulten Vernunft Regeln und Prinzipien für die Verbesserung der Regierungsmaschine aufstellen. Für ihn erschließt das konkrete Staatshandeln im Bereich der Verwaltung und des Ökonomischen die Welt. Rückschläge werden so dem Versagen der Staatsverwaltung zugeschrieben, nicht aber dem »Fortschritt«. So bemerkt Justi zur Vorsorge gegen Feuersbrünste: »Der Staat leidet also auch in Ansehung seiner Cultur und Bevölkerung durch die Feuersbrünste Schaden«. Interessant ist in diesem Zusammenhang die Beurteilung von Rousseaus Bruch mit der Fortschrittstheorie der Aufklärung: »Herr Roußeau« aber, der, wie Justi irritiert vermerkt, »in der bekannten Preisschrift« den vorteilhaften Einfluß der Wissenschaften und Künste bezweifelt, habe »der Welt einen üblen Dienst geleistet«. Justis Verbesserungsgewißheit läßt ihn sogar darüber Vermutungen anstellen, ob Rousseaus Antwort auf die Akademiefrage *Hat das Wiederaufleben der Wissenschaften und Künste zur Besserung der Sitten beigetragen* »Ernst, oder Scherz gewesen« sei.

Im Kameralismus ist somit bei »Cultur« in der Regel klar, was das Wort meint. Eben weil »Cultur« dem Handeln des absolutistischen Staates zugerechnet wird, bleibt der Bedeutungsinhalt unstrittig, während sich der Bedeutungsumfang, gemäß dem allgemeinen absolutistischen Politikverständnis der »allgemeinen Wohlfahrt«, ausweitet. Mit dem Kameralismus beginnt sich »Cultur« in der entstehenden deutschen Nationalsprache festzusetzen! Hier bleibt es bis heute – Komposita wie »Gesprächskultur«, »Eßkultur« oder »Unternehmenskultur« belegen dies – in einem funktionalen Sinne präsent; selbst bei Denkern wie Herder, Kant oder Nietzsche, die der »Kultur« ansonsten einen komplexeren Sinn zuschreiben. Für die Verbreitung des deutschen Wortes dürfte entscheidend sein, daß mit dem Kameralismus »Kultur« eine erhöhte kommunikative Reichweite über den Gelehrtenstand hinaus erhält und in den Sprachgebrauch einer neuen, zunehmend bedeutsamen Trägerschicht eindringt: der Beamten.[40] Deutsche Gelehrte bevorzugen das Lateinische nicht nur aus Gründen der Tradition, sondern auch deshalb, weil es ihnen den Austausch mit Kollegen in London, Paris oder Petersburg erlaubt. Christian Wolff verfaßt seine wichtigsten Bücher schon deutsch, er publiziert sie aber anschließend auch noch im Lateinischen, um ihre Wirkung über den deutschen Sprachbereich hinaus zu erhöhen. Hingegen ist für die Kameralisten der Adressat nicht die europäische Gelehrtenwelt, sondern eine sich herausbildende Beamtenwelt in den verschiedenen Territorialstaaten des alten Reichs. Mit der bürokratischen Durchdringung der Länder vom jeweiligen Zentrum bis an die Peripherie, mit den wachsenden Aufgaben in der Verwaltung wächst die Bedeutung einer verstaatlichten Intelligenz. Deren Zahl sollte jedoch nicht überschätzt werden. 1740 besitzt der preußische Staat bei 2,5 Millionen Einwohnern 194 »königliche Bedienstete«. 1806 bilden etwas mehr als 800 Räte die Verwaltungselite des Landes, das nun 8,7 Millionen Einwohner hat. Die Zahlen mögen aus heutiger Sicht bescheiden wirken, aber sie deuten auf eine erweiterte kommunikative Reichweite des Worts »Kultur«. Die Institutionalisierung des Kameralismus an den Universitäten verstärkt dies. 1727 erhalten die preußischen Universitäten Halle und Frankfurt a. d. O. kameralistische Lehrstühle. Andere Städte wie Leipzig, Göttingen, Jena, Wittenberg oder Wien werden folgen. Die Universitäten profitie-

ren von der Auffächerung der Staatstätigkeit. Und sie legitimieren
ihre Existenz nun durch den »Cameralnutzen« für den Staat, indem
sie, wie 1769 einige »Patrioten« der reformierten Straßburger Universität auf die »Kultur des Landes« nicht mehr im agrarischen
Sinn,[41] sondern im Sinne umfassender Verbesserungen verweisen:
»[...] der Mediciner muß mit seiner Geschicklichkeit verhindern,
daß der Luxus, der zu einem blühenden Staate nothwendig ist, der
Gesundheit der Einwohner nicht zu viel schade, mithin der Plan
der Bevölkerung und der Industrie nicht darunter leide [...], der
Geschichtsschreiber, der Dichter, der Redner, der Logiker, der
Moraliste, arbeiten alle dem Theologen und dem Juristen zur Cultur des Landes, und zu Verbreitung einer der Regierungs-Form
angemessenen Denkungs-Art in die Hand«.[42] – Bei der Frage, ob
man sich nur mit der Erziehung künftiger Gelehrter und Bürger zu
befassen habe, oder ob man sich auch um die Erziehung der bäuerlichen Bevölkerung sorgen solle, votiert ein Florian Pichlmair in
einer Rede vor der bayrischen »churfürstlichen Schulcommißion«,
also vor einem Beamtengremium, dafür, »auf Kultur bey dem
Landvolke zu dringen«. Und er beschreibt detailliert die Vorteile,
welche die »Kultur des Landvolks« einem Lande bringen
müsse.[43]
Im Kameralismus bleibt der Wortgebrauch dem Nutzen des absolutistischen Territorialstaats verpflichtet. Wenn »Kultur« als
»Pflege« und, seltener, als deren Resultat verstanden wird, dann
läßt sich in der Regel immer ohne Probleme ausmachen, was mit
dem Wort gemeint ist. Es sei wiederholt: Mit dem Wort wird noch
nicht die Frage nach dem Sinn der »Verbesserungen« gestellt. Der
erweiterte Bedeutungsumfang zwingt noch nicht zum intensiveren
Nachdenken über den Bedeutungsinhalt, weil die rationale Konstruktion der Gesellschaft die Nichtverfügbarkeit von Geschichte
nicht denken kann. So ist der Wortgebrauch im Kameralismus weder reflexiv noch verzeitlicht. D.h., die Vergangenheit, Gegenwart
und Zukunft der »Kultur« (als mögliches selbständiges und selbsttätiges Subjekt der Geschichte), der Begriffsgebrauch (als sprachlich gefaßte Reflexionshandlung über verschiedene Wirklichkeiten)
sind noch nicht mit dem Wortgebrauch verbunden. »Kultur« kann
sich nicht zum eigentlichen Sinngehalt mit programmatischen
Überschüssen verselbständigen. Die Bedeutung des Wortes ist so

selbstverständlich-eingeschliffen, daß um »Kultur«, die wahre oder
falsche, die alte oder neue, noch kein Streit aufkommen kann. Man
kritisiert noch nicht die »Kultur« oder urteilt in deren »Namen«.
Der Wortgebrauch bezieht sich zwar auf die unterschiedlichsten
Objekte der »Pflege« – der Ausdruck kann ja schließlich ohne Genitivattribut absolut auftreten –, doch vermag »Kultur« wegen der
eindeutigen Verweisungsfunktion keine pragmatisch-diskursive
Dynamik zu entwickeln. Er ist kein eigenständiger Faktor in der
Kommunikation der Gelehrten, kein Leitwort der Frühaufklärung,
ja nicht einmal des Kameralismus. So zeigt »Kultur« zwar eine neue
Praxis an, doch ist die mit dem Wortgebrauch verbundene Pro-
blemwahrnehmung und Problemlösung nicht repräsentativ für das
zeitgenössische Denken. Indem »Kultur« auf die systematische
Verbesserung des Territorialstaates ausgerichtet ist, indiziert es
zwar ein neues Weltverhältnis, aber noch kein neues Weltverständ-
nis.
Zugleich aber läßt sich seine Verwendungsgeschichte als Vorgeschichte des modernen Begriffs vorstellen. Nur darum geht es ja
hier. »Kultur« ist nirgendwo terminologisch fixiert. Mit dem Ausdruck verbindet man keinen bestimmten Kopf und keine bestimmte Denkrichtung, auch nicht den Kameralismus. Die Unauffälligkeit schützt vor Verschleiß, hält den Wortkörper »jung« und
erlaubt später eine nicht-fachspezifische Verbreitung in verschiedenen Disziplinen. Zugleich aber gründet die Wortverwendung in
zentralen Veränderungen des geistigen Erfahrungskapitals. »Cultura« bzw. »Kultur« ist häufig dann zur Stelle, wenn es um die
Erziehung der Geister, Milderung der Sitten, Ausbildung der Höflichkeit, Förderung der Wissenschaften und Künste, Pflege des
Bodens, Entwicklung des Handels und der Industrie, oder schließlich die Organisation der Gesellschaft geht. Der funktionale Sinn
wird zunehmend weiter und variabler, kann er sich doch auf Menschen, Objekte und Institutionen beziehen. So weist der Wortgebrauch eine Bedeutungsspanne auf, die Individuen, Völker und
Länder umfaßt. Das Wort bleibt aber ein unauffälliger, traditioneller Ausdruck der Gelehrtensprache, der als Titel für eine kohärente
Verwendungsgeschichte wenig hergibt. Bisher zeigt der Wortgebrauch zwar Veränderungen im geistigen Erfahrungskapital an,
doch erschließt er keinen tiefgreifenden Erfahrungs- und Bewußt-

seinswandel. »Kultur« dient noch nicht als »Angelpunktwort« für
verschiedene Elemente eines neuen Weltverständnisses.[44] Ebensowenig fällt er im Ensemble kommunikativer Praktiken und Verfahren sonderlich auf, weder in der philosophischen Terminologie
noch in den Modewörtern.[45]

»Kultur« als moderner Begriff in der Spätaufklärung: eine neue Auffassung von Geschichte und Gesellschaft

Das ändert sich im letzten Drittel des 18. Jahrhunderts. Denn jetzt
entwickelt sich »Kultur« in wenigen Jahrzehnten zu einem modernen Begriff, dessen Verwendungsgeschichte eine neue Vorstellung
der Individuen, der Gesellschaft und der Geschichte repräsentiert.
Wie läßt sich diese entscheidende semantische Innovation beschreiben und erklären? Das alte Wort eignet sich mit der Vielfalt seiner
Bedeutungskomponenten für den neuen Begriff. Deshalb braucht
man in Deutschland keinen Neologismus wie »civilisation«. Was es
in seiner Verwendungsgeschichte ausdrückt, den Prozeß der Pflege
mit großem Bedeutungsumfang und (seltener) deren Resultat, das
wird im modernen Begriffsgebrauch aufgehoben. »Kultur« erhält
dabei, das ist der entscheidende Punkt, durch zwei unterschiedliche
Momente einen völlig neuen Bedeutungszusammenhang: durch die
Verzeitlichung und durch die diskursive Dynamik in einer bürgerlichen Öffentlichkeit. Denn der moderne Begriff repräsentiert
nicht nur einen kollektiven Erfahrungs- und Bewußtseinswandel,
sondern er kann ihn auch vorantreiben, weil er ein lesendes und
diskutierfähiges Publikum findet. Seine Stichwortgeber stammen
fast alle aus der Gelehrtenrepublik. Sein Wirkungsfeld aber ist eine
neue Öffentlichkeit, in der vor allem jener kleine Kreis eines entstehenden Bildungsbürgertums die Themen der Zeit »aufgeklärt«
erörtert. Realgeschichtlich bilden beide Momente, der des komplexeren Inhalts und der der intensivierten Kommunikation, eine
Einheit. Aus heuristischen Gründen werden sie hier allerdings getrennt.
Nicht nur Moses Mendelssohn und der »freie Herr von Knigge«
sehen »Kultur« im Zusammenhang mit »großen Wörtern« wie
»Aufklärung und Bildung« oder »Weltbürgergeist und Rechte der

Menschen«. »Die Wörter ›Entwickelung, Bildung, Ausbildung, Cultur‹« schreibt D. Jenisch um 1800, »brauche ich gewöhnlich als Synonyme; so wie nicht weniger diese – Erleuchtung, Aufklärung – Vervollkommnung, Veredelung – und einige verwandte [...]«.[46] Auch bei zahlreichen anderen Autoren findet sich »Kultur« in einem diskursiven Bündel von epochalen Leitbegriffen, die zwar ihre philosophische Herkunft nicht verleugnen können, die zugleich aber kommunikativ den Rahmen einer Geschichte der philosophischen Terminologie sprengen.[47] Die Aufklärung ist nicht zu Unrecht als die erste Schlagwortschmiede Europas bezeichnet worden. Wir haben ja gesehen, daß schon Knigge vor den »großen Wörtern« als Leerformeln warnt. Zunächst aber zeigt die Einbettung von »Kultur« in Parallel- oder Komplementärbegriffe von epochalem Rang, daß die Zeit der Unauffälligkeit vorbei ist, daß die Begriffsgeschichte von »Kultur«, ähnlich wie »civilisation« im Französischen, eine neue europäische Denkform repräsentiert, die den Zuwachs an Ressourcen und individuellen Fähigkeiten reflektiert, und die in diesem Zusammenhang nach den Umständen und Verhältnissen der Menschen fragt. Es ist kein Zufall, daß sich »civilisation« und wenige Jahre später »Kultur« in dem Zeitabschnitt als moderne Begriffe etablieren, wo die Verbesserungserfahrungen der alten Gelehrten und neuen Intelligenz sich so sehr beschleunigen, daß die Reflexion über die geschichtliche Selbstbestimmung des Menschen zunimmt.

In seinem *Versuch über die Elemente der Philosophie* entwirft d'Alembert ein Bild von den allgemeinen Zuständen des 18. Jahrhunderts, das vom Bewußtsein eines bedeutungsvollen Umschwungs zeugt. In ihm erscheint das 15. Jahrhundert als geistig-literarische Bewegung der Renaissance, das 16. als Zeit der religiösen Reformation und das 17. als das Jahrhundert der Cartesianischen Philosophie. Für seine Zeit stellt er fest, »daß sich in allen unseren Ideen ein bemerkenswerter Wandel vollzogen hat: ein Wandel, der durch seine Schnelligkeit noch eine weit größere Umwälzung für die Zukunft verspricht. Erst mit der Zeit wird es möglich sein, den Gegenstand dieser Umwälzung genau zu bestimmen und ihre Natur und ihre Grenzen zu bezeichnen und die Nachwelt wird besser als wir ihre Mängel und ihre Vorzüge zu erkennen vermögen«. In seinem Zeitalter, fährt er fort, habe nicht

nur die Philosophie, sondern auch die Wissenschaft der Natur
Fortschritte gemacht, ja alle anderen Wissenschaften hätten eine
neue Form angenommen. »Von den Prinzipien der Wissenschaften
an bis zu den Grundlagen der offenbarten Religion, von den Pro-
blemen der Metaphysik bis zu denen des Geschmacks, von der
Musik bis zur Moral, von den theologischen Streitfragen bis zu den
Fragen der Wirtschaft und des Handels, von der Politik bis zum
Völkerrecht und zum Zivilrecht ist alles diskutiert, analysiert, ange-
rührt worden«.[48] Die sich beschleunigenden Verbesserungserfahrungen leben allerdings nicht nur aus den Fortschritten der
Wissenschaft, sondern auch aus der Anwendung wissenschaftlicher
Entdeckungen, wie aus dem zeitlichen Vergleich mit dem »Gestern« und »Vorgestern« und dem räumlichen Vergleich mit dem
»Hier«, »Dort« und »ganz hinten«. Die verbreitete Vorstellung
vom fortschrittlichen Europäer, stagnierenden Chinesen und rückständigen Primitiven bezieht von hier ihre Evidenz. Turgots berühmte Rede, die der künftige Minister Ludwig XVI. 1750 an der
Sorbonne über die Erfolge der menschlichen Vernunft hält, spricht
das gleichmäßige Voranschreiten zu immer größerer Vollkommenheit an – auch als ein Zusammenrücken isolierter Nationen. Demnach verbinden Handel und Politik schließlich alle Teile des
Erdballs so intensiv, bis die gesamte Menschheit an den Verbesserungen teilhat. Viele teilen diese Gedanken. Als der junge Herder
nach Paris reist, auch um d'Alembert und Diderot kennenzulernen,
fordert er in seinem Tagebuch, das posthum als *Journal meiner
Reise im Jahre 1769* erscheinen wird, »eine Erziehung für unser
Zeitalter, wo der kriegerische und Religionsgeist aufgehört hat, wo
nichts als der Commerz, Finanzen und Bildungsgeist« herrschen.
Also auch hier das Bewußtsein einschneidender Veränderungen. In
dem intimen Gedankenjournal, das getrost als die Keimzelle der
späteren geschichtsphilosophischen Abhandlungen gelten kann,
kommt Herder, nicht ohne Emphase, bei der Vergewisserung der
eigenen philosophischen Absichten, Motive und Projekte auch auf
eine mögliche Geschichte der »Kultur« zu sprechen: »Welch ein
Werk über das menschliche Geschlecht, den menschlichen Geist!
die Kultur der Erde! aller Räume! Zeiten! Völker! Kräfte! Mischun-
gen [...] Großes Thema: Das Menschengeschlecht wird nicht
vergehen, bis daß es alles geschehe! Bis der Genius der Erleuchtung

die Erde durchzogen! Universalgeschichte der Welt!«. »Kultur« erscheint hier nicht nur als Verlaufsbestimmung der Vergangenheit, sondern auch als Strukturmerkmal der Gegenwart, wenn Herder »von der Stufe unsrer Kultur« spricht. Ja, sie läßt sich auch in die Zukunft ausrichten, wenn es um das aufklärerische Programm geht, »die Barbarei zu zerstören, die Unwissenheit auzurotten, die Kultur und Freiheit auszubreiten«. Was dazugehört, läßt uns Herder wissen: in der Philologie den Dienst am toten Buchstaben aufgeben, sich bilden, weltläufig werden; französische Sprache; englischer Geist der Rationalität; italienischer Geschmack; deutsche Gründlichkeit; holländische Gelehrsamkeit; politisches und ökonomisches Wissen. – Im Bezug auf die individuelle Entwicklung mag noch die alte »cultura animi«-Vorstellung wirken. Sie steht aber in dem neuen Zusammenhang von Geschichte und »Kultur«, von Vergangenheit, Gegenwart und Zukunft, unter Berücksichtigung nationaler Unterschiede, aber mit erweitertem Horizont auf das »Menschengeschlecht« und die »Welt«.

Wenige Jahre nachdem in Frankreich Mirabeau d. Ä. den Neologismus »civilisation« geprägt hat,[49] thematisiert Herder »Kultur« innerhalb des Selbstverständigungsprozesses der europäischen Aufklärung; wohl als erster deutschsprachiger Autor, so darf vermutet werden. Als Begründer des modernen Kulturbegriffs kann er dennoch nicht vorgestellt werden. Im Unterschied zur Theoriegeschichte kennt die historische Semantik keine großen Denker und Begründer, wohl aber wirkungsvolle Stichwortgeber. Zu ihnen zählt Herder später mit seinen geschichtsphilosophischen Werken. In seinem intimen Reisetagebuch, und nur deshalb wurde es erwähnt, ist »ein großes Thema« angesprochen, nämlich die Reflexion menschlicher Selbstbesinnung ohne die Gewißheiten der Heilsgeschichte oder einer konstruierenden Vernunft.

»Civilisation« und »Kultur« können ab der Mitte des Jahrhunderts nicht mehr einem Reflexionsdruck standhalten, der seine Kraft aus der Erfahrung beschleunigter Verbesserungen und seine Richtung aus einer neuen Denkform erhält. Zugegeben, daß sich Menschen und Verhältnisse verbessern, ist keine Besonderheit des Erfahrungshaushalts der Aufklärung. Wir haben ja gesehen, wie sich in der Verwendungsgeschichte von »cultura« bzw. »Kultur« ein Bewußtsein davon äußert; wie in ihr mit der erhöhten Individualisierung und dem intensivierten Weltbezug Veränderungen in der mentalen Ökonomie auszumachen sind. Bereits in der Renaissance wird der Fortschritt der Wissenschaften – Bacon spricht vom »progressus scientiarum« – und der Erfindungen wie Entdeckungen augenfällig. Schon damit erscheint die Vergangenheit als eine Geschichte der Hindernisse und die Zukunft als eine Geschichte der möglichen Steigerungen.[50] Die Renaissance und der Humanismus entstehen ja aus dem Bewußtsein des historischen Abstands zur Antike. Schon damit wird die Möglichkeit eröffnet, das Vorbild der Alten zu übertreffen. In der »Querelle des Anciens et des Modernes« schließlich streiten sich gegen Ende des 17. Jahrhunderts die »Alten« und die »Modernen« über die Vorbildgeltung der Antike für die Gegenwartskunst. Dies führt zu einer ersten Relativierung und Historisierung der künstlerischen Produktion, ohne daß allerdings die ästhetische Vormachtstellung der Antike gebrochen wird. Dabei geht es nicht nur um die Überlegenheit der französischen Sprache und Literatur gegenüber den Leistungen des Griechischen und Lateinischen, sondern auch um das Zeitalter Ludwigs XIV. als Höhepunkt der Menschheitsentwicklung. Die Vorstellung vom Fortschritt der Wissenschaften kann sich so auf die Künste übertragen und zielt schon auf eine Neubestimmung der Gegenwart. Bekanntlich hat Paul Hazard die große Schlacht der Ideen in der Zeit vor 1715, ja sogar vor 1700 ausgemacht. In ihr glaubt er fast alle Positionen des Geistes zu finden, deren Gesamtheit das kommende Jahrhundert prägen und zur Französischen Revolution führen wird. Für Hazard setzt mit Denkern wie Spinoza, Bayle, Locke, Newton, Bossuet, Fénelon, Leibniz und auch, der sollte hier nicht übergangen werden, Pufendorf eine Generalbesinnung, eine Selbst- und Weltprüfung ein, die die beherrschenden Wahrheiten des Lebens revidieren und neue begründen will.

Dennoch, aus unserer Sicht erscheint dies lediglich als Vorgeschichte der Erfahrung beschleunigter Verbesserungen und einer neuen, nicht von der konstruierenden Rationalität, sondern von der historischen Kontinuität geprägten Denkform. Denn erst um die Mitte des 18. Jahrhunderts erlangen die Verbesserungserfahrungen eine solche Mächtigkeit und Intensität, daß mit ihnen die Frage nach dem Woher und Wohin der menschlichen Entwicklung eine neue Qualität gewinnt, nicht nur bei d'Alembert, Turgot, Ferguson

oder Herder. So schreibt gegen Ende des Jahrhunderts August von
Einsiedel, ein enger Vertrauter Herders: »Aus dem Zunehmen der
Cultur, d. i. aus dem beständigen Zunehmen der Wahrheit der Natur und dem Abnehmen der Meinungen und des Irrthums, scheint
mit der Zeit eine Art von goldenem Jahrhundert aufstehen zu müssen, wo nähmlich unsere Verhältnisse und Lebensart der reinen
Natur entsprechen, keine factize Gefühle uns beunruhigen [...],
wo überhaupt alles den Einrichtungen der Natur getreu ist und
angemessen unserem Wesen. [...] (Es) wäre sehr interessant auszu-
ermitteln, was in diesem Jahrhundert für *physische Ursachen* (denn
auf diese kommts doch an) zu dieser so merklichen, vermehrten
Beweglichkeit der Ideenfibern beigetragen haben, die ehedem nicht
oder nicht so allgemein wirklich [war]. Denn die Fortschritte der
Cultur seit Mitte des Jahrhunderts in Frankreich und seit 10 Jahren
in Deutschland sind unläugbar größer, als sie vorher in Jahrhunderten waren.«[51] Von Einsiedel ist mit seiner atheistischen und repu-
blikanischen Gesinnung im Weimarer Musenmilieu ein Außenseiter. Mit seinem Vergleich von Gegenwart und Vergangenheit und
den daraus resultierenden Erwartungen an die Zukunft kann er
aber als Repräsentant für ein Geschichtsdenken dienen, das in den
Verbesserungserfahrungen gründet. Die beziehen bei vielen
Autoren ihre Bestätigung nicht nur aus der Entwicklung der Wissenschaften und Künste, sondern auch aus der »Fabrication« und
dem »Handelsverkehr«.[52] Denn der sich ausbreitenden Vernunft
können unterschiedliche Tatbestände zugerechnet werden. Für
Herder sind in Europa die Städte »gleichsam stehende Heerlager
der Kultur«.[53] Im populären *Journal des Luxus und der Moden*
bietet im Jahre 1789 eine *Skizze der Cultur und Aufklärung des
XVIIIten Jahrhunderts* ein Loblied auf den Fortschritt der Wissenschaften, der Philosophie, der Künste und der Politik. Große
Namen werden genannt. Aus theoriegeschichtlicher Sicht mag dies
als beliebige Mixtur einzelner Fortschritte erscheinen. Für eine historische Semantik aber bleibt hervorzuheben, daß die Koalition
von »Kultur« mit Ausdrücken wie »Fortrücken«, »Fortschreiten«
oder »Fortschritt« eine markante Verzeitlichung ausdrückt.[54]
Um das Angelpunktwort »Kultur« gruppieren sich nicht nur zeitliche, sondern auch räumliche Verbesserungserfahrungen. Denn die
finden ihre Bestätigung nicht nur im Vergleich zwischen dem

»Heute« und »Gestern«, sondern auch zwischen dem »Hier« und »Dort«. Verzeitlichung und Verräumlichung sind miteinander verschränkt. Erst mit der Entdeckung der »Wilden« wird »die Menschheit« empirisch bestätigt und zugleich wieder fraglich, befinden die sich doch aus der Sicht des »civilen« Europas noch in der Barbarei. Seit den großen Entdeckungen zählt dies zum Erfahrungsbereich der seefahrenden Nationen. Aber erst mit der Verzeitlichung gerät der Unterschied in der räumlichen Gleichzeitigkeit zur historischen Ungleichzeitigkeit, zur Differenz (die Metapher macht es deutlich) der »Kulturstufen«. Bei Montesquieu oder Voltaire wird die Menschheit weitausgreifend als Ganzes betrachtet. Für Wieland ist 1788 Europa der »Weltteil, worin die Kultur aufs höchste gestiegen«, ein Gebiet, das durch seine »immer fortschreitende Ausbildung« die »unendliche Obermacht« über die übrigen Völker der Erde gewonnen habe und nun der beherrschende Kontinent sei.[55] Spricht Christian Garve von den »in der Kultur fortgeschrittenen Nationen«, so denkt er vorrangig an Europa, an einen Wettstreit zwischen England, Frankreich und Deutschland, der zum »Fortgang der allgemeinen Kultur« beiträgt.[56] Verallgemeinernd läßt sich sagen, daß für deutsche Autoren im Unterschied zu französischen und englischen Autoren der Vergleich mit westeuropäischen und nicht mit außereuropäischen Ländern näherliegt. So streiten sich Mendelssohn und August Hennings in ihrem Briefwechsel darüber, ob nun England oder Frankreich »mehr Cultur« habe, stellt von Einsiedel mit Blick auf die Schweiz, Holland und England fest, daß es sich »nachtheiliger für die Cultur« auswirke, wenn eine Nation frei sei, ohne daß die Menschen »Verstand genug hätten«. Daß mit dem Begriff nun Unterschiede im »Nationalcharakter« wie zwischen den Nationen ausgedrückt werden können, zeigt das Aufkommen des Kompositums »Nationalkultur«.[57]
Im Vergleich mit anderen Nationen kommt das rückständige deutsche Reich, jene altertümliche Hohlform mit respektheischender Vergangenheit, schlecht weg; was aber nicht heißt, daß Unterlegenheitsgefühle gegenüber der »Cultur« des Westens den Ton ausschließlich bestimmen. Gegen Ende des Jahrhunderts schlagen sich im Begriffsgebrauch bereits Erfahrungen einer typisch deutschen »intellektuellen Modernisierung« nieder, wenn die besondere Entwicklung des geistigen Lebens in Deutschland gegenüber Westeu-

ropa herausgestellt wird. Das hat noch keinen chauvinistischen
Drall und läßt sich nicht als die Keimform eines Sonderwegbewußtseins charakterisieren. Es verweist aber bereits auf die Herausbildung des typisch deutschen Deutungsmusters »Bildung und
Kultur«, mit dem ja lange vor der politischen Einigung Deutschlands »von oben« eine symbolische Einigung »von der Mitte« des
Bildungsbürgertums aus vollzogen wird. Für Novalis z. B. geht
Deutschland »einen langsamen aber sichern Gang vor den übrigen
europäischen Ländern voraus. Während diese durch Krieg, Speku-
lation und Parthey-Geist beschäftigt sind, bildet sich der Deutsche
mit allem Fleiß zum Genossen einer höhern Epoche der Cultur,
und dieser Vorschritt muß ihm ein großes Uebergewicht über die
Anderen im Lauf der Zeit geben. In Wissenschaften und Künsten
wird man eine gewaltige Gährung gewahr. Unendlich viel Geist
wird entwickelt«.[58]
Vielleicht ist jetzt deutlicher, was die »Erfahrung beschleunigter
Verbesserungen« meint. »Kultur« ist allerdings nicht der einzige
Begriff, mit dem diese thematisiert werden. Das belegt ja schon sein
Auftreten im Ensemble der »großen Wörter« »Aufklärung«, »Geschichte«, »Fortschritt« oder »Menschheit«. Sie alle etablieren sich
erst als Bewegungsbegriffe mit einer neuen, kollektiven Denkform,
die in den Verbesserungserfahrungen gründet und sie zugleich,
darin besteht eine Wechselwirkung, prägt. Gemeint ist damit die
Ablösung einer »konstruierenden Vernunft« durch ein historisches
Denken, das sich auf die Erfahrung und das einzelne einläßt, indem
es sich von der Logik der klaren und deutlichen Begriffe befreit.
Die seit dem 19. Jahrhundert vertraute Einteilung der neuzeitlichen
Philosophie in eine rationalistische und empiristische Richtung
führt philosophiegeschichtlich zu Vergröberungen, was aber nichts
an dem Tatbestand ändert, daß beide einen Ausgangspunkt philosophischer Theoriebildung markieren. Die großen Systeme des
17. Jahrhunderts mit den führenden Denkern Descartes, Spinoza
und Leibniz sind durch die Logik der Rationalität bestimmt. Das
schließt eine Erweiterung des Zeithorizonts und Konzeptionen
einer fortschreitenden Zeit nicht aus. Schon Bacon denkt über eine
»männliche Geburt der Zeit« nach. Bekanntlich ist Leibniz der
Entwicklungsgedanke keineswegs fremd; er sucht ja nach einem
philosophischen Instrumentarium, um die Welt als dynamischen,

progredierenden Gesamtprozeß zu bestimmen.[59] Zugleich aber sind seinem Rationalismus alle, Gott, der Mensch und die Welt unterworfen, ist bei ihm im unendlichen und zeitlosen Gedanken des einen guten Gottes – Voltaire wird im *Candide* darüber spotten – die Welt als die bestmögliche konzipiert. Insofern bleibt das Individuelle immer dem Allgemeinen untergeordnet. Es kann, um eine Formulierung Ernst Cassirers zu gebrauchen, nur in der Weise »begriffen« werden, daß es gleichsam vom Allgemeinen »umgriffen« wird. Bei Pufendorf konnten wir verfolgen, wie die Dominanz einer konstruierenden Vernunft in der Spannung zwischen »status naturalis« und »status civilis« keine historisch-empirische Zeitspanne für »cultura« aufkommen ließ. Welche Folgen das für den Status der Geschichtsschreibung hat, zeigt die Wissenschaftstheorie des einflußreichsten Denkers der deutschen Frühaufklärung. Christian Wolff gliedert sie in zwei Einzeldisziplinen, in eine abstrakt-rationale und in eine konkret-empirische, d. h. auch historische. Beide sind aber nicht gleichwertig, wird doch die Philosophie vorrangig als Wissenschaft vom Rationalen bestimmt. In dieser Systematik kann weder eine »Kulturgeschichte« noch eine Geschichtsphilosophie Platz finden.

Dazu bedarf es einer neuen Denkform, die das Individuelle vom Allgemeinen des konstruierenden Rationalismus befreit, die der Logik der klaren und deutlichen Begriffe die Logik der historischen Individualität und Prozesse entgegenstellt. Diese Denkform bildet sich seit dem späten 17. Jahrhundert aus. Sie drängt den Rationalismus zurück, ohne ihn völlig zu entwerten. Bereits in Bayles *Dictionaire historique et critique* (1695/97) wird der Blick auf das gleichberechtigte Besondere gerichtet, herrscht der Geist der Nebenordnung und nicht die Hierarchie der Begriffe und großen Namen. Montesquieus *De l'Esprit des Lois* (1748) steht für die neue Denkform, obgleich dieses Werk nicht aus historischem Interesse geschrieben ist, auch nicht aus der Freude an einzelnen Fakten. Aber bei dem Versuch, die Entstehung, Veränderung und Verletzung der Gesetze zu erforschen, fragt er nach deren objektiven Faktoren, nach Größe, Klima und Sitten eines Landes. Das wird in die Praxis der Kulturgeschichtsschreibung eingehen. Isaak Iselin, dessen *Philosophische Mutmaßungen über die Geschichte der Menschheit* (1764) als die erste deutschsprachige Kulturgeschichte

gelten können, verdankt der Lektüre Montesquieus entscheidende Anregungen.[60] Am einflußreichsten aber wirkt Voltaire mit seinem *Essai sur les mœurs et l'esprit des nations* (1756). Hier finden sich für die Geschichtsschreibung richtungweisende Ansätze. Nicht die Lebensgeschichte der großen Fürsten, nicht die großen Schlachten, sondern die »Sitten«, d. h. die Einheit der politischen, ökonomischen und »kulturellen« Leistungen eines Volkes finden das Interesse der neuen Geschichtsschreibung. Voltaire will Bossuets *Discours sur l'histoire universelle* (1681) widerlegen, eine der letzten großen Darstellungen der Geschichte als Heilsgeschehen, die sich, wie von der Bibel vorgegeben, auf das Judentum und Christentum konzentriert. Voltaire hingegen beruft sich nicht mehr auf die göttliche Vorsehung, und er bezieht die Völker Asiens, insbesondere Chinas, mit ein. Wenige Jahre später wird Iselin in seiner kulturgeschichtlichen Darstellung Afrika und Amerika abhandeln. Auch Iselin kommt ohne das alte christliche Geschichtsbild aus. Die Bibel dient ihm – welcher Wandel! – nicht mehr als Fundament der Heilsgeschichte, sondern als Lieferant für ethnographisches Quellenmaterial! Alle großen historiographischen Leistungen des 18. Jahrhunderts stehen unter dem Einfluß Voltaires. Das gilt in Frankreich für Turgot und Condorcet, in England für Hume, Gibbon und Robertson und schließlich in Deutschland für Adelung, die Göttinger Historiker und die meisten Verfasser von »Kulturgeschichten«.[61]
In diesem Zusammenhang etabliert sich, ähnlich wie »Civilisation« in Frankreich, »Kultur« als ein moderner Begriff. Anders ausgedrückt: Die Erfahrung beschleunigter Verbesserungen und die neue Denkform entstehen nicht aus dem modernen Kulturbegriff. Vielmehr paßt das Wort mit seinem »einfachen« funktionellen Sinn wie dem großen Bedeutungsumfang in das veränderte geistige Erfahrungskapital, und es kann zugleich durch die Verzeitlichung eine semantische Innovation erfahren, mit der auch die alten Bedeutungsnuancen der Arbeit, der Moral und der Gesellschaftlichkeit einen komplexeren, reflexionsbedürftigen Inhalt erhalten. »Der ganze Inbegriff aller der Verbesserungen und Vermehrungen«, heißt es bei Karl Franz von Irwing in einer ersten sensualistischen »Kultur«-Theorie, »welcher die menschlichen Fähigkeiten und Kräfte nicht allein an sich selbst, sondern auch in Absicht des Ziels

und Gegenstandes ihrer Wirkungen, fähig sind, oder, die Summe derjenigen Vollkommenheiten, zu welchen der Mensch in Rücksicht seines ursprünglichen rohesten Zustandes erhoben werden kann, macht den allgemeinen Begriff der ganzen Kultur überhaupt aus«.[62] Gerade weil hier »Kultur« das bündelt, was vorher auf vielfältige und unterschiedliche Weise angesprochen wurde, setzt die Reflexion über den Kulturbegriff, über seine Grade und Stufen, über seine Triebfedern und sein Ziel, über seinen wahren und falschen Charakter ein. Die alte Wortbedeutung ist dadurch allerdings nicht entwertet. Sie wird weiter verwendet. Damit erklärt sich der zunächst verwirrende Tatbestand, daß zahlreiche Autoren die alte Wortbedeutung im Sinne der Pflege eines Gegenstandes (z. B. Herder: »Kultur des Verstandes«) und den neuen, geschichtsphilosophisch aufgeladenen Begriff nebeneinander gebrauchen. Nicht der Wortkörper, sondern der jeweilige Verwendungszusammenhang läßt erkennen, ob »Kultur« eine bloße Namen- und Verweisungsfunktion erfüllt oder sich zu einem eigentlichen Sinngehalt verselbständigt. Bei dem Wort »cultura« bzw. »Kultur« ist in der Regel rasch klar, was gemeint ist und »gepflegt« werden soll. Das gilt für die »Kultur des Landes« und bleibt in zahlreichen anderen Wortverwendungen bis heute, es sei z. B. an »Unternehmenskultur« erinnert, geläufig. Aber beim modernen Begriff kommt Streit auf, ob dieses oder jenes zur »Kultur« zählt und ihren programmatischen Überschüssen gerecht wird.

Im Deutschen zeigt die Neuschöpfung »Kulturgeschichte« eine neue Auffassung von Geschichte und Gesellschaft an. Sie erscheint 1788 in Dietrich Hermann Hegewischs *Allgemeine Uebersicht der deutschen Kulturgeschichte bis zu Maximilian dem Ersten* programmatisch als Buchtitel. Es ist gewiß kein Zufall, daß sich der moderne Kulturbegriff zeitgleich mit einem modernen Geschichtsbegriff herausbildet, der die »Summen einzelner Geschichten« zu einem »Kollektivsingular« zusammenfaßt.[63] »Geschichte« erhält dabei eine Bedeutung, die über einzelne Befunde und Tatsachen hinausgeht. Bei dem Versuch, deren Kohärenz und Kontinuität zu beschreiben, kommt »Kultur« als ein Wandlungskontinuum ins Spiel, das Zustände und Verhältnisse ansprechen kann, die außerhalb des Horizonts bisheriger Geschichtsforschung liegen. Diese entwickelt sich erst jetzt mit der neuen Denkform zu einer Geschichtsschreibung. Bereits im Humanismus läßt sich eine Neigung zur kritischen Prüfung der Vergangenheit ausmachen. Aber bis ins 18. Jahrhundert hinein bleibt Geschichtsforschung mit der Vorliebe für »Staats- und Privataltertümer« ein unsicherer Grenzbereich in der Gelehrtenrepublik. Vorrangig liefert historische Forschung, ohne eigene Prinzipien der Erkenntnis, einer Rumpelkammer des Altertümlichen die erbaulichen Beispiele und Sinnbilder. Annalistische Chronologien, Genealogien und Dynastien stellen, überwölbt durch heilsgeschichtliche Gewißheiten, eine zeitliche Abfolge her. Dagegen wird zunehmend polemisiert. Nicht die Eroberer und Schlachten, so läßt uns Voltaire in seinen *Ratschlägen für einen Journalisten* (1737) wissen, sondern wie man Kolonien schaffe und den Handel in Gang bringe, das sei für »gute Bürger« von Interesse. Gegen Ende des Jahrhunderts wendet sich Herder gegen eine Geschichte der Könige und Staatsaktionen, indem er auf die Notwendigkeit einer Ausbildung zur bürgerlichen Nützlichkeit verweist[64] – übrigens nicht ohne eine Beschleunigungserfahrung anzusprechen, der die Zeit, gerade erst als historische entdeckt, schon als fremde Macht erscheint. Wir leben nicht nur »in der Zeit« und »mit ihr«, so Herder, die Zeit ist auch ein »großer Wecker«, »eine große eiserne Wanduhr«; sie »rasselt und ruft mit gewaltigen Schlägen«.

In seinem *Versuch einer Geschichte der Cultur des menschlichen Geschlechts* (1782) kombiniert Johann Christoph Adelung »Kultur« und »Geschichte« in einem ersten größeren systematischen Entwurf. Er hätte gerne, so läßt er uns wissen, »für das Wort Cultur einen deutschen Ausdruck gewählet«, doch er wisse keinen, der »dessen Begriff« erschöpfe. Auch bei ihm ist die Ablehnung der adligen Heldenperspektive mit der Aufwertung der Bewährungsfelder des Bürgertums, der Ökonomie, des Geistes und der Moral, verbunden. Das sollte nicht als Anspruch auf politische Emanzipation mißdeutet werden. In Frankreich ist, wie ein Blick in die *Encyclopédie* zeigt, die Darstellung bürgerlicher Wissensbestände ebenso als praxisbezogenes wie auch politisches Aktionswissen möglich, nicht in Deutschland. Dessen rückständige Verhältnisse lassen keinen mit Frankreich vergleichbaren Elitekonflikt entstehen, in dem sich das gehobene Bürgertum, die Verleger und Staatsfinanziers, aber auch der liberale Adel und eine neue Intelligenz

gegen das Ancien Régime stellen. In der deutschen Spätaufklärung
ist der Kulturbegriff nicht an ein bestimmtes politisches Programm
gebunden, wohl aber auf bürgerliche Tüchtigkeit bezogen. Adelung, der, ähnlich wie Iselin und zahlreiche andere Stichwortgeber
des Kulturbegriffs, den »Mittelstand« als die fortschrittstragende
Schicht bestimmt, betont die Leistungen der Gesellschaftsmitglieder und nicht deren ständische Rechte. Von »Kultur« sprechen
Autoren mit unterschiedlichen Vorstellungen über politische und
soziale Partizipation; etwa der Jakobiner Benjamin Erhard oder der
konservativ-patriotische Justus Möser.[65] Unverkennbar aber
drückt sich im Begriffsgebrauch unterhalb der verschiedenen politischen Optionen eine Ablösung des ständischen Merkmals der
Geburt durch das moderne bürgerliche Prinzip der Leistung aus.
Insofern zielt die Kulturgeschichtsschreibung mit der Betonung
von Gewerbefleiß und Moral auf ein innergesellschaftliches Schich-
tungssystem, das die Gesellschaftsmitglieder nach deren Leistung
abstuft.

Das kann den Erfolg eines weiten, spätaufklärerischen Kulturbegriffs erklären, der wie bei Adelung und anderen die Sitten, die
Wissenschaft, die Künste und die Ökonomie umfassen kann. Vielleicht wird auch jetzt verständlich, daß der Führungsanspruch der
Kulturgeschichte als Abwertung der »Staatsaktionen« und Aufwertung bürgerlicher Bewährungsfelder den Horizont der Gelehrtenrepublik überschreitet. »Die Sache selbst«, damit meint Adelung
die Geschichte der Kultur, »ist von solcher Wichtigkeit, daß alle
übrige Arten der Geschichte nur aus ihr allein ihre Begreiflichkeit
und Erweislichkeit erhalten: Sie giebt zu einer jeden Geschichte
[...] das eigentliche Pragmatische her, weil die Ursachen, warum
das Veränderliche eines sich überlassenen Volkes gerade so und
nicht anders erfolget ist, nirgends anders als aus der Cultur und
ihrem Gange hergeleitet und erkläret werden kann. Wer das Pragmatische bloß in Entwicklung der Ursachen wichtiger Staats- und
Kriegesbegebenheiten setzet, macht die Geschichte und ihren Nutzen zu einseitig und eingeschränkt, und kann eine sehr gute pragmatische Geschichte der Beherrscher und ihrer Kriege und Staats-
handlungen schreiben, aber nicht des Volkes, welches sie beherrschen. Billig sollte daher die Geschichte der Cultur vor der so
genannten Universal-Geschichte hergehen, oder vielmehr diese

sollte nichts anders seyn, als eine sorgfältige Geschichte der Cultur. Noch weniger kann die Religions- Gelehrten- und Kunstgeschichte dieselbe entbehren, weil sie der einzige Maßstab ist, die Dinge nach ihrem wahren Werthe zu schätzen«.[66] In der Tradition des älteren Naturrechts bestimmt Adelung den sinnlichen und »ganz thierischen Zustand« als »Abwesenheit aller Cultur«, um dann »Cultur« als »Wandlungskontinuum« im Prozeß der Überwindung dieses Zustands einzusetzen. Der Mensch erscheint so als entwicklungsfähiges und entwicklungsbedürftiges Wesen, das sich mit der Natur auseinandersetzt und sich von ihr emanzipiert. Adelung gibt dafür »Zeiträume der Cultur« an, in denen menschliches Vermögen abnimmt oder zunimmt. In ihnen entfaltet »die Vernunft ihr Reich«, entwickelt sich das gesellschaftliche Leben mit der wachsenden Bevölkerung. So kann er den Ursprung der »Kultur« und ihre Entwicklung ohne die christliche Schöpfungslehre bestimmen, indem der Begriff im Vertrauen auf »eine immer fortschreitende Cultur« die materiellen Verbesserungen und intellektuellen Verfeinerungen umfaßt.[67]

Adelung sollte hier nur als Repräsentant einer Kulturgeschichtsschreibung vorgestellt werden, die den modernen Begriff als Wandlungskontinuum braucht und ihm mit der Verzeitlichung einen komplexeren Inhalt verleiht. Der Begriff wird abstrakt und damit, wie bereits angedeutet, hochgradig reflexionsbedürftig. Nicht nur, was er bezeichnet, sondern vor allem, was ihn charakterisiert, bedarf der analytischen Betrachtung. So wird denn in zahlreichen Kulturgeschichten nach den Eigenschaften und Merkmalen, nach den Bedingungen und Bestandteilen, nach der Herkunft, der Richtung und dem Ziel der »Kultur«, nach ihren Etappen und Stufen gefragt. Weil »Kultur« die unterschiedlichsten Verbesserungserfahrungen bündelt, kommt es außerdem zu unterschiedlichen Versuchen, ihre Bereiche näher zu bestimmen; dann ist etwa von »subjektiver« und »objektiver«, von »geistiger« und »physischer«, von »ästhetischer«, »sittlicher«, »moralischer«, aber auch von »politischer«, »ökonomischer« oder »technischer« »Kultur« die Rede.[68] Eine verbindliche Festlegung gelingt während der deutschen Spätaufklärung allerdings nicht. Die Bedeutungsspanne umfaßt die individuelle »Geisteskultur« (Garve) ebenso wie eine umfassende »Bürgerkultur« oder »Nationalkultur« (Herder). Gerade der Versuch, die unterschiedlichen Verzweigungen durch Adjektivattribute näher zu bestimmen, vollzieht sich vor dem Hintergrund eines allgemeinen Begriffs, der in unterschiedlichen Zusammenhängen unterschiedliche semantische Beziehungen eingehen kann.

Als Kollektivsingular erhält der moderne Kulturbegriff, ähnlich wie Geschichte, einen hohen Abstraktionsgrad, der es erlaubt, übergreifende Einheiten geschichtlicher Bewegung zu kennzeichnen. Mit ihm gewinnt eine klassische Aufgabenstellung der europäischen Aufklärung, nämlich die geistige Selbstbesinnung und Vorschau, eine ebenso praktische wie wirklichkeitsnahe Ausrichtung: Ähnlich wie »Fortschritt« oder »Civilisation« dient »Kultur« – die Bestimmung ihrer Grade und Stufen deutet bereits darauf hin – als regulatives Prinzip geschichtlichen Erkennens und zukünftiger Planung.[69] »Kultur« ist somit auch eine Antwort auf die verbreitete Klage über die Vereinzelung und Zersplitterung des historischen Wissens. Mit dem Begriff werden der Geschichtsforschung nicht nur neue Bereiche erschlossen. Er ermöglicht auch eine neue Geschichtsschreibung, indem er einen »wüsten Kuriositätenkasten« (H. Hettner) verschiedener Fakten aufzuräumen hilft. Etwas allgemeiner ausgedrückt: Mit dem Begriff konstituiert die Geschichtsschreibung ihren Gegenstand als typisch geordneten und zusammengefaßten. Damit werden die Fortschritte umfassend beschreibbar, und sie können als Beschreibung des Fortschritts einen idealtypischen Stufengang erhalten. In Georg Forsters *Leitfaden zu einer Geschichte der Menschheit* (1789) verweist schon der Titel auf eine Entwicklungsgeschichte, die durch verschiedene Stufen der »Bildung« und »Kultur« geordnet wird. Bei Saul Ascher heißt es: »In der That artet Geschichte in einen Roman aus, wenn man nicht damit die Idee verbindet: daß wir in ihr das Vorbild zu einer Methode aufsuchen können, welche dem menschlichen Geiste zum Fortschritt seiner Kultur hienieden darin vorgezeichnet wird. Geschichte wäre also der wirkliche Fortschritt des menschlichen Geschlechts zur Kultur«.[70] Der Begriff ist hier als Verlaufsform und, steigerungsfähig, zugleich als Ziel angesprochen. Das ist keine Eigenheit von Ascher, sondern resultiert aus einer Verzeitlichung, mit der die Frage nach den Gesetzmäßigkeiten des historischen Fortschritts, allerdings je nach Fortschrittsgewißheit mit unterschiedlicher Intensität, gestellt wird. Insofern ist »Kulturgeschichte«, indem sie Einzelräume und Einzelepochen, Urzustand, Gegenwart und Zukunft zu einer übergreifenden Einheit ohne heilsgeschichtliche Gewißheiten verbindet, mit geschichtsphilosophischen Problemen bestäubt. So stellt sich mit den Graden, Stufen und Etappen der Kultur, mit ihrem Verlauf und ihrem Ziel die Frage nach dem Subjekt und dem Sinn der Geschichte.

Es dürfte kein Zufall sein, daß mit Beginn der neuen Geschichtsschreibung ein neuer Ausdruck aufkommt: »histoire philosophique« (Voltaire 1756). Von einer »Philosophie der Culturgeschichte« oder einer »Philosophie der Geschichte« sprechen später auch in Deutschland zahlreiche Autoren. Sicher, wer wie Adelung oder Iselin in der Menschheitsgeschichte »unaufhörliche Fortschritte« sieht, den bewahrt ein platter Optimismus vor geschichtsphilosophischer Reflexion.[71] Auf der geraden Straße des linearen Fortschritts braucht nicht über das Woher und Wohin der Geschichte reflektiert zu werden. Wer allerdings meint, die Aufklärung würde Fortschritt in einem emphatisch optimistischen Sinne vertreten und verbreiten, der irrt. Ihre Fortschrittserwartungen bleiben von Skepsis durchsetzt. Pessimismus und Resignation sind auch Lichtgestalten wie Diderot und Lessing nicht fremd. Voltaires Candide z. B. zieht auf seiner Irrfahrt durch eine Welt voller Barbarei, Absurdität und Wahnsinn. Bei Lichtenberg heißt es »Kummer auf dem Lande, Kummer in der Stadt, Kummer überall«. Herder, der mit seinen *Ideen zur Philosophie der Geschichte der Menschheit* wie kein anderer die Einheit von Kulturgeschichte und Geschichtsphilosophie verkörpert, bezieht nicht ohne Grund eine doppelte Frontstellung. Zum einen polemisiert er gegen die zeitgenössischen »Schöndenker« und hält ihnen in der Rousseau-Tradition die vermeintlichen Errungenschaften eines aufgeklärten Absolutismus entgegen: Polizierung, Kolonialisierung und Despotismus. Zum anderen wendet er sich gegen den »Modeton der historischen Skepsis«, der, von Montaigne und Bayle angeschlagen, auch im 18. Jahrhundert deutlich nachhallt. Auch Herder hält an der Idee des historischen Zusammenhangs und der »Fortschreitung« fest, doch mit einem Problembewußtsein, das zeitgenössische Mißverhältnisse ausmacht und sich weigert, die Vergangenheit und nationale Unterschiede nach den Vollkommenheitskriterien der Gegenwart

auszurichten. So erhält der Kulturbegriff mit der Verzeitlichung
einen komplexeren geschichtsphilosophischen Inhalt. In der großartigen Entfaltung dieses Zusammenhangs äußert sich die individuelle Leistung Herders. Der Problemkomplex selbst aber ergibt sich
aus der Logik der Erfahrung beschleunigter Verbesserungen und
einer geschichtsbewußten Denkform. Insofern haben wir es hier
mit einem kollektiven Phänomen zu tun, das von den Stichwortgebern vorrangig im Medium des modernen Kulturbegriffs verarbeitet wird.

Denn mit »Kultur«, eben erst als steigerungsfähige Verlaufsform
entdeckt, werden auch zwei Erfahrungsbereiche thematisiert, die
das Vertrauen in den »Fortgang« des Menschengeschlechts relati-
vieren. Gemeint ist hier die Erfahrung gesellschaftlicher Mißverhältnisse und die der Nichtverfügbarkeit von Geschichte. Wenn mit
dem Begriff vergangene und gegenwärtige Zustände beschrieben
werden, dann kommt »Kultur« nicht nur eine neutrale Funktion
zu, sondern auch eine wertende. Wo sie zum »einzigen Maßstab«
wird, »die Dinge nach ihrem wahren Werte zu schätzen«, da lassen
sich mit ihr Mißverhältnisse ansprechen. Sie kann zu einem Ideal
erhöht werden, in dessen Namen man andere Völker und Gesellschaften aburteilt. Das kann gegen Ende des 19. Jahrhunderts als
»Kultur-Zivilisation-Gegensatz« zur chauvinistischen Abgrenzung
gegenüber den westlichen Nationen führen. Für die Aufklärung
und deren Menschheitspathos spielen, trotz der Staatenkonkur-
renz, aggressive Selbst- und Fremdbilder noch keine Rolle, auch
wenn häufig über die »Kultur« »des« Engländers, »des« Franzosen
oder »des« Deutschen nachgedacht wird und sich dabei schon Wertungen ausmachen lassen.[72] Ihnen fehlt noch die Triebkraft eines
modernen Nationalismus als Massenphänomen. Für das späte
18. Jahrhundert ist nicht das Urteil im Namen der »Kultur« charakteristisch, wohl aber eine »Kulturkritik«, die zeitgenössische Mißverhältnisse thematisiert. Einzelne Komponenten der »Kultur«,
etwa »moralische« und »technische«, werden gegenübergestellt.
Ungleichzeitigkeiten und Widersprüche geraten damit in den
Blickpunkt. So stellt Wieland »Fortschritte der Kultur in einzelnen
Künsten und Wissenschaften« fest und betont zugleich, daß »die
höchste Kunst aller Künste, die königliche Kunst, Völker durch
Gesetzgebung und Staatsverwaltung in einen glücklichen Zustand

zu versetzen und darin zu erhalten, verhältnismäßig am weitesten
zurückgeblieben ist«.[73] Aber auch zwischen den Menschen können
sich Mißverhältnisse ergeben: »Mit der Cultur nimmt Kraft und
Reinheit des Menschen ab, weil die Verhältnisse zunehmen, also
auch collidirende, contradictorische Verhältnisse, mithin Schiefhei-
ten der Menschen. Durch Vermehrung der Verhältnisse rücken
Menschen immer mehr auseinander, die Ungleichheit, Schiefheit
und Schwäche nimmt zu«.[74] Beide Elemente der erfahrbaren Mißverhältnisse, nämlich die Disproportion zwischen Individuum und
Gattung wie die zwischen geistiger und politischer »Kultur«, werden im Deutungsmuster »Bildung und Kultur« verarbeitet werden.
Doch zunächst bleiben europäische Gemeinsamkeiten zu betonen.
Eine bereits entfaltete Kritik des Luxus und der überfeinerten Sitten kann sich auf die moralischen Kriterien der hochbewerteten
»Kultur« berufen. Herder spricht in diesem Zusammenhang von
»mißbildender Kultur«, Hufeland von »Hyperkultur«. Hier könnten mit Norbert Elias deutsche Besonderheiten vermutet werden,
nämlich die Polemik einer politisch ohnmächtigen mittelständischen Intelligenz gegen die Verhaltensstandards der höfischen, von
Versailles geprägten Oberschicht.[75] Deren Höflichkeit, Geschmeidigkeit und feine Manieren werden vor allem in Deutschland den
mittelständischen Tugenden des Gefühls, der »Bildung« und Moral
gegenübergestellt. Der Gegensatz zwischen »Kultur« und »Zivilisation« ließe sich demnach bereits im 18. Jahrhundert ausmachen.
Gewiß, eine solche Argumentation kann sich auf einen spezifisch
deutschen, unübersetzbaren Kulturbegriff berufen. Der bildet sich
jedoch erst später im Gefolge von deutschem Idealismus und Neuhumanismus mit dem Deutungsmuster »Bildung und Kultur« aus.
Elias projiziert die Begriffe in eine Frühzeit, in der »Civilisation«
und »Kultur« noch nahezu bedeutungsgleich sind. Denn der spätaufklärerische Kulturbegriff grenzt die Ökonomie und Gesellschaftlichkeit nicht aus. Hinzu kommt: Die Unterscheidung
zwischen einer wahren und falschen »Civilisation«, die Vorstellung, daß »Civilisation« als maskenhafte Höflichkeit ohne moralische Kriterien unglaubwürdig sei, findet sich auch in Frankreich;
etwa bei Mirabeau, für den die Zivilisation nichts für die Gesellschaft leistet, »wenn sie ihr nicht die Grundlage und die Form der

Tugend liefert«.[76] Ganz zu schweigen von Rousseaus grundsätzlicher Zivilisationskritik.

»Kultur« ist weder rational planbar noch garantiert ihr die Heilsgeschichte Verlauf und Ziel. Damit drängt sich die Frage nach der Natur des Menschen und der Absicht der Geschichte auf. »Wir stellen uns gewöhnlich die Kultur, als ein Ziel vor, das ein Volk planmäßig zu erreichen suche [...]. Diese Idee aber ist ein Vorurtheil«, schreibt 1788 Dietrich Hermann Hegewisch.[77] Die »Kultur« geht zwar aus menschlichen Verhältnissen hervor – »alles webt und wirkt in und durch einander ohne Rast, und keine Berührung ist hier, ohne daß sich die Bebungen davon da und dort, und dorthin in's Unendliche verbreiten«, so Daniel Jenisch[78] –, und mit der Erfahrung ihrer Steigerungsfähigkeit kann sich erst ein Erwartungshorizont, in dem sie als Ziel erscheint, entfalten. Doch läßt sich damit ein sicherer Gang der Geschichte nicht ausmachen. Er erscheint als fremder Prozeß. Für Herder werden die geschichtlich Handelnden von ihren Interessen und Leidenschaften geleitet. Als Resultat aber entsteht eine Kette historischer Ereignisse, die nicht mit der Absicht einzelner Menschen identisch ist. Dieser fremde Prozeß ist die Geschichte, d. h. in unserem Fall die »Kulturgeschichte« selbst. Die Vorstellung eines sich hinter dem Rücken der Individuen objektiv vollziehenden Prozesses macht das moderne geschichtsphilosophische Denken seit Vico aus. Auch die »Kulturgeschichte« muß den Tatbestand verarbeiten, daß Menschen, indem sie sich zu Subjekten der Geschichte erklären, zugleich zum Objekt undurchsichtiger Gesetze werden. Damit arbeitet der moderne Begriff an der Selbstreflexion neuzeitlichen Bewußtseins mit. Auch bei »Kultur« als einem Begriff, der sich auf die Totalität von Gesellschaft und Geschichte bezieht, kann eine mögliche immanente Ordnung des Weltverlaufs nur metaphorisch ausgedrückt werden, sei es als »großer Plan« der Natur (Irwing), »Plan der Schöpfung« (Herder), »Plan der Vorsehung« (Ith), »Plan der Vollkommenheit« (Hennings) oder als »großes Rad« (Jenisch), das alles in Bewegung hält.[79]

Komplexer Inhalt und der Erfolg in einer
neuen Öffentlichkeit

So repräsentiert »Kultur« eine neue Vorstellung von Gesellschaft und Geschichte. An der Geschichte des Begriffs läßt sich aber nicht nur der kollektive Erfahrungs- und Bewußtseinswandel einer neuen, nicht mehr auf die Gelehrtenrepublik beschränkten Intelligenz ablesen, vielmehr treibt er diesen Wandel auch in einer neuen Öffentlichkeit voran. So bildet sich erst mit der Wechselwirkung zwischen komplexerem Inhalt und kommunikativem Erfolg der moderne Begriff aus. Erst damit wird »Kultur« abstrakt und erhält eine pragmatisch-diskursive Dynamik. Es sei wiederholt: Beim Wortgebrauch war in der Regel klar, was mit »Kultur« »gepflegt« werden soll. Im Begriffsgebrauch wird hingegen die Namen- und Verweisungsfunktion entscheidend geschwächt, dafür aber verselbstständigt sich »Kultur«, in der Regel positiv bewertet, zum eigenständigen Sinngehalt ohne scharf umgrenzten Bedeutungsumfang und mit komplexerem Bedeutungsinhalt. »Kultur« kann beweisen, lehren und fordern; sie kann selbständig und selbsttätig auftreten. Selbst Fürsten müssen ihr »folgen«, wie Knigge – nicht ohne eine dezente Anspielung auf die Französische Revolution – feststellt: »Rükket mit fort in der Cultur; leset die Werke der Geschichtsschreiber und Philosophen, damit nicht unerwartet Wahrheiten in Cours kommen, worauf ihr nicht vorbereitet seyd [...]«.[80] Der Begriff wird so tendenziell zu einem eigenständigen Sinnträger. Was ihm zugeordnet wird, das erscheint per se sinnvoll. Dermaßen kontextfrei erhöht sich für seine Erforschung die Kontextbedürftigkeit: Erst in diskursiven, wissens- und sozialgeschichtlichen Zusammenhängen läßt sich ausmachen, wie »Kultur« gesellschaftliche Erfahrungen anzeigt, kristallisiert und vorantreibt. Um es auf eine einfache Formel zu bringen: Der Begriff hat eine hochgradig unbestimmte Sachdimension, und er gewinnt so eine wirkungsvolle Sozialdimension. Gerade indem er nicht an bestimmten Kommunikationsinhalten klebt, kann er selbst zum Kommunikationsinhalt werden, wenn in einer neuen Öffentlichkeit die Frage nach seinen wesentlichen Inhalten, nach der »wahren« und »falschen« Kultur, nach deren Elementen und Triebkräften, nach deren Richtung und Ziel erörtert wird.

So ist gegen Ende des Jahrhunderts die Klage über die »Verwirrung des Begriffs von Kultur«[81] häufig zu hören, nicht nur bei Mendelssohn oder Knigge. Für Friedrich Nicolai etwa sind »Kultur und Aufklärung« Wörter, die »so oft gebraucht werden, ohne daß die Begriffe gehörig bestimmt sind«.[82] Daher fehlt es nicht an Bemühungen, »Kultur« durch Adjektivattribute wie Komposita zu präzisieren und einzugrenzen oder gar zu definieren. Das versucht z. B. Mendelssohn, der im wichtigsten Organ der deutschen Spätaufklärung, in der *Berlinischen Monatsschrift*, »Aufklärung« »Bildung« und »Kultur« definieren will, um, wie er an A. Hennings schreibt, »den Sprachgebrauch nach dieser Maasgebung festsetzen zu können«.[83] Er scheitert damit. Übrigens nicht nur, weil sich, ganz allgemein, moderne, sozialgeschichtlich relevante Begriffe gegen definitorische Festlegungen sperren. Sie müssen strittig bleiben, um diskursive Turbulenzen zu entfachen. Das mag eine sprachtheoretisch folgerichtige Erklärung sein, die allerdings historisch zu unbestimmt bleibt. Deshalb ist es in diesem Zusammenhang aufschlußreich, daß der Popularphilosoph Mendelssohn mit seinem Definitionsversuch gerade gegen die Absichten einer Popularphilosophie verstößt, der es ja nicht um die »logische Pünktlichkeit« der Begriffe, sondern um den »gemeinfaßlichen Vortrag« geht. Deren Adressat ist die bürgerliche Welt, ein lesendes und diskutierendes Publikum. Die Tiefe der Popularphilosophie liegt in ihrem Publikum. »Die Wörter ›Entwicklung, Bildung, Ausbildung, Cultur‹«, so schreibt Daniel Jenisch, brauche er als »Synonyme«. Deren nähere Definition lehnt er aber mit einem popularphilosophischen Argument ab: »Die feinen, oft kaum durch Worte darstellbaren Begriffskreise und Nuancen von Begriffen, in welche so manche Schriftsteller diese und ähnliche sinnverwandte Wörter einzuschränken, oder vielmehr einzuzäunen suchen, peinigen den daran nicht gewöhnten Leser sehr vergeblich«.[84]
Die »Popularphilosophie« wird bald durch die Geltungsmacht des deutschen Idealismus als seicht und eklektisch charakterisiert. Schon Kant, der sich doch dem aufklärerischen Programm einer Philosophie für die Welt verpflichtet weiß, unterstellt sich nicht mehr ihrem Verständlichkeitsgebot. Und nach Hegel redet sie dem gewöhnlichen Bewußtsein »zu Munde«. Für die kommunikative Wirkung des Kulturbegriffs kann allerdings die kalkulierte Popula-

rität der Popularphilosophie, ihr Bemühen um Klarheit und Deut-
lichkeit, ihr Bezug auf Beobachtungen und Erfahrungen, nicht
hoch genug eingeschätzt werden. Größere Zusammenhänge sollten
nicht ausgeblendet werden: Das Anliegen der Aufklärung, die
»Wahrheit« zu erkennen, aber auch zu verbreiten, und die Herausbildung einer bürgerlichen Öffentlichkeit. Dazu bedarf es auch
einer deutschen Wissenschaftsprosa, die sich mit Leichtigkeit und
Eleganz um Wirkung bemüht, statt lediglich mit weitschweifiger
Gründlichkeit und rationalistischem Scharfsinn in der engen Gelehrtenrepublik recht behalten zu wollen.[85] Mit Blick auf die »schönen« und »natürlichen« französischen Bücher heißt es noch um die
Jahrhundertmitte: »Wir drucken grosse Bücher, die niemand lieset.
Wir schmieren alles zusammen und sehen auf einen dicken Cörper,
der sich mit fremden Gütern mästet und aufblähet« (J. M. v. Loen).
Drei Jahrzehnte später hat sich die Situation grundlegend verändert. »Die Aufklärung der Nation«, schreibt Johann Carl Wezel,
dürfe man nicht nach ihren »Gelehrten« beurteilen, auch wenn die
wissenschaftliche Gelehrsamkeit »einen gewissen Grad der Kultur«
bedeute. Wichtiger aber ist ihm das »Publikum«, dem eine neue
Intelligenz auf populäre Art ihre Ideen ausbreitet: »Keiner begnügt
sich mehr, im Schulwinkel zu sitzen, zu sammeln, zu lesen und zu
lehren: Jeder sucht als Schriftsteller zu glänzen und allgemein gelesen zu werden: will er seinen Wunsch erreichen, so muß er seinen
Kopf und seine Schreibart poliren, sich Gefühl für das Schöne und
Angenehme erwerben und sich um die Kunst, zu gefallen, bemühen: die Gegenstände der edleren Wissenschaften werden in einer
ergözenden leichten faßlichen Sprache vorgetragen, Ideen ausge-
breitet, die Nation durch die Lektüre aufgeklärt und polirt«. Wolle
man also »den Grad der Nationalbildung bestimmen«, so frage
»man ernstlich«, ob die Nation »gute Dichter« und »viele angenehme Schriftsteller« besitze, »die wissenschaftliche Gegenstände
auf eine unterhaltende populäre Art behandeln«.[86]
Hier haben wir die neuartige Verbindung von Stichwortgebern,
verständlicher Sprache, Publikum und Nation; eine Verbindung, zu
deren Voraussetzung jene »Leserevolution« zählt, mit der sich die
Leseerwartungen und das Leseverhalten grundlegend ändern.
Glaubt man zeitgenössischen Berichten, so wird nahezu überall
gelesen, auf dem Bauernhof, in Dorfschänken, Werkstätten und

Ratsstuben. Daraus entsteht das Bild einer lesenden Nation mit
einer Leserschaft, zu der Akademiker, Pfarrer und Kaufleute, aber
auch die sogenannten »kleinen Leute« zählen. Aus heutiger Sicht
mag dies als Übertreibung erscheinen, bleibt doch die Leserschaft
bis über die Mitte des 19. Jahrhunderts begrenzt: bei einer Bevölkerung von ca. 20 Millionen können höchstens 2 Millionen als
potentielle Leser gelten.[87] Aber im Vergleich zu der alten »nobilitas
literaria« des absolutistischen Staates läßt sich in der zweiten Hälfte
des 18. Jahrhunderts eine markante Verdichtung der öffentlichen
Kommunikation ausmachen, von der alle Medien, das Buch, die
Zeitung und die Zeitschriften profitieren. Folgt man den repräsentativen Leipziger Meßkatalogen, so wird deutlich, wie das Lateinische als internationale Gelehrtensprache in der nationalen Öffentlichkeit bedeutungslos wird. Vor 1740 betrug das Verhältnis der
lateinischen Titel zu den deutschen 38:62. Bis 1800 ist dies auf 4:96
gesunken. Zur gleichen Zeit verringert sich der Anteil des theologischen Schrifttums von 38% auf 14% bei einer deutlichen Steigerung der Buchproduktion, insbesondere seit den 60er Jahren. Viele
verfügen immer noch nur über die rudimentäre Buchstabierfähig-
keit von Landschulbesuchern. Aber dank des verbesserten Schul-
wesens wächst die Zahl der Lesefähigen. Weil der literarische Markt
den Leser in einen Käufer verwandelt, der nicht mehr bestellt, was
er braucht, sondern kauft, was angeboten wird, verändert sich auch
das Leseverhalten: An die Stelle der überlieferten Praxis des inten-
siven Mehrfachlesens weniger Werke wie der Bibel, des Gebetbuchs
und populärer Drucke tritt das extensive Vielfachlesen der Neuer-
scheinungen. Mit der marktbestimmten Anonymität wird der Leser allerdings nicht automatisch einsam; denn in den Institutionen
der bürgerlichen Öffenlichtkeit, insbesondere in den Lesegesellschaften und Clubs kann »gegenseitige Aufklärung« – sie wird
häufig programmatisch in die Satzungen aufgenommen –, vermittelt über die neueste Lektüre, gemeinsam erörtert werden.[88] Eine
besondere Rolle kommt dabei den Zeitschriften zu, die als Medium
mit kurzen Formen die Information erleichtern und das gesellige
Raisonnement befördern. »Durch die Zeitschriften«, so heißt es
1790, »wurden die Kenntnisse, welche sonst nur das Eigenthum der
Gelehrten waren, und in Büchern aufbewahrt wurden [...] allgemein in Umlauf gebracht«.[89] Im Unterschied zur repräsentativen

Öffentlichkeit der alten Herrschaftsträger stellt die bürgerliche Öffentlichkeit »das Interpretationsmonopol der kirchlichen und staatlichen Autoritäten« (Habermas) infrage. In Deutschland zielt dies in der Regel nicht auf einen politischen Machtanspruch, wohl aber soll politische Herrschaft der Vernunft und dem Gesetz unterworfen werden. So bereitet die Autonomie der bürgerlichen Kritik, die Vorstellung eines jedermann zugänglichen öffentlichen Raisonnements, der späteren »kulturellen Hegemonie« (Th. Nipperdey) des Bildungsbürgertums den Boden, dient doch das Lesen nicht mehr der Bestätigung und Befestigung traditioneller Glaubenssätze und Lebensregeln, sondern der »Aufklärung« über die Zustände von »Natur« und »Gesellschaft«.

In der neuen Öffentlichkeit erweist sich die wissenschaftliche Schwäche der Popularphilosophie, die Vernachlässigung von Logik und Erkenntnistheorie, als wirkungsgeschichtliche Stärke. Ihr Bemühen um Verständlichkeit und ihr Bezug zur Erfahrungswelt erleichtern schließlich die Verbreitung von Aufklärungswissen nicht nur in der Schulphilosophie, sondern auch in unterschiedlichen Wissenschaften und Themenbereichen. Die meisten Stichwortgeber des »Kulturbegriffs« wie Saul Ascher, Johann Heinrich Campe, Christian Garve, Daniel Jenisch, Moses Mendelssohn und Friedrich Nicolai können der Popularphilosophie zugerechnet werden oder stehen ihr, wie etwa Adelung oder Knigge, mit dem Bemühen um Verständlichkeit nahe. Die Verzeitlichung ist zwar eine entscheidende Bedingung der Begriffsgenese, doch ist damit »Kultur« nicht auf »Kulturgeschichte« festgelegt. Vielmehr taucht der Begriff, popularphilosophischer Themenvielfalt entsprechend, in unterschiedlichen Diskursen auf. Weil er mit seinem großen Bedeutungsumfang den Zuwachs an gesellschaftlichen und individuellen Ressourcen anspricht, steigt er ins Ensemble der »großen Wörter« auf, gleichsam mit ihnen die Aufklärung überwölbend. Er kann allerdings auch, hochbeweglich, weil befreit von definitorischen oder gar terminologischen »Festsetzungen«, als eigenständiger Sinnträger in unterschiedlichen Themenbereichen der Historiographie, Philosophie, Pädagogik oder Ästhetik auftreten. Der Begriff verfügt also über eine hohe diskursive Beweglichkeit. Für ihn gilt, was Herder mit Blick auf die neue Öffentlichkeit über das gedruckte Wort schreibt: »[...] wie Schießpulver flog es in einzelnen Blättern umher und zündete allenthalben«.

Seine »Zündkraft« sollte allerdings nicht überschätzt werden. Oder
etwas nüchterner formuliert: Seine soziale Reichweite erfaßt nicht
die Masse des Lesepublikums. Sie bleibt beschränkt auf die
Gruppe, die man getrost als die Trägerschicht der deutschen Spätaufklärung bezeichnen kann, jene kleinen, vom entstehenden Bildungsbürgertum dominierten Kreise: Verwaltungsbeamte, Juristen, Theologen, Professoren, Schriftsteller, aber auch junge
Adlige, vermögende Stadtbürger und Unternehmer, die aufgeklärt
über die aktuellen Themen der Zeit diskutieren, die ihre gesellschaftliche Wirklichkeit in wechselnden Perspektiven und
Aspekten erörtern.

»Kultur« und »Bildung« sind dabei Begriffe neben zahlreichen anderen. Aber sie werden, und das sollte stutzig machen, zeitgenössische Standardthemen – etwa das Verhältnis zwischen Adel und
Bürgertum, die Orthodoxie der Konfessionen oder der Kampf gegen Vorurteile und Luxus – überdauern. Es sei wiederholt: Der
Kulturbegriff erscheint in dem Augenblick, wo mit den Verbesserungserfahrungen und der neuen Denkform geschichtliche Reflexion möglich wird und sich eine bürgerliche Öffentlichkeit ausbildet. Eine strukturgeschichtliche Periodisierung der deutschen
Aufklärung mag den Zusammenhang von komplexerem Inhalt und
kommunikativer Verdichtung veranschaulichen: Demnach folgt
der gelehrt-wissenschaftlichen und staatlich-praktischen schließlich eine literarisch-öffentliche Phase.[90] Es ist keine zufällige Korrespondenz: Die unmittelbare Vorgeschichte des modernen Begriffs beginnt unter theoretischen Vorzeichen mit einem Gelehrten
wie Pufendorf und unter sprachgeschichtlichen Vorzeichen mit einem Kameralisten wie Justi; seine Geschichte aber setzt erst mit
den wirkungsbewußten Popularphilosophen ein. Zur Erfolgsgeschichte gehört seine Ungenauigkeit. Gerade der große Bedeutungsumfang und komplexe Bedeutungsinhalt garantieren seine
Wirkung. Denn mit ihm läßt sich nicht nur der Verlauf der Geschichte und der Zustand der Gegenwart erkennen, mit ihm werden ja auch Erwartungen an die Zukunft formuliert. Dabei kann er
sich auf die Handlungen und Erkenntnisse der Menschen beziehen,
ohne deren Verhältnisse auszugrenzen.

Der weite Kulturbegriff ist nahezu bedeutungsgleich
mit »Zivilisation«

Der spätaufklärerische Kulturbegriff umfaßt, allgemein gesprochen, die individuelle und die gesellschaftliche Tätigkeit, die Ökonomie und die Gesamtheit gesellschaftsbestimmter Verhaltensweisen.[91] Insofern ist dieser weite Kulturbegriff nahezu bedeutungsgleich mit »Zivilisation«, und er unterscheidet sich markant von
dem des Neuhumanismus. Als Georg Forsters *A Voyage Round the
World* in deutscher Übersetzung erscheint, da ist in der *Reise um
die Welt* (1777) häufiger von »Zivilisation« die Rede, und zwar deskriptiv im Sinne allgemeiner Lebensverhältnisse.[92] Gegenüber
»Kultur« setzt sich der Ausdruck allerdings nicht durch. Nicht die
Wortkörper sind entscheidend, sondern die gemeinsame europäische Semantik. Beide Ausdrücke erhalten ihren begrifflichen Status
mit den Verbesserungserfahrungen, mit jenem »Commerz-, Fi-
nanz- und Bildungsgeist«, der ein neues bürgerliches Selbstbewußtsein und eine neue Sicht auf Geschichte und Gesellschaft
betreibt. Sie beziehen ihre beschreibbare Bestätigung aus den Fortschritten der Technik und der Ökonomie, der Wissenschaften und
des Erziehungswesens, und sie können damit zum Bewertungs-
maßstab des »Fortschritts« geraten. Die alte Vorstellung einer
typisch deutschen mittelständischen Intelligenz, die, politisch ohn-
mächtig und handlungsgehemmt, einsam schwärmend den *Werther*
liest, überschätzt die literarische Empfindsamkeit und unterschätzt
eine Spätaufklärung, deren Kulturbegriff zum »geistigen Erfahrungskapital« der europäischen Intelligenz gehört. Es gibt freilich
in Deutschland keine wirkungsmächtige politische Theorie mit
Machtansprüchen, keine politischen Denker vom Range eines
Locke oder Montesquieu. Aber auch hier werden Partizipationswünsche geäußert und Freiheitsrechte gefordert.[93] Vorherrschend
ist eine Koalition von Fortschrittselan und Reformbereitschaft, die
durchaus staatsfreundlich auf friedliche und beharrliche Umgestal-
tung setzt. Bei Isaak Iselin erscheint noch etatistisch die Obrigkeit
als Garant der »Kulturentwicklung«: »Könige! Fürsten! Vorsteher
der Staaten! Euch hat der Himmel mit Ansehen und mit Ehre aus-
gerüstet, um die euch anvertrauten Völker zu dem Genusse der

wahren Glückseligkeit zu führen«. Durchaus antihöfisch warnt er
sie vor der »Stimme des Schmeichlers und des Ehrgeizigen«, um sie
auf den »Anwachs der Tugend, der Religion, der Künste, der Wissenschaften« zu verpflichten.[94] Eine solche Orientierung wandelt
sich unter dem Einfluß der westeuropäischen Gesellschaftstheorie,
des Physiokratismus und der schottischen Schule, zugunsten der
Selbststeuerung einer bürgerlichen Gesellschaft als »Privatrechts-
gesellschaft«. Damit werden die Bewährungsfelder des Bürgertums, befreit von der Bevormundung des Staates, tendenziell
autonom. In »der verwickelten Vielfachheit unserer Kulturverhält-
nisse«, so D. Jenisch, habe »die Absonderung des Privat-Interesses
und des Privat-Wohlstandes von dem des Staates, und diese Einseitigkeit, Einförmigkeit und Beschränktheit des ganzen neu-europäi-
schen Geschäfts- und Lebens-Kreises [...] die natürlich Folge, daß
wir ein bürgerlich-ruhiges und gemächliches Leben den ergeizigen
Planen zu politischen Rotten-Spielen vorziehen, und, uns in weiser
Entfernung von jenen sturm- und gewittervollen Regionen der
Volksbeherrscher haltend, nur desto enger und den Zwecken der
reinen Menschheit entsprechender, uns der Welt der bürgerlichen
Geschäftigkeit anschließen, in welcher Vernunft-Kultur, Sittlichkeit, Geschmack und Glückseligkeit, als in ihrer eignen Sphäre,
weiden«.[95] Die Ablehnung der Französischen Revolution und eine
bescheidene Reformperspektive sind hier ebenso offenkundig wie
die Aufwertung bürgerlicher Bewährungsfelder, die, der absolutistischen Wohlfahrts- und Herrschaftslehre entzogen, als Garanten
der nötigen Verbesserungen erscheinen. »In dem Maße«, so ein anderer Autor, »als die Industrie freien Spielraum behielt, und ihre
Früchte genoß, wurde diese die wirksamste Triebfeder und die er-
giebigste Quelle, um die Kultur endlich auf ihre größte Höhe zu
heben«.[96] In einer frühliberalen Publizistik erscheinen so »Kultur«
und eine sich autoharmonisch selbstregulierende Arbeits- und
Tauschsphäre aufeinander bezogen. Das erlaubt allerdings nicht
den Schluß, der spätaufklärerische Kulturbegriff sei durch den
Ökonomiebegriff dominiert. Zur »Kultur« zählen auch die Moral
und die Sittlichkeit, die Erziehung und die Wissenschaften – unabhängig davon, wie einzelne Präzisierungen und Definitionen ausfallen.
Der moderne Begriff ist nicht an die Spätaufklärung gebunden, weil

er sich auf Zustände und Verhältnisse bezieht, welche die Aufklärung als Epoche überleben. Er dient nicht als politischer Schlüsselbegriff für die »Gegenutopie« einer bürgerlichen Gesellschaft, aber er stärkt, indem er »Geschäfts- und Lebenskreise«, Leistung und Beruf aufwertet, die Definitionsmacht des Bürgertums. Dessen Tugenden und Verhaltensweisen, Normen und Formen werden, darüber sollte »das Defizit an politischer Bürgerlichkeit« (Th. Nipperdey) nicht hinwegtäuschen, das 19. Jahrhundert hegemonial prägen.[97]

Allerdings erfährt der weite, spätaufklärerische Kulturbegriff, kaum etabliert, in Deutschland eine entscheidende Abwertung. Das alte Reich ist im Vergleich mit Westeuropa ökonomisch und politisch erstarrt. Zugleich aber ist die intellektuelle Modernisierung fortgeschritten. Während in England eine industrielle und in Frankreich eine politische Revolution stattfindet, erobert sich die deutsche Intelligenz das luftige Reich der philosophischen Theorie und schönen Künste. So gewinnen der deutsche Idealismus und die Weimarer Klassik europäische Anerkennung. Das vertraute Bild von einer tatenarmen, aber gedankenreichen Intelligenz bedarf allerdings der Korrektur, gibt es doch in Deutschland ein akademisch gebildetes Bürger- und Beamtentum, dem mit der Auflösung des alten Reiches wachsende Führungsaufgaben zukommen. Denn hier finden wir weder ein bedeutendes Wirtschaftsbürgertum noch eine breite Frontstellung gegen das Ancien Régime. Nirgendwo sind die »Jakobiner« »stark genug«, um »auch nur ihren eigenen Regierungen Kopfschmerzen zu machen« (E. Hobsbawm). Aber mit den Auswirkungen der Französischen Revolution und der Auflösung des alten Reiches steigt für das deutsche Ancien Régime der Reformdruck. Bei dem Versuch, wichtige Stützpfeiler der alten Ordnung zu erhalten, kommt den akademisch gebildeten Bürgern, insbesondere den Beamten, eine entscheidende Rolle zu. Sie sind die Pioniere einer bürokratisch-etatistischen Modernisierung mit liberalen Zielen.[98] Für sie kann der weite, spätaufklärerische Kulturbegriff keine programmatischen Identitäten stiften, weil er weder ihrem hochentwickeltem Problembewußtsein noch ihrer bescheidenen sozialen Lage entspricht. Identitäten stiftet aber ein neuer Bildungsbegriff, in dem sich politische Anpassung und metapolitische Emanzipationsansprüche bündeln. Damit entsteht eine

paradoxe Lage. Während die deutsche Gesellschaft, vornehmlich
Preußen und andere Staaten, mit der »Revolution von oben« einen
entscheidenden Modernisierungsschub erhält – ein Schub, der ständische Rechte einschränkt und die staatliche Effektivität, ohne die
vormodernen Eliten zu entmachten, vorantreibt –, da bildet sich ein
spezifisch deutsches Deutungsmuster aus: »Kultur« und »Bildung«
werden unübersetzbar, der Eigenweg in die Moderne beginnt mit
einer eigenen Semantik.

2. Die spezifisch deutsche semantische Innovation.
»Kultur« als Medium der »Bildung«

Ein erster Befund:
die Marginalisierung der aufklärerischen
Kulturgeschichtsschreibung und die Herabminderung
der praktischen Dinge

Als zu Beginn des 19. Jahrhunderts Charles Villers einen Überblick
über die Literatur und die Geschichtsschreibung Deutschlands verfaßt, da will er die Aufmerksamkeit des französischen Publikums
auch auf die Geburt einer »Kulturgeschichte« richten, welche die
Deutschen ausbildeten. Diese Geschichtsschreibung, so ist zu lesen, sehe die Ergebnisse der Religionsgeschichte wie der politischen
und literarischen Geschichte »in ihren Beziehungen zur Zivilisation, zum Gewerbefleiß, zum Glück, zur Moralität, zum Charakter, zur Existenzweise der Menschen«.[99]
Der Offizier und Aristokrat Villers floh 1793 vor den Wirren der
Französischen Revolution nach Deutschland und entwickelt hier
eine Leidenschaft für das deutsche Denken seiner Zeit. Bereits Madame de Staël lobt ihn als jemand, der dazu berufen sei, Frankreich
in Deutschland und Deutschland in Frankreich zu repräsentieren.
Lucien Febvre wird ihn später als »germanisierten Franzosen« vorstellen. Der Verfasser kennt also aus erster Hand, was er beschreibt.
Auch die neuere idealistische Philosophie und die neuhumanistische Griechenlandbegeisterung sind ihm nicht entgangen. Wenn er
die »Kulturgeschichte« herausstellt, so bezieht er sich offensichtlich noch auf eine spätaufklärerische Geschichtsschreibung, deren

Kulturbegriff auch Technik und Industrie umfaßt, und die dabei von den materiellen Bedürfnissen der Menschen ausgeht. Wenn Villers dies mit »civilisation« bezeichnet, so übersetzt er das Wort »Kultur« korrekt. Auch sein Bericht belegt, daß es offenbar vor Ranke und Niebuhr eine eigenständige Geschichtsschreibung gibt; eine Geschichtsschreibung, die im Gegensatz zum Historismus mit einem umfassenden, von Voltaire, Montesquieu und den schottischen Moralphilosophen entlehnten Kulturbegriff operiert. Der kann, wie etwa bei Schlözer, den Tabak, den Durst oder die Kartoffel umfassen. Wir haben bereits gesehen, daß es dieser »Kulturgeschichte« nicht mehr um Könige, Kriege und Schlachten, sondern um die materiellen Lebens- und Arbeitsverhältnisse der Menschen geht.[100] Die angebliche Geschichtsfeindlichkeit des 18. Jahrhunderts ist ein Kampfbegriff der Romantiker, mit dem diese absichtlich und erfolgreich die Aufklärung kritisieren.[101] So wird die spätaufklärerische Kulturgeschichte abgewertet und aus dem Bewußtsein der Öffentlichkeit verdrängt – bis hin zum falschen zünftlerischen Selbstverständnis einer Historiographie, die den Beginn wissenschaftlicher Geschichtsschreibung erst mit dem Historismus und dessen Glauben an den Primat des Staates und der politischen Geschichte ansetzt.

Was Villers noch für bedeutsam hält, das wird bald bedeutungslos – jedenfalls in der bildungsbürgerlichen Öffentlichkeit. Als Mitte der vierziger Jahre zwei junge Schüler Hegels und radikale Demokraten anderen Hegelschülern vorwerfen, deren Vorstellung, die Veränderung des Bewußtseins bedeute auch eine Veränderung der gesellschaftlichen Praxis, verkehre das Verhältnis von Wirklichkeit und Gedanke, da kommen sie auch auf die geschichtswissenschaftlichen Besonderheiten einer »deutschen Ideologie« zu sprechen. Um »Geschichte zu machen«, so behaupten sie, bedürfe es bestimmter Voraussetzungen wie Essen und Trinken, Wohnung und Kleidung. Die Erzeugung der Mittel zur Befriedigung dieser Bedürfnisse, d. h. die Produktion des materiellen Lebens selbst, sei die erste geschichtliche Tat. Der Hinweis auf die menschlichen Bedürfnisse und die materiellen Bedingungen mag uns zunächst an die »Kulturgeschichten« der deutschen Spätaufklärung, etwa an Adelung oder A. L. H. Heeren erinnern. Aber gerade diese nationale Tradition ist den Autoren im Unterschied zur westeuropäischen

Tradition unbekannt. Denn nach deren Meinung haben die Deutschen »nie eine *irdische* Basis für die Geschichte und folglich nie einen Historiker gehabt« – im Unterschied zu den Franzosen und Engländern, die immerhin den Versuch gemacht hätten, »der Geschichtsschreibung eine materialistische Basis zu geben, indem sie zuerst Geschichten der bürgerlichen Gesellschaft, des Handels und der Industrie schrieben«.[102]
Wir sollten die Unkenntnis nicht den Autoren, den Herren Marx und Engels, anlasten. Beide sind hochgebildet und belesen. Ihre *Deutsche Ideologie* befindet sich als Kritik der neuesten Philosophie nicht nur auf der Höhe der Zeit; sie entwickelt auch schon, terminologisch noch unscharf, mit der Vorstellung ökonomischer »Verkehrsmittel« oder »Verkehrsverhältnisse« ein Instrumentarium für deren materialistische Kritik. Insofern markiert das Werk den philosophischen Bruch mit den Junghegelianern, seine Autoren nehmen aber beim bewußten Abschied vom Bildungsbürgertum bildungsbürgerliche Wissensbestände mit. Auch Wissenslücken, so darf hinzugefügt werden; denn die Unkenntnis einer durchaus »irdischen«, deutschen Kulturgeschichtsschreibung ist repräsentativ für ein Bildungsbürgertum, dessen »Kulturbegriff« seit Jahrhundertbeginn im Namen der »Bildung« idealistisch imprägniert wird; nicht nur durch die Philosophie und Literatur der deutschen Klassik und Romantik, sondern vor allem durch einen Neuhumanismus, der im Unterschied zu Westeuropa diskursiv und institutionell siegt, und der so mit dem Gymnasium und der neuorganisierten Universität seiner vermeintlich unpraktischen »Bildungsreligion« eine praktisch folgenreiche »Sollgeltung« verschaffen kann.
Mit der Aufwertung von »Bildung« und der Abwertung des umfassenden Kulturbegriffs der Aufklärung beginnt die Geschichte des typisch deutschen Deutungsmusters. Während in Frankreich »Zivilisation« seinen weiten Bedeutungsumfang behält und eine enge Beziehung mit dem Fortschritt (»progrès«) der Menschheit, der Gesellschaft und des Individuums eingeht, erfährt der Kulturbegriff in Deutschland einen markanten Wandel.[103] Sein Bedeutungsumfang schrumpft, während sein Bedeutungsinhalt in Verbindung mit einem emphatischen Bildungsbegriff stärker philosophisch, ästhetisch und pädagogisch aufgeladen wird. In Westeuropa verlieren

der französische Begriff »civilisation« und der englische Begriff »civilization« nicht ihren Bezug zu einer Vorstellung von »bürgerlicher Gesellschaft«, wie sie das 18. Jahrhundert als »société civile« oder »civil society« entwickelt hat. Darunter verstehen die Denker der Aufklärung nicht, wie später Hegel oder Marx, die kapitalistische Gesellschaft als historische Gesellschaftsformation, sondern die Gesamtheit der Lebensverhältnisse, der Technik und des Gewerbes, der politischen Verfassung und des Handels, der Wissenschaften und Künste. Dieser Ausgangspunkt von den Lebensverhältnissen und Bewährungsfeldern des Bürgertums wird in der Geschichtswissenschaft des Westens nicht aufgegeben. – Gewiß, auch in Deutschland schreibt man weiterhin Kulturgeschichten. Sie werden aber sozusagen im Souterrain verfaßt und finden keine Anerkennung im Licht der bildungsbürgerlichen Öffentlichkeit.[104] Für Herder, der als Kulturhistoriker dem weiten, aufklärerischen Kulturbegriff verpflichtet bleibt, sind die Städte »stehende Heerlager der Kultur«. Wenn hingegen ein Vertreter des Neuhumanismus wie Ernst August Evers von »Stapelplätzen der Kultur« spricht, dann denkt er – welch ein Wandel trotz der merkantilen Metaphorik – an *Akademien*, diese heiligen Tempel aller edleren Musenkünste«.[105] Innerhalb weniger Jahre wertet die deutsche Intelligenz mit dem Ideal einer zweckfreien geistigen »Bildung« die Ökonomie und Nützlichkeit, die Berufserziehung und die Technik ab.

Es ist hinlänglich bekannt: Die Jahrzehnte um 1800 verändern die Welt und auch Deutschland. Dabei sollten wir nicht nur an die Revolution von 1789 und deren Auswirkungen denken, auch nicht nur an die von England ausgehende industrielle Revolution oder an die Durchsetzung kapitalistisch-rationaler Mentalitäten. Über die Krise der feudalen Gesellschaft ist viel geschrieben worden. Seit dem Spätmittelalter wird sie von Zeitgenossen beklagt, zugleich aber durch den Handelskapitalismus und neue, bürgerliche Weltbilder vorangetrieben. Aber erst jetzt löst die feudale Gesellschaft sich auf und wird durch eine neue Gesellschaft, die bürgerliche, ersetzt. In Deutschland beginnt dies nicht mit dem Paukenschlag einer Revolution. Hier bewirken unter dem Druck der französischen Ereignisse staatlich-bürokratische Reformen eine innere Neuordnung der Institutionen. Zu dem Reformdruck von außen kommt eine Reformwilligkeit von innen. Alte Zöpfe werden abgeschnitten, um die Köpfe der Herrscher zu retten. Die Macht der Traditionen schwindet, die Individualisierungschancen der gebildeten Stände erhöhen sich. – Das wird hier nur angedeutet, um eine zunächst überraschende Korrespondenz zu veranschaulichen. Denn zur gleichen Zeit zeigt die Verwendungsgeschichte von »Bildung« und »Kultur« eine markante Veränderung im geistigen Erfahrungskapital der deutschen Intelligenz. Die neuartige Wertschätzung des »rein Geistigen« bewirkt eine Herabminderung der praktischen Dinge und der Erziehung zur Praxis. Das setzt bereits in der deutschen Aufklärung ein, ohne daß in ihr, wie der verbreitete synonyme Gebrauch der Modewörter »Bildung«, »Kultur« und »Erziehung« anzeigt, der emphatische Bildungsbegriff hegemonial wird.

Zu den unmittelbaren Akteuren der semantischen Innovation zählen nicht nur die großen Denker des deutschen Idealismus. Schiller, Fichte oder Schelling interessieren aus der Perspektive einer historischen Semantik nur als philosophische Gewährsleute für philosophisch gebildete Praktiker, die im Zeichen des Neuhumanismus gegen eine Erziehung zur Nützlichkeit polemisieren und für die harmonische, geistige Entfaltung des einzelnen votieren. Hegels *Gymnasialrede* (1809), in der das Studium der alten Sprachen als Grundlage der »gelehrten Bildung« gefordert wird, ist insofern eine wichtigere Quelle als die *Phänomenologie des Geistes* (1807), in der die Geschichte der »Bildung des Bewußtseins« alle Formen seiner Verhältnisse bis zum »absoluten Wissen« durchlaufen muß. Für die historische Semantik ist dies weniger die Zeit der idealistischen Systeme, sondern eher die Zeit einer »Experimentierphase« (W. Kaschuba) zwischen Revolution und Restauration, in der philosophisch gebildete Praktiker ihre pädagogischen Konzepte in der Hoffnung auf einen »Kulturstaat« durchzusetzen versuchen. Jetzt kommt es mit der Verknüpfung von »Bildung« und »Kultur« nicht nur zur konzeptiven Fassung des Deutungsmusters, sondern auch zu seiner hegemonialen Durchsetzung. Nicht die großen Philosophen, wohl aber die Theoretiker und Praktiker des Bildungswesens wie (allen voran) W. v. Humboldt, Niethammer oder von Süvern sind die Stichwortgeber des Deutungsmusters. Seine Trägerschicht aber ist das Bildungsbürgertum. Für einen Historiker, der nach dem Zusammenhang von begrifflicher Repräsentation und ge-

schichtlicher Konstellation fragt, gilt es zu unterscheiden zwischen
den komplexen Entwürfen des deutschen Idealismus, den hochge-
muten Konzepten des Neuhumanismus und der prosaischen Verwendungsgeschichte von »Bildung« und »Kultur« in der Lebenswelt des Bildungsbürgertums. Das Deutungsmuster wird sich
seinem geistigen Erfahrungskapital einprägen und die Angriffe der
Kritiker überleben. Deshalb ist es ja zählebiger als die Entwürfe
und Gegenentwürfe der großen Denker. Deshalb ist es sozialgeschichtlich aufschlußreich. In der Lebenswelt des Bildungsbürgertums verlieren die Begriffe an theoretischem Glanz, ja sie unterlie-
gen, wie noch zu zeigen, einer negativen Dialektik. Philosophen
mögen dies beklagen. Für sie bekommt »Bildung« einen »mystisch-
verblasenen Charakter« (K. Löwith), zeichnet »Kultur« eine
»trächtige Fülle und seelenhaftes Pathos« (H. Plessner) aus. Dabei
ist gerade die Unschärfe, der »abgeschliffene«, nachwissenschaftliche Charakter eine Voraussetzung für den kommunikativen Erfolg.
Das läßt sich allerdings nicht allein mit der Macht der Sprache begründen. Veränderungen in der Semantik leben aus veränderten
Verhältnissen und wirken auf sie ein. Konkreter formuliert: Gerade
in dem Zeitabschnitt, wo nach der Französischen Revolution und
den Siegen Napoleons Preußen und einige andere Staaten sich zur
Aufholjagd gegenüber den westeuropäischen Ländern anschicken,
indem sie die Verwaltung reformieren, ständische Rechte abbauen
und die soziale wie ökonomische Emanzipation rechtsgleicher Individuen vorantreiben, wenden sich die Intelligenz und die »gebildeten Stände« im Namen der »Bildung« vom politisch-ökonomischen Bewährungsfeld stärker ab. Gerade damit gewinnt das
Bildungsbürgertum, welche Paradoxie, seine Protagonistenrolle in
einer spezifisch deutschen Modernisierung.

Wie etabliert sich »Bildung« als Leitbegriff, was ändert sich in der
Verwendungsgeschichte von »Kultur«? Bis gegen Ende des
18. Jahrhunderts entwickeln sich beide Begriffe des öfteren bedeutungsgleich, aber nicht identisch. Sie entstehen mit dem Selbstverständigungsprozeß der Aufklärungsbewegung, in dem die Geschichte »entdeckt«, das Wissen »universell« und die Intelligenz
»humanitär-moralistisch« wird. Sie gehen allerdings, im Unterschied zum späteren Deutungsmuster, noch keine dauerhafte Verknüpfung ein. Ihre Wortkörper garantieren keine festen Bedeutun-

gen. Die Verwendungsgeschichte der Begriffe ist vielmehr durch
eine große Benennungsunsicherheit gekennzeichnet. »Kultur«
kann durchaus im Sinne der »cultura animi«-Tradition auf Erziehung und »geistigseelische« Entwicklung verweisen und damit in
den Bedeutungsbereich von »Bildung« hineinragen. Deutlich machen dies Binnendifferenzierungen durch Attribute und Komposita, die den Aspekt der individuellen geistigen Pflege herausstellen.
Dann ist von »intellektueller« und »moralischer«, von »höherer«
und »ästhetischer« »Kultur« oder von »Geisteskultur« die Rede.[106]
Das Hin- und Herpendeln der Bezeichnungen verwirrt gelegentlich auch vertrauenswürdige Fachgelehrte – so wenn etwa behauptet wird, daß Kant an der Etablierung des Bildungsbegriffs keinen
Anteil habe. Es ist unbestreitbar, die Bezeichnung »Bildung« spielt
bei Kant eine geringere Rolle als »Kultur«. Doch entgeht dem engen Blick auf die Wortkörper, daß Kant mit der »Cultur der Zucht«
oder der »Cultur der Moralität« eine individualistische Moral anspricht, nach der der einzelne aus eigener Einsicht und Verantwortung zu handeln habe und so gesinnungsfest der Allgemeinheit des
Moralgesetzes Geltung verschaffen soll. Im Vergleich zur »Kultur
der Geschicklichkeit«, die zur Erlangung äußerer Zwecke notwendig ist und die alles umfaßt, was über die Natur hinausgeht, was
also vom Menschen geschaffen ist, wird die »Kultur der Zucht« als
Selbstzucht, als Befreiung des Willens vom Despotismus der Begierden höher bewertet, weil sie den Willen in der Bestimmung und
Wahl seiner Zwecke (also moralisches Handeln) befördert.[107] Indem bei Kant »Kultur« moralphilosophisch auf das Individuum,
auf die Pflichten des Menschen gegen sich selbst zielt, gehört sie in
den Bedeutungsbereich des Bildungsbegriffs! Über die Unterschiede zum Neuhumanismus wird noch zu sprechen sein, die
Gemeinsamkeiten sind allerdings unverkennbar. Auch bei Kant
soll die Einrichtung der Schulen nicht vom Interesse des Staates,
sondern vom »Urtheile der Kenner abhängen«. Für ihn steht fest:
»Alle Cultur fängt von dem Privatmanne an und breitet sich von
daher aus«.[108] Setzt man für »Cultur« »Bildung« ein, so könnte dies
auch von Humboldt stammen. Ins frühliberale Leitbild des selbst-
verantwortlichen, handlungsfähigen Individuums paßt sowohl die
Kantsche »Kultur« wie die Humboldtsche »Bildung«.

Das alte deutsche Wort »Bildung«,
seine mystisch-pietistische Tradition und die Verschränkung
von Protestantismus und Aufklärung

Wie »Kultur«, so kann auch das alte deutsche Wort »Bildung« ein
Resultat und einen Prozeß ausdrücken, so in der Bedeutung von
»Gestalt« (forma) oder in der Bedeutung von »Gestaltung« (forma-
tio). Für die letztere Bedeutung zeigen die Verben »bilden« und
»sich bilden« zwei unterschiedliche Richtungen an: entweder die
Hervorbringung bzw. Formgebung durch äußere Einwirkung oder
die Orientierung der (selbst)bildenden Tätigkeit an Beispielen. Bei
Adelung, der sich um eine genaue Unterscheidung der Bedeutungsnuancen bemüht, heißt es in diesem Zusammenhang: »Den Fähigkeiten des Geistes und Willens die gehörige Richtung geben«; und:
»Er hat sich nach lauter großen Mustern gebildet.«[109] Auch in diesem Fall kann auf eine umfassende etymologische Darstellung der
Herkunft, Grundbedeutung und formalen Entwicklung des Wortes
verzichtet werden. Der historische Wortbildungsprozeß ist nur
dann von Interesse, wenn er auf mentale Tatbestände verweist, die
für die Herausbildung des modernen Begriffs von Bedeutung sind.
Das trifft für den mystisch-pietistischen Entwicklungsstrang (Meister Eckart, Seuse, Tauler) und den naturphilosophischen, organo-
logischen Entwicklungsstrang zu (Paracelsus, J. Böhme, Leibniz,
Blumenbach).[110] Lange bevor »Bildung« in einer neuen Öffentlichkeit zum modernen Begriff wird, ist bei ihnen mit »bilden« die
Vorstellung einer religiösen oder stärker naturhaften, im Ursprung
angelegten geistig-seelischen Formung verbunden. Das meint, grob
gesprochen, entsprechend der Gottesebenbildlichkeit des Menschen, die genaue Beobachtung der eigenen Person wie die Entfaltung der ihr durch den Schöpfer gegebenen Anlagen.
Es liegt auf der Hand: Im Unterschied zum lateinischen »cultura«
kann das deutsche Wort in der internationalen Gelehrtenwelt keine
Rolle spielen. Wir sollten auch nicht übersehen, daß in der neuzeitlichen Philosophie die Systeme des konstruierenden Rationalismus
und die Entwürfe des englischen Empirismus jene mystische Vorstellung vom Subjekt, das sich selbst mit der Gottheit eins setzt,
ablehnen. Mit ihrer Kritik an der erstarrten protestantischen Or-

thodoxie und ihrer Ablehnung der »Schriftgelehrten« und »Buchstäbler« findet die Mystik jedoch Gehör – nicht in der Welt der Universitäten und Akademien, wohl aber bei den lesefähigen Gläubigen. Mystische Literatur ist um die Wende vom 17. zum 18. Jahrhundert weit verbreitet, nicht nur in Deutschland, sondern auch in Frankreich und England.

Der Pietismus bleibt zwar als Oppositionsbewegung gegen die Veräußerlichung von Religion und Kirche dem Denken der Mystik und deren Betonung der Innerlichkeit des Ich verpflichtet, doch ist ihm das Wort »Bildung« wegen seiner mystisch-spekulativen und naturalistischen Belastung verdächtig. Er hält die Vorstellung, daß Christus zur »forma« unseres Lebens gemacht werde, für vermessen. Zwar gebraucht Johann Jacob Rambach (er ist der Nachfolger A. H. Franckes, des bedeutendsten Pädagogen des Pietismus) häufiger die Wendung »geistliche Bildung«,[111] aber er denkt sich dabei als strenger Pädagoge den heiligen Geist als Schulmeister! Leitgedanke der unter dem Namen »Franckesche Stiftungen« zusammengefaßten Schulen in Halle ist die Erziehung zu »wahrer Herzensfrömmigkeit« und zu einem »praktischem Christentum in tätiger Nächstenliebe«. Die pietistische Erziehungspraxis will den geschickten, fleißigen und praktischen Untertanen. Dennoch bereitet der Pietismus mit seinem Rückzug aus der Welt in die Innerlichkeit des eigenen Ich, mit seinem Beharren auf der individuellen Aufschließung der Hl. Schrift eine moralische und emotionalisierte Bildungsauffassung vor, die sich mit seiner Funktion im absolutistischen Staat nicht verrechnen läßt. Insofern gehört er zur Vorgeschichte des modernen Bildungsbegriffs. Und dies nicht nur in einem geistesgeschichtlichen, sondern auch in einem wissenssoziologischen Sinne: ein wichtiger Teil der deutschen Intelligenz, etwa Wieland und Herder, Karl Philipp Moritz und Fichte, ist mit dem Pietismus aufgewachsen. Auch wenn die meisten die religiöse Enge der Erbauungskonventikel und der Gebetskreise, das Mißtrauen gegenüber dem Vernunftdenken und der Kunst hinter sich lassen, so können doch mit den spirituell-emotionalen Bedürfnissen »pietistische« Haltungen prägend bleiben. Als der Rigaer Lehrer und Prediger Herder 1769 die Provinz verläßt, um aus deren Enge ins Paris der Aufklärung zu reisen, da lassen sich in den neuen Absichten auch alte Vorstellungen ausmachen. Herder will, so vertraut er seinem Reisejournal an, den Dienst am toten Buchstaben aufgeben. Sein Plan einer Geschichte der »Kultur« gerät daher zum Prospekt eines teleologischen Zusammenhangs, in dem höhere Zwecke wirken: »Das Menschengeschlecht wird nicht vergehen, bis daß es alles geschehe! Bis der Genius der Erleuchtung [!] die Erde durchzogen! Universalgeschichte der Bildung der Welt!«.[112] – In Klopstocks *Messias* wird der mystisch-religiöse Bildungsgedanke aufgegriffen und zugleich ästhetisch und pädagogisch ausgeweitet. Wieland und viele andere folgen ihm darin. Klopstock verbindet das Künstlertum Gottes mit dem Schöpferischen des Menschen. Die »Bildung« der Seele erscheint bei ihm als religiös-ästhetischer Erziehungsprozeß im Inneren des bildsamen Menschen.[113] Die poetische Vision aufgeklärter Religiosität und die Gefühlsmächtigkeit der Sprache faszinieren zunächst das Lesepublikum. Man liest den *Messias* wie ein Andachtsbuch. Für Herder ist das biblische Epos »nächst Luthers Bibelübersetzung das erste klassische Buch in unserer Sprache«. Durch dessen großen Erfolg wird »bilden« bzw. »Bildung« literaturfähig. Auch wenn der *Messias*, gestimmt auf den einen Ton des ekstatischen Feierns, bald als langweilig gilt, Klopstock zwar noch gelobt, aber nicht mehr gelesen wird, so betreibt doch der Erfolg seines Epos wirkungsvoll die Überleitung metaphysischer Vorstellungen ins Pädagogische und Ästhetische.

Die naheliegende Vermutung, der moderne Bildungsbegriff sei durch die Säkularisierung mystisch-pietistischer Vorstellungen entstanden, bedarf so gewisser Einschränkungen, auch wenn eine Bedeutungssäkularisierung unverkennbar ist. Etwas formelhaft ausgedrückt: Durch einen Zuwachs an Bedeutungsinhalt findet »Bildung« Anschluß an das Denken der deutschen Aufklärung, ohne daß ein offener Bruch mit der Religion stattfindet. Ähnlich wie bei »Kultur« etabliert sich das Wort in der neuen Öffentlichkeit als moderner »Begriff« und wird gegen Ende des 18. Jahrhunderts den Modewörtern zugerechnet. Auch »Bildung« wird abstrakt und bewahrt sich eine semantische Offenheit, die den diskursiven Erfolg des Begriffs erlaubt. Anders als im Fall von »Kultur« lassen sich in seiner Verwendungsgeschichte allerdings von Beginn an Besonderheiten der deutschen Aufklärung ausmachen: ein lebendiges und undogmatisches Verhältnis zur Religion, eine Distanz gegenüber dem französischen Atheismus und Materialismus, eine Vergeistigung der Sinnlichkeit und ein ausgeprägtes Interesse an anthropologischen und psychologischen Problemen, besonders an der Frage nach der Bestimmung und Moralität des Menschen.[114] Der deutschen Aufklärung fehlt es im Vergleich zur französischen Aufklärung an polemischer Schärfe und im Vergleich zur englischen an Vernunft- und Wissenschaftsoptimismus. Sie bekämpft nicht die Religion. In ihr verschränken sich protestantische Religiosität und Aufklärungsbewegung. Im Unterschied zu Frankreich fehlt die katholische Kirche als institutionell starrer, eindeutig negativer Bezugspunkt. Während der Katholizismus Religion und Religiosität definieren und kontrollieren will, erlaubt das Luthertum ein Auseinanderfallen von institutioneller Religion und individueller Religiosität.[115] Wo die Religion aufgeklärt wird, können die Aufklärer religiös bleiben. Das »lebendigere Verhältnis zur Religion« (H. Holborn) kann sich im protestantischen Deutschland gerade ohne den Druck kirchlicher Organisation entfalten. Die Trennung zwischen dem Religiösen und dem Kirchlichen liegt ja schon im antipäpstlichen Affekt des Luthertums. Hinzu kommt eine spezifisch protestantische, »innere Mission« durch das Gewissen. »Gute Policey«, Visitationen und kirchliche Bußdisziplin mögen im Absolutismus das Verhalten der Menschen ausrichten. Prägend aber sind andere, subtilere Formen. Gerade in den letzten Jahrzehnten sind unter dem Titel »Sozialdisziplinierung« in Anlehnung an Max Weber oder Norbert Elias Problemstellungen aufgegriffen worden, um eine neue Art der Vergesellschaftung in Staat, Kirche und Ökonomie als umfassenden Prozeß der Verhaltens- und Einstellungsänderung zu begreifen. Diese Disziplinierung vollzieht sich nicht nur durch den äußeren Zwang des absolutistischen Staates. Vielmehr spielt in diesem Zusammenhang das Gewissen als »innere Institution« eine selbstdisziplinierende Rolle.[116] Mancher bezwingt seinen Zorn und seinen Mutwillen, so Luther in der Predigt von den drei Arten des Gewissens –, aber er tut es nur aus Angst vor Strafe und Schande, nicht aus innerer Einsicht und Liebe zu den Geboten Gottes. Die spezifisch protestantische »innere Einsicht« bleibt als Problem der »Moral« in den Erörterungen von »Kultur« und »Bildung« präsent. Die Verschränkung von protestantischer Religiosität und Aufklärung führt zu einem Individualismus, der den Menschen zum Gespräch mit sich selbst und zu innengeleiteter

Moral auffordert. In der Dominanz der »moralisch-guten Gesinnung«, der Abwertung des »Äußerlichen« und Aufwertung des
»Inneren« lebt ein verweltlichter Protestantismus, ohne den ein
spezifisch deutscher Bildungsbegriff undenkbar ist. In diesem
Sinne ist Kants Nachdenken über »Fortschritte in der Cultur«
durchaus repräsentativ. Für ihn sind die Menschen »im hohen
Grade durch Kunst und Wissenschaft cultivirt«, sie sind »bis zum
Überlästigen zu allerlei gesellschaftlicher Artigkeit und Anständigkeit« »civilisirt«. Was aber Kant vermißt – darin zeigt sich der
protestantische Individualismus –, ist die innere Einstellung: »Aber
uns schon für moralisirt zu halten, daran fehlt noch sehr viel. Denn
die Idee der Moralität gehört noch zur Cultur, der Gebrauch dieser
Idee aber, welcher nur auf das Sittenähnliche in Ehrliebe und der
äußeren Anständigkeit hinausläuft, macht blos die Civilisirung aus
[...]. Alles Gute aber, das nicht auf moralisch-gute Gesinnung
gepfropft ist, ist nichts als lauter Schein und schimmerndes
Elend.«[117]
Die Vorstellung einer gänzlich unpolitischen Intelligenz, die mit
ihrer »Untertanenmoral« aus der Machtlosigkeit in eine überstei-
gerte Geistigkeit flüchtet, ist ebenso falsch wie das alte Konstrukt
einer vermeintlich »tieferen« »deutschen Bewegung« gegen den
westlichen Rationalismus und Empirismus. Bereits bei der Untersuchung des »Kulturbegriffs« wurde ja die Nähe zum Denken
Westeuropas deutlich. Auch die deutsche Intelligenz besucht die
Schule der Aufklärung. In deren Klassenraum aber werden bevorzugt Erziehungsprogramme und seltener soziale und ökonomische
Theorien diskutiert. Allerdings lassen sich unterschiedliche Gruppierungen ausmachen. Diese brauchen hier nicht näher charakterisiert zu werden, denn unsere Analyse zielt auf die Zusammensetzung des »geistigen Erfahrungskapitals«, auf den Zusammenhang
von kollektiver, versprachlichter Weltdeutung und möglicher
Handlung, auf die Herausbildung spezifisch deutscher Vorstellungen über »Bildung« und »Kultur«. Der oft zitierte »Erziehungsoptimismus der Aufklärung« ist mit unterschiedlichen Vorstellungen,
Erfahrungen und Handlungsmöglichkeiten verbunden. Gewiß, der
pädagogische Bildungsbegriff kann sich innerhalb des Aufklärungsdenkens und seines Moralverständnisses ausbreiten, sei es als
»Bildung« der Tugend, als »Bildung« des Verhaltens an Mustern

und Beispielen, oder einfach als »Ausbildung« praktischer Kenntnisse.[118] Das wäre der gemeinsame semantische Nenner. Von Interesse sind aber hier die Differenzen, mit denen die Hegemonie des
Bildungsbegriffs, seine typisch deutsche, unübersetzbare Bedeutungsfülle, einsetzt. Auch jetzt bestätigt sich, daß die Bedeutung
der Begriffe nur in ihrer Verwendung liegt.
Wenn bis gegen Ende des 18. Jahrhunderts »Bildung« und »Erziehung«, »Aufklärung« und »Kultur« häufig synonym gebraucht
werden und zu den »großen Wörtern«, ja den Schlagwörtern zählen, dann rührt diese semantische Flexibilität von der allgemeinen
Vorstellung her, daß es darauf ankomme, die Verstandeskräfte des
Menschen auszubilden und ihn zu sozialer und gewerblicher Nützlichkeit anzuhalten. Erst der Gebrauch der Vernunft »schafft Bildung (Kultur)« (F. E. v. Rochow). Es geht darum, »Denken« zu
lehren und nützliche »Kenntnisse« zu vermitteln. Dieser Glauben
an die Macht der Erziehung ist utilitaristisch und pragmatisch. Er
setzt auf die Nützlichkeit und Anwendung des Wissens, betont die
berufliche Ausbildung. Er lebt aus der Vorstellung vom aktiven,
sich im Beruf bewährenden Menschen, dessen amtliche und gewerbliche Tüchtigkeit vernünftig ist und Gott wohlgefällig. Luthertum und Calvinismus wirken hier nach. Ebenso die »rationale«
Philosophie von Thomasius und Wolff, die sich ausdrücklich der
Förderung irdischer Zwecke zum Nutzen der Gesellschaft ver-
schrieben hat. Das alles verschränkt sich in den pädagogischen
Konzepten der deutschen Aufklärung. Bei Bernhard Basedow,
dem führenden philanthropischen Pädagogen, erscheint die allgemeine Wohlfahrt abhängig von der bürgerlichen Tugend, die ihrer-
seits durch Erziehung und Unterricht zu befördern ist. In diesem
Erziehungskonzept wird den »Realien« ein breiter Raum zugemes-
sen. Die alten Sprachen sollen durch moderne ersetzt werden. Die
Kinder sollen eine Art Werkunterricht besuchen. Gymnastische
Übungen werden verlangt. So äußern sich in den utilitaristischen
Erziehungsideen der Aufklärung und insbesondere des Philanthropismus, in bescheidener Form, die Emanzipations- und Erzie-
hungsansprüche einer beginnenden bürgerlichen Gesellschaft, in
der an das tätige Individuum appelliert und praktische Kenntnisse
wie Leistungsbereitschaft verlangt werden. Allerdings ist die bürgerliche Erziehungsethik nicht mit offenen politischen Machtan-

sprüchen verbunden. Über Basedow schreibt ein Zeitgenosse, daß er »Fürsten und Staaten zuerst auf Verbesserung der Erziehung aufmerksam machte«.[119] – Nicht ohne Grund hat daher im 18. Jahrhundert zunächst die Universität Halle einen einzigartigen Rang. An ihr werden, ausgehend von der »rationalen« Philosophie eines Thomasius oder Wolff, preußische Beamte in die Kameralistik eingeführt. Das Konzept der brauchbaren Kenntnisse paßt offensichtlich zu den Bemühungen des Reformabsolutismus um eine »allgemeine Wohlfahrt«. Damit können allerdings noch Vorstellungen einer »ganz verschiednen Bildung« für die Produzierenden, die Besoldeten und den Adel verbunden sein, in denen sich alte ständische und neue arbeitsteilige Unterschiede verschränken.[120]

Verallgemeinernd kann gesagt werden: »Bildung« läßt sich, ähnlich wie »Kultur«, nicht auf *eine* Bedeutung festlegen. Auch bei diesem Begriff bündeln sich in der Verwendungsgeschichte unterschiedliche Vorstellungen. »Bildung« kann einen Prozeß und ein Resultat, ein Ziel und einen Zustand bezeichnen, kann aktiv, passiv und reflexiv, individuell und (seltener) kollektiv gemeint sein. Was nun den Bedeutungsinhalt betrifft, so ist der Begriff mit unterschiedlichen Konzepten, mystisch-pietistischen, philosophischen, ästhetischen und pädagogischen aufgeladen. Was bereits für den Kulturbegriff ausgeführt wurde, gilt auch hier: der Ausdruck wird erst in dem Moment begriffsgeschichtlich geadelt, wo er sich in der neuen Öffentlichkeit, diskursiv hochbeweglich, zu einem eigentlichen Sinngehalt verselbständigt. Auch »Bildung« hat keine Namen- und Verweisungsfunktion. Was der Ausdruck meint, läßt sich weder als Bedeutung umschreiben noch als Sachverhalt eindeutig klären. Die Verwendungsgeschichte zeigt, daß der Begriff in unterschiedlichen Diskursen, den kameralistischen, philosophischen, historischen, philanthropischen, auftaucht. »Cultur«, heißt es so in GutsMuths' *Gymnastik für die Jugend* (1793), dem ersten deutschsprachigen, philanthropischen Lehrbuch der Leibesübungen, »ist ächte Bildung des geistigen und körperlichen Menschen«. Hier garantiert noch die alte »cultura animi«-Vorstellung eine Bedeutungsgleichheit.

»Bildung« als Erziehung in der Aufklärungspädagogik

Der verbreitete synonyme Gebrauch darf uns allerdings nicht zu
dem Schluß verleiten, »Kultur« und »Bildung« seien zwei unterschiedliche Benennungen für den gleichen Begriff! Gerade die
Entstehungs- und Verwendungsgeschichte läßt markante Unterschiede erkennen – auch wenn eine semantische Gemengelage mit
einfachen pädagogischen Konzepten und komplexen philosophischen Entwürfen vorliegt. »Kultur«, daran sei erinnert, zeigt eine
neue Vorstellung von Individualität, von Gesellschaft und Geschichte an; eine Vorstellung, die dem Denken der europäischen
Aufklärung stärker verpflichtet bleibt als dies bei »Bildung« der
Fall ist. Von daher die mögliche Bedeutungsgleichheit bzw. Bedeu-
tungsähnlichkeit mit »Civilisation«. Freilich gehört auch die Begriffsgeschichte von »Bildung« in den Selbstverständigungsprozeß
der europäischen Aufklärung; gehört zu deren Postulat einer in
allen Menschen identisch ansprechbaren Vernunft; gehört zum Vertrauen auf die Sprengkraft wissenschaftlicher Rationalität und der
Bemühung um die Vermittlung von Wissen über die Republik der
Gelehrten hinaus. Das Programm der sozialen Verallgemeinerung
des Wissensfortschritts befördert ein philosophisches »Nachdenken« über die Erziehung des Menschen ebenso wie eine anschwel-
lende pädagogische Literatur und eine intensivierte pädagogische
Praxis mit neuen Unterrichtsformen und Schulversuchen. Es ist
diese Entwicklung, die in Deutschland bis in die beiden letzten
Jahrzehnte des 18. Jahrhunderts hinein vorrangig mit dem Ausdruck »Erziehung« verbunden wird, vor allem dann, wenn es um
die Theorie und Praxis einer Pädagogik geht, die auf »Unterricht«,
»Unterweisung« und »Lehre« setzt, um die »Aufklärung« zu verbreiten. Aber auch »Bildung« kann zur Benennung dieses Sachver-
halts gebraucht werden. So ist für J. G. Sulzer 1745 »Bildung des
Verstandes und Urteils« durch die Lehre das entscheidende Ziel der
Erziehung, propagiert später Basedow »Bildung« als eine Aufgabe,
die Jugend »mit Erkenntnissen und Geschicklichkeiten zu bepflan-
zen«. Man kann dies in seiner Schrift mit dem programmatischen
Titel *Vorstellung an Menschfreunde und vermögende Männer über
Schulen, Studien und ihren Einfluß auf die öffentliche Wohlfahrt,*

mit einem Plane des Elementarbuchs der menschlichen Erkenntnis
(1768) nachlesen. Allgemeine Wohlfahrt ist demnach von der bürgerlichen Tüchtigkeit und Tugend, von Erziehung und Unterricht
der öffentlichen Schulen, von der Entwicklung der »gesitteten Bürger« abhängig. In Basedows *Elementarwerk* stehen auf jeder
Druckseite in fetten Lettern, wie eine Losung, die Worte »Bildung
des Gemüts und der Sitten«. Der Begriff ist hier noch ganz lebens-
praktisch auf ein richtiges Verhalten im Alltag bezogen. Zur »Bildung« rechnet Basedow auch, daß man den Dienstboten, die
Schaden angerichtet haben, etwas vom Lohn abzieht! Das hat nun
wenig mit dem späteren emphatischen Bildungsbegriff zu tun.
Auch jetzt bestätigt sich, daß ein kontinuierlich gebrauchter Ausdruck keine Bedeutungskontinuität garantiert. Aber selbst der
wenig komplexe, utilitaristische und pädagogische »Bildungsbegriff« der deutschen Aufklärung unterscheidet sich vom »Kulturbegriff« durch seine Ausrichtung auf das Individuum, durch die
Vorstellung, daß »Erziehung« bzw. »Bildung« den menschlichen
Geist und menschliche Fähigkeiten entwickle und somit die Glückseligkeit der Gesellschaft befördere. Wenn auch der pädagogische
und popularphilosophische Erziehungsoptimismus bald durch
neue Wirklichkeiten desavouiert und durch ein problembewußte-
res Denken abgelehnt wird, so bleibt doch im Wortgebrauch von
»Bildung« bis heute der Aspekt der Erziehung und der Berufsausbildung präsent.[121]
Der Bildungsbegriff der Aufklärungspädagogik stellt sich auf die
ständische Gesellschaftsordnung ein und fällt so zurück hinter den
universellen Anspruch der Aufklärung, auch wenn Pädagogen wie
Popularphilosophen im Namen der Tugend und der Tüchtigkeit die
Hegemonieansprüche der »gesitteten Bürger« durchaus artikulieren. Die fallen aber bescheiden aus, weil es in Deutschland kein
bedeutendes Wirtschaftsbürgertum gibt. Wer sich auf die Praxis
einläßt, der muß mit rückständigen Verhältnissen rechnen. Handel,
Verkehr und Industrie sind gegenüber England und Frankreich un-
terentwickelt. In Deutschland hofft ein aufgeklärter Reformeifer
auf die gute Gesinnung der aufgeklärten Fürsten. Zur verbreiteten
Meinung, die öffentlichen Angelegenheiten seien durch Organisation und Verwaltung zu verbessern, gehört auch das Konzept der
Erziehung bzw. »Bildung« zu »gesitteten Bürgern«. Zu diesem

Zweck wird »Gedankenfreiheit« gefordert und weniger eine Verbesserung politischer und sozialer Rechte. Mit diesen Bedingungen
schrumpfen in der pädagogischen Praxis die universalen Entwürfe
auf die Machbarkeit im Rückständigen. »Bildung« kann so durchaus noch wie in Joachim Heinrich Campes einflußreichem *Revisionswerk* (1785) standesbezogen gedacht werden, indem sie ganz
pragmatisch aus der gegebenen Verschiedenheit der »Stände und
Geschäfte« die »Verschiedenheit der Ausbildung der Körper- und
Geisteskräfte« ableitet. Demnach müssen der Landmann, der
Handwerker, der Soldat und andere unterschiedlich »gebildet werden«. Indem das Konzept einer »Bildung des Bürgers« (Campe)
oder »Bildung des Menschen für die Gesellschaft« (Villaume) sich
auf den rückständigen Zustand der »Bürger« und der »Gesellschaft« einläßt, verliert mit dem Praxisgewinn der universelle Anspruch der Aufklärung an Geltung. So zeigt die Erziehungspraxis
am Dessauer Philanthropin vielfältige Differenzierungen zwischen
den Schülern: neben alten ständischen finden sich Unterschiede
nach Besitz und Leistung. Hier gibt es wöchentlich zwei »Standes-
tage«, in denen die Rangordnung der Zöglinge, etwa beim Essen,
nach ihrer Herkunft bestimmt ist. An zwei »Reichtumstagen« wird
die Rangordnung nach der Höhe des Schulgelds und an zwei »Me-
ritentagen« nach der Leistung festgelegt!

Die Vorstellung einer »sich bildenden Individualität«
ist keine Erfindung des Neuhumanismus: Leibniz, Shaftesbury
und Rousseau

Der Unterschied zum spätaufklärerischen Kulturbegriff wird noch
deutlicher, wenn wir uns jene Verwendungsgeschichte anschauen,
in der das Wort »Bildung« einen komplexeren Bedeutungsinhalt
erhält, mit dem es zu einem typisch deutschen, unübersetzbaren
Begriff gerät, der auf die Individualität und ihre zweckfreie Selbsttätigkeit zielt. »Bildung« als Inhalt und Ergebnis von Erziehung,
als Vermittlung nüchterner Urteilsfähigkeit und brauchbarer
Kenntnisse ist ein praxisnahes, aber theoretisch anspruchsloses
Konzept. In Deutschland kann es einer philosophisch-ästhetisch
eingestimmten Intelligenz, die eher aus dem Pfarrhaus denn aus

dem Handelskontor stammt,[122] nicht genügen. Sie befindet sich in
Distanz zur bürgerlichen Nüchternheit und zur reformabsolutisti-
schen Erziehungspolitik. Doch andererseits setzt sie den abgelehn-
ten Verhältnissen keine politische Programmatik entgegen; auch
keine pädagogischen Positionen, die mit denen der französischen
Aufklärung übereinstimmen: Diese Intelligenz fordert nicht die soziale Verallgemeinerung des Wissensfortschritts durch ein öffent-
liches Unterrichtswesen, sie schreibt an keiner *Enzyklopädie*, die
praxisbezogen unter Einbeziehung von Wirtschaft und Technik
den Wissensbestand der Zeit sichtet, sie findet auch kein bedeutendes Wirtschaftsbürgertum als Adressat.

Das schafft für einen Teil der deutschen Intelligenz eine besondere
Konstellation von eingeschränkten Handlungsmöglichkeiten und
konzeptuellen Überschüssen, von beengter Lebenslage und hochgesteigerten Wert- und Idealvorstellungen. Diese gesinnungsethi-
sche, freischwebende Intelligenz entwickelt im Auflösungsprozeß
der ständischen Gesellschaft einen emanzipatorischen Bildungsbegriff, der, bisweilen genialisch und elitär, der prosaischen Welt
des Bürgertums und den Gängeleien des Absolutismus das Ideal
des schöpferischen Individuums entgegenstellt. Im »Sturm und
Drang« gipfelt dieses Ideal im Leitbild der genialen, vorrangig
künstlerisch tätigen Persönlichkeit, hin- und hergerissen zwischen
Hochstimmung und Weltschmerz, berauscht an den eigenen gesteigerten Ansprüchen, verurteilt zu gesellschaftlicher Ohnmacht. Ein
Leitbild, das literarisch folgenreich ist – nicht aber sozialgeschichtlich. Im Unterschied zum Konzept der utilitaristischen Erziehung
findet das Ideal der Entfaltung aller Kräfte des einzelnen in den
Jahren um 1770 weder im Bürgertum noch bei der Landesobrigkeit
Anklang. Das wird sich, unter veränderten Voraussetzungen, erst
mit der Verschränkung zwischen Neuhumanismus und Modernisierung ändern.

Die Vorstellung einer »sich bildenden« Individualität ist allerdings
keine Erfindung des Neuhumanismus. Vielmehr bahnt sich schon
in der Aufklärung, befördert durch die Intensivierung einer frei-
individuellen Religiosität, mit dem philosophischen, pädagogischen und ästhetischen Bedeutungszuwachs eine Begriffskonstella-
tion an, in der »Bildung« nicht mehr als zweckgerichtete Erziehung
von außen, sondern als zielbestimmter Prozeß des individuellen

Selbstbildens verstanden wird. Die Geschichte des Leitbegriffs »Bildung« beginnt mit konzeptionellen Überschüssen, die in die Theorien und Praxen der Aufklärungspädagogen nicht eingehen können. Neben Leibniz sind hier westeuropäische Gewährsleute zu nennen: nicht Voltaire, Diderot oder d'Alembert, sondern Shaftesbury und Rousseau.

Wenn Leibniz auch das Vorgangswort »Bildung« nicht benutzt, so ist es doch wirkungsgeschichtlich bedeutsam, daß er das Problem der Selbstbildung metaphysisch durchdenkt und im »Selbstwesen« ein »Ebenbild der Allwissenheit und Allmacht Gottes« sieht. Seine Individualitätsmetaphysik wurzelt in der mystischen Theologie: sie vertraut auf die immer schon gegebene Harmonie von Gott, Person und Welt und die darin inbegriffene Affinität zwischen menschlichem und göttlichem Geist. So entwirft Leibniz in seinen Schriften zur Monadenlehre ein Konzept von Individualität, das ihre Einzigartigkeit und Vervollkommnungsfähigkeit betont. Es behauptet die Existenz einer inneren, spontanen, ursprünglichen Kraft in jedem Einzelwesen, jeder Monade – Leibniz nennt sie »Seele«: sie ist es, die einerseits ihrer besonderen Natur nach jede Monade zu spezifischer Selbsttätigkeit veranlaßt, die andererseits ihrer Form nach in perfekter Übereinstimmung steht mit allem außerhalb ihrer selbst, mit dem Ganzen des Universums. Die Handlungen eines Individuums verwirklichen daher eine doppelte Bestimmung: sie offenbaren eine individuelle wie eine universale Gesetzlichkeit, sie haben in je spezifischer Weise Teil an der Vollkommenheit des Universums, insofern sie diese Vollkommenheit, das Werk Gottes, zugleich spiegeln und entfalten. Als vernunftbegabte und somit höchstentwikkelte Monade vermag der Mensch die Gesetze der göttlichen Weltordnung zu erkennen, als vernunftgeleitetes und tätiges Wesen vermag er sein individuelles Sein nach diesen Gesetzen auszurichten, um sich selbst zu vervollkommnen.[123] – Die Idee der Monade, im Sinne einer vollständigen Individualität, bestärkt innerhalb der allgemeinen aufklärerischen Hochschätzung von Psychologie und Anthropologie eine mentale Disposition, die das autonome Individuum als eigenverantwortliches von äußeren Zwängen – auch denen der Erziehung »von außen« – befreien will, und die es zugleich als Teil eines metaphysisch vergewisserten Ganzen sieht. Leibnizens Denken, zunächst nahezu vergessen, wird bald wieder-

entdeckt und sich im Bildungsbegriff – man denke an Herder oder
W. v. Humboldt – mit dem Denken Shaftesburys und Rousseaus
wirkungsvoll verschränken.

Wichtiger noch als Leibnizens Gedanken sind für die Ausformung
eines typisch deutschen Bildungsbegriffs die in Dialog und Brief
unakademisch-unsystematisch – dafür aber umso wirkungsvoller –
dargelegten Gedanken eines englischen Adligen, die eine Übereinstimmung der ethischen und ästhetischen Vermögen des Menschen
und die sie bedingende Harmonie eines kosmischen Ganzen propagieren. Diese optimistische Anthropologie, die dem Menschen
einen angeborenen moralischen Sinn (»moral sense«) zuspricht,
ihre Hochschätzung der inneren Erfahrung, ihre Vergeistigung des
Sinnlichen in der sittlich-ästhetischen Einheit der »Selbstbildung«
(»selfformation«), wird auf Wieland und Winckelmann, auf Schiller, Goethe und Humboldt wirken. Für Shaftesbury ist die Welt
nach den Prinzipien der Harmonie und Symmetrie, der Proportion
und Vollkommenheit geordnet. Seine Lehre wird vom Ideal des
harmonischen, sich selbst vervollkommnenden Menschen durchdrungen. Seine Nähe zu Leibniz ist von den Zeitgenossen – etwa
Lessing – erkannt worden. Entsprechend der positiven Anthropologie, die auf das Ideal eines sittlichen Lebens als Entfaltung aller
Kräfte und Anlagen setzt, muß der Mensch nicht als Triebwesen
gebändigt werden. Schon Mandeville wirft daher Shaftesbury vor,
dessen abstrakter Humanismus zeichne die Welt freundlicher als sie
sei. Was häufig als Shaftesburys Platonismus bezeichnet wird,
meint eine vergeistigte Sinnlichkeit, eine Vorstellung der Seele, die
sich zu innerer Schönheit und Gestalt nach immanentem Formge-
setz bildet. Die höchste Schönheit geht von Gott aus als dem
Urprinzip der Formung. Der Künstler ist »ein zweiter Schöpfer«
nach Gott, ein Genie, das die Natur in sich trägt und schöpferisch
wirkt. Das wird für den »Sturm und Drang« zu einer tragenden
Vorstellung. Shaftesburys Denken bleibt metaphysisch verankert,
doch betont er gegenüber der Religion die Selbständigkeit der Moral. Auch diese Vorstellung kann sich eine frei-individuelle Religiosität anverwandeln. Für uns aber ist wichtig, daß mit seinen
Gedanken der Bildungsbegriff eine »moralisch-ästhetische« Einfärbung erhält: die »Schönheit« und das »Gute« sind bei ihm identisch. Schon in der ersten Übersetzung von *Soliloquy or Advice to*

an Author werden 1738 »to form« und »formation« durchgehend mit »bilden« oder »Bildung« übersetzt. Andere Übersetzungen gebrauchen dafür »Ausbildung«.[124] Die unterschiedlichen Benennungen sollten uns nicht irritieren. Entscheidend ist Shaftesburys Beitrag zum Bedeutungszuwachs des Bildungsbegriffs. Mit der großen Wirkung seines Denkens erhält die mystisch-pietistische Vorstellung von »bilden« bzw. »Bildung« eine moralisch-ästhetische Bedeutung. »Bildung« wird so säkularisiert und in eine verweltlichte Frömmigkeit eingeweiht.

Männer, deren »Seele von Hochachtung für Tugend und moralische Größe am vollsten war« – mit diesem Superlativ charakterisiert Hegel sowohl Shaftesbury wie auch Rousseau.[125] Damit ist eine große wirkungsgeschichtliche Gemeinsamkeit angesprochen: beider Betonung der erzieherischen Sorge und inneren Erfahrung, beider Ablehnung einer Erziehung, die den Menschen nach äußeren Zwecksetzungen abrichtet, beider Betonung der »Selbstbildung«.[126] Wie begeistert Rousseau in Deutschland aufgenommen wird, ist hinlänglich bekannt. In Königsberg verzichtet Kant auf seine täglichen Spaziergänge, um ununterbrochen den *Émile* lesen zu können. Später wird Goethe das Buch als »Naturevangelium der Erziehung« bezeichnen. Mit Rousseaus Wirkung erhält der Bildungsbegriff einen mächtigen pädagogisch-moralischen Bedeutungszuwachs. Sein Bild des Menschen, wie er aus den Händen der Natur hervorgeht, wirkt auf eine gesinnungsethisch ausgerichtete und freischwebende Intelligenz emanzipatorisch; wird doch Rousseaus Pädagogik von der Erwartung getragen, daß der Mensch die ihn fesselnden Bindungen zu erkennen und sich von ihnen zu befreien vermag. Er soll nicht mehr Objekt irgendeines Erziehungsvollzugs sein, sondern sich zu einem Subjekt entwickeln, das sich selbst »bildet«. Nicht die Funktion innerhalb der Gesellschaft, sondern die zweckfreie und selbstbestimmte Menschenbildung ist das Ziel: Der Mensch soll das, was er ist, durch sich selbst werden, nach dem Maß des in ihm selbst liegenden Gesetzes. Damit steigt die Bedeutung der inneren Instanz, des Gewissens, und es sinkt die Verpflichtungskraft der vorgegebenen Moral und Religion. Rousseaus *Émile* stellt die Frage nach der Autonomie des Individuums mit einer neuartigen Radikalität. Gegen die Weltflucht des Pietismus stellt er den Glauben an die Güte der menschlichen Natur:

ausdrücklich verwirft er das Dogma der Erbsünde und der generellen Verdorbenheit menschlicher Begierden. Damit wird die plastische Religiosität eines protestantischen Individualismus bestätigt und befestigt. Rousseaus gefühlvoller Gottesglaube, seine Aufwertung des Gewissens und seine Abwertung äußerer Zwecke befördert auch die Kritik des höfischen »galant homme« und der »beau monde«. Das wachsende Selbstbewußtsein einer mittelständischen Intelligenz wird so in Deutschland mit Rousseaus antihöfischen Affekten bestärkt. Seine Botschaft von »Selbstbildung« und »Selbstbestimmung«, seine Ablehnung heteronomer Konventionen und Traditionen prägen den Bildungsbegriff entscheidend. Es sind allerdings nicht die aufklärerischen Pädagogen, bei denen diese Botschaft ankommt – sie verzetteln sich in kleinlichen Auseinandersetzungen über diese oder jene Stelle des *Émile*; es sind Kant, Schiller und andere Stichwortgeber des Deutungsmusters, die den Gedanken der Autonomie mit Rousseau weiterdenken.[127]
Und Rousseaus Verurteilung der Künste und Wissenschaften, die angeblich den Verfall von Moral und Sittlichkeit befördern und die Seelen der Menschen verderben? Seine »Kulturkritik« wird von der deutschen Spätaufklärung abgelehnt. Denn ihr erscheint, pauschal gesprochen, die Welt als Entfaltungsraum für den einzelnen wie für die Menschheit. Ihrer Grundhaltung entspricht eine optimistische Anthropologie, die das innere Gefühl aufwertet, die Erbsünde ablehnt und auf die Erziehbarkeit des Menschen setzt. In der Popularphilosophie wie im Philanthropismus spielt deshalb die Vorstellung von der »perfectibilité« des Menschen eine große Rolle – Mendelssohn übersetzt den Rousseauschen Ausdruck mit »Vermögen sich vollkommener zu machen«.[128] Wenn Mendelssohn in popularphilosophischer Manier über die Frage: *Was heißt aufklären?* nachdenkt, so begreift er »Bildung« als individuelle und gesellschaftliche Verbesserung und Vervollkommnung, und er kann daher problemlos in ihren Begriff den weiten aufklärerischen Kulturbegriff integrieren. Für ihn sind »Bildung, Cultur und Aufklärung [...] Modifikationen des geselligen Lebens; Wirkungen des Fleißes und der Bemühungen der Menschen, ihren geselligen Zustand zu verbessern«, und er ordnet »Bildung« die beiden Unterbegriffe »Aufklärung« und »Kultur« zu. Sie verhalten sich zueinander wie Theorie und Praxis. »Aufklärung« bezieht er »mehr auf das

Theoretische. Auf vernünftige Erkenntniss (objective) und Fertigkeit (subjective) zum vernünftigen Nachdenken über Dinge des
menschlichen Lebens, nach Maßgabe ihrer Wichtigkeit und ihres
Einflusses in die Bestimmung des Menschen«. »Kultur« hingegen
»scheint mehr auf das Praktische zu gehen: auf Güte, Feinheit und
Schönheit in Handwerken, Künsten und Gesellikeitssitten (objective); auf Fertigkeit, Fleiß und Geschicklichkeit in jenen, Neigungen, Triebe und Gewohnheiten in diesen (subjective)«. »Kultur«
meint bei Mendelssohn »Industrie«, Technik und Gewerbefleiß. Sie
ist dem »Stand und Beruf im bürgerlichen Leben« zugeordnet. Die
»Aufklärung« hingegen, die den »Menschen als Mensch« zu interessieren hat, »ist allgemein ohne Unterschied der Stände«. In der
semantischen Abstufung zwischen der »Kultur« und der »Aufklärung« deuten sich bereits Vorbehalte gegenüber einer utilitaristischen Erziehungstheorie an, die zwischen der »Brauchbarkeit« des
Bürgers und der »Vollkommenheit« des Menschen unterscheidet.[129] Seit Rousseau ist die Trennung zwischen »Mensch« und
»Bürger« geläufig. Mendelssohn greift sie auf, aber versöhnt sie
zugleich mit dem Gedanken an einen Fortschritt. Der Mensch als
Mensch bedarf keiner »Kultur«: aber er bedarf der »Aufklärung«.
»Die Bildung einer Nation« braucht allerdings »Aufklärung« und
»Kultur«. Beide müssen »mit gleichen Schritten fortgehen«. Schon
für Mendelssohn ist die »Vollkommenheit« des Menschen im »Geistigen« angesiedelt, nicht im noch ständisch und schon arbeitsteilig
differenzierten bürgerlichen Erwerbsleben. Bereits bei den Popularphilosophen erscheinen die Griechen als Vorbild; die »hatten
beides, Cultur und Aufklärung. Sie waren eine gebildete Nation«.
Zugleich aber soll bei Mendelssohn »Bildung« Theorie und Praxis,
menschliche Emanzipation und bürgerliches Leben versöhnen.
Sein Versuch, zwischen »diesen gleichbedeutenden Wörtern einen
Unterschied« anzugeben, bleibt als definitorischer Kraftakt folgenlos. Er kann aber in einem mehrfachen Sinne als repräsentativ für
die deutsche Spätaufklärung gelten. Auch sie lehnt Rousseaus
»Kulturfeindschaft« ab und grenzt im Unterschied zum Idealismus
und Neuhumanismus »Kultur« im Sinne von Technik und Gewerbe noch nicht aus. Zugleich zeigt der Versuch, »Bildung« als
eine Art Oberbegriff zu etablieren, daß dem Begriff eine große
synthetische Kraft zugesprochen wird. Gegen Ende des Jahrhun-

derts ersetzt »Bildung« zunehmend »Erziehung«, auch im Denken
der Popularphilosophen. Allerdings können auch die Vertreter
einer »empirischen Philosophie für das Leben« mit ihrer publi-
kumsnahen Vorliebe für kleine Gattungen und ihrem Vertrauen auf
den sozialen Affekt der Sympathie dem Begriff keine theoretische
Weihe verleihen. Nicht ohne Grund meint im deutschen Idealismus
die herablassende Sammelbezeichnung »Popularphilosophie« jene,
die zwar hübsch schreiben, aber flach denken.

Herder, der erste Theoretiker des Bildungsbegriffs

Von Herder, dem ersten Theoretiker und Stichwortgeber eines spezifisch deutschen »Bildungsbegriffs«, kann dies nicht behauptet
werden. In seinem Denken wird der Begriff unsystematisch, aber
durchdacht, schwer verständlich, aber wirkungsvoll in eine neue
Art des Philosophierens überführt und zugleich verändert. In welche philosophiegeschichtliche Schublade Herder gehört, das
braucht uns hier nicht zu interessieren. Sein Denken, voller Unruhe, Suche und Unabgeschlossenheit, ist nicht eindeutig zu bestimmen. Herder wurzelt im mystisch-pietistischen Denken, und
er besucht die Schule der Aufklärung. Zugleich aber steht der
Oberhofprediger und städtische Oberpfarrer im Musenzentrum
Weimar deren Denkformen distanziert gegenüber. In seinem Denken erhält »Bildung« einen hochkomplexen Bedeutungsinhalt. Der
Begriff wird nun vollends unübersetzbar.[130]
Auch Herder, obwohl begeisterter Rousseau-Leser, lehnt die Vorstellung einer Menschheitsgeschichte als Verfallsgeschichte ab.
Zwar sind bei ihm durchaus rousseauistische Töne zu vernehmen,
wenn er von der »philosophischen, kalten, europäischen Welt«
spricht. Es wurde ja bereits darauf hingewiesen, daß er den zeitgenössischen »Schöndenkern« à la Iselin und deren linearer Fortschrittsgewißheit in der Manier Rousseaus die vermeintlichen
Errungenschaften des Absolutismus entgegenhält: Polizierung,
Kolonialisierung und Despotismus. Doch läßt sich sein Geschichtsdenken, in dem die Idee des Ganzen und der Entwicklung
eine einzigartige, metaphysisch garantierte, monistische Ausprägung erhält, nicht mit Rousseaus Pessimismus vereinbaren: Bei

Herder sind Historismus und Antirousseauismus nahezu identisch.[131] Gewiß, Rousseaus pädagogischer Elan beeinflußt auch seine Vorstellung von »Bildung«. Prägend aber wirken Leibniz, Spinoza und Shaftesbury, mystisch-pietistische Traditionen (Hamann) wie ihre Säkularisierung unter philosophischen, ästhetischen und pädagogischen Vorzeichen. »Bildung« erhält bei Herder einen komplexen Bedeutungszuwachs. Es wird zu einem »Schlüsselwort« seines Denkens, denn es bezieht sich im Sinne von Wachstum, Fortschritt und Entwicklung auf alle Bereiche der Schöpfung. Was der junge Herder schon in seinem Reisejournal als Projekt einer »Universalgeschichte der Bildung der Welt« und als »Geist der Bildung« erwähnt, das wird er später in *Auch eine Philosophie der Geschichte zur Bildung der Menschheit* (1774) und in den *Ideen zur Philosophie der Geschichte der Menschheit* ausführen. Herder gebraucht »Bildung«, um einen einheitlichen geschichtlichen Prozeß, um die organische Entwicklung von Natur, Gesellschaft und Mensch auszudrücken: »Goldene Kette der Bildung also, die die Erde umschlingt und durch alle Individuen bis zum Thron der Vorsehung reicht, seitdem ich dich ersah und in deinen schönsten Gliedern [...] verfolgte, ist mir die Geschichte nicht mehr [...] Gräuel der Verwüstung auf einer heiligen Erde [...]. Immer verjüngt in seinen Gestalten, blüht der Genius der Humanität und zieht palingenetisch in Völkern, Generationen und Geschlechtern weiter«.[132] »Bildung« bezieht sich so auf einen universalen Entwurf des Menschen und seiner Geschichte. Das Wort ist in seiner Bedeutung aber nicht wie ein Terminus definitorisch abgeschlossen und theoretisch-systematisch eingebettet. Sein Bedeutungsinhalt erfährt jedoch mit der mystisch-pietistischen Tradition, mit Leibniz, Shaftesbury und Spinoza, mit der Vergeistigung der Materie und der optimistischen Ontologie eine philosophische Aufladung. Zugleich erweitert sich sein Bedeutungsumfang: »Bildung« umfaßt den einheitlichen Geschichtsprozeß wie auch, binnendifferenziert, eine kosmologische, anthropologische, geschichtsphilosophische und historiographische Ebene.

Für Herder herrscht »im unsichtbaren Reich der Schöpfung« nicht nur »ein Zusammenhang«, sondern auch »eine aufsteigende Reihe von Kräften«. Gesamtgeschichte wird so als Übergang der Naturgeschichte zur evolutionären Menschheitsgeschichte gedacht. Wo

Schöpfungsgedanke und innerweltliche Geschichtsdeutung versöhnt sind, ist der Mensch als Ebenbild Gottes dem Determinismus
der Naturgeschichte entzogen. Er ist als Mängelwesen und »Freige-
lassener der Schöpfung« zur »Vernunfttätigkeit«, zu »feineren Sinnen«, zur Kunst und Sprache, also auch zur Freiheit, »Humanität«
und Religion »gebildet« bzw. »organisiert«. Er ist lernfähig, seine
Vernunft ist nicht angeboren, sondern wird erworben; er muß in-
stinktreduziert und frei vom Zwang der Natur, aber auch frei zum
Mißbrauch seiner Freiheit, alles erlernen. In Herders Hauptwerk,
den *Ideen zur Philosophie der Geschichte der Menschheit* (1784 bis
1792), erscheint die Schöpfung als »gut« und nicht planlos, obwohl
der Mensch nur bedingt fähig ist, ihren Gesamtplan und damit den
Gang der Geschichte zu erkennen. Mit der Diskrepanz zwischen
Gesamtplan und beschränkter Einsichtsfähigkeit des Menschen ist
ein klassisches Problem jeglicher Geschichtsphilosophie angesprochen. Herder hofft in der Naturgeschichte zu sicheren Schlüssen zu
gelangen, während sich die Kontingenz der Menschheitsgeschichte
einem streng kausalen Entwicklungsbegriff entzieht. Damit die er-
kannte Differenz zwischen Natur- und Menschheitsgeschichte
nicht zum Sprengsatz für die monistische Idee des »Ganzen« gerät,
bedient er sich einer organischen Entwicklungsvorstellung, in der
das Einzelne in seiner relativen Gestalt als Mikrokosmos dem absoluten Sinn des Ganzen dient. So versucht Herder, die Erkennt-
nisgewißheit der Naturgeschichte für die Menschheitsgeschichte
fruchtbar zu machen; zunächst, indem die »natürlichen Bedingungen« der Menschheitsgeschichte aufgewiesen werden: »Man bildet
nichts aus, als wozu Zeit, Klima, Bedürfnis, Welt, Schicksal Anlaß
gibt«. Geschichte ist ein Naturerzeugnis der menschlichen Fähigkeiten, die von bestimmten Umständen abhängig sind, aber nicht
von ihnen determiniert werden. Herder rechnet mit äußeren Faktoren, aber den Hauptstimulus bilden die »organischen Kräfte« als
Mittelbegriff zwischen Geist und Materie. Sie wirken im Ganzen
der Schöpfung, im kosmologischen Zusammenhang. Für Herder
ist der Mensch als »Mikrokosmos« zur »Gesellschaft geboren«.
»Kultur« dient dabei als Mittel der Vergesellschaftung. Sie ist Resultat menschlicher Tätigkeit und gleichzeitig Vorbedingung
menschlicher Betätigung. Ein solches Element der »Kultur« ist
nächst der Religion vor allem die Sprache; nicht mehr im traditio-

nellen Sinne verstanden als Instrument der Vernunft, sondern, durchaus eigenständig, als »tönende Handlung«, »als die große Gesellerin der Menschen«. Neben der Sprache wirken die Wissenschaften und die Künste, das Gewerbe und die Technik auf die Individuen und die »Kette ihres Zusammenhalts«. Im letzten Buch seines Hauptwerks, zwei Jahre nach der Französischen Revolution, führt er an, wem die Fortschritte in Europa zu verdanken sind, dem Bürgerfleiß und Handelsgeist, den technischen Erfindungen wie Magnetnadel und Buchpresse, den allgemeinen Rechnungsverfahren, den Universitäten und den Städten (nicht den Staaten), welche für Recht und Ordnung gesorgt haben. Welch ein Lob der bürgerlichen Bewährungsfelder!

»Bildung«, »Kultur« und »Aufklärung« treten häufig synonym auf. Herder liebt nicht die »logische Pünktlichkeit der Begriffe«. Die gleichen Wortkörper können auf unterschiedliche Bedeutungen verweisen. »Kultur« wird im traditionellen Sinne von Pflege gebraucht, kann aber auch historische Verlaufsformen bezeichnen (»Kulturstufen«), kann als Strukturmerkmal (»Kultur« als Resultat) und Handlungskategorie (»Kultur« als Bedingung menschlicher Tätigkeit) dienen. »Bildung« hingegen kann noch auf die äußere Gestalt verweisen, kann das Wirken des Lehrenden bezeichnen, kann aber auch, die alten und eingeschränkten Bedeutungen abstreifend, ins Universale sich erstrecken – als Ausformung der anorganischen und organischen Natur, als evolutionäre Entwicklung der Menschheit, als Sich-»Hinaufbilden« des gottesebenbildlichen Individuums zur »Humanität«.[133]

Wer bei Herder nur auf die Zeichen achtet, der befindet sich in einem Irrgarten. Die Metaphorik der Darstellung, in der Synonyme für Erklärungen und Allegorien für Wahrheiten gelten, kritisiert bereits Kant. Für ihn ist die äußere Natur sinnlos und die menschliche Natur unzuverlässig. Sein abtrünniger Schüler Herder läßt in seiner »Universalgeschichte der Bildung« – Kant moniert ihren »lange verweilenden, viel umfassenden Blick« – keine strikte Grenze zwischen Natur- und Menschheitsgeschichte zu. Doch die Beweisführung für den gleitenden Zusammenhang ihrer Entwicklungsprinzipien ist lediglich analogisch: die Sprache überspielt die Differenzen. Von daher die organologische Metaphorik des »Blühens«, »Wachsens« und »Vergehens«. In diesem Zusammenhang

soll »Bildung« das Evolutionsprinzip vom Einfachen zum Komplexen auf den unterschiedlichsten Ebenen ausdrücken. Damit erhält
das Wort einen ausgedehnten Bedeutungsumfang, der mit der Vor-
rangstellung des Subjekts bzw. des Individuums im Idealismus und
Neuhumanismus verworfen wird. Zugleich adelt die Vorstellung
einer individuellen »Bildung zur Humanität« das Wort als philosophische Zentralkategorie. Herder reflektiert noch nicht den Begriff. Jedoch im Unterschied zur Popularphilosophie und zum
Philanthropismus rückt es bei ihm in die Mitte eines komplexen
philosophischen Denkens, das »Bildung« schon als Selbstverwirklichung, aber noch nicht als Selbstbestimmung, ausweist. »Bildung« gerät so in die Nähe der kommenden, neuen Leitwörter
»Geist« und »Humanität«. Herders Kulturbegriff bleibt zugleich
den alten Vorstellungen der Spätaufklärung verpflichtet: »Durch
jeden Zuwachs nützlicher Künste ist das Eigentum der Menschen
gesichert, ihre Mühe erleichtert, ihre Wirksamkeit verbreitet; mithin notwendig der Grund zu einer weitern Kultur und Humanität
gelegt worden«.[134] Darüber hinaus aber entsteht mit Herders Abwendung vom linearen Fortschrittsoptimismus der Aufklärung
eine neuartige, geschichtsbewußte Vorstellung von »Kultur«; eine
Vorstellung, die im Gegensatz zur normativen den relativierenden
Gebrauch des Plurals erlaubt. Die Chinesen oder die Araber, die
Eskimos oder die Römer entwickeln schließlich in verschiedenen
Umwelten unterschiedliche »Kulturen«. Deren Eigenart und Individualität kann Herder anerkennen. Das mögliche Dilemma des
relativistischen, letztlich zeitlosen Nebeneinanders der »Kulturen«
vermeidet er durch die Gewißheit eines metaphysisch definierten
Ganzen.[135] So verliert bei ihm »Kultur« mit der Anerkennung ab-
weichender »Kulturen« an normativer Geltung, während »Bildung«, die metaphysische Gewißheit des »Fortgangs« der »Humanität« ausdrückend, eine solche Geltung gerade erhält.
Als Philosoph wird Herder wegen seiner theologisch-moralisti-
schen Phraseologie, seines unsystematischen Denkens, seines de-
skriptiven Materialismus, seiner Opposition gegen die Philosophie
Kants und Fichtes bald geringgeschätzt. Mit Goethe und Schiller
wird er sich im Streit über die Autonomie des Ästhetischen über-
werfen. Den Denkern des deutschen Idealismus erscheint er als
Relikt des vergangenen Jahrhunderts. Hegel hält ihn für einen ver-

alteten Schriftsteller. Herders Auffassung von der Gesellschaft als einheitlichem, organischem Ganzen und sein weiter Kulturbegriff machen aus ihm allerdings einen Gewährsmann für die spätere »Kulturgeschichtsschreibung im Souterrain«.[136] Auf seinen Relativismus eigenwertiger einzelner »Kulturkreise« kann sich später die Völkerpsychologie berufen. Der Historismus aber, der ihm geschichtstheoretisch soviel verdankt, wird sich von Herder, bestärkt durch den Glauben an den Primat des Staates und die politische Geschichte, abwenden. Nun soll hier keine Rekonstruktion oder Wirkungsgeschichte der Herderschen Philosophie versucht werden. Für die Genese des Deutungsmusters ist vielmehr von Interesse, inwieweit Herder, auch wenn er das Denken der Popularphilosophen und Philanthropen überragt, mit seinem Konzept von »Bildung« bzw. »Kultur« der deutschen Spätaufklärung verpflichtet ist. Und, umgekehrt, inwieweit sein Denken auf die Herausbildung eines neuen Leitbegriffs »Bildung« wirkt.

Aus theoriegeschichtlicher Sicht mag Herder als eine Art Auslaufmodell erscheinen. So behandelt ihn auch die Philosophiegeschichte des 19. Jahrhunderts. Aber er ist ein wichtiger Gewährsmann für unser Deutungsmuster. Denn seine Gedanken gehen in die Zusammensetzung des »geistigen Erfahrungskapitals« der Klassik und der Romantik, des Idealismus und Neuhumanismus ein. Das betrifft zum einen sein Konzept der »Bildung«; freilich nicht in dem für Herder charakteristischen, umfassenden Sinne einer »Universalgeschichte der Bildung der Welt«, sondern eingeschränkt auf die »Bildung der Menschen« im Sinne der Ausformung vorgegebener Anlagen der Individualität zu einer harmonischen Einheit. Der Vorgang des »sich selbst Bildens« ist damit ebenso angesprochen wie das Ziel, welches gelegentlich als »Charakterbildung« bezeichnet wird. Auch Herder greift die Rousseausche Trennung zwischen »Mensch« und »Bürger« auf; er stellt aber deutlicher als Mendelssohn den Vorrang des »Menschen« vor dem »Professionisten« heraus. So heißt es in der Schulrede Vom *Zweck der eingeführten Schulverbeßrung* (1786): »Menschen sind wir eher, als wir Profeßionisten werden, und wehe uns, wenn wir nicht auch in unserem künftigen Beruf Menschen blieben«. Humboldt wird diesen Gedanken aufgreifen, wenn er eine »gewisse Bildung der Gesinnungen und des Charakters, die keinem fehlen darf«, der

spezialisierten Berufsausbildung vorordnet.[137] Allerdings erscheinen bei Herder die Griechen noch nicht als verbindliches Vorbild
geglückter Identität: »Ob du an den Griechen oder an Römern, ob
an der Theologie oder der Mathematik denken gelernt, d. i. deinen
Verstand und dein Urtheil, dein Gedächtniß und deinen Vortrag
ausgebildet habest; alles gleich viel, wenn sie nur ausgebildet sind
und du mit so hellen scharfen Waffen ins Feld der öffentlichen und
deiner besonderen Geschäfte eintrittst [...]«. Auch eine Bildung als
Selbstzweck läßt Herder, noch in der Aufklärungtradition den
praktischen Bezugsfeldern verpflichtet, nicht gelten: »Fürs liebe
Studieren soll der Mensch am wenigsten und eigentlich gar nicht
lernen, sondern fürs Leben, d. i. für den Gebrauch und die Anwendung in allen Ständen und Profeßionen der Menschen«. Der Philosoph aber kennt ein privilegiertes Medium der »Bildung«: die
Sprache. Erst sie macht den Menschen zum Menschen. Weil die
Sprache nicht mehr zum Instrument der Vernunft erklärt wird,
sondern als »tönende Handlung« und »große Gesellerin« zwischen
den Menschen an Eigenwert gewinnt, erscheint der Mensch als
Sprachgeschöpf. Insofern verweist Herders Sprachauffassung bereits auf W. v. Humboldts moderne Bestimmung der Sprache als
privilegiertes Medium menschlicher Selbstverständigung.
Zum anderen entwickelt Herder, der Idee des Ganzen und der Entwicklung verpflichtet, eine erste, wenn auch nicht systematisierte,
funktionale und evaluative Verknüpfung und Abstufung von »Kultur«, »Bildung« und »Humanität«. Auch dabei wird seine Nähe
und seine Distanz zur Aufklärung deutlich. Es sei wiederholt,
»Kultur« ist als Produkt und Stimulus menschlicher Tätigkeit dem
weiten Bedeutungsumfang der Aufklärung verpflichtet. So verliert
bei Herder, etwa im Gegensatz zu Adelung, der Begriff seinen eindeutig normativen Akzent. Für ihn gibt es eine »bildende und
mißbildende Kultur«. Diese wertneutrale und umfassende Bedeutung erlaubt es ihm, gelegentlich für »Kultur« das Wort »Zivilisation« zu gebrauchen. »Kultur« bleibt aber dem normativ gesetzten
Humanitätstheorem zugeordnet. Sie ist Bestandteil einer »Bildungsgeschichte der Humanität«. Darunter versteht Herder die
Entfaltung aller Anlagen in ihrem zugleich individuellen und gesellschaftlichen Wesen. Eine grundlegende Differenz zwischen Individuum und Gattung läßt er im Unterschied zu Kant nicht gelten,

ist doch für ihn mit der metaphysischen Überzeugung der Allgegenwart des Normativen jeder Mensch zur Humanität »gebildet«. Bei Herder bestätigt sich die These von der Geschichtsphilosophie als verweltlichter Erbin der Theologie. Versteht man mit Karl Löwith die »Philosophie der Geschichte« als Ausdeutung der Weltgeschichte am Leitfaden *eines* Prinzips, so ist im Herderschen Denken dieses Prinzip die Humanität: »Humanität ist der Zweck der Menschennatur, und Gott hat unserem Geschlecht mit diesem Zweck sein eigenes Schicksal in die Hand gegeben«. Herders optimistischer Monismus, der im unsichtbaren Reich der Schöpfung eine aufsteigende Reihe von Kräften sieht, wird vom Siegeszug des deutschen Idealismus und dessen Reflexion des tätigen Subjekts überrollt. Folgenlos ist sein Denken aber nicht, denn er adelt »Bildung« philosophisch und verknüpft, schon mit wertender Abstufung, den Begriff mit »Kultur« und »Humanität«. Damit sind jene Begriffe angesprochen, die sich im »geistigen Erfahrungskapital« langfristig festsetzen, während »Aufklärung« und »Erziehung« eher als Modewörter einer vergangenen Epoche erscheinen.

»Bildung« und »Kultur« rücken in das Denken
des deutschen Idealismus ein: verengter Bedeutungsumfang,
komplexer Bedeutungsinhalt

Diese Verknüpfung und wertende Abstufung wird vom Idealismus und Neuhumanismus, aber auch von den Vertretern der Klassik und Romantik zu einer einzigartigen semantischen Innovation vorangetrieben. Damit erhalten unsere Begriffe, etwa im Vergleich mit »civilisation« oder »éducation«, einen Sinngehalt, der sie vollends unübersetzbar macht. Herder befindet sich noch, wie Goethe treffend bemerkt, »im Fegefeuer zwischen Empirie und Abstraktion«, wenn er eine »Universalgeschichte der Bildung« entwirft. Sein kontemplativer Pantheismus steht auf einer beschränkten erkenntnistheoretischen Grundlage und vermag den Menschen nicht als selbsttätiges Individuum zu reflektieren. Das ändert sich mit der idealistischen Imprägnierung der Begriffe »Bildung« und »Kultur«. Dadurch wird deren Bedeutungsumfang enger und deren Bedeutungsinhalt komplexer. »Bildung« umfaßt nun nicht mehr die äußerliche Erziehung zum praktischen Leben. Und »Kultur« gerät, auf Wissenschaft und Kunst eingeschränkt, zum Medium der »Bildung«. Am Ende des Jahrhunderts läßt sich im Namen der »freien Betätigung geistiger Kräfte« und der »Zweckfreiheit«, des »tätigen Subjekts« und der »sittlichen Autonomie« eine Umwertung in der praktischen Einschätzung der Dinge ausmachen. »Das höchste Gut und das allein Nützliche ist die Bildung«, schreibt Friedrich Schlegel 1798 im *Athenäum*. Und in einem Brief an seine Frau bekennt Fichte: »Der Hauptendzweck meines Lebens ist der, mir jede Art von (nicht wissenschaftlicher – ich merke darin viel Eitles) sondern von Charakterbildung zu geben, die mir das Schicksal nur irgend erlaubt«.[138] Im Begriff »Bildung« bündeln sich offensichtlich nicht nur philosophische Ideen, sondern auch Individualisierungsansprüche. Er überwölbt die Theorie und die Praxis einer künstlerisch-philosophischen Intelligenz, die in Frontstellung gegen das unmittelbar Nützliche im bürgerlichen Erwerbsleben wie gegen die Politik einer allgemeinen Wohlfahrt durch den absolutistischen Staat geht. Um den Wandel zu veranschaulichen, sei hier nochmals an die Aufklärungspädagogik erinnert. Die pädagogischen Gedanken des Philanthropismus setzen auf ein »gemeinnütziges, patriotisches und glückseliges Leben«. Nicht ohne Grund werden die Mitarbeiter von Campes sechzehnbändigem *Revisionswerk* (1785 bis 1792), einer Art »Summa« der Aufklärungspädagogik, im Titel als »Gesellschaft praktischer Erzieher« vorgestellt. Ihnen geht es um die Tüchtigkeit im bürgerlichen Erwerbsleben und um das »Wohl des Staates«. Anläßlich der Frage, »ob es billig ist, die Veredlung des Subjekts seiner Brauchbarkeit für Andre aufzuopfern«, wird im Interesse der allgemeinen Wohlfahrt für eine Begrenzung der »Bildung« plädiert.[139] Dagegen wendet sich schon Pestalozzi, wenn er den »allgemeinen Zweck der Menschenbildung« der »Berufs- und Standesbildung« vorordnet.[140] Allerdings kann schon im Horizont des Aufklärungsdenkens und der bekannten Rousseauschen Unterscheidung die »Bildung des Bürgers« der »Bildung des Menschen untergeordnet« werden.[141] Aber erst die neue Philosophie und der Neuhumanismus geben die bürgerlichen Bewährungsfelder und den Bereich des Sinnlich-Empirischen vollends auf. »Der Sinn für unbefangene Beobachtung wurde geschwächt«, schreibt ein Zeitgenosse angesichts der idealistischen »Systemsucht«.[142]

Wir sollten aber daraus nicht den Schluß ziehen, daß der Idealismus keine Grundaussagen über die Wirklichkeit machen will, oder daß seine Denker sich nicht auf die Wirklichkeit einlassen. Die überlieferte Darstellung einer mittelständischen Intelligenz, die, politisch weltfremd und gleichgültig gegenüber der sozialen Praxis, sich in einen übersteigerten Idealismus flüchtet, erweist sich als unbrauchbare Legende. Nicht nur Herder verneint den spätabsolutistischen Staat, sondern auch Schiller, Humboldt, Fichte, Hölderlin und Hegel. Deren Denken kritisiert in der Gegenwart auch schon das sich herausbildende Zukünftige: die Arbeitsteilung und Verstümmelung im bürgerlichen Erwerbsleben, die Vereinseitigung des Menschen im unmittelbar praktisch ausgerichteten Wissen, und zwar mit einem philosophisch hochentwickelten Problembewußtsein, das die Selbstbestimmung des autonomen Subjekts reflektiert und ihm, in der Theorie, »rein geistige« Handlungsfelder zuweist. Zu einer offenen theoretischen oder praktischen Konfrontation mit dem Absolutismus kann es in Deutschland jedoch nicht kommen. Dazu fehlen die ökonomischen und sozialen Voraussetzungen. Mit der Ablehnung einer »physischen Revolution«, die »alle Kultur mit einem Streich vernichten könnte«, gerät die »Bildung« zum »eigentliche(n) Inhalt jedes menschlichen Lebens«.[143] Damit spricht Friedrich Schlegel aus, was die meisten denken. Vor allem nach dem Schock über den Terror der Französischen Revolution versucht das Gros der Intelligenz, die Ziele der Revolution reformorientiert zu erreichen, indem es auf die Emanzipationschancen des Individuums setzt und die Veränderung der Verhältnisse zurückstellt. Es gehe darum, so Schiller 1793 in einem Brief an den Herzog Friedrich Christian von Augustenburg, »für die Verfassung Bürger zu schaffen, ehe man den Bürgern eine Verfassung geben kann«. Und in Humboldts *Ideen zu einem Versuch die Grenzen der Wirksamkeit des Staates zu bestimmen* (1792) wird die Revolution zugunsten der Perspektive einer gesellschaftlichen »Reform durch fortschreitende Bildung« verneint.

Gewiß, die Intelligenz muß nicht notwendig realistisch sein. Noch weniger ihre Vordenker. Das zeigt die achtbare, aber wirkungslose Geschichte der wenigen deutschen Jakobiner, jener Männer, die davon ausgehen, daß ein Volk seine Freiheit nicht zum Geschenk erhält, sondern selbst erobern muß. Die Haltung der Weimarer

Klassiker, der Denker des Idealismus und der Neuhumanisten ist anders.[144] Sie läßt sich aber nicht als Bejahung des Absolutismus verbuchen, auch wenn sich bei ihnen die Ablehnung der Revolution mit der Hoffnung auf eine reformbereite Obrigkeit verschränkt. In ihrem Reisebericht *Über Deutschland* (1810) beschreibt Madame de Staël auch den »Einfluß der neuen Philosophie auf den Charakter der Deutschen«. Deren »zuvorkommender Diensteifer gegenüber der Macht« verursacht bei ihr »ein schmerzliches Gefühl«, »besonders wenn man sie liebt und sie für die aufgeklärtesten spekulativen Verteidiger der menschlichen Würde hält«, für Verteidiger, die »ein philosophisches System« vertreten, »welches dem menschlichen Willen, soweit er frei und unabhängig ist, eine allmächtige Wirksamkeit zuschreibt«. Wer eine Revolution erlebt hat, der kann so urteilen. Zumal, wenn es auch darum geht, der geistigen Sterilität des napoleonischen Frankreich ein idealisiertes, politisch ohnmächtiges, aber geistig revolutionäres Deutschland entgegenzuhalten. Das Bild des verträumten Landes und seiner unpolitischen Intelligenz verdeckt aber den Tatbestand, daß mit dem Reformdruck von außen und der Reformbereitschaft im Inneren die großen Gedanken auch wirksam werden, und daß mit den neuen Gymnasien und den neuen Universitäten die »kulturelle Hegemonie« des Bildungsbürgertums befördert wird. Denn in Spannung zwischen einer hochentwickelten intellektuellen Modernisierung und zurückgebliebenen Verhältnissen entsteht die einzigartige Konstellation einer Philosophie des »tätigen Subjekts« und einer Praxis der eingeschränkten Handlungsmöglichkeiten. Damit ist der Ermöglichungs- und Funktionszusammenhang von »Bildung« und »Kultur« als Deutungsmuster angesprochen.

Die Aufklärung wurde als die Schlagwortschmiede der Moderne bezeichnet. Im deutschen Idealismus aber findet nicht nur die Philosophie eine neue Sprache, welche die alten Schulbegriffe und Kunstwörter ablöst.[145] Zusammen mit der Literatur der Klassik und Romantik liefert er einer neuen Schicht, dem Bildungsbürgertum, die Begriffe. Später wird dafür der Ausdruck »Bildungssprache« geprägt. Die Behauptung einer unmittelbaren Wirkung der philosophischen Systeme gehört allerdings zur preußisch-deutschen Geschichtslegende, zu deren Erzählungen vom idealistisch-metapolitischen Ethos der Eliten als entscheidender geschichtsformender Macht. Andererseits läßt sich der Einfluß der Philosophie auf die preußischen Reformen, insbesondere auf das Bildungswesen, nicht verkennen. Hier ist also mehr als idealistische Rhetorik und spekulative Kompensation im Spiel. Folgt man Hegel, so erweckte die Kantische Philosophie noch »allgemeines Interesse; sie war zugänglich, man war begierig darauf, sie gehörte zu einem gebildeten Mann überhaupt«. Mit Fichte aber habe sich die Situation verändert: seitdem wurde das Spekulative, so Hegel, »zur Beschäftigung weniger Männer«. Sicher, die neue Philosophie gilt als »Modestudium« (E. Brandes 1808). Ihre Wirkung soll hier nicht bestritten werden. Doch sind ihre Systeme viel zu komplex, um unvermittelt und uneingeschränkt lebensweltlich zu wirken; was aber nicht ausschließt, daß ihre Gedanken gesellschaftliche Bewußtseins- und Wissensbestände auffüllen und ordnen. Insofern ist die theoriegeschichtliche Stunde des Deutungsmusters zugleich auch seine sozialgeschichtliche Stunde. Denn »Bildung« und »Kultur« entstehen als Elemente der Weltdeutung mit möglicher Handlungsanbindung in dem Moment, wo die Aufklärungsphilosophie den Ansprüchen der Vernunft nicht mehr genügt und die Französische Revolution ihre großen Versprechen nicht eingelöst hat, wo die Intelligenz die erzwungene Reformbereitschaft einiger Staaten in Deutschland für ihre Konzepte nutzen will.

In diesem Kontext wird der Verwendungszusammenhang unserer Begriffe philosophisch vertieft und diskursiv erweitert. »Bildung« und »Kultur« rücken in das Denken des Idealismus ein. Sie erhalten damit einen komplexeren Bedeutungsinhalt, aber keine terminologische Festigkeit und Genauigkeit. Ob mit Kant der deutsche Idealismus beginnt, oder ob er dessen großer Wegbereiter ist, die Beantwortung dieser Frage überlassen wir den Philosophiehistorikern. Bei ihm jedenfalls fällt der Ausdruck »Kultur«, moralphilosophisch auf die Pflichten des Menschen sich selbst gegenüber bezogen, in den Bedeutungsbereich des Bildungsbegriffs. Selbst bei ihm, der doch wie kein anderer die Worte scharf trennt, hat der Ausdruck unterschiedliche Bedeutungen. In seiner nicht empirisch verbürgten, sondern philosophisch konstruierten *Idee zu einer allgemeinen Geschichte in weltbürgerlicher Absicht* (1784) zielt »Kultur« als »Naturabsicht« auf einen geschichtsphilosophischen Problemkomplex. Sie ist nun nicht mehr auf das autonome moralische

Handeln des Individuums bezogen, sondern auf die regulative Idee eines sinnvollen Verlaufs der Gattungsgeschichte.[146] Bei den nachfolgenden Philosophen wie Fichte, Schelling oder Hegel finden sich spezielle Zergliederungen und scharfe Definitionen seltener. Was unter dem engen Aspekt der Terminologisierung als Rückschritt erscheinen mag,[147] ist einem Denken verpflichtet, dem es um das Einzelne als Teil eines geistigen Gesamtprozesses geht und das deshalb definitorische Festlegungen vermeidet. Trotz der sich herausbildenden wertenden Abstufung sind »Bildung« und »Kultur« also keineswegs bezeichnungsfest. Schillers »ästhetische Kultur« oder Fichtes »Kultur zur Freiheit« wirken auf die Entstehung des »Bildungsbegriffs«.[148] Bei einer gemeinsamen idealistischen Grundhaltung und einem gemeinsamen Anspruch auf politische Freiheit verweisen die beiden Ausdrücke im Zusammenhang des jeweiligen Denkens jedoch auf unterschiedliche Konzepte. Schiller dämpft das kategorische Pflichtgesetz Kants mit dem Ideal der »schönen Seele«, der Ganzheit des Menschen und des ästhetischen Staates. Fichte hingegen, um ein anderes Beispiel zu nennen, steigert das kategorische Pflichtgesetz zur »Tatgesinnung« und entwirft das Ideal des »Gelehrten« und der »gelehrten Republik«.

Und dann erst die Dichter, die Romantiker, aber vor allen Goethe. Dieser spricht häufig in unterschiedlichen Bedeutungen von »Kultur«.[149] Wirksam wird er aber mit seiner Vorstellung einer individuellen »Bildung«, in der sich die Entwicklung metaphysisch verwurzelter Kräfte, die Hochschätzung der autonomen Kunst und die lebenspraktische Bewährung des Individuums bündeln. »Alles was uns begegnet läßt Spuren zurück, alles trägt unmerklich zu unserer Bildung bei«, heißt es in *Wilhelm Meisters Lehrjahren* (1795/1796). Der Roman selbst schildert ja den Versuch der allseitigen Selbstverwirklichung eines bürgerlichen Individuums als paradigmatische Entfaltung des Innern an der Außenwelt, als Menschen- und Weltkenntnis, mit dem noch das Zufällige für die unbegrenzte »Bildsamkeit« Bedeutung erlangt. So durchlebt Wilhelm, der Bürgersohn, verschiedene Stufen der »Bildung«. In Wilhelm Meisters *Wanderjahren* (1821) ist gegenüber dem Ideal der autonomen Persönlichkeit schon vor dem Horizont der Industrialisierung und noch ohne deren Schattenseiten das tätige Dasein in der Gemeinschaft, die praktische Bewährung aufgewertet: »Eines recht wissen

und ausüben gibt höhere Bildung als Halbheit im Hundertfälti-
gen«. Goethe erzählt noch im Bewußtsein einer möglichen Versöhnung zwischen individueller Entwicklung und gesellschaftlichen
Entwicklungsmöglichkeiten. Die Germanistik wird dafür mit Blick
auf den *Wilhelm Meister* die Gattungsbezeichnung »Bildungsro-
man« prägen.[150] Für uns ist wichtig, daß die »Bildungsvorstellun-
gen« des *Wilhelm Meister* mit dem Ideal der Vollkommenheit, der
Ausbildung des Inneren am Äußeren, des Maßes, der Harmonie
und der praktischen Bewährung dem Bildungsbürgertum zum Vorbild geraten. Der Roman findet zudem nicht nur, wie hinlänglich
bekannt, bei den Romantikern Bewunderer. Die Lesart des Popularphilosophen Garve zeigt, daß Goethes lebenspraktische Bürgerlichkeit ein allgemeines Bedürfnis nach individueller »Bildung«
zum Ausdruck bringt: »Was Göthe im Meister sagt, ist vollkom-
men richtig. Bisher ist es in Europa nur der Adliche gewesen, von
welchem man eine durchgängige Ausbildung der ganzen Person
[...] gefordert [...]. Von Unadlichen verlangte man vorzüglich
Brauchbarkeit zu irgendeinem bestimmten Geschäfte: und der Un-
adliche war, in Vorbereitung auf dieses Geschäft, seine übrige
Ausbildung zu vernachläßigen, beynah genöthigt. So wie sich zu
unsrer Zeit der Bürgerstand mehr hebt, mehr in Gesellschaft lebt:
so wird auch unter ihm die Anzahl von Personen immer größer, die
nach einer vollständigen persönlichen Ausbildung des Geistes wie
des Körpers Verlangen tragen, und darauf Anspruch machen«.[151]
Nicht nur Philosophen und Dichter sprechen von »Bildung« und
»Kultur«. Auch die philosophisch gebildeten Theoretiker und
Praktiker der Pädagogik werten, wie noch zu zeigen, mit diesen
Begriffen aufklärerische Erziehungskonzepte ab und bürgerliche
Bewährungsfelder auf, allerdings nicht die des »Bürgerstands« allgemein, wie sich dies Garve denkt, sondern die des Bildungsbürgertums.
Der skizzierte Verwendungszusammenhang zeigt in philosophischen, literarischen und pädagogischen Diskursen eine grundlegende Veränderung im geistigen Erfahrungskapital der Intelligenz
an. Die Bezeichnungsunsicherheit und Bedeutungsvielfalt sollte
uns nicht irritieren. Wichtig ist zu klären, was über dieses oder
jenes konzeptuell ausgesagt ist, wenn es in einem bestimmten Zusammenhang mit »Bildung« oder »Kultur« bezeichnet wird, weni-

ger wichtig, ob dieses oder jenes »Bildung« bzw. »Kultur« ist. Es geht also um den Sinngehalt der Begriffe und nicht um deren Namen- und Verweisungsfunktion. Ideen- und philosophiegeschichtlich liegt eine komplizierte Situation mit unterschiedlichen Traditionen, Systemen und individuellen Entwürfen vor. Das zeitliche Nacheinander der Traditionen bleibt, vielfältig akzentuiert, in der Gleichzeitigkeit des Begriffsgebrauchs präsent: Die protestantisch-pietistische Tradition, nach der die Anerkennung der weltlichen Tätigkeit nicht durch die äußere Anerkennung, sondern durch die innere Gesinnung bestimmt ist; der Funktionswandel des Religiösen vom kirchlichen zum weltlichen Leben; die Heiligung des Profanen durch die Tatgesinnung. Hinzu kommt Leibnizens positive Einschätzung der Individualität in der Monadologie, Shaftesburys »inward form« und »selfformation«, Rousseaus Emanzipation des Individuums von gesellschaftlichen Bindungen, Herders Bildung als Ausformung vorgegebener Anlagen und schließlich die kantische Selbsttätigkeit des Geistes. Philosophiegeschichtlich wären »Bildung« und »Kultur« bei den Denkern des deutschen Idealismus, bei Fichte, Schelling und Hegel, auf deren Suche nach Auswegen für die von Kant hinterlassenen Probleme zu verorten. Das meint im Besonderen die mögliche Einheit der Erfahrung angesichts des Auseinanderfallens von Vernunft und Sinnlichkeit und die damit verbundene Begrenzung des Erkenntnisvermögens; es meint zudem den Zirkel von Moralität und Legalität wie auch die teleologische Absicherung der Geschichtsprozesse. Versteht man die Geschichte des deutschen Idealismus auch als Versuch, jeweils den Vorgänger mit originellen Lösungsmöglichkeiten zu überbieten, so gebührt im Falle von »Bildung« Hegel die Krone, denn in dessen Denken erscheinen »bilden« und »Bildung« als konstituierende Elemente einer universalen Bildungsgeschichte des Geistes. Bei ihm beginnt die Welt der Bildung mit der Arbeit. Damit durchbricht Hegel die Enge des neuhumanistischen Bildungsbegriffs; wird doch die Vorstellung vom »tätig werden des Geistes« mitten in der beruflichen Praxis angesiedelt. Man kann darin die »Überlegenheit des hegelschen Bildungsbegriffs« gegenüber dem ästhetischen Bildungsbegriff sehen und so eine ideengeschichtliche Brücke zum jungen Marx schlagen.[152] Denn der wird, auch wenn er den Ausdruck »Bildung« vermeidet, die Vorstellung von der »bildenden«

Positivität der Arbeit aufgreifen und die Arbeit zugleich als entfremdete bestimmen. Das kann hier nur angedeutet werden, um die Unterschiede zwischen der Perspektive der Philosophiegeschichte und der historischen Semantik zu betonen. Hegel ist für unsere Fragestellung von nachgeordneter Bedeutung. Denn seine Geschichte der »Bildung des Bewußtseins« vermag das Deutungsmuster nicht zu prägen. Wohl aber der Neuhumanismus; er wirkt als geschichtliche Antwort auf eine veränderte geschichtliche Lage mächtig ins 19. Jahrhundert hinein.

Was aber heißt schließlich »idealistische Imprägnierung«, wie wirken die Denker des Idealismus als Gewährsleute für das Deutungsmuster? Mit dieser Frage ist nicht die Wirkung der idealistischen Systeme oder Großdenker im einzelnen gemeint, sondern eine Denkform, die vollends mit den Subjektkonzepten der Aufklärung bricht und auf die semantische Innovation von »Bildung« und »Kultur« einwirkt. Bekanntlich ist die Selbsterhaltung des Subjekts ein leitendes Prinzip der Aufklärungsphilosophie. Seit Hobbes kennzeichnet das bürgerliche Subjekt auch die Freiheit, seine Bedürfnisse selbst zu bestimmen, ist das Eigentum ein wesentlicher Faktor für die Selbsterhaltung in der Zukunft. So entsteht in der frühbürgerlichen Markt- und Konkurrenzgesellschaft ein »Besitzindividualismus«, der ein selbstbewußtes, tätiges und egoistisches Subjekt formt.[153] Es ist kein Zufall, daß im Denken der Aufklärung der Widerspruch zwischen dem Egoismus des Individuums und dem Interesse der Gemeinschaft eine große Aufmerksamkeit findet, allerdings mehr in Westeuropa als in Deutschland. Wenn der spätaufklärerische Kulturbegriff auch Technik und Gewerbe, Fertigkeiten und Fleiß umfaßt, dann gründet, wie gezeigt, diese weite Bedeutung auch in der Vorstellung der Selbsterhaltung durch Befriedigung der Bedürfnisse. Kant steht noch in dieser Tradition, wenn er »Kultur« auch als »praktische Tauglichkeit« des Individuums faßt und im Begriff der »ungeselligen Geselligkeit« die Widersprüche zwischen den Menschen als Mittel der Entwicklung aller ihrer Anlagen bestimmt. Als Propagandist der Pflicht wird Kant dem Ethos des Bürgertums die Aura der Philosophie verleihen. Politisch denkt Kant auch noch konventionell besitzindividualistisch. In der *Metaphysik der Sitten*, einem klassischen Text bürgerlichen Rechtsdenkens, wird Gesellschaft als Vereinigung

wirtschaftlich autonomer Individuen gedacht. Stimmberechtigter
Staatsbürger ist nur, wer besitzt. Gesellen, Dienstboten und
Frauenzimmer entbehren der bürgerlichen Existenz. Philosophisch
aber begründet Kant die autonome Selbstbestimmung des Subjekts,
erscheint doch bei ihm der Mensch als einziges Wesen, das sich
einen Endzweck setzen kann. »Kultur« als Hervorbringung der
Tauglichkeit eines vernünftigen Wesens zur Sittlichkeit ist Voraussetzung der Moralität und Endzweck zugleich. Sie ist auf die
Moralität und Gesinnung des Individuums bezogen und bleibt
doch der Allgemeinheit des Sittengesetzes verpflichtet. Dabei sind
nach Kants nüchterner Einsicht und skeptischer Anthropologie
diejenigen Naturanlagen, die auf den Gebrauch der Vernunft abzie-
len, nur in der Gattung, nicht aber im Individuum vollständig
entwickelt. So ist das Handeln der Individuen notwendig unvollständig, die Geschichte aber notwendig vernünftig. Mit dieser
universalen Konstruktion aber kollidiert die Vorstellung der individuellen, freien Handlung, die in sich selbst ihren Zweck und ihre
Norm hat, die auf die Erzeugung der Gesetzlichkeit gerichtet ist.
Diese Aporie vermag Kant nur geschichtsphilosophisch zu über-
spielen. Zu betonen bleibt, daß bei Kant einerseits die Selbstbestimmung des tätigen Subjekts herausgestellt wird, und in diesem Sinne
meint »Kultur der Moralität« die Pflicht, sein Vermögen auszubauen, – daß andererseits jedoch das gute Handeln sich ausschließlich am Sittengesetz auszurichten hat, ja erst aus dem Akt der
reflexiven Vergegenwärtigung des abstrakten Sittengesetzes entsteht: Sinnlichkeit und Vernunft, Unmittelbarkeit und Reflexivität
lassen sich so aber nicht mehr vermitteln. Die Autonomie des bürgerlichen Subjekts, von Kant gegenüber Herder und der Aufklärung herausgestellt, gerät zur Autonomie der abstrakten Sittlichkeit; die materiellen Bedürfnisse und gesellschaftlichen Interessen
werden von ihm abgespalten. Erst so kann das transzendentalphi-
losophische Subjekt mit der »reinen Selbstbestimmung« und dem
»freien Willen« versehen werden. Die Linkshegelianer Marx und
Engels – in diesem Fall kennen sie sich aus – weisen bereits darauf
hin.[154] – Das berührt unser Thema. Markiert doch die »sittliche
Erweiterung« und »freie Selbstbestimmung« des abstrakten Subjekts eine entscheidende ideengeschichtliche Voraussetzung für die
Entstehung unseres Deutungsmusters, denn mit deren »a priori«

sinkt der Wert empirischer Erfahrung, und es steigt der Wert der
Ideen. Das bedeutet keine Kapitulation vor der Wirklichkeit, sondern zunächst eine Steigerung der Ansprüche ihr gegenüber. Zumal
die Ablehnung der Revolution nicht zur Absage an die Idee der
Freiheit führt. Die Idee des abstrakten Subjekts befördert aber auch
eine Ablenkung ins Geistige, mit der das Individuum der Zeit enthoben wird. »Wir wollen dem Leibe nach Bürger unserer Zeit sein
und bleiben, weil es nicht anders sein kann«, heißt es bei Schiller;
»sonst aber und dem Geiste nach ist es das Vorrecht und die Pflicht
des Philosophen wie des Dichters, zu keinem Volke und zu keiner
Zeit zu gehören, sondern im eigentlichen Sinne des Wortes der
Zeitgenosse aller Zeiten zu sein«.[155] Eine solche Geisteshaltung gibt
den großartigen Entwürfen des deutschen Idealismus einen utopi-
schen Überschuß, und sie bietet sich dem Historiker als eine Suche
nach Auswegen dar, die politische Probleme mit dem Schlüssel ver-
nunftgeleiteter Ideen lösen will und dabei Medien bestimmt, um
die Einheit der Erfahrung zu retten: sei es der Führungsanspruch
der Kunst wie bei Schiller oder der Führungsanspruch des »reinen
Wissens« wie bei Fichte.
Die großen Ideen prägen den Bildungsbegriff, indem sie das autonome, tätige Subjekt betonen und mithelfen, den Kulturbegriff zu
vergeistigen. Der entscheidende Schritt aber wird von den philosophisch gebildeten Praktikern vollzogen, indem sie »Bildung« und
»Kultur« abstufend verknüpfen, die Aufklärungspädagogik abdrängen und die »Bildungsmittel« (Schleiermacher) praxisgerecht
verstofflichen. Zunächst aber ist hier wegen seiner Gedanken und
seiner Wirkung Schiller als philosophischer Gewährsmann zu nennen. Was die Bezeichnungen und Bedeutungen anbetrifft, so ver-
fährt er äußerst ungenau. Obwohl er die »Erziehung« im Namen
des Philanthropismus ablehnt, gebraucht er »Erziehung« als »ästhetische« positiv bewertet im Sinne von »Bildung«. Er spricht
häufig in einem nichtnormativen, abstrakten Sinne von »Kultur«,
um gesellschaftliche Strukturzusammenhänge zu bündeln, und bezeichnet zugleich mit »ästhetischer Kultur« ebenso positiv wie
doppelsinnig die Zwischenstufe und Vollendung der »Kultur«.
Schiller ist kein Systematiker. Die Philosophiegeschichte behandelt
ihn als ungeliebten Grenzgänger, als einen Dichter, der auch philo-
sophiert. Sein Denken, beeinflußt von Rousseau, Kant und Fichte,

sucht neue Auswege. Deshalb die unsicheren Bezeichnungen und Bedeutungen. Durch ihn aber erhält der Bildungsbegriff als harmonische Ausbildung des Individuums seine idealistische Imprägnierung und ästhetische Signatur. Die naheliegende Vermutung, Schillers Votum für die »ästhetische Erziehung« predige eine ästhetizistische Selbstgenügsamkeit für auserlesene Persönlichkeiten, greift zu kurz; verkennt sie doch den Zusammenhang von Zeitkritik und Anpassung, von einem hohen philosophischen Problembewußtsein und ästhetischer Versöhnung. Das Konzept der »ästhetischen Erziehung« ist auch auf die politische Praxis bezogen, und es führt doch dazu, daß politische Probleme nicht politisch gelöst, sondern »im Reich« der Ideen aufgelöst werden. Nur so wird ein Bildungskonzept verständlich, das die Kritik der Selbstentfremdung in die Perspektive einer möglichen Identität überführt. In Schillers Briefen *Über die ästhetische Erziehung des Menschen* (1795) ist der kritische Bezug zur Aufklärung und zur Französischen Revolution evident. Für ihn ist die Aufklärung als nur »theoretische Kultur« unvollständig und die Französische Revolution verfrüht: Der schaudernde Blick auf den Terror erbringt ihm den Beweis, daß die Menschen noch nicht reif sind für eine grundlegende Staatsveränderung. Der theoretische Entwurf eines nach reinen Vernunftprinzipien organisierten Staates läßt sich seiner Meinung nach nicht unvermittelt mit der sinnlichen Natur des Menschen verwirklichen. Das bedeutet keine Absage an das Leitziel der »wahren politischen Freiheit«. Vielmehr soll die »ästhetische Erziehung«, indem durch sie der absolutistische Staat aufgelöst und der Vernunftstaat lebensfähig wird, die kommende Freiheit garantieren. Denn sie disponiert im Individuum den Willen für die Aufklärung des Verstandes. Seit Georg Lukács ist immer wieder darauf hingewiesen worden, daß Schiller mit der »ästhetischen Erziehung« das Ziel der Revolution ohne Revolution erreichen will. Dermaßen kann dem absolutistischen Staat vom Richterstuhl der Vernunft aus jegliche Legitimität abgesprochen werden. In der Realität erhält er aber eine vorläufige Bestandsgarantie. Selbst der von vernunftwidrigen Kräften bestimmte »Naturstaat« soll zunächst bleiben. Für eine Revolution besteht, wie für Schiller der Blick nach Frankreich zeigt, die zwar schon physische, aber noch nicht die moralische Möglichkeit. Die »ästhetische Erziehung« und der durch sie veredelte Charakter befristen die Bestandsgarantie. So lehnt Schiller die Revolution ab und propagiert die Reform des Staates mittels der »ästhetischen Erziehung«.

Dabei denkt er keineswegs im alltagssprachlichen Sinne »idealistisch«; im Vergleich zu seinem kritischen Problembewußtsein wirkt eher der Optimismus der so praktisch gesinnten Philanthropen mit dem Leitbild vom hilfreichen und tätigen Menschen wirklichkeitsfremd und überschwenglich. Schiller erkennt den Zusammenhang zwischen solch »lobenswürdigen Maximen, billig, gütig und menschlich gegen andere zu sein« und einer rigiden, philanthropischen Erziehung, welche die »Macht der Begierden« brechen will (13. Brief). Seine Anthropologie ist keineswegs optimistisch, sondern nüchtern und skeptisch: Der »natürliche Charakter des Menschen« ist »selbstsüchtig und gewalttätig«. Vor allem aber gerät Schillers Zeitkritik zur philosophisch fundierten »Kulturkritik« der selbstentfremdeten Existenz. Die »niederen Klassen« sind »verwildert«, die »zivilisierten Klassen« »erschlafft«, die Arbeitsteilung zerreißt die Totalität der »menschlichen Natur« und führt damit zu einer Disproportion zwischen der Entwicklung des Individuums und der Gattung. All dies bündelt Schiller in einem abstrakten, nicht normativen Begriff von »Kultur«: »Die Kultur« – sie erscheint hier wieder als Subjekt – »selbst war es, welche der neuern Menschheit diese Wunde schlug« (6. Brief). Wie keiner vor ihm in der deutschen Rousseau-Rezeption greift er den Entwurf einer bisherigen Menschheitsgeschichte als Geschichte der Selbstentfremdung auf. Was aber bei Rousseau als Maßstab der Geschichtskritik erscheint, gerät bei Schiller mit der Idee der Identität zum Ideal einer versöhnten geschichtlichen Existenz.[156] Dabei macht er durchaus noch in der Kantschen Tradition den »Antagonismus der Kräfte« als »das große Instrument der Kultur« aus. Zugleich aber geht er mit der Vorstellung der individuellen »Totalität« einen entscheidenden Schritt über Kant hinaus.

Schiller schlägt – sich über die Wirklichkeit hinauswagend, um die Wahrheit zu erobern – den transzendentalen Weg zum absoluten Subjekt ein. Er formuliert das Identitätsproblem mit den Einteilungen der Kantschen Anthropologie in verschiedene »Kräfte« oder »Vermögen« des »Gemüts«. So kann er mit dem Dualismus von »Verstand« und »Sinnlichkeit« das Problem der geschichtlichen

Selbstentfremdung der Menschen schärfer fassen, weil er den Dualismus auf die »Zerrüttung der Individuen«, den Zustand der »niederen« und »zivilisierten« Klassen und auf das Verhältnis von Individuum und Gattung kulturkritisch bezieht. Griechenland erscheint in diesem Zusammenhang als »Maximum« einer geglückten Identität und gibt Anlaß darüber nachzudenken, »diese Totalität in unserer Natur, welche die Kunst zerstört hat, durch eine höhere Kunst wiederherzustellen« (6. Brief). – Der Dualismus erscheint bei Schiller in der Doppelnatur des Menschen als »Stofftrieb« der Sinnlichkeit und »Formtrieb« der Vernunft. Als vermittelnde Instanz beider Extreme wirkt der »Spieltrieb«. Er gleicht zwischen den »Naturgesetzen« und den Gesetzen der »Vernunft« aus. Durch ihn wird das Gemüt zugleich moralisch und physisch genötigt. Er bringt die sinnliche und vernünftige »Kultur« in Einklang. Es liegt auf der Hand, daß die Idee der vermittelnden Instanz aus Kants Ästhetik stammt, gezogen aus deren Hypothese eines mittleren Vermögens zu subjektiven Geschmacksurteilen. Im Unterschied zu Kant erhält bei Schiller das ästhetische Vermögen aber ein künstlerisches Objekt: die durch die Kunstform dargebotene Schönheit. Er durchbricht damit, wie schon Hegel gesehen hat, die Kantische Subjektivität und Abstraktion des Denkens und wagt darüber hinaus den Versuch, die zerrissene Identität durch die Kunst, deren Führungsanspruch so begründet wird, zu versöhnen. Das ist der Ort der »ästhetischen Erziehung« als Ziel und Prozeß. Sie umfaßt subjektiv ein persönliches Bildungsideal und objektiv jene dem Menschen gegenüberstehende »lebende Gestalt« der Schönheit. »Seine Kultur«, so heißt es programmatisch im 13. Brief, wird also darin bestehen, »dem empfangenden Vermögen die vielfältigsten Berührungen mit der Welt zu verschaffen und auf seiten des Gefühls die Passivität aufs Höchste zu treiben; zweitens: dem bestimmenden Vermögen die höchste Unabhängigkeit von dem empfangenden zu erwerben und auf seiten der Vernunft die Aktivität aufs Höchste zu treiben. Wo beide Eigenschaften sich vereinigen, da wird der Mensch mit der höchsten Fülle von Dasein die höchste Selbständigkeit und Freiheit verbinden und, anstatt sich an die der Welt zu verlieren, diese vielmehr mit der ganzen Unendlichkeit ihrer Erscheinungen in sich ziehen und der Einheit seiner Vernunft unterwerfen«.

Die Idee einer »ästhetischen Erziehung« propagiert keine kontemplative ästhetische »Bildung«, wird sie doch auf eine geschichtlich-philosophische Praxis ausgerichtet. Die Verschränkung von Ich und Welt hat noch eine zeitliche Offenheit und politische Dimension. Schiller formuliert das Identitätsproblem mit den Unterscheidungen der Kantschen Anthropologie. Und er denkt die Möglichkeit der Versöhnung zwischen Sittlichkeit und Sinnlichkeit, Vernunft und Natur, indem er Kants Moralismus und Nüchternheit verwirft. Damit gewinnt er einen großen Einfluß auf Hölderlin, Schelling und Hegel. Nicht die philosophische Geltung ist hier maßgebend. Von Interesse sind die Repräsentanz und die Wirkung des Gedachten. Aus dieser Sicht erscheint die »ästhetische Erziehung« als eine folgenreiche Reaktion – »eng ist die Welt und das Hirn ist weit« – auf die Diskrepanz zwischen eingeschränkten politischen Handlungsmöglichkeiten und hochgestimmten Individuierungsansprüchen; als ein Entwurf, der mit dem Terror der Revolution die politische Praxis und mit der entfremdeten Arbeit die bürgerliche Ökonomie ausgrenzt. Schiller kann die Wert- und Idealvorstellungen von »Bildung« prägen, weil er einem kollektiven Gesellschaftsverständnis der deutschen Intelligenz zum Ausdruck verhilft. Gemeint ist hier der Zusammenhang von Zeitkritik und Anpassung. Nicht ohne Grund fehlen in den *Ästhetischen Briefen* im Unterschied zu ihren Urfassungen, den (Privat-)Briefen an den Prinzen zu Augustenburg, alle konkreten, kritischen Bezüge zur Zeitgeschichte. Das hat etwas mit dem, wie es Schiller nennt, »transzendentalen Weg« ins »Reich der Ideen« zu tun. Eine gewisse politische Rücksichtnahme dürfte aber auch mit im Spiel sein; eine Art »philosophische Diplomatie«, die den konkreten politischen Hintergrund durch abstrakte Formulierungen eindunkelt. Auch Herder verändert etwa zur gleichen Zeit die Urfassung der *Briefe zu Beförderung der Humanität* durch abstrakte Formulierungen mit dem Erfolg, daß sie sowohl dem weimarischen Herrscher wie auch dem revolutionären Georg Forster gefallen. Die *Ästhetischen Briefe* erscheinen in den *Horen*, einer Zeitschrift, die ihre Mitarbeiter, so will es der Herausgeber Schiller, zu politischer Abstinenz verpflichtet. Er will mit der Zeitschrift »die politisch geteilte Welt unter der Fahne der Wahrheit und Schönheit« wieder vereinigen, will mit ihr eine Zuflucht vor dem »allverfolgenden Dämon der

Staatskritik« bieten und sich somit »über das Lieblingsthema des
Tages« ein »strenges Stillschweigen auferlegen«.[157] Während Schiller privat die *Ästhetischen Briefe* als »ein politisches Glaubensbe-
kenntnis« (an Chr. Garve, 23. 1. 1795) bezeichnet, macht er in
seiner Zeitschrift das politische Désengagement zum öffentlichen
Programm! Zur Begründung läßt sich ein zeitgeschichtliches Ereignis anführen. Der zwischen Frankreich und Preußen geschlossene
Sonderfrieden von Basel (1795) garantiert dem Herzogtum Sach-
sen-Weimar einen neutralen Status und damit zehn Friedensjahre.
Das verlangt eine gewisse politische Zurückhaltung. Folgenreich
über den ereignisgeschichtlichen Anlaß hinaus erweist sich die Vorstellung, daß jede »Staatsveränderung« unzeitig sei, bevor sich
nicht der innere Mensch verändert habe. Damit erhält die Rücksichtnahme auf den absolutistischen Staat, aber auch die Reformperspektive »Erreichung der Ziele der Revolution ohne Revolution« eine philosophische Legitimation. Daß sich die politische
Abstinenz, philosophisch legitimiert, den Machtgegebenheiten anpaßt, ohne auf deren Überwindung zu verzichten, wird das geistige
Erfahrungskapital der Intelligenz bestimmen. Gerade in der Phase
der Reformen als Antwort auf die Herausforderungen der Revolution wird sich zeigen, daß die oft angeführte »Flucht in die Innerlichkeit« dem komplizierten Zusammenhang von metapolitischer
»Bildung« und politischen Ansprüchen in deren Namen nicht gerecht wird.

»Allen *Übeln* der Kultur mußt Du mit freier Resignation dich unterwerfen«[158] – die Abwertung des aufklärerischen Kulturbegriffs
und die Ausgrenzung der bürgerlichen Ökonomie gründen in einem hochentwickelten Problembewußtsein, das in der entfremdeten Arbeit eine Schranke für die mögliche Identität sieht. Diese
Einsicht führt bei Schiller, wenn er über die Poesie spricht, zu einem resignativen Rückzug vor der »Übermacht der Prosa«. So
schreibt er am 4. 11. 1795 an Herder: »Es läßt sich [...] beweisen,
daß unser Denken und Treiben, unser bürgerliches, politisches, re-
ligiöses, wissenschaftliches Leben und Wirken wie die Prosa der
Poesie entgegengesetzt ist. Diese Übermacht der Prosa in dem
Ganzen unseres Zustandes ist meines Bedünkens so groß und so
entschieden, daß der poetische Geist, anstatt darüber Meister zu
werden, notwendig davon angesteckt und also zugrunde gerichtet

werden müßte. Daher weiß ich für den poetischen Genius kein
Heil, als daß er sich aus dem Gebiet der wirklichen Welt zurück-
zieht«. – Aber auch in diesem Punkt denkt der deutsche Idealismus
weitaus wirklichkeitsnäher – so paradox dies klingen mag – als die
fortschrittsgewisse Nachhut der Aufklärung. Nehmen wir zum
Beispiel Condorcet, den letzten großen Vertreter der französischen
Aufklärung. Dessen *Entwurf einer historischen Darstellung der
Fortschritte des menschlichen Geistes* (1795) sieht in der Gleichheit
des Unterrichts, im Ausbau der Industrie und in der Befriedigung
der Bedürfnisse die Garanten für den geistigen und sozialen Fortschritt. Condorcet will Glück und Wohlstand für alle und macht
dies vom Aufstieg der niederen Klassen in die Bourgeoisie abhängig.[159] Bei Schiller hingegen kann die gewerbliche Arbeit dem
hohen Anspruch der möglichen Identität nicht genügen: Der
Mensch ist »nur ganz Mensch, wo er spielt«. Der »Geschäftsgeist«
aber ist in einen »einförmigen Kreis der Objekte eingeschlossen«.
Diese Abwertung der bürgerlichen Bewährungsfelder werden wir
in der Sozialgeschichte des Deutungsmusters wiederfinden. Die
Ablehnung der modernen, bürgerlich-kapitalistischen Gesellschaft
durch das Bildungsbürgertum und seine Mandarine, der Tatbestand
also, daß viele der großen, entlarvenden Kritiker dieser Gesellschaft
gerade aus Deutschland kommen, ist kein Zufall.[160] Das hat nichts
mit der unmittelbaren Wirkung Schillers zu tun. Er ist aber der
erste, bei dem die philosophische Kritik an der entfremdeten Arbeit
die bürgerliche Ökonomie thematisiert, aber sie zugleich mit dem
Projekt »ästhetische Erziehung« der Kritik entzieht.
Die universelle Geltung der Bildungsidee führt so zu einer Abstinenz gegenüber dem Politischen und einer Distanz gegenüber dem
Ökonomischen. Sie fordert zwar die »vielfältigsten Berührungen
mit der Welt« und schränkt sie doch zugleich ein. Bei Schiller erscheint die Kunst als Bote der Wahrheit und Vorbote besserer
Verhältnisse. Sie ist damit noch keineswegs zum Reservat für das
individuelle Glück eingegrenzt, soll doch die autonome Kunst in
die politische Wirklichkeit hineinwirken. Insofern bleibt sie dem
Ziel »bürgerliche Freiheit« verpflichtet. Sein philosophischer Idealismus gibt aber das Feld frei für den Materialismus der bürgerlichen Praxis und die Reformpolitik der defensiven Modernisierung.
Sein Konzept der Versöhnung hält dem Begreifen der Geschichte

nicht stand. Es geht philosophisch weniger anspruchsvoll, sozialgeschichtlich dafür aber wirksamer in das Deutungsmuster ein.

W. v. Humboldt als Repräsentant eines spezifisch deutschen Bildungsideals

Nicht Schiller, sondern sein Freund Wilhelm von Humboldt gilt als der Repräsentant eines spezifisch deutschen Bildungsideals, das nicht zufällig bis in die Gegenwart hinein mit seinem Namen verbunden ist. Wie kein anderer verkörpert er die problemgeschichtliche Tradition und die praktische Wirkung des Bildungsideals. Schiller und Fichte rücken die Person und damit auch »Kultur« bzw. »Bildung« ins Reich der Ideen. Bei W. v. Humboldt aber wird »Bildung« bezeichnungsfest und zur alles bestimmenden Idee. Sein Denken, themenreich und fragmentarisch, hat als Bezugspunkt eine umfassend gedachte *Theorie der Bildung des Menschen* (1794/95). Auch er geht vom identitätstheoretischen Leitthema des Rousseauismus aus. Also auch hier die Einheit von Selbstentfremdung, Bildungsentwurf und Versöhnung: »Hier kommt es nun darauf an«, heißt es in der *Theorie der Bildung*, daß der Mensch »in dieser Entfremdung nicht sich selbst verliere, sondern vielmehr von allem, was er außer sich vornimmt, immer das erhellende Licht und die wohltätige Wärme in sein Innres zurückstrahle«. Ähnlich wie Schillers »ästhetische Erziehung« des Menschen entsteht Humboldts Bildungskonzept aus der Ablehnung der Französischen Revolution und der Bejahung ihrer Ideale. Für die allseitige »Bildung« ist »Freiheit die erste und unerlässliche Bedingung«. Auch Humboldt will zunächst die Individuen und dann die Verhältnisse ändern. In den *Ideen zu einem Versuch, die Grenzen der Wirksamkeit des Staates zu bestimmen* (1792) lehnt er den absolutistischen Staat, aber auch jegliche revolutionäre Umwälzung ab. Er plädiert für die Rechte der Individualität gegenüber dem Staat und propagiert eine »Reform durch fortschreitende Bildung«. Das ist für die historische Semantik gerade deshalb wichtig, weil es nicht sonderlich originell ist. Die Vorstellung, erst die Menschen und dann die Verhältnisse zu ändern, gehört von nun an zur Grundausstattung im geistigen Erfahrungskapital der deutschen Intelligenz. Wie

Schiller schreibt: »jede gründliche Staatsverbesserung« muß »mit Veredlung des Karakters beginnen«.[161] Nirgendwo wird der konzeptuelle Zusammenhang von persönlicher »Bildung« und gesellschaftlicher Freiheit aber deutlicher als bei W. v. Humboldt. Seine bildungsphilosophischen (nicht die sprachphilosophischen) Schriften lesen sich leichter als jene der idealistischen Systemphilosophen. Sie erlauben eher Rückbezüge auf die Praxis eines reformbereiten Staates und eines reformbetreibenden Bildungsbürgertums. So kann aus der philosophischen Idee, gewiß nicht ohne Vereinfachungen, ein praxisnäheres Bildungsideal werden. Von Hölderlin stammt der Ausspruch, das Ideal sei nur die Idee in der Endlichkeit. Leicht variiert könnte dieser Satz auch für W. v. Humboldt gelten, schafft doch dessen Werk eine Überleitung zwischen den philosophischen Ideen und den pädagogischen Idealen, zwischen bildungstheoretischen Entwürfen und pädagogischer Praxis. So steht er zwischen den philosophischen Gewährsleuten und den philosophisch gebildeten Praktikern. Sein Denken treibt die Verknüpfung und wertende Abstufung von »Bildung« und »Kultur« voran. Dabei ist die individuelle »Bildung« der leitende Gedanke, wird in der Tradition von Shaftesbury, Rousseau und Schiller der weite, aufklärerische Kulturbegriff abgewertet. Aus dieser Sicht erscheint »Kultur« lediglich als Werk eines »abgesondert wirkenden Verstandes«. Wird das »Uebergewicht der Cultur« kritisiert, dann weitet der aufklärerische Kulturbegriff lediglich den Blick, er bestimmt aber nicht mehr das Urteil. Was Herder als Mittel der Vergesellschaftung, als Produkt und Stimulus menschlicher Tätigkeit noch bejaht, das wird als »blosse Cultur« abgetan. Diese gibt, so ist zu lesen, der »ganzen Lebensart eine gewissermassen unnatürliche und künstliche Gestalt«, wecke »neue Bedürfnisse«, schaffe »eine Menge von Werkzeugen und Mittelgliedern«.[162] W. v. Humboldt erkennt durchaus die Notwendigkeit der »Kultur« an; durch sie sollen sich die Menschen »bereichern«. Zugleich erscheint sie aber als Hindernis für die Entwicklung eines »grossen Charakters«: »Der reine Mensch für sich vermag nur wenig mehr über den Menschen und nichts über den Haufen; er muss immer durch die Massen handeln, sich immer in eine Maschine verwandeln«. Damit ist noch keine Antithese zwischen »Kultur« und »Zivilisation« aufgestellt. Was aber hier, weniger radikal als bei

Schiller, in rousseauistischer Tradition an der »Kultur« kritisiert wird, das geht in die spätere Zivilisationskritik ein; als Kritik am nur Äußerlichen, am Mittelcharakter, an der Verflachung und Nivellierung. Zunächst verwendet W. v. Humboldt »Cultur« und »Civilisation« parallel, was einmal mehr die Traditionsmacht des aufklärerischen Kulturbegriffs belegt. Unterschiedliche Bezeichnungen für die unterschiedlichen Bedeutungen dieser »Kultur« wird er erst später gebrauchen. So schreibt er zu Beginn der 1830er Jahre: »Die Civilisation ist die Vermenschlichung der Völker in ihren äußeren Einrichtungen und Gebräuchen und der darauf Bezug habenden inneren Gesinnung. Die Cultur fügt dieser Veredlung des gesellschaftlichen Zustandes Wissenschaft und Kunst hinzu. Wenn wir aber in unserer Sprache Bildung sagen, so meinen wir damit etwas zugleich Höheres und mehr Innerliches, nämlich die Sinnesart, die sich aus der Erkenntnis und dem Gefühle des gesamten geistigen und sittlichen Strebens harmonisch auf die Empfindung und den Charakter ergießt«.[163] Auf den ersten Blick läßt sich hier keine wertende Abstufung zwischen »Cultur« und »Civilisation« ausmachen. Aber im Zusammenhang ihrer Verwendungsgeschichte bei Humboldt und dem Großteil der deutschen Intelligenz wird rasch deutlich, daß der aufklärerische Kulturbegriff abgewertet und abgedrängt, hingegen »Kultur« im Sinne von Kunst und Wissenschaften aufgewertet und institutionell stabilisiert wird. Schon in der Auseinandersetzung mit der Aufklärungspädagogik, genauer: mit dem Philanthropismus, unterscheiden die philosophisch gebildeten Praktiker des Neuhumanismus polemisch wertend zwischen den »äußerlichen« Erziehungsidealen der Aufklärung, die auf Nützlichkeit, Wohlfahrt und Glückseligkeit setzen, und einem Bildungsideal mit den Leitkategorien der Zweckfreiheit und Selbstkultivierung, der Individualität und Totalität. So spricht etwa Ernst August Evers, Schüler des Altphilologen Friedrich August Wolf und Rektor der Kantonschule in Aarau, von »Zivilisationsschulen« und »Kulturschulen«.[164]

Am prägnantesten denkt W. v. Humboldt eine Verschränkung von Ich und Welt, in der das Subjekt der »Bildung« enthistorisiert und die Objekte der Bildung vergeistigt werden. Diese Selbstentfremdung des Subjekts kann nur mit dem Versprechen der Versöhnung beantwortet werden, indem in der »Welt außer sich« nur das Gel-

tung erlangt, was der Steigerung der Individualität zur Idealität
dient. Bei W. v. Humboldt erscheint der Seidenwurm als Symbol
für das Sichherausspinnen des Menschen aus sich selbst. Das Subjekt ist als sich selbst erhaltende und sich steigernde Monade
gedacht. Es geht also um die mannigfaltige »Ausbildung« aller von
Natur aus in der Individualität angelegten Keime und Fähigkeiten.
Das Universum wird wie bei Leibniz durch eine substantielle
»Kraft« zusammengehalten, eine Kraft, die auch den »Bildungstrieb« der menschlichen Individualität bestimmt. Der ist, ganz
unkantisch, die »ursprüngliche Kraft unseres Ichs«. Eine solch metaphysische Interpretation der Individualität simplifiziert »Bildung« als Prozeß, wird doch so der »Bildungstrieb« mit teleologi-
scher Gewißheit ausgerichtet. Was bei Schiller noch als Dualismus
von Verstand und Sinnlichkeit, von individueller Entwicklung und
Gattungsentwicklung widersprüchlich gedacht wird, vereinfacht
sich mit dem Präformismus zum individuellen Telos. Die »Eigen-
tümlichkeit« und das »Genie« erscheinen in der *Theorie der Bildung* als Garanten einer organischen Entfaltung.[165]
Zugleich aber beantwortet W. v. Humboldt die Frage, woran denn
die Individualität sich selbst steigernd zu bilden habe, umfassender
als Schiller: Alle Objektivationen des menschlichen Geistes, Kunst,
Philosophie und Sprache, erlauben die Steigerung der Individualität zur Idealität. Der Mensch bedarf, so heißt es in der *Theorie der
Bildung*, einer Welt außer sich, da »die blosse Kraft einen Gegenstand braucht, an dem sie sich üben, und die blosse Form, der reine
Gedanke, einen Stoff, in dem sie, sich darin ausprägend, fortdauern
könne«. Für die harmonische Selbstentfaltung bietet sich nur die
geistig interpretierte Welt als Medium an. Diese Verschränkung soll
zwar auf die Gestaltung zurückwirken, doch entzieht sich so dem
Subjekt der »Bildung« die widerständige Welt. Die Idee »des reinen
Menschtums« ist sozusagen erhaben über die wirtschaftlich-gesell-
schaftliche Situation des »Bildungssubjekts«. Der Mensch kann
sich nur durch das bilden, was seinem Geist »homogen« ist.[166] Das
vereinfacht die Bedingtheit des Bildungssubjekts und reduziert dessen Weltbezug. Die Einheit von Subjekt und Objekt, eine Problem-
stellung, von der die idealistische Philosophie zu systematischen
Entwürfen angetrieben wird, verschließt sich der dialektischen
Entfaltung.

Allzu leicht blickt man aus der Loge der großen Philosophen auf Humboldt herab. Er ist kein systematischer Denker. Theoriegeschichtlich erscheint seine philosophische Begründung des Bildungsbegriffs eher als Rückschritt zu Leibniz und dessen präformistischem Entwicklungsgedanken. Im Vergleich zu Fichte, Schelling oder Hegel fällt ein Mangel an begrifflicher Komplexität und eine fehlende Konsequenz in der Begriffsentfaltung auf. Am Spiel der Widerlegung und Überbietung der einzelnen Systeme nimmt W. v. Humboldt nicht teil. Und es ist sicherlich nicht nur die Arroganz des Zuletztgekommenen, wenn Hegel ihn nahezu ignoriert. Zugleich aber befindet sich W. v. Humboldt wie kaum einer im Zentrum der intellektuellen Revolution und ihrer Debatten. Auch er ist von der Macht der Ideen, ihrer rein geistigen Natur und Sachbestimmtheit überzeugt. Auch er ist von Kant beeinflußt, kennt die Auseinandersetzungen Schillers und Fichtes mit dem Königsberger Großmeister. Humboldt kann als eine zentrale Gestalt im intellektuellen Leben Deutschlands gelten, als dessen osmotischer Repräsentant. Er pflegt einen regen Austausch mit den Philosophen, mit den Dichtern der Klassik und Romantik, schließlich auch mit den reformbereiten Eliten aus Adel und Bildungsbürgertum. Die Philosophiegeschichte mag ihm einen minderen Rang zuweisen. Es gibt viele Stichwortgeber des Bildungsideals, Humboldt aber ist dessen Theoretiker und Praktiker. Gemessen am zentralen Versuch der klassischen deutschen Philosophie, die Einheit von Subjekt und Objekt zu denken, erscheint W. v. Humboldt synkretistisch. In seine Idealsetzung von »Bildung« fließen verschiedene Traditionen ein: die protestantische Hochschätzung der inneren Gesinnung, Leibniz, Shaftesbury, Rousseau, Kant und Schiller.[167] Was dem Synkretismus an systematischer Schärfe und Geschlossenheit im Ganzen fehlt, das ist gerade eine Voraussetzung für die Wirkung des Bildungsideals. Etwas ›hegelnd‹ formuliert: Humboldt faßt seine Zeit nicht in Gedanken, aber seine Gedanken wirken in die Zeit. Sein Präformismus ist »bildungstheoretisch geschichtsblind« (G. Buck). »Bildungspraktisch« denkt er aber geschichtsmächtig, weil er mit seinem Bildungsideal die gewachsenen Verschiebungen im geistigen Erfahrungskapital der deutschen Intelligenz aufgreift und vorantreibt. Sein Synkretismus bündelt unterschiedliche Traditionen, bringt die Kritik am Absolutismus, an der Revolution und

am bürgerlichen Erwerbsleben zum Ausdruck, und er formuliert
mit dem Bildungsideal die Ansprüche der Schicht, die ihre erhöhten Individualisierungschancen nutzen will und sich selbst seit
Ende der 1790er Jahre mit der Redefigur »gebildete Stände bzw.
Klassen« aufzuwerten beginnt.[168] »Bildung« als allseitige und harmonische Entfaltung individueller Anlagen, als zweckfreie Aneignung der Welt von innen heraus, als unabgeschlossener Prozeß,
Resultat und Maßstab, »Kultur« schließlich als deren Medium – all
dies formuliert niemand so wirkungsvoll wie W. v. Humboldt.
Gerade die Vereinfachung der »Ideen« ist eine Voraussetzung für
den Erfolg des Bildungsideals. Mit der Verknüpfung und wertenden Abstufung von »Bildung« und »Kultur« entsteht so bei Humboldt, ohne daß er dafür »Kultur« als Bezeichnung festsetzt, ein
neuer Kulturbegriff. Der Leitidee der zweckfreien und harmonischen individuellen Bildung wird »Kultur« als Medium zugeordnet; das begründet den Vorrang der Objektivationen des menschlichen Geistes, der Philosophie, Kunst und Sprache! Das Bildungssubjekt der Konzepte Humboldts kann so als Leitbild des
bildungsbürgerlichen Subjekts in die soziale Praxis übernommen
werden. Eine entscheidende Etappe auf dem Weg der großen Ideen
zur Wirkungsgeschichte des Deutungsmusters.

Der Sieg des Neuhumanismus über die Aufklärungspädagogik

Humboldts Denken imprägniert »Bildung« und »Kultur« idealistisch, ohne sie in einen idealistischen Systementwurf zu stellen.
Nach ihm geht die Philosophie einen anderen Weg als das sich herausbildende Deutungsmuster. Nicht die großen Philosophen, sondern die philosophisch gebildeten Praktiker verhelfen dem Deutungsmuster mit ihren pädagogischen Konzepten zum Durchbruch. Deren ebenso polemische wie erfolgreiche Abdrängung der
Aufklärungspädagogik leitet die Sozialgeschichte des Deutungsmusters ein. Denn sie erringen damit eine diskursive und schließlich auch eine institutionelle Hegemonie gegenüber dem aufklärerischen Konzept einer Erziehung zu Nützlichkeit und Wohlfahrt. Sie
werden ihre Vorstellung durchsetzen, weil sie – darüber später
mehr – eine besondere historische Situation nutzen, und weil es

ihnen gelingt, die Medien der »Bildung« als »Kultur« stofflich zu
bestimmen: Sprache und Mathematik, Philosophie und Kunst er-
halten den ersten Rang.[169] Die Namen der Protagonisten wie
Friedrich Ast (Professor für klassische Literatur an der Universität
Landshut), Ernst August Evers (Rektor an der Kantonschule zu
Aarau), Johann Samuel Ith (Professor für Philosophie in Bern,
Schulpolitiker und Förderer Pestalozzis), Reinhold Bernhard Jach-
mann (Kantschüler, Anhänger Fichtes, Direktor des Conradinums
in Jenkau), Friedrich Jacobs (Professor am Münchener Lyzeum),
Friedrich Immanuel Niethammer (Professor der Theologie in Jena
und Würzburg), Johann Wilhelm von Süvern (Professor für alte
Literatur und hoher preußischer Beamter) finden wir nicht in den
geläufigen Geschichten der Philosophie, wohl aber in denen der
Pädagogik. Durch die philosophisch gebildeten Praktiker vergrößert sich die Verwendungsbreite unserer Begriffe. Dem strengen
theoriegeschichtlichen Blick mögen ihre Beiträge entgehen. Enthalten sie doch, im Vergleich zu Fichte oder Schiller, philosophisch
nichts Neues. Das Neue aber besteht in der Vereinfachung des Gedankens der sich selbstvervollkommnenden Persönlichkeit, in der
Verstofflichung der Bildungsmittel und in der Stabilisierung des
Bildungsideals durch Institutionen.

Den diskursiven Erfolg der philosophisch gebildeten Praktiker
zeigt der Philanthropismusstreit, in dem mit der Argumentations-
hilfe der idealistischen Philosophie die Aufklärungspädagogik abgewertet wird. Das braucht hier im einzelnen nicht dargelegt zu
werden. Hervorzuheben bleibt, daß die Vorstellung einer harmonischen und persönlichen Selbstvervollkommnung nicht nur das
utilitaristische Erziehungskonzept ablehnen muß, sondern auch
den aufklärerischen Kulturbegriff, dessen Referenzbereich gelegentlich schon negativ als »Zivilisation« bezeichnet wird. Wenn
eine Nation auch in der Lage sein mag, so der einflußreiche Neuhumanist Friedrich August Wolf, die »Schriften politischen, ökonomischen, medicinischen, militärischen, mathematischen und
andern nützlichen Inhalts« zu gebrauchen, so sieht sie sich »doch in
allem, was über die heisshungrigen Forderungen der Civilisation
hinausgeht, einer Menge von Vorteilen beraubt, auf welchen allein
die Vielseitigkeit und Tiefe einer Cultur beruht.«[170] Unter »Civilisation« wird hier »das bloß Nützliche und Bequeme« verstanden

im Gegensatz zur »höheren eigentlichen Geistescultur«. Nur das
kann dem emphatischen Bildungsbegriff als Medium genügen, was
die Selbstvervollkommnung widerspruchsfrei zu ermöglichen verspricht. Wolf unterstreicht übrigens seine Argumentation mit einem »modernen« Argument. Indem er sich und die anderen
Neuhumanisten als »Moderne« bezeichnet, läßt er die anderen alt
aussehen! So erscheint die »philanthropinische Denkart« durch die
Beschleunigung der Zeit überholt. Auf diesen Sachverhalt kann
man sich gegenüber den Aufklärern mit dem Anspruch, »die Zeichen der Zeit« erkannt zu haben, berufen. Auch Friedrich Immanuel Niethammer sieht »unter dem Namen der Aufklärung ein
Rückschreiten der wahren Cultur, ein Haß alles rein Geistigen,
Idealen, in Kunst und Wissenschaft«. In der Polemik gegen den
Philanthropismus finden wir schon die Formeln späterer Kulturkritik, wenn etwa von einer »mechanischen Fertigkeit« oder einem
»seelenlosen Mechanismus« in der »materiellen Produktion« gesprochen wird, oder wenn Pestalozzi eine veredelte »Individualkultur« von einer selbstsüchtigen »Massakultur« abhebt.[171] Für Niethammer ist die Denkart, welche das »irdische Interesse zum
höchsten erhebt«, überholt: »Allein als herrschende Denkart kann
dies Niemand ausrufen wollen, der auf die Zeichen der Zeit merkt,
und sie versteht. – Ein andrer Geist, dem jener der Aufklärung nur
als Vorläufer Platz gemacht hat, ist mit der Wiederauferweckung
des ächten philosophischen Denkens unter uns erschienen [...].
Dieselbe merkwürdige Reform, welche das Ideale wieder zu der
Ehre, Realität zu seyn, hervorgerufen hat, ist in dem ganzen Um-
kreis unsrer Bildung, in Wissenschaft und Kunst, in Philosophie
und Religion, in allen Zweigen des Thuns und Lebens in unzwei-
deutigen Erscheinungen sichtbar«.[172]
Wenn Niethammer jenen »heiligen Zweck der höhern Humanitäts-
bildung« gegenüber der »Vernunft« oder »Gelehrtenbildung« herausstellt, dann denkt er wie andere Neuhumanisten an die Selbstvervollkommnung des sittlichen und geistigen Menschen, und er
glaubt, dafür in den Griechen ein Beispiel der geglückten Identität
zu finden. Gewiß, die Griechenlandbegeisterung ist nichts spezifisch Deutsches. Sie ist, bereits vor dem Neuhumanismus, ein
europäisches Phänomen. Erscheint nicht schon in Shaftesburys
Platonismus die griechische Schönheit als vergeistigte Sinnlichkeit

schlechthin? Im Vergleich mit westeuropäischen Ländern gerät in Deutschland die verbreitete Vorstellung einer einheitlichen griechisch-römischen Antike zum Dualismus: Der Glanz eines idealisierten Griechentums stellt Rom in den Schatten. Schon Winckelmann und Wieland verweisen auf den Vorbildcharakter der Griechen, die in einem idealen Gleichgewicht »Natur, Humanität und Anstand«, »Genie, Geist und Stärke« verkörpern.[173] Zu holzschnittartig wirkt zudem das Bild von einer deutschen Intelligenz, die verschreckt von der Revolution ins Reich der hehren Antike flüchtet. Die Ablehnung der Aufklärungspädagogik unter Berufung auf den Vorbildcharakter der Griechen richtet sich auch gegen den Spätabsolutismus, gegen eine staatliche Pädagogik im Dienst des Merkantilismus, die im Einklang mit der ständischen Gliederung zu höherer Produktivität und Steuerleistung erziehen will. Bei Niethammer, dem Fichte-Schüler in bayrischen Diensten, erscheint das Regiment Friedrichs des Großen als eine Zeit, die »der deutschen Kultur zuerst die vorherrschende Richtung auf Industrie und Gewerbefleiß« gab. Er verbucht dies als »Rückschreiten der wahren Kultur«. Bei Süvern, dem Königsberger Professor der Philologie in preußischen Diensten, sind es die Friedensjahre nach Ludwig dem XIV., in denen im Gefolge der »ökonomischen, technischen, merkantilistischen Tätigkeit« der »wahre Wert für echt menschliche Bildung« nicht gewürdigt werden konnte. Wenn Griechenland zum Modell geglückter Selbstvervollkommnung erhoben wird, dann enthält dies als Gegenbild zur eigenen Zeit auch ein kritisches Moment.[174] Mit ihm werden aber keine offenen politischen Machtansprüche gestellt. Für Rousseau ist Sparta das politische Modell, in dem das Subjekt seine Ganzheit aus der Teilhabe am politischen Gesamtsubjekt erfährt. Die Französische Revolution drapiert sich als römische Republik, Napoleon als römischer Kaiser. In Deutschland lebt die Verehrung der Griechen aus einem Bildungsindividualismus, der problembewußt den Spätabsolutismus wie das bürgerliche Erwerbsleben ablehnt, und der die politischen Handlungshemmungen mit dem Programm einer individuellen Selbstvervollkommnung beantwortet. Vom aristotelischen Ideal einer Bürgergemeinschaft, die dem Ziel der Wahrnehmung der Staatsgeschäfte verpflichtet ist, muß das Griechenlandbild frei bleiben. Solch historische Anleihen können mit Marx als Selbsttäuschung verstanden werden, um den bürgerlich beschränkten Inhalt der Kämpfe zu verherrlichen und weltgeschichtlich zu legitimieren. Auch hier zeigt sich, wie der gewandelte Kulturbegriff auf gewandelte Einstellungen verweist, wie Sprache Wahrnehmung lenkt. Auch Herder begeistert sich für Griechenland, bewundert die altgriechische Plastik und Literatur. Mit seinem aufklärerischen, weiten Kulturbegriff geraten auch die Kriege, Räubereien und Geschäfte der Griechen in den Blick. Im Neuhumanismus aber wird Griechenland ästhetisch stilisiert und schließlich pädagogisch verfügbar gemacht. Diese Art der Griechenlandbegeisterung unterscheidet sich von der »zweiten Renaissance« in Europa. Den Griechen wird von der deutschen Intelligenz eine fast religiöse Verehrung im neuen, diesseitigen Glauben an das Ideal der Persönlichkeit entgegengebracht. In der Projektion der Neuhumanisten leuchtet Griechenland als der historische Ort geglückter »Bildung« auf. Die Griechen gelten als Verkörperung »wahren Menschtums«. Die Polis erscheint als der Ort, wo der freie Mann nicht Mittel zum Zweck, nicht Knecht der Arbeit ist, wo er sich, befreit von höfischer Etikette und gesellschaftlicher Konvention, entfalten kann. Im Wunschbild der Neuhumanisten erscheint Griechenland als Ort der Schönheit, Tapferkeit und Weisheit. Dieses Bild hält zwar der historiographischen Prüfung nicht stand, es kann aber in einer bestimmten historischen Situation wirken. Mit der Vergangenheit können an die Gegenwart Emanzipationsansprüche gestellt werden. Erst mit der Idealisierung kann das »Studium der Griechen« zum Mittel der »Bildung« geraten.[175]

Auch hier lassen sich Unterschiede zwischen den Philosophen und den philosophisch gebildeten Praktikern, zwischen einem komplexen Denken und einfacheren Konzepten ausmachen; Konzepten, die in das Deutungsmuster eingehen und das Bildungsideal für die bildungsreformerische Praxis hinreichend vereinfachen. Gewiß, die ersten Abschnitte des 6. Briefs der *Ästhetischen Erziehung* können als Basistext des Neuhumanismus gelesen werden. Auf ihn bezieht sich nicht nur W. v. Humboldt, sondern auch das Gros der Neuhumanisten. Unter dem Einfluß Winckelmanns wie Goethes und im kontrastierenden Bezug auf seine Zeitkritik entwirft Schiller hier das Gegenmodell der »Athenienser«, die für ihn die innere Selbstübereinstimmung der Individuen ebenso verkörpern wie die »Totalität der Gattung«. Schillers Interesse an den Griechen lebt aus der scharfen Kritik an der eigenen Gegenwart, an der Disproportion zwischen individueller Entwicklung und Gattungsentwicklung, an der Arbeitsteilung und »Zerrüttung« des Menschen, am »spekulativen Geist« und am »Geschäftsgeist«. Als Kantianer erkennt er diesen »Antagonismus der Kräfte« durchaus noch als »das große Instrument der Kultur« an. Nicht ohne Grund finden wir beides im 6. Brief als kontrastreiche, zeitliche und inhaltliche Spannung zwischen einer kritisierten Gegenwart und einem idealisierten Gegenmodell aufeinander bezogen. Diese Spannung geht aber schon bei W. v. Humboldt, stärker noch bei den anderen Neuhumanisten, verloren. Ohne sie kann die Griechenlandbegeisterung allzu leicht philologisch-erbaulich geraten. Das »Studium des classischen Altertums« wird damit, wie es Friedrich Ast, Professor für klassische Literatur an der Universität Landshut, formuliert, zum »wahre(n) Muster unserer Bildung«. Niethammer bestimmt die »Muster des Alterthums« als die »ideellen Gegenstände des Unterrichts«, fordert zeitlose »Kunstmuster«, will »das wahrhaft Vortreffliche und wirklich Classische bleibend und fest machen«. So werden die Medien der »Bildung« stofflich bestimmt und einer institutionell stabilisierten pädagogische Praxis zugeführt. Wenige Jahre später, im Zusammenhang mit der Schulreform in Preußen, ist es dann soweit. Da fordert Friedrich August Wolf in einer *Gutachtlichen Aeusserung an den Staatsrath Süvern über den Auszug aus der Anweisung über die Errichtung der öffentlichen allgemeinen Schulen im preussischen Staate, die Unterrichtsverfassung der Gymnasien und Stadtschulen betreffend* (1812), »dass kein gutes Gymnasium sein dürfte ohne eine Allgemeine Anleitung zu Geschichte von Litteratur der Alten«. »Bildung« und »Kultur« sollen institutionell verfestigt werden. Wolf, auch das ist bezeichnend, wirkt nicht auf den Diskurs der Philosophie, wohl aber, wie kaum ein anderer, auf die Ausbildungskader des Bildungsbürgertums, auf die Lehrer, Direktoren, Schulräte und Professoren in Preußen und im nördlichen Deutschland.

Nun soll hier nicht der Eindruck entstehen, den Studien des »classischen Alterthums« käme eine Monopolstellung als »Bildungsmittel« zu. In der Verehrung der Griechen finden wir lediglich die Spezifik von »Bildung« und »Kultur« in gesteigerter Form. Das meint zum einen die Hochschätzung von »Bildung« als einer säkularen Religion. Nicht ohne Grund wird sie häufiger mit dem Attribut »heilig« charakterisiert, nennt Niethammer ihre wenigen, vom »Schicksal begünstigten« Vertreter »Priester der Vernunft«, die sich einem »heiligen Dienst« weihen. Das meint zum anderen jenen ästhetischen, betont individualistischen Zug, der auf die geistige innere Freiheit, jenseits der Politik und der Ökonomie setzt; jenen individualistischen Zug, der mit dem neuen Kulturbegriff korrespondiert. Es sei wiederholt: Als »Kultur« in einem normativen Sinne kann nur Geltung beanspruchen, was der Steigerung der Individualität dient. Sprache, Philosophie und Kunst bilden deren Zentrum. Die »Bildungsmittel« sind keine Lehr- und Erziehungsmittel. Vielmehr verlangt die Konzentration auf die geistig interpretierte Welt vom »Bildungssubjekt« ein einfühlsames, gegebenenfalls historisches Verstehen.

Mit der beschriebenen semantischen Innovation wird die allgemeine These vom Zusammenhang zwischen begrifflicher Repräsentation und historischer Konstellation anschaulicher, läßt sich doch an »Bildung« und »Kultur« jene für Deutschland charakteristische Verschränkung von intellektueller Modernisierung, rückständigen Verhältnissen und Reformbereitschaft ausmachen. Die ideengeschichtliche Tradition der Bildungsidee, ihre gedankliche Entfaltung im Zeichen der neuen Philosophie, die Neuformulierung des Kulturbegriffs und schließlich die Vereinfachungen der Bedeutungsinhalte zum praxisnahen Bildungsideal – all dies indiziert die besondere historische Situation Deutschlands und die besondere gesellschaftliche Lage seiner Intelligenz. Damit sollen die philosophischen Überschüsse des deutschen Idealismus und der Bildungsidee nicht auf ihren historischen Ermöglichungszusammenhang reduziert werden. Selbst die großen Denker sind von historischen Konstellationen abhängig, doch können ihre großen Werke einen Eigenwert beanspruchen. Auch Kant, Schiller oder Fichte sind Söhne ihrer Zeit, doch sie werden diese mit ihren Gedanken auch überleben. Im Bildungsideal der philosophisch gebildeten Praktiker hingegen sind historische Konstellation und konzeptueller Entwurf enger miteinander verschränkt. So bleiben sie Zöglinge ihrer Zeit. Gleichwohl kann sich das praxisnahe Deutungsmuster in der Bildungsreform institutionell stabilisieren; deshalb wird es, programmatische Identitäten anbietend, von seiner Trägerschicht, dem Bildungsbürgertum, aufgegriffen.

Synkretistische Offenheit und kommunikativer Erfolg

Die hehre Vorstellung vom sich selbst vervollkommnenden, sittlichen Menschen, der sich im Medium der »Kultur« zu einer Ganzheit bildet, kann auch als Antwort auf die Lage um 1800 verstanden werden. Das wurde bereits in der problemgeschichtlichen Entwicklung der Begriffe angedeutet. Mit dem Deutungsmuster stellt sich die deutsche Intelligenz, abgestoßen vom Nützlichkeitsdenken des spätabsolutistischen Staates wie von der bürgerlichen Ökonomie, verschreckt durch den Terror der Französischen Revolution, auf die politische Lage ein. Sie setzt auf eine Reform der Gesellschaft durch die »Bildung« der Individuen und hofft auf einen reformbereiten Herrscher. Ihre forcierte Polemik gegen den Philanthropismus lebt aus der Erkenntnis, daß Absolutismus und Aufklärung koalieren können und daß diese Koalition ihrem humanistischen Menschenbild entgegensteht. Der Widerspruch zwischen Staatsräson und großen, philosophisch eingefärbten Individualisierungsansprüchen kann unter deutschen Verhältnissen nicht zur politischen Krise führen. Es ist hinlänglich bekannt, daß in Deutschland die Voraussetzungen für eine Revolution fehlen. Der Weimarsche Minister von Goethe kann als Repräsentant der herrschenden Meinung gelten, wenn er behauptet, daß in Deutschland »Revolutionen [...] ganz unmöglich« seien, »sobald die Regierungen [...] ihnen durch zeitgemäße Verbesserungen entgegenkommen und sich nicht solange sträuben, bis das Notwendige von unten her erzwungen wird«. Die eingeschränkten politischen Handlungsmöglichkeiten und die konzeptionellen Überschüsse markieren den Ermöglichungszusammenhang des Deutungsmusters. Die kritische Lesart von den handlungsgehemmten Schwärmern wie auch die beschönigende Lesart von den hehren Humanisten bedürfen der Korrektur. Mit dem Deutungsmuster paßt sich die deutsche Intelligenz politisch an, und sie kann zugleich mit ihm metapolitische Ansprüche stellen – etwa, wie noch zu zeigen, an den »Kulturstaat«. Die Selbstbezeichnung als »Moderne«, das Bewußtsein, die »Zeichen der Zeit« erkannt zu haben, sind mehr als ein selbstgefälliger Irrtum. Die Emphase und der religiöse Ton sollten uns nicht über die Weltlichkeit und Praxisbefähigung des Deutungsmusters täuschen. Sein neuartiges Wissenschaftsverständnis, sein Individualismus, seine innengeleitete Autonomie »passen« zur defensiven Modernisierung und können für das Bildungsbürgertum programmatische Identitäten stiften. Adelt doch das Deutungsmuster mit der Selbsttätigkeit des Individuums den Leistungsgedanken; wird doch mit ihm die Person nicht nach ständischer Herkunft oder Besitz und Erfolg, sondern nach »Bildungswissen« und »Geist« bewertet. Es ist »bildungsindividualistisch« und nicht »besitzindividualistisch«. Das entspricht den Interessen des Bildungsbürgertums wie denen seiner Intelligenz, ihrem herablassenden Blick auf den bürgerlichen Erwerb. Mit dem Deutungsmuster sind soziale Aufwertungsansprüche verbunden. Wer sich als »Priester der Vernunft« oder wie bei W. v. Humboldt, Fichte oder Schelling mit dem fatalen Namen einer »Geistesaristokratie« bezeichnet, der stellt einen kulturellen Hegemonieanspruch.

Die spezifisch deutsche semantische Innovation in den Debatten der Kunst und Literatur, der Philosophie und Pädagogik weist den Begriffen eine hohe diskursive Beweglichkeit zu. Die Begriffe können sich in der neuen Öffentlichkeit ausbreiten, weil »Bildung« und »Kultur« nicht allein in den großen Werken eines Herder, Kant, Fichte oder Schelling auftauchen. Die Denkformen der Aufklärung werden als überholt abgetan, aber die Medien der Aufklärung, die Journale und Zeitschriften, und die neue Öffentlichkeit weiten sich aus. Die Schriften Schillers, W. v. Humboldts und der Neuhumanisten erscheinen in Zeitschriften, die weiter als »Vorratskammern des menschlichen Verstandes« genutzt werden.[176] Die Abdrängung des Kulturbegriffs der Aufklärung vollzieht sich gerade in jener neuen Öffentlichkeit, die sich mit der Aufklärung ausgebildet hat: Semantische Innovationen können sich auch ohne mediale Innovationen ereignen. Hinzu kommt der kommunikationsfreundliche, synkretistische Charakter des Deutungsmusters, d. h. die Mixtur unterschiedlicher Traditionslinien, sowie die Galerie verschiedener philosophischer Gewährsleute, schließlich die Abschwächung theoretisch-systematischer Festlegungen durch die philosophisch gebildeten Praktiker und die damit gegebene inhaltliche wie diskursive Beweglichkeit. Ideengeschichtlich ist zum Beispiel der Bildungsbegriff Fichtes, der den freien Tatcharakter des Geistes statt der individual-metaphysischen Entelechie betont, der Humboldtschen Vorstellung von den naturhaften Anlagen gegenüberzustellen.[177] Für die Entstehung des Deutungsmusters ist diese Differenz jedoch weniger wichtig als die bei beiden zu findende Verknüpfung von »Bildung« und »Kultur«. Der Mensch ist nach Fichte »Selbsttätigkeit«, Gestalter seiner Welt, frei und mündig. Der darin enthaltene Emanzipationsanspruch verbindet Fichte quasi unterhalb der theoriegeschichtlichen Ebene mit W. v. Humboldt. Zahlreiche Neuhumanisten sind Schüler Fichtes, und sie bekämpfen zugleich mit W. v. Humboldt die Aufklärungspädagogik.

Auf dem Weg von den großen Ideen zur Wirkungsgeschichte des Deutungsmusters bildet der Synkretismus eine entscheidende Voraussetzung. Denn mit ihm lösen sich »Bildung« und »Kultur« von den verschlungenen Pfaden der Philosophie und etablieren sich zwischen Wissenschaft und Alltag. Als Weltwissen mit Handlungsanbindung wird das Deutungsmuster den Zerfall der idealistischen Systeme überleben. In diesem Sinne ist es nachwissenschaftlich, weil weniger anspruchsvoll als die Philosophie und Pädagogik; und es wirkt zugleich, bis in unsere Gegenwart hinein, vorwissenschaftlich, weil seine versprachlichten Relevanzstrukturen den Ausgangspunkt für wissenschaftliche Arbeiten ausmachen – insbesondere philosophische, ästhetische und historiographische. Ja, seine beachtliche philosophische Vorgeschichte erlaubt immer wieder die Reflexion über das »Wesen« der »Bildung« oder der »Kultur«. Seine sozialgeschichtliche Wirkung entfaltet sich in den Niederungen bildungsbürgerlicher Praxis, was aber nicht ausschließt, daß die Begriffe von großen Denkern wie Schopenhauer, J. Burkhardt oder Nietzsche hinterfragt und reformuliert werden. Das Deutungsmuster leitet Wahrnehmungen, interpretiert Erfahrenes und motiviert Verhalten. Als in Sprache eingebautes Element der Weltdeutung kann von ihm eine soziale und eine wissenschaftliche Handlungsanbindung ausgehen. So wirkt es nicht nur im Bildungsbürgertum, sondern auch auf die Geisteswissenschaften des 19. Jahrhunderts.

Wahrscheinlich nach dem Frieden von Lunéville (1801), der dem alten Reich das linke Rheinufer nimmt, schreibt Schiller: »Abgesondert von dem politischen hat der Deutsche sich einen eigenen Werth gegründet, und wenn auch das Imperium untergienge, so bliebe die deutsche Würde unangefochten. Sie [...] wohnt in der Kultur und im Charakter der Nation, der von ihren politischen Schicksalen unabhängig ist. [...] indem das politische Reich wankt, hat sich das Geistige immer fester und vollkommener gebildet«. Weiter heißt es: »Dem, der den Geist bildet, beherrscht, muß zuletzt die Herrschaft werden [...] – und das langsamste Volk wird all die schnellen flüchtigen einhohlen«.[178] Wenige Jahre später wird das Imperium untergehen. Damit steigt die Vorstellung im Kurs, daß »abgesondert von der Politik« »Kultur« die nationale Identität garantiere. Lange vor der Reichseinigung »von oben« kommt es so zu einer symbolischen Reichseinigung aus der Mitte des Bildungsbürgertums. Der Staatsnation geht die »Kulturnation« voraus. Für den »Geist« fühlt sich das Bildungsbürgertum zuständig. In dessen Namen wird es, wie die Geschichte des Deutungsmusters zeigt, eine »kulturelle«, aber keine politische Hegemonie erringen. Die semantische Innovation des Deutungsmusters vollzieht sich in einem kurzen Zeitraum. Währenddessen wird einer hochgestimmten Intelligenz die Koalition von Absolutismus und Aufklärungspädagogik vollends fragwürdig. Währenddessen formuliert diese Intelligenz ihre Emanzipationsansprüche nicht politisch-kollektiv, sondern individuell-geistig. Dazu wird sie durch eine einmalige historische Konstellation ermuntert: durch die Reformbereitschaft einiger Herrscherhäuser, von Teilen des Adels und der Beamtenschaft angesichts der Auflösung des alten Reiches und der Siege Napoleons. Die langfristige Erfolgsgeschichte des Deutungsmusters entfaltet sich aber erst in der Geschichte einer Trägerschicht, die sich selbst als »gebildeten Stand« bezeichnet. Seine Funktionsgeschichte läßt sich nur als langfristiger Prozeß »unterhalb« der Ereignisgeschichte analysieren.

Gewiß, die Wirkung des Deutungsmusters gründet in dem Tatbestand, daß sich mit ihm Erfahrungen bündeln und Erwartungen ausdrücken lassen. Übersehen werden sollte allerdings nicht, daß Vorstellungen nur überleben, wenn sie von Institutionen verkörpert werden. Das ist beim Deutungsmuster der Fall. Erst institutionell stabilisiert kann es eine symbolische Vergesellschaftung über die Trägerschicht hinaus erzeugen. Die Verwendungsgeschichte von »Bildung« und »Kultur« zeigt, wie Individuum und Gesellschaft symbolisch vermittelt werden. Und dies auf drei Ebenen: das Deutungsmuster drückt gesellschaftliche Beziehungen aus und organisiert sie; es befestigt die soziale Identität der Trägerschicht und erlaubt Distinktionen »nach oben« und »unten«; schließlich regelt es gesellschaftliche Bewußtseins- und Wissensbestände. Das klingt nun arg abstrakt. Aber langfristige Prozesse können in ihrer Logik und Geschichtlichkeit nur mit einem erhöhten Abstraktionsgrad analysiert werden. Was allerdings nicht heißen soll, daß deren Darstellung »abstrakt« bleiben muß.

III.
Vom Humanitätspostulat zur »reaktionären
Modernisierung«. Die soziale
Verwendungsgeschichte des Deutungsmusters

1. »Bildung« und Bürgertum. Anpassung und Anspruch
während der Modernisierung »von oben«

Fremdperspektive und Selbstthematisierung:
»Bildung« als nationale Eigenheit

Erzogen in England, kommt 1882 der vierzehnjährige Harry Graf
Kessler nach Hamburg, um dort das berühmte Johanneum zu besuchen. Er nimmt Unterkunft im Hause eines streng orthodoxen
Pastors. Hier macht er, sensibilisiert durch die Fremdperspektive,
einige für uns interessante Beobachtungen: »Sehr sonderbar war
die Rolle der ›Bildung‹ im Blümerschen Haus. Wenn von jemand
gesagt wurde, er sei ›ungebildet‹, so war das so, wie wenn es in
England hieß, jemand sei ›kein Gentleman‹, es gab nichts Gering-
schätzigeres. Der Kult der Bildung hatte etwas Mystisches! Auch
insofern, als sein eigentlicher Gegenstand nicht zu fassen war und
kaum je aus einem allgemeinen Nebel hervortrat. Wir wußten nur,
daß das Ziel unserer Schulung war, uns zu ›gebildeten Menschen‹
zu machen, und die Pflicht uns daher auferlegt war, mit rastlosem
Fleiß uns Tag und Nacht zu bilden«. »Bildung«, so führt Harry
Graf Kessler aus, hat nichts mit Geschmack zu tun oder mit der
Durchbildung des Körpers. Das Blümersche Haus, »ein Spiegelbild
der Kultur des Hamburger gebildeten Mittelstandes«, erscheint
ihm geschmacklos; es nimmt »auf das Auge kaum die primitivsten
Rücksichten«. Der Sport steht, im Unterschied zu England, nicht
hoch im Kurs, geturnt wird »im Straßenanzug mit Kragen«. »Bildung war aber auch nicht Charakterbildung oder gar wie in England die innere und äußere Formung eines Menschen im Hinblick

auf einen Zweck, das heißt zum selbständigen Träger politischer und nationaler Ziele. Die deutsche ›Bildung‹ war im Prinzip ›allgemein‹ und sollte auf alles vorbereiten; der deutsche Gebildete glich einem Gegenstand, der tausend verschiedenen und auch entgegengesetzten Zwecken dienen kann; ihm fehlte die harte und schöne Linie des einem Zweck vollendet angepaßten Organs«.[1]

Bei Kessler erscheint England als Maßstab der Kritik. Bei dem Philosophen Friedrich Albert Lange hingegen gerät es zu deren Objekt. Für ihn ist das Inselreich der Ort eines praktischen Materialismus des Erwerbs, der sorgenlosen Genußfähigkeit und geistigen Passivität. Das hat zunächst nichts mit einer pauschalen Ablehnung von Naturwissenschaften, Technik und Gewerbe zu tun, wohl aber mit dem Rückgriff auf einen, vermeintlich höheren, »idealen Zug« der Deutschen. Auch bei ihnen macht Lange in den sechziger Jahren materielle Fortschritte aus. Die Naturwissenschaften, insbesondere die Chemie, werden praktisch. Deren nutzvolle Resultate begrüßt der Philosoph ebenso wie die Gewerbefreiheit. Aber damit dürfe man sich nicht begnügen, geht es doch um »ein Nachdenken über den Zusammenhang der Erscheinungen und über die Widersprüche in Erfahrung und Überlieferung«. Deshalb könne sich Deutschland dem Materialismus niemals völlig hingeben. Schließlich ergreifen hier, so Lange leicht ironisch, Chemiker und Physiker »die Kelle der Metaphysik. Deutschland ist das einzige Land der Erde, in welchem der Apotheker kein Rezept anfertigen kann, ohne sich des Zusammenhangs seiner Tätigkeit mit dem Bestand des Universums bewußt zu sein«.[2]

Offensichtlich bewerten beide »Bildung« unterschiedlich. Was Kessler als Unbestimmtheit der »Bildung« und Mangel an politischer Selbständigkeit ablehnt, das wird von Lange als Erhebung über den Bereich des Materiellen und als Fähigkeit, Zusammenhänge zu denken, hochgeschätzt. Lange meint damit nicht den nüchternen Blick auf gesellschaftliche Zusammenhänge, auf die »Welt«, sondern etwas »Höheres«, gleichsam philosophisches, nämlich das »Universum«. Damit ist, in der Tradition des deutschen Idealismus, eine kritische Distanz zum Pragmatismus des Alltagslebens, zur politischen und ökonomischen Entwicklung der Gesellschaft ebenso angesprochen wie eine Hochschätzung philosophischer Besinnung. Offensichtlich soll diese Denkform auch nach der Verabschiedung der idealistischen Systeme über die bürgerlich-professionelle Erfahrung hinaus eine Art Totalsinn erschließen. Die Bedürfnisanforderungen der Wirklichkeit werden keineswegs ignoriert, doch geraten sie durch das Deutungsmuster in den Status des Zweitrangigen und Zeitgebundenen. Ob Chemiker und Physiker »wirklich« »die Kelle der Metaphysik« ergreifen, ob Apotheker beim Anfertigen von Rezepten »wirklich« ans »Universum« denken, ist hier von nachgeordneter Bedeutung. Denkwürdig ist hingegen jene von Lange behauptete Differenz zum westeuropäischen Denken wie die für das Deutungsmuster kennzeichnende Abstufung zwischen dem bürgerlich-politisch-sozialen Leben und dem geistigen Leben, hier insbesondere der Philosophie. Bei dem deutschen Philosophieprofessor zeigt sich, deshalb wurde er hier erwähnt, eine repräsentative Selbstthematisierung des Deutungsmusters. Bei dem Gymnasiasten aus England deutet sich hingegen die Logik seiner Verwendung an, etwa seine sozial-reputative oder auch politisch-defizitäre Funktion.

Festzuhalten bleibt: In der Fremdperspektive wie in der Selbstthematisierung wird deutlich, daß über den Bildungsbegriff nationale Eigenheiten bestimmt werden. Der »gebildete Mittelstand« Deutschlands erscheint so, gemessen am Vorbild des englischen Gentleman, als versponnen-»bildungsbeflissen«, wenig geschmackssicher und politisch unselbständig. Andererseits erscheint England, in der deutschen Spätaufklärung noch als Zentrum der »Kultur« bewundert,[3] jetzt als Zentrum eines »Materialismus«, der eindeutig negativ ausgewiesen ist, auch weil dieser die Gesellschaft in Besitzende und Proletarier aufspaltet und einen »zersplitternden Egoismus«, »eine ertötende Kälte« befördert. Solche Tendenzen sieht Lange auch in Deutschland, doch hofft er hier auf eine »rechtzeitige Überwindung des Materialismus« durch einen »neuen Idealismus«, durch »die höchste Erhebung über die Wirklichkeit«, durch eine neue »gemeinschaftstiftende Religion ohne Amtskirche und überholte Dogmen«. Wenn von einer »höheren sittlichen Kultur« die Rede ist, wenn »Wissenschaft und Kunst« den »Fortschritt der Kultur« erzeugen, dann ist unschwer die Wirkung unseres Deutungsmusters zu erkennen. Darüber hinaus weist Langes Neo-Idealismus in eine verhängnisvolle »semantische Zukunft«. Damit ist zum einen ein Sonderwegbewußtsein gemeint, das für Deutsch-

land die »Kultur« reklamiert und England, diese hochindustriali-
sierte und weiter entwickelte Nation, mit Begriffen wie »Materialismus«, »egoistischer Utilitarismus«, »Positivismus« oder »Pragmatismus« abwerten will.[4] (Während des 1. Weltkriegs, den die
Mandarine des Bildungsbürgertums ja auch als »Kulturkrieg« adeln
wollen, wird dieses freundliche Selbstbild und unfreundliche
Fremdbild propagandistisch verstärkt). Das meint zum anderen
jene Neigung, die Erscheinungen der modernen, kapitalistischen
Gesellschaft letztlich als geistige Probleme zu behandeln und mit
dem Rückgriff auf alte Ideale zu lösen. Dabei erweisen sich »Bildung« und »Kultur« als ebenso unzeitgemäß wie zählebig. Das soll
hier zunächst nur angedeutet werden. Immerhin veranschaulichen
die beiden unterschiedlichen Gewährsleute, der Gymnasialschüler
aus England und der neukantianische Philosoph, die Wirkung unseres Deutungsmusters, seine soziale Verbreitung wie seine hohe
Anerkennung; aber auch seine Unbestimmtheit. Was »Bildung« ist,
bleibt unklar. Deutlicher wird schon, was sie nicht ist, nämlich
zweckorientiertes Leistungswissen.

Bisher war vorrangig von einer semantischen Innovation die Rede,
vom Aufkommen spezifisch deutscher Begriffe und ihrer Verknüpfung zu einem Deutungsmuster. Im Zentrum stand nicht jene
(achtbare) begriffsgeschichtliche Praxis, wie sie eine Philosophiegeschichte betreibt, die nach der binnentheoretischen Logik der
»Begriffe« fragt und sich dabei nicht um die prallen und variablen
Sinnhorizonte der sozialen Verwendungsgeschichte kümmert.
Diese Philosophiegeschichte kann den Erfolg bestimmter »Begriffe« nur in der Theorie festmachen, die so, abgeschnitten von
ihren gesellschaftlichen Voraussetzungen, ein seltsames Eigenleben
gewinnen. Geht es aber, wie einleitend schon ausgeführt, um den
Zusammenhang von sprachlicher Repräsentation und historischer
Konstellation, um Begriffe als Indikatoren und Faktoren des histo-
risch-sozialen Prozesses, dann ist die Geschichte der großen Gedanken nur insoweit von Interesse, wie sie auf jene in Sprache
eingebauten Relevanzstrukturen einwirkt. Deshalb wurden ja die
großen Denker des deutschen Idealismus erwähnt. Deshalb wurden aber auch jene philosophisch gebildeten Praktiker, jene neuhumanistischen Pädagogen, Professoren und Schulmänner vorgestellt, die mit ihren Konzepten von »Bildung« und »Kultur« die

Aufklärungspädagogik abdrängten und damit eine entscheidende
Umschichtung im geistigen Erfahrungskapital der deutschen Intelligenz, und schließlich auch des Bildungsbürgertums, einleiteten.
Insofern umfaßt die Geschichte des Deutungsmusters die großartigen Konzepte des deutschen Idealismus, d. h. das, was später
»Bildungsphilosophie« genannt wird, ebenso wie eine eher biedere
»Schulmännerpädagogik«. Vorrangig aber geht es darum, die besondere historische Konstellation auszumachen, in der das Deutungsmuster in eine soziale und politische Funktion einrückt. In
dieser Funktion entfalten unsere Begriffe ihre geschichtliche
Macht. Dabei soll nicht jener Widerspruch zwischen den hochgestimmten, philosophisch imprägnierten Konzepten und einer Logik der Verwendung übersehen werden, der dazu führt, daß die
hehren Ziele des Bildungsideals verfehlt werden, und der schließlich zur Modernisierungskrise des deutschen Bildungsbürgertums
beiträgt; einer Krise, die von den deutschen Mandarinen auch
durch eine verstärkte Reflexion über die Begriffe beantwortet werden wird.

Das »Bildungsideal« paßt in die Zeit: seine institutionelle
Stabilisierung während der Reformära

Der Blick auf die semantische Lage um 1800 zeigte, daß sich »Bildung« und »Kultur« gegenüber »Erziehung« und »Aufklärung«
durchsetzen. Und das in verschiedenen Diskursen. Beide Begriffe
werden nun miteinander verknüpft. Indem ihr Bedeutungsumfang
schrumpft und ihr Bedeutungsinhalt komplexer wird, drängen sie
den weiten Kulturbegriff der Aufklärung ab; häufig durch aufwer-
tende oder abwertende Adjektive – dann ist von der »niederen«
oder »höheren« »Kultur« die Rede –, oder dadurch, daß auch
schon bezeichnungsfester zwischen »Kultur« und »Zivilisation«
funktional abgestuft wird.[5] In dieser Abkoppelung von der westeuropäischen Semantik besteht ja die spezifisch deutsche semantische Innovation.
Jeder soll sich aus sich selbst und um seiner selbst willen frei entfalten. Das ist ein individualistisches und emanzipatorisches Programm, das den einzelnen ohne offene politische Machtansprüche

von den Zwängen des absolutistischen Rechts- und Sozialmodells, von den Ansprüchen des Staates an die Staatsuntertanen unter Berufung auf allgemeine Wohlfahrt und Glückseligkeit befreien will. Von daher die Polemik gegen Nützlichkeit und äußere Zwecke im Namen der sich entfaltenden Individualität. Schon früh lassen sich aber auch elitäre Ansprüche ausmachen, etwa wenn die durch »Bildung« Legitimierten zu »Priestern der Vernunft« (Niethammer) geweiht werden und sich als »Geistesaristokraten« verstehen. Schon früh werden im Namen der »Bildung« soziale Ansprüche geltend gemacht, etwa wenn sie den Zugang zum höheren Staatsdienst regeln soll und mit ihr Privilegien gefordert werden.[6] Hinzu kommen die mit dem Deutungsmuster verbundene Abwertung des politisch-ökonomischen Materialfeldes, der Verzicht auf offene politische Konzepte und die eher kompensatorische Bestimmung von »Bildung« und »Kultur« als individuelle und nationale Identitätsgaranten. Unter diesen Vorzeichen könnte, ausgehend von W. v. Humboldt, die Geschichte unserer Begriffe auf den Nationalsozialismus ausgerichtet werden. Aus dieser Sicht lägen Wurzeln des Sonderwegs zum Terrorstaat im deutschen Bildungsideal, d. h. auch in der Abwendung von allem Politisch-Öffentlichen, in der Kultivierung privater Tugenden wie in der Anerkennung vorgefundener Autoritäten.[7] Eine solche Teleologie mag geistesgeschichtlich erwägenswert sein, historiographisch ist sie allerdings wenig aufschlußreich. Denn sie überschätzt nicht nur die Macht der Gedanken, sondern sie unterschätzt auch den komplizierten Zusammenhang von Anpassung und Anspruch, von Modernisierungsfunktion und Modernisierungskrise. Kurzum, sie wird der widersprüchlichen Verwendungsgeschichte des Deutungsmusters wie auch der widersprüchlichen Geschichte seiner Trägerschicht, des Bildungsbürgertums, nicht gerecht. Und sie verkennt auch den emanzipatorischen und egalisierenden Anspruch des Bildungsideals. Schließlich soll »Bildung« in den Entwürfen der Neuhumanisten den Menschen zur Mündigkeit führen, soll ihn versittlichen und zur praktischen Bewältigung der Welt befähigen. Das Ziel der »Bildung«, so Friedrich Ast, bestehe darin, »die innere geistige Einheit zu einer öffentlichen zu erhöhen«. Schließlich richtet sie sich gegen eine standesbezogene Erziehung und arbeitsteilige Berufsausbildung. »Jeder individuelle Mensch«, heißt es bei Schiller, »trägt den

rein idealischen in sich«. Humboldt will, daß »auch der Aermste«
eine »vollständige Menschenbildung« erhalte. Für Görres soll »die
Pairstelle der Bildung einer immer größeren Zahl von Individuen
zugeteilt werden«. Für Schleiermacher z. B. trägt jeder Mensch »die
Idee der Wissenschaft in seinem Innern«.

Das Bildungsideal läßt sich also nicht auf einen Nenner bringen.
Zweifellos zeigt es gegenüber der Spätaufklärung einen umfassenden Wandel des Bildes vom Menschen an. In ihm bündeln sich die
Erfahrungen und Erwartungen einer Intelligenz, die sich, philosophisch geschult und problembewußt, den politischen Verhältnissen
anpaßt und zugleich ihre Ansprüche formulieren will.[8] Konzeptuell ist es weder sozial noch politisch festgelegt. Es bleibt ja, durchaus noch in der Tradition der Aufklärung, auf »Menschheit« und
»Humanität« bezogen. Im Pathos des Allgemeinen können allerdings partikulare Interessen einen harmonischen Klang erhalten.
Das ist eine Voraussetzung für die Wirkung des Deutungsmusters
über das Bildungsbürgertum hinaus. Deshalb kann sich ja auch
Karl Liebknecht während der Wahlrechtsdebatte auf »Bildung«
und »Kultur« berufen. Konzeptuell bleibt das Deutungsmuster
durch seine Rückbindung an die »Bildungsphilosophie« offen, in
seiner sozialen Verwendungsgeschichte aber kann es als der zentrale semantische Aktivposten zur Herstellung »kultureller Hegemonie« des Bildungsbürgertums gelten.

Wie aber rückt das Deutungsmuster in eine soziale und politische
Funktion ein? Auf dem Weg von den großen Ideen zur Wirkungsgeschichte, so wurde behauptet, bildet der Synkretismus eine entscheidende Voraussetzung. Damit ist sein vor- und nachwissenschaft-
licher Charakter gemeint wie auch der Tatbestand, daß es von unterschiedlichen Entwürfen geprägt ist; von Herder und Kant, von den
Denkern des deutschen Idealismus und den Neuhumanisten, von
den Weimarer Klassikern wie von den Romantikern. Sie alle durch-
denken das Verhältnis von Individualität und Selbstverwirklichung,
von Ich und Welt im Medium unserer Begriffe, die damit allerdings
keine festen terminologischen Konturen erhalten. Nochmals: Mit
der semantischen Unbestimmtheit erhöht sich die kommunikative
Wirkung. »Bildung« und »Kultur« sind nach 1800 erfolgreich kon-
zeptualisiert, sie können sich aber als Deutungsmuster erst sozial
folgenreich durch ihre institutionelle Ausformung entfalten.

Mit Arnold Gehlen wird hier angenommen, daß Ideen oder Vorstellungen sozial wirkungsvoll nur überleben, wenn Institutionen
sie verkörpern. Denn durch diese werden langfristig Bewußtseinsformen gedeutet und definiert wie auch Handlungsformen verstärkt und stabilisiert.[9] Die Institutionalisierung vollzieht sich als
Zusammenspiel verschiedener Elemente; in ihr bündeln sich langfristig präsente Reformmentalitäten, ereignisgeschichtlich bedingte
Reformmöglichkeiten und Interessensüberschneidungen, schließlich ein ideatives, zwecksetzendes Bewußtsein und staatliche Ver-
waltungsmaßnahmen. Die Institutionalisierung des Deutungsmusters findet im Zeitalter der napoleonischen Herrschaft statt, die
zugleich auch das Zeitalter der großen Reformen ist, in Preußen
wie in den Rheinbundstaaten. Diese Reformen können als Antwort
auf die Herausforderungen der Revolution verstanden werden, als
eine »defensive Modernisierung«, in der die alte Ordnung durch
Reformen »von oben« gegen die Revolution »von unten« gefestigt
werden soll. »Modernisierung« meint hier eine produktive Reaktion auf den Druck von innen und außen; den Aufbau einer
effizienten Verwaltung, die angestrebte ökonomische und soziale
Emanzipation rechtsgleicher Eigentümer und eine in Aussicht gestellte Verfassung. Ziel ist, wie es in Hardenbergs *Rigaer Denkschrift* (1807) heißt, eine »Revolution im guten Sinn, gerade
hinführend zu dem großen Zwecke der Veredelung der Menschheit, durch Weisheit der Regierung und nicht durch gewaltsame
Impulsion von innen und außen«. Die unterschiedlichen und widersprüchlichen Resultate, der zählebige Widerstand alter Institutionen und Interessengruppen sollte allerdings nicht unterschätzt
werden. Die hochgestimmten Konzepte der Reformära, für die Politiker wie Hardenberg in Preußen, Montgelas in Bayern und
Reitzenstein in Baden stehen, stoßen bei ihrer Durchsetzung auf
mannigfache Schwierigkeiten. Durch die Reformen wird der bürokratische Obrigkeitsstaat keineswegs entmachtet, wohl aber ent-
rümpelt. Zudem läßt sich nach dem Ende der Reformära, Anfang
der 1820er Jahre, eine erneuerte Allianz zwischen den Monarchen
und dem Adel ausmachen, die allerdings – darin äußert sich der
neue Sachzwang ausgeweiteter Staatsfunktionen – mit einer erstarkten Bürokratie rechnen muß. Hervorzuheben bleibt, daß,
insbesondere in Preußen, im Zusammenhang mit der beabsichtig-

ten Erneuerung von Staat und Gesellschaft bildungsreformerische
Impulse freigesetzt werden, die ihre konzeptionelle Kraft vom
neuen Bildungsideal beziehen. Ob Friedrich Wilhelm III. nach der
Niederlage von Jena und Auerstedt nun wirklich die Maxime
prägte, »der Staat muß durch geistige Kräfte ersetzen, was er an
physischen verloren hat«, sei dahingestellt. Jedenfalls steigt mit
dem Schock der Niederlage die Vorstellung im Kurs, eine neue Gesinnung, eine Erneuerung der Menschen sei nötig. Hegels *Gymnasialrede* (1807) enthält den Hinweis, daß »ein neuerer Staat« wegen
der Orientierung am bloß »Nützlichen« zusammengebrochen sei,
weil er es vernachlässigt oder verachtet habe, einen »inneren Hintergrund« in der Seele seiner Angehörigen auszubauen. In der
Betonung der Einzelperson und ihrer moralischen Gesinnung at-
met noch der Geist des Protestantismus, jene säkularisierte, plastische Religiosität, die dem Individuum eine hohe moralische
Eigenverantwortung zuspricht. Zugleich aber verbindet sie sich mit
dem Bildungsideal, wie es vorrangig der Neuhumanismus formuliert hat. Auch deshalb gewinnt »Bildung« innerhalb der preußischen Reformen einen zentralen Stellenwert.
In dieser historischen Situation des Reformdrucks von innen und
außen kommt es zu Überschneidungen zwischen den Interessen
der Intelligenz und denen der reformbereiten politischen Eliten,
d. h. vorrangig der höheren Beamten; Überschneidungen, so sollte
hinzugefügt werden, in denen sich auch unterschiedlich gestaffelte
Traditionen ausmachen lassen. Das Menetekel der Französischen
Revolution und die Erfolge Napoleons, die Auflösung des alten
Reiches und die Niederlage Preußens offenbaren die Grenzen des
absolutistischen Systems. Sicherlich, schon im ausgehenden
18. Jahrhundert gibt es Gemeinsamkeiten zwischen einer staats-
orientierten aufgeklärten Herrschaftstheorie und der frühliberalen
Lehre einer »bürgerlichen Gesellschaft«. Das betrifft besonders
den Bereich der Rechtspolitik, wo das Interesse an einem rationalistisch konzipierten, einheitlichen Rechtskodex sich mit dem Interesse, den Staat an Recht und Gesetz zu binden, berührt. Das
preußische *Allgemeine Landrecht* von 1794 zeigt allerdings in seiner Ambivalenz zwischen neuen rechtsstaatlichen Tendenzen und
der Festschreibung einer ständisch-regionalen Ordnung die Zähigkeit der alten Verhältnisse. Die Reformer sind in dieser Periode der

gefährdeten Sekurität des Ancien Régime noch zu schwach, um bei der Obrigkeit Gehör zu finden. Und diese fühlt sich noch zu stark, um den Forderungen der Reformer nachzugeben. Die Klagen eines Winckelmann oder Lessing über die absolutistische Willkürherrschaft, die Vorstellung von dem »reaktionären« Preußen sollten uns nicht übersehen lassen, daß dieses Land den Zeitgenossen, wohlgemerkt im Vergleich mit anderen Ländern, als gut regiert, effizient verwaltet und weniger korrupt erscheint. Erst mit der Revolution und ihren Folgen erhöht sich der Reformdruck und damit die Chance der Reformer.

Allerdings findet das neue Bildungsideal ein breites mentales Fundament vor, auf dem es sich wirkungsmächtig aufbauen kann, nämlich die Vorstellung von der Erziehbarkeit des Menschen und der Reformfähigkeit des Staates. Das gehört zum semantischen Grundbestand der deutschen Aufklärung. Aber nach der Revolution und im mahnenden Bezug auf sie wird dieser Zusammenhang in der Hoffnung auf den »aufgeklärten Regenten« nachdrücklicher betont. »Aufklärung zeigt dem Regenten«, so ein Zeitgenosse, »den einzig möglichen Weg, auf dem gewaltsamen Revolutionen vorgebeugt werden kann, nämlich: im gleichen Schritt mit der Kultur der Nationen mithalten«.[10]

Erst mit dem Bildungsideal wird die Koalition zwischen Aufklärung und Absolutismus aufgekündigt. Wir erinnern uns: auch W. v. Humboldt schreibt aus einer Reformperspektive, wenn er die Revolution »durch fortschreitende Bildung« verhindern will. Doch enthält seine Vorstellung von »Bildung«, im Gegensatz zum Erziehungskonzept der Aufklärung, ein anderes, zukunftsweisendes politisches Bezugssystem, das jedoch nicht verfassungsrechtlich entfaltet, sondern »bildungsindividualistisch« ausgedeutet wird. Er verbindet »Bildung« mit »Freiheit« und möchte so den Umfang der Wirksamkeit des Staates begrenzen. Das richtet sich gegen den absolutistischen Staat, gegen dessen »plenitudo potestatis« unter Berufung auf die allgemeine Glückseligkeit; und es kann als Beitrag für eine moderne frühliberale Staatsauffassung gelesen werden, die für eine Trennung zwischen Staat und Gesellschaft plädiert und den Staat nur noch als rechtlich-politischen Repräsentanten der »bürgerlichen Gesellschaft« gelten läßt: der Staat soll demnach nicht das Glück befördern, sondern das Übel verhindern. Die überlegene

Macht des Staates hemme das »freie Spiel der Kräfte«. So wird mit der Vorstellung von »Bildung« und »Freiheit« nicht nur die staatsorientierte Erziehung zum nützlichen Untertanen abgelehnt, sondern auch ein autoharmonisches Modell von Gesellschaft angedeutet, für das im ökonomischen Denken der Zeit Adam Smith steht. So wie der Philanthropismus auf den absolutistischen Verwaltungsstaat bezogen bleibt, so bezieht sich das neuhumanistische Bildungsideal auf eine neue Gesellschaft, oder besser gesagt: auf ein frühliberales Gesellschaftsmodell der ökonomischen Autoharmonie und des politischen Konstitutionalismus. Damit wird auch eine überraschende Parallele in der Semantik der »gebildeten Stände« und hohen Beamten verständlich. Mit dem Aufkommen des Bildungsideals wandeln sich etwa zur gleichen Zeit die Vorstellungen über die Wirtschafts- und Finanzpolitik. In der deutschen Führungsschicht, insbesondere bei den reformbereiten höheren Beamten, findet *Wealth of Nations* (1776), das Hauptwerk des schottischen Philosophen und Ökonomen Adam Smith, einen großen Anklang.[11] Hardenberg, Stein oder etwa Hufeland sind von Smith beeinflußt. Dessen Polemik gegen altständische Rechte und eine merkantilistische Wirtschaftspolitik und dessen Votum für Handelsfreiheit, Tauschgesellschaft und Arbeitsteilung prägen die Reformpolitik der Gewerbefreiheit. In Preußen werden an Smith geschulte Beamte versuchen, alle Bewohner des Staates in eine größtmögliche wirtschaftliche Selbständigkeit zu überführen. Nach der militärischen Niederlage drängen zudem die hohen finanziellen Forderungen Frankreichs zu einem ökonomischen Umdenken. Der Eigennutz soll jetzt nicht mehr durch eine monopolistische Wirtschaftspolitik zur staatlich geregelten Beschränkung führen. Vielmehr soll, so will es jedenfalls der Wirtschaftsliberalismus der reformbereiten Beamten, das Eigeninteresse, befreit von ständischen und merkantilistischen Auflagen, den volkswirtschaftlichen Wohlstand erhöhen. Als es an der neugegründeten Berliner Universität zu einem Streit über die kameralistische Professur kommt, setzt sich W. v. Humboldt so für einen Smithianer ein und stimmt gegen die Besetzung des Lehrstuhls mit Adam Müller, einem Gegner der Reformen.[12] Das mag auf den ersten Blick überraschen, wertet doch gerade der Neuhumanismus im Namen der »höheren Kultur« den ökonomischen Bereich als »blosse Kultur«

ab, und dies auch schon mit der Bezeichnung »Zivilisation«.
W. v. Humboldts Eintreten für den Smithianer und Krausschüler
Johann Gottfried Hoffmann kann zunächst als ein allgemeines Votum für die Reformpartei und gegen die Reformgegner verstanden
werden. Da ist aber auch eine unterschwellige Gemeinsamkeit zwischen dem Bildungsideal und dem Ideal der Gewerbefreiheit auszumachen. So grenzt der Neuhumanismus die Welt des Ökonomischen zwar aus, doch er teilt mit dem Wirtschaftsliberalismus die
Vorstellung eines autonomen Individuums; ein Individuum, das in
geistiger wie materieller Hinsicht frei von alten Bindungen selbst-
verantwortlich handelt.[13]
Versteht man den Liberalismus als Verfassungsbewegung, so wird
eine für unser Deutungsmuster charakteristische politische Abstinenz deutlich. Die emanzipatorische und egalisierende Vorstellung
einer sich bildenden Individualität führt nicht zu Vorstellungen
über die politische Verfassung der sich bildenden Individualitäten.
Das Bildungsideal konzipiert, wie bereits ausgeführt, die Menschheit nur im Individuum und schmälert den Weltbezug des Bildungssubjekts, auch wenn es vom autonomen Individuum verlangt, die Welt sich selbst einzuverwandeln. Es geht davon aus, daß
in jedem Menschen die Anlage zum idealen Menschen zu finden ist,
doch überspringt es dabei sozusagen den Citoyen wie den Wirtschaftsbürger. Mit ihm lassen sich Arbeit und Gesellschaft nicht
denken, obwohl es sich auf die Arbeitsteilung, auf die Abrichtung
des Menschen zur Nützlichkeit für den absolutistischen Maschinenstaat oder die bürgerlichen Gewerbe kritisch bezieht.[14] Offensichtlich ist das Ideal des »reinen Menschen« erhaben über den
konkreten gesellschaftlichen Menschen. Während die Aufklärung
noch die staatlich-gesellschaftliche Situation der Erziehung mit-
reflektiert, wird diese Situation vom Konzept der »allgemeinen Bildung« in der Abstraktion des idealen Menschen verflüchtigt; ohne
allerdings damit das Fernziel einer politischen Veränderung aus den
Augen zu verlieren. Es wird nur zurückgestellt, soll doch über den
»gebildeten Menschen«, wie Schiller in der *Ästhetischen Erziehung*
schreibt, die »Freiheit« erreicht werden. Insofern bleibt das Deutungsmuster für die politischen Forderungen des Liberalismus offen, auch wenn es keine politischen Forderungen enthält. Die verbreitete Vorstellung – keiner hat sie brillanter als Thomas Mann for-

muliert –, dem deutschen Bildungsbegriff fehle das politische Element, mag in die *Betrachtungen eines Unpolitischen* passen; ja sie kann sich »buchstabengetreu« auf die großen Entwürfe der philosophischen Stichwortgeber wie auf die Geschichte des Deutungsmusters seit dem späten 19. Jahrhundert berufen. Sie verkennt aber das nicht ausgesprochene, aber immer angesprochene politische Ziel »bürgerliche Freiheiten« wie die politische Wirkung des Deutungsmusters im deutschen Liberalismus, in dem das Ideal der personalen Selbstbestimmung in Verfassungsforderungen eingeht. Darüber wird später noch zu reden sein. Das Deutungsmuster ist jedenfalls politisch offen und anschlußfähig. Weit über 1848 hinaus werden mit ihm antiständische, liberale Positionen verknüpft. Auf »Bildung« und »Kultur« werden sich auch Sozialdemokraten berufen.

Zugleich aber läßt sich besonders seit dem Ende des 19. Jahrhunderts eine Ablehnung der modernen bürgerlich-kapitalistischen Gesellschaft ausmachen, indem Arbeitsteilung, Leistungswissen und politische Partizipationswünsche im Namen der »Bildung« und der »Kultur« kritisiert werden. Die Dialektik von Modernisierungsfunktion und Modernisierungskrise entfaltet sich nicht keimhaft aus bestimmten Vorstellungen, sondern im Verlauf der deutschen Geschichte, d. h. in den Hoffnungen der Reformzeit, den Ernüchterungen der Restaurationsphase, der politischen Niederlage der 48er Revolution, schließlich der Reichseinigung »von oben« und der forcierten Industrialisierung. Insofern gibt es keine immanente semantische Logik »von Beginn an«. Allerdings sind im Deutungsmuster Wissensformen und Verhaltensweisen angelegt, die mit der Ökonomie und der Politik entscheidende Bereiche der Modernisierung abwerten bzw. »zurückstellen«. Solange die »bürgerliche Gesellschaft« unter Berufung auf das sittliche und selbsttätige Individuum Ziel bleibt, bereitet das für das geistige Erfahrungskapital des Bildungsbürgertums keine Probleme. Deshalb kann das Deutungsmuster seine Modernisierungsfunktion im Übergang von der (alt)ständischen zur bürgerlich-kapitalistischen Gesellschaft entfalten. Deren Realität bedeutet allerdings nicht die Realisierung der Ziele. Damit erhöhen sich die Spannungen zwischen dem Deutungsmuster und den neuen Wirklichkeiten. Die Verknüpfung zwischen »Bildung« und »Kultur« wie die funktionale Abstufung zwischen »Kultur« und »Zivilisation« verleiteten

gegenüber der Industrialisierung und kapitalistischer Vergesellschaftung zu Wertungen, die mit Vorstellungen von gestern das
Heute ablehnen: ein regressiver Antikapitalismus beruft sich auf
die »Kultur«, eine forcierte Ablehnung demokratischer Partizipation auf die »Bildung des Individuums«. Es ist daher kein Zufall,
daß gegen Ende des 19. Jahrhunderts »Zivilisation« all dies schlagwortartig bündelt, was den hehren Vorstellungen von »Bildung«
und »Kultur« nicht entspricht. Jedenfalls enthält das Deutungsmuster zunächst keine bestimmte politische Option, wohl aber den
Verweis auf ein modernes politisches Bezugssystem: die Trennung
von Staat und Gesellschaft unter Berufung auf das autonome Individuum. Allerdings grenzt es Politik und Ökonomie weitgehend
aus, ja es macht sogar das Feld frei für den »Materialismus« des
Wirtschaftsbürgertums. Einer Praxis, mit der die soziale Stellung
des Bildungsbürgertums ökonomisch unterminiert wird und deren
Resultate mit dem Deutungsmuster nicht mehr realitätsgerecht verarbeitet werden können. So ist schon in der spezifisch deutschen
semantischen Innovation ein gelockerter Realkontakt angelegt. Das
Deutungsmuster wirkt präskriptiv, nicht deskriptiv; es erschwert
nötige Einstellungsveränderungen und wird auf die industrielle
Moderne nur noch selbstreflexiv mit alten Vorstellungen reagieren.
In Westeuropa hingegen wird »civilisation« nicht auf das Individuum, sondern auf Völker und Nationen bezogen, umfaßt der
Begriff alle Lebensbereiche, materielle und geistige. Die damit verbundene verbreitete Vorstellung von der Geschichte als der Geschichte fortschreitender Freiheit mag philosophisch-problembewußt als seichter Fortschrittsglaube abgetan werden, doch sie
repräsentiert semantisch die bestehende und sich wandelnde »bürgerliche Gesellschaft«. Damit bleibt, wie noch zu zeigen, das
geistige Erfahrungskapital der westeuropäischen Intelligenz offener für gesellschaftlichen Wandel. So kann frz. »civilisation« eine
deskriptiv-neutrale oder eine normativ-ideale Bedeutung erhalten,
kann zur Zivilisationskritik oder zur Kritik im Namen der Zivilisation gebraucht werden, kann den Unzivilisierten, Barbaren oder
weniger Zivilisierten verurteilen.[15] In der Regel verweist der Begriff, positiv bewertet, auf die Vervollkommnung gesellschaftlicher
Beziehungen und materieller Ressourcen. Auch er ist keineswegs
immun gegen chauvinistische Aufladungen. Mit ihm kann Frank-

reich als Hort der »civilisation« herausgestellt werden, während Deutschland dem Verdacht der Barbarei ausgesetzt wird. Allerdings läßt sich das Deutungsmuster, im Unterschied zu »civilisation«, keineswegs auf eine politisch und ökonomisch begriffene »societas civilis« rückbeziehen. Gegenüber der Moderne sensibilisiert und desorientiert es. Nicht ohne Grund wird sich in der »Kulturkritik« ein verbreitetes Unbehagen an der kapitalistischen Moderne äußern.

Aber das Deutungsmuster kann in der Reformära die hochgesteigerten Individuierungsansprüche einer politisch handlungsgehemmten Intelligenz an einen reformbereiten Obrigkeitsstaat zum Ausdruck bringen. Mit »Bildung« und »Kultur« paßt sich die Intelligenz den politischen Gegebenheiten an und formuliert zugleich ihre Ansprüche, die auch die Ansprüche einer größeren und rasch wachsenden Schicht, des Bildungsbürgertums, sind. Mit den Begriffen kann Gedankenfreiheit und zweckfreie Selbsttätigkeit, kann ein geistiger und sozialer Führungsanspruch gefordert werden. Was ideengeschichtlich als zeitloser Anspruch auf die Autonomie und Versittlichung herausgestellt werden kann, erscheint, soziologisch gesehen, als ein Versuch philosophisch gebildeter Stichwortgeber und Praktiker, die Reformphase für die institutionelle Durchsetzung des Bildungsideals zu nutzen, es mit moralischem Absolutheitsanspruch zu einer sozial anerkannten Bewußtseins- und Verhaltensform zu machen.

Dabei operieren sie äußerst geschickt. Ganz allgemein kann gesagt werden, daß die Auflösung der ständischen Gesellschaft von der Intelligenz als offener Raum für die Emanzipationsentwürfe genutzt wird, daß zugleich aber die Macht des Obrigkeitsstaates, entsprechend der Reformperspektive, respektiert, wenngleich nicht legitimiert wird. Neben dem Synkretismus ist so der metapolitische Charakter eine Voraussetzung für die Institutionalisierung. Mit Arnold Gehlen könnte das Deutungsmuster als eine Art »ideatives Bewußtsein« charakterisiert werden, ein Bewußtsein, das vor- und nachwissenschaftlich Endzwecke setzen und somit die Gründung von Institutionen vorantreiben kann. Der »gebildete Mensch«, der selbsttätig und innengeleitet an seiner sittlichen Vervollkommnung arbeitet, ist ein solcher Endzweck. Zum Komplex des ideativen Bewußtseins zählen auch feste Vorstellungen über die »Bildungsanstalten« und die »Bildungsmittel«.[16] Im Deutungsmuster sind nicht nur ältere semantische Traditionen aufgehoben, in ihm überschneiden sich nicht nur die Interessen der Intelligenz und der reformbereiten Eliten, es wird auch in wenigen Jahren kommunikativ-hegemonial. Selbst königlich-preußische Minister übernehmen die neuen Begriffe. So schreibt der Minister Dohna im Januar 1809 an W. v. Humboldt, kurz bevor dieser seine Tätigkeit als »Chef der Sectionen für den Cultus, öffentlichen Unterricht und das Medizinal-Wesen« übernimmt, er freue sich, daß Humboldt diesen wichtigen Posten annehme und dadurch »den Wunsch des teuren deutschen Vaterlandes und all derer, welche sich auch im fernen Auslande mit heiliger Wärme und Gründlichkeit für die höhere Bildung der Menschheit, für Wissenschaft und Kunst, interessieren, erfüllen« werde.[17]

Besonders nach der vernichtenden und aufrüttelnden Niederlage gegen die Franzosen wird der »ideative Charakter« des Bildungs-ideals deutlicher herausgestellt – und dies bezeichnenderweise in einem Kommunikationsmedium, das sich nicht an eine bürgerliche Öffentlichkeit, sondern an die Staatsverwaltung richtet; mit der berechtigten Hoffnung, das neue Bildungsideal eigne sich als konzeptive Grundlage für die neuen »Bildungsanstalten«. Deshalb richten u. a. Wolf, Fichte, Schleiermacher, W. v. Humboldt und Hegel Denkschriften an die preußische Regierung und deren Vertreter.[18]

Dabei wandelt sich das Bildungsideal, entlastet von ausführlichen philosophischen oder pädagogischen Begründungen, zu einem praxisnahen »Bildungskonzept«, das dafür aber stärker auf die historische Situation und die erhoffte institutionelle Umsetzung ausgerichtet wird. So schreibt F. A. Wolf an den preußischen Kabinettsrat und Chef des königlichen Zivilkabinetts Karl Friedrich von Beyme: »Besonders nach einem so zerstörenden Kriege muß der Staat mit verdoppeltem Eifer seine irgendwo vorhandenen Kräfte sammeln und von neuem beleben [...]. Es ist nicht hinlänglich zur Wiederherstellung, daß Ackerbau, Handel, Fabriken verbessert, daß die Finanzen neu geordnet werden, – freilich notwendige Gegenstände, aber doch nur von zweitem Range;– die lebendigsten, größten Kräfte liegen in dem moralischen Menschen«.[19] Wie Johann Jakob Engel und Fichte publiziert Wolf seinen Universitätsplan nicht, sondern übergibt ihn als vertrauliche Denkschrift v. Beyme.

W. v. Humboldts *Antrag auf Errichtung der Universität Berlin* (Juli 1809) ist »An des Königs Majestät« gerichtet. Er enthält, »von richtigen Ansichten allgemeiner Bildung ausgehend«, die Hoffnung auf Wirkung über die Grenzen des preußischen Staates hinaus und berücksichtigt den Zustand der preußischen Universitäten wie auch die Frage nach den Kosten ihrer Unterhaltung. Hier geht es nicht mehr um die Grenzen der Wirksamkeit des Staates, sondern um die Mitarbeit des Staates bei der institutionellen Umsetzung des Bildungsideals, das in dem Antrag nicht mehr philosophisch begründet wird, sondern als bewußt gesetzter Zweck erscheint. Noch deutlicher wird dies im sogenannten *Organisationsplan*, einem Entwurf, in dem konzeptionelle Zwecksetzungen zu institutionellen Verbindlichkeiten geraten. Deshalb beginnt Humboldt, zunächst überraschend, nicht mit der »subjektiven Bildung«, sondern mit der Aufgabe der neuen Institution: »Der Begriff der höheren wissenschaftlichen Anstalten, als des Gipfels, in dem alles, was unmittelbar für die moralische Cultur der Nation geschieht, zusammenkommt, beruht darauf, daß dieselben bestimmt sind, die Wissenschaft im tiefsten und weitesten Sinne des Wortes zu bearbeiten, und als einen nicht absichtlich, aber von selbst zweckmäßig vorbereiteten Stoff der geistigen und sittlichen Bildung zu seiner Benutzung hinzugeben«.[20] Als »Hauptgesichtspunkt« erscheint hier eine neue Idee der Wissenschaft, die mit der »subjektiven Bildung« verknüpft werden soll. Wissenschaft wird bestimmt als Unabgeschlossenes, als ein »noch nicht ganz Gefundenes und nie ganz Aufzufindendes«. Forschung meint so den »selbsttätigen« Prozeß des Suchens und Findens neuer Wahrheiten und Erkenntnisse. Wissenschaft ist demnach ein Ganzes; d. h., die Reflexion auf Sinn und Synthese des Erkennens ist jedem Fach vorgeordnet. Dadurch soll jedes einseitige Spezialistentum verhindert werden. Damit erhalten »Philosophie« und »Kunst« eine privilegierte Stellung. Darüber hinaus ist Wissenschaft primär Selbstzweck, ihr unmittelbarer praktischer Nutzen darf nicht zum Kriterium werden. Schließlich erscheint die Universität als die Institution, wo durch die zweckfreie Forschung und Reflexion auf das »Ganze« »Bildung« vermittelt wird.[21]

Die einzelnen Denkschriften enthalten unterschiedlich nuancierte »Bildungskonzepte«. Aber die meisten bestimmen die Universität als eine Institution, die den Weg zu zweckfreier Selbsttätigkeit und sittlicher Selbstwerdung weisen kann. Das gilt für Fichte, Schleiermacher und W. v. Humboldt, auch wenn sie in dem, was gelehrt und erforscht werden soll, unterschiedliche Vorstellungen haben. Universitäten, so heißt es bei Steffens kategorisch-fordernd, seien »Schulen der Selbstbildung«, die der Staat unterhalten müsse; denn sein höheres Dasein beruhe darauf, daß hier der »Geist des freien Forschens ungehindert walten« könne.[22] Die entscheidenden konzeptuellen Kennzeichen des neuen Universitätstypus wie »Freiheit der Wissenschaft«, »Einheit von Lehre und Forschung« und »Wissenschaft als Bildung« mögen uns heute als Phrasen erscheinen; sie verweisen aber zu Beginn des 19. Jahrhunderts auf ein modernes und erfolgversprechendes Modell. Denn diese neue Institution läßt nicht nur die »Gegner von vorgestern und gestern« hinter sich, jene traditionsbestimmte, im Zunftwesen konservativ erstarrte mittelalterliche Universität und jene utilitaristisch konzipierte, auf das Staatswohl festgelegte Universität der Aufklärung und des Absolutismus. Es richtet sich auch gegen den Gegner »von heute«: Napoleon wird 1806 das Modell des unterrichtenden Staates in Frankreich durchsetzen, wird die Forschung zugunsten staatlicher Lehrpläne aus der Universität ausgrenzen und sie den Akademien vorbehalten.

Zu Beginn des 19. Jahrhunderts haben die Universitäten keinen guten Ruf. Sie gelten als verstaubte Einrichtungen oder als Beamtenmanufaktur. Ohne Bedauern finden zahlreiche Universitätsschließungen während der napoleonischen Kriege statt. Kein Wunder, daß Humboldt erst nach längerem Zögern den Traditionalisten nachgebend den Namen »Universität« akzeptiert.[23] Aber auch hier sollte zwischen »Sein« und »Heißen« unterschieden werden: der »alte« Name steht in der preußischen Bildungsreform für eine neue Institution, die das Bildungsideal verkörpert und eine entscheidende Voraussetzung für die langfristige Wirkungsgeschichte des Deutungsmusters ausmacht. Denn die einzelnen institutionellen Regelungen privilegieren bestimmte Wissensformen und stabilisieren Verhaltensweisen. Das Ideal der »allgemeinen Bildung« und der zweckfreien Wissenschaft erhält nun durch die Aufwertung der philosophischen Fakultät, der eine zentrale Stellung zugedacht wird, eine feste Sollgeltung.

Der entscheidende theoretische Impuls ging von Kants *Streit der Fakultäten* aus, jener hintersinnig-ironischen Altersschrift, welche die untere, philosophische Fakultät gegenüber den oberen Fakultäten, der medizinischen, juristischen und theologischen, aufwertet. Nach scholastischem wie rationalistischem Wissenschaftsverständnis tradiert und lehrt die Philosophie feststehende Wahrheiten. Kant verkehrt, nicht ohne Ironie, die Hierarchie zwischen den oberen Fakultäten und der unteren Fakultät. Demnach gliedern sich die oberen nach Verstandeszwecken, während die untere den Vernunftgründen verpflichtet ist. Nur sie ist keinen fremden Zwecken unterworfen und kann deshalb die oberen Fakultäten kritisch beurteilen. Kant vergleicht die Rolle der Philosophie mit der linken »Oppositionspartei« im (revolutionären) Konvent und bestimmt sie damit als eine kritische Wissenschaft, die im Namen der Vernunft gegenüber den »Verstandeszwecken« des absolutistischen Staates wie der bürgerlichen Ökonomie eine höhere Geltung beansprucht.[24] Dieser kritische Akzent bleibt freilich im neuen Universitätsmodell entsprechend dem individualistischen Bildungsideal weitgehend unberücksichtigt. Im Idealbild der »Freiheit und Einsamkeit« von Professoren und Studenten wie der Freiheit der Wissenschaft von Staat und Gesellschaft hat die soziale und politische Selbstreflexion der Universität keinen Platz. Kants Aufwertung der zweckfreien und vernunftverpflichteten philosophischen Fakultät wirkt dennoch auf die neue Universität ein, insofern der einflußreichste Philosoph der Zeit im *Streit der Fakultäten* die ältere, sach- und zweckbezogene praktisch-philosophische Denkweise abwertet;[25] und dies ganz im Sinne der Bildungsreformer, für die – hier zeigt sich die Verknüpfung von »Bildung« und »Kultur« – der Bereich des Nützlichen und Materiellen nicht zum Bewährungsfeld der »Bildung« werden kann. Das »Geistige und Hohe«, so ist im *Organisationsplan* zu lesen, dürfe nicht in die »materielle und niedere Wirklichkeit« herabgezogen werden.

Offensichtlich »paßt« das Bildungsideal in die Zeit. Es nimmt nicht nur philosophische und pädagogische Traditionen auf. Es bringt zudem Emanzipationsansprüche einer Intelligenz zum Ausdruck, die ihre ereignisgeschichtliche Chance nutzt und an den angeschlagenen und reformbereiten Staat als Partner bei der Durchsetzung und Institutionalisierung des Bildungsideals appelliert. Das wurde bereits angesprochen. Bleibt noch ein letzter, wesentlicher Aspekt zu nennen, nämlich die verwaltungstechnische Organisation, der Aufbau des Bildungswesens und das gewandelte Verhältnis zum Staat. Als in Preußen »alle Anstalten, welche Einfluß auf die allgemeine Bildung haben«,[26] der neu geschaffenen »Sektion für den Cultus, öffentlichen Unterricht und Medizinalwesen« (1809) unterstellt werden, da zeigt sich, daß der neue Begriff in die Staatspolitik einwirkt. Unter Humboldts Leitung ist ein System von Elementarschule, humanistischem Gymnasium und Universität geplant, das bis ins zwanzigste Jahrhundert Bestand hat. Demnach soll das Elementarschulwesen mit einem »flächendeckenden Netz« die allgemeine Schulpflicht ermöglichen, soll der Schulbetrieb nach der »Pestalozzi-Methode« reformiert werden; einer Methode, die ebenfalls von der harmonischen, gleichmäßigen Entfaltung menschlicher Kräfte ausgeht, die sich aber stärker auf die praktische Erziehung und Ertüchtigung ausrichtet.[27] Das Gymnasium hingegen wird auf die Universität hingeordnet. Freilich ist es keineswegs eine Erfindung des Neuhumanismus und der Reformära, aber es erhält jetzt in Bezug auf die neue Universität eine zukunftsweisende Aufwertung, soll es doch literarische und sprachliche Kenntnisse vermitteln, auf denen das spätere philosophische Studium an der Universität aufbauen kann. Auch deshalb werden die Gymnasien organisatorisch und finanziell konsolidiert, wird 1810 das Staatsexamen für die neuen Gymnasiallehrer geschaffen. Damit erhöhen sich die Anforderungen für die Schüler und Lehrer, entsteht mit den »Philologen« ein neuer, von der Vormundschaft durch Theologie und Kirche befreiter Berufsstand mit staatlich anerkannten Kenntnissen und staatlich gesicherten Karrieren. Im *Edikt über die Lehramtsprüfung* (1810) wird so das alte Ideal der »Gelehrsamkeit« vom neuen Ideal der »Bildung« abgelöst. Es verlangt, im Geiste der Reflexion auf das Ganze der Welt und des Lebens, vom Kandidaten Kenntnisse in den philologischen, historischen und mathematischen Fächern, d. h. solcher Fächer, ohne die »keine Gelehrsamkeit in wahre intellektuelle Bildung übergehen und für den Geist fruchtbar werden« könne.[28] Das Staatsexamen, ein Modell-Lehrplan und eine erste Abitursregelung (1812) – eine verschärfte Ordnung wird 1834 den Zugang zur Universität an das bestandene Maturitätsexamen binden – normieren die erhöhten

Anforderungen an diesen Schultyp, der bis zur Mitte des 19. Jahrhunderts eine verblüffende Erfolgsgeschichte aufweist. Das Gymnasium erreicht nicht nur in Preußen eine Spitzenstellung im höheren Schulwesen. Wie im Falle der Universität, so übernehmen auch die meisten außerösterreichischen Staaten das preußische Modell. Die Hinordnung des Gymnasiums zur Universität imprägniert die Lehrinhalte mit Elementen des Bildungsideals und macht es, soziologisch gesehen, zur entscheidenden schulischen Barriere wie Schleuse für den sozialen Aufstieg.

Im Zentrum der Humboldtschen Reformpolitik aber steht die Universität. Auch in diesem Fall wirken Reformtraditionen des 18. Jahrhunderts. Besonders in Göttingen, zum Teil auch in Erlangen und Heidelberg ging man daran, die Universität und das akademische Studium zu reformieren. Das betrifft das Verhältnis von Staatsverwaltung und teilautonomer Universitätskooperation, Versuche, die Lehr- und Lernfreiheit zu entfalten, schließlich die Entscheidung gegen das französische System von Fachhochschulen als Stätten einer Spezialausbildung. W. v. Humboldt ist nicht der »Erfinder« des Bildungsideals, und er ist auch nicht der Heros der Bildungsreform. Er kann aber als dessen herausragender Repräsentant und deren wichtigster Diplomat gelten, als Diplomat eines ideativen Bewußtseins, das im rechten Augenblick den »gebildeten Menschen« und seine sittliche Selbstwerdung zum Endzweck erklärt. Die Denkschriften fordern »allgemeine Bildung« durch Wissenschaft. Sie lehnen jeglichen Zwang, jegliche Nützlichkeitsanforderung ab – schon Kant hat als Grundlage der Versittlichung »die Umkehr der Triebfedern«» gefordert –, und sie orientieren das forschende Suchen der Selbsttätigkeit auf die »reine« Wissenschaft, auf die philosophische Reflexion. Mit dieser Verbindung von individualistischem Bildungsideal und idealistisch-philosophischer Wissenschaftsauffassung erhält die Universität einen neuartigen Charakter. Bereits in Göttingen, der jüngsten und modernsten Universität des 18. Jahrhunderts, wurde der Neuhumanismus gelehrt. W. v. Humboldt studierte hier bei dem Neuhumanisten Heyne. Diese Universität ist aber auch eine Stätte der »eleganten und weltmännischen Bildung«.[29] Göttingen ist teuer und vornehm; hierhin kommen die Adelssöhne aus dem Reiche, um Staatswissenschaften zu lernen. Die sogenannte Humboldtsche Universität hingegen gründet in einem ideativen Bewußtsein, das ein anderes »autonomeres«, dezidiert nichtständisches Leitbild setzt, das erst mit der neuen Philosophie entsteht. Als im Herbst 1810 die Berliner Universität ihren Lehr- und Studienbetrieb eröffnet, äußern sich ihre anspruchsvollen programmatischen Ziele auch in der Verteilung der ersten 24 Ordinarien, von denen 12 der philosophischen Fakultät angehören. Sie soll, entsprechend dem neuen Wissenschaftsverständnis, den geistigen Mittelpunkt der Universität ausmachen und die Einheit allen Wissens begründen. Sie wird zum Zentrum des fachwissenschaftlichen Studiums, zur angesehensten Fakultät. Forschendes Lernen und wissenschaftliches Denken bilden den Schwerpunkt der neuen Institution. Appelliert wird an die Selbsttätigkeit der Studenten, von denen argumentatives Denken und selbständiges wissenschaftliches Arbeiten verlangt werden. Deshalb sollen sie sich nicht mehr auf Vorlesungsnachschriften beschränken, sondern in Seminaren lernend forschen, sollen schriftliche Arbeiten verfassen und dafür auch die Bibliothek benutzen dürfen. Nun kann hier keine Universitätsgeschichte geboten werden. Deshalb fallen nicht die Namen der großen Philosophen, Philologen, Historiker und Juristen, deshalb bleiben die Resultate ihrer hingebungsvollen wissenschaftlichen Arbeiten ungenannt. Die neue Universität interessiert in diesem Zusammenhang, weil sich in ihr das Bildungsideal institutionell verkörpert, und weil diese Institutionalisierung eine entscheidende Voraussetzung für die Sozialgeschichte des Deutungsmusters ausmacht.[30] Mit den gesteigerten Leistungsanforderungen und der Autonomie steigt das Ansehen von »Bildung« und »Forschung«, wächst der Respekt vor der geistigen Leistung der Professoren wie der Studenten. So kann sich ein neues, antiständisches Leistungsethos durchsetzen, das eine fast religiöse Hingabe an die »Bildung« verlangt, das auf Selbstdenken und Selbsttätigkeit zielt, das sich auf Wissen und Geist und nicht auf Besitz und Herkunft beruft. Nicht ohne Grund legt W. v. Humboldt, wie übrigens auch Scharnhorst, auf Examina großen Wert. Deshalb hat man später etwas despektierlich von einem »Prüfungsfanatismus« Humboldts gesprochen und dabei allerdings übersehen, daß mit den Examina Gleichrangigkeit durch Leistung erreicht werden soll, daß, vor allem für W. v. Humboldt, die Universität vorrangig nicht auf ein

Berufsstudium mit Abschluß zielt, sondern eine Lebensform vermitteln soll.

Das sind hehre Zwecksetzungen, die allerdings nicht darüber hinwegtäuschen sollten, wie sehr von Beginn an das Bildungsideal zu einem Faktor im sozialen Leben wird. Durch die neue Institution wird aus dem Bildungsideal ein symbolisches Adelsprädikat und zugleich ein nützliches Qualifikationsmerkmal. Nicht ohne Grund wird das Griechische gegen den französischen Lebensstil von Hof und Adel zum Ausweis einer neuen bildungsbürgerlichen Vornehmheit, die sich nicht auf eine spezielle Berufsausbildung, sondern auf »allgemeine Menschenbildung« beruft. Die propagierte Zweckfreiheit wird sich für die »gebildeten Stände« als zweckmäßig erweisen. Im Namen des Allgemeinen können nämlich partikulare Interessen formuliert werden. In der neuen Universität ist eine »›Zwei-Klassen-Einteilung‹ der Lebens- und Bildungswege« (H. Schelsky) angelegt, denn sie gründet in der Unterscheidung zwischen einer unmittelbar religiösen Volkserziehung und einer »Bildung« durch Wissenschaft und Kunst. Mit ihr können geistige Eliteansprüche als soziale Ansprüche formuliert werden. Schon Schillers »ästhetische Erziehung« zielte auf »einige auserlesene Zirkel«. So unterschiedliche Köpfe wie Fichte oder Humboldt denken dualistisch, wenn sie zwischen den »Gebildeten« und dem »Volk« unterscheiden.[31] Zudem ist das Universitätsexamen eine Voraussetzung für den begehrten Beamtenstatus. Auch die freien Berufe – Ärzte, Apotheker, Notare und Anwälte – erhalten durch Universitätsexamina die Berechtigung zur Niederlassung und Berufsausübung. Damit erlangen sie einen halb öffentlich-rechtlichen Status. Auch sie unterscheiden sich von den anderen sozialen Gruppen, verlangen soziale Geltung nicht nach ökonomischer oder politischer Rangfolge, sondern aufgrund universitär vermittelter »Bildung«. Examen, Titel und Amt werden zum Nach- und Ausweis besonderer Berechtigungen, quasiständischer Privilegien. Bis 1848 haben Beamte einen eigenen Gerichtsstand. In Preußen kommt es zu einer Koppelung von »Bildungsabschluß« und Offiziersfähigkeit bzw. verkürzter Militärzeit. In Süddeutschland können Leute von »Bildung« und Besitz vom Militärdienst befreit werden, vorausgesetzt, sie stellen einen Ersatzmann.

Jetzt verändert sich das Verhältnis der reformgesinnten, aufgeklär-

ten und liberalen »Gebildeten« zum Staat, weil auch dieser sich
verändert. Es sei daran erinnert, gegen Ende des 18. Jahrhunderts
erscheint ihnen der spätabsolutistische Staat als »Maschinenstaat«,
der sich durchaus mit dem Erziehungswillen der Aufklärung verbünden kann, indem er auf eine nützliche Spezialausbildung seiner
Untertanen setzt. Dagegen plädiert Humboldt 1792 in seinen *Ideen
zu einem Versuch, die Grenzen der Wirksamkeit des Staates zu bestimmen*, indem er streng individualistisch den Staat aus dem
Bereich der »Bildung« verbannt. Auf den ersten Blick erscheint gut
fünfzehn Jahre später die Lage paradox, wenn sich Humboldt, der
liberale Theoretiker, an den Staat wendet, ja konzeptiv wie poli-
tisch-praktisch entscheidend zur Zentralisierung des Bildungswesens beiträgt. Das darf nicht als Resignation oder gar beflissene
Anpassung bewertet werden. Humboldt bleibt sich treu, doch die
Situation hat sich gewandelt. Offensichtlich öffnet sich mit der defensiven Modernisierung, d. h. auch mit der Reformbereitschaft
»von oben« der Staat für die Praxis der reformgesinnten Intelligenz. Sicherlich, er bleibt Obrigkeitsstaat. Er verzichtet aber auf
den alten dirigistischen Reformabsolutismus, auf dem Feld der
Ökonomie ebenso wie auf dem der Erziehung. Insofern kommt es
zu Interessensüberschneidungen in den gemeinsamen Vorstellungen eines erneuerten, effizienten Staates, der nun als Partner für die
institutionelle Durchsetzung des Bildungsideals angesprochen
wird. Auch hier läßt sich das Miteinander von Anpassung und Anspruch ausmachen. Der Obrigkeitsstaat wird nicht in Frage gestellt
und doch einem »kulturstaatlichen Appell« unterzogen.[32]
In Schellings *Vorlesung über die Methode des akademischen Studiums* (1803) ist der »kulturstaatliche Appell« in exemplarischer
Form ausgesprochen, wenn Schelling den »absoluten« Zweck der
Wissenschaft gegen ihre utilitaristische Verkennung in der »bürgerlichen Gesellschaft« herausstellt, und wenn er andererseits dem
Staat die idealistische Wissenschaftsauffassung ansinnt, ohne dessen
Macht in Frage zu stellen: »Es versteht sich wohl von selbst, daß
wir gemeinschaftlich voraussetzen und voraussetzen müssen: der
Staat wolle in den Akademien wirklich wissenschaftliche Anstalten
sehen, und daß alles, was wir in Ansehung ihrer behaupten, nur
unter dieser Bedingung gilt. Der Staat wäre unstreitig befugt, die
Akademien ganz aufzuheben oder in Industrie- und andere Schulen

von ähnlichen Zwecken umzuwandeln; aber er kann nicht das Erste
beabsichtigen, ohne zugleich auch das Leben der Ideen und die
freieste wissenschaftliche Bewegung zu wollen [...] Die gewöhnli-
che Ansicht von Universitäten ist: ›sie sollen dem Staat seine Diener
bilden zu vollkommenen Werkzeugen seiner Absichten‹. Diese
Werkzeuge sollen aber doch ohne Zweifel durch *Wissenschaft* gebildet werden. Will man also jenen Zweck der Bildung, so muß man
auch die Wissenschaft wollen. Die Wissenschaft aber hört als Wissenschaft auf, sobald sie zum *bloßen* Mittel herabgesetzt und nicht
zugleich um ihrer selbst willen gefördert wird«.[33]
Auch hier wird der Staat als dirigistischer Agent einer einheitlichen
Sozial-, Wirtschafts- und Erziehungspolitik verworfen. Zugleich
aber wird er – wie etwa auch in den Universitätsschriften Steffens'
oder Fichtes – von der unmittelbaren Vertretung wirtschaftsbürger-
licher Interessen befreit, zu einer Institution des »Allgemeinen«
gegenüber den partikularen Interessen. Mit dieser idealistischen
Trennung von Staat und bürgerlicher Gesellschaft gerät er zur anerkannten Herrschaftsmacht. Die neue Universität bezieht sich
kritisch auf die »bürgerliche Gesellschaft«, auf deren Utilitarismus
und Arbeitsteilung, während sie einen Staat bejaht, der »Bildung«
und »Wissenschaft« um ihrer selbst willen als Zweck und nicht als
Mittel anzuerkennen verspricht. Garantiert der Staat die Zweckfreiheit und Autonomie der »Bildung« gegen die partikularen
Interessen der bürgerlichen Gesellschaft, dann kann er als »Kulturstaat« gelten und von den »Gebildeten« Anerkennung erwarten.[34]
Demnach hat er, so wollen es die Ansprüche der Bildungsreformer,
gegenüber der Universität eine dienende Rolle, indem er deren
Autonomie garantiert und auch selbst achtet. So wird er als Erzie-
hungsstaat verneint und als Rechtsinstitut bejaht. Deshalb kann
Humboldts *Organisationsplan* »Einsamkeit und Freiheit« als »vor-
waltende Prinzipien« herausstellen, kann »Wissenschaft und Forschung« »von aller Form im Staate« lösen. Deshalb kann er aber
zugleich auch dem Staat als idealisiertem Förderer zweckfreier
»Bildung« und Wissenschaft das Recht vorbehalten, die Universi-
tätslehrer zu ernennen. So wird dem Staat Verantwortung aufge-
bürdet und doch zugleich jegliche schädliche »Einmischung« in die
Autonomie der Bildungsanstalten untersagt. Er muß die Bedingungen für die »Bildung« schaffen, darf aber nicht deren Inhalte oder

gar Zwecke bestimmen. Trotz individuell unterschiedlicher Akzente zeigt der »kulturstaatliche Appell«, daß die reformeifrige Intelligenz den reformbereiten Obrigkeitsstaat anerkennt und ihn zugleich als »Kulturstaat« überhöht. Bei dem Versuch, »den Staat aus der Idee der Kultur zu konstruieren« (Schleiermacher), werden Naturrecht und Verfassungsfragen übergangen, lenken »Bildung« und »Kultur«, »Wissenschaft« und »Freiheit« den Blick auf die individuelle Persönlichkeitsgestaltung. Hinzu kommt, daß die Ansprüche an den Staat diesem einen so hohen moralischen Wert zusprechen, daß, wie bei Fichte, der Gedanke des milden »Kulturstaats« in den des rigiden »Erziehungsstaats« umschlagen kann; oder daß er, wie bei Hegel, über praktische Aufgaben hinaus als »selbstbewußte sittliche Substanz« erscheint.

So durchtränkt eine normative Grundeinstimmung das Ideal der »Bildung« wie das der »Bildungsanstalten«, eine Grundeinstimmung, die dem Bereich des Sozialen und Politischen kaum Aufmerksamkeit verleiht. Insofern verkörpert die Universität nicht nur das Bildungsideal, sondern mit ihr entfaltet sich auch seine widersprüchliche Verwendungsgeschichte, die, wie noch zu zeigen, die hehren Endzwecke des ideativen Bewußtseins konterkariert.[35] Die präskriptiven Ansprüche werden der Gesellschaftsgeschichte nicht standhalten: Mit »Allgemeinheit« und »Totalsinn« läßt sich die moderne Gesellschaft nicht repräsentieren; die »allgemeine Bildung« wird nicht allgemein, sondern elitär; »Bildung« und »Freiheit« müssen mit einem erstarkenden Obrigkeitsstaat rechnen und werden ihn nicht herausfordern. Kurzum, die Ideale der Stichwortgeber werden in der Praxis des Bildungsbürgertums nicht verwirklicht, und sie beeinflussen doch dessen Wissensformen und Verhaltensweisen.

Durch die Institutionalisierung rückt das Bildungsideal in seine soziale und politische Funktion ein. Schließlich privilegiert die Humboldtsche Universität bestimmte Wissensformen, die aus der spezifisch deutschen semantischen Innovation ihre evaluative Macht beziehen, und sie stabilisiert bestimmte Verhaltensweisen, wie selbsttätiges Forschen, aber auch aufstiegsorientiertes Lernen. Schließlich ist sie die zentrale Institution für den sozialen Aufstieg in die Eliten oder für deren Reproduktion. Mit den Leistungen wächst auch das Ansehen der Universität. Gerade vor der Reichs-

einigung kann sie als Symbol nationaler »kultureller« Errungenschaften glänzen. Ihr Einfluß auf eine Nation, die mit der
defensiven Modernisierung eine beschleunigte Aufholjagd gegenüber den westeuropäischen Staaten beginnt, kann nicht hoch genug
eingeschätzt werden.
Die Erfolgsgeschichte des Deutungsmusters gründet allerdings in
einem umfassenderen Zusammenhang zwischen einer spezifisch
deutschen Modernisierung, der gesellschaftlichen Lage des Bildungsbürgertums, seinem geistigen Erfahrungskapital wie seinen
Handlungsmöglichkeiten und Zielen. Es ist gewiß kein Zufall, daß
sich die neuen Begriffe in der gesellschaftlichen Kommunikation
durchsetzen, daß sie nicht auf die idealistischen Entwürfe, pädagogischen Konzepte oder gar Denkschriften und Organisationspläne
beschränkt bleiben. Sie erhalten mit dem Prozeß der kommunikativen Verdichtung einen interdiskursiven Charakter, d. h. sie überwölben verschiedene Praxisbereiche, geben Stoff und Anhalt für
deren imaginäre Totalisierung.

Der kommunikative Erfolg

Zunächst zur kommunikativen Verdichtung. Damit ist jener bereits
erwähnte, im 18. Jahrhundert einsetzende Prozeß angesprochen,
der zu einem Anwachsen der Leser von Büchern und Flugschriften,
Zeitungen und Zeitschriften führt. Die Bedürfnisse des literarischen Marktes und des Publikums wachsen mit der schrumpfenden
Rate des Analphabetismus. Die sinkt zwischen 1800 und 1848 kontinuierlicher und rascher als zuvor. Jedoch lassen sich massive
regionale Unterschiede ausmachen, etwa zwischen den protestantischen Staaten, die, von einer spezifisch evangelischen Schriftkul-
tur profitierend, weit an der Spitze liegen und rückständigen
katholisch-ländlichen Gebieten mit einer hohen Analphabeten-
quote.[36] Nach 1815 lösen sich die Lesegesellschaften auf, an ihre
Stelle treten Lesekabinette, Lesehallen, Volksbüchereien und
schließlich kommerzielle Leihbibliotheken. Innerhalb dieses erweiterten Kreises publizistischer Kommunikation machen die Bildungsbürger, die höheren Beamten und akademisch »gebildeten«
Freiberufler den hegemonialen Kern aus. Die zunächst kleinen

Kreise der Aufklärer erweitern sich im 19. Jahrhundert zu einer
vom Bildungsbürgertum bestimmten Öffentlichkeit, die allerdings
durch Zensur, Konzessionswesen und Verbot eingeschränkt wird.
Während im nachnapoleonischen Deutschland von den Liberalen
Öffentlichkeit als Voraussetzung des Rechtsstaates bestimmt wird,
Carl Theodor Welcker oder Anselm Feuerbach für eine frei sich
entfaltende politisch räsonierende Tagespresse plädieren, gelten
von 1819 bis 1848 die Karlsbader Beschlüsse, die jede Publikation
unter 20 Bogen (320 Seiten) – dicke Bücher werden weniger gelesen
– der »vorgängigen Genehmhaltung der Landesbehörden« unterstellen. Eine Untersuchung über die »Struktur der Öffentlichkeit«
hätte von der Spannung zwischen dem liberalen Konzept einer Öffentlichkeit, die durch das Parlament und die freie Presse geprägt
sein soll, und einer Öffentlichkeit, die vom Obrigkeitsstaat gekne-
belt wird, auszugehen. Diese Spannung bereitet unseren Begriffen,
auch das ist eine Voraussetzung für ihren Erfolg, keine Probleme.
Ihr metapolitischer Charakter schützt sie vor der Zensur. Sie werden zudem ja nicht nur von den reformbereiten Eliten, sondern
auch von konservativen Persönlichkeiten und Beamten gebraucht.
So sieht Ernst Brandes, Kabinettsrat im Kurfürstentum Hannover
und für die Berufungspolitik an der Universität zuständig, in der
schnellen Verbreitung der Zeitungen und Journale »eine Haupt-
quelle der Seichtigkeit des Zeitgeistes«, beklagt im Namen der
»Bildung« die »Verbildung«, bezweifelt, daß »Ausbreitung der
Cultur eine wahre kernhafte Cultur erhält«.[37] Von nun an wird sich
konservative Zeitkritik mit wertenden Adjektiven wie »echt« oder
»kernhaft« auf »Bildung« und »Kultur« berufen. Selbst ein Friedrich Gentz, Kantianer, schließlich Anhänger des Revolutionskriti-
kers Burke und Sekretär Metternichs, unterwirft sich der Geltungsmacht des Kulturbegriffs, wenn er 1805 an den Historiker Johannes
Müller schreibt, für die »Kultur« bis zum Märtyrertum zu arbeiten
sei zwar die Aufgabe der besten jeder Nation, doch hätten sie die
Pflicht, sich dem schwereren, undankbareren Geschäft zu widmen,
das »Übermaß der Kultur« zu bekämpfen.
Der kommunikative Erfolg der Begriffe läßt sich an den Lexika,
den allgemeineren Konversations-Lexika wie den spezielleren
Sachwörterbüchern, ablesen. – Lexika sind wichtige, aber auch
trübe Quellen für eine historische Semantik, denn sie zeigen uns

nicht die Verwendungsgeschichte der Begriffe. Sie reagieren verspätet auf veränderte Wissensbestände, können diese aber wirkungsvoll konservieren. Darüber hinaus sind sie von unterschiedlichen wissenschaftlichen oder politischen Projekten tingiert. Ihre Definitionsversuche müssen nicht repräsentativ sein. Lexika können die Fülle des politisch-sozialen Bedeutungszusammenhangs nicht einfangen. Sie dürfen aber zugleich als wichtige Quellen für die soziale Reichweite der Begriffe wie für die kollektive semantische Selbstdeutung der »Gebildeten« benutzt werden; etwa wenn sich bestimmte, allgemeine Tendenzen des Bedeutungswandels oder Verfestigungen in der Bedeutungskontinuität ausmachen lassen. Auch wenn die einzelnen Definitionsversuche wie folgenlose Kraftakte erscheinen, so läßt doch ihre Gesamtheit ein semantisches Grundinventar der Selbstdeutung erkennen. Hinzu kommt, daß verschiedene Lexika die Begriffe nicht nur definieren, sondern auch deren Sprachgebrauch reflektieren.

Obgleich von nichts häufiger als von »Bildung« die Rede sei, klagt 1825 das *Rheinische Conversationslexikon*, »so möchte dennoch vielleicht Nichts schwerer zu bestimmen seyn, als eben sie.«[38] Der Begriff ist offensichtlich populär. »Bildung« im »engeren Sinne« sei »gleichbedeutend mit Cultur«, schreibt die *Pfennig-Encyclopädie oder neues elegantestes Conversations-Lexicon* (1834-1837). Dieser synonyme Gebrauch ist verbreitet.[39] Offensichtlich kann hier für »Ausbildung des Geistes« »Kultur« im Sinne von »cultura animi« verwendet werden. Allerdings, auch das läßt sich beobachten, setzt sich »Bildung« gegenüber »Kultur« zunehmend durch. So übernimmt die 7. Auflage des Brockhaus (1830) bis auf wenige Änderungen den Artikel »Bildung« aus der 5. Auflage (1820), doch ersetzt er nun gelegentlich »Kultur« durch »Bildung«.[40] Was den Bedeutungswandel bzw. die Bedeutungskontinuität der Ausdrücke betrifft, so dokumentieren die Lexika, in der Regel verspätet, den Sieg der semantischen Innovation: »Bildung« und »Kultur« gelangen mit ihnen aus hochkomplexen philosophischen und pädagogischen Entwürfen in das popularisierte Arsenal bildungsbürgerlicher Wissensbestände. Die Begriffsinhalte werden »artikelgerecht« vereinfacht, während der Begriffsumfang meistens die vom Idealismus und Neuhumanismus gezogenen Grenzen einhält. »Bildung« bleibt als »Geistesbildung« von der Schulerziehung und Berufsaus-

bildung abgegrenzt; »Kultur« wird als Medium der »Bildung« nicht auf das politische und ökonomische Materialfeld bezogen. Wertende Adjektive unterstreichen die Hochschätzung von »Bildung« bzw. »Kultur« als »Vergeistigungsprozeß«, welcher »von dem Zustande der Wissenschaften und Künste abhängig« ist. Dann ist von »höherer Ausbildung«, »höherer Kultur«, »wahrhafter Bildung« oder gar »absoluter Bildung« die Rede. Mit der unstreitigen evaluativen Komponente geraten die Begriffe auch zum Gegenstand einer kritischen Differenzierung, die ihre Urteilskraft aus der Idealsetzung bezieht, nicht die Begriffe »an sich« in Frage stellt, sondern verschiedene Zustände von den Begriffen her kritisiert, etwa als »Unbildung« und »Unkultur« oder als »einseitige Bildung« und »Halbcultur«. Die Begriffe meinen nicht nur ein Resultat, sondern auch einen Prozeß und ein Ziel. Deshalb kann zwischen »Graden« und »Stufen« unterschieden werden; deshalb können die Begriffe dem »Fortschritt« zugeteilt werden, stehen »Bildung« und »Cultur«, »wie die Welt überhaupt, unter dem allgemeinen Gesetze der Entwickelung«.[41]
So finden sich in den Artikeln, unterschiedlich akzentuiert, nahezu topologisch, einzelne charakterisierende Elemente der Begriffe, die wir schon aus den philosophischen und pädagogischen Diskursen kennen: »Kultur« (im Sinne von »cultura animi«) oder »Bildung« gelten als »Ausbildung des Geistes«.[42] Die »Bildung des Individuums« vollzieht sich demnach »allseitig-harmonisch«, »Kultur« ist »als unwillkürliche Ausstrahlung des Menschengeistes, als eine Kraft zu fassen«, die »auf organische Weise aus ihren Keimen sproßte«.[43] Komposita wie »Menschenbildung« oder »Nationalbildung«[44] zeigen die Anschlußfähigkeit für den »Humanismus-Diskurs« wie für den entstehenden Nationalismus. So kann »Bildung« die Menschen verbinden – und nicht mehr, wie noch bei Herder, die »Kultur« im umfassenden Sinne als Produkt und Stimulus menschlicher Tätigkeit oder wie im Französischen die »Civilisation«. Dem *Allgemeinen deutschen Conversationslexikon für die Gebildeten eines jeden Standes* (1834) zufolge besteht »absolute Bildung [...] in dem Besitze der höchstmöglichen wissenschaftlichen und künstlerischen Ausbildung«; sie kann »nur einzelnen Menschen beigelegt werden; denn sie ist eben die vollendete Form des Menschen von Seiten seiner Willenskräfte und gestaltet sich in

jedem Individuum etwas anderes; sie ist aber eigentlich das Ketten-
glied, welches die menschliche Gesellschaft eng aneinander schließt
und verbunden hält, und die Richtschnur jeder Handlungsweise
eben sowohl durch die Berücksichtigung anderer als durch die eigene Menschenwürde«.

»Bildung« besitzt den Charakter eines Ideals. Der Begriff, und mit
ihm »Kultur«, weist nicht nur gegenüber »Zivilisation« die häufige-
ren Lexikoneinträge auf, er steht in der Wertungshierarchie auch
höher und wird ausführlicher abgehandelt. »Bildung« ist allerdings
noch nicht als Gegenbegriff zu »Zivilisation« herausgestellt, ja gelegentlich werden die Begriffe nahezu synonym gebraucht.[45] Das
sind Einzelfälle, die nicht überschätzt werden sollten. Verallgemeinernd kann gesagt werden, daß »Zivilisation« keineswegs aus dem
Sprachhaushalt verbannt wird, daß sich aber eine wertende Abstufung vollzieht. Und selbst da, wo der Begriff berücksichtigt wird,
wirkt eine spezifisch deutsche Akzentuierung, die, normativ stark,
aber deskriptiv schwach, statt von »Sitten« von »Gesittung«
spricht, somit die Moral und die Institutionen der »Sittlichkeit«,
allen voran den Staat, herausstellt, nicht aber wie in der französischen Tradition die Umstände und Bedürfnisse.[46] So nimmt die 8.
Auflage des Brockhaus 1842 den Artikel »Civilisation« auf, und
bestimmt sie als »auf geselligen Verkehr beruhende höhere Ausbildung der Menschen und Völker, die man heutzutage auch oft durch
den Namen Gesittung bezeichnen will. Sie ist entgegengesetzt dem
rohen, instinktmäßigen Leben im Naturzustande und setzt schon
erworbene Bildungsmittel voraus, zu welchen hauptsächlich die
Anstalten im Staate, denn ohne Staat und Bürgertum ist keine höhere Ausbildung möglich, Religion und Künste zu rechnen sind«.
Selbst wo der Zivilisationsbegriff unter »Berücksichtigung der bürgerlichen socialen Verhältnisse« aufgewertet werden soll, wo Industrie, Gewerbefreiheit und der »Gerichtshof der öffentlichen
Meinung« mitgedacht werden, bleibt die »wahre Bildung, die nur
aus dem innersten des Menschen hervorgehen kann«, anerkannt – so
in dem von Otto Wigand, einem linken Hegelschüler, dem Verleger
von Feuerbachs *Wesen des Christentums* und Fr. Engels *Lage der
arbeitenden Klassen in England*, herausgegebenen *Conversations-
lexikon für alle Stände* (1845-1852). Der Artikel bemüht sich um
eine Neudefinition, wenn er die »europäische Zivilisation« an-

spricht, die »materielle Cultur« aufwerten will, die »Verhältnisse der Menschen zur Natur« herausstellt und die »Industrie zum politischen Triebrad« erklärt. Für ihn reißen die »Eisenbahnen, Dampfboote, die Kanäle, die Zeitungen, die Industrie- und Gewerbeschulen« Schranken weg, »welche sonst die Stände, die Völker und die Geister gegeneinander absperrten«. Das kann als Versuch gelesen werden, den Anschluß an die westeuropäische Semantik der »civil society« herzustellen, einer Semantik, mit der die sich beschleunigende kapitalistische Moderne verarbeitet werden kann. Dieser Versuch scheitert in Deutschland. Langfristig erfolgreich bleibt hingegen das, was Wigand als eingeschliffenen Sprachgebrauch beschreibt, die wertende Abstufung und sich schon andeutende Dichotomie von »Civilisation« und »Kultur«: »Im gewöhnlichen Leben pflegt unter Civilisation bloße Polizierung, äußere Glätte, konversationelle Politur, weltmännische Geschmeidigkeit, Salon-Bildung, Verstandesaufklärung, soziale Routine und Sittenverfeinerung verstanden zu werden. Von dieser gemeinen Ansicht verleitet, glaubten neuere Schriftsteller, in Civilisation nichts als mechanische Bildung zu erkennen, während sie in der Cultur die organische oder sogenannte ›naturwüchsige‹ Bildung sehen wollten«.

So dokumentieren die Lexika den Siegeszug des Bildungsideals, seine definitorische Abgrenzung gegenüber anderen Erziehungs- und Wissensformen, seinen evaluativen Rang gegenüber den Ansprüchen der Kirche und des Staates, schließlich seine Zurechnungskapazität gegenüber den Künsten und Wissenschaften, aber auch umfassender gegenüber der »Nationalbildung« bzw. »Nationalkultur«. Diese Definition, Evaluation und Zurechnung gesellschaftlicher Tatbestände konstituiert deren öffentliche und gleichsam offizielle Wahrnehmung, und sie mindert zugleich das Wahrnehmungsvermögen gegenüber Tatbeständen jenseits der konzeptuellen und sachlichen Grenzen. Deshalb fehlt z. B. in den Artikeln »Bildung« und »Kultur« meistens das, was das Wigandsche Lexikon, ohne Erfolg, unter »Zivilisation« aufwerten will: die ökonomischen und politischen Möglichkeiten der kapitalistischen Moderne.

Die Institutionalisierung garantiert die soziale Folgenhaftigkeit der Begriffe, ihr kommunikativer Erfolg zeigt darüber hinaus den großen orientierenden Stellenwert im geistigen Erfahrungskapital des

Bildungsbürgertums und seiner Intelligenz. Damit sind entscheidende Marksteine auf dem Weg von der semantischen Innovation zur sozialen Verwendungsgeschichte angesprochen. Das Bildungsideal blickt aufwärts: Es bezieht sich auf einen idealisierten Menschen und einen idealisierten Obrigkeitsstaat, der zwar zum »kulturstaatlichen Appell« antritt, aber dem Befehl der Freiheit nur bedingt Folge leistet. Kurzum, das Bildungsideal ist zu »gut«, um sich als »wahr« zu erweisen. Es gehört aber, wie die Institutionalisierung und der kommunikative Erfolg belegen, in den Zusammenhang einer Modernisierung, die als Auflösung der ständisch-agrarischen und Aufstieg der bürgerlich-kapitalistischen Gesellschaft universalgeschichtliche Züge aufweist, die aber auch spezifisch deutsche Züge erkennen läßt, was die Staatsbildung und die Trägerschichten, die politische Partizipation und ihren beschleunigten Verlauf betrifft. Die Begriffe entstehen mit dieser Modernisierung und treiben sie voran. Es sei daran erinnert: »Bildung« und »Kultur« drücken erhöhte Individuierungsansprüche aus, privilegieren die Leistung, nicht die Herkunft, entwerten religiöse Deutungsmonopole und lehnen den Dirigismus des absolutistischen Maschinenstaats ab. Ihr Leitbild ist der sich selbstvervollkommnende, selbsttätige und selbstverantwortliche, in geistiger wie materieller Hinsicht freie Mensch. Das wurde ja als Gemeinsamkeit mit dem Liberalismus herausgestellt.

Konzeptuell ist das Bildungsideal hochgradig individualistisch. Zugleich aber bezieht es sich – Komposita wie »Menschenbildung«, »Nationalbildung«, »Nationalkultur«, »Kulturnation« oder »Kulturstaat« lassen dies erkennen – auf universellere Zusammenhänge: auf Menschheit, Nation und Staat. Damit ist schon auf der Ebene der semantischen Selbstdeutung eine symbolische Vergesellschaftung angesprochen, mit der die Haltung des einzelnen zu einem neuen, nicht mehr ständisch-partikularen Ganzen in Beziehung gesetzt wird. Das erregt Kritik bei den Anhängern der alten Ordnung. So verwirft Ludolph von Beckedorff, früherer Prinzenerzieher, Leiter des Volksschulwesens und Dezernent für das Seminarwesen, in seiner *Beurteilung des Süvernschen Unterrichtsentwurfs* (1819) das Konzept einer »National-Erziehung« wie auch das »der sogenannten allgemeinen Bildung«. Als Schulmann der Reaktion sieht er dadurch die »natürliche Ungleichheit der Menschen« ver-

letzt, sieht »Unzufriedenheit, Tadelsucht und Neuerungslust« aufkommen und plädiert für die »naturgemäße Ungleichheit der
Standesbeziehungen«.[47] Der preußische Oberregierungsrat erkennt
durchaus realitätsgerecht, daß »allgemeine Bildung« die ständische
Vergesellschaftung gefährdet. Später wird Eichendorff das »Bil-
dungsfieber« mit der anhebenden »Zeit der *Massen*« in Verbindung
bringen.[48] Das ist durchaus repräsentativ für eine konservativ-
christliche Kritik, die den emanzipatorischen Anspruch des Bildungsideals ablehnt und über »Nichtbildung«, »Verbildung«, »Af-
terbildung« oder »Halbbildung« klagt.

Symbolische Vergesellschaftung I: die »kulturelle Hegemonie«
des Bildungsbürgertums im Namen der Begriffe

Noch bevor der Industriekapitalismus eine Erweiterung und Verdichtung der sozialen Beziehungen der Menschen betreibt und der
Nationalstaat einen einheitlichen Wirtschafts- und Rechtsraum
schafft, entsteht so mit den in Sprache eingebauten Relevanzstrukturen eine »ideelle Integration«, deren Erfolg allerdings nicht in der
Macht der Sprache »an sich« liegt, sondern in deren Fähigkeit, gesellschaftliche Verhältnisse zu aktualisieren, zu bestätigen und aus-
zufüllen. Die symbolische Vergesellschaftung kann gegenüber der
ökonomischen und politischen Vergesellschaftung keine Sonderrolle beanspruchen. Doch kommt ihr eine bisher unterschätzte
Modernisierungsfunktion zu.
Das klingt sehr allgemein und bedarf einiger theoretischer Annahmen, um konkret und anschaulich zu werden. Das Deutungsmuster, so wurde behauptet, leitet Wahrnehmungen, interpretiert
Erfahrenes und motiviert Verhalten. Es aktualisiert sich als individuelle Sinngebung und bedeutet doch zugleich die Aneignung
kollektiver Wissensformen wie Verhaltensweisen. Das Deutungsmuster meint versprachlichte Relevanzstrukturen, die man nicht
auswählt, sondern übernimmt. Seine Bedeutungskontinuität wird
durch die soziale Praxis seiner Trägerschicht garantiert. Seine
Funktion entfaltet sich in der deutschen Geschichte. Die semantische Selbstdeutung der bildungsbürgerlichen Intelligenz verweist
auf Spuren gesellschaftlicher Beziehungen und Verhältnisse, sie

sollte aber auch als eine Art Festtagssemantik entschlüsselt werden. Das Bildungsideal ist nicht identisch mit der Verwendungsgeschichte des Deutungsmusters. Denn zu ihr gehört auch das Nichtgesagte und Ausgegrenzte. Zu ihr gehört vor allem eine Logik, die sich der Selbstreflexion im Medium von »Bildung« und »Kultur« entzieht.

Wie und mit welchen Folgen entfaltet das Deutungsmuster seinen universellen Geltungsanspruch? Wie kommt es, daß Individuen, die ja in der Kommunikation erst zu Subjekten werden, sich selbst in »Bildung« und »Kultur« wiedererkennen? Offensichtlich wird die Haltung des einzelnen durch die Begriffe anschlußfähig zum gesellschaftlichen Ganzen. Das lassen schon Selbstbezeichnungen wie »Gebildete«[49] oder »gebildete Stände«, seit der Mitte des 19. Jahrhunderts auch »gebildetes Bürgertum«, erkennen. Der »Stand der Gebildeten« hat Niethammer zufolge die Aufgabe, »den Kern der Cultur« zu bilden und zu bewahren.[50] Solche Selbstbeschreibungen indizieren eine Identität und Vergesellschaftung, die durch das »Bildungswesen« institutionell sanktioniert wird und sich anspruchsvoll die »Kultur« zurechnen kann. Offensichtlich verweist der kommunikative Erfolg der Begriffe auf deren Fähigkeit, gemeinsame Handlungen und Wissensbestände bestimmter Individuen zu koordinieren, genauer gesagt, jener akademisch gebildeten Beamten und Freiberufler zunächst, die man gemeinhin in der Forschung als Bildungsbürgertum bezeichnet.

Eine Theorie, die den Zusammenhang von individualistisch konzipierter »Bildung« und symbolischer Vergesellschaftung zu analysieren vermag, ist die Symboltheorie Meads.[51] Sie begreift sprachliche oder sprachförmige Symbole als Medien sozialer Interaktionen. Symbole dienen der aktiven Kooperation der Subjekte wie der Koordination ihrer Handlungen, zugleich aber leisten sie die Vergesellschaftung dieser Subjekte, indem sie trans-subjektive Bewußtseins- und Verhaltensformen konstituieren, die es Individuen ermöglichen, wechselseitig die Perspektive anderer einzunehmen und so ihre soziale Identität zu finden. In dieser Hinsicht kann das Deutungsmuster als aggregiertes Symbol verstanden werden, das kraft seiner abstrahierend-verallgemeinernden Organisation nicht an einzelnen Interaktionen und ihren Inhalten haftet, sondern sich diesen gegenüber als unterschiedliche Wissensformen überwölbende Totalisierung festsetzt. Doch geht es hier nicht um theoretische Details. Für den Fortgang der Untersuchung ist lediglich von Interesse, daß mit der Mead'schen Theorie eine verständige Abstraktion vorliegt, welche die Logik der Verwendungsgeschichte des Deutungsmusters analysieren kann. Denn »Bildung« und »Kultur« entfalten als sozial relevante Grundbegriffe weitreichende Symbolbezüge innerhalb einer spezifisch deutschen historischen Konstellation. Deshalb wurden sie ja einleitend als ein diskursiver Angelpunkt der deutschen Geschichte bezeichnet. Das soll im folgenden auf drei, lediglich analytisch getrennten Ebenen veranschaulicht werden: als Bezug des Deutungsmusters a) zur Organisation der gesellschaftlichen Beziehungen, b) zur Identität seiner Trägerschicht und c) zur Verteilung und Anordnung gesellschaftlicher Bewußtseins- und Wissensbestände.

a) »Wo käm die schönste Bildung her / wenn sie nicht vom Bürger wär?« Diese von Goethe in den *Zahmen Xenien* gestellte und gleich beantwortete Frage kann als typisch bildungsbürgerliche Selbstaufwertung verstanden werden. Deshalb wird sie vom Bildungsbürgertum als Zitat gerne aufgegriffen. Über den Zusammenhang zwischen »Bildung« und »Bürgertum« ist damit noch nichts gesagt. Das Kompositum »Bildungsbürgertum« ist ein heuristisches Konstrukt der Soziologie und Geschichtswissenschaft, das heterogene Personen, verschiedene Berufe, unterschiedliche Einkommen und gesellschaftliche Funktionen erschließen soll. Der Ausdruck besitzt eine spontane Anschaulichkeit und doch keine analytische Trennschärfe. Mit ihm werden Personen bezeichnet, die durch eine akademische Ausbildung Anerkennung und ihr Auskommen finden, die zudem einen spezifischen Lebensstil, mit Bourdieu könnte man auch »Habitus« sagen, aufweisen. Der Ausdruck erwächst, wie häufig bei geisteswissenschaftlichen »Begriffen«, aus alltagssprachlichen Typisierungen und bleibt, voll ungeordneter Merkmalsvielfalt, semantisch unklar. Er kann für unsere Fragestellung nicht als Objekt, wohl aber als Instrument dienen. Denn dieser Ausdruck erwächst aus Selbstbezeichnungen im historischen Prozeß, die eine Gruppenzugehörigkeit mit dem Attribut »gebildet« herstellen. Insofern soll er als Ausdruck der Historiographie etwas im nachhinein erschließen, was im Vollzug der Geschichte schon angesprochen wurde.

»Bildung« läßt sich als Ideal nicht auf Bürgerlichkeit zurückführen, und das Bildungsbürgertum kann nicht durch seine »Bildung« erklärt werden. Es gibt »Bildung« ohne Bürger und Bürger ohne »Bildung«. Es gibt »gebildete Adlige« und, auch als Folge der »Arbeiterbildungsvereine«, »gebildete Arbeiter«. Wieso kann dann das Bildungsbürgertum als die eigentliche Trägerschicht des Deutungsmusters bestimmt werden? Inwieweit reicht die symbolische Vergesellschaftung über die schichtenspezifische hinaus? In diesem Zusammenhang geht es nicht um die Geschichte der Bildungskonzepte oder des Bildungswesens, auch nicht um die des Bildungsbürgertums. Die Geschichte seiner »Kultur« umfaßt etwas anderes als die Geschichte seiner Begriffe. Wichtig ist zunächst, daß der Ausdruck »Bildungsbürgertum« ein sinnvolles heuristisches Konstrukt ist, mit dem eine soziale Schicht benannt und erforscht werden kann, die trotz vielfältiger interner Unterschiede gemeinsame prägende und verbindende Merkmale aufweist. Dazu zählt nicht nur »Bildung« als zweckfreie Tätigkeit im Medium der »Kultur«, sondern auch die Möglichkeit, durch deren gymnasial oder universitär ausgewiesenen Besitz – oftmals in Form von Bildungspatenten – die Lebenslage zu verbessern und die Lebenschancen zu erhöhen. Zum Bildungsbürgertum zählen demnach unterschiedliche Berufe mit unterschiedlichem Leistungswissen, aber einem einheitlichen Bildungswissen: höhere Beamte, etwa Professoren und Richter, Pfarrer, aber auch Vertreter der »freien Berufe«: Anwälte, Mediziner und Journalisten. Diese Berufe gibt es freilich auch anderswo. Im Verlauf der neuzeitlichen Geschichte haben sich auch in anderen Ländern Funktionseliten entwickelt, die wachsende Aufgaben in der Verwaltung wie im Schulwesen lösen. Sie können durch bestimmte Gemeinsamkeiten charakterisiert werden, durch Leistungs- und Herrschaftswissen, durch Teilnahme an staatlichen Entscheidungsprozessen, durch das Bemühen um soziale Exklusivität, durch eine Tendenz zur Selbstrekrutierung. Solch allgemeine Bestimmungen gelten auch für das Bildungsbürgertum, und doch ist es eine spezifisch deutsche Erscheinung. Der Ausdruck beinhaltet einen allgemeinen okzidentalen Trend, das Aufkommen von durch Leistungswissen ausgewiesenen Experten im Übergang von der ständisch-agrarischen zur bürgerlich-kapitalistischen Gesellschaft. Er indiziert diesen Trend allerdings sprach-

lich völlig unübersetzbar, weil in ihn mit »Bildung« die spezifisch
deutsche semantische Innovation eingeht, und weil er spezifisch
deutsche Protagonisten der Modernisierung meint.[52] Im Englischen spricht man von »professionals«; im Französischen gibt es
keine vergleichbare Kollektivbezeichnung. Das hat seinen Grund,
fehlt doch in diesen Ländern das vergesellschaftende Ideal »allgemeiner Bildung«.

Auch hier sollte der Unterschied zwischen einer schichtenspezifi-
schen Vergesellschaftung und einer symbolischen Vergesellschaftung nicht übersehen werden. Beide bedingen einander und haben
doch unterschiedliche Logiken. Mit seinem Bildungs- und Leistungswissen entwickelt sich das Bildungsbürgertum, insbesondere
während jener, um mit Marx zu sprechen, Zwischenlage »der ge-
wesenen Stände und ungeborenen Klassen« zu einer keineswegs
unpolitischen, wohl aber politisch gehemmten Führungsschicht.
Seine Lage ist durch deutsche Gegebenheiten geprägt. Im Unterschied zu den Führungsschichten Englands oder Frankreichs fehlt
ihm ein einheitlicher Nationalstaat ebenso wie eine entfaltete Ökonomie. Auch in den ersten Jahrzehnten des 19. Jahrhunderts erscheint Deutschland ökonomisch und politisch als eine Art
Hinterland des Westens. Diese Rückständigkeit versetzt das Bildungsbürgertum in eine erzwungene Isolation, aus der aber gerade
seine »kulturelle Hegemonie« erwächst. Auch die Führungsschichten aus »Oxbridge« oder den Grandes Écoles beziehen ihr Prestige
aus dem Rang der Ausbildungsstätten, doch ihre Semantik bleibt
auf eine »societas civilis« bezogen, sie wertet mit »civilisation« Politik und Wirtschaft nicht ab. Und ihre soziale Lage ist weniger
isoliert und »offener« als die eines Bildungsbürgertums, das sich
nicht nur vom traditionellen Stadtbürgertum und vom Adel abgrenzt, sondern das der Bourgeoisie schon mißtraut, ehe es sie
eigentlich gibt: wir haben ja gesehen, wie das Gewerbe durch »Bildung« und »Kultur« abgewertet und ausgegrenzt wird. Der sozialgeschichtliche Verlauf zeigt, daß die Genese des Bildungsbürgertums eng mit dem Staatsbildungsprozeß verbunden ist, zunächst
mit einem Amt im Fürstenstaat oder in der Stadtrepublik. »Alle
wollen in den Staatsdienst«, beobachtet Ernst Brandes 1808 in seinen *Betrachtungen über den Zeitgeist*. Dieser verstaatlichten Intelligenz werden nicht nur hohe Gehälter gezahlt, sondern auch

Sonderrechte zugesprochen, Privilegien im Gerichtsdienst, Militärdienst und Steuerrecht. Aus dem »Fürstendiener« wird, wie ein
Blick in die bayrische *Dienstpragmatik* (1805) oder das *Allgemeine
Preußische Landrecht* (1794) zeigt, mit der Rechtsfigur des »Staatsuntertanen«, später des »Staatsbürgers«, ein Beamter im staatsun-
mittelbaren Verhältnis. Der Staat privilegiert und diszipliniert seine
Diener. Er hat eine Art Arbeitsplatzmonopol gegenüber der akademischen Intelligenz, von der er Loyalität erwartet, indem er ihr
Sozialprestige garantiert. Die eximierten Staatsdiener werden im
Preußischen Landrecht vor den vermögenden Kaufleuten und »Un-
ternehmern erheblicher Fabriken« dem Adel als heiratsfähig emp-
fohlen. – Die bürgerliche Gesellschaft im Sinne der Franzosen oder
Engländer bleibt dem Bildungsbürgertum fremd. Nicht nur, weil
sie in Deutschland noch nicht existiert, sondern auch, weil sie vom
Bildungsideal ausgegrenzt wird. Um so enger orientiert sich das
Bildungsbürgertum am Staat, den es ja zum »Kulturstaat« reformieren will. Unter sozialgeschichtlichen Vorzeichen hat man deshalb mit Max Weber von einer Mischung zwischen ständischer und
klassenbildender Vergesellschaftung gesprochen, d. h., vor dem
klassenbildenden Element der ökonomischen Funktionsgliederung
bleibt zunächst die staatlich privilegierte Stellung bestimmend, die
ihre Ansprüche nicht aus dem Expertenwissen bezieht, sondern aus
dem ständisch wichtigen und durch Examensdiplome verbrieften
Besitz der »allgemeinen Bildung«. So lassen sich in der ständischen
Vergesellschaftung, in der Distanz zur »bürgerlichen Gesellschaft«
und der Nähe zum Staat deutsche Gegebenheiten ausmachen.
Durch sie wird das Personen- und Gesellschaftsverständnis geprägt, aber nicht vollends bestimmt. Die Macht des »Bildungsindividualismus« erschöpft sich nicht im Streben nach Titel und Stelle.
Denn das Deutungsmuster weist Wert- und Idealvorstellungen auf,
die den Erfahrungen Erwartungen zuordnen, die anspruchsvoll auf
Veränderungen setzen und weit über das Bildungsbürgertum hin-
ausweisen. Die ständische Vergesellschaftung unterstreicht das sozialdistinktive Gewicht der »allgemeinen Bildung«. Die symbolische Vergesellschaftung aber reicht über den engeren Kreis der
Bildungsbürger hinaus, weil sie antiständisch konzipiert ist und das
Versprechen enthält, den Abstand zwischen Gebildeten und Ungebildeten zu verringern.

Denn auch das zählt zur Genese des Bildungsbürgertums: Was gemeinhin als »Verbürgerlichung« bezeichnet wird, ist ein objektives
Phänomen, das die Künste und Wissenschaften ebenso umfaßt wie
den Einfluß auf Schule und Bildungssystem. In diesen Zusammenhang gehören auch der »Aufstieg« der innengeleiteten Person, die
Zunahme von Reflexion, der Ersatz von Kirche und Tradition
durch »Kultur«, das Leitbild der sich vervollkommnenden autonomen Person – kurzum, jener offene Raum für Erfahrungen und
Lebensentwürfe, der die Individuierungschancen, wohlgemerkt
der Intelligenz, erhöht.[53] Doch nicht nur das. »Bildung« und »Kultur« lassen sich weder auf ihre Institutionalisierung noch auf ihre
Trägerschicht reduzieren. Sie gewinnen im Verbund mit Festtags-
begriffen wie »Menschheit«, »Humanismus« oder »Nation« einen
anziehenden Glanz über das Bildungsbürgertum hinaus, indem sie
den Anspruch auf gesellschaftliche Allgemeingültigkeit erheben.
Gewiß, die Wirkungsgeschichte des Deutungsmusters ist ohne die
herausragende Rolle des Bildungsbürgertums undenkbar. Sie läßt
sich aber nicht auf diese Schicht beschränken. Denn mit der symbolischen Vergesellschaftung werden die Angehörigen verschiedener sozialer Klassen und Schichten zu Teilnehmern der »Bildung«
und der »Kultur«. Selbst die entstehende Arbeiterklasse übernimmt in ihren »Arbeiterbildungsvereinen« das neuhumanistische
Bildungsideal. So heißt es im Protokoll der vorbereitenden Gründungsversammlung des Hamburger Arbeiterbildungsvereins
(1844): »Die Bildungsgesellschaft der Arbeiter geht – ein Kind des
Tages – aus dem Bedürfnis nach Aneignung und Verbreitung von
Bildung im allgemeinen hervor«. Den Arbeitern geht es auch um
Elementarwissen, berufliche Fortbildung und politische Emanzipation. Insofern kann sich das Bildungsideal nicht zu einem Deutungsmuster entwickeln, das seine orientierenden Wirkungen aus
den Erfahrungen der Arbeiter bezieht. Die Differenz zwischen der
sozialen Lage und der geborgten Semantik ist zu groß. Deshalb
kommt es zu einer Trennung von den Liberalen, deshalb wird nach
1869 die Sozialdemokratie als politische Partei die liberalen Arbeiterbildungsvereine in die Bedeutungslosigkeit abdrängen. Aber:
Ein großer Teil der sozialistischen Intelligenz, etwa Ferdinand Lassalle, Wilhelm Liebknecht, Franz Mehring oder Rosa Luxemburg,
denkt im Horizont des Bildungsbürgertums. Das Bildungsideal

bleibt so in der Arbeiterbewegung präsent, etwa in der Hochschätzung der autonomen, versittlichenden »Bildung«, der Künste und
der Wissenschaften.[54] Es ist ein Projekt der ›arbeiterbewegten‹ Intelligenz, nicht aber der intelligenten Arbeiter.
»Bildung macht frei«, dieses Motto wählt sich *Meyer's Groschen-
Bibliothek der Deutschen Klassiker für alle Stände* (1850-55); »Bildung schafft Freiheit und Wohlstand«, verkündet ein Aufruf im
Börsenblatt des deutschen Buchhandels (1869) –: das sind bürger-
lich-liberale Devisen, die den geistigen Erfahrungshaushalt der
Nation bestimmen. Deshalb hat der Statistiker Hoffmann 1844/46
große Schwierigkeiten, »Bildung« sozial zu klassifizieren, gibt es
doch erwerbstätig »Gebildete« und nicht-erwerbstätig »Gebildete«, besitzende und besitzlose.[55] Aber auch Hoffmann stellt den
Dualismus »Gebildete – Ungebildete« nicht in Frage, und auch er
verweist auf die zentrale Rolle des »gebildeten Mittelstands«, der
»in der öffentlichen Meinung überall als der eigentliche Träger des
geistigen und sittlichen, das ist des kostbarsten Eigenthums der
Nation« gelte.
Mit dem Staatsbildungsprozeß, der erhöhten Professionalisierung
und den Individuierungschancen entsteht eine Schicht, die weder
dem traditionellen Stadtbürgertum oder dem neuen Wirtschaftsbürgertum zugeschlagen werden kann; eine Schicht, die sich nicht
am Leitbild des Citoyen ausrichtet, sondern an dem des sich
zweckfrei selbstvervollkommnenden Individuums. Die sozialgeschichtliche Genese des Bildungsbürgertums wurde nur angedeutet, um zu veranschaulichen, daß »Bildung« und »Kultur« sozusagen außersprachliche, gesellschaftliche Beziehungen anzeigen, und
daß sie zugleich diese semantisch vereinheitlichen und befestigen.
Erst mit diesen Begriffen kann die Intelligenz in jener günstigen
Phase einer erhöhten Reformbereitschaft »von oben« spezifische
Ansprüche formulieren, Ansprüche, die anti-traditionalistisch und
leistungsorientiert im Namen des selbsttätigen einzelnen vorgetragen werden, Ansprüche, die aber auch kommunikativ vergesell-
schaftend wirken, weil mit ihnen die Haltung des einzelnen
anschlußfähig wird zum gesellschaftlichen Ganzen. Zugespitzt formuliert: erst mit der semantischen Innovation wird aus den bürgerlichen Funktionseliten das Bildungsbürgertum. Mit »Bildung« und
»Kultur« kann es seine wachsende Rolle in der Gesellschaft, entla-

stet von politischen Machtansprüchen, formulieren. Die kommunikative und institutionelle Hegemonie der Begriffe und verbreitete
Selbstbezeichnungen wie »gebildete Stände« oder später »gebildete
Klassen« dokumentieren die Wirkung des Deutungsmusters. Es
entfaltet seine geschichtliche Macht nicht allein durch die Praxis der
Trägerschicht. Gerade die Bestrebungen, den Abstand zwischen
Gebildeten und Ungebildeten zu überwinden, gerade die Anerkennung von »Bildung« und »Kultur« auch bei nicht-bildungsbürger-
lichen Schichten verleihen der »Bildung« eine klassenüberwöl-
bende Reputation und sozialdistinktive Funktion. »Bildung« für
alle bestätigt die »Bildung« der wenigen. Die ständische Vergesellschaftung durch Bildungspatent, Titel und Stelle bleibt einer kleinen Zahl vorbehalten. Die Reichweite der symbolischen Vergesellschaftung ist weitaus größer. »Die unsichtbare Herrschaft«, welche
nach Gustav Freytag »das gebildete Bürgertum« seit etwa 1790 –
das ist die Zeit der semantischen Innovation – innehat, lebt auch aus
der Geltungsmacht der Begriffe.

b) Als der Jurist und Schriftsteller Theodor Storm endlich eine
Stelle als Kreisrichter erhält, da verschlägt es ihn 1856 von Potsdam
nach Heiligenstadt. Storm freut sich über die Ernennung, bleibt
jedoch zugleich skeptisch, »ob er aber auch Leute von derart luxu-
riöser Bildung, zu denen ich nun leider gehöre«, im ärmlichen
Provinzort finden werde.[56] Auch in anderen Briefen wünscht er
sich, »Leute unseres Alters und unserer Bildung« anzutreffen. In
Heiligenstadt lebt schon sein Bruder Otto. Er besitzt eine Gärtne-
rei, aber offensichtlich keine »luxuriöse Bildung«. Daß es im Städt-
chen einen Bürgermeister, einen Kreisgerichtsrat, einen Staatsan-
walt, Rechtsanwälte und einen Landrat gibt, weiß Storm bereits vor
dem Umzug. Titel und Stelle sind die eine unausgesprochene Voraussetzung für die Zugehörigkeit zu den »ungefähr zwanzig der
ersten Familien«. Die »Bildung« ist die andere Voraussetzung. In
Heiligenstadt macht Storm die Erfahrung, daß es hier auch noch
andere »hochgebildete« Menschen gibt. So trifft man sich jeden
Donnerstag zu einem »Römischen Abend«, an dem vorgelesen,
musiziert und geplaudert wird. Noch häufiger kommt man bei
Alexander von Wussow, dem Landrat und Sohn eines Generals,
zusammen. Er ist der offizielle Vertreter des von Storm wenig ge-
liebten preußischen Staates. Zudem herrscht im Hause Wussow ein

gewisser Adelsdünkel, den Storm, der selbst von bürgerlichem Standesdünkel nicht ganz frei ist, scharf ablehnt. Dennoch, trotz der politischen Unterschiede, werden die beiden Freunde. Sie teilen die Hochschätzung der schönen Künste, insbesondere der Literatur. Sie halten sich für »gebildet«. Und das verbindet sie. Insofern hat Herr von Wussow nichts mit jenem preußischen Regierungspräsidenten Herrn von Wulckow zu tun, der uns ebenso ungebildet wie gewaltbereit in Heinrich Manns Untertanenwelt entgegentritt. »Noch klopft mein Herz, noch trähnen die Augen«, schreibt der Generalssohn enthusiasmiert nach der Lektüre von Mörikes *Mozart auf der Reise nach Prag* an den Verfasser.

Bei Storm wird exemplarisch deutlich, wie der Individualismus des Bildungsideals zu einer kollektiven Erscheinung gerät, wie mit ihm bestimmte bildungsbürgerliche Diskurse und Geselligkeitsformen entstehen. Das hat auch eine historische Dimension. Denn das Deutungsmuster vereinheitlicht ehemals lokale oder regionale Bürgerwelten. In ihm erkennen sich Individuen wieder – und das über geographische und politische Grenzen hinweg. Innerhalb weniger Jahrzehnte entsteht so eine völlig neue Form symbolischer Vergesellschaftung durch die gegenseitige Anerkennung der »Gebildeten«.[57] Auch Storms Vater besuchte die Universität. Er studierte in Heidelberg, wirkt als Advokat im dänischen Husum und denkt, wenn er von seinem König spricht, an den im fernen Kopenhagen. In der dänischen Kleinstadt Husum verbringen die deutschsprachigen Honoratioren gerne ihre freie Zeit im Wirtshaus bei Schnaps, Bier und Spiel. Sie leben, ohne weitausgreifende Vorstellungen über einen Nationalstaat oder eine »Nationalkultur«, in einem beschränkten Terrain lokaler Interessen. Erst in den vierziger Jahren werden dies der Liberalismus und Nationalismus ändern. Der Vater aber fühlt sich vor allem als Stadtbürger und dann erst als Untertan eines Königs, der weit weg ist und seinen Husumern Selbstverwaltungsrechte gewährt. Casimir Storm schenkt »Bildung« und »Kultur« wenig Aufmerksamkeit. Er interessiert sich nicht für die Dichtungen seines Sohnes. Theodor Storm aber entwickelt, durchaus typisch für seine Generation, neue Vorstellungen und Geselligkeitsformen, begeistert sich für die deutsche Literatur, wird geprägt von einem modernen Nationalbewußtsein, bezieht sein Selbstbewußtsein auch aus seiner »luxuriösen Bildung«, und macht die zum Anerkennungsmaßstab für seinen Umgang.

Das Deutungsmuster ermöglicht dem Bildungsbürgertum eine erfolgreiche individuelle und kollektive Selbstaufwertung. »Der Besitz persönlicher höherer Bildung«, schreibt 1856 A. Schäffle, sei der »Ritterschlag der Neuzeit«.[58] Diese Selbstaufwertung hat eine lange Tradition und wurde ja schon bei den philosophischen Stichwortgebern ausgemacht, etwa bei Schiller oder Niethammer. Sie erhält durch die Institutionalisierung des Bildungsideals und die Bewährungsleistungen des Bildungsbürgertums in der Verwaltung wie im Prozeß der Professionalisierung ihre lebenspraktische Evidenz. Darüber hinaus kann sich das Bildungsbürgertum die Errungenschaften der »Kultur« zuschreiben. Die Berufung auf die Wissenschaften, die bildende Kunst, die Musik, vor allem aber auf die Literatur festigt die individuelle, soziale und nationale Identität. »Was haben wir denn Gemeinsames als unsere Sprache und Literatur«, fragt Jacob Grimm im Vorwort zum *Deutschen Wörterbuch* (1854). Dafür fühlen sich die »gebildeten Bürger« zuständig, deren Definitionsmacht auch einen Kanon von Bildungswissen anzeigt, mit bestimmten Werken, mit einer literarischen und philosophischen Prominentengalerie; allen voran, wie in der *Geschichte der poetischen Nationalliteratur der Deutschen* (1842) von Gervinus, das Dioskurenpaar Goethe und Schiller. Die Selbstaufwertung beruft sich aber nicht allein auf die Künste und Wissenschaften. Wir sollten nicht außer acht lassen, daß das Deutungsmuster zwar »Zivilisation« abwertet, aber noch nicht der »Kultur« antithetisch gegenüberstellt. So erscheint denn bei Bluntschli »der dritte Stand« – an anderer Stelle nennt er ihn auch das »gebildete und freie Bürgerthum« – als »der natürliche Vertreter der Interessen von Kultur und Civilisation. Die Barbarei erschreckt, die Rohheit ärgert ihn. Er ist der beweglichste Theil der Nation, der vielgeschäftigste, gewandteste. Die administrativen, technischen, industriellen Talente aller Art sind voraus bei ihm zu finden. Jede Kunst und jede Wissenschaft hat in ihm ihre Meister und Schüler, Kenner und Liebhaber [...]«.[59]
So befestigt das Deutungsmuster die soziale Identität seiner Trägerschicht im angesprochenen zweifachen Sinne: individuell und kollektiv. Wer unter Berufung auf »Bildung« und »Kultur« geistige und soziale Führungsansprüche stellt, der wertet sich auf, indem er sich von anderen abgrenzt. Innerhalb der symbolischen Vergesell-

schaftung bedeutet Identität deshalb auch Distinktion, Abgrenzung nach unten und oben. Das wird in der Regel nicht offen
ausgesprochen. Scharfe Töne gegen den Adel sind kaum zu hören.
Und nach unten wirken die Konstrukte »Volk« und »Volkskultur«
als, wie es Hermann Bausinger nennt, »eine Art Schutzschicht«, als
»Abpolsterung von Bürgerlichkeit«. Was ist damit gemeint? Das
»Volk« und die »Volkskultur« werden gegen Ende des 18. Jahrhunderts nicht einfach entdeckt, sondern auch erfunden. Die Wahrnehmung dessen, was im Englischen »popular culture« genannt wird,
zeigt einen Einstellungswandel der europäischen Intelligenz. Die
beginnt sich nun für die Lieder, Märchen und Schwänke, für die
Kleidung, Sprache und Bräuche der Handwerker und Bauern zu
interessieren.[60] Vom natürlichen und traditionsverhafteten Volk,
vom Alten, Einfachen und Weitabgelegenen geht eine große Anziehungskraft aus. Es scheint selbstverständlich, daß Rousseau
»Volkslieder« rührend findet, weil sie einfach und archaisch seien.
Die Gedichte des Ossian, eines mythischen gälischen Sängers des
3. Jahrhunderts, gesammelt und umgedichtet von dem schottischen
Schriftsteller James Macpherson, werden begeistert aufgenommen.
1765 veröffentlicht Thomas Percy seine *Reliques of English Poetry*,
eine Sammlung alter Balladen. In Deutschland werden Herders
Schriften das Interesse an der »Volkspoesie« wecken, mit großen
Auswirkungen auf den »Sturm und Drang« wie schließlich auch
auf die Romantik. Die Folgen für den Sprachhaushalt bleiben nicht
aus: Zwischen 1765 und 1790 ist, wie das Grimmsche Wörterbuch
belegt, ein spürbares Anwachsen der Kompositabildungen von
»Volk« zu beobachten.
Die Aufwertung des Volks wird in Deutschland allerdings stärker
als anderswo mythisch überhöht. Bis weit in die zweite Hälfte des
18. Jahrhunderts herrscht auch hier die Vorstellung vom »rudis
plebs«. Noch Adelungs Wörterbuch läßt 1780 deren Einfluß erkennen, wenn der 6. Band »Volk« als »das gemeine Volk, der große
Haufe, gemeine Leute, die untersten Classen im Staat« bezeichnet.
Mit dieser Vorstellung brechen bekanntlich die »Stürmer und
Dränger«, allen voran Herder, der »Volk« positiv und die Völker in
ihren ethnischen Eigenarten gleichrangig bewertet. Mit der Aufwertung vollzieht sich zugleich eine »soziale Eingrenzung« und
eine »soziale Entnennung« des Volksbegriffs. Selbst ein so »volks-

tümlicher« Autor wie Gottfried August Bürger denkt, wenn er
seine Leser vor Augen hat, an das »gebildete Volk« und unterwirft
sich der »Kritik und dem Geschmacke des gebildeten Publikums«.[61] Volk ist hier schon nicht mehr identisch mit den unteren
Schichten. In der Romantik schließlich wird das »Volk«, vollends
sozial »entnannt«, zu einer »nationalen Idee«. So heißt es schon bei
Novalis: »Das Volk ist eine Idee. Wir sollen ein Volk werden«. Das
kann hier nur angedeutet werden. Wichtig ist, daß der Begriff weniger die soziale Wirklichkeit bezeichnet denn die gesellschaftlichen und nationalen Hoffnungen des Bildungsbürgertums.[62] Mit
dem »Volk« verändert sich auch der Charakter der »Volkskultur«.
Damit sind nicht die gegebenen Lebensbedingungen der Handwerker, Bauern und Landlosen gemeint, sondern das, was sich zur
nationalgeschichtlichen Legitimierung eignet, die Erzählungen der
Götter und Helden, die Märchen und Sagen, auch Mittelalter und
Dürerzeit als Hochblüte »altdeutschen Lebens«. In der Gegenwart
werden unter »Volk« nicht die pauperisierten Handwerker oder gar
Arbeiter verstanden, sondern vorindustrielle Randbereiche bäuerli-
cher und handwerklicher Idyllen oder eine durch Bewußtsein und
Gefühl charakterisierte Volkseinheit. In beiden Fällen kann die soziale Realität mit »Volk« und »Volkskultur« überblendet werden.
Unter dem Stichwort »Nation« empfiehlt 1846 Rottecks und Welckers *Staats-Lexikon* zur Lektüre Friedrich Ludwig Jahns *Deutsches Volkstum* (1810), jene Schrift, die bis zur Frontausgabe in
Reclams Universalbibliothek 1944 wirkungsvoll das »Volkstum«
als entscheidende »Einigungskraft« im Volke bestimmt. Demnach
waltet »in allen Volksgliedern«, so ist beim antisemitischen Turnvater zu lesen, ein »volktümliches Denken und Fühlen«. Das *Staats-
Lexikon*, eine Art Hausbuch des süddeutschen Liberalismus, übernimmt den Jahnschen Ausdruck »Volksthum« und definiert »Volk«
als diejenigen, »in welchen sich die in der Geschichte offenbarte
Volkseigenthümlichkeit abspiegelt«, und als diejenigen, »in welchen das Bewußtsein und das Gefühl der Volkseinheit lebendig
geworden ist. Das Volk sind also die höheren Stände nur insofern,
als sie noch nicht in europäischer Weltbildung ihre Volkseigenthümlichkeit verscherzt haben; als Volk erscheint der große Haufe
nie, wo er bloß dem thierischen Triebe der Selbstsucht folgt«. Die

Zugehörigkeit zum Volk ist also vorrangig eine Frage ursprüngli-
cher »Volkseigenthümlichkeiten« oder des Bewußtseins und des
Gefühls der »Volkseinheit«, nicht aber der gegebenen sozialen
Lage. Die Zugehörigkeit wird allerdings nicht durch die »Geschichte« »offenbart« – da irrt der Verfasser des Artikels –, sondern
sie wird bestimmt durch die Definitionsmacht des Bildungsbürgertums.[63] Die Konstrukte »Volk« und »Volkskultur« gehören in den
Bereich der »nationalen Einheit«, der »Kulturnation«. Die Entdek-
kung der »popular culture« ist zwar ein europäisches Phänomen,
doch nirgendwo wird die Vorstellung vom Volk so normativ über-
frachtet wie in Deutschland. Ideengeschichtlich läßt sich das auf
Herder und Hegel, auf Fichte und die Romantiker zurückführen.
Auch in diesem Fall müssen wir die »verspätete Nation« berücksichtigen. Der nicht vorhandene einheitliche Nationalstaat führt in
Deutschland zu kompensatorischen Vorstellungen eines einheitlichen Volkes mit gewachsener Sprache und ursprünglichem Brauch-
tum. Das Volk, vermeintlich real, aber nicht sichtbar, wird so
angesichts der staatlichen Traditionslosigkeit zu einem Garanten
nationaler Identität überhöht. Die »Volkskultur« gehört zur Pflege
des Vaterländischen. Mit diesen größeren Zusammenhängen wird
der Bezug des Deutungsmusters zur sozialen Identität des Bildungsbürgertums verständlich. Indem es die Begriffe mit seinen
Normen und Werten prägt, erweitert es seine Definitionsmacht.
»Volk« und »Volkskultur« enthalten »Teilnahmeangebote« für andere Schichten, für den Adel wie für Kleinbürger und Arbeiter.
Auch in diesem Fall gilt, was über »Bildung« und »Kultur« gesagt
wurde: Gerade die Bemühungen, am Praxisfeld »Volkskultur« teil-
zuhaben, stärken die Hegemonie des Bildungsbürgertums. Was
vereinheitlichen soll, bestätigt die trennenden Unterschiede. Das
»Volkslied«, die Gesangvereine oder die neu inszenierten Bräuche
des 19. Jahrhunderts zeigen, daß die »Abstufungsangebote« des
Bildungsbürgertums angenommen werden. – Weil es sich als »allgemeiner Stand« versteht, fühlt es sich auch für das »Volk« zuständig.
So dient ihm die »Volkskultur« als Distinktionsmittel zur Stärkung
der eigenen Identität.

c) Der gesamtgesellschaftliche Geltungsanspruch des Deutungsmusters setzt sich auch in den Wissenschaften und Künsten, den
privilegierten Medien der »Bildung«, durch. Die Begriffe wirken

aber nicht nur in diesen, um es ›hegelnd‹ auszudrücken, gattungs-
mäßigen Objektivationen. Sie wirken auch im Liberalismus und
Nationalismus, jenen Ideologien und politischen Bewegungen, denen, in symbiotischer Verschränkung, bis zum Ende der »liberalen
Ära« nach 1878 eine große Integrationsmacht zukommt. So kann
das Deutungsmuster über die Wissenschaften und Künste hinaus
Gesamtzuständigkeiten reklamieren, kann unterschiedliche Praxisbereiche, wissenschaftliche und künstlerische, politische und soziale, überwölben. Die Begriffe entfalten eine pragmatisch-diskursive Dynamik, weil sie hochgeschätzt werden, aber unbestimmt
bleiben, weil sie sich für die Wissenschaftssprache ebenso eignen
wie für die Bildungssprache. So bestätigt sich die Metapher von den
»Angelpunktwörtern«: um »Bildung« und »Kultur« dreht sich vie-
les, das sich uns erst in der jeweiligen Verwendung erschließt.
Wie entfaltet sich der Bezug des Deutungsmusters zur Verteilung
und Anordnung gesellschaftlicher Bewußtseins- und Wissensbestände? Was die Wissenschaften anbetrifft, neudeutsch könnte man
auch von Spezialdiskursen reden, so läßt sich beobachten, daß die
Begriffe nicht nur in der Philosophie und Pädagogik Geltung erlangen, sondern daß sie mit einer neuen Denkform koalieren, die den
deutschen Idealismus und seine Systeme ablösen wird, nämlich jener – später wird sie »Historismus« genannt –, für die der Gedanke
der historischen Entwicklung zum Prinzip wird. Mit ihr wird das,
was bei Hegel noch Thema einer »*Philosophie* des Geistes« ist, zur
Geschichte des »Geistes«, zum Gegenstand positiver historischer
Forschung in unterschiedlichen Bereichen: den Altertumswissen-
schaften, den Sprachwissenschaften, den Philologien, der Germanistik, Romanistik oder der Geschichtswissenschaft. Der Gegensatz
zwischen Philosophie und Historismus sollte allerdings nicht überstrapaziert werden. Die Genese der neuen Denkform ist Herder,
W. v. Humboldt und auch Hegel verpflichtet, der Geschichtsphilo-
soph bleibt und nicht Historiker wird: Geschichtliches läßt er nur
unter dem Vorzeichen der Philosophie gelten; der allgemeinen Geschichte weist er einen Platz im Prozeß des Geistes zu. Insofern ist
der Siegeszug des Historismus ohne Hegel nicht zu denken.
Es sei daran erinnert: die Humboldtsche Universität lehnt ein ra-
tionalistisches Wissenschaftsverständnis der feststehenden Wahrheiten ab, sie wendet sich dem Historischen zu, indem sie Sprache

zum Organ der Überlieferung erklärt. Damit stellt sich die Frage
nach einer Methodenlehre des Verstehens, nach der Hermeneutik.
Das bedeutet zunächst kein Votum gegen die Philosophie und für
die Historiographie; Hegel wird erst nach 1848 zum toten Hund
erklärt. Der Neuhumanismus gehört allerdings in die Entstehungsgeschichte des Historismus. Sein Bildungsideal beeinflußt diese
wichtige geistige Strömung des 19. Jahrhunderts und wird durch sie
zugleich bestätigt. Denn schon Humboldt begreift das Verstehen
der fremden Individualität durch das prinzipiell zufallsbedingte Individuum als einen Vorgang des Verstehens fremder Eigentümlich-
keit. Im Historismus wird der Gedanke der Singularität und
Variabilität von der Einzelpersönlichkeit auch auf geschichtliche
Kollektivgebilde übertragen: sie werden individualisiert.[64] Dieses,
folgt man Friedrich Meinecke, gegenüber der westeuropäischen
Aufklärung spezifisch deutsche historische Denken[65] ersetzt nicht
nur die Philosophie der Geschichte durch eine Geschichte der Philosophie, sondern prägt entscheidend die verschiedenen Fächer
dessen, was später mit Dilthey Geisteswissenschaften genannt wird
– übrigens wiederum ein Wort, das sich kaum übersetzen läßt. »Bildung« im Sinne von Verstehen und »Kultur« als »geistiges Gebilde«
erweisen sich als offen für die Führungsmacht des historischen Bewußtseins. Im Historismus wird die personenbezogene Individualität des Bildungsideals zu einer kollektiven Individualität ausgeweitet und zum Objekt relativierender wie kontemplativer
historischer Forschung. Der Historismus hat, wenn er das historisch Gewordene oder gar Gewachsene betont, einen stark konservativen Zug, während das Bildungsideal in die Zukunft weist. Beide
verarbeiten Erfahrungen einer beschleunigten, fundamentalen Veränderung der Welt und geben darauf unterschiedliche Antworten.
Der Historismus erlaubt es auch Konservativen, historisch zu argu-
mentieren. Er verbindet mit den Erfahrungen keine Erwartungen.
Hingegen ist das Bildungsideal antiständisch auf die Zukunft orientiert, eben, wie es Niethammer nennt, »modern«. Dennoch: in der
Vorstellung von der Individualität und der Ganzheit, der organischen Entwicklung und des Verstehens lassen sich große Gemeinsamkeiten ausmachen, auch wenn wir die Unterschiede zwischen
einem ideativen, Endzwecke setzenden Bewußtsein und einem hi-
storisch-kontemplativen Bewußtsein nicht übersehen dürfen.

Noch deutlicher wird der Bezug des Deutungsmusters zur Anordnung gesellschaftlicher Wissensbestände beim »Kulturbegriff«. Ja, man kann sagen, daß die neue Denkform des Historismus erst mit der spezifisch deutschen semantischen Innovation, jenem Bruch mit dem Kultur- bzw. Zivilisationsbegriff der europäischen Aufklärung, entstehen kann. Was auch immer einzelne Historiker des 19. Jahrhunderts unter »Kultur« verstehen – Ranke, Droysen, Gervinus, Dahlmann oder Treitschke – : sie alle schätzen die »Kultur« und schreiben doch keine »Kulturgeschichte«. Der Kulturbegriff des Historismus bleibt idealistisch imprägniert – trotz der Ablehnung der idealistischen Philosophie. Er bezieht eine wertende Distanz gegenüber den materiellen Bedürfnissen und der Entwicklung der Gesellschaft, weil er überpersönliche Gebilde wie Staaten, Völker, Religionen und Institutionen der Sphäre des geistigen Lebens zuordnet. Das muß nicht notwendigerweise eine Antithese zur »Zivilisation« bedeuten und enthält doch eine wertende Abstufung. Bei Ranke, um den prominentesten Vertreter des Historismus zu nennen, umfaßt »Kultur« »zugleich das religiöse und das staatliche Leben, die Grundlagen des Rechts und der menschlichen Gesellschaft«,[66] d. h. auch alle überkommenen Kenntnisse und Fertigkeiten. Er hält »Kultur« und »Zivilisation« für gleichbedeutende Wörter! Dabei bleibt seine Vorstellung von »Kultur« idealistisch-normativ. Staaten, Völker, Religionen und Institutionen verlegt er in eine Sphäre, die der westeuropäische Zivilisationsbegriff überhaupt nicht kennt, in die des »objektiven Geistes«. Er schreibt Weltgeschichte, nicht Kulturgeschichte; er glaubt an den Primat des Staates. Mit dem Historismus wird die politische Geschichte zum bevorzugten Gegenstand der Universitätshistoriographie. Die Tradition der spätaufklärerischen Kulturgeschichte – wie sie etwa die Göttinger Historiker anstrebten –, einer Geschichte, die soziale Zusammenhänge ergründen will, wird durch den Historismus abgedrängt.[67]

Mit dem Deutungsmuster entsteht eine Kluft zwischen den Geisteswissenschaften und den Naturwissenschaften. Deren Aufstieg wird es nicht verhindern, vielmehr, wie noch zu zeigen, auf verschlungene Art sogar befördern. Die historisch-sprachlich ausgerichtete »Allgemeinbildung« erkennen auch die Naturwissenschaftler an; einzelne Werke wie A. v. Humboldts *Kosmos* (1844 ff.)

oder Liebigs *Chemische Briefe* (1844) können – auch daran zeigt
sich die Flexibilität des Deutungsmusters – sogar zum Bestandteil
der »allgemeinen Bildung« werden. Alexander v. Humboldt redet
keineswegs einer schrankenlosen Instrumentalisierung der Naturwissenschaften das Wort. Sein Grundparadigma ist ein ästhetisches.
Er bietet ein (Natur-)Gemälde, das Objekt und Betrachter, Natur
und »Kultur« in nachromantischer Sachlichkeit eint. Für Liebig
andererseits ist »der Seifenverbrauch« ein »Masstab für den Wohlstand und die Cultur der Staaten«! Er bestimmt »Kultur« als
»Ökonomie der Kraft«, was eher auf den westeuropäischen Zivilisationsbegriff als auf den deutschen Kulturbegriff verweist. Seine
Briefe werden zum Bestseller, was allerdings nicht bedeutet, daß
sich seine Vorstellung von »Kultur« durchsetzt. Verallgemeinernd
kann gesagt werden, daß auch die naturwissenschaftlich-technische
Intelligenz »Bildung« und »Kultur« anführt, wenn sie sich selbst
und ihre Arbeitsgebiete aufwerten will.[68] So beruft sich in den vierziger Jahren Ferdinand Rethenbach, ein Pionier des wissenschaftlichen Maschinenbaus, auf »ächte Bildung«, um seine Arbeit
aufzuwerten. Der Ingenieurwissenschaftler Adolph Ernst beklagt
1881, daß die »höheren Kreise« den Ingenieur mit dem Schlosser
verwechselten; er versichert, nach seiner Ansicht bleibe »das Gymnasium immer eine der Hauptquellen der wahren humanistischen
Bildung«. Zugleich aber versucht er, ohne den Begriffsinhalt in
Frage zu stellen, den Begriffsumfang zu erweitern: »Allgemeine
Bildung ist ein relativer Begriff, denn alles, was jetzt auch nur zum
oberflächlichen Verständnis der uns umgebenden, socialen, politischen und natürlichen Verhältnisse und Dinge gehört, vermag keine
Schule, kein Studium einzelnen Menschen ganz zu geben. Für viele
ist allgemeine Bildung nichts weiter als ein Kompendium mehr
oder minder fest abgegrenzter Kenntnisse, ein Konversationslexikon von bescheidenem Umfang, als dessen Herausgeber man sich
einen Gymnasial-Abiturienten zu denken hat. Wieviele vergessen
ganz, daß allgemeine Bildung vor allem eine Bildung ist, in der
Verstand und Gemüt einen harmonischen Abschluß gefunden haben«.[69] Die Kritik an der »Bildung« vollzieht sich hier, und dies ist
durchaus repräsentativ für das Gros der naturwissenschaftlich-
technischen Intelligenz, noch im Namen der eigentlichen »Bildung«. So anerkennen auch die, deren Wissensbestände vom Deu-

tungsmuster evaluativ abgestuft werden, die Anordnung der Wissensbestände; auch wenn sie deren Verteilung – mit dem sich entfaltenden Kapitalismus im Rücken – zugunsten der Technik- und Naturwissenschaften verändern. »Bildung« und »Kultur« werden jedoch ihre evaluative Hegemonie erst im 20. Jahrhundert verlieren. Das zeigt auch die Geschichte der institutionellen Bastionen technischer Ausbildung. Die Realschule und die Technische Hochschule versuchen sich Anerkennung zu verschaffen, indem sie zunächst das Bildungsideal anerkennen.

Als Friedrich List für den »Zollverein« ein »Eisenbahnsystem« fordert, da begründet er dies auch mit dem Hinweis, das System sei ein »Kulturbeförderungsmittel; denn es beschleunigt und erleichtert die Distribution aller Literaturprodukte und aller Künste und Wissenschaften«. List hat die Bedeutung der Ökonomie für die Entwicklung des Nationalstaates erkannt. Er will den industriellen Vorsprung Englands aufholen. Die Charakterisierung der Eisenbahn als »Kulturbeförderungsmittel« kann als kalkulierte Verbeugung vor der Geltungsmacht des Deutungsmusters verstanden werden. Seine Argumentation ist auf die Semantik des Bildungsbürgertums ausgerichtet, auf dessen Hochschätzung der Künste und Wissenschaften. Hundert Jahre später, soviel kann hier schon angedeutet werden, ist dies bei einem Großprojekt wie dem Autobahnbau nicht mehr nötig.

Schließlich die Kunst. An ihr vollzieht sich »Bildung«. Mit ihr läßt sich zeigen, daß man »Bildung« besitzt. Das meint ja Storm, wenn er von seiner »luxuriösen Bildung« spricht und Ausschau nach gleichgebildeten Personen hält. Nun geht es hier nicht um die Kunst-Praxis des Bildungsbürgertums, um seine Geselligkeitsformen, seine Lektüre oder Musik.[70] Ebensowenig können Künstler, Künste und Richtungen vorgestellt werden; also weder Kunstgeschichte noch Kunstsoziologie. Von Interesse ist vielmehr, inwieweit mit dem Deutungsmuster spezifische Einstellungen zur Kunst und Auffassungen von der Kunst verbunden sind. Von Interesse sind also Sinnbezüge zwischen der Kunst und dem Deutungsmuster. Es geht demnach um bisher wenig erforschte, langfristige Prozesse, nicht um einzelne »Geschichten« der Werke oder Richtungen.

Es liegt auf der Hand, daß die Vorherrschaft des Bildungsbürgertums an Gymnasium und Hochschule wie in der »öffentlichen Meinung« eine wirksame Kunstkompetenz bedeutet. Ihm fühlen sich zudem im 19. Jahrhundert die meisten Künstler verbunden. Das führt zu einer großen Vertrautheit zwischen den Kunstwerken und ihrem Publikum und macht die Grenze zwischen virtuoser Leistung und einem gekonnten Dilettantismus durchlässig. Die verbreitete Vorstellung, die Kunst sei seit der Romantik die Sprache des einsamen, der Welt entfremdeten Menschen, übersieht den Tatbestand, daß sich nach der Romantik und vor der Moderne die meisten Künstler bildungsbürgerlichen Normen und Werten verpflichtet wissen und keine Sonderrechte im Namen der Kunst beanspruchen. Was im 20. Jahrhundert nur noch wenige sein wollen und sein können, das gelingt noch im 19. Jahrhundert: Der vorherrschende Typus ist der des »Bürgerkünstlers«. Die »Verbürgerlichung« der Kunst setzt bereits im 18. Jahrhundert mit ihrer Loslösung von Hof, ständischer Welt und Kirche ein. Mit ihr entsteht der »freie« Autor, ein neues Publikum und eine Kunst, die mit dem Anspruch des allgemein Menschlichen auftritt. Die Hochschätzung der Kunst, ihre Ermächtigung, das Geschick der Menschheit zu bessern, ist ein Erbe der europäischen Aufklärung. Insbesondere der Literatur kommt die Funktion zu, die moralische und ästhetische Erziehung des Menschengeschlechts zu betreiben. Während aber in Frankreich die Aufklärung in die Revolution einmündet, wird in Deutschland die geistige Bewegung durch philosophische und künstlerische Entwürfe aufgehoben und das geschichtliche Ereignis politisch verneint.[71] Das wurde als semantische Innovation an den Begriffen »Bildung« und »Kultur« aufgezeigt. In diesem Zusammenhang entsteht auch eine Kunsttheorie, die ein Humanitäts- und Kunstideal entwirft, das den Künstler zum Sprecher der Menschheit generalisiert, die Kunst autonomisiert und ihre Gegenstände im Namen von Schönheit und Ganzheit idealisiert. Ähnlich wie das Bildungsideal, geht das Kunstideal nicht vom empirischen Menschen, sondern vom »Menschen überhaupt« aus, wendet die Kunst sich »an die reine Gattung im Individuum« (Schiller). Wie kein anderer Text zeigen Schillers *Briefe über die ästhetische Erziehung* die Koalition von Bildungsideal und Kunstideal, von Anspruch und Anpassung. Hier ist nicht der Ort für eine Darstellung der Kunsttheorien der Weimarer Klassik oder der Romantik. Hervorzuheben bleibt, daß beide die Kunst heiligsprechen, und daß sie diese als eine unabhängige zweite Welt betrachten, welcher gegenüber jener ersten wirklichen Welt der Vorrang gebührt.[72] Der Einwand, die Geringschätzung des prosaischen Alltags und die Hochschätzung der Kunst seien nichts spezifisch Deutsches, sondern eine Signatur der Kunst des 19. Jahrhunderts, kann sich auf den Akademismus berufen oder auf Schriftsteller, die dem Kult der Schönheit und der Form huldigen. Für Flaubert z. B. ist die »erste wirkliche Welt« eine »ignoble réalité«, der er die Apotheose der Kunst entgegenstellt. Wie kaum ein anderer haßt er den nüchternen Alltag, wie kaum ein anderer entlarvt er ihn aber auch in *Madame Bovary* oder in der *Éducation sentimentale*. »Flaubert führt die Feder«, schreibt Sainte-Beuve in einer Rezension, »wie andere das Skalpell«. Über deutsche Autoren läßt sich dies nicht sagen. Selbst da, wo sie sich als »Realisten« verstehen, lieben sie das »Ideale«. Otto Ludwig, neben Friedrich Theodor Vischer einer der einflußreichsten Literaturtheoretiker des »Realismus«, spricht deshalb von einem »poetischen Realismus« und fordert »wahre Schönheit der Darstellung, Ordnung der Schicksale nach dem moralischen Gefühl«. Nicht ohne Grund wirkt die deutsche Literatur gegenüber der Westeuropas oder Rußlands eher altfränkisch und versponnen im Althergebrachten des Winkels.[73] Nicht ohne Grund findet sie erst verspätet Anschluß an die Moderne. Das läßt sich nicht unvermittelt durch einen vulgärsoziologischen Kurzschluß mit den »rückständigen Verhältnissen« erklären, mit der verspäteten Industrialisierung und der fehlenden Hauptstadt als kulturellem Zentrum. Die »Idealisation der Wahrheit« kritisiert auch ein Turgenjew, der aus einem rückständigeren Land kommt; allerdings einem Land mit einer Literatur, die mit protokollarischer Genauigkeit *Aufzeichnungen aus einem Totenhaus* hervorbringt, Schilderungen aus einem Zuchthausalltag, der nicht zum »Poetischen« am deutschen Realismus paßt. Offensichtlich überleben in Deutschland Elemente der klassisch-idealistischen Kunsttheorie das von Hegel oder Heine konstatierte »Ende der Kunstperiode«, ebenso wie das Bildungsideal die Hegemonie der Philosophie überlebt.

Das ist kein Zufall. Die Vorstellung einer autonomen Kunst, die das

Ideale in Schönheit und Harmonie verkörpert, die sich und den Rezipienten über die Prosa des Alltags »erhebt«, geht ein in das geistige Erfahrungskapital des Bildungsbürgertums und bleibt dort, unabhängig von einzelnen Gattungen oder Richtungen, präsent. Nicht die Apotheose der Kunst, nicht die Idealisierung allein, sondern die Verschränkung von idealisierender Kunst und bildungsbürgerlicher Semantik, von Bildungsideal und Kunstideal kann als nationale Besonderheit gelten. Diesen Zusammenhang reflektiert gegen Ende seines Lebens W. v. Humboldt, wenn er, nicht ohne nationale Selbstaufwertung, auf die »Totalität der menschlichen Natur« und die Rolle von »Kunst und Dichtung« zu sprechen kommt: »Die Kunst nun und alles ästhetische Wirken von ihrem wahrem Standpunkte aus zu betrachten, ist keiner neueren Nation in dem Grade, als den Deutschen gelungen [...]. Die tiefere und wahre Richtung im Deutschen liegt in seiner grösseren Innerlichkeit, die ihn der Wahrheit der Natur näher erhält, in dem Hange zur Beschäftigung mit Ideen und auf sie bezogene Empfindungen [...]«. Die »hohe und ernste« Stellung der »Poesie«, so ist an anderer Stelle zu lesen, die ihr weder die Rolle der »tändelnden Verzierung« zuspricht noch »unmittelbares moralisches Wirken und Belehrung« von ihr verlangt, sei »tief in deutscher Sinnes- und Empfindungsart gegründet«.[74] Übrigens gebraucht Humboldt mit »Dichtung« einen ebenfalls kaum übersetzbaren Begriff, der auf einen hehren Sonderbereich der Literatur, auf Autonomie, Idealisierung und Schönheit verweist; ein Begriff, der mit seiner normativen Imprägnierung schärfer als »poésie« oder »littérature« im Französischen, als »poetry« oder gar »literature« im Englischen weniger »anspruchsvolle« Texte ausgrenzt.[75]

Kunst hat im Leben des Bildungsbürgertums einen zentralen Platz und erfüllt verschiedene Funktionen. Sie ist Teil seiner Geselligkeit, orientiert über die Wirklichkeit, verklärt sie, versöhnt mit ihr und kann zudem als Distinktionsmittel »nach unten« und »oben« eingesetzt werden: erhält man doch durch sie eine »luxuriöse Bildung«, die einen von anderen unterscheidet, indem sie von anderen anerkannt wird. Die Einstellung zur Kunst als einem Medium der »Bildung« ist quasi-religiös. Sie ist, wie es seit der Frühromantik heißt, Gegenstand von »Andacht« und »Weihe«. Die Museen, Theater und Konzertsäle sind die »ästhetischen Kirchen«, in denen

sich die subjektive Kunstfrömmigkeit ausleben kann. Die Kunst
wird auf das »Wahre, Gute und Schöne« verpflichtet. Sie gehört
zum Bereich des »Idealen«, bildet eine Art Gegenwelt zur prosaischen Welt der Arbeit und des Geldes. Sie ist im 19. Jahrhundert
eine Lebensmacht, was aber nicht heißen muß, daß sie sich des
Lebens bemächtigt. Denn sie kann auch »affirmativ« werden und
wirkt dann nicht, wie es ihr die klassische deutsche Ästhetik vor-
schreibt, als Vorbote möglicher Wahrheit, sondern als Palliativ für
den beseelten Genuß. Sie kann dann als das »Höhere« nach oben
weisen, aber ohne Verpflichtung, lediglich verklärend.[76] Eine solch
idealisierende Kunstemphase zählt zum Grundbestand des symbolischen Erfahrungskapitals der Gebildeten, seien sie Demokraten,
Liberale oder Konservative, philosophische Idealisten oder Mate-
rialisten. Selbst ein Ludwig Büchner erkennt ihre Geltung im
Arsenal der Ideale an, wenn er in *Kraft und Stoff* (1857), einem
Bestseller des Vulgärmaterialismus, »Kunst« und »Dichtung« neben »Wissenschaft« und »Sittlichkeit« als die »erhabensten Offen-
barungen des Menschengeistes« bezeichnet.

Mit dem Weg in die Moderne wird die Disproportion zwischen
einer bildungsbürgerlichen Kunstauffassung und neuen Wirklichkeiten zunehmend problematisch. Darauf reagieren der Naturalis-
mus und die Sezession, die beide auf ihre Art mit dem Verklärungs-
postulat brechen wollen. Mit der Kunst der Moderne wird das
Bildungsbürgertum seine Kunstkompetenz verlieren. Auch von daher werden die schreckhaften Reaktionen auf sie verständlich. Aber
auch hier sollten wir die Zählebigkeit des Deutungsmusters nicht
unterschätzen. Was für die Kunstgeschichte erledigt ist, kann für
die historische Semantik noch lebendig wirken. Hören wir, was ein
Freund der Künste 1901, kurz nachdem die Gründung der Berliner
Sezession den Konflikt zwischen akademischer und moderner
Kunst verschärft hat, über die Kunst sagt: »Wenn nun die Kunst,
wie es jetzt vielfach geschieht, weiter nichts tut, als das Elend noch
scheußlicher hinzustellen, wie es schon ist, dann versündigt sie sich
damit am deutschen Volke. Die Pflege der Ideale ist zugleich die
größte Kulturarbeit, und wenn wir hierin den anderen Völkern ein
Muster sein und bleiben wollen, so muß das ganze Volk daran mitarbeiten, und soll die Kultur ihre Aufgabe voll erfüllen, dann muß
sie bis in die untersten Schichten des Volkes hindurchgedrungen

sein. Das kann sie nur, wenn die Kunst die Hand dazu bietet, wenn sie erhebt statt daß sie in den Rinnstein niedersteigt«.[77] Der Kunstfreund ist Wilhelm II., und es mag sein, daß dessen Vorliebe für kämpferische und dynastische Züge in der Kunst eine Eigenheit des Herrschers ist. Mit der Auffassung von der Kunst als einem Bereich des Idealen, der nach dem »Gesetz der Schönheit und Harmonie« formiert sein soll, drückt Seine Majestät jedoch aus, was die Bildungsbürger denken. So zeigt sich in den Vorstellungen des Kaisers – er weiß es nicht, aber er spricht es aus – die zählebige Macht des Deutungsmusters, die »kulturelle Hegemonie« des Bildungsbürgertums zu einem Zeitpunkt, in dem sich die literarisch-künstlerische Intelligenz von den Normen der »Bildung«, »Kultur« und »Kunst« zu befreien beginnt.

»Bildung« und »Kultur« etablieren sich zudem wirkungsvoll in den beiden entscheidenden Integrationsideologien des 19. Jahrhunderts, im Liberalismus und im Nationalismus. Damit erweitert sich ihre soziale und funktionale Reichweite über die Wissenschaften und Künste hinaus. Auch im Fall des Liberalismus wie des Nationalismus sind die »Gebildeten« die Wortführer, was aber nicht heißt, daß sie auch alleine die soziale Trägerschicht ausmachen. Der Nationalismus ist seit dem späten 18. Jahrhundert das Projekt einer kleinen Gruppe: der »Stürmer und Dränger«, später der Romantiker. Er entwickelt sich aber im Verlaufe des 19. Jahrhunderts mit der Frontstellung gegen das napoleonische Frankreich, mit der Rheinkrise 1840, dem Konflikt um Schleswig-Holstein und den wachsenden Hoffnungen auf Einheit und Freiheit zu einem Massenphänomen. Er erhält seine Dynamik aus seiner Verbindung mit der liberalen Oppositionsideologie. Er stellt den internationalen und nationalen status quo in Frage, er ist noch nicht dumpfchauvinistisch, sondern internationalistisch. »Diese Gesinnung und dies Bestreben sind modern«, schreibt der jungdeutsche Literat Heinrich Laube.

Der Liberalismus ist zunächst eine Angelegenheit der Reformbeamten und der übrigen Gebildeten, nicht aber der Bourgeoisie. Seine soziale Basis wird sich erweitern hin zum Handwerk und zum gewerblichen Mittelstand. Auch deshalb, weil die Mehrheit der Liberalen zunächst nicht, wie etwa Friedrich List, für ein forciertes industrielles Wachstum votiert, sondern für den »Schutz«

der kleinen Leute. Das Gesellschaftsbild der Liberalen ist zunächst
vorindustriell auf die kleinen Eigentümer und die Selbständigen
ausgerichtet. Die Schweiz dient als Vorbild, nicht England. Der
deutsche Liberalismus umfaßt unterschiedliche Richtungen. Er hat
unscharfe Grenzen. Er ist eine politische Verfassungsbewegung
und eine soziale wie ökonomische Modernisierungsbewegung mit
einer eigenen Semantik der politischen Ansprüche und der Anpassung. Er will die Emanzipation von traditionellen Fesseln und
bleibt doch an die Tradition des staatsfreundlichen Kompromißdenkens gefesselt. Er spricht viel vom »Volk« und bleibt doch,
darin eher eine postrevolutionäre Bewegung, voller Mißtrauen gegenüber dem, wie es J. J. Sheehan nennt, »restless Volk«. Das
erscheint ihm wankelmütig und verführbar, gewaltbereit und zu
wenig »gebildet«. So schreibt Jakob Bassermann, Mitglied des ba-
dischen Landtags und der Deutschen Nationalversammlung voller
Enttäuschung über den Verlauf der 48er Revolution: »Auf unsere
deutsche Bildung, Sitte und Gemütlichkeit rechneten wir und
dachten uns eine deutsche Erhebung als ein weltgeschichtliches Ereignis, dem an Würde und Erhabenheit kein anderes könnte an die
Seite zu setzen sein«. Doch er zeigt sich enttäuscht über den Verlauf
der Revolution, über die »Bewaffnung des Pöbels« und über den
Tatbestand, daß die »Sicherheit der Personen und des Eigentums
nur noch von der Gnade des rohen Haufens abhängig« war.[78] Je
nach Standpunkt kann der deutsche Liberalismus als maßvolle und
realistische oder als wenig kampfeslustige und wenig zielbewußte
Bewegung gesehen werden.[79] Gegenüber dem Obrigkeitsstaat, den
der Liberalismus überwinden und zum »Kulturstaat« transformie-
ren will, vermeidet er alles, was nach Unrecht, Druck und Drohung
aussieht. In seinem Bildungsbegriff finden Anspruch und Anpassung ihren Ausdruck. Rudolf Virchow bringt dies 1849 auf eine
knappe Formel: »Freiheit ohne Bildung bringt Anarchie, Bildung
ohne Freiheit Revolution«. Der Mangel an »Bildung«, so die verbreitete Meinung, führe zum Fanatismus und begünstige den Despotismus. »Bildung« und politische Reife sollen sich ergänzen,
sollen Einsicht und politische Disziplin befördern.[80]
»Bildung« und »Kultur«, so wurde behauptet, sind nicht politisch
festgelegt. Auf sie können sich unterschiedliche Gruppen, Konservative, Liberale und Demokraten, die Burschenschaftler wie die sie

verfolgenden Beamten berufen. Das Bildungsbürgertum sitzt 1848 in allen politischen Fraktionen. Dem Bildungsideal fehlt tatsächlich das Moment des Politischen, was aber nicht ausschließt, daß der Begriff in seiner Verwendungsgeschichte in politische Funktionen einrückt. Das ist bei den beiden Integrationsideologien des Liberalismus wie des Nationalismus der Fall. Zu deren Semantik steht das Deutungsmuster nicht in einem Verhältnis der Dominanz oder der Subordination, sondern in einem Verhältnis der Koordination oder, besser gesagt, der Wechselwirkung. Die Vorstellung, daß die Geschichte dahin strebe, »die Bildung in immer weitere Kreise zu verbreiten« (G. Mevissen 1843), gehört ebenso zum semantischen Grundrepertoire der Liberalen wie das Bewußtsein der eigenen Modernität. »Wir eben sind die Zeit«, heißt es bei dem jungliberalen Hallenser Studenten Rudolf Haym. Der Liberalismus, so P. A. Pfizer im Grundsatzartikel *liberal* (1840) des Rotteck-Welckerschen *Staats-Lexikons*, sei die Zeitströmung, die »mit Naturgewalt verlebte Formen und verjährte Fesseln bricht«. Durch den Liberalismus rückt »Bildung« enger in Zusammenhang mit Leitbegriffen wie »Fortschritt« und »Freiheit«, »Recht« und »Allgemeinwohl«, »Öffentlichkeit« und »Einheit«. Beide, das Bildungsideal wie den Liberalismus, verbindet ein anthropologischer Optimismus, eine Orientierung an dem Primat des Sollens, der Normen, des Ideals. Beide wurzeln in jener Idee von Autonomie und Freiheit, die sich unter dem Einfluß Kants, des deutschen Idealismus und Neuhumanismus, weit über die philosophischen Seminare hinaus im symbolischen Erfahrungskapital des Bildungsbürgertums ausbreitet. Gemeint ist allerdings eine Freiheit, die als gesetzliche keineswegs anti-staatlich ausgerichtet ist, die sich auf den Obrigkeitsstaat, so wie er ist, einläßt, und die auf den »Kulturstaat«, so wie er sein sollte, setzt. »Bildung« ist auch im Diskurs des Liberalismus zunächst auf das Individuum bezogen, auf die Entfaltung seiner Möglichkeiten und Kräfte. In seinem Grundsatzartikel *Bildung* bestimmt Rotteck »Selbstbildung aller Bürger« als Ziel und ordnet ihr die Funktion des Staates zu, »nämlich die Gewährleistung der persönlichen Freiheit, also der freien Selbstbildung aller«. »Die Beförderung der allgemeinen Humanitätszwecke, also namentlich die Beförderung der Cultur« ist jedoch nicht der Zweck des Staates. Diese Einschränkung richtet sich gegen den absolutisti-

schen Staat (Rotteck spricht von »despotischer Regierung«), der ja
nicht nur Herrschaft und Obrigkeit verkörpert, sondern der sich
zugleich auch als Repräsentant der Gesellschaft versteht und daraus
die Legitimation für eine Erziehung »von oben« beansprucht.
»Höhere Bildung«, so Rotteck, kann vom Staat nicht erzwungen
werden, sondern sie ergibt sich »nur im Laufe eigener freier Entwicklung der Person«, wenngleich »die Freiheit der Selbstbildung,
wie persönliche Freiheit überhaupt« unter »dem besonderen
Schutze des Staates stehen«. Gerade diese Trennung von Staat und
bürgerlicher Gesellschaft erhöht ihn zum Vertreter des »Allgemeinen«, gleichsam zu einem idealisierten Unparteiischen in Sachen
»Bildung« und »Kultur«. Das ist er noch nicht, aber er hat als Obrigkeitsstaat die Möglichkeit, es zu werden. Im Bewußtsein dieser
Erwartung listet Rotteck die »Rechte und Pflichten des Staates«
bezüglich der »Bildung« detailliert auf, während er den Staat zugleich als Garant der »Freiheit der Selbstbildung« anerkennt. So
bricht der Liberalismus mit dem universellen Machtanspruch »des
absolutistischen Staates«, und er bleibt doch in der Tradition des
staatsfreundlichen Kompromißdenkens der deutschen Aufklärung.[81] »Bildung« und »Kultur« dienen dem Liberalismus als
Fluchtpunkte vor den Restriktionen des Obrigkeitsstaates, aber
auch als semantische Vollmacht für Forderungen ihm gegenüber.
Mit dem Nationalismus schließlich wird »Kultur« zu einem Zu-
rechnungsphänomen für die nationale Identität. Die sittliche
Größe des Deutschen, das haben wir ja schon von Schiller gehört,
»wohnt in der Nation und im Charakter der Nation«. So wird die
Nation zum Schlüssel für das Verständnis der »Kultur«, wie umgekehrt die »Kultur« zum Garanten der Nation wird. In Deutschland
erhält die Koalition zwischen Nationalismus und »Kultur« ihre besondere Dynamik durch die Spannung zwischen gesteigerten Wünschen und ernüchternden Realitäten. Das alte »Heilige Römische
Reich Deutscher Nation« deckt sich nicht mit dem, was, wie unterschiedlich auch immer, der neue Nationalismus unter »Deutschland« versteht. Zum Deutschen Bund von 1815 gehören Millionen
von Polen, Tschechen, Kroaten und Italienern. »Deutschland?
Aber wo liegt es?«, fragen 1796 Goethe und Schiller in den *Xenien*.
Über die Grenzen, ob kleindeutsch oder großdeutsch, debattiert

das Bildungsbürgertum. Entschieden wird dies durch die Reichseinigung »von oben«. Was aber deutsch ist, das wollen und werden die Bildungbürger bestimmen – vor allem im Namen der »Kultur«. – Unter dem Einfluß von Herder und der Romantik erscheint, wie es bei Ernst Moritz Arndt heißt, die Sprache als »das geistigste und gewaltigste Band aller Bänder«. Nach der Auflösung des alten Reiches schreibt Ernst Brandes, Deutschland existiere nicht mehr, aber das Volk sei noch vorhanden: »Das gemeinsamste Eigenthum und Heiligthum der Nation ist die Sprache.«[82] Deshalb kann Jacob Grimm sein *Deutsches Wörterbuch* als »Nationalwerk« herausstellen. Die fehlende nationalstaatliche Einheit erhöht den Bedarf an symbolischer Kompensation. Deshalb soll neben der Sprache das, was als deutsch gilt und den »Nationalgeist« verkörpert, erhalten und entwickelt, erinnert und bewahrt werden. Dafür entsteht beim Bildungsbürgertum ein nahezu missionarisches Sendungsbewußtsein, eine säkularisierte Glaubenssehnsucht nach der Einheit der Nation, zunächst nur bestätigt durch die Einheit ihrer »Kultur«. So will es in Büchern, Editionen, Sammlungen, Denkmälern, Historienbildern und restaurierten Bauwerken die nationale Tradition vergegenwärtigen, und so feiert es seine nationalen Heroen: Dürer und Gutenberg, Luther und Schiller.

Wichtig ist hier, daß »Kultur« gerade als symbolische Kompensation für die fehlende Einheit Bewußtseinsformen nachhaltig vergesellschaftet und homogenisiert, daß sich zudem mit dem »Kulturnationalismus« als eine Art Religionsersatz bildungsbürgerliche »Kulturvorstellungen« durchsetzen. Sicherlich lassen sich im 19. Jahrhundert ein einzelstaatlicher Landespatriotismus und ein provinzieller Partikularismus ausmachen – nicht nur in Bayern, Hannover oder Sachsen. »Bildung« bleibt zudem vorrangig ein Phänomen der protestantischen Welt; nur sie erlaubt, im Gegensatz zum Katholizismus, jene plastische Religiosität, mit der die Trennung zwischen »Bildung« und Religion erst möglich wird. Die katholische Kirche hingegen erhebt einen Anspruch auf die richtige Auslegung der »reinen Lehre«. Sie wird zwar entfeudalisiert und organisatorisch modernisiert, doch sie fühlt sich durch den Liberalismus und den Staat bedroht, dessen Ansprüchen sie ihre eigenen, dogmatischen Ansprüche entgegenstellt, wie der »Kulturkampf« zeigt. Mit seiner feudalständischen Tradition und seinem universa len Geltungsanspruch erscheint der Katholizismus als Gegner der modernen »Kultur«. Von daher wird der Eifer verständlich, mit dem besonders die Nationalliberalen wider die »Pfaffenherrschaft« und den »römischen Ungeist« zu Felde ziehen. In den sogenannten Mai-Gesetzen (1873) offenbart sich die Macht des protestantischen Deutschland. Das Gesetz betreffend die Vorbildung und Anstellung der Geistlichen macht die Übertragung eines geistlichen Amtes u. a. von einem staatlichen »Kulturexamen« abhängig. Diese gegenläufigen Strömungen zur symbolischen Vergesellschaftung, diese Spannungen zwischen der staatlichen Autorität und dem Katholizismus ändern aber nichts an der Grundtendenz eines Nationalismus, der mit Hilfe der nationalen »Kultur« Führungsschichten zu integrieren versteht, bevor die politische Einheit Realität wird. Storm, von Fontane wegen seiner »Husumerei« und »Provinzsimpelei« gelegentlich karikiert, kann hier durchaus als Repräsentant gelten. Er liebt sein Schleswig-Holstein, mag die Preußen, allen voran Bismarck, überhaupt nicht, und er schreibt doch als ein deutscher Autor in dem Bewußtsein, seiner »Nation« etwas zu sagen. Mit der »Nationalkultur«, die von den Vorstellungen des Bildungsbürgertums durchdrungen ist, die dabei aber einen Glanz über diese Schicht hinaus erhält, kann das Bildungsbürgertum seine kulturelle Hegemonie befestigen. Vor der Reichseinigung spricht Bluntschli in einem Brief an Sybel (1862) von einer »Kulturgemeinschaft, die wir im Wesen schon haben«. Wenige Jahre später verteidigt ein italienischer Kommentator die Reichseinigung gegenüber dem Vorwurf, sie sei ein »Kind der Gewalt«, mit dem Hinweis, es handele sich dabei um eine »politische Ausprägung der geistigen Bildung, [...] Triumph einer langen Culturarbeit«.[83]

»Bildungsideal« und bürgerliche Leistungsethik

Soviel zu den verschiedenen, lediglich analytisch getrennten Ebenen der symbolischen Vergesellschaftung qua Deutungsmuster, zu seiner Fähigkeit, gesellschaftliche Beziehungen wie auch die Identität seiner Trägerschicht zu organisieren und gesellschaftliche Bewußtseins- und Wissensbestände zu ordnen. Damit wurde ein wesentlicher Aspekt seiner Modernisierungsfunktion abgehandelt

und ein anderer Aspekt bereits angesprochen. Das Deutungsmuster integriert vor der Reichseinigung, sozusagen unterhalb politischer und landesstaatlicher Differenzen, die »Gebildeten« zu einer
einheitlichen Führungsschicht. Schließlich sind der ständische Partikularismus und die staatliche Zersplitterung Haupthindernisse
für den Anschluß an das westeuropäische Entwicklungsniveau. Wir
müssen uns vergegenwärtigen, daß es in Deutschland nicht nur einzelne Staaten gibt, sondern unterschiedliche Handels- und Gewer-
begesetzgebungen, verschiedene Münz-, Maß- und Gewichtssy-
steme, unterschiedliche Regelungen für den Post- und Telegra-
phenverkehr, für das Bank- und Finanzwesen, unterschiedliche
Heimatgesetzgebungen und fehlende Freizügigkeit. Das hat mit
der »gepflegten Semantik« des Bildungsideals zunächst nichts zu
tun. Diese unzeitgemäßen Sperren gegen eine kapitalistische Moderne werden nicht vom »Deutungsmuster« geräumt, wohl aber
von Führungsschichten, die, über die Landesgrenzen und politische Differenzen hinaus, mit dem Deutungsmuster ihre soziale
Einheit herstellen und die nationale Einheit herstellen wollen.
Lediglich angedeutet wurde bisher der zweite Aspekt einer Modernisierungsfunktion des »Deutungsmusters«, nämlich die Verbindung von Bildungsideal und bürgerlicher Leistungsethik. Das
Bildungsideal erhebt den Anspruch auf reflexive Autonomie und
Selbstverwirklichung. »Bildung« ist gegenüber Politik und Ökonomie als Bereich der Freiheit konzipiert. Ihre Medien sind wertungs-
hierarchisch abgestuft: An der Spitze stehen die Geisteswissenschaften, einschließlich der Mathematik, und die Künste, nicht die
Technik oder die Ökonomie. Vom Bildungsbegriff geht ein Impuls
für die Eigentätigkeit des Individuums aus; ein Impuls, der keineswegs im Widerspruch steht zu einer verweltlichten Frömmigkeit,
die die innere Gesinnung und leistungsbewußte Pflicht in den Mittelpunkt stellt. Das ist seit Max Weber immer wieder als Zusammenhang von protestantischer Ethik und Geist des Kapitalismus
thematisiert worden. Ideengeschichtlich bleibt der neuhumanistische »Bildungsbegriff« von der Last der Arbeit befreit. Nur das,
was dem Individuum gemäß ist, soll es sich anverwandeln. Aber in
der Verwendungsgeschichte erhöht das Bildungsideal den Selbst-
zwang zur Leistung. Das umfaßt auch Bereiche des Leistungswis-
sens, welche vom Bildungsideal abgewertet werden. Im Zusam-

menhang mit »der modernen Bildung« sieht die *Allgemeine deutsche Real-Encyklopädie für die gebildeten Stände* (1820) eine »Tendenz zum Idealen in den bessern Leistungen der Neuern [...]: gründlicher Fleiß, tiefe Forschung, allumfassende Wißbegierde, ein scharfer Verstand, eine des Fernsten und Höchsten mächtige Phantasie und ein Vermögen zu abstrahiren und zu combiniren, dem die Alten nur spärliche Anfangsgründe an die Seite zu setzen haben, zeichnet die Werke der modernen Kunst und Wissenschaft aus.«[84] Auch lebensweltlich bleibt ein erfahrbarer Unterschied zwischen Bildungswissen und Leistungswissen, zwischen einer kunstbeflissenen Geselligkeit als dem »wahre(n) Element für alle Bildung« (Fr. Schlegel) und einem arbeitsteiligen Berufsalltag. Doch in der Person verschmelzen »Bildungsstreben« und Berufspflicht zu einer erhöhten Tätigkeitsmotivation: Mit dem Bildungsideal wird Lernen programmatisch zur Dauerhandlungsbereitschaft. In den verschiedenen »Bildungskreisen«, so das *Allgemeine Handwörterbuch der philosophischen Wissenschaften* (1832), werde kein Mensch die »höchste Stufe« erreichen, »dennoch soll er danach streben«. Die selbstbestimmte »Bildung« erhält damit auch ein aktivierendes Moment der Selbstkritik. Die Unterscheidung zwischen »Bildung« und »Halbbildung«, die Kritik an »Unbildung«, »Überbildung« oder »Verbildung«, all das läßt sich sozial-distinktiv, aber auch selbstkritisch-reflexiv einsetzen. »Ein gebildeter Mensch«, so Rahel Varnhagen, »ist der, der die Gaben, die er hat, gütig, weise und richtig, und auf die höchste Weise gebraucht; der dies mit Ernst will; der mit festen Augen hinsehen kann, wo es ihm fehlt, und einzusehen vermag, was ihm fehlt. Dies ist in meinem Sinne Pflicht, und keine Gabe.«[85]

»Bildung« orientiert sich zunächst nicht an unmittelbarer beruflicher Verwertung. Sie wird nicht als Ausbildung, sondern als »Allgemeinbildung« verstanden, deshalb ist auch ein »Querstudieren« durch die verschiedensten Fächer an Gymnasium und Universität möglich. Dadurch wird den jungen Erwachsenen ein erstaunlich großer Raum für selbständige Orientierung und Interessenbildung gegeben.[86] Die neuhumanistische Gründungsidee der »allgemeinen Bildung« durch die philosophischen Wissenschaften setzt sich nur bedingt durch. Die philosophische Fakultät bleibt zwar dominant, aber sie kann ihren Integrationsanspruch nicht einlösen. Die Uni-

versität ist eine Ausbildungsinstitution für die staatsnahen freien
Berufe und für die Beamten. Das Bildungsideal steht jenseits von
Ökonomie, praktischer Tätigkeit und gesellschaftlichem Erfolg,
was aber nicht ausschließt, daß die universitäre Ausbildung Verhal-
tens- und Verstandesdispositionen schafft, die sich über das enge
Feld der »Kultur« hinaus bewähren. Der »gebildete Generalist«
kann in der beruflichen Praxis als Spezialist wirken. Die Universität
schwächt die partikularen Traditionen und setzt bürgerliches Lei-
stungsdenken durch. Humboldt gründet die Berliner Universität
mit Blick auf Deutschland, nicht auf Preußen. Die Examenstüch-
tigkeit wird zur Voraussetzung für den Berufserfolg. Der Selbstzweck in der Wissenschaftsorientierung, die Betonung von Offenheit und Unabgeschlossenheit ist mit einem Anspruch auf Fleiß
und Pflicht verbunden. Da bleibt wenig Platz für den Dilettanten
oder das Gentleman-Ideal der Colleges, an denen es auf Rhetorik
und Weltläufigkeit ankommt. »A spirit of learning pervades every-
thing«, schreibt 1820 ein amerikanischer Student über die Arbeiten
deutscher Wissenschaftler; deren Bücher seien »tedious«, aber auch
»wonderfully deep«.[87] Daß der Süden gesellig und der Norden
ernst sei, konnten wir schon bei Madame de Staël lesen. Später
bewundert Victor Cousin, Hegel-Epigone und seit 1840 französischer Unterrichtsminister, das deutsche Universitätswesen.[88] Die
internationale Ausstrahlung der deutschen Universitätswissen-
schaft und die Anerkennung ihrer Ausbildungsleistungen lebt auch
aus dem imperativen Impuls des Deutungsmusters. Das kommt
nicht nur den Geisteswissenschaften, sondern auch den Naturwissenschaften zugute. Sie haben zwar als Medium der »Bildung«
einen geringeren Rang, aber auch sie profitieren von der neuen
Wissenschaftsmoral. Deutschland, um 1800 auf dem Gebiet der
Naturwissenschaften noch völlig zurückgeblieben, ist auch darin
seit der Mitte des 19. Jahrhunderts führend.[89]
Nun soll hier keine nationale Hagiographie betrieben werden. Die
wenigen Hinweise mögen genügen, um die Modernisierungsfunktion des Deutungsmusters innerhalb umfassenderer Zusammenhänge zu veranschaulichen. Bisher ging es vorrangig um struktu-
relle Merkmale des Deutungsmusters. Mögliche Widersprüche
zwischen dem normativen Anspruch und dem Verlauf der Gesellschaftsgeschichte wurden bereits angedeutet; aber sie wurden zu-

nächst durch die idealtypische Analyse der symbolischen Vergesellschaftung wie der Modernisierungsfunktion »stillgestellt«. Das
Bildungsideal, so wurde behauptet, sei zu »gut«, um »wahr« zu
sein, die Vorstellungen der Stichwortgeber würden durch die Praxis
des Bildungsbürgertums konterkariert. Dieses Gefälle zwischen
Anspruch und Wirklichkeit ruft schon früh Kritiker auf den Plan,
doch zum entscheidenden Problem wird es erst mit dem entfalteten
Kapitalismus: Durch das Beharren auf die Gültigkeit des Deutungsmusters gelangt das Bildungsbürgertum in ein semantisches
Gefängnis.

2. Veraltet und doch zählebig.
Die Krise des Deutungsmusters als Modernisierungskrise

Der griechische Traum ist ausgeträumt: Stimmen eines Kulturkritikers und eines Physiologen

»Die liberalen Wortführer werden nichts dawider haben, wenn man
die Behauptung aufstellt, Kultur sei der höchste Schatz des deutschen Volkes, und Bildung die Form, in welcher Kultur von den
Individuen besessen werde.«[90] Dies schreibt ein Theologe und Philologe, ein Göttinger Professor, der scharf die »Bildung« des
Bildungsbürgertums kritisiert; allerdings in einer Art und Weise,
die dessen kollektives Unbehagen an der modernen Gesellschaft
zum Ausdruck bringt, ohne mit dem vertrauten Deutungsmuster
vollends zu brechen. Paul de Lagardes *Deutsche Schriften* (1878)
diagnostizieren für das neu gegründete Reich eine »Kulturkrise«,
eine »Entartung« des Bildungswesens, einen Niedergang der Sittlichkeit, und sie propagieren als Ausweg eine »nationale Religion«.
Die Behauptung, daß der junge Nationalstaat mit der »Kulturwelt«
breche, kann nicht als Ideosynkrasie eines Außenseiters verbucht
werden. Darüber klagen viele, Politiker wie Ludwig Bamberger
und metapolitische Philosophen wie Nietzsche.[91]
Bei Lagarde aber erhält die Kritik einen neuartigen, nationalistischen und illiberalen Ton. Auch deshalb findet sie Gehör, nicht nur
im Kaiserreich, sondern auch während der Weimarer Republik, besonders bei ihren Gegnern »von rechts«.[92] Lagarde erlangt den Ruf

eines »nationalen Propheten«. Seine Polemik gegen die Börse und
das Bankwesen, gegen Juden und Liberale, sein markiger Chauvi-
nismus und seine idealistischen Phrasen gründen auch in einem
regressiven Antikapitalismus, der die neuen Verhältnisse ablehnt,
ohne sie zu analysieren: »Lieber Holz hacken, als dies nichtswür-
dige civilisierte und gebildete Leben weiter leben«.[93] Dem »Materialismus« und der »Uneinigkeit des Volkes« will er mit einer neuen
»völkischen Gemeinschaft« beikommen. Seine Kritik am »Kultur-
ballast« und an der »allgemeinen Bildung« lebt aus der Einsicht,
daß das Bildungsideal nicht Realität geworden ist, daß durch das
»Berechtigungswesen«, durch wachsende Intellektualisierung und
Spezialisierung »wirkliche Bildung« unmöglich geworden ist.[94] Lagarde distanziert sich ausdrücklich von der vermeintlichen »Bildung« der Gebildeten, und zwar im Namen einer »Bildung«, die
ganz konventionell als »subjektive Aneignung der Kultur« verstanden wird. Mit der emphatischen Vorstellung individueller Selbstvervollkommnung gerät scharfsichtig die Kanonisierung der »Kultur« als Schatz und die Verfallsform der »Bildung« als Besitz in die
Kritik. Insofern leitet das Deutungsmuster noch seine Wertungen.
Zugleich aber bricht er mit dessen emanzipatorischem Potential:
statt »allgemeiner Bildung« wird die »Bildung« Weniger gefordert,
statt auf »Toleranz« und »Kosmopolitismus« setzt Lagarde auf einen illiberalen Nationalismus.
Ganz anders reagiert ein prominenter Physiologe und Verfechter
eines naturwissenschaftlichen Materialismus auf die evidente Diskrepanz zwischen dem Bildungsideal und den neuen Realitäten.
Emil Du Bois-Reymond will die Naturwissenschaft zum »absolu-
te(n) Organ der Kultur« aufwerten.[95] Für ihn ist das heraufkom-
mende Zeitalter durch Technik und den Imperativ der Induktion
gekennzeichnet. Offensichlich meldet er – unter Berufung auf die
»Kultur«! – den Hegemonieanspruch der Naturwissenschaften an.
Das entspricht ebenfalls weitverbreiteten Vorstellungen, nicht allein im Kreise der Naturwissenschaftler, sondern selbst bei Geistes-
wissenschaftlern und Künstlern. Für den Germanisten Wilhelm
Scherer zieht die Naturwissenschaft auf »dem Siegeswagen einher,
an den wir alle gefesselt sind«. »Die Basis unseres gesamten modernen Denkens bilden die Naturwissenschaften«, heißt es bei dem
Romancier und Populärphilosophen Wilhelm Bölsche. Solche An-

sichten sind nicht unumstritten. Sie wirken aber folgenreich. Denn von ihnen geht ein forciertes Nachdenken über das Verhältnis von klassischer und realistischer »Bildung« aus. Darüber wird nicht nur diskutiert. Der Kaiser, hohe Ministerialbeamte und Universitätsprofessoren betreiben, nicht ohne Widersprüche und Widerstände, eine Umschichtung innerhalb des »Bildungssystems« zugunsten des »Realismus«. Dabei beruft man sich nicht nur auf die Erfolge der Naturwissenschaften und der Technik, sondern auch auf die neue Situation wachsender Weltmarktkonkurrenz und imperialer Ansprüche. So heißt es in den Leitlinien einer hochkarätig besetzten Schulkonferenz von 1890, »die den alten Sprachen im Lehrplan gewidmete Stundenzahl« sei einzuschränken, um den »durch die neue Weltstellung Deutschlands gesteigerten Anforderungen auch anderer Wissensgebiete gerecht zu werden«.[96]
Auch bei Du Bois-Reymond wirkt noch die Geltungsmacht des Deutungsmusters. »Die alte Cultur«, er meint damit Athen und Rom, sei untergegangen, »weil sie auf dem Flugsand der Aesthetik und Speculation ruhte«. Die Alten hätten es versäumt, sich die Natur dienstbar zu machen und seien deshalb durch »nordische Recken und asiatische Steppenreiter« besiegt worden. Heute aber, so heißt es fortschrittsgewiß, stelle sich die Situation anders dar: »Auf dem Boden der Induction und Technik ruht unsere Wissenschaft und Cultur so sicher, wie auf dem Boden der Speculation und Aesthetik schwankend aufgebaut und Einsturz drohend uns vorher antike Wissenschaft und Cultur erschien. – Was kann der modernen Cultur noch etwas anhaben?«[97] In seinem Vortrag über *Culturgeschichte und Naturwissenschaft* berücksichtigt der Physiologe unverkennbar den neuhumanistischen Erwartungshorizont seiner Zuhörer. Deshalb der Vergleich mit der Antike. Dabei ist allerdings mehr als kalkulierte Rhetorik im Spiel. Du Bois-Reymond rechnet nicht nur mit der Präsenz des Deutungsmusters bei seinen Zuhörern. Vielmehr ist es auch noch in ihm präsent, wenn er befürchtet, daß der »Idealismus« im »Kampf mit dem Realismus« unterliege, daß ein »Reich der materiellen Interessen« komme. Bei Dubois-Reymond taucht, wortwörtlich, das junge Schreckensgespenst der »Amerikanisierung« auf. Amerika erscheint ihm, ohne die Macht geschichtlicher Überlieferung und literarischer Erinnerung, als »Heimstätte des Utilitarismus«, als Ort der »Neobarba-

rei«. Wie soll das in Deutschland vermieden werden? Der Redner plädiert für eine Entrümpelung der klassischen Studien des humanistischen Gymnasiums. Aber nicht nur, um es den »Forderungen der Zeit anzupassen«, sondern auch um eine Sicherung »gegen die Ueberfluthung unserer geistigen Cultur mit Realismus zu finden«. »Anstatt seine Zöglinge mit classischen Studien bis zum Ekel zu übersättigen, sie gegen den Zauber des Hellenismus abzustumpfen, durch pedantische Formenquälerei sie gegen den Humanismus zu verstimmen, und durch die ihnen gewaltsam eingeprägte Richtung sie mit der umgebenden Welt in Widerspruch zu versetzen, wird es ihnen nach neueren Begriffen harmonische Durchbildung gewähren, welche, auf geschichtlicher Grundlage ruhend, auch die modernen Culturelemente im richtigen Maß in sich aufnahm«. Indem das Gymnasium »innerhalb gewisser Grenzen selber dem Realismus eine Stätte« bereite, könne es vielleicht ein hohes Gut der Nation retten, »den deutschen Idealismus«.[98]
Lagarde antwortet auf die neuen Verhältnissen pessimistischer und scheinbar radikaler, wenn er gegen Fortschritt, Demokratie und Liberalismus polemisiert und für eine soziale Exklusivität der »Bildung« plädiert. Nur wenige sollen auf das Gymnasium, für den Beruf sollen »Fachschulen« eingerichtet werden; also eine strengere Trennung von »Bildung« und »Ausbildung«. Er meint, ähnlich wie Nietzsche, das Gymnasium löse »Bildung« in antiquarisches Wissen auf. Zudem mache das »Berechtigungswesen« aus der »persönlichen« und »ganz individuellen Bildung« ein Mittel des sozialen Aufstiegs. Auch Du Bois-Reymond wendet sich gegen eine philologisch eingesargte Antike, gegen ein Bildungswesen, das den Realitäten nicht mehr gerecht werde. Indessen bejaht er im Gegensatz zum Philologen den Aufstieg von Naturwissenschaft und Technik, ja er begründet mit ihm einen Fortschrittsoptimismus, den Lagarde vehement verneint. Doch läßt sich auch bei Du Bois-Reymond eine gewisse Skepsis gegenüber dem gesellschaftlichen Wandel ausmachen. – Lagardes Ablehnung der kapitalistischen Moderne steht auch in der Tradition eines Friedrich Julius Stahl und Wilhelm Heinrich Riehl. Er sehnt sich, patriarchalisch und antiindustriell, nach einer ländlichen Idylle mit geordneten Hierarchien. Sein Abscheu vor der »Anbetung des Mammons« kennt zwei Schuldige: die Juden und die Liberalen. Demgegenüber befindet sich Dubois-

Reymond, auch wenn er die Naturwissenschaften aufwerten will, bildungsoptimistisch und fortschrittsgewiß, stärker in der Tradition des liberalen, bildungsbürgerlichen Humanismus-Diskurses. Es sei nur an den Pädagogen Diesterweg erinnert, der Jahrzehnte vorher die Naturwissenschaften und ihre Anwendung »zu der gesellschaftlichen Kultur« rechnete und für die »Bildung« aller eintrat.

Politische Zuordnungen sind einfach und doch problematisch. Gewiß, Lagarde gehört eher ins neo-konservative, Du Bois-Reymond ins liberale Lager. Aus Sicht der historischen Semantik stellt sich die Situation jedoch komplizierter dar. Schließlich erscheint den Zeitgenossen Lagardes »Kulturpessimismus« zeitgemäßer und radikaler, paßt sein Bruch mit dem Humanismus-Diskurs in die Zeit, während Du Bois-Reymonds liberaler Fortschritts- und Bildungsoptimismus bald als überholt gilt. Dessen Votum für den »Realismus« weist allerdings in die Zukunft, auf die Anpassung des Bildungsystems an das Erwerbsleben und den Weltmarkt. Wieso gerade die Ablehnung der Moderne im Namen der »Bildung« nicht modernisierend, wohl aber modern wirkt, und wieso die Bejahung der »Technik« im Namen eines modifizierten Kulturbegriffs modernisierend, der damit verbundene Fortschrittsoptimismus jedoch unmodern erscheint, das bleibt zu klären. Beide verarbeiten jedenfalls eine neue gesellschaftliche Situation mit alten Begriffen, geben unterschiedliche Antworten und verharren doch im Horizont des Deutungsmusters. Die Reaktionen des Philologen wie des Physiologen sind in sich widersprüchlich und widersprechen einander. Sie zeigen: Der griechische Traum von der Verheißung einer freien und schönen Welt ist ausgeträumt, das Deutungsmuster beginnt zu zerfasern.

Der Wandel der Universalsemantik und die
semantische Lage um 1900

Lagarde und Du Bois-Reymond können als Repräsentanten für eine neue, kompliziertere semantische Lage gelten, für wachsende Spannungen zwischen einer veränderten geschichtlichen Konstellation, jeweiligen Erfahrungen und sprachlicher Repräsentation. Das

führt keineswegs – auch hier zeigt sich die Zähigkeit des Deutungsmusters – zur raschen Bedeutungslosigkeit der Begriffe. Die semantische Lage um 1900 scheint einen gegenteiligen Schluß
nahezulegen. »Man werfe einen Blick in die Spalten der großen
Blätter: im politischen wie im literarischen Theil, in den Berichten
von Markt und Börse – überall Cultur und kein Ende«, klagt 1888
ein Zeitgenosse, übrigens nicht ohne sich dabei selbst über die verbreitete Frage »Was ist Cultur?« auszulassen.[99] – Die Reflexion
über die Begriffe nimmt zu. Es fällt auf, daß nun häufiger von
»Kultur« als von »Bildung« die Rede ist – vermutlich, weil der
Begriffsumfang von »Kultur« weiter ist als der Begriffsumfang von
»Bildung«. »Kultur« kann als »subjektive«, wie etwa bei Georg
Simmel, aufs Individuum bezogen sein und zugleich als »objektive«
vom »Geist« erzeugte Gebilde meinen. Dieser Begriff reklamiert
offensichtlich größere Gesamtzuständigkeiten als »Bildung«; er
eignet sich deshalb eher zur sprachlichen Repräsentation einer
neuen historischen Konstellation, die ja auch durch ein »Anwachsen der Vergegenständlichungen« im Verlauf der Industrialisierung
gekennzeichnet ist. Die Bezeichnung »Kultur« kann also durchaus
die semantischen Eigenschaften von »Bildung« aufweisen – nicht
aber umgekehrt.[100]
»Bildung« und »Kultur« überwölben weiterhin verschiedene Diskurse und Praxisbereiche. Deshalb sind sie in allen Teilen der
Zeitungen zu finden. Deshalb sieht man in ihnen einen Schlüssel
zum Verständnis der Gegenwart: »Das höchste Problem der
Menschheit«, so ist in einer Art Bestandsaufnahme der »Kulturentwicklung« 1913 zu lesen, sei »das Problem der Kultur«.[101] Für den
jungen Moeller van den Bruck ist »das Problem des deutschen Volkes das Problem einer deutschen Kultur«.[102] Als die *Frankfurter
Zeitung* am 11. 4. 1907 eine Umfrage über *Die Zukunft unserer
Kultur* veröffentlicht, da geschieht dies auch unter dem Eindruck
einer großen diskursiven Akzeptanz des Begriffs: »Wenn aber die
Gedanken derer, die in Deutschland heute über das eigene Wohler-
gehen hinaus hoffen, an einem Punkte etwa sich begegnen und von
da an in gleicher Richtung streben sollten, so stehen, glauben wir,
auf dem Wegweiser an diesem Einigungspunkte die Worte: *deutsche
Kultur.*«[103] Erörtert werden die Begriffe in Zeitungsumfragen und
in Zeitschriften, in Parlamentsdebatten, auf Verbandstagungen und

bei informellen Treffen. Auf dem 1. deutschen Soziologentag, 1910, referiert Werner Sombart über *Technik und Kultur*. In den Debatten um den Vortrag spielt der Begriff eine zentrale Rolle. Die neugegründete *Deutsche Gesellschaft für Soziologie* wählt ihn zum Generalnenner künftiger Sitzungen.

So erweisen sich die Begriffe verstärkt als »Angelpunktwörter«, die in unterschiedlichen Verwendungszusammenhängen unterschiedliche Bereiche erschließen. Gegen Ende des 19. Jahrhunderts rücken sie zudem zunehmend in wissenschaftliche Diskurse ein. Neue Bindestrich-Wissenschaften wie »Kulturphilosophie«, »Kulturwissenschaften«, »Kultursoziologie«, »Kulturpsychologie«, schließlich auch die »Kulturgeschichte«, welche wieder im Kurs steigt, zeigen an, daß »Kultur«, hochgeschätzt, in den Wissenschaften als kontextfreier Sinnträger aspektmonistisch wird: was ihr zugeordnet werden kann, das erscheint per se sinnvoll, was untersucht wird, soll von der »Kultur« her bestimmt werden. In der Bildungssprache wie in der Wissenschaftssprache stehen die Begriffe im Zentrum diskursiver Turbulenzen. Ihr kommunikatives Eigengewicht erhöht sich, sie werden in der gesellschaftlichen Kommunikation auffälliger. Über ihren Umfang und Inhalt entsteht ein neuartiger Streit. Die Binnendifferenzierungen nehmen zu, wenn etwa von »technischer«, »philosophischer«, »ästhetischer« oder »ethischer« »Kultur«, ja auch von »wirtschaftlicher« und »industrieller Kultur« die Rede ist. Mit den gleichen Zeichen sind unterschiedliche Verwendungsgeschichten möglich: sei es nun als wissenschaftlicher Terminus, als Begriff der Bildungssprache und schließlich als propagandistisches Schlagwort (»Kulturkrieg«) im I. Weltkrieg.

Auf den ersten Blick drängt sich eine frappante Parallele auf: Ähnlich wie hundert Jahre zuvor entfalten die Begriffe eine neuartige pragmatisch-diskursive Dynamik. Allerdings beginnt nun keine neue Erfolgsgeschichte. Vielmehr verweisen die diskursiven Turbulenzen auf Versuche, die wachsende Diskrepanz zwischen neuen Verhältnissen und alten Begriffen durch eine erhöhte Reflexion im Medium der Begriffe und durch Reformulierungsversuche zu überwinden. Ein erster Befund sei erlaubt: Die Hochschätzung der Begriffe bleibt unbestritten. Sie leiten die Wahrnehmung und Interpretation neuer Gegebenheiten, die im Gegenzug das Deutungsmuster dekonturieren. Ihr Umfang wird nun erweitert oder bleibt eingeschränkt. »Kultur« kann nun Wirtschaft und Technik umfassen und nähert sich dem Zivilisationsbegriff somit wieder an. »Die meisten reden und denken«, klagt Ferdinand Avenarius, der einflußreiche Gründer des *Dürerbundes*, als »wäre Zivilisation an sich schon Kultur«.[104] »Bildung« wird häufig schon als Ausbildung verstanden, andererseits aber als »echte Bildung« für Wenige gefordert. In gegenläufigen Bewegungen wird die Bedeutung gleichzeitig erweitert und eingeschränkt – so wird die semantische Lage unübersichtlicher.

Die Sachdimension der Begriffe war schon immer unklar. Das blieb eine Voraussetzung für deren kommunikativen Erfolg. Nun steigert sich dies. Und vor allem: Seit dem Ende des 19. Jahrhunderts wird ihre soziale Verwendungsgeschichte verzwickter. Soviel soll schon thesenhaft vorweggenommen werden: In einer zunehmend binnendifferenzierten Gesellschaft schrumpft die Fähigkeit des Deutungsmusters, verschiedenartige Diskurse und neue Praxisbereiche zu überwölben. Seine Fähigkeit zur symbolischen Vergesellschaftung nimmt ab, was auch bedeutet, daß die Definitionsmacht des Bildungsbürgertums abnimmt. Diesem Funktionsverlust folgt jedoch keine unmittelbare sozialgeschichtliche Entwertung. In Sprache eingebaute Relevanzstrukturen sind häufig zählebiger als der realgeschichtliche Verlauf. Das Deutungsmuster wirkt jedenfalls weiterhin. Doch entwickelt es sich mit der entfalteten Moderne von einem Aktivposten der Modernisierung zu einem Faktor der Modernisierungskrise. Es erhöht die Diskrepanz zwischen alten Vorstellungen und neuen Verhältnissen.

Das Deutungsmuster entfaltete seine Modernisierungsfunktion in jener »Zwischenlage« von altständischer und kapitalistischer Gesellschaft. Diese Zeit war ja auch die große Zeit des Bildungsbürgertums, das, »kulturell hegemonial und politisch defizitär«, eine semantische Schlüsselstellung einnahm, was die Ziele und das Selbstverständnis der Nation anbetraf. Dem bereitet der entfaltete Kapitalismus ein Ende. Er schwächt die kommunikative Hegemonie des Bildungsbürgertums und unterminiert die Funktion von »Bildung« und »Kultur« für die symbolische Vergesellschaftung. Damit setzt für das Deutungsmuster ein komplizierter und langwieriger Prozeß der Auflösung ein. Schon von daher mag verständlich werden, daß gerade in den letzten Dekaden des 19. Jahrhunderts die Kritik an der Gesellschaft zunimmt, daß Arbeitsteilung, Spezialisierung, Leistungswissen und politische Partizipationswünsche im Namen von »Kultur« und »Bildung« kritisiert werden, daß der Niedergang des »Idealismus« weithin beklagt wird. Aufmerksamen Zeitgenossen entgehen solch grundlegende Veränderungen nicht. So beklagt Alfred Weber »die Nützlichkeit – genauer die banale Erwerbsfunktion, zu der die sog. Bildung degradiert« worden sei. »Wir stehen vor der ungeheuren Wandlung und dem aus ihr hervorgegangenen Typus, den – man kann ruhig sagen – Bismarck gemacht hat [...] In beiden Seiten unserer Existenz, der öffentlichen und der privaten, wird gewissermaßen der ›Schild‹, die Aufschrift umgedreht und es kommt mit der Marke ›Realismus‹ auf der politischen Seite statt des Liberalismus ein konservativer Opportunismus und auf der persönlichen statt der idealistischen eine realistische, d. h. die nächstliegenden Interessen ins Auge fassende Lebensbehandlung zum Vorschein [...]. (Mit) dem ›Idealismus‹ ist auch der Rest unserer alten Ideenwelt, ihre Kulturprobleme und Persönlichkeitsanschauung, ihr ›Denken und Dichten‹ verloren gegangen«.[105] Offensichtlich sind mit den Beschleunigungserfahrungen keine Verbesserungserfahrungen verbunden. Schon das entzieht die Begriffe jener liberalen Fortschrittsgewißheit, jener »Affinität zum Neuen«, die auf Freiheit und Recht, Vernunft und Allgemeinwohl setzt.

Mit dem entfalteten Kapitalismus ist aber nur ein allgemeiner und wesentlicher Aspekt eines »fundamentalen Konstellationswandels« (H.-U. Wehler) angesprochen, mit dem sich die Universalsemantik des deutschen Bürgertums nach »rechts hin« verändert. Wenn Ernst Troeltsch 1918 über *Deutsche Bildung* im modernen kapitalistischen Großstaat nachdenkt, dann macht er in der »konservativen und schutzzöllnerischen Wendung« der Reichspolitik die entscheidende Wegmarke in der Umformung des Liberalismus aus. Das ist klug beobachtet. Denn mit dem Kurswechsel der Bismarckschen Politik, dem Schutzzoll, dem Sozialistengesetz und dem wachsenden Gewicht der konservativen Kräfte, jener Koalition zwischen »Rittergut« und »Hochofen«, wird der Liberalismus entscheidend geschwächt. Die ökonomische Depression der Jahre 1873-1879, die Furcht vor den Sozialdemokraten und der sozialen Revolution, die Neigung zum Protektionismus schaffen gegen ihn eine verbreitete

Mißstimmung. Das hat auch Folgen für unsere Begriffe. Mit dem Ende der liberalen Ära wandelt sich der Nationalismus von einer »linken« in eine »rechte« Integrationsideologie. Vom Vormärz bis zur Reichsgründungszeit bleibt er auf Einheit und Freiheit ausgerichtet, und das gegen den Adel als Vertreter partikularstaatlicher Zersplitterung. Für diesen liberal-emanzipatorischen Nationalismus ist der Nationalbürger auch Weltbürger. Er geht, konzeptionell durchaus internationalistisch, von der Pluralität des jeweils national Individuellen aus. Er modifiziert die aufklärerische Vorstellung von der Menschheit und dem Weltbürger, ohne mit ihr zu brechen: Aus der Egalität des Universalen wird für ihn die Gleichberechtigung des Individuellen. Bei den *Verhandlungen der Germanisten* 1846 in Frankfurt ist viel vom »Volk« und »deutschem Nationalgeist« die Rede; aber auch von der »Civilisation« (!), »welcher die Nationalität, die nicht in eine förmliche Abgeschiedenheit übergehen darf, nicht entgegensteht«. Wenn Lagarde gegen »Liberalismus« wie »Kosmopolitismus« schreibt, dann bezieht er sich auf diese Koalition zwischen Liberalismus und emanzipatorischem Nationalismus. Mit ihr kann sich das Bildungsbürgertum als Sachwalter der »Nationalkultur« etablieren. Bis in die 1870er Jahre hinein gehören »bürgerlich«, »national« und »liberal« zusammen.[106]

Das ändert sich mit der innenpolitischen Wende 1878/79. »Nationale Kreise«, das wird nun zur Kennzeichnung einer konservativen, antiliberalen und antisozialistischen Gesinnung. Blicken wir nach vorn: Auch in diesem Fall reichen die Kontinuitätslinien bis in den Nationalsozialismus. Auf Thomas Manns Vortrag *Leiden und Größe Richard Wagners* reagieren im April 1933 die »Kulturträger«, Professoren, Musiker und Künstler, Geheim- und Kommerzienräte, Juristen und Politiker mit einem *Protest der Richard Wagner-Stadt München*, einem Protest, in dem die Koalition zwischen Nationalismus und Anti-Liberalismus die Begründung für die politische Ausgrenzung des zuvor Hochanerkannten liefert. Denn Th. Mann habe, so ist zu lesen, seine »frühere nationale Gesinnung« mit einer »kosmopolitisch-demokratischen Auffassung vertauscht«.[107]

Zum Wandel der Universalsemantik gehört auch – mit weitreichenden Folgen für die politische und soziale Einstellung des deutschen

Bildungsbürgertums – eine Aufwertung des Militärischen, eine damit verbundene neue Vorliebe für »Härte« und »Unerbittlichkeit« wie eine Abwertung von »Mitgefühl« und »Moral«.[108] Dies bedeutet eine Umschichtung im geistigen Erfahrungskapital, wird doch das alte Ziel, die deutsche Einheit, durch militärische Erfolge, insbesondere die der preußischen Truppen, errungen. Damit ist die Möglichkeit gegeben, daß ein Gefühl der Schwäche und der Machtunterlegenheit durch ein neues Selbstbewußtsein ersetzt wird oder gar schon in ein Gefühl der eigenen Größe und Macht umschlägt. Die Siege unter der Führung des Militäradels steigern das Selbstwertgefühl auch bei denen, die, wie der liberal eingestellte Werner von Siemens, bei der Einheit auch an die Freiheit denken. Er berichtet in seinen Lebenserinnerungen, wie er unter der »Zerrissenheit und Machtlosigkeit der deutschen Nation« litt, auch wenn die Deutschen wegen ihrer »Kultur« anerkannt wurden. Von Siemens erzählt, nicht ohne Stolz, wie er in einem spanischen Hotel nach den kriegerischen Erfolgen über das von England begünstigte Dänemark einen Umschwung in der internationalen Presse beobachten kann: »Wir waren bisher gewohnt, in englischen und französischen Zeitungen viel wohlwollendes Lob über deutsche Wissenschaft, deutsche Musik und deutschen Gesang, sowie auch daneben mitleidige Aeußerungen über die guthmüthigen, träumerischen und unpraktischen Deutschen zu lesen. Jetzt waren es wuthentbrannte Artikel über die eroberungssüchtigen, die kriegslustigen, ja die blutdürstigen Deutschen! Ich muß gestehen, daß mir dies keinen Verdruß, sondern große Freude bereitete. Meine Selbstachtung als Deutscher stieg bei jedem dieser Ausdrücke bedeutend. So lange waren die Deutschen nur passives Material für die Weltgeschichte gewesen«.[109] Die Bewunderung für die militärischen Siege führt darüber hinaus zu einem Lob der Macht, zu einer Anerkennung von Krieg und Gewalt als Mittel der Politik. Es gibt Todesanzeigen renommierter Professoren, in denen die Stellung als Leutnant der Reserve noch vor der Mitgliedschaft in hohen Akademien der Wissenschaften angeführt wird. – So entsteht ein neues »verbürgerlichtes Kriegerethos« (N. Elias), das zum Humanismus-Diskurs des Bildungsbürgertums, zum Schillerschen »Seid umschlungen Millionen« nicht paßt.
Wie sich diese neuen Erfahrungen und Einstellungen auf das Deu-

tungsmuster und seine Traditionsbestände auswirken, belegt schon
früh der berühmte Aufsatz eines Liberalen: Hermann Baumgartens
Der deutsche Liberalismus. Eine Selbstkritik, 1866 nach dem preußischen Sieg über Österreich erschienen, zeigt eine vermeintlich
»realistische« Neuorientierung an. Demnach ist nicht mehr der Liberalismus der Garant der deutschen Einheit, sondern Preußen, der
Staat der Krone und des Militärs. Die Strategie des Liberalismus,
durch Freiheit zur Einheit zu gelangen, sei gescheitert, das Bürgertum sei geschaffen zur Arbeit, nicht aber zur Herrschaft, die dem
Adel überlassen bleiben soll. Mit dieser Orientierung am Erfolg der
militärischen Gewalt und an der Notwendigkeit eines starken Ob-
rigkeitsstaates ändert sich auch die Bewertung von »Bildung« und
»Kultur«. Zwar werden für Baumgarten Goethe, Kant, Schiller,
Wolf, Humboldt »für alle Zeiten die höchsten Zierden unseres Na-
mens sein« – so balsamiert er »jene Größen« ein, setzt sie auf den
Sockel und spricht ihnen einen wirkungslosen Ruhm zu –, den
»Grundzug unserer klassischen Literatur« hingegen, »der geistigen
Bildung, dem Erkennen, Denken und Empfinden eine übertriebene
Bedeutung beizulegen«, lehnt er ab. Baumgarten warnt vor den
»Schäden des Humanismus«, vor einem »Idealismus«, der das Seh-
vermögen für die realen Dinge schmälere. Humboldts *Ideen zu
einem Versuche, die Grenzen der Wirksamkeit des Staates zu bestimmen* befinden sich, so ist zu lesen, in einer »schiefe(n) Stellung
zu der realen Basis aller menschlichen Entwicklung«. Denn die
»schöne Harmonie allseitiger Bildung [...] war in ihrer eminente-
sten Erscheinung die Frucht jener ernsten geschlossenen Soloni-
schen Zucht, welche den Staat in den Mittelpunkt der männlichen
Pflichten rückte«. Das Deutungsmuster wirkt noch, aber es wird
infolge der mentalen Militarisierung umgewertet. Damit erhält das
Vokabular einen schneidigen Ton: »Zucht«, »Züchtigung« und
»harte Faust« lassen die Vorliebe für autoritäre Lösungen und eine
Absage an die »Freiheit der Selbstbildung« erkennen.
Nicht nur bei Baumgarten. Exemplarisch dafür auch, wie sich Julius Fröbel, ehedem Verleger demokratischer Schriften und 1848
Mitglied der Frankfurter Nationalversammlung, vom »pädagogi-
schen Individualismus« seines Onkels, des Pestalozzi-Schülers
Friedrich Wilhelm August Fröbel, abgrenzt. Für dessen »humani-
stische Begründung des Autoritätsprinzips« – gemeint ist das Ziel

der Bildung aller – fehle in der Gegenwart das Verständnis: »Nur der Kriegsdienst rettet eine Tradition von Unterordnung und Disziplin«; »die kommende Gestaltung civilisierter Gesellschaften« würde, so der jüngere Fröbel, in Zukunft »von Formen der militärischen Organisation« ausgehen.[110] Welch ein Unterschied zur emanzipatorischen Morgenröte am Beginn des Jahrhunderts! Dabei wäre es verfehlt, Baumgarten und Fröbel als nationalistische Scharfmacher zu etikettieren. Beide sind als Liberale in der Tradition eines staatsfreundlichen Kompromißdenkens aufgewachsen, das jedoch nun, angesichts der Erfolge von »Blut und Eisen«, in eine Anerkennung des Machtstaates umschlägt.

Widersprüchlicher, wirrer und wirkungsvoller liest sich die Absage an den Humanismus-Diskurs in einem Bestseller des »Kulturpessimismus«, in Julius Langbehns *Rembrandt als Erzieher* (1890). Darin verurteilt er den Intellektualismus und die Spezialisierung der Wissenschaften, kritisiert »gebildete Barbarei«, »Bildungstrivialität« wie »Ueberkultur«, und er fordert eine »rechte Bildung«, die sich im Medium der Kunst zu entfalten habe. Langbehn preist das »freie« Individuum. Etwa hundert Jahre zuvor sollte die »Pairstelle der Bildung einer immer größeren Zahl von Individuen zugeteilt werden« (Görres). Dagegen möchte Langbehn »Bildung«, bewußt antidemokratisch, einer »echten Aristokratie« vorbehalten. Sein Leitbild ist der »aristokratisch gebildete Gutsbesitzer«. Auch Langbehn verherrlicht die Kunst und die Genialität des Künstlers; dahinter steht aber nicht mehr die Forderung nach Kunstautonomie in einem »Kulturstaat«. »Die Kunstpolitik«, so ist zu lesen, »wird zuweilen ein Kunstkrieg sein müssen [...], darum bedarf es hier eines leitenden Generalstabes von Kunstpolitikern.«[111] Für Langbehn muß die »Klassizität der deutschen Bildung« das »Stadium einer deutschen Paradebildung durchmachen«, wie »die preußische Armee es durchmachen mußte«. Gewiß, das sind die schrillen Töne eines erfolgreichen Außenseiters. Sie verweisen aber auf einen Tatbestand, den Langbehn zu Recht verallgemeinernd herausstellt: »Der Deutsche hat sich militarisiert«.

So ändern sich mit der Universalsemantik auch die Inhalte der Begriffe. Offensichtlich schrumpft mit dem »fundamentalen Konstellationswandel« in der deutschen Gesellschaft deren emanzipatorisches Potential. Das »Ende der liberalen Ära« ist nicht nur ein ereignisgeschichtlicher Einschnitt. Schließlich waren »Bildung« und »Kultur« entscheidend durch den Liberalismus geprägt. Demnach ist konzeptionell »Bildung« als personale Selbstbestimmung auf die »Selbstbildung aller Bürger« bezogen, jenseits aller Klassengrenzen.

Sicherlich, schon früh fällt eine Diskrepanz zwischen der Festtagssemantik und den Alltagsverhältnissen auf. Die einzelnen Klagen der Kulturpessimisten sind nicht neu. Im ganzen 19. Jahrhundert warnen kritische Stimmen, daß »Bildung« zum Besitz, zum Statusausweis, zum Laufbahnanspruch degeneriere. Sie warnen vor der Äußerlichkeit der »Bildung« und dem Hochmut der Gebildeten. Und in der Tat, die Emanzipationsansprüche werden nicht eingelöst: Was universell gemeint ist, wird zum trennenden Standeselement. Davor wird schon im Philanthropismusstreit gewarnt: »Ihr entfernt euch vom Volk [...]. Ihr opfert also die Masse dem einzelnen« auf, warnt 1810 ein Schüler Pestalozzis;[112] etwa hundert Jahre später sieht ein junger spanischer Student, Ortega y Gasset, ein »zweigeteiltes Deutschland«, das der »Philosophen« und das der »Spießer«.[113] Wie kein anderer kritisiert Nietzsche den »Bildungsphilister« und dessen selbstzufriedene »Gebildetheit«, allerdings schon mit der Vorstellung einer geistesaristokratischen Verengung und Konzentration der »Bildung«.[114] Was individuell und politisch emanzipierend gemeint ist, kann zur »affirmativen Kultur« schrumpfen, kann zum Innerlichen geraten, zu einem resignativ-philiströsen Rückzug ins Reich der Künste und Wissenschaften, aber auch zu einem produktiven Innenraum. Das wäre in einer Sozialgeschichte des kunstbeflissenen Bildungsbürgertums zu untersuchen.

Dennoch, die verbreitete Klage, daß der junge Nationalstaat mit der »Kulturwelt« breche, drückt ein neuartiges Unbehagen im Bildungsbürgertum aus. Die nationale Bewegung im Namen der »Nationalkultur«, die Hoffnung auf den Nationalstaat als »Kulturstaat« – das waren bildungsbürgerliche Anliegen, die nun keineswegs entwertet, wohl aber umgewertet werden. Dem Bildungsbürgertum kam die Führungsrolle innerhalb des Liberalismus zu. Aber mit dem »Ende der liberalen Ära« und dem neuen Nationalismus verliert es die Fähigkeit, emanzipatorische Ansprüche, wie sie die Begriffe »Bildung« und »Kultur« bündeln, politisch zu »normieren«. Das ist neu. Auch konzeptionell wird jetzt die »Selbstbildung aller« geistesaristokratisch verengt und die »Kultur« als »Nationalkultur« chauvinistisch überbewertet. Vor allem aber: ohne die Dynamik einer liberalen Emanzipationsideologie verlieren die Begriffe ihre zeitliche Dimension – sie bieten keinen Raum mehr für die Überzeugung, daß sich durch die »Bildung« einzelner und die Beschäftigung mit der »Nationalkultur« Staat und Gesellschaft verändern ließen.

Symbolische Vergesellschaftung II: veränderte soziale Beziehungen, verunsicherte Identität und neue Bewußtseins- und Wissensbestände

Mit dem Wandel in der Universalsemantik verlassen »Bildung« und »Kultur« das Ensemble emanzipatorischer Leitbegriffe wie »Vernunft« und »Autonomie«, »Öffentlichkeit« und »Allgemeinwohl«, »Freiheit« und »Fortschritt«. Sie passen sich dem Geistesaristokratismus und neuen Nationalismus an, was allerdings nicht heißt, daß ihr emanzipatorischer Glanz vollends stumpf wird. Diese Anpassung kann jedoch den Funktionsverlust der Begriffe für eine symbolische Vergesellschaftung nicht verhindern. Denn dieser vollzieht sich, wie bereits erwähnt, in einem grundlegend veränderten semantischen Ermöglichungszusammenhang, der geprägt ist durch einen entfalteten Kapitalismus, durch Industrialisierung und Ökonomisierung, durch den Aufstieg Deutschlands zu einer imperialistischen Weltmacht. Damit steigen die Anforderungen von Industrie, Handel und Gewerbe an das Bildungssystem. Damit wird, sozusagen durch »Wirtschaft und Gesellschaft«, die für das Bildungsbürgertum charakteristische Einheit von geistigem und sozialem Eliteanspruch eingeschränkt. Die Begriffe verlieren an repräsentativer Geltung, indem das an Realität gewinnt, was »Bildung« und »Kultur« ausschließen oder zumindest abwerten. Gerade diese Diskrepanz führt zu wachsenden diskursiven Turbulenzen um »Bildung« und »Kultur«, zu Turbulenzen, welche die »Auflösung des Monopolanspruchs des Bildungsbürgertums« (H. Mommsen) anzeigen. Das soll im folgenden wiederum, idealtypisch herausgestellt, auf jenen lediglich analytisch getrennten Ebe-

nen der symbolischen Vergesellschaftung aufgezeigt werden. Mit
der veränderten gesellschaftlichen Konstellation lockern sich die
Symbolbezüge des Deutungsmusters, und zwar zur Organisation
der gesellschaftlichen Beziehungen, zur Identität seiner Trägerschicht wie auch zur Verteilung gesellschaftlicher Bewußtseins-
und Wissensbestände.

a) Die verbreiteten Klagen über die »Ausbreitung und Verzweigung
der Arbeit«, über den »Egoismus« oder den »egoistischen Utilitarismus«, die Frontstellung gegen »einseitige Kenntnisentwicklung«
im Namen der »echten Bildung« verweisen auf eine wachsende Verunsicherung angesichts neuer Gegebenheiten, mit denen sich der
symbolische Bezug des Deutungsmusters zu den neuen gesellschaftlichen Beziehungen lockert.[115] Gewiß, die soziale Reputation
akademischer Bildungsdiplome bleibt bestehen. Für Friedrich
Paulsen z. B., den liberalen Historiker der deutschen Universität,
stellen die »akademisch Gebildeten« »eine Art geistige Aristokratie« dar, zu der Geistliche und Lehrer, Richter und Beamte, Ärzte
und Techniker gehören. Sie bilden nach seiner Meinung eine »ho-
mogene Schicht«, die sich über »akademische Bildung« definiere.
Wer die nicht habe, dem fehle in Deutschland »etwas, wofür Reichtum und vornehme Geburt nicht vollen Ersatz bieten. Dem Kaufmann, dem Banquier, dem reichen Fabrikanten oder auch dem
Großgrundbesitzer [...] wird gelegentlich der Mangel akademischer Bildung empfindlich.«[116] Jetzt gehört auch der Techniker zu
den durch ein Bildungsdiplom Geadelten. Seine spezialisierte, akademische Ausbildung verleiht ihm Ansehen, auch wenn sie nicht
mehr dem alten Ideal der umfassenden »Bildung« entspricht. Gerade die Expansion der Bildungsdiplome entwertet aber langfristig
deren Prestige; wie gleichzeitig die jeweiligen spezialisierten Aus-
bildungen und sich ausdifferenzierende Wohlstandslagen das Bildungsbürgertum dekonturieren.

Und dann die wachsende Geltung der Bourgeoisie, hinter deren
Reichtum die Gebildeten zurückbleiben. In der Architektur der
Gründerzeit, in deren Vorliebe für Monumentalität und historische
Kostümierung, für Dekoration und Luxus manifestiert sich das Re-
präsentationsbedürfnis einer neuen Klasse. Deren Vorliebe für
Renommage setzt sich von der früheren Sparsamkeit und Bequem-
lichkeit bürgerlicher Interieurs ab. Das wird hier nur erwähnt, um

neue, differenziertere Wohlstandslagen anzusprechen. Das Bildungsbürgertum verarmt nicht; es partizipiert auch am neuen Wohlstand. Aber im Vergleich zu dem neuen Reichtum der Konjunkturgewinner wirken seine Einkünfte eher bescheiden. Die »Gesellschaft« trifft sich im Salon der Jenny Treibel, jenem »Musterstück von einer Bourgeois«, nicht bei den »sieben Weisen Griechenlands«, jener Männergeselligkeit im Hause des Professors Willibald Schmidt.

»Keine Kultur ohne Dienstmädchen«, heißt es bei H. v. Treitschke. In diesem Sinne bleibt die »Kultur« des Bildungsbürgertums lange stabil. Erst die Inflation bringt eine entscheidende materielle Enteignung, bringt ›Unordnung und spätes Leid‹.[117] Vollends prekär wird die Situation zur Zeit der Brüningschen Notverordnungen. Jetzt warnt ein Staatssekretär vor dem Unmut in der höheren Beamtenschaft, denn die kann sich kein Dienstmädchen mehr leisten.[118] Das ist der Endpunkt einer langfristigen Entwicklung: Der entfaltete Kapitalismus bringt dem Bildungsbürgertum keine materielle Enteignung, wohl aber im Vergleich zum neuen Reichtum der Bourgeoisie bescheidenere Lebensumstände.

Bezeichnungen wie »gebildete Stände«, »gebildete Klassen«, »gebildeter Mittelstand« oder »gebildetes Bürgertum« zeigen im frühen 19. Jahrhundert die Herausbildung einer spezifisch deutschen Funktionselite an, zu der das Deutungsmuster kraft symbolischer Vergesellschaftung beiträgt. Diese Einheit von schichtenspezifischer und symbolischer Vergesellschaftung sprengt der entfaltete Kapitalismus. In einer industrialisierten und zunehmend arbeitsteiligen Gesellschaft werden neue Berufsgruppen, Schichten und Klassen unentbehrlich, welche im Umfang und Inhalt der Begriffe nicht vorgesehen waren. Daran ändert auch nichts der Tatbestand, daß für große Teile der naturwissenschaftlich-technischen Intelligenz wie der Bourgeoisie »Bildung« und »Kultur« evaluativ unbestritten bleiben.

Die sozialdemokratisch dominierte Arbeiterbewegung kann hier nahezu vernachlässigt werden. Politisch erscheint sie der »guten Gesellschaft« als bedrohliches Revolutionsgespenst. Semantisch bleibt sie aber unauffällig. Sie kritisiert zwar das Bürgertum. Doch erkennt sie dessen Begriffe an; auch wenn sie versucht, sich selbst als Sachwalter für den emanzipatorischen Gehalt von »Bildung«

und »Kultur« einzusetzen. Für Lassalle gehören 1863 »Bildung und
Wissenschaften« zu den »Fortschritten der Kultur«; für ihn garantiert der »vierte Stand deren Blüte«. Diesen Grundgedanken finden
wir immer wieder in den Verlautbarungen der Sozialdemokraten –
von Lassalleanern wie von Marxisten. Nicht nur für den liberalen
Abgeordneten Pachnike, sondern auch für den Revolutionär Karl
Liebknecht sind »Kunst und Wissenschaft [...] die Kronen der
menschlichen Kultur«:[119] Die soll sich allerdings das Proletariat
aufsetzen, nicht die Bourgeoisie. »Nur die Weltrevolution des Proletariats«, so ist im Programm des Spartakusbundes (Oktober 1918)
zu lesen, »kann der geschundenen Menschheit Frieden, Freiheit,
wahre Kultur bringen«.
So bleiben die Begriffe allgemein hochgeschätzt, doch schwindet
mit der modernen Klassengesellschaft ihre Fähigkeit, neue Funktionsschichten zu repräsentieren und deren Praxen zu überwölben.
In der bereits erwähnten Schulkonferenz des Jahres 1890 spricht
Professor Hinzpeter, der Erzieher des Kaisers, von der »höchste(n)
Bildung« der »herrschenden Klassen«. Damit ist ein neuartiger Bezeichnungsbedarf nicht gedeckt. In der Debatte geht es um die
Ausbildung der Söhne von Gewerbetreibenden und Fabrikbesitzern, um eine neue gesellschafliche Mobilität und die Bedürfnisse
von Industrie und Handel. Die Konferenzteilnehmer berufen sich
auf die »modernen Lebensverhältnisse«. Mit denen entstehen neue
soziale Gruppierungen, die sich nicht mit dem Adjektiv »gebildet«
bezeichnen lassen. Deshalb spielt in den Erörterungen der »Mittelstand« als Sammelbezeichnung eine wichtigere Rolle.[120]
Nicht nur die Schulkonferenz von 1890 ist von dem kontrapunktischen Verhältnis zwischen Humanismus und Realismus geprägt.
Die einzelnen Veränderungen und Kompromisse gehören in eine
Geschichte des Bildungswesens. Für uns ist von Belang, daß mit
der fortschreitenden industriellen Gesellschaft das Bildungsideal
seine, Bewußtseins- wie Handlungsformen stabilisierende, institutionelle Hegemonie verliert. Die gesellschaftliche Entwicklung
drängt die Institutionen und Individuen zu wissenschaftlicher Spezialisierung und ökonomischer Arbeitsteilung. Mit der Vielheit der
Wissenschaften anstelle der Einheit der Wissenschaft wird die alte
Idee einer Einheit im Medium philosophischer Reflexion vollends
obsolet. Freilich verliert die Philosophie schon seit 1840 ihre zen-

trale Stellung im Geistesleben. Vom Aufstieg des Historismus und schließlich der Naturwissenschaften wurde ja bereits gesprochen. Besonders aber gegen Ende des 19. Jahrhunderts wird mit dem Ausbau der Universitäten, vor allem der Institute und Kliniken, wird mit Positivismus und Spezialisierung die Idee einer einheitlichen »Bildung« durch die Praxis widerlegt.

Das Deutungsmuster konnte sich durch seine Institutionalisierung sozial folgenreich entfalten. Es wird nun mit den neuen Anforderungen von »Wirtschaft und Gesellschaft« und den Veränderungen in der Bildungspolitik institutionell destabilisiert. 1870 beugt sich die preußische Regierung dem jahrzehntelangen Druck und hebt das Gymnasialmonopol für die Zulassung zum Studium auf. Das Reifezeugnis einer »Realschule I. Ordnung« erlaubt nun das Studium der Mathematik und Naturwissenschaften wie auch der modernen Sprachen an der philosophischen Fakultät. Dieses Reifezeugnis berechtigt auch zum Staatsexamen für das Lehramt an der »Realschule I. Ordnung«. Das führt zu einer veränderten sozialen Zusammensetzung der Studenten, zu einer steigenden Zahl von Akademikern und einer wachsenden inneren Zersplitterung.[121]

Mit dem Aufstieg der Industrie gewinnen im letzten Drittel des Jahrhunderts die technischen Hochschulen an Gewicht. Ihre Verfechter berufen sich durchaus noch auf die »Kultur«, sie stellen aber das neuhumanistische Bildungsideal in Frage, wenn sie der alten Universität Lebens- und Praxisferne vorwerfen. Im Jahre 1900 bekommen die technischen Hochschulen das Promotionsrecht zum Dr.-Ing. – doch »Ing.« darf nicht lateinisch geschrieben werden. Das betitelt eine feine symbolische Differenz; tradierte Rang- und Prestigeunterschiede bleiben weiter bestehen.

Unverkennbar jedoch wird die alte Universität von der fortschreitenden Industrialisierung bedroht. Der systematische Ausbau des Hochschulwesens macht sie zu einem, wie es Adolf von Harnack 1905 formulierte, wissenschaftlichen »Großbetrieb«. Friedrich Althoff, die berühmte graue Eminenz des preußischen Kultusministeriums, betreibt, durchaus »realpolitisch« (die Sachzwänge haben sich erhöht) und nicht programmatisch (das unterscheidet ihn von Humboldt), die Vernetzung von Grundlagenforschung, Staat und Kapital. Seine Personalpolitik, seine Verfügungen und Gnadenakte regieren massiv in die Hochschule hinein.[122] Das »System Althoff«

nimmt der Universität einen Teil der Autonomie. Das kritisieren
Max Weber und Werner Sombart als Versuch, die Universitäten gegenüber dem Staat willfährig zu machen. Althoff baut die Hochschulen aus und modernisiert sie. So erlangen die Wissenschaften in
Deutschland eine einzigartige Blüte; eine Blüte, die noch von dem
Ideal der Zweckfreiheit und der Autonomie lebt, die aber zugleich
auch die Gefährdung des Bildungsideals und den Zerfall der Über-
schaubarkeit und Allgemeinverbindlichkeit bildungsbürgerlicher
Wissensbestände bedeutet. In der »ideellen Konzeption« der Humboldtschen Universität überwog die soziale Zwecklosigkeit des
Studierens und die Autonomie gegen einen Utilitarismus des Er-
werbslebens. Sie kritisiert den Staat als Vertreter pragmatischer
Funktionsinteressen und anerkennt ihn als Garant der Herrschaft.
Nun aber wird aus dem einstigen Partner zur Durchsetzung der
Bildungsidee ein Agent ihrer institutionellen Destabilisierung, auch
wenn der Machtstaat das Bildungsbürgertum weiterhin privilegiert
und diszipliniert.

Es sei wiederholt: Im 19. Jahrhundert gehören, mit universellem
Anspruch, »Bildung«, »Kultur«, »Liberalismus« und »Nation« zusammen. Deren Trägerschicht war das Bildungsbürgertum, eine
kleine Schicht mit einer großen Definitionsmacht. Wenn 1911 mit
konservativer Zielsetzung eine »Partei der Gebildeten« gegründet
werden soll, dann zeigt sich darin, wie der ehedem allgemeine Anspruch parteiisch und partikular wird.[123] Bildungsbürger gibt es
auch weiterhin, aber ihre politische, ökonomische und kulturelle
Geltung schwindet. »Mit der nivellierenden Massenordnung«,
schreibt der Philosoph Karl Jaspers in *Die geistige Situation der
Zeit* 1931, »verschwindet die Bildungsschicht, welche auf Grund
kontinuierlicher Schulung eine Disziplin des Denkens und Fühlens
entwickelt hat, aus der sie Widerhall für geistige Schöpfungen sein
konnte.«[124]

b) Was die Beziehung des Deutungsmusters zur Identität seiner
Trägerschicht anbetrifft, so lassen sich auf den ersten Blick keine
markanten Veränderungen ausmachen. Offensichtlich erkennen
sich weiterhin Individuen im Deutungsmuster wieder, vollzieht
sich im Namen der »Bildung« individuelle wie kollektive Selbstaufwertung, lenkt der Kulturbegriff die Aufmerksamkeit auf solche
Gebiete, auf denen sich das Bildungsbürgertum bewähren kann,

vorrangig auf die Wissenschaften und Künste. Friedrich Paulsen sieht 1895 so die Gesellschaft in »Gebildete« und »Ungebildete« geteilt. Von früheren Unterscheidungen in Gläubige und Ungläubige, Protestanten und Katholiken, Adlige und Bürgerliche, Christen und Juden seien »noch Erinnerungen da, aber die praktisch wichtige, die entscheidende Einteilung ist die zwischen Gebildeten und Ungebildeten«. Wer »gebildet« ist, der gehört zur »Gesellschaft«, wer nicht, »der ist vom connubium und commercium ausgeschlossen: ein vertraulicher Umgang mit ihm oder gar eine Familienverbindung ist gesellschaftlich unmöglich«. So denkt nicht nur Paulsen. »Wissenschaftliche Bildung«, so ein Zeitgenosse, sei der »maßgebende Werthmesser für die Brauchbarkeit eines Menschen«, deshalb seien auch die Examina »im modernen Culturstaate« so wichtig.[125] Solche Aufwertungen von »Bildung« und »Bildungswissen« befestigen weiterhin die Identität der »Gebildeten« – vor allem auch dann, wenn sie mit der Abwertung der technischen Intelligenz und der Wirtschaftsbürger verbunden sind, einer Abwertung, die jedoch an Beweiskraft verliert. Gegen Ende des Jahrhunderts stellt ein Beobachter fest, daß der naturwissenschaftlich-technische »Teil moderner Civilisation« zumindest in Deutschland »in dem Bewußtsein der Gebildeten sich als solcher noch nicht genügend festgesetzt« habe, auch wenn die »Überhebung des klassisch Gebildeten über den Techniker, den Kaufmann immer weniger geduldet« werde.[126]

»Weniger geduldet« wird deren Abwertung im Namen der »Bildung«, weil auch die Erfolge der Technik und der Industrie als Beweis für Deutschlands Größe verbucht werden. Diese Erfolge kann sich das Bildungsbürgertum nicht zurechnen; mit dem neuen Nationalismus werden sie aber der erstarkten Nation zugerechnet. Das schafft eine prekäre Lage für jene bildungsbügerliche Monopolstellung der Definition, Evaluation und Zurechnung der »Nationalkultur«. Darüber ist nicht zu übersehen, daß die Unterscheidung zwischen »Gebildeten« und »Ungebildeten« zwar eingeschliffen bleibt, daß sie aber zunehmend durch den gesellschaftlichen Wandel andere Züge bekommt. Zwischen dem Selbstbild der Bildungsbürger und der sozialen Binnendifferenzierung entsteht somit eine erhöhte Diskrepanz. Die nahezu stereotype Selbstaufwertung der »Gebildeten«, deren häufige Beschwörung von »Bildung«

und »Kultur« belegen keineswegs eine gesicherte Identität. Auch hier sollten diskursive Auffälligkeiten sorgfältig analysiert werden. Das, was im Interesse der eigenen Selbstaufwertung immer wieder herausgestellt wird, dürfte gerade dann häufig beschworen werden, wenn es gefährdet erscheint. Bei den Begriffen müssen die Definitionsversuche der Benutzer nicht mit der Ratio der Verwendung übereinstimmen, geht es doch auch um das Ausgegrenzte und Nichtgesagte. Kurzum, die Berufung auf »Bildung« und »Kultur« zeugt seit Ende des 19. Jahrhunderts eher von einer verunsicherten Identität innerhalb der »guten Gesellschaft«, zeugt von Abstufungsproblemen zwischen den akademisch Gebildeten und ihrer verschärften Distinktion »nach unten«. Auch damit schrumpft die Funktion des Deutungsmusters innerhalb der symbolischen Vergesellschaftung. Denn »Bildung« mit Titel ist ein Kriterium für die Zugehörigkeit zur »guten Gesellschaft«. Sie markiert, darauf hat Max Weber schon hingewiesen, besonders in Deutschland »eine der allerstärksten rein innerlich wirkenden sozialen Schranken«.

Mit den neuen Wirklichkeiten, dem Ende der liberalen Ära und der veränderten Universalsemantik kann das Bildungsbürgertum seinen Anspruch, tendenziell »allgemeiner Stand« zu sein, nicht aufrechterhalten, verliert es seine hegemoniale Weltdeutungs- und Sinnstiftungsmächtigkeit. Seine »heimliche Herrschaft« ist vorbei. Sicherlich, das Prestige der staatlich diplomierten »Bildung« bleibt bestehen. Neben Herkunft und Ruf, neben beruflicher Position und Einkommen bleibt die »Bildung« ein entscheidendes Merkmal für den Zugang zur »guten Gesellschaft«. Was dann also mochte seine soziale Identität erschüttert haben? – Politisch mächtig war das Bildungsbürgertum im Obrigkeitsstaat nie. Zwischen Regierungsmacht, parlamentarischer Halbmacht und neuer Geldmacht gerät es zunehmend in Schwierigkeiten, Identität und Rang zu bestimmen. Die hohen Beamten-, Offiziers- und Diplomatenstellen bleiben in Deutschland bis 1918 weitgehend eine Domäne des Adels. Als Funktionselite innerhalb der defensiven Modernisierung schuf das Bildungsbürgertum wesentliche Voraussetzungen für die Entfaltung des Industriekapitalismus. Es zielte, ans Prinzip der Legalität gebunden, auf die politische Emanzipation unter Berufung auf die »Freiheit der Selbstbildung«, und es betrieb zugleich bürokratische Reformen, modernisierte den Staat, Gesellschaft und

Wirtschaft von »oben her«.[127] Damit schuf das Bildungsbürgertum
Entwicklungsmöglichkeiten für eine neue Klasse, die zwar nicht
politisch herrscht, deren Interessen aber von einem politisch
autoritären und wirtschaftlich liberalen Staat wahrgenommen werden. Auch in der Bildungspolitik. Die reichgewordenen Kaufleute
und Unternehmer, besonders deren Söhne, die sich vom Makel des
Parvenüs befreien, die häufig »Studierte« sind, verkörpern ökonomische Macht und stellen Statusansprüche. Ein solcher Sohn, Walther Rathenau, schreibt, gewiß nicht ohne Übertreibung, in einem
Brief an den Schriftsteller Frank Wedekind (21. 11. 1904), die »adligen Nachkommen« säßen »als Schatten« auf den letzten Thronen.
»Die wahre Macht halten die klugen Emporkömmlinge. Vander-
bildt, Rockefeller, Carnegie, Krupp sind die Könige und das
Schicksal unserer Zeit«.
Die verbreitete Vorstellung, Besitz und »Bildung« seien die beiden
Säulen der Gesellschaft – das, was Marx schon 1845 als die »vorhandene Welt des Reichtums und der Bildung« kritisierte –, gehört
zur Grundausstattung der liberalen Emanzipationsideologie. In ihr
verschränken sich sozusagen Besitz- und Bildungsindividualismus.
»Eigentum«, und nicht nur die »Bildung aller«, gilt als »Voraussetzung menschlicher Kulturentwicklung« (Ludwig Bamberger).
Einerseits wird diese Koalition angesichts der sozialdemokratischen Bedrohung fester, wie die im Sprachgebrauch verbreitete
Trennung zwischen »besitzenden und gebildeten Klassen« und »arbeitenden und besitzlosen Klassen« anzeigt. Insofern schwächt sich
der traditionelle Gegensatz zwischen Bildungs- und Besitzbürger-
tum gegen Ende des Jahrhunderts ab. Im Artikel *Bürgertum*
schreibt 1929 der *Brockhaus*, unter diesem Begriff würde seit Ende
des 19. Jahrhunderts »allgemein der Stand der ›Leute von Besitz
und Bildung‹ verstanden«. – Zugleich aber lassen sich Vorbehalte
und Frontstellungen – ein Schimpfwort wie »Raffke« ist ein Symptom dafür – gegenüber jener neuen Klasse beobachten, deren
ökonomische Macht und neureicher Prunk befremden.[128] Zumal
sich der neue Reichtum nicht nur in protzigen Villen und Gold-
fischbassins mit Champagner manifestiert. Die Bourgoisie übernimmt vom Bildungsbürgertum »kulturelle Praxen«. Die Kom-
merzienrätin Jenny Treibel verhindert zwar eine Heirat ihres
Sohnes mit der Tochter des Gymnasiallehrers Schmidt (mit Profes-

sorentitel); ihren Salon aber möchte sie mit Poesie und Musik schmücken. Verbindet sich ökonomische Macht mit kulturellen Ambitionen, dann schafft dies für die »Gebildeten« Identitäts- und Abgrenzungsprobleme. Die »Einheit der Universitätsbildung«, notiert Paulsen 1902, trage »in hohem Maße dazu bei, den akademisch gebildeten Ständen das Gefühl einer Aristokratie des Geistes zu geben, die der Aristokratie der Geburt und des Geldes das Gegengewicht zu halten berufen ist.«[129]
Noch stärker trägt die wachsende politische Anspruchslosigkeit gegenüber dem Adel zur Verunsicherung der Identität des Bildungsbürgertums bei. Zwar stellte es auch in der liberalen Ära keine offenen politischen Machtansprüche. Aber seine Begriffe konnten mit der Schubkraft der liberalen Emanzipationsideologie eine Art semantische Monopolstellung nach »oben« und »unten« erlangen. Das umfaßte auch politische Vorstellungen. In Rottecks und Welckers *Staats-Lexikon* unterstellt der Artikel *Bildung* (1846) den Staat einem »kulturstaatlichen Appell«, wenn gefordert wird, die »Beförderung der Cultur« sei nicht Zweck des Staates, der habe aber »Freiheit der Selbstbildung, wie überhaupt die persönliche Freiheit« zu schützen. Nichts sei einer »wahren Republik« dienlicher als die »fortschreitende Bildung«! Das Vorwort zum I. Band der *Historischen Zeitschrift* (1859) warnt nicht nur vor dem »Radicalismus«, sondern auch vor dem »Feudalismus«. Damit ist nicht eine historische Epoche, sondern die aktuelle politische Adelsmacht gemeint. So gehen vom Deutungsmuster auch kollektive Selbstaufwertungen und Ansprüche auf politische Veränderungen gegen die Interessen des Adels aus – nicht, indem dessen Macht offen in Frage gestellt wird, wohl aber, indem sie im Verlauf »fortschreitender Bildung« als überwindbar erscheint. Gustav Freytag, ein Repräsentant des nationalliberalen Bürgertums, hat dies als »Eigenheit der modernen Bildung« beschrieben, nämlich als deren Fähigkeit, daß die »treibende geistige Kraft sich in der Mitte der Nation, zwischen der Masse und den erblich Privilegirten ausbreitet, nach beiden Seiten belebend und umformend; je mehr sich ein Kreis irdischer Interessen von dem gebildeten Bürgerthum isolirt, desto weiter entfernt er sich von allem, was dem Leben Licht, Wärme und sicheren Halt verleiht. Wer in Deutschland eine Geschichte der Literatur, Kunst, Philosophie und Wissenschaft

schreibt, der behandelt in der That die Familiengeschichte des gebildeten Bürgerthums.«[130]

Das Ende der liberalen Ära, das Gefühl wachsender Bedrohung
durch die Sozialdemokratie, der machtpolitische Glanz des neuen
Kaiserreiches, schließlich der Wandel der Universalsemantik – all
dies treibt das Bildungsbürgertum an die Seite vorindustrieller
Machteliten. Gewiß, kritische Stimmen sind auch weiterhin zu vernehmen. Max Weber warnt in seiner Freiburger Antrittsvorlesung
(1895) vor der politischen Herrschaft einer ökonomisch sinkenden
Klasse, der Junker. In regelmäßigen Abständen wettert die *Vossi-
sche Zeitung* gegen Adelsprivilegien; liberale Witzblätter karikieren
den herausfordernden Casino- und Herrenstil der vorkapitalisti-
schen Klasse. Die »ideenverachtende Schneidigkeit der Herren-
schicht« (E. Troeltsch) mag auf viele Gebildete befremdend wirken.
Doch dies ändert nichts an dem Tatbestand, daß mit der Anerkennung der Adelsmacht auch bildungsbürgerliche Ranganprüche
innerhalb der »guten Gesellschaft« bescheidener ausfallen. Jener
von Gustav Freytag formulierte Anspruch nach »beiden Seiten«
läßt sich so nicht mehr stellen. Aus einer Schicht, die sozusagen
zwei Fronten hatte, eine nach oben und eine nach unten, wird ein
zweitrangiger Juniorpartner. Die Annäherung zwischen Bürgertum und Adel führt zu einer Prägung des bürgerlichen Verhaltens-
und Empfindungskanons mit Wertungen und Haltungen des
Adelskanons.[131] Die Anbindung an vorindustrielle Machteliten
schmälert auch die Hegemonieansprüche im Namen der Begriffe.
Geistesaristokratische Ansprüche stellten etwa hundert Jahre zuvor
auch schon Fichte, Schelling, Niethammer oder Humboldt. Das
richtete sich unter Berufung auf die »allgemeine Menschenbildung«
nicht nur gegen die utilitaristische Abrichtung zu einem Beruf, sondern ebenso gegen die alte Welt der Stände und des Adels; nicht
Geburt und Stand, sondern Begabung und Leistung sollten den
sozialen Status bestimmen. Konzeptionell war »Bildung« als
Adelsprädikat für alle vorgesehen. Gänzlich anders die Situation
nach dem Wandel der Universalsemantik und dem Ende der liberalen Ära. Wenn jetzt geistesaristokratische Ansprüche gestellt werden, dann geht es um eine quasiständische Verengung. Lagarde
lehnt die »allgemeine Bildung« als »deutsche Art der Zivilisation«
ab. Langbehn sehnt sich nach einer »echten Aristokratie«. Für Fer-

dinand Avenarius sind die »Aufgaben der Gebildeten Herrenaufgaben«. Das richtet sich nicht mehr gegen die Aristokratie; deren Herrschaft wird durch den Anspruch auf Mitherrschaft anerkannt. Mit der Anerkennung des Adels schrumpft beim Bildungsbürgertum die Gewißheit seiner selbst. Ohne die alten Hegemonieansprüche, aber mit dem bewundernden Aufblick zum Adel erfährt es eine Identitätsdiffusion, eine Anpassung an dessen Normen und Ansprüche. Das gilt gerade dann, wenn das Bürgertum sich als »neuer Adel« vorstellt.

Bereits vor dem Ende des ersten Weltkriegs konstatiert Friedrich Meinecke ein »relatives Sinken der Geltung des Bürgertums«. Wenig später schreibt er: »Das akademisch gebildete Bürgertum, einst in der Offensive gegen die alten herrschenden Schichten, dann zu einer gewissen Mitherrschaft mit ihnen vereinigt und zum Teil verschmolzen, fühlt sich nunmehr in der Defensive gegenüber allen denjenigen Schichten, die durch den Übergang vom Agrarstaat zum Industriestaat entstanden sind – den breiten Massen der Arbeiter und Angestellten.«[132] Wenn die Weimarer Republik die Macht der alten adligen Eliten einschränkt, erlebt das Bildungsbürgertum diesen Machtverlust nicht als Befreiung von einer »feudalen« Altlast, sondern als Auflösung des schützenden Machtstaates. Seine soziale Identität zerfällt weiter und immer schneller, weil mit der krisenhaften Instabilität der Republik die Möglichkeit versperrt ist, in jener »machtgeschützten Innerlichkeit« Zuflucht und Entlastung zu finden. Verunsichernd wirkt auch die wirtschaftliche Lage. Die Inflation ist hier zu nennen. Sie bringt dem Bildungsbürgertum eine entscheidende materielle Enteignung. Von der kulturellen Enteignung wird noch im Zusammenhang mit den Wissenschaften und Künsten zu sprechen sein. Der alte Machtstaat wirkte, anthropologisch gesprochen, »hintergrunderfüllt«; d. h. er bot dem Bildungsbürgertum stabile Sicherheiten und erlaubte ihm, vom Zwang der affektiven Zuwendung enthoben, eine Umlenkung von Antriebsträgern in die unpolitische »Bildung« und »Kultur«.[133] Man mußte ihn und vor allem seinen theatralischen Repräsentanten nicht mögen, aber man rechnete mit ihm. »Das ist der Vater Staat, unser Vater, die Autorität und die Sicherheit«, räsonniert der Ich-Erzähler – man erkennt darin unschwer Thomas Mann – in der Novelle *Das Eisenbahnunglück*. »Man verkehrt

nicht gern mit ihm«, heißt es dort weiter über den Staat, »er ist
streng, er ist wohl gar rauh, aber Verlaß, Verlaß ist auf ihn [...]«.[134]
Solche Verläßlichkeit bietet die Weimarer Republik dem Bildungsbürgertum nicht mehr. So erweist sich die Republik, gerade indem
sie alte Wünsche nach einer Verfassung einlöst, als der befürchtete
»liberale« Staat; denn dieser erscheint, wehrlos und besiegt, als
Spielplatz egoistischer Parteiinteressen und ökonomischer Profitin-
teressen. Ja, mit dessen Existenz wird der Niedergang der eigenen
Schicht verbunden. Das bestärkt, wie noch zu zeigen, alte Vorbehalte gegen den Westen, gegen Parlamentarismus und Liberalismus,
und es stärkt das Verlangen, sich identitätsstiftend auf deutsche
»Kultur« und deutsche »Bildung« zu berufen. Die verunsicherte
Identität läßt die Hoffnung auf einen »nationalen Aufbruch« und
einen rettenden Führer aufkommen – und das in allen bürgerlichen
Parteien.[135]

c) Schließlich der gelockerte Bezug des Deutungsmusters zur Verteilung und Anordnung gesellschaftlicher Bewußtseins- und Wissensbestände. Was die großen Integrationsideologien des 19. Jahrhunderts betrifft, so wurde über sie bereits im Zusammenhang mit
dem Wandel der Universalsemantik gesprochen. Deshalb nur wenige Hinweise. Nach der Reichsgründung verliert der Liberalismus
an emanzipatorischer Kraft, er wird defensiv. Während der Nationalismus, im Dienst neuer Weltmachtansprüche »von rechts« besetzt, offensiv und populistisch wird. Für Deutschlands Größe
stehen nun vorrangig seine staatliche, militärische und ökonomische Macht. Das kann der Nation zugerechnet werden, kaum aber
»Bildung« und »Kultur«. Der Liberalismus wollte »verlebte Formen und verjährte Fesseln« brechen. Er beanspruchte für sich
»Modernität« und propagierte die »Selbstbildung aller« im Zusammenhang von Fortschritt und Freiheit. Er ließ sich auf den Obrigkeitsstaat ein und wollte ihn, im Namen der Begriffe, zu einem
»Kulturstaat« umformen. Das waren hehre Ziele mit einer mobili-
sierenden zeitlichen Dimension. »Was wir der Zukunft als Zweck
setzen, bedingt die Bestimmung der Bedeutung des Vergangenen«,
heißt es bei W. Dilthey. Darin äußert sich noch der liberale Anspruch auf politische Dynamik, ein Anspruch, der sich im liberal-
konservativen und defensiven Status-quo-Denken der Kaiserzeit
verliert. Seit dem Ende der liberalen Ära und dem Wandel des Na-

tionalismus gelingt es offensichtlich immer weniger, mit dem Deutungsmuster Politik zu normieren. Damit verlieren »Bildung« und »Kultur« auch an sozialer Reichweite; damit wird die Wechselwirkung zwischen den alten Integrationsideologien und den Begriffen entscheidend gestört.[136]

Als Gustav Freytag 1867 beschließt, nicht »Politiker von Profession« zu werden, da begründet er dies in einem Brief gegenüber dem Herzog Ernst von Coburg mit dem Hinweis, er wolle zurückkehren zu seiner Rolle als »Bewahrer der idealen Habe unseres Volkes«. Daraus spricht nicht die Hybris eines isolierten Literaten, sondern das Selbstbewußtsein eines nationalliberalen Bildungsbürgers, dessen Anspruch, für »Bildung« und »Kultur« zuständig zu sein. Eine Voraussetzung für die Rolle des Repräsentanten der »idealen Habe« ist deren Überschaubarkeit und Allgemeinverständlichkeit. Das ändert sich im neuen Kaiserreich, wie die Dauerklage der Gebildeten über den »Spezialismus« (J. Langbehn) oder die »einseitige Kenntniseintrichterung« (F. Avenarius), wie die Abwertung der »Spezialisierung« als »negative Erscheinung« (G. Simmel) oder des »Spezialistentums« als »innere Verarmung« (A. Weber) belegt. Der alte Droysen etwa beschwert sich häufiger über die »Handwerkerclique der Kunstgelahrtheit«, die jeden »Dreck, dem einer ein Spezialstudium widmet«, mit der »Fanfare der Wissenschaft ausposaunt«. Solche Kritik verweist auf wachsende, unübersichtliche Wissensbestände; sie bezieht sich zudem auf die Arbeitsteilung in der Wissenschaft, d. h. auf eine erweiterte wissenschaftliche Spezialisierung. Mit der Akkumulation des Wissens und der Spezialisierung der Wissenschaften verliert das Bildungsbürgertum an Kompetenz, Wissensbestände zu repräsentieren und zu normieren; Wissensbestände, die kollektiv in industrieähnlichen Forschungsinstitutionen entstehen und deren explosionsartige Erweiterung sich nicht mehr an das alte Bildungsideal »Selbstvervollkommnung der Persönlichkeit« anbinden läßt.

Sicherlich, vom Ausbau der Universitäten profitieren auch die Geisteswissenschaften, denen weiterhin – man denke an die Geschichtswissenschaft oder die Germanistik – eine zentrale Rolle für nationale Sinnstiftung zukommt.[137] Die geschichtsbewußte Pflege der »Nationalkultur« diente ja schon im ganzen 19. Jahrhundert als Ersatz für Traditionsdefizite und nationale Einheit. Deutschland entdeckte im 19. Jahrhundert die »Geschichte«, weil es, im Vergleich zu den großen westeuropäischen Nationen England und Frankreich, ein eher geschichtsloses und machtloses Land war. Mit der Reichseinigung »von oben« erhöht sich für die neue Großmacht der legitimatorische Traditionsbedarf. Beim Geschäft der »invention of tradition« (Hobsbawm) werden die »Geisteswissenschaften« gebraucht. Die Geschichtswissenschaft, schreibt Dietrich Schäfer 1884, schwimme »flott im nationalen Fahrwasser. Sie hält es, und mit Recht, für eine ihrer wichtigsten, vielfach in einseitiger Übertreibung, für ihre einzige Aufgabe, nationalen Sinn zu pflegen und zu beleben.«[138] Von einem absoluten Funktionsverlust der »Geisteswissenschaften« kann also keine Rede sein. Ja, sie dürfen, indem sie sich dem nationalistischen Sinndeutungsdienst unterstellen, weiterhin Führungsansprüche gegenüber den Naturwissenschaften geltend machen. Dann werden deren Erfolge der »Zivilisation« zugerechnet, die eigenen Arbeiten aber der höher bewerteten »Kultur«.

Dagegen wehrt sich die naturwissenschaftliche-technische Intelligenz zunehmend. Auch für sie bleibt »Kultur« evaluativ unbestritten, doch versucht sie, unter Berufung auf den technischen und ökonomischen Wandel dem Begriffsumfang zuzuschreiben, was sie sich selbst zurechnen kann. So stellt Wilhelm Ostwald, Philosoph und Nobelpreisträger für Chemie, 1913 enorme »Wandlungen und Steigerungen« im nationalen Leben fest, auch um ein traditionelles Ressort des Bildungsbürgertums vollends zu hinterfragen: keiner unter »den zahlreichen großen und schöpferischen Männern, denen wir die gegenwärtige Höhe der deutschen Kultur verdanken«, sei ein »klassischer Philologe« gewesen. Den »großen Technikern« hingegen, den »großen Zusammenfasser(n) wirtschaftlicher und politischer Arbeit« und »vor allen Dingen den großen Führer(n) und Entdecker(n) auf den verschiedenen Gebieten der Wissenschaften« – der »exakten«, wie Ostwald ausdrücklich vermerkt, nicht »der historischen oder sogenannten Geisteswissenschaften« – sei der »gegenwärtige Aufschwung« zu verdanken.[139] Als »wesentlichen Maßstab für die Höhe der Kultur« will der Naturwissenschaftler die »Menge der Rohenergie«, ihre Nutzanwendung wie überhaupt die »Organisation und Koordination« der »höchsten Leistungen« bestimmen. Ostwald weiß, daß diese Neudefinition

der »Kultur« hochgradig umstritten ist: »Man hat diese Auffassung
der Kultur als banausisch, technisch, amerikanisch, utilitaristisch,
unideal usw. bezeichnet und sie unter dem Einfluß des Schlagwor-
tes ›Zivilisation und Kultur‹ als bloße Zivilisation bezeichnet und
ihr die ›wahre‹ Kultur entgegengesetzt. Sieht man zu, worin die
›wahre‹ Kultur bestehen soll, so findet man, daß es sich um einen
Rückstand jener Schillerschen ästhetischen Kulturphilosophie handelt, die schon oben als ein mißverstandenes Reaktionsprodukt der
künstlich galvanisierten Antike gekennzeichnet wurde«. Dieser
Versuch einer Neudefinition mit veränderter Zurechnung wird sich
nicht durchsetzen. Dennoch repräsentieren Ostwalds Gedanken
das wachsende Selbstbewußtsein der Naturwissenschaftler; ein
Selbstbewußtsein, das auch schon die Diskrepanz zwischen neuen
Gegebenheiten und alten Vorstellungen reflektiert.
Nun wäre es zu vordergründig, den angesprochenen Kompetenzverlust des Bildungsbürgertums lediglich mit dem Aufstieg der
Naturwissenschaften zu erklären. Denn im Bildungsideal selbst
läßt sich schon eine Asymmetrie zur Logik neuzeitlicher Wissenschaft ausmachen. In ihm ist, wie bereits gezeigt, nicht nur von
Beginn an eine Distanz gegenüber der Welt des Politischen und eine
Abstinenz gegenüber der Welt des Ökonomischen angelegt. Für
Humboldt ist der Gebildete derjenige, der »soviel Welt, als möglich
zu ergreifen, und so eng, als er nur kann, mit sich zu verbinden«
sucht. Die Selbstentfremdung des Subjekts der »Bildung« kann nur
deshalb mit dem Versprechen der Versöhnung beantwortet werden,
weil lediglich das in der Welt Geltung erlangen darf, an dem die
Individualität sich selbst steigernd zu bilden vermag. Demnach
kann sich der Mensch nur durch das bilden, was seinem Geiste
»homogen« ist. Von daher der Rückgriff auf ein idealisiertes Griechenland ohne Sklaven, aber mit der normativen Idee harmonischen Hellenentums. Daraus erklärt sich auch der Aufstieg der
philosophischen Fakultät; sie soll die Einheit und »Bildungskraft«
des wissenschaftlichen Wissens sichern.
Die antike Wissenschaft, das kritisiert schon Du Bois-Reymond,
war nicht technikerzeugend. In deren Tradition steht auch der
Neuhumanismus. Das Subjekt des neuhumanistischen Bildungsideals soll seine von Natur aus in der Individualität angelegten
Keime und Fähigkeiten in einer Welt ohne Widerständigkeiten aus-

bilden. Solch reduzierter Weltbezug gibt der Erforschung der Natur und der Anwendung technischer Verfahren keinen Raum. Die Logik neuzeitlicher Wissenschaft setzt hingegen völlig neue Impulse für den Austauschprozeß zwischen Mensch und Natur frei.[140] Der Aufstieg der Naturwissenschaften wird für das Deutungsmuster vollends zum Problem, wenn im Verlauf der Industrialisierung Wissenschaft als Grundlagenforschung und Technologie selbst Produktivkraft wird, wenn es zu einer wechselseitigen dynamischen Beeinflussung von Wissenschaft, Gesellschaft und kapitalistischer Ökonomie kommt, wenn somit neue Wirklichkeiten entstehen, die sich mit den Begriffen »Bildung« und »Kultur« nicht mehr verstehen lassen.

Helmuth Plessner hat in diesem Zusammenhang von der »Industrialisierung der Wissenschaft« gesprochen. Das meint den bereits von Max Weber thematisierten Übergang von der »Bildung durch Wissenschaft« zur »Wissenschaft als Beruf«; meint Arbeitsteilung, Spezialisierung und Forschung im Rahmen von Großinstituten. Plessner möchte darüber hinaus auf eine »sinngesetzliche Beziehung« zwischen Wissenschafts- und Gesellschaftstypen verweisen, auf ihre wechselseitige kausale oder intentionale Beeinflussung. Plessners Einteilung in drei Typen (hierarchisch-feudal im Mittelalter, naturrechtlich-absolutistisch im 17. und 18. Jahrhundert, evolutionär-demokratisch im 19. und 20. Jahrhundert) hat für unsere Fragestellung einen geringen heuristischen Ertrag. Aber der Leitgedanke einer »sinngesetzlichen Beziehung« weist auf jene »Zwischenlage« von altständischer und kapitalistischer Gesellschaft, in der zunächst die Philosophie, dann der Historismus und die Geisteswissenschaft die Führung im Ensemble der Wissenschaften behaupten.

Mit dem Ende der »Zwischenlage« beginnt auch das Ende dieser Führungsrolle. Davon zeugt nicht nur der Aufstieg der Naturwissenschaften und die Expansion neuer Wissensbestände. Mit dem Funktionswandel der Wissenschaft beginnt sich auch die interne Struktur der Wissenschaften zu verändern. H. Plessner charakterisiert diesen Prozeß als »Mechanisierung«, »Methodisierung« und »Entpersönlichung (bei gänzlicher Abstellung auf individuelle Leistung!)«. Streng methodisch rationalisierte Forschung erweist sich gerade dann als erfolgreich, wenn der Wissenschaftler dem Ethos

der »Sachlichkeit« folgt und seine Individualität nicht ins Spiel
bringt. Die moderne Wissenschaftsentwicklung, auch die universitäre, führt zu einer Entkoppelung von Wissenschaft und »Bildung«. Es ist gewiß kein Zufall, daß im Deutschen das Wort
»Forscher«, nicht aber das Wort »Forschung« zu veralten beginnt.
Wissenschaftliche Ausbildung ersetzt die »Bildung« durch Wissenschaft, Forschung und »Bildung« treten auseinander, die Wissensbestände wachsen ins Unübersichtliche und verschleißen durch
Wissensfortschritte – das wird hier idealtypisch-vereinfacht aufgelistet, um zu veranschaulichen, wie sehr sich der Wissenschaftsprozeß vom neuhumanistischen Bildungsideal entfernt, wie wenig das
Deutungsmuster in der Lage ist, sich zu den neuen Gegebenheiten
in Beziehung zu setzen.

Dennoch: Die Begriffe werden nicht aus dem Reich der Wissenschaften verbannt. Vor allem »Kultur« etabliert sich zu einem
zentralen Ausdruck neuer geisteswissenschaftlicher Fächer und
Debatten, wie schon ein Blick auf die Buch- und Zeitschriftentitel
zeigt.[141] Neue Bindestrich-Wissenschaften entstehen. Das Wort
»Kulturphilosophie«, es wird 1899 von Ludwig Stein geprägt und
von dem einflußreichen Neoidealisten Rudolf Eucken verbreitet,
setzt sich rasch durch. Wenig später wird auch das Adjektiv »kul-
turphilosophisch« gebräuchlich.[142] – Die »Kulturphilosophie« ist
ein schulübergreifendes Phänomen. In ihrer Gesamtheit erscheint
sie als ein Amalgam aus Historismus, Neukantianismus und Lebensphilosophie. So unterschiedliche Köpfe wie Eucken und Simmel, Rickert und Litt, Spengler und Cassirer verstehen ihre
Arbeiten ausdrücklich als kulturphilosophische. Mit dem Namen
»Kulturphilosophie« verbinden sich aber auch bestimmte Schulen
und Methoden. Die prominentesten Vertreter des südwestdeutschen Neukantianismus (der Lotze-Schüler Wilhelm Windelband
und dessen Schüler Heinrich Rickert) reagieren angesichts der zunehmenden Spezialisierung der Einzelwissenschaften mit dem Anspruch, der in die Defensive gedrängten Philosophie – in der Zeit
des Positivismus ein ehrwürdiges Relikt – wieder die führende
Rolle zuzusprechen. Ähnlich wie Kant die mathematischen Einzelwissenschaften sich selbst überließ, aber danach fragte, wie reine
Mathematik überhaupt möglich sei, wollen die Neukantianer die
»Kulturwissenschaften« zunächst einmal sich selbst überlassen,

wohl aber nach den Bedingungen der Möglichkeit kulturwissen-
schaftlichen Arbeitens, nach dessen logischen Gesetzen fragen. So
wollen sie mit dem Anspruch, daß die formale »Kulturphilosophie« fürs Ganze zuständig sei, den Einzelwissenschaften lediglich
eine untergeordnete Existenzberechtigung gewähren.[143] Für Rik-
kert wird »Kultur« überhaupt erst durch Wertbeziehungen konstituiert, sind »Kulturwerte« Eigenwerte, unabhängig von dem »Wert
des bloß natürlichen, d. h. bloß vitalen Lebens«. Die »Kulturwerte«
sollen die zerfließenden Wirklichkeiten ordnen. Was über die Gegebenheiten des Lebens hinausgeht und sie übersteigt, ist »Kultur«.
Die beanspruchte Universalität setzt das Wahre nicht mit dem Allgemeinen gleich. Alle lebendige Wertbeurteilung hat ihren Ursprung in der unvergleichlichen Werteinschätzung des personalen
Lebens. Als kulturwissenschaftliche Denkform wird deshalb von
Windelband die ideographische bestimmt, die im Gegensatz zur
nomothetischen nicht auf das Allgemeine und Gesetzmäßige zielt,
sondern auf das Verständnis des individuell Einmaligen. Unschwer
lassen sich in der hohen Selbstwerteinschätzung der Person wie in
der Bestimmung der »Kultur« als »Gesamtheit der Objekte, an denen allgemein anerkannte *Werte* haften, und die mit Rücksicht auf
diese Werte *gepflegt* werden«, philosophisch reformulierte Elemente des Deutungsmusters ausmachen.[144]
Im Unterschied zur neukantianischen »Kulturphilosophie» zielt
Georg Simmels *Philosophische Kultur* unmittelbar auf die Ord-
nungs- und Deutungsformen des »geistig-schöpferischen Lebens«.
Auch Simmel spricht von »Kulturwerten«, jedoch macht er diese in
sich geschichtlich bewährenden und lebensweltlich wirkenden
»Kulturgebilden« aus. Simmel denkt – im Unterschied zu den Neu-
kantianern, deren »Kulturwerte« noch aus der »heilen Welt« des
19. Jahrhunderts stammen – »kulturkritisch«. Auch deshalb wirkt
er über den akademischen Raum hinaus auf eine randwissenschaft-
liche, skeptische oder pessimistische »Kulturkritik«. Sie bestimmt
die intellektuellen Debatten, nicht die Schulphilosophie. Simmel
schreibt, sich auf die zerfließenden Wirklichkeiten einlassend, es-
sayistisch und anschaulich; die Neukantianer hingegen werden
ihren schwierigen schulphilosophischen Duktus nicht los. Simmel
formuliert ein allgemeines Unbehagen an der Moderne: Unter Berufung auf Marxens Gedanken vom Fetischcharakter der Ware

sieht er in der Gegenwart eine »Tragödie der Kultur«. Nach Marx besteht der Fetischismus darin, daß in der warenproduzierenden Gesellschaft den Menschen die gesellschaftlichen Beziehungen ihrer Arbeit als gesellschaftliche Beziehungen der Dinge, der Arbeitsprodukte und deren Natureigenschaft erscheinen. Simmel umgeht den Gedanken der Verkehrung und Versachlichung menschlicher Produktionsverhältnisse und überträgt den »Fetischismus« analogisch auf »geistige Gebilde«. Die Kritik der politischen Ökonomie gerät so zur Kulturkritik. »Kultur« entsteht demnach, wenn zwei Elemente zusammenkommen: die »subjektive Seele« und das »objektiv geistige Erzeugnis«. Diese Strömung vom Subjekt durch Objekte zum Subjekt verliert in der Gegenwart, so Simmel, ihre Kontinuität, indem sich die »Kulturprodukte« gegenüber der »Persönlichkeit des Produzenten« verselbständigen. Die Objekte gewinnen eine Logik eigener Entwicklung, wachsen massenhaft an und werden dem Subjekt fremd. Die Steigerungstendenz der Inhalte führt so vom »Zweck der Kultur« ab, nämlich dem »Gleichgewicht zwischen Subjekt und Objekt«. »Kultur«, so heißt es mit normativem Anspruch, »ist der Weg von der geschlossenen Einheit durch die entfaltete Vielheit zur entfalteten Einheit. Unter allen Umständen aber kann es sich nur um die Entwicklung zu einer Erscheinung hin handeln, die in den Keimkräften der Persönlichkeit angelegt, als ihr ideeller Plan in ihr selbst gleichsam skizziert ist.«[145]

Auch hier lassen sich zentrale Elemente des Deutungsmusters ausmachen: die Leitidee des sich selbstvervollkommnenden Individuums, dessen Persönlichkeit harmonisch durch »objektive geistige Erzeugnisse« zu »innerer Vollendung« drängt, klammert auch jetzt den Bereich des Politischen und Ökonomischen konzeptionell aus, während sich Simmel zugleich bei der kulturkritisch diagnostizierten »Tragödie der Kultur« auf die Widerständigkeiten seiner Gegenwart bezieht. Auf sie läßt er sich, über Geld und Philosophie, Kunst und Mode, Religion und Vergesellschaftung nachdenkend, ein. Das unterscheidet ihn von den musealen Festrednern des Neuhumanismus. Bei aller Modernität ist auch sein Denken durch eine gewisse Ungleichzeitigkeit charakterisiert. Die Gegenwart kann ihm nicht genügen, weil deren neuartige Steigerungstendenz dem alten, anspruchsvollen Bildungsideal widerspricht.

Bei Simmel zeigt sich, daß die Grenze zwischen »kulturwissen-
schaftlicher« Soziologie und »Kultursoziologie« (den Ausdruck
prägte Alfred Weber um 1910) fließend ist. Simmel ist Philosoph
und Soziologe. Er fragt nach dem Apriori der Erkenntnis und nach
den Formen der Vergesellschaftung. Solche Verschränkungen zwischen Philosophie, Soziologie und Geschichte sind nicht untypisch. Max Weber z. B. lehnt zwar den Anspruch des Neukantia-
ners Rickert ab, eine hierarchische Systematik der »Kulturwerte«
wie der Wirklichkeitswissenschaften zu errichten, doch ist es bekanntlich sein Ziel, eine universalgeschichtliche Theorie der Gesellschaft zu entwerfen, um die allgemeine »Kulturbedeutung der
sozialökonomischen Struktur des menschlichen Gemeinschaftsle-
bens« zu erforschen. M. Weber will die »Kulturwissenschaften« als
»Wirklichkeitswissenschaften« begründen, zugleich aber begreift
er Wertsphären als apriorische Prinzipien der Kulturentwicklung.
»Kultur« ist für ihn ein »Wertbegriff«. Die empirische Wirklichkeit
hat nur als »Kultur« Geltung, »weil und sofern wir sie mit Wert-
ideen in Beziehung setzen«.[146] So greift Weber die erkenntnistheoretischen Grundlagen des Neukantianismus auf und bezieht aus
der Differenz zwischen einer normativen Kulturbestimmung und
der empirischen Wirklichkeit eine skeptische Einschätzung der
Moderne.

»Kultursoziologie« im engeren Sinne ist mit dem Namen Alfred
Webers verbunden. Er grenzt die »Kultur« »als seelisch-geistige
Ausdrucksform« vom zivilisatorischen Fortschritt ab. Über der
»Zivilisationsentwicklung« als Intellektualisierungs- und Rationa-
lisierungsvorgang steht für ihn die »Kulturentwicklung«. Sie ist
mehr als die Ausweitung der Lebensmöglichkeiten und Gestaltung
des Notwendigen und Nützlichen. A. Weber schreibt gegen die
»banausische Zivilisationsvergötterung des Intellektualismus«. Er
macht »das Wesenhafte der Kultur« auf den »Höhen unsers Daseins« aus, »wo sich Welt und geistige Person begegnen«, und er
unterscheidet wertend zwischen »Gesellschaftsprozeß, Zivilisa-
tionsprozeß, Kulturbewegung«.[147] Leicht lassen sich auch in diesem Fall Elemente des Deutungsmusters ausmachen, jene Ungleichzeitigkeit von neuem Wirklichkeitsbezug und alten Vorstellungen.

Zu erwähnen ist noch die »Kulturgeschichte«. Sie erfährt gegen

Ende des 19. Jahrhunderts eine neue Konzeptualisierung und eine gewisse Aufwertung, auch wenn ihre Vertreter wie Eberhard Gothein oder Karl Lamprecht, durchaus staatstreue und national denkende Männer, es schwer gegen die Zunft der Ranke-Epigonen haben.[148] Lamprecht etwa wird im Methodenstreit der 1890er Jahre als »Verwüster echter Historie« beschimpft und als »Materialist« politisch verdächtigt. Diese »Kulturgeschichte« reagiert auf die Krise des Historismus, auf die Überschätzung der Quellenkritik, das ausufernde Editionswesen, die Beschränkung der politischen Perspektive. Sie bezieht sich auf den modernen Kapitalismus und ersetzt den Fluchtpunkt »Staat« durch den der »Kultur«. Auch sie beansprucht eine Art Leit- und Integrationsfunktion innerhalb der »Kulturwissenschaften«.[149] – Was ist »neu« an dieser »Kulturgeschichte«? Blicken wir zurück: Eine »Geschichtsschreibung der Kultur des menschlichen Geschlechts« (J. Chr. Adelung) bildet sich, wie gezeigt, am Ende des 18. Jahrhunderts in der Frontstellung gegen die Historie der Haupt- und Staatsaktionen aus. Sie wird durch den Aufstieg des Neuhumanismus und Historismus abgewertet und ins Souterrain der bildungsbürgerlichen Öffentlichkeit abgedrängt, was allerdings nicht heißt, daß keine Kulturgeschichten mehr geschrieben werden.[150] Abgesehen von dem einflußreichen Außenseiter Jacob Burkhardt lassen sich innerhalb der Kulturgeschichtsschreibung des 19. Jahrhunderts zwei Tendenzen ausmachen. »Kulturgeschichte« ist zum einen die Sache der liberalen bzw. linksliberalen Intelligenz, die sich gegen eine dynastisch orientierte Geschichtsschreibung wendet.[151] Zum anderen weist der Ausdruck auf den volkskundlerischen Traditionalismus eines Wilhelm Heinrich Riehl, der sich selbst als »Culturforscher« und »Culturhistoriker« bezeichnet und eine Professur für Kulturgeschichte an der Münchener Universität innehat. Riehls Ideal ist die ständische Ordnung, seinen methodischen Arbeitsansatz leiten die vier großen »S« – Stamm, Sprache, Sitte, Siedlung. Er preist das Haus der Lutherbibel, verherrlicht das Bauerntum und die Ständegesellschaft.

Die neue Kulturgeschichte um 1900 hingegen verwirft den regressiven Antimodernismus der Volkskunde ebenso wie die liberale Emanzipationsideologie. Ihr geht es um die Geschichte der Lebensformen, ohne die vergangenen zu verherrlichen oder die zeitgenössischen einer politischen Kritik zu unterziehen. Allerdings betreibt auch sie die Erforschung der erhofften Zusammenhänge von Kunst, Wissenschaft, Ökonomie und Gesellschaft nicht ohne eine »Ablenkung ins Geistige«. Nach Karl Lamprecht wirken »psychogenetische Triebkräfte« als sozialpsychologische Faktoren, und zwar so, daß sich einzelne Kulturzeitalter zu einem geistigen Gesamthabitus zusammenfassen lassen.[152] Das kommt nun wiederum, wie schon Zeitgenossen kritisch vermerken, der an Ranke so getadelten »Idee« nahe. Bei Gothein geht es letztlich nicht um realgeschichtliche Zusammenhänge, sondern lediglich um den »Wert«, der den verschiedenen Bereichen zukommt.[153] Also auch hier das Nacheinander von »alten« ideellen Momenten und dem Anspruch auf ein neues Geschichts- und Gesellschaftsverständnis.

Die wissenschaftsgeschichtlichen Hinweise sollen lediglich veranschaulichen, daß »Kultur« im akademischen Diskurs eine neue zentrale Rolle einnimmt, während das Deutungsmuster an symbolischer Integrationskraft verliert. Diese zentrale Rolle mag auch der Tatbestand erklären, daß »Kultur« seit der semantischen Innovation einen hochkomplexen Bedeutungsinhalt hat, auf den man sich rückbeziehen kann.[154] In den neuen Bindestrich-Wissenschaften wirkt »Kultur« aspektmonistisch, d. h.: das Ganze des jeweiligen Fachs soll von ihr aus bestimmt werden. Der Ausdruck hat in den verschiedenen Fächern verschiedene Verweisfunktionen. Zugleich aber lassen sich fächerübergreifende Gemeinsamkeiten ausmachen. Kennzeichnend ist eine Ungleichzeitigkeit von alten Vorstellungen und neuen Vorhaben. In allen angesprochenen Einzelwissenschaften hat »Kultur« (evaluativ unbestritten, deshalb auch der Singular) einen normativen Sinn. Mit ihr soll eine disparate Wirklichkeit geordnet werden. Es ist gewiß kein Zufall, daß jetzt der philosophische Terminus »Wert« als »Kulturwert« auch eine bildungssprachliche Popularität erhält – ähnlich wie »Verstehen«, »Stil« oder »Leben«. Genau besehen entsteht nun eine paradoxe Situation. Jede Bindestrich-Wissenschaft reagiert auf die neue »sinngesetzliche Beziehung« zwischen Wissenschaft und Gesellschaftstyp mit dem Anspruch auf Gesamtzuständigkeit und Totalität. Gerade dadurch erhöht sich aber die Binnendifferenzierung im Wissenschaftsprozeß. Sie treibt das voran, was die »Kultur« überwinden soll: das Anwachsen der Wissensbestände zu unübersichtlichen Segmenten. Insofern verhindern die neuen Einzelwissenschaften nicht den Kompetenzverlust des Bildungsbürgertums. Sie beschleunigen ihn vielmehr, verlangen sie doch, um mit Max Weber zu sprechen, den »Fachmenschen«, nicht den »Kulturmenschen«.

Und die Kunst, jener andere Bereich der »idealen Habe«? Sie gehört wie die Wissenschaft zur »Kultur«, gilt als Medium und Ausweis der »Bildung«. Auch bei ihr läßt sich ein markanter Kompetenzverlust des Bildungsbürgertums beobachten. – »Die Stellung des Bürgertums bis zur Revolution war, bei allen Anzeichen wachsender Dekadenz, nicht auf Besitz, sondern auf geistige Leistung gegründet und durch sie gerechtfertigt. Gesetzgeber, Schöpfer, Erfinder und Verwalter gingen entweder aus dem Bürgertum hervor oder sie gliederten sich ihm ein als der eigentlichen kulturtragenden Schicht, die Kultur wurde von keiner andern vertreten oder geschaffen«, vermerkt am 2. 1. 1932 der Schriftsteller Reinhold Schneider in seinem Tagebuch. »Erst die Kunst der letzten fünfzig Jahre, die zum größten Teil nicht mehr Kunst war, zerfiel mit dem Bürgertum«. Dem traditionsbewußten Autor mißfällt offensichtlich die künstlerische Moderne. Das ist verständlich, denn sie sprengt die Koalition zwischen Bildungsbürgern, Künstlern und Künsten. Schneiders Wertung und Diagnose verweisen auf einen epochalen Tatbestand, auf das Ende der tragenden Gemeinsamkeit zwischen den Künstlern und dem bildungsbürgerlichen Publikum, zwischen dessen Horizont und dem Horizont der Kunstwerke. Bis zur Moderne bleibt die Kunst, trotz romantischer Antibürgerlichkeit und einzelner Extravaganzen, für das Bildungsbürgertum eine sicher verwaltete Domäne. Es kann sich, wie etwa 1859 anläßlich der Schiller-Feiern, öffentlich als Sachwalter der »Nationalkultur« selbst feiern. Jeder ist kompetent, über Schiller zu reden, der Mediziner und Jurist ebenso wie der Gymnasiallehrer und der Universitätsprofessor.[155] Indem das Bildungsbürgertum die Künstler verehrt und die Künste pflegt, kann es auch bestimmen, was als Kunst gelten darf und was nicht. Der Vorstellung einer autonomen Kunst, die auf die Ideale der Harmonie und Schönheit verpflichtet ist, entspricht die Vorstellung vom Künstler, der als individueller Schöpfer wirkt. Die idealisierende Kunstemphase und der ideali-

sierte Kunstschöpfer gehören zu jenen im Deutungsmuster angelegten spezifischen Einstellungen. Umgekehrt bestätigen und befestigen die Kunstwerke bis zur literarischen Moderne diese
Kunstauffassung, ja sie können vom Bildungsbürgertum der eigenen »kulturellen Hegemonie« zugerechnet werden. Auch das hat
eine gewisse Überschaubarkeit und Allgemeinverständlichkeit zur
Voraussetzung. Die Kunst, so wurde behauptet, belegt einen zentralen Platz im Leben des Bildungsbürgertums. Sie ist Teil seiner
Geselligkeit, orientiert über die Wirklichkeit, verklärt sie, versöhnt
gar mit ihr und kann als Distinktionsmittel »nach oben« und »unten« dienen. Die Kunst der Moderne oder gar die der Avantgarde
sperren sich gegen diese Funktionen und lockern die Sinnbezüge
zwischen dem Deutungsmuster und der Kunst.
Zunächst läßt sich beobachten, daß sich die Künstler stärker vom
Bildungsbürgertum abzugrenzen beginnen. Die Künstler des
19. Jahrhunderts waren »Bürgerkünstler«; die der Moderne verstehen sich häufig als antibürgerliche Künstler. Sie beginnen sich
einsam zu fühlen, stilisieren sich zum Führer und Propheten, zum
Märtyrer und Bohemien. Sie fühlen sich aus der Masse der Philister
herausgehoben, sind der Welt abhanden gekommen, sehen sich und
ihre Kunst in einer Antiposition zur bürgerlichen Gesellschaft.[156]
Auch jetzt geht es nicht um Kunstgeschichte und Kunstsoziologie,
um einzelne Künste, sich ablösende »Ismen« oder um das Reser-
voir von verschiedenen Rollenzuweisungen und Selbstthematisie-
rungen.[157] Entscheidend ist, daß mit dem gewandelten Selbstverständnis der Künstler sich auch deren Verhältnis zur Tradition wie
zum Publikum wandelt. Eine verbreitete Erfolgsindifferenz, eine
gewisse Publikums- und Marktverachtung, setzen Innovationsbe-
reitschaft frei, eine neue produktive Rücksichtslosigkeit gegenüber
dem gängigen Publikumsgeschmack und traditionellen Wahrneh-
mungsweisen. Das führt zu sich rasch ablösenden Stilrichtungen,
zu einem Traditionsschwund durch Beschleunigung, zu einer neuartigen Unübersichtlichkeit durch Vielfalt und Wechsel. Dies wird
von den Bildungsbürgern als Kompetenzverfall erlebt. So erscheint
die Malerei seit dem Impressionismus als eine »Flut von Program-
men«, die jeweils eine Zeitlang »in gewissen, immer ›modernsten‹
Kreisen geherrscht« haben. »Jeder Stil«, so unser bildungsbürgerlicher Gewährsmann, »ging weit schneller vorüber als sein Vorgän-

ger: ein unheimliches Zeichen der nervösen Schnellebigkeit der
Zeit«. Und dann erst die Werke selber, die »halbierte(n) Pferde, die
Droschken ziehen«, jene »unzählige(n), grobe(n) Verstöße gegen
die Wirklichkeit«.[158] In einer der typischen *Kulturbilanzen* resü-
miert 1913 der Herausgeber: »Ewigkeitswerte weichen der Sensa-
tion des Tages, und das Epochale sinkt zum Ephemeren herab!«[159]
In dem Artikel über Malerei und Plastik wird die »ins Unüberseh-
bare steigende Menge der Museen«, das »Chaos des Angebots«, die
Ratlosigkeit des Publikums, der »schrankenlose Individualismus
des Urteils« beklagt. Der Artikel über Musik kritisiert eine »Zeit
der Augenblickserfolge«; »Ewigkeitswerte« verstehe man nicht
mehr zu prägen, »man hat keine Zeit für sie, weil man die Masse des
Erscheinenden nicht bewältigen kann«.[160] So werden die Künste
unübersichtlicher, exklusiver und marginaler. Erfolglosigkeit kann
als Qualitätskriterium gelten, Publikumsverachtung als Signatur
echten Schöpfertums. Welch ein Unterschied zu Mendelssohn oder
Brahms, zu Keller oder Storm, die für und mit ihrem Publikum
komponierten bzw. schrieben; denen es, unbestechlich in Sachen
Kunstautonomie, keine Probleme bereitete, daß ihre Werke »käuf-
lich« waren.
Nicht nur Tradition und Moderne treten auseinander. Mit der Ausweitung des Marktes vergrößert sich auch die Spannweite zwischen
einer elitären und einer populären Kunst, einer routinierten Salon-
und Unterhaltungskunst, der es auf Profit und Massenerfolg ankommt, nicht auf »gute« Kunst und »echte Bildung«. Das ist kein
neues Phänomen. Doch wächst mit dem Markt, was aus bildungsbürgerlicher Sicht jetzt als »Kitsch« abgelehnt wird; abgelehnt, weil
die »Massenkunst« den eigenen Vorstellungen nicht entspricht,
weil die Devise »Bildung ins Volk« deren Produzenten und Konsumenten nicht mehr erreicht. Was schon vor Horkheimer und
Adorno »Kulturindustrie« genannt wird[161] und in Film und Hör-
funk neue Medien findet, entzieht sich durch die Logik der Ver-
marktung dem Verdikt der gebildeten Hüter nationaler »Kulturwerte«.
Irritierend müssen auch Versuche wirken, den wurmstichigen Ver-
legenheitshistorismus von Architektur und Kunstgewerbe durch
eine »Industriekunst« (Fr. Naumann 1906) zu überwinden. Im
Deutschen Werkbund (1907-1934) plädieren Politiker und Publizi-

sten wie Fr. Naumann oder der junge Th. Heuß, Künstler und Architekten wie H. van de Velde oder P. Behrens für zeitgemäße, klare und funktionale Formen. Das soll die Klassen versöhnen und den Außenhandel steigern. Die Idee einer funktionalen Ästhetik stellt auch moralische und sozialreformerische Ansprüche. Sie will den »Kastengeist« überwinden, mit einer neuen »Geschmackskultur« die Massen heben; sie will, ganz allgemein, die »nationale Kultur« erneuern. Auch im *Werkbund* geraten Altes und Neues aneinander. So etwa, 1914 während der Kölner Ausstellung, beim Streit um die Typisierung von Formen. Im Interesse der Massen- und Exportproduktion treten die einen für einen einheitlichen, typisierten Stil ein, während die anderen für die schöpferische Freiheit des Künstlers gegenüber allen Dienstbarkeiten votieren. Dennoch, jene Verbindung von Kunst und Industrie, die Bejahung von Technik als »bewußter Kulturwille«, wirkt befremdend auf die Vertreter von Volks- und Heimatkunst, von traditionellem Handwerk und Kunstgewerbe. »Der industrielle Kapitalismus«, schreibt angesichts des neuen Stils in Architektur und angewandten Künsten J. Gaulke, »der durch eine sinnlose Nachbildung der alten Formen eine so große Geschmacksverirrung angerichtet hat, tritt zum erstenmal als Schöpfer einer neuen ästhetischen Wertung der Dinge auf«. Der Titel seines Buches lautet *Die ästhetische Kultur des Kapitalismus*. Die hat nun mit Schillers »ästhetischer Kultur«, mit dem »ästhetischen Schein« als Vorwegnahme einer befreiten Gesellschaft, nichts mehr zu tun. Auch nicht mit Goethe. Für ihn nämlich stand fest, »daß die Technik zuletzt in der Kunst verderblich werden müsse«.[162] Er beobachtete das Aufkommen einer Kunstindustrie mißtrauisch, weil die »mechanischen Künste« die »wahre Kunst« gefährden. Wird schon die Reproduzierbarkeit des Kunstwerks im Namen der Autonomie und Individualität der schönen Künste abgelehnt, so bricht die Verbindung von technischer Produzierbarkeit und ästhetischem Anspruch bei Gebrauchsgegenständen vollends mit den Kunstvorstellungen des Deutungsmusters.

Die zwanziger Jahre beschleunigen den Kompetenzverlust des Bildungsbürgertums gegenüber der modernen Kunst. Wie tief die Erschütterung auch war, die politische Zäsur von 1918 markiert keinen geistigen Umschwung oder völligen Neubeginn. Begabte

Kräfte und wichtige Strömungen der Moderne gibt es bereits vor 1914. Glaubt man H. Plessner, so setzt die parlamentarische Republik bürgerlicher Prägung jedoch angestaute Kreativität frei. Energien, in Goldmark-Zeiten gespeichert und durch staatlich-gesellschaftlichen Druck gehemmt, können sich nun entfalten. Auch der wilhelminische Obrigkeitsstaat verstand sich als »Kulturstaat«. Auch er wollte die Künste schützen, pflegen und fördern. Die Republik jedoch bevormundet sie weniger. Sie nimmt die künstlerische Freiheit ernster und wird deshalb von Teilen der Intelligenz, Vernunftrepublikanern wie Th. Mann, Fr. Meinecke oder E. Troeltsch, als »Kulturstaat« ernster genommen. Man hofft mit ihrer Hilfe, die »bisher auf das Bildungsbürgertum zugeschnittenen Bildungsideale einem weiteren Kreis zugänglich zu machen«.[163] Das scheitert und kann auch nicht mehr die alte Hegemonie des Bildungsbürgertums herstellen; solche Ansprüche erhöhen aber die Spannung zwischen dem Bildungsideal und der Ausbildungsrealität.

Mit der Republik erhält Deutschland aber ein Zentrum für die Kunst der Moderne. Residenzstädte wie München, Darmstadt oder Dresden haben ihre Rolle ausgespielt. Berlin wird, mit internationalem Glanz, zur Zitadelle einer programmatisch-modernen Großstadtkunst. Das schafft ein spannungsreiches »kulturelles« Gefälle zwischen der Hauptstadt und der Provinz. Die verbreitete Polemik gegen den »Geist von Berlin« lebt aus einem antiurbanen Ressentiment, aus einem Haß auf das Zentrum der Industrialisierung und der vermeintlich »westlichen Zivilisation«. In dieser Wendung gegen die Moderne artikuliert sich auch der Kompetenzverlust des Bildungsbürgertums. Jazz und »Neue Musik«, Dadaismus und Dokumentarismus, die Tiller Girls und der Funktionalismus, Film und Funk; Kommerzialisierung, neue Medien und die Totalrevision der Darstellungsmittel – all dies muß einem Kunstverständnis, das auf Schönheit und Harmonie, Idealisierung und Ganzheit, individuelles Schöpfertum und Autonomie setzt, als, wie es häufig heißt, »Kulturkrise« vorkommen. Die Zähigkeit des Deutungsmusters vergrößert den Graben zwischen dem Bildungsbürgertum und der modernen Kunst. Rudimentär, d. h. ohne den emanzipatorischen Anspruch der Kunst, aber mit der vertrauten Kunstemphase, wirken solche Vorstellungen auch noch bei forciert antibür-

gerlichen »konservativen Revolutionären«. So polemisiert Edgar
Jung im Kapitel *Kultur* seines präfaschistischen Hauptwerks *Die
Herrschaft der Minderwertigen* (2. erweiterte Auflage 1929) gegen
die »Zeitkunst«, gegen »Sprachverflachung« und »Großstadt-
deutsch«. Ihm geht es um eine Neubestimmung des »Dichters« und
der »Dichtung«, eine Neubestimmung allerdings, an der ein aggres-
sives Unbehagen an der Moderne deutlich wird; ein Unbehagen,
das sich aus alten Motiven speist. Die »unheilige Front der Minderwertigen«, so Jung, kenne »keine göttliche Führeraufgabe« und
erniedrige die »Kunst zum bedientenhaften Gewerbe«. Diese Front
»ist der Knecht der durch Technik und Presse entseelten Zivilisation und streicht lachend oder weinend ihre Renten von dem
Zustand unserer Zeit ein«.

Die vermeintlich »goldenen zwanziger Jahre« zeigen: Seine Rolle
als »kulturelle Trägerschicht« kann das Bildungsbürgertum, gefan-
gen in alten Vorstellungen, nicht mehr wie ehedem behaupten.
Urteile von zwei Verlegern, marktabhängig und kunstbewußt, mögen dies veranschaulichen. Für Samuel Fischer, einen Mann der
Liberalität und Demokratie, gab es vor dem Krieg noch »einen
bürgerlichen Kreis«, der »eine Atmosphäre von Kultur und Sitte
verbreitete, und all jene Elemente anzog, die in Gesellschaft, Wissenschaft und Kunst Ansehen und Einfluß gewonnen hatten«.
»Das Gemeinschaftsgefühl deutscher Kultur«, so der Verleger
1926, »ist im Sturm der letzten Jahre verblasen.«[164] Eugen Diederichs, ein führender Kopf des konservativ-revolutionären »Tat«-
Kreises, sieht ebenfalls, daß die »bisherige geistige Schicht des Bürgertums« nicht mehr als »Träger der Kultur walten kann«.[165] Die
Diagnosen sind ähnlich, die Antworten fallen aber unterschiedlich
aus. Fischer bejaht den demokratischen Staat »mit seinen ausglei-
chenden Tendenzen«. Diederichs hingegen beantwortet die soziale
und politische Degradierung des Bürgertums mit dem Programm
einer politischen Romantik der Volksgemeinschaft, des nationalen
Sozialismus und eines autoritären Staates.[166] Der Fischer-Verlag
muß, nicht allein weil sein Leiter Jude ist, den Weg ins Exil gehen.
Der Diederichs-Verlag hingegen – in ihm erschien eine Reihe *Erzieher der deutschen Kultur* (sie reicht von Winckelmann bis zu den
Klassikern) – bereitet dem »vornehmen Schleichen zum autoritären
Staat« (Chr. Graf v. Krockow) den Boden.

Die Klage über die Unübersichtlichkeit der modernen Kunst, über die sich beschleunigende, irritierende Abfolge einzelner Stile, ist ein Phänomen der europäischen Moderne, ja sie gehört zum Repertoire ihrer Selbstreflexion. So konstatiert Paul Valéry, um einen Gewährsmann von europäischem Rang zu nennen, für das »gebildete Europa« eine »geistige Verwirrung«, auch infolge der »verschiedensten Dogmen, Philosophien und Ideale«.[167] Nirgendwo aber lädt sich die Diskrepanz zwischen moderner Kunst und den Vorstellungen der alten »Kulturträger« spannungsreicher auf als in Deutschland. Das belegt die Geschichte des Deutungsmusters. Dessen zählebige Kunstvorstellungen bestimmen Wahrnehmungen und Wertungen, mit denen die moderne Kunstentwicklung nur mißfällig und regressiv abgelehnt werden kann. Von P. Bourdieu stammt der Gedanke, daß »kulturelle Erscheinungen« immer als sinnlich faßbare Äußerungen von Personen realisiert werden, daß somit der Eindruck erweckt wird, »als sei Kultur die natürliche und die persönliche und also auch legitimste Form des Eigentums«. Die Bildungsbürger, jene »Kulturträger« von gestern, erfahren die Unverfügbarkeit der modernen Kunst in der Mehrzahl als »kulturelle Enteignung«. Daher die verbreitete Rede von der »Kulturkrise«. Die Klagen werden, propagandistisch geschickt, vom nationalsozialistischen *Kampfbund für deutsche Kultur* aufgegriffen, der zu retten verspricht, was auch diejenigen gefährdet sehen, denen die rüden Methoden der Nazis mißfallen: »Deutsches Seelentum und sein Ausdruck im schaffenden Leben, in Kunst und Wissen, Recht und Erziehung, in geistigen und charakterlichen Werten«.[168]

Reformulierungsversuche: die stärkere Differenzierung zwischen »Kultur« und »Zivilisation«

So nimmt die Prägekraft des Deutungsmusters ab, schrumpft seine Fähigkeit zur symbolischen Vergesellschaftung. Dabei fehlt es nicht an Versuchen, den Umfang und den Inhalt der Begriffe zu reformulieren; sei es als Anpassung an die neuen Gegebenheiten durch Begriffserweiterung oder als Kritik an der »Zivilisation« im Namen der »Kultur«. Man darf es sich nicht zu einfach machen und die Wirksamkeit der »Kultur-Zivilisation-Antithese« überschätzen.[169]

Viele Autoren nehmen es mit der Unterscheidung nicht so genau. Sie ist zudem im Sprachgebrauch keineswegs verbindlich eingeschliffen. Die Klage eines F. Avenarius, daß viele meinten, »Zivilisation« an sich wäre schon »Kultur«, kennen wir bereits. Für den Volkswirt und Soziologen Albert Schäffle sind beide Begriffe »noch nicht in allgemein anerkannter Weise festgestellt«.[170] »Die Abgrenzung von Kultur und Zivilisation«, schreibt 1904 Rudolf Eucken, »ist neuerdings sehr ins Unsichere geraten, und zwar insofern nicht ohne einen sachlichen Grund, als jene innere Kultur, die unsere großen Dichter und Denker erfüllte, und die sie sich deutlich von aller bloßen Zivilisation abheben wollte, in unserer Zeit keinen festen Boden hat.«[171]
Zwei gegensätzliche Tendenzen sollen hervorgehoben werden. Zum einen wird der Begriffsumfang von »Kultur« erweitert: Wenn etwa von technischer, industrieller oder wirtschaftlicher »Kultur« die Rede ist, oder gar, wie bei F. Naumann, von »industriell-kapitalistischer Kultur«. Als 1913 D. Sarason die Beiträge zahlreicher prominenter Wissenschaftler zu einem *Gesamtbild der Kulturentwicklung* veröffentlicht, da läßt er sich von einem weiten Kulturbegriff leiten, der auch Technik und Naturwissenschaften, Politik und Ökonomie umfaßt. Das Problem der »Kultur«, so ist im Artikel *Soziologie* zu lesen, lasse sich »nur unter Berücksichtigung der weltwirtschaftlichen Zusammenhänge der Lösung näher bringen«.[172] An anderer Stelle wird von »Weltkultur« gesprochen. Indem sich »Kultur« auf die kapitalistische Vergesellschaftung bezieht, gerät die Begriffserweiterung letztlich zur Begriffsauflösung. Das Wort »Kultur« meint dann etwas anderes als der traditionelle Begriff. Es nähert sich dem Begriff »Zivilisation« an, weil er die neuen Verhältnisse repräsentieren will. Denn die Eigenlogik der bürgerlichen Gesellschaft zeichnet sich, wie es Th. Mann in den *Betrachtungen eines Unpolitischen* nennt, »durch eine alle Nationalkultur nivellierende Entwicklung im Sinne der homogenen Zivilisation« aus.
Zum anderen findet eine stärkere Differenzierung zwischen »Kultur« und »Zivilisation« statt. Die wertende Abstufung zwischen beiden Begriffen ist keineswegs neu. Sie läßt sich ja schon an der Wende vom 18. zum 19. Jahrhundert ausmachen, ist Teil der spezifisch deutschen semantischen Innovation. Diese Abstufung erhält,

insbesondere nach 1878, mit dem »fundamentalen Konstellationswandel« der deutschen Gesellschaft eine neuartige Dynamik; wird
doch verstärkt der Zivilisation zugerechnet, was mit den Ansprüchen von »Bildung« und »Kultur« an der neuen Gegenwart mißfällt! Unterschiedliche Köpfe wie Nietzsche und Lagarde, Houston
Stuart Chamberlain und Leopold Ziegler, David Koigen und Rudolf Eucken, W. Rathenau und Moeller van den Bruck werten mit
unterschiedlichen Akzenten »Zivilisation« ab und »Kultur« auf.[173]
Auf die Darstellung einzelner Positionen muß hier verzichtet werden. Hervorzuheben bleiben allgemeine Kennzeichen; die Einschätzung der »Zivilisation« als das Geringerwertige, Äußerliche,
Seelenlose, Mechanische, Nivellierende, Internationale, Gesellschaftliche, bloß Nützliche und Technische. Die Zivilisation erscheint als »Reich der Notwendigkeit«, ihr schlägt man die
materielle Arbeit, die Naturbeherrschung, das operationale Denken zu. Die »Kultur« aber wird hochgeschätzt als das Innerliche,
Lebendige, Seelenvolle, Individuelle, Gemeinschaftliche, Nationale, Zweckfreie und Geistige. Sie erscheint als »das Reich der
Freiheit«, der geistigen Arbeit, des nichtoperationellen Denkens.
Schon in Langbehns Bestseller *Rembrandt als Erzieher* (1891) gilt
der Ungeist der Zivilisation als etwas Artfremdes, als ein Affront
gegen die deutsche »Innerlichkeit« und »Seelenhaftigkeit«. Gegensatzpaare wie romantisch und rationalistisch, innerlich und oberflächlich, schöpferisch und formalistisch lassen sich leicht, nationalistisch aufgeladen, auf deutsche »Kultur« und französische
»Zivilisation« beziehen. Für Houston Stuart Chamberlain, Rassentheoretiker und intellektuelles Vorbild des Kaisers, ist »der Germane [...] die Seele unserer Kultur«.[174] Bis zur »Kulturpropaganda« des 1. Weltkriegs werden die Begriffe jedoch meistens
funktional abgestuft, gelegentlich temporal aufeinander bezogen
und selten in nationalistischer Absicht gegenübergestellt. Nicht die
Antithese (wie so häufig behauptet), wohl aber eine funktionale
Abstufung mit deutlichen pejorativen und positiven Wertungen
kennzeichnet die Situation. Nietzsche, der oft als Gewährsmann
für die »Kultur-Zivilisations-Antithese« herhalten muß, gebraucht
dafür die Metapher von der Pyramide; mit ihr vergleicht er die
»hohe Cultur«: »sie kann nur auf einem breiten Boden stehn, sie
hat zuallererst eine stark und gesund consolidierte Mittelmässigkeit

zur Voraussetzung«. Dazu zählt er auch Handwerk, Handel, Akkerbau und Wissenschaft.[175] Selbst ein konservativer Kulturphilosoph wie Leopold Ziegler lehnt in *Das Wesen der Kultur* (1903) unter Berufung auf die »historisch gegebene Wirklichkeit« eine »reine Sonderung« der Begriffe ab und betont, »daß Civilisation und Kultur sich wechselseitig durchdringen, daß es ausschließlich civilisierte Völker« ebenso wenig geben könne wie »ausgesprochene Kulturvölker«.

Beide Tendenzen reagieren auf die eingeschränkte Fähigkeit des Deutungsmusters zur symbolischen Vergesellschaftung. So erhöht sich die diskursive Präsenz des Begriffs, spielt in der gehobenen Publizistik der Vorkriegsjahre die »Kultur«-Frage eine zentrale Rolle. Zugleich aber schränken die Begriffserweiterung wie die verstärkte Differenzierung zwischen »Kultur« und »Zivilisation« die Integrations- und Repräsentationsfähigkeit des Deutungsmusters ein. Mit den unterschiedlichen Reformulierungsversuchen können aus den Begriffen Schlagwörter werden, inflatorisch verwendete Ausdrücke, mit beliebigem Bedeutungsumfang, unstrittiger Hochschätzung und kurzfristiger Wirkung. »Mit dem Worte Kultur«, so Karl Lamprecht in der *Frankfurter Zeitung* (12. 4. 1914), werde »geradezu Mißbrauch getrieben. Es ist eines der Schlagworte des Tages«. An anderer Stelle spricht er vom »Kulturgeschwätz«. Hören wir, was ein junger Außenseiter aus dem kleinbürgerlich-katholischen Provinzmilieu über die geistige Atmosphäre vor dem I. Weltkrieg schreibt, in der »die Luft voll ist von bedeutsamen Redensarten und große Worte, wie Kultur, Kritik und Leben einem von allem Seiten an die Ohren schlagen. Aber es geht den meisten mit diesen wichtigen Dingen wie Don Octavio (in Mozarts Don Juan) mit seiner Ehre und seiner Kraft: die Ehre erkennt man nur daran, daß er beständig schwört; die Kraft läßt sich nur aus den zahlreichen Gebeten um Kraft erschließen«.[176] Für den jungen Carl Schmitt ist die Rede über »Kultur« eine epigonale Erscheinung des verhaßten liberalen Zeitalters, jener Zeit der Entpolitisierung und Neutralisierung im Namen der großen Begriffe »Bildung«, »Kultur« und »Fortschritt«. Über Schmitts politische Traditionsbestände, die zum Teil verstaubter sind als der von ihm gehaßte Liberalismus, braucht hier ebensowenig gesprochen zu werden wie über seine neuartige totalitäre Bestimmung des Politischen. Hier

interessiert nicht seine antiliberale Rechtstheorie, sondern die
scharfsichtige Kritik an den bildungsbürgerlichen »Don Octavios«:
Die großen Begriffe des Bildungsbürgertums sind demnach kraft-
los geworden, unfähig zur Repräsentation und Integration. Sie sind
Teil einer Rhetorik, die lähmt und beruhigt, keine Krisen bewältigt
und kaum noch Orientierung bietet.

Der »Kulturkrieg« als kurzfristiger Versuch, die semantische Hegemonie wiederzugewinnen

Dann die »Ideen von 1914«, jene berühmte Formel, die der Nationalökonom Johann Plenge zuerst verwendet und die Rudolf Kjel-
len, ein germanophiler Schwede, mit einer wirkungsmächtigen
Flugschrift verbreitet. Diese Formel wird unter den Gebildeten un-
gemein populär, weil in ihr wesentliche Elemente des Deutungsmusters eingehen, weil die nationalistische Begeisterung des »Au-
gust-Erlebnisses« auch als Chance gesehen wird, mit den eigenen
Begriffen die semantische Hegemonie wiederzugewinnen: Die gegenwärtige Ausnahmesituation des Krieges soll die längst vergangene Normalität wiederherstellen. Der Krieg wird vom Bildungsbürgertum und seinen Mandarinen durchweg mit Erleichterung
begrüßt, erhofft man sich doch von ihm auch eine Renaissance des
»Idealismus«, eine Überwindung der Parteien- und Klassengegensätze, ein Ende des »Materialismus«. Was an der wilhelminischen
Moderne bedrohlich wirkte, scheint sich im Jubel der nationalen
Gesinnung aufzulösen. Mit den »Ideen von 1914« wollen die Gebildeten ihre Definitionsmacht wieder befestigen, soll ihren Begrif-
fen, insbesondere »Kultur«, wieder die Kraft zur Integration und
Repräsentation verliehen werden.
Wo Sozialdemokraten und Akademiker gemeinsam singend an die
Front ziehen, da ist aus der Gesellschaft, so der Eindruck, Gemein-
schaft geworden. Die aufspaltenden Gegensätze von Interessen,
Klassen und Parteien scheinen in dem Moment überwunden, wo
angesichts der Feinde eine »innere Geschlossenheit der Nation« die
Einheit des Reiches zu garantieren verspricht. Nicht nur ein Karl
Lamprecht beschwört die »Durchbildung der Nation im Kampf«.
Als die Mobilmachung verkündet wird, spricht Wilhelm II. vom

Balkon des Schlosses herab die zündende Parole: »Wenn es zum Krieg kommen soll, hört jede Partei auf, wir sind nur noch deutsche Brüder«. Damit verlagert sich die bisher auch innenpolitisch bestimmte Freund-Feind-Lage hin zur Außenpolitik. Aus den »vaterlandslosen Gesellen« werden nun echte Deutsche. Umgekehrt bauen die Sozialdemokraten alte Feindmarkierungen ab: an die Stelle der herrschenden Klassen und des Staates tritt nun Rußland – jener alte Feind der 48er Demokraten, jener auch von Marx und Engels kritisierte Hort des Despotismus. Nicht ohne Erfolg aktiviert der Reichskanzler Bethmann Hollweg die Russophobie der Sozialdemokraten, um sie auf Kriegskurs zu bringen.[177] Bei einem Sieg des »russischen Despotismus« stehe, so Hugo Haase in der Erklärung der SPD-Reichstagsfraktion (4. 8. 1914), »viel, wenn nicht alles auf dem Spiel. Es gilt diese Gefahr abzuwehren, die Kultur und Unabhängigkeit unseres Landes sicherzustellen«.

Die »Kulturpropaganda« der Gebildeten richtet sich aber vornehmlich gegen die »zivilisierteren« Feinde im Westen;[178] gegen England und Frankreich, den eigentlichen Konkurrenten beim Aufstieg Deutschlands von der Großmacht zur Weltmacht. Bereits vor dem Krieg gibt es zahlreiche Propagandisten dieses Hegemonialanspruchs, allen voran der *Alldeutsche Verband*. Etwa seit 1907 kreisen zahlreiche Diskussionen um eine »kulturelle Vertiefung« deutscher Innen- und Außenpolitik. In Paul Rohrbachs Bestseller *Der deutsche Gedanke in der Welt* (1912) wird »auf jeden Fall eine kulturelle Durchdringung aller erstrebten Einflußgebiete im idealen Sinne des deutschen Gedankens« gefordert, auch wenn man »einstweilen« (sic) auf die »kriegerische Unterwerfung fremder Länder und Völker« verzichten müsse.[179] In der liberalen *Vossischen Zeitung* vom 12. Dezember 1913 fordert Bethmann Hollweg eine auswärtige »Kulturpolitik großen Stils« und bittet die »gebildeten Schichten« um Unterstützung und Mitarbeit. Der Übergang vom »Normalpatriotismus zum Imperialismus« (Th. Nipperdey), jene Intensivierung des Nationalismus »von rechts«, erfaßt die Professoren, und wird von ihnen in den verschiedenen »imperialistischen« Verbänden vorangetrieben. Bei den *Alldeutschen* oder im *Flottenverein* sind sie und die übrigen Gebildeten wichtige Meinungsmultiplikatoren, aber keine Meinungsführer. Denn das Generalthema »Aufteilung der Welt« ist von der Logik der Wirtschaft

und Politik bestimmt, nicht von bildungsbürgerlichen Idealen. Gerade in dem Moment, wo diese Logik, sozusagen »folgerichtig«, in den Krieg führt, steigt der Bedarf nach diesen Idealen für die Sinngebung nach innen und die Propaganda nach außen. Allgemeine vaterländische Pflichtübungen und imperialistische Weltmachtansprüche reichen nicht aus. Dazu muß der Krieg eine höhere, gleichsam religiöse Weihe erhalten, muß im Namen der Verteidigung und Verbreitung der deutschen »Kultur« geführt werden. So erscheint er nicht allein als Kampf der imperialistischen Konkurrenten, als Kraftprobe ihres technisch-wirtschaftlichen Potentials, sondern als Konkurrenz der Gesinnung und der Moral. So heißt es zunächst bei Ernst Troeltsch: »Der Weltkrieg ist in erster Linie alles andere als ein Krieg des Geistes und der Kulturgegensätze, wie oft pathetische Überidealisten wollen. Er ist das Ergebnis der imperialistischen Weltspannung, die aus der Verteilung des Planeten unter wenige Großmächte und aus dem Bedürfnis nach Niederhaltung des deutschen Wettbewerbs hervorgegangen ist«. Aber durch die Kriegsparolen der Gegner, die sich zu einer »Ächtung des gesamten modernen deutschen Geistes fortbildeten«, habe sich die Situation verändert: »Was ein imperialistischer Machtkrieg war, wurde so zu einem Krieg des Geistes und Charakters«. Auf die Formulierung von Kriegszielen möchte auch ein Gemäßigter wie Troeltsch nicht verzichten. Er knüpft an das Mitteleuropa-Konzept an, wie es Reichskanzler Bethmann Hollweg in seinen Kriegszielrichtlinien vom 9. September 1914 entworfen hat, wenn er für »die Bildung eines mitteleuropäischen Blocks« plädiert, der unter wesentlichem Einfluß der deutschen »politisch-militärischen, wissenschaftlich-technischen und ethisch-geistigen Kultur steht«.[180]
Mit der Verschränkung von imperialistischer Politik und »deutscher Kultur« können die Professoren, die Generale des Bildungsbürgertums, wieder kurzfristig zu Meinungsführern werden. Das beflügelt ihr Engagement als Redner und Publizisten. Geht es doch nicht mehr um Parteien und Verbände, sondern um die deutsche Nation und ihre »Kultur«. Dafür dürfen nun wieder die Gebildeten ihre Zuständigkeiten unter Beweis stellen. In dem berühmten *Aufruf an die Kulturwelt* (4. 10. 1914) – er wird zunächst von 93 führenden Wissenschaftlern unterzeichnet, 4000 Unterschriften, nahezu die gesamte deutsche Professorenschaft, werden folgen –

wird unter Berufung auf die »Zivilisation« durchaus noch an Westeuropa appelliert. Übersetzungen wie *Appel au monde civilisé* oder *To the civilized world* verfehlen aber das eigentliche Anliegen. Der im *Berliner Tageblatt* veröffentlichte Aufruf will nämlich das Bündnis von nationaler Gemeinschaft, militärischer Aktion und »deutscher Kultur« herausstellen. In ihm kommen wesentliche Elemente des geistigen Erfahrungskapitals der Gebildeten zum Ausdruck: die vergangene Zeit der nationalen Erniedrigung und die Erlangung der von Generationen erhofften nationalen Einheit durch militärische Siege. Im *Aufruf* heißt es: »Sich als Verteidiger europäischer Zivilisation zu gebärden, haben die am wenigsten Recht, die sich mit Russen und Serben verbünden und der Welt das schmachvolle Schauspiel bieten, Mongolen und Neger auf die weiße Rasse zu hetzen. Es ist nicht wahr, daß der Kampf gegen unseren sogenannten Militarismus kein Kampf gegen unsere Kultur ist, wie unsere Feinde heuchlerisch vorgeben. Ohne den deutschen Militarismus wäre die deutsche Kultur längst vom Erdboden getilgt. Zu ihrem Schutz ist er hervorgegangen in einem Lande, das jahrhundertelang von Raubzügen heimgesucht wurde wie kein zweites. Deutsches Heer und deutsches Volk sind eines. Dieses Bewußtsein verbrüdert heute 70 Millionen Deutsche ohne Unterschied der Bildung, des Standes, der Partei [...]. Glaubt, daß wir diesen Kampf zu Ende kämpfen werden als ein Kulturvolk, dem das Vermächtnis eines Goethe, eines Beethoven, eines Kant ebenso heilig ist wie Herd und Scholle.«[181] Im westlichen Ausland wird der Aufruf als einmütiges Bekenntnis der deutschen Intelligenz zum Militarismus verurteilt. In Deutschland aber erscheint er als Manifestation einer neuen Einheit unter den Gebildeten. Einer Einheit, die nicht nur durch die Integrationskraft der Begriffe »Reich« oder »Nation«, sondern auch durch den Begriff der »Kultur« hergestellt wird. Die Kriegsziele und die Frage der innenpolitischen Reformen werden im Verlaufe des Krieges zu den Hauptstreitpunkten zwischen den Orthodoxen und den Modernisierern. Unstrittig bleibt aber bei allen die Hochschätzung der »deutschen Kultur«.

Für das Bildungsbürgertum ist der Krieg mehr als ein Verteidigungskampf des Reiches gegen eine Übermacht von Feinden. Er erhält den schicksalhaften Charakter eines »höheren Kampfes« für den deutschen Geist, die deutsche »Kultur« und den »Kulturstaat«.

Mit den »Ideen von 1914« wird eine Frontstellung gegen die Ideen von 1789 bezogen. Vertraute Vorstellungen gegen eine vermeintlich seichte und flache westliche Aufklärung, gegen Materialismus und Utilitarismus gehen in sie ein. Jetzt werden »Kultur« und »Zivilisation« in propagandistischer Absicht zu einer Antithese, mit der das Reich aufgewertet und der Feind abgewertet wird. Erst im Dienst der Propaganda entfaltet sich das nationalistische Potential der Antithese. In zahlreichen Reden, Broschüren, Aufsätzen und Büchern kann man es, unterschiedlich akzentuiert, nachlesen: Deutschland als Land einer überlegenen »Kultur« kämpft für Volk und Nation, für Autorität und Tradition, für den gewachsenen Staat, für den Individualismus, für eine Freiheit, die mehr auf die Pflichten als auf die Rechte pocht.[182] Deutschland steht, wie es im Vorwort zu den *Betrachtungen eines Unpolitischen* (1918) heißt, für »Kultur, Seele, Freiheit, Kunst«, gegen »Zivilisation, Gesellschaft, Stimmrecht, Literatur«. Was schon vor dem Krieg der »Zivilisation« zugerechnet wurde, das wird nun den Gegnern, insbesondere England, angelastet. Im Westen gibt es demnach keine Gemeinschaft, sondern lediglich eine Gesellschaft, keine Dichtung, sondern lediglich Literatur, keinen Geist, sondern lediglich Geschäfte. Die Engländer, so Werner Sombart, sind Händler und keine Helden. Ihnen geht es um das Glück der größten Zahl, ihr »Händlergeist« beherrscht Philosophie und Wissenschaft. Der Philosoph Max Scheler entwirft in *Der Genius des Krieges und der deutsche Krieg* (1915) eine Kategorientafel britischer Verkommenheit, die »Kultur« in bloßen Komfort, Denken ins kalte Berechnen, Wahrheit ins Nützliche, Frömmigkeit in Bigotterie verwandele. England verkörpert das, was bereits vor dem Krieg »kulturkritisch« der eigenen, wilhelminischen Moderne vorgehalten wurde: Ökonomisierung und »Vermassung«, Materialismus und Utilitarismus. Demgegenüber wird das vemeintlich »dekadentere« Frankreich eher nachsichtig-herablassend betrachtet. Beide Länder erscheinen als alte, abdankende Nationen; Deutschland aber ist die junge, im kraftvollen Aufstieg sich befindende Nation. Der Krieg werde diesem Prozeß, so der Tenor der »Kulturpropaganda«, zum Durchbruch verhelfen, nicht allein durch militärische Siege, sondern durch die Überlegenheit, so ist immer wieder zu lesen, der deutschen »Kultur«.

Kriegspropaganda ist nichts spezifisch Deutsches,[183] wohl aber die Legitimation des Krieges als »Kulturkrieg« oder »Kulturkampf«.[184] Das entspricht den Interessen einer Schicht, die sich, unter veränderten Bedingungen, wieder als »Verwalter der idealen Habe« Einfluß verschaffen möchte und dabei mit dem propagandistisch wuchert, was sie als ihren eigenen Besitz empfindet: die »Kultur«. Der Krieg erscheint ihr als Chance, die semantische Hegemonie wiederzugewinnen. Er wird mit dem Deutungsmuster wahrgenommen und soll den Begriffen neue Geltung verschaffen. Mit ihm hofft man die »Entfremdung zwischen Kultur und Politik« zu überwinden (F. Meinecke 1914). Er soll die »Einheit der Bildungsideale« schaffen (H. Oncken 1915), die »alten Gedanken des deutschen Idealismus wieder ins volle Licht stellen« (E. Troeltsch 1916), eine »positive Bedeutung für die Kulturformen« haben (G. Simmel 1917), eine »neue Einschärfung des Geistigen und Gemeinsamen« (A. Riehl 1914) betreiben.

Die »Kulturpropaganda« erreicht die Gebildeten, jedoch kaum die schon bald ernüchterten Massen.[185] Zudem entwickelt sich der Krieg nicht so, wie es die »gepflegte Semantik« möchte. Er entpuppt sich als technisch-industrielles Unternehmen, das den Sieg verspricht und Gewinne erbringt. Was an der »Zivilisation« kritisiert wird, Arbeitsteilung, Vermassung, »Materialismus«, treibt er voran. Die propagandistische Präsenz der Begriffe sollte nicht darüber hinwegtäuschen: All dies unterminiert die Fähigkeit des Deutungsmusters zur symbolischen Vergesellschaftung, aber es entwertet noch nicht die Orientierungskraft der Begriffe für die Wahrnehmung gesellschaftlicher Problemlagen! Der Versuch, den »Hurra-Patriotismus« bildungsbürgerlich zu durchtränken, schafft lediglich eine propagandistische Meinungsführerschaft. Die ist mit der alten »kulturellen Hegemonie« des 19. Jahrhunderts nicht zu vergleichen.

Langfristige Wirkungen. Sensibilisierung, Desorientierung
und Ohnmacht: die Kulturkritik

Der Verlust an symbolischer Vergesellschaftung bedeutet keine sozialgeschichtliche Entwertung. Denn mit dem Ende der liberalen
Ära und den Zweifeln am Wissenschaftsoptimismus des 19. Jahrhunderts entsteht ein neues Weltanschauungsbedürfnis, dessen Anspruch auf Gesamtzuständigkeit auch »Bildung« und »Kultur«
erfüllen sollen. »Wenn Professor Virchow und Andere rühmen, unsere Zeit ›brauche keine Philosophie‹, denn sie sei das ›Zeitalter der
Wissenschaft‹, so preisen sie die allmähliche Rückkehr aus Gestaltung zu Chaos«: Nicht nur bei Houston Stewart Chamberlain ist
das Vertrauen in den Fortschritt, jenen ubiquitären Leitbegriff der
liberalen Ära, geschwunden. Deshalb wird nun ein Begriff populär,
der auf eine Vorstellung von der Welt im ganzen, auf deren Gesamt-
interpretation, auf Sinndeutung und praktische Stellungnahme Anspruch erhebt. »Ohne alle Weltanschauung«, so Chamberlain
weiter, »wäre der Mensch ohne jegliche Kultur, eine große zweifüs-
sige Ameise«.[186] Verschiedene Begriffe wie »Wert«, »Verstehen«,
»Leben«, »Nation« oder »Volk« dienen dem neuen Weltanschauungsbedürfnis. Die Welt erscheint mit ihnen nicht als zu analysie-
rendes Objekt, sondern als gegenständliches Korrelat einer wertenden und emotionalen subjektiven Haltung. Auch »Bildung« und
»Kultur« können in den Dienst des Weltanschauungsbedürfnisses
treten. Das liegt nicht nur an ihrer Traditionsmacht. Ebenso wichtig ist der Tatbestand, daß die Begriffe individuelle wie kollektive
Interpretationen der Welt bestimmen können.
Die langfristige Wirkung des Deutungsmusters manifestiert sich
markant in einem wissenschaftlich randständigen, aber publizistisch erfolgreichen Kulturpessimismus, der die von ihm konstatierte »Krise der Gegenwart« nicht bewältigt, sondern eher als
deren Symptom gelten kann; ein Kulturpessimismus, der unter Berufung auf die »eigentliche« oder »wahre Kultur« die zeitgenössische »Kultur« kritisiert und dabei das, was dem emphatischen
Begriff »von außen« entgegensteht, mit dem Verdikt »Zivilisation«
abwertet. Das schafft für die Kritik eine gestörte Relation der Im-
manenz und Transzendenz gegenüber den neuen Gegebenheiten.

Wenn z. B. Freud *Das Unbehagen in der Kultur* (1930) anspricht, dann meint bei ihm der Begriff die Leistungen der Menschen im Austausch mit der Natur und die Regelungen ihrer Beziehungen untereinander. In der Tradition der Aufklärung und des westeuropäischen Denkens ist hier »Kultur« mit »Zivilisation« identisch. Freud verschmäht es, die Begriffe zu trennen. Die Präposition »in« belegt, daß er das Thema seiner Schrift – der Antagonismus zwischen dem Glücksanspruch des Individuums und den Zwängen der »Kultur« – in einem universellen Zusammenhang entfalten will. In der pessimistischen Kulturkritik äußert sich hingegen ein allgemeines Unbehagen »an« der »Kultur«. Die Präposition stellt hier eine normative und abgestufte Beziehung zum Objekt der Kritik her. Freud bezieht sich konzeptuell aufs Ganze. Der Gegensatz zur »Kultur« ist bei ihm die Natur. Das Unbehagen an der »Kultur« aber entsteht mit Bezug zum engen, spezifisch deutschen Kulturbegriff. Er ist zunächst immanent auf »kulturinterne« Bewertungen ausgerichtet, während der Gegenbegriff »Zivilisation«, häufig funktional anerkannt, aber werthierarchisch abgelehnt, auf die Rolle des kulturexternen Störenfrieds festgelegt wird. »Kulturkritik« wirkt so als Gesellschaftskritik mit gespaltener Sehkraft.

Die pessimistische Kulturkritik umfaßt unterschiedliche Niveaus und Haltungen; etwa die der schroffen Ablehnung der Moderne (Langbehn, Lagarde, Chamberlain) oder des Sich-Einlassens auf neue Wirklichkeiten (Simmel, Rathenau). »Kulturkritik« kann geschichtsphilosophisch weit ausgreifend den »Untergang des Abendlandes« beschwören und verschiedene »Kulturen« wie Dominosteine ordnen; sie kann aber auch essayistisch-knapp über Mode oder Gegenwartskunst handeln. Viele Kulturkritiker sind »terribles simplificateurs«, wenige, allen voran Simmel, eigenständige Köpfe. Die Frage, ob Individualität, »Bildung« und »Kultur« in einer Welt der Spezialisierung und Kommerzialisierung noch möglich sind, wird unterschiedlich beantwortet. Das Spektrum reicht von konservativen, reaktionären oder rassistischen Positionen über die Lebensreformbewegungen bis hin zu Versuchen, die deutsche Gesellschaft moderat zu modernisieren. In diesem Zusammenhang geht es lediglich um die allgemeine Signatur und Wirkung der Kulturkritik. Entscheidend ist, daß der Begriff »Kultur« die Fragen bündelt und das Krisenbewußtsein lenkt – jedoch mit einer gespaltenen Sehkraft, die gegenüber den neuen Gegebenheiten sensibilisiert und zugleich desorientiert. Mit dem normativen Kulturbegriff werden neue Gegebenheiten ausgemacht, ohne daß das spezifisch Gesellschaftliche als Übergewicht von Verhältnissen über die Menschen erkannt wird. Gerade dies schafft ein Gefühl der Ohnmacht. In der Kulturkritik erringt so die Tendenz der Systeme des deutschen Idealismus, philosophische Allgemeinbegriffe zum Fetisch zu erheben, dem sich das Einzelne unterzuordnen hat, eine verspätete Wirkung.

Man soll es sich mit der Rede vom »kulturkritischen Verblendungszusammenhang« nicht zu leicht machen. Die pessimistische Kulturkritik erweist sich da als scharfsichtig, wo sie anspruchsvoll im Namen von echter »Bildung« und »Kultur« einzelne Phänomene brandmarkt. Nietzsche, den schon die Bewunderung für die Aufklärung und die Polemik gegen den deutschen Nationalismus von einem Langbehn, Lagarde oder Moeller van den Bruck unterscheidet, liefert dafür mit seiner Kritik am »Bildungsphilister« ein immer wieder aufgegriffenes Exempel. Die Kulturkritik sensibilisiert offensichtlich gegenüber den Erscheinungen des modernen Kapitalismus. Bereits 1866 beklagt F. A. Lange den »Verfall der Kultur«, die »ertötende Kälte«, den »Egoismus«, »zuviel Reichtum« und fordert einen »neuen Idealismus«.[187] Von nun an verklingt solches Lamento über den »utilitaristischen Egoismus« (W. Wundt) nicht mehr. F. A. Lange ist noch ein Mann des liberalen Zeitalters, einer, der vom »Fortschritt« überzeugt ist. Ohne diese Gewißheit jedoch, verbunden mit einem forcierten Nationalismus und ganz im Zeichen der veränderten Universalsemantik, wird bei Langbehn, Lagarde und anderen der Ton der Kritik schärfer, aber auch hoffnungsloser.[188] Der verbreiteten Klage über den Substanzverlust des Geistes, über die fehlende integrierende »Bildung«, über Kommerzialisierung, Mechanisierung, Nivellierung und Vermassung können allerdings wirklichkeitsnahe Einsichten nicht abgesprochen werden.

Zugleich aber desorientiert die pessimistische »Kulturkritik«, weil sie die tragenden Realitäten von Wirtschaft und Gesellschaft nur verzerrt mit ihren normativen Ansprüchen bemerken, aber nicht realitätsgerecht analysieren kann. Ihr »Vulgäridealismus« (F. Stern) beurteilt nicht die Moderne, sondern verurteilt sie. So polemisiert

Lagarde gegen »Fortschritt, Demokratie, Liberalismus«, Langbehn gegen »Markt, Mode, Gesellschaft« und »geistigen Demokratismus«; und Moeller van den Bruck wendet sich gegen einen »Liberalismus« als »Ausdruck einer Gesellschaft, die nicht mehr Gemeinschaft ist«. Für Spengler zeigt das Aufkommen von wenigen Weltstädten das Ende der »Kultur« und das Zeitalter der »Zivilisation« an. In der Phase der »Kultur« hängt der Mensch an der Heimat, in der Phase der »Zivilisation« tritt an deren Stelle der Kosmopolitismus. Die Großstadtbewohner sind nicht mehr mit der Erde verwachsen, sondern »Nomaden« und »Parasiten«, »irreligiös, intelligent, unfruchtbar«.[189] »Zivilisation« ist bei Spengler »Dasein ohne innere Form. Weltstadtkunst als Gewohnheit, Luxus, Sport, Nervenreiz. Schnellwechselnde Stilmoden [...] ohne symbolischen Gehalt«.[190] – Auch bei Kulturkritikern, die sich vorurteilsfreier auf die neuen Wirklichkeiten einlassen, wirkt das Deutungsmuster desorientierend. Über Simmels Tendenz, gesellschaftliche Probleme als Probleme der »Kultur« zu vergeistigen, wurde bereits gesprochen. Schon bei ihm tritt der »Geist« als »Widersacher« der Seele auf. So wird von ihm die Widersprüchlichkeit und Problematik seiner Zeit durchaus wahrgenommen, zugleich aber zu einer »Tragödie der Kultur« philosophisch »vertieft«. Und selbst ein Mann vieler Eigenschaften, ein Unternehmer und Intellektueller wie Walther Rathenau, bleibt unter Berufung auf die »Kultur« voller Skepsis gegenüber der technisch-wissenschaftlichen Moderne. Als Kulturkritiker beklagt er die zerstörerische Wirkung der Industrie. Als Unternehmer hält er die »Mechanisierung« für unvermeidlich und notwendig. Doch zugleich mißtraut er ihr. Das Leitthema seiner Schriften ist nicht die Technik im Sinne von Bacon, sondern deren »kulturzerstörende« Wirkung. Die »seelenlose Zivilisation« charakterisiert er als »Habsucht und Götzendienst des lachenden Landes, Warenhunger, Blendwerk, Streberei, Üppigkeit, Neugier, Diebeslust der Städte«.[191] Rathenau argumentiert ausdrücklich »im Sinne der Kultur«. Das prägt seine Interessen, Ängste und Wahrnehmungen gegenüber der Industrie. Seine Doppelstellung als Unternehmer und Kulturkritiker schafft einen »selbsthaßgeprägten Antikapitalismus« (H. D. Hellige), der die Mechanisierung bejaht, »alle echten Werte der Kultur aus der ökonomischen Erwägung« ausscheidet und zum Ausgleich eine »Seelenevolution« fordert.[192] Für Rathenau ist die Verschränkung von technisch-ökonomischer Rationalisierung und geistig-seelischer Irrationalisierung charakteristisch. Seine in der Tradition des Neuidealismus und der Lebensphilosophie stehende Kulturkritik belegt eindrucksvoll jene gespaltene Sehkraft, die kulturkritisch die Auswirkungen der Ökonomie wahrnimmt, jedoch nicht deren Logik, und die daher Schadensbegrenzung betreiben will durch die Unterstellung der Ökonomie unter die Werte der »Kultur«.

Das für die Kulturkritik charakteristische Nebeneinander von Sensibilisierung und Desorientierung schafft ein Gefühl der Ohnmacht. Mit der schrumpfenden symbolischen Vergesellschaftung verlieren die Begriffe an Integrationskraft. So kommen sie dem neuen Weltanschauungsbedürfnis entgegen und können es doch nicht mehr befriedigen. Schon die Schriften eines Lagarde oder Langbehn sind von Prophezeiungen kommenden Unheils durchzogen. Ihre wirklichkeitsfremde Hoffnung auf die kommende Gemeinschaft und ein zukünftiges Reich ist – ohne jede Vermittlung zwischen Kritik und Prophezeiung – ein Glaube der Verzweiflung. In Spenglers Geschichtsphilosophie erscheint die »Zivilisation« in einem notwendigen »organischen Nacheinander« als »unausweichliches Schicksal der Kultur«. Aus Simmels »Tragödie der Kultur« gibt es keinen Ausweg. Zwar kann das Leben vorübergehend erstarrte »Kulturformen« sprengen, doch kann es nicht verhindern, daß neue »Kulturformen« wiederum verselbständigt dem Subjekt gegenübertreten. Rathenau erkennt, daß die »Mechanisierung« »kulturzerstörend« wirkt. Er anerkennt sie aber auch als »Fatum«.

In einer philosophisch-zeitkritischen Abhandlung, die nicht im engeren Sinne der pessimistischen Kulturkritik zugerechnet werden kann, zeigt sich der Zusammenhang von gespaltener Sehkraft, Sensibilisierung, Desorientierung und Ohnmacht. Wenn Karl Jaspers 1931 mit großer Resonanz *Die geistige Situation der Zeit* analysiert, dann ist seine Diagnose noch normativ in der Tradition des Bildungsideals formuliert: »Bildung bringt den Einzelnen durch sein eigenes Sein in die Mitwissenschaft des Ganzen«. Auch Jaspers schwimmt im breiten Strom des Kulturpessimismus, wenn er über die »Nivellierung«, den »Substanzverlust«, den »Mangel an Persönlichkeit«, über »die Masse der Durchschnittlichen«, »die Entzauberung durch die Wissenschaft« räsoniert. Was er als spezifisch »modernen Widerstreit« bezeichnet, erinnert an Simmel: »Die Massenordnung baut einen universalen Daseinsapparat auf, der die spezifisch menschliche Daseinswelt zerstört«. Der verbreiteten »Ohnmacht vor dem Gang der Dinge« begegnet er eigenwillig – mit der existenzphilosophischen Aufforderung, »Mut des Selbstseins« zu zeigen.

Die pessimistische Kulturkritik bringt ein kollektives antimodernes Ressentiment zum Ausdruck. Und sie befestigt es zugleich, indem sie dafür die Stichworte liefert. Sie zeugt von der langfristigen Wirkung des Deutungsmusters. Der Traditionsbegriff »Kultur« (und mit ihm auch »Bildung«) leitet die Interpretation neuer Wirklichkeiten, wie wechselwirkend die neuen Wirklichkeiten dem alten Begriff einen veränderten Sinn zuschreiben. »Hinter« den gleichen Begriffen finden sich so unterschiedliche Bedeutungen und verschiedene Problemlagen. Zu Beginn des 19. Jahrhunderts stehen die Begriffe für eine zukunftsgewisse Weltdeutung mit emanzipatorischer Handlungsanbindung. Hundert Jahre später dienen sie einem eher handlungsgehemmten Räsonnement, das der Moderne vorrangig kulturpessimistisch begegnet.

Die Dialektik von Modernisierungsfunktion und Modernisierungskrise entfaltet sich nicht keimhaft aus bestimmten Vorstellungsinhalten, sondern im Verlauf der deutschen Geschichte, in den Hoffnungen der Reformzeit, den Ernüchterungen der Restaurationsphase, der politischen Niederlage der 48er Revolution, schließlich der Reichseinigung »von oben«, dem »Ende der liberalen Ära«, dem »Griff nach der Weltmacht« und der Krise von Weimar. Insofern gibt es keine immanente semantische Logik »von Beginn an«. Zugleich aber, daran sei erinnert, sind im Deutungsmuster Wissensformen und Verhaltensweisen angelegt, die mit der Ökonomie und der Politik entscheidende Bereiche der Modernisierung abwerten bzw. »zurückstellen«. Die große, in der neuzeitlichen Philosophie immer wieder gestellte Frage, wie sich Individuum und Gesellschaft aufeinander beziehen, beantwortet das Deutungsmuster mit einem bildungsindividualistischen Optimismus, der seine Kraft auch aus einem reduzierten Weltbezug erhält. Solange die »bürgerliche Gesellschaft« unter Berufung auf das sittliche und selbsttätige Individuum idealisiertes Ziel bleiben kann, bereitet das dem geistigen Erfahrungskapital des Bildungsbürgertums keine Probleme. Deshalb kann das Deutungsmuster seine Modernisierungsfunktion im Übergang von der (alt)ständischen zur bürgerlich-kapitalistischen Gesellschaft entfalten. Deren Realität bedeutet allerdings nicht die Realisierung der ursprünglichen Ziele. Damit erhöhen sich die Spannungen zwischen dem Deutungsmuster und den neuen Wirklichkeiten. Die Verknüpfung zwischen »Bildung« und »Kultur« wie die funktionale Abstufung zwischen »Kultur« und »Zivilisation« verleiten gegenüber der Industrialisierung und Vergesellschaftung zu Wertvorstellungen, die mit Vorstellungen von gestern das Heute ablehnen: ein regressiver Antikapitalismus beruft sich auf die »Kultur«, eine forcierte Ablehnung demokratischer Partizipation auf die »Bildung des Individuums«. Es ist kein Zufall, daß gegen Ende des 19. Jahrhunderts »Zivilisation« all dies nahezu schlagwortartig bündeln kann, was den hehren Vorstellungen von »Bildung« und »Kultur« nicht entspricht.

Das Deutungsmuster enthält zunächst keine bestimmte politische Option, wohl aber in Verbindung mit dem Liberalismus ein modernes politisches Bezugssystem: die Trennung von Staat und Gesellschaft unter Berufung auf das autonome Individuum. Es grenzt Politik und Ökonomie weitgehend aus, macht aber das Feld frei für den »Materialismus« des Wirtschaftsbürgertums; einer Praxis, deren Erfolge die soziale Stellung des Bildungsbürgertums ökonomisch unterminieren und deren Resultate mit dem Deutungsmuster nicht mehr realitätsgerecht verarbeitet werden können. So ist schon in der spezifisch deutschen semantischen Innovation ein gelockerter Realkontakt angelegt. Das Deutungsmuster erschwert nötige Einstellungsveränderungen, und es wird auf die industrielle Moderne vorrangig kulturpessimistisch reagieren.

Sicherlich, eine »kulturkritische« Ablehnung der Moderne ist keine deutsche Besonderheit. Leicht läßt sich ein Bogen von Schillers Beschreibung der Entfremdung im 6. *Brief über die ästhetische Erziehung* über Matthew Arnolds Kulturkritik bis hin zu Ruskins Diagnose vom Niedergang der Kunst als Zeichen einer allgemeinen Kulturkrise schlagen.[193] Auch bei einem Charles Maurras oder Maurice Barrès ist die Kritik an der »décadence« mit einem aggressiven Nationalismus und der Bereitschaft für autoritäre Lösungen verbunden. Nirgendwo aber findet sich ein vergleichbarer Zusammenhang zwischen einer spezifisch nationalen Semantik und einer spezifisch nationalen Trägerschicht. Mit dem Deutungsmuster gerät das Bildungsbürgertum in eine Art semantisches Gefängnis. Die semantische Lage in Westeuropa stellt sich anders dar. Hier wird »civilisation« nicht auf das Individuum, sondern auf Völker und Nationen bezogen, umfaßt der Begriff alle Lebensbereiche, materielle und geistige. Die damit verbundene verbreitete Vorstellung von der Geschichte als der Geschichte fortschreitender Freiheit mag philosophisch-problembewußt als seichter Fortschrittsglaube abgetan werden, doch sie repräsentiert semantisch die bestehende und sich wandelnde »bürgerliche Gesellschaft«. Damit bleibt bei der westeuropäischen Intelligenz das geistige Erfahrungskapital flexibler gegenüber gesellschaftlichen Krisen und potentiell offener für gesellschaftlichen Wandel. Es ist kein Zufall, daß in Westeuropa die Mehrheit der Akademiker dem parlamentarischen System treu und dem Humanismus-Diskurs verpflichtet bleibt. So kann frz. »civilisation« eine deskriptiv-neutrale oder eine normativ-ideale Bedeutung erhalten, kann durchaus kritisch als Zivilisationskritik oder Kritik im Namen der Zivilisation gebraucht werden, kann den Unzivilisierten, Barbaren oder weniger Zivilisierten verurteilen.[194] Nochmals: In der Regel verweist der Begriff, positiv bewertet, auf die Vervollkommnung gesellschaftlicher Beziehungen und die Vervollkommnung materieller Ressourcen. Gewiß, auch er ist, trotz des Menschheitspathos, keineswegs immun gegen chauvinistische Aufladungen. Das Deutungsmuster aber erlaubt, im Unterschied zu »civilisation«, keinen Bezug auf eine politisch und ökonomisch begriffene »societas civilis«. Gegenüber ökonomischer Vergesellschaftung und politischer Partizipation macht es blind, aber nicht sprachlos. So äußert sich besonders in der deutschen »Kulturkritik« ein verbreitetes Unbehagen an der kapitalistischen Moderne, ein Unbehagen, dessen Kontinuitätslinien bis in die diffuse Ideologie des Nationalsozialismus reichen. 1930 schreibt der Rechtstheoretiker Hermann Heller, der demokratische Gegenspieler Carl Schmitts: »Von großer Wichtigkeit ist es, die neofeudale Kraftpose und den Schrei nach dem starken Mann als den Ausdruck einer Verzweiflungsstimmung des Bürgers zu erkennen. Erschreckt durch das Avancieren der Arbeitermassen, glaubt er nicht nur seine

eigenen politischen und ökonomischen Herrschaftsansprüche bedroht, sondern sieht zugleich das Ende der gesamten europäischen Kultur nahe. [...] Es ist durchaus folgerichtig, daß der Verfasser von ›Untergang des Abendlandes‹ zugleich der repräsentativste deutsche Vertreter jener Gewalt- und Geniereligion, sowie des Diktaturgedankens ist. [...] Begreiflich, daß diesem verzweifelten Bürger nur die Hoffnung auf den starken Mann übrig bleibt«.[195]
Die Erfahrungen der militärischen Niederlage, der politischen Revolution, des verletzten Nationalgefühls durch Versailles, schließlich die materielle und kulturelle Enteignung erhöhen im Bildungsbürgertum das Gefühl der Ohnmacht und die Bereitschaft für autoritäre Lösungen. Dem Blick zurück erscheint die Vorkriegszeit als ruhige Periode »machtgeschützter« und goldmarkgesicherter Innerlichkeit. Herrschaft und Hierarchie des Obrigkeitsstaates entmachten das Bildungsbürgertum und werden doch als Garanten der »Kultur« akzeptiert. Die Weimarer Republik aber ist der befürchtete demokratische Staat, von vornherein als Nachlaßverwalter einer scheinbar vermeidbaren Niederlage belastet; durch Parteienhader wehrlos und instabil; unfähig, Politik und Wirtschaft zu ordnen. Die Wendung zum »starken Mann«, den Bismarck verkörpern sollte, ist mit der Reichsgründung von oben und dem Wandel der Universalsemantik bereits vollzogen. Mit den Ängsten und Aggressionen der Weimarer Zeit wird – auch im Namen von »Bildung« und »Kultur« – der Ruf nach dem rettenden Führer lauter. Wenn z. B. Eduard Spranger, ein Repräsentant deutscher Bildungsphilosophie, in bewährter Manier über das »deutsche Bildungsideal«, über »subjektive« und »objektive Kultur«, über das »Kulturideal« und die »sittliche Gesinnung« nachdenkt, dann kommt er bei seiner »Reflexion über unsere geschichtliche Stellung und Aufgabe« und der Frage, wie denn diese Ideale verwirklicht werden können, nahezu zwangsläufig auf den »großen Mann« zu sprechen. Er soll helfen, »von der Clique der Mittelmäßigen loszukommen«. »Der echte Führer soll herrschen«, heißt es 1926, auch mit Blick nach Italien. Von diesem verlangt er, »im höchsten Sinne humanistisch gebildet« zu sein. Aber welch ein Unterschied zum Neuhumanismus und dem alten emanzipatorischen Glanz des Deutungsmusters: Sprangers Bildungsideal votiert für »vitale Gesundheit«

und »biologisch vollkräftige Menschheit«. Er will das Gymnasium zur »Eliteschule« machen, um »Staat und Volk« zu erhalten, will der »alten neuhumanistischen Idee des innerlich geformten Menschentums eine starke historisch-politische Bildungsrichtung« hinzufügen.[196] Von der »Selbstbildung aller« und den Grenzen der Wirksamkeit des Staates ist nicht mehr die Rede. »Der wahre Führer muß die Dynamik der Staatskörper, Rechtskörper und Wirtschaftskörper überschauen, damit sie nicht wie die moderne Technik die Menschenseele erdrücke, sondern damit das Menschliche in ihnen erhalten bleibe und durch sie zum Siege gelange«.

Hinzu kommt: Im Kaiserreich erhielt der technische und wirtschaftliche Wandel einen gewissen Sinn im Kampf um den beanspruchten »Platz an der Sonne«. Ohne solch reichsapologetische und imperiale Zurechnungen kann er destruktiv und »undeutsch« wirken. Vor allem dann, wenn in den 20er Jahren ein mythisiertes Amerika zum Symbol der Modernität erhöht wird, wenn »Sachlichkeit« und Technikkult gefeiert werden.[197] Dafür begeistern sich, weit über die politischen Gegensätze hinaus, große Teile der naturwissenschaftlich-technischen Intelligenz, jüngere Autoren und Publizisten. Aus Sicht der Kulturkritik erscheint die »Yankeezivilisation« jedoch als Ort der Standardisierung, als Fabrik des »Maschinenmenschen« und des »mechanisierten Lebens«.[198] Das intellektuelle Klima der Weimarer Republik weist schärfere Gegensätze als die Vorkriegszeit auf. Amerikanismus und Kulturkritik, Politisierung und Polarisierung, alte und neue Kunst – all das erhöht bei den einstigen Verwaltern der »idealen Habe« den Kulturpessimismus. Gerade der wachsende Kontrast zwischen freigesetzter Modernisierung und den abgestandenen Normen des Deutungsmusters ist ein Beitrag zur Dauerkrise einer Republik, mit der sich die alten bildungsbürgerlichen Eliten nicht anfreunden können.

Nochmals: Von der spezifisch deutschen semantischen Innovation führt keine gerade, abschüssige Linie zu Hitler. Das Nacheinander von normativer Höhe und tiefem Fall, von Modernisierungsleistung und Modernisierungskrise erschließt sich nur in Wechselwirkung mit der deutschen Geschichte. So erhält der kulturpessimistische Zusammenhang zwischen Sensibilisierung, Desorientierung und Ohnmacht in der Weimarer Republik eine fatale Steigerung;

eine Steigerung, mit der verständlich wird, warum die Mehrheit des Bildungsbürgertums bereit ist, die Nationalsozialisten als das kleinere Übel zu akzeptieren. »Was wird aus der einst so breiten bürgerlichen Mitte, die jahrhundertelang unsere Kultur getragen hat?«, fragt 1932 ein Gymnasialprofessor, Jahrgang 1871, einen jüngeren habilitierten Lehrer. »Politisch«, so fährt er fort, »ist sie fast völlig in den extremen Parteien aufgegangen, deren eine unsere Kultur zu zerstören die Absicht hat, während die andere sie primitivieren will und wird, wenn sie ans Ruder kommt. Was soll dann aus Leuten werden, die wie wir sind, die wie wir mit unserem ganzen Sein in der überlieferten Kultur wurzeln und leben? Es ist, als befänden wir uns auf einer Insel, die immer kleiner wird und in Gefahr ist, eines Tages ganz von den Wellen verschlungen zu werden. Und es ist nicht bloß die ungeistige Umgebung, die sie langsam zerstört, sondern sie scheint auch für sich mehr und mehr zu verfallen. Wenn man unsere Kirche und Religiosität, unsere Kunst und Dichtung betrachtet, so kann man sich Spenglerscher Gedanken nicht erwehren.«[199]

Beide Herren sind für »lebendige Bildung« und gegen den »Zeitgeist«. Beide fühlen sich auf verlorenem Posten, beklagen »das Versinken des Kulturgutes, das unser kostbarster Besitz ist«. Sie lehnen die Arbeiterparteien ab, finden Hitler und seine Bewegung »primitiv« und »unsympathisch«. Aber immerhin beansprucht der Nationalsozialismus, so Martin Havenstein, der ältere, eine »Kulturbewegung« zu sein. Man habe kein Recht, »diesen Anspruch glatt abzuweisen« (Brief vom 22. 4. 1933). Die nationalsozialistische Propaganda »gegen den kulturellen Niedergang« und für »deutsche Kulturwerte«, gegen »bürgerliche Kultur« wie »Arbeiterkultur«, aber für »deutsche Volkskultur« hat offensichtlich Erfolg, weil sie, Restbestände bildungsbürgerlichen Vokabulars verwendend, auf das vertraute Deutungsmuster verweist.[200] »Nach dem Eindruck, den ich habe«, schreibt Otto Schumann, der jüngere, über Hitler, »gibt es unter den Gebildeten viele, die mit seiner Bewegung sympathisieren, während die Sozialdemokratie es nicht verstanden hat, Gebildete in irgendeiner nennenswerten Zahl zu sich herüberzuziehen. [...] Es ist ein Experiment, dem wir entgegengehen. Hoffen wir, daß es gelingt. Es ist unsere einzige Hoffnung, wie die Dinge liegen« (Brief vom 26.3.1932).

IV.
Das unrühmliche Ende des semantischen Sonderwegs

Scharfsinnige Diagnose und totalitäre Therapie:
Hans Freyer und Carl Schmitt

1931 hält der Philosoph und Soziologe Hans Freyer auf den Davoser Hochschultagen drei Vorträge, die sich, wie er es nennt, mit der »kritischen Kulturlage« und der »Bildungskrise der Gegenwart« beschäftigen. Wer ein gepflegtes kulturkritisches Räsonnement erwartet, den enttäuscht der Redner. »Das Problem der Bildung ist nicht aktuell«, heißt es programmatisch im ersten Satz.[1] »Bildung« sei nicht die eigentliche Sorge des gegenwärtigen Menschen, keine sichere Wertgröße in unserem geistigen Haushalt. Das »Bildungsideal« habe keine Realität mehr, der klassische Begriff der Bildung stamme aus einer anderen Zeit. Freyer beklagt nicht wehmütig den Funktionsverlust von »Bildung« und »Kultur«, sondern er analysiert ihn. Indem er die Voraussetzungen des Bildungsideals unter geistesgeschichtlichen und soziologischen Aspekten hinterfragt, historisiert er das Deutungsmuster. Indem er die Begriffe mit dem Anspruch einer »realistischen Gegenwartsauffassung« überprüft, kann er deren Funktionsverlust begründen. Der »klassische Bildungsbegriff« gehe von einer »Ebenbildlichkeit von Geisteswelt und gebildeter Individualität aus«; der »ganze Kulturbegriff des 19. Jahrhunderts« sei von da her entscheidend bestimmt. Soziologisch bestimmt Freyer einen apolitischen bürgerlichen Mittelstand als Träger des »deutschen Bildungsprinzips«. Er sieht diesen Mittelstand (im Vergleich zu Frankreich) handlungsgehemmt in einer »negativen Spannung zum Staat«. Freyer will damit die Rolle des Liberalismus herunterspielen. Dem komplizierten Verhältnis zwischen der Anerkennung des Obrigkeitsstaates einerseits, den liberalen Forderungen nach einem »Kulturstaat« andererseits wird dieses Pauschalurteil allerdings nicht gerecht. Seine Behauptung, mit dem Bildungsideal verlagere sich »der Schwerpunkt notwendig in die Innerlichkeit«, rückten die Ziele aus der »Sphäre des gesellschaftlichen Lebens in den geistig-kulturellen Bereich«, übergeht die politische Verwendungsgeschichte des Deutungsmusters. Scharfsinnig konstatiert er jedoch dessen Funktionsverlust: Mit der »hochkapitalistischen Entwicklung in Deutschland«, mit der Technik, der Ökonomie, der politischen Wirklichkeit und den sozialen Problemen zerfalle das »Bildungsideal«. Die industrielle Gesellschaft entwickele sich über die liberale Epoche hinaus. »Bildung« werde, neben dem Leben betrieben, »zum schönen Schein oder zum nebensächlichen Attribut«.[2]

Wie Max Weber versteht Freyer, ohne jedoch dessen Postulat der Werturteilsfreiheit zu übernehmen, Soziologie als Wirklichkeitswissenschaft. Damit kann das Deutungsmuster zum Objekt einer Kritik werden, die sich aus dem semantischen Gefängnis befreit hat. Andererseits aber setzt Freyer subjektiv-voluntaristisch auf ein dezisionistisches Tatpathos: »Kritische Epochen können nicht repräsentiert werden«, sie müssen »durchkämpft werden«. »Bildung«, so ist im Vortrag zu lesen, habe nicht den Auftrag, »Mitte zu bilden« oder »Radikalisierung zu bremsen«. Freyer bekennt sich ausdrücklich zum »Antihumanismus«. Seine Leitwerte sind vermeintlich höhere Ganzheiten: ein starker Staat, der die totale Hingabe des Individuums verlangt, und ein mythisiertes Volk, dessen personeller Träger der Führer ist. Das erinnert an einen anderen brillanten Kopf, an Carl Schmitt. Der hält die geläufigen Entgegenstellungen von »Kultur« und »Zivilisation«, Organischem und Mechanischem, Geist und Macht, Leben und Erstarrung für eine epigonale Erscheinung der Romantik. Schmitt polemisiert gegen die deutsche Kulturkritik, gegen deren vermeintliche »Kulturuntergangsstimmung«. Und er nennt Namen: G. Simmel, O. Spengler, E. Troeltsch, M. Weber und W. Rathenau.[3] Nach seiner Meinung sind die Fragestellungen der Kulturkritik legitim, doch kann er nicht deren Haltung der Ohnmacht akzeptieren. Dem Gejammere über die Technik hält er entgegen, diese sei nur ein Instrument, dessen man sich bedienen müsse. Dafür bedürfe es aber einer starken Politik, eines totalen Staates, der den neutralen Staat des liberalen Zeitalters aufheben solle.

Gewiß, die antiliberale Stoßrichtung ist kein Novum. Das gehört seit dem Wandel der Universalsemantik zum Repertoire der Zeit-kritik. Freyer und Schmitt sind keine nationalsozialistischen Partei-theoretiker. Doch ist ihre Kritik am »Bildungsideal« wie am »Kulturpessimismus« faschistisch imprägniert. Beide vertrauen al-lerdings nicht mehr dem alten »rechtsstaatlichen« Obrigkeitsstaat, sondern sie setzen auf ein zukünftiges Konzept totalitärer Verge-sellschaftung; ein Konzept, das die Technik bejaht, das die Freund-Feind-Unterscheidung zum Kriterium des Politischen macht, das mit der Mobilisierung der Massen rechnet, sie aber dem allgewalti-gen Staat und Führer als Gefolgschaft unterstellt. Der Dualismus zwischen »Kultur« und »Staat«, der mit dem Konzept des »Kultur-staates« die Grenzen des Staates markiert, indem er seine Existenz anerkennt und zugleich die Autonomie der »Kultur« fordert, ist damit verworfen.[4] Bei Freyer und Schmitt schlägt die scharfsinnige Diagnose der »Bildungskrise« oder »Kulturkrise« in eine faschisti-sche Therapie um. Damit können sie keineswegs als Repräsentan-ten für die Semantik des Bildungsbürgertums gelten. Beide reprä-sentieren aber eine veränderte semantische Lage nach 1933: nämlich das Miteinander von totalitärer Vergesellschaftung und technokratischer Effizienz; und einen Kult der Technik und Pla-nung, wie er auch schon bei Teilen der »Konservativen Revolution« und in der technischen Intelligenz zu finden ist.

Traditionsmacht und Traditionsbruch: die Aufwertung
des Zivilisationsbegriffs »von oben«

Auch semantisch bedeutet der Nationalsozialismus keineswegs den Einbruch von etwas Fremdem. Ohne die Kontinuitätslinien des Deutungsmusters läßt sich nicht verstehen, wieso das Bildungsbür-gertum ihn zum geringeren Teil bejaht und zum größeren Teil als das kleinere Übel betrachtet. 1933 markiert jedoch keineswegs den logischen Tiefpunkt des »semantischen Sonderwegs«. Das Verhält-nis von Kontinuität und Diskontinuität, von Traditionsmacht und Traditionsbruch stellt sich bei näherem Hinsehen komplizierter dar. Bereits mit dem Wandel der Universalsemantik ist im Deu-tungsmuster eine Nachgiebigkeit gegenüber autoritären Lösungen angelegt. Der Heroenkult um Bismarck veranschaulicht die Wen-

dung zum »starken Mann«. Allerdings verläßt sich bis zur Weimarer Republik das liberal-konservative und defensive Status-quo-Denken auf einen Obrigkeitsstaat, der eine gewisse »kulturelle Autonomie« und eine soziale Statussicherheit garantiert. Die kulturelle und materielle Enteignung während der 20er Jahre bringt diese schon krisenhafte Balancierung aus dem Lot und macht das Bildungsbürgertum anfällig für Hoffnungen auf einen rettenden Führer.[5] Der Sorge um das »Kulturgut« und den eigenen, gefährdeten Status kommt die nationalsozialistische Propaganda mit der Zusicherung, die »deutsche Kultur« zu retten, entgegen.[6] Treffend ist der Nationalsozialismus als ein »stummer Gast« (J. P. Faye) bezeichnet worden, der keine eigenen intellektuellen Beiträge liefert, aber unterschiedliche Argumentationsmuster pragmatisch seiner diffusen Ideologie anverwandelt.[7] Dazu zählen auch Diskurselemente und Wissensbestände, die dem Bildungsbürgertum vertraut sind und »heimisch« wirken. Die Kulturkritik und ihre Ablehnung der Zivilisation ist zu nennen. Oder etwa die Berufung auf »deutsche Bildung« und »Kultur«, auf die großen Dichter und Denker. »Das Wort Fichtes, ›Wahre Kultur ist Gesinnungskultur‹, deckt unser echtes nordisches Wesen auch gegenüber anderen Kulturen auf«, heißt es bei Alfred Rosenberg.[8] In Hitlers *Mein Kampf* finden sich Passagen, die für bildungsbürgerliche Leser vielversprechend klingen: »Es liegt im Zuge unserer heutigen materialisierten [!] Zeit, daß unsere wissenschaftliche Ausbildung sich immer mehr den nur realen Fächern zuwendet, also der Mathematik, Physik, Chemie usw. So nötig dies für eine Zeit auch ist, in welcher Technik und Chemie regieren und deren wenigstens äußerlich sichtbarste Merkmale im täglichen Leben sie darstellen, so gefährlich ist es aber, wenn die allgemeine Bildung einer Nation immer ausschließlich darauf eingestellt wird. Diese muß im Gegenteil stets eine ideale sein. Sie soll mehr den humanistischen Fächern entsprechen und nur die Grundlagen für eine spätere fachwissenschaftliche Weiterbildung bieten. Im anderen Fall verzichtet man auf Kräfte, welche für die Erhaltung der Nation immer noch wichtiger sind als alles technische und sonstige Können.«[9]
Seine Versprechungen hält das neue Regime jedoch nicht. Aus dem Obrigkeitsstaat wird der totale Staat. Ob man nun die NS-Herrschaftsverfassung als »monokratischen Führerstaat« oder »poly-

kratische Kompetenzanarchie« betrachtet – für den veränderten Zusammenhang von sprachlicher Repräsentation und historischer Konstellation ist entscheidend, daß mit der Zerstörung von rechtsstaatlichen Grundsätzen die Autonomie der »Kultur« diktatorisch eingeschränkt wird. »Deutlich ließen sich Hitlers Bestrebungen erkennen«, schreibt Albert Speer in seinen *Erinnerungen*, »den Begriff der Kultur, in spürbarer Umkehrung seines Sinnes, für die eigenen Machtziele zu mobilisieren.«[10] Das Regime setzt auf die Technik und weniger auf die »Kultur« im bildungsbürgerlichen Sinne. Es fördert die technischen Hochschulen, die Ingenieure, Ärzte, Sportlehrer.[11] In Friedenszeiten ist der Rennfahrer das Leitbild, im Krieg sind es die Panzerfahrer und Flieger. Das Regime feiert und inszeniert den technischen Fortschritt. Ohne Verpflichtung gegenüber dem Humanismus-Diskurs treibt der Nationalsozialismus das voran, was mit dem Deutungsmuster als »Zivilisation« abgewertet wurde: »Vermassung«, »Kitsch« und Technik. Gewiß, die Volksgemeinschaft versöhnt nicht die Klassengegensätze, aber sie erhöht Aufstiegschancen und unterhöhlt die traditionelle Macht der politischen und kulturellen Eliten. »In jeder Kultur«, so eine junge Nationalsozialistin, »müssen die tragenden ›gebildeten‹ Schichten von Zeit zu Zeit sich erneuern durch Zustrom frischer, unverbrauchter Kräfte, die nicht dem schon ausgefurchten Boden entsprossen sind.«[12]
Bauern- und Schollenmythus, Germanenkult und »Aufnordungstendenzen« sollten nicht darüber hinwegtäuschen, daß der Nationalsozialismus archaische wie moderne Elemente verkörpert. Nicht die Sämaschine, sondern der Sämann, nicht der Traktor, sondern das Pferd beherrschen die offizielle Ikonographie. Das ist aber nur die eine Seite. Auf der anderen Seite treibt das Regime Konsumorientierung und »Massenkultur« voran. Damit befördert es ökonomisch die Kapitalverwertung und politisch die eigene Herrschaftssicherung. Das Regime macht sich auch den disziplinierenden Faktor einer »mobilen Privatisierung« (R. Williams) durch lebensweltliche Konsumversprechen zu Nutzen.[13] Sein Terror nimmt den Menschen politische Wahlmöglichkeiten; seine Politik setzt aber auch auf befriedende Konsumwünsche, um die Gesellschaft zu befrieden. Abseits der terroristischen Herrschaft entwickelt sich so eine konsumistische »Massenkultur« weiter. Der

Nationalsozialismus bietet der »Yankeezivilisation« nicht Einhalt, sondern er braucht sie als Medium einer sanften Disziplinierung, die auf sozialen Aufstieg, steigenden Konsum und mediale Zerstreuung setzt.[14]
Die Hinweise mögen genügen, um ein Verhältnis von Kontinuität und Diskontinuität zu veranschaulichen, das nicht nur die Semantik kennzeichnet. Der Nationalsozialismus beruft sich auf die höchsten Werte der deutschen »Kultur«, und er bricht mit ihnen. Das kann ernüchternd wirken. Für unsere beiden Bildungsbürger, den habilitierten Studienrat und den Gymnasialprofessor, wird aus der »einzigen Hoffnung« bald eine einzige Enttäuschung. Am 25. 11. 1936 schreibt Martin Havenstein an seinen Briefpartner: »Heute ist die echte Deutsche Bildung in Gefahr, und zwar von Seiten derer, die sie immerfort im Munde führen. Und eines der besten Bollwerke gegen diese Zerstörer wider Willen ist heute – das humanistische Gymnasium [...]. Nun zerstört man mit dem Überflüssigen und Verkehrten auch das Notwendige und Richtige, verwechselt Drill mit Erziehung, Abrichtung mit Bildung, Kadavergehorsam mit Charakter und bedroht die deutsche Geisteskultur mit einem schlimmen Niedergang«. Beide haben den Eindruck, sie gehörten zu den »Gestrigen und Vorgestrigen« (O. Schumann, 30. 3. 1936). Auch Eduard Spranger, der sich einen humanistisch gebildeten Führer wünschte und den März 1933 als den lang ersehnten Beginn »deutscher Erziehungsarbeit« feierte,[15] ist nun enttäuscht. Von seiner Vortragsreise in Japan, 1937, berichtet der jüdische Emigrant und Philosoph Karl Löwith, Spranger, »der gute Geheimrat – er war der Typus des deutschen Oberlehrers«, klage über den Verfall der deutschen Universitäten. Spranger ist für Löwith ein »Idealist und Gebildeter«, »ein deutscher Professor«, von dem man »nicht all zuviel politische Klarheit erwarten« darf; einer, der mit »seinem verblasenen Idealismus« das »Versagen der deutschen Intelligenz« verkörpert, »als eine robuste Macht in ihr zartes Gehege brach«.[16]
Wie läßt sich die veränderte semantische Lage präziser bestimmen? Hier geht es weder um die Sprache des Nationalsozialismus noch um die Sprache im Nationalsozialismus. Von Interesse ist, was sich in der Verwendungsgeschichte der Begriffe verändert, welchen diskursiven Stellenwert sie haben, welche soziale Praxis sie anzeigen

und befestigen. Unverkennbar ist nach 1933 der Versuch, durch eine Sprachregelung »von oben« die Abwertung der Technik und die wertende Unterscheidung zwischen »Kultur« und »Zivilisation« zu beseitigen. Alfred Rosenberg, von Hitler 1934 mit der Überwachung der »weltanschaulichen Erziehung der Partei« beauftragt, sagt dazu: »Seit langem ist es üblich geworden, zwischen Kultur und Zivilisation scharf zu scheiden. Mit dem Begriff Kultur umschrieb man die Gebiete der Kunst, Philosophie und Religion, während unter Zivilisation alles das verstanden wurde, was man mit Wirtschaft und Technik bezeichnete. In Fortsetzung dieser Unterscheidung haben dann Geschichtsmorphologen [gemeint ist Spengler] die Ansicht vertreten, daß die Herrschaft der Zivilisation die Folge eines untergehenden Kulturwillens darstelle [...]. Wir [...] verneinen die Behauptung, daß die Gebiete von Kultur und Zivilisation, wenn man sie auch methodenmäßig so bezeichnen mag, innerlich entgegengesetzt sein müssen, weil wir der tiefen Überzeugung sind, daß jene Kräfte, die europäische Kultur schufen, auch diejenigen sind, die die Vorausetzungen und die Erfindungen auf dem Gebiete der Technik hervorgebracht haben.«[17] Rosenberg übergeht mit »Fortschritt« und »Menschheit« zwei wesentliche Elemente des Zivilisationsbegriffs. Er verengt den Begriffsumfang auf Wirtschaft und Technik und entzieht so dem Begriffsinhalt die emanzipatorische Potenz. – Die 220./224. Auflage von *Mein Kampf* nimmt 1936 die Abwertung von »Zivilisation« zurück. In den Auflagen zuvor erscheint die »Zivilisation«, pejorativ abgesetzt von der »Kultur«, noch als »Feindin wahrer Geistes- und Lebenshöhe«. Jetzt heißt es: »Menschliche Kultur und Zivilisation sind auf diesem Erdteil unzertrennlich gebunden an das Vorhandensein des Ariers«. Solche Sprachregelung durch den Führer und seinen Ideologen artikuliert jenen verbreiteten Kult von Technik und Planung, den wir auch bei den »konservativen Revolutionären« und der naturwissenschaftlich-technischen Intelligenz finden.[18] Technik wird auch anerkannt, weil sie ein entscheidender Garant nationaler Größe und militärischer Stärke ist. In führenden Lexika setzt sich die Sprachregelung rasch durch. *Der Neue Brockhaus* wendet sich 1938 gegen jeglichen Kulturpessimismus und lehnt dessen Deutung der »Zivilisation« mit dem Hinweis auf den »nationalpolitischen und kulturellen Gestaltungswillen des faschistischen Italiens und des nationalsozialistischen Deutschlands« ab. *Trübners Deutsches Wörterbuch* (1943) übernimmt eine Passage aus der bereits erwähnten Rede Rosenbergs.

Die Verbindlichkeit der Sprachregelung sollte allerdings nicht überschätzt werden. »Bildung« und »Kultur« zählen nicht zu den sakrosankten politischen Leitbegriffen des Nationalsozialismus wie etwa »Rasse« oder »Volk«, »Führer« oder »Gefolgschaft«. Nach dem Wandel der Universalsemantik können sie andererseits auch nicht den verhaßten Emanzipationsbegriffen des bürgerlichen 19. Jahrhunderts, wie etwa »übernationale Bildung« (Moeller van den Bruck) oder »Humanität, Menschheitskultur« (A. Rosenberg), zugeschlagen werden. Ihr metapolitischer Charakter wie auch die Herkunft aus dem deutschen Idealismus schützt vor einer Ausgrenzung aus dem öffentlichen Diskurs. – Sprachanalyse kann nicht auf das »Oben-Unten-Schema« einer totalitären Sprachregelung oder gar auf eine Manipulationsvorstellung, welche die »Macht des Wortes« überschätzt, reduziert werden.[19] Sie hat im Sprachgebrauch unterschiedliche Lösungen gesellschaftlicher Widersprüche auszumachen; Lösungen, die den Terror inszenieren, die aber auch sanfte Formen der Integration anbieten. Gängige Vorstellungen von der »Macht des Worts« oder der »Manipulation durch Propaganda« verfehlen den Zusammenhang von Sprachpraxis und gesellschaftlicher Entwicklung. Sie unterschätzen zudem das Traditionsmoment innerhalb der politischen Rhetorik des Nationalsozialismus. Solche Vorstellungen verhindern eine differenzierende Analyse, indem sie die Macht des Dritten Reiches dämonisieren. Sie ermöglichen allerdings den Mechanismus von kollektiver Schuldzuweisung und persönlicher Schuldentlastung. Die Sprache des Nationalsozialismus ist keine traditionslose Sondersprache, kein isoliertes »Braunwelsch«. Sie kombiniert vorhandene Diskurselemente neu, etwa aus der Rassentheorie, dem völkischen Denken, der Geopolitik oder der dezisionistischen Rechtstheorie. Dazu zählen auch Elemente der Kulturkritik, deren Pessimismus jedoch dem nationalen Aufbruchmythos widerspricht.[20] Von daher wird auch die verbreitete Polemik gegen den »Pessimisten« Spengler verständlich. Die Sprache im Nationalsozialismus muß nicht immer die politischen Sprachregelungen einhalten. Wo der Zusammenhang von »Kapitalverwertung und

Kastration des öffentlichen Diskurses« (U. Maas) nicht zur Disposition steht, herrscht eine geduldete Mehrstimmigkeit. Das ist bei »Bildung« und »Kultur« der Fall, denn beide Begriffe sind zu »harmlos«, um als politische oder ideologische Duftmarken für Verbote und Denunziationen zu dienen.[21]

Die Abkoppelung vom Humanismus-Diskurs und die geduldete Mehrstimmigkeit

In den Einzelwissenschaften werden die Begriffe weiter benutzt.[22] Allerdings distanziert sich nach 1933 das anpassungsbereite akademische Personal vollends von Restbeständen des Humanismus-Diskurses. Darin folgt es intellektuellen Souffleuren des Nationalsozialismus wie H. Freyer, E. Jünger oder C. Schmitt. Der junge Star nationalsozialistischer Geschichtsschreibung, Christoph Steding, betrachtet es als »einen außerordentlichen Glücksfall«, dem »Tanz der Selbstzerstörung der liberalen Universitätsintelligenz fernzustehen«.[23] Stedings Menschenverachtung unterscheidet ihn vom Gros der etablierten Professoren. Er haßt die »Neutralen und Juden«, plädiert für »die Ausmerzung unbrauchbarer Menschen« und setzt auf die totale Politik. Seine Polemik gegen die Verbindung von »Kultur« mit individueller Freiheit wie Liberalismus wird aber weitgehend geteilt. So begrüßt der Pädagoge Wilhelm Flitner nach der Machtübernahme die »Machtgrundlage für eine neue Erziehungspolitik«, habe doch die »pluralistische Aufteilung der Staatsmacht« keine »staatliche Führung« erlaubt. Er hält »die Emanzipation des Individuums im 19. Jahrhundert« für eine »Verwirrung der Geister«.[24] Solche Absagen an »Bildung« und »Kultur« der liberalen Epoche gehören für die Geisteswissenschaftler zum festen Repertoire der Anpassung. In einem repäsentativen Sammelband, der führende, jüngere und ältere, Germanisten vereint, durchzieht die Absage nahezu alle Beiträge. Fritz Martini z. B. entwirft, nicht ohne regressiv-antikapitalistische Ressentiments, ein Verfallsszenario, das den totalen Staat legitimiert: »Das Bürgertum, einst der letzte Träger einer einheitlichen, gestalteten Kultur, versank im Wirbel eines profitsicheren Fortschritts«. Den Staat »durchzog ein volksferner europäischer Liberalismus, der, mit einem entwürdi-

genden Materialismus verbunden, ein auch nur intuitives Gefühl
für das Große, Starke und Eigenwillige löschte«. Die »Normen der
westlichen Zivilisation« eroberten »das Dasein der ›gehobenen‹
Schichten«. »Der Wahn der Gleichheit aller ließ das rechte Verhältnis von Herrschaft und Dienst, Führung und Gemeinschaft vergessen – die Humanität verwischte die Unterschiede und Rechte von
Blut und Geburt, natürlichem Adel und geistigem Rang.«[25]
Bei Martini wird, entgegen der Sprachregelung durch Rosenberg
und Hitler, »Zivilisation« pejorativ verwendet. Nun könnte die
Abwertung der »Zivilisation« durch einen Germanisten mit den
Rückständigkeiten und Verblendungen eines Fachs erklärt werden,
das den »völkisch-nationalen« Geist verwalten will. Aber selbst bei
hohen Funktionsträgern des Regimes wirkt noch die alte »Kultur-
Zivilisations-Antithese«. Der Chef des Sicherheitsdienstes der SS,
Otto Ohlendorf, beantwortet 1944 die Frage, ob die Massenpro-
duktion des Krieges eine neue Epoche eingeleitet habe, mit antiin-
dustriellen Affekten zugunsten der »Kultur«. Den verderblichen
Folgen der »Mammutindustrialisierung« hält er entgegen, daß die
Deutschen »alle Kulturwerte und Wesenswerte einsetzen können,
und aus ihnen Kräfte schöpfen und Möglichkeiten gewinnen, über
die diejenigen, die sich auf das Zivilisatorische beschränken müssen, nicht verfügen.«[26] Das sind nicht die Privatansichten eines
SS-Schergen. Ohlendorf besetzt seit dem Herbst 1943 als Unter-
staatssekretär im Reichswirtschaftsministerium eine entscheidende
Stelle für die Wirtschaftspolitik des Dritten Reiches. Aber auch
Vertreter der älteren Wilhelminischen Generation wie Paul Rohrbach können ungestört weiterhin über »wahre Kultur« und »wahre
Bildung« räsonieren und die »Zivilisation« ablehnen – übrigens unter Berufung auf Spengler, der offiziell längst in Ungnade gefallen
ist. Voraussetzung dafür ist allerdings die Anerkennung des Regimes als Retter der »idealen Habe« des Bildungsbürgertums: »So
konnte das nationale und soziale Deutschland der Welt praktisch
zeigen, wie es möglich war, die Bedrohung der Kultur durch Marxismus und Klassenkampf abzuwehren.«[27]
Offensichtlich kann und will die Sprachregelung »von oben« die
Aufwertungsversuche der »Zivilisation« im eingeschränkten ökonomischen und technischen Sinne nicht durchsetzen. Sie verrückt
aber die Proportionen und erhöht die Akzeptanz für technische

Leistungen. Die Begriffe werden in wissenschaftlichen und publizistischen Dikursen weiterhin gebraucht, doch sie verlieren als diskursive Angelpunktwörter an Bedeutung. Das liegt nicht nur an dem Weltdeutungsanspruch nationalsozialistischer Leitbegriffe. »Bildung« und »Kultur« können zwar verwendet, aber mit ihnen darf die Welt nicht mehr aspektmonistisch gedeutet werden. Eine Kulturkritik, die sensibilisiert und desorientiert, widerspricht dem Aufbruchmythus. Über die »eigentümliche Schwermut« und die »destruktive Wirkung« der »Kulturkritik« schreibt Chr. Steding: »hier trauert diese Welt über sich selbst, allerdings mit Stolz, da sie im Ernstfall jede Heilung, das heißt das Zusammenfassen aller Teile sabotiert«. Rettung verspricht, nicht nur bei Steding, die totalitäre Vergesellschaftung, der »Sprung in die Politik«: »In politisch echten Zeiten eines Volkes gibt es nicht jene Kulturgüter getrennt, denn sie alle leben vom politischen Pathos des Volkes her.«[28] Halten wir fest: Die Begriffe können im Ensemble der geduldeten Mehrstimmigkeit präsent bleiben. Ohne ihren emanzipativen Anspruch passen sie sich einer historischen Konstellation an, die der amerikanische Historiker J. Herf als »reactionary modernism« bezeichnet. Herf meint damit eine spezifisch deutsche Verbindung von vormodernen nationalen Traditionen mit moderner Ökonomie, Technologie und »Massenkultur«.[29] Politisch bedeutet dies die Fortführung des Industriekapitalismus mit den Mitteln totalitärer Vergesellschaftung, sozialgeschichtlich die Schwächung traditioneller Eliten, Loyalitäten und Milieus. Davon ist auch das Bildungsbürgertum betroffen, dem der alte Obrigkeitsstaat und die Weimarer Republik jene, wenn auch eingeschränkte, Autonomie gewährte, die es vom »Kulturstaat« verlangte. Das neue Regime hingegen bemüht sich in der Hochschulpolitik, die »kulturstaatliche« Autonomie durch den erziehungsstaatlichen Zugriff zu zerstören. Nach dem Sieg, so O. Schumann in einem Brief vom 2. 12. 1940, werde das Dritte Reich erst richtig daran gehen, »auszurotten, was aus früheren ›liberalistischen Zeiten‹ [...] vorhanden, und dazu gehört auch die höhere Schule und die Universität, genauer das, was von beiden noch übrig ist«. Damit entstehe ein Staatswesen, »gegen das wirklich, mit Karl Moor zu reden, ›Sparta ein Nonnenkloster gewesen ist‹. Für alles, was aus Athen kommt, ist darin kein Platz«. Das Bildungsbürgertum kommt »aus Athen«,

und Schumann erkennt hellsichtig, daß ohne die stabilisierende
Rückwirkung der Bildungsinstitutionen seine Wissensbestände
verfallen. Nochmals: Das Versprechen, die »deutsche Kultur« zu
erhalten, verhilft dem Nationalsozialismus 1933 beim Bildungsbürgertum zur Attraktivität des kleineren Übels. Nach der Machter-
greifung sieht die Realität anders aus. Denn die »reaktionäre
Modernisierung« schwächt das Bildungsbürgertum »kulturell« und
»materiell«. Es ist daher sicherlich eine verspätete Einsicht, wenn
Ulrich von Hassell den Nazis 1944 unterstellt, sie beabsichtigten,
den »Adel und die gebildeten Klassen« aus ihrer Position zu ver-
drängen, ja physisch zu vernichten.[30]
Das oft herausgestellte »Doppelgesicht des Dritten Reiches« kann
nicht mit dem Gegensatz zwischen Ideologie und Praxis beschrieben werden. Vielmehr läßt sich auch in seiner Semantik ein Nebeneinander von Technikbegeisterung und Technikskepsis, von archai-
schen und modernen Elementen, von Konsumismus und völki-
scher Askese ausmachen. Das charakterisiert die heterogene
Naziideologie wie auch, allgemeiner, die geduldete Mehrstimmigkeit. So können »Bildung« und »Kultur«, schon wegen der Traditionsmacht und trotz der Sprachregelung »von oben«, im Sprachgebrauch präsent bleiben. Das sollte aber nicht über eine
eingeschränkte Wirkung hinwegtäuschen. Die reaktionäre Modernisierung entzieht dem Deutungsmuster die Prägekraft – nicht nur,
weil sie einen von emanzipatorischen Ansprüchen enteigneten Zivilisationsbegriff herausstellt. Sie nimmt ihm die Fähigkeit zur
symbolischen Vergesellschaftung vollends, indem sie durch Terror
und Integrationsversprechen die traditionellen Eliten zu entmachten beginnt, indem sie die soziale Identität des Bildungsbürgertums
durch erziehungsstaatliche Bevormundung wie neue Leitbilder un-
tergräbt, und schließlich, indem sie die gesellschaftlichen Bewußt-
seins- und Wissensbestände dem Gebot der totalitären Vergesellschaftung und technischen Effizienz unterstellt. Mit der »reaktionären Modernisierung« verlieren »Bildung« und »Kultur« endgül-
tig ihren prägenden, sozialgeschichtlich auffälligen Kontakt zur
Organisation gesellschaftlicher Beziehungen, zur Identität der Trägerschicht wie auch zu den gesellschaftlichen Bewußtseins- und
Wissensbeständen. Bezeichnend dafür, daß der zweite »Griff nach
der Weltmacht« sich nicht mehr als »Kulturkrieg« legitimieren läßt,

und daß die Semantik des Bildungsbürgertums für die Kriegspropaganda nicht mehr die Rolle spielt wie bei den »Ideen von 1914«,
auch wenn sich die Verwalter des deutschen Geistes, allen voran die
Germanisten, als Stichwortgeber andienen.[31]

Die vorübergehende Reaktivierung des Deutungsmusters
in der Nachkriegszeit

Und wie steht es mit den Begriffen nach 1945, nach der Befreiung
vom Nationalsozialismus, die vielen als »Zusammenbruch« erscheint? Wenige Hinweise mögen hier genügen. Auch semantisch
gibt es keine »Stunde Null«. Die Begriffe konnten von Nationalsozialisten gebraucht werden. Voraussetzung war allerdings die Abkoppelung vom Humanismus-Diskurs. Nach 1945 sind allerdings
die Begriffe weder bei den Besiegten noch bei den Siegern dem
Verdacht ausgesetzt, sie gehörten zur Sprache des Nationalsozialismus. Das ist eine wichtige Voraussetzung für ihre publizistische
Präsenz in allen Besatzungszonen. Im Exil wie im Reich werden
»Bildung« und »Kultur« anerkannt – wenngleich nicht übersehen
werden darf, daß »hinter« den Begriffen unterschiedliche Inhalte
stehen. Sie haben zudem auch eine achtbare philosophische Tradition, die nicht vergessen ist. Nun soll der emanzipatorische Anspruch reaktiviert werden, indem der »Humanismus« den jeweiligen Begriffsinhalt nobilitiert. Politische Festlegungen sind damit
nicht verbunden. Auf »Kultur« beruft sich z. B. in der Tradition der
Volksfront der Kommunist und Schriftsteller Johannes R. Becher –
er gründet im Juli 1945 den *Kulturbund zur demokratischen Erneuerung Deutschlands* – ebenso wie der liberale Nationalökonom
Wilhelm Röpke. Was dieser in seiner 1947 erschienenen Schrift *Das
Kulturideal des Liberalismus* für den Liberalismus reklamiert, stellt
ein vages Minimalideal dar, das auch politisch Andersdenkende für
sich beanspruchen: »Er ist humanistisch, d. h. er geht von der zum
Guten fähigen und erst in der Gemeinschaft sich erfüllenden Natur
des Menschen, von seiner über seine materielle Existenz hinauswei-
senden Bestimmung, von der Achtung aus, die wir jedem Menschen schuldig sind und die es verbietet, ihn zum bloßen Mittel zu
erniedrigen«.

Verallgemeinernd kann gesagt werden, daß der Begriff in den West-
zonen wie in der Ostzone eine moralische und unpolitische Imprägnierung erhält. Gerade dadurch eignet er sich für den politisch-
propagandistischen Gebrauch in der neuen Freund-Feind-Lage des
»kalten Krieges«. In seinem Namen können alle angesprochen werden, die, so Paul Sethe in der ersten Nummer der *Frankfurter
Allgemeinen Zeitung für Deutschland* (1. 11. 1949), »den Rest
europäischer Kultur und europäischer Wirtschaft verteidigen
möchten«. Der Begriff ist politisch neutral, aber zugleich auf die
»Humaniora« und den Humanismus ausgerichtet. So eignet er sich
mit seiner politisch dehnbaren »Gummisemantik« auch für eine
antifaschistisch-demokratische Bündnispolitik, die im *Kulturbund*
unter kommunistischer Führung für die »Erneuerung der deutschen Kultur« eintritt. Letzteres gefällt, nebenbei bemerkt, auch
Eduard Spranger, der an der Gründungsversammlung teilnimmt.
Im Herbst 1947 wird der *Kulturbund* von den Engländern und
Amerikanern verboten: »Er spielte sich als Hüter der deutschen
Kultur und Vergangenheit auf, obwohl er den Sieg der sowjetischen
kultura herbeizuführen hatte.«[32] Man kann sich im Verlauf des
»kalten Krieges« gegenseitig »Kultur« absprechen, ja den Gegner
im Namen der »Kultur« verbieten.[33]
Das Einrücken des Begriffs in die neue politische Freund-Feind-
Lage sollte nicht überschätzt werden. Wichtiger sind zwei wechsel-
wirkende Tendenzen. Gemeint ist damit die kurzfristige Reaktivierung des Deutungsmusters für die Bewältigung der Vergangenheit
wie für das Sich-Einrichten in der Gegenwart. So kann das Dritte
Reich mit den humanistischen Ansprüchen der »Kultur« zur »Unkultur« erklärt und zugleich einer Analyse entzogen werden. Das
ist kein Phänomen der Nachkriegszeit. Bereits im Exil sammeln
sich zur »Verteidigung der Kultur« gegen die »Unkultur« Schriftsteller, publizistisch, nicht organisatorisch! – allen voran Thomas
Mann als selbsternannter Repräsentant deutscher »Kultur«. Nach
dem Krieg erscheint das Dritte Reich, wie häufiger zu lesen, als
»Un- und Afterkultur« (F. Meinecke), als »Kulturkatastrophe oh-
negleichen« (G. Ritter).[34] In den Debatten über die Schuldfrage
spielt ein traditionelles Element der »Kulturkritik« eine große
Rolle: die »Vermassung«. Unsere beiden bereits erwähnten Bildungsbürger klagen in ihrem Briefwechsel über die »ganze Unselb-

ständigkeit und Subalternität der Massen« (M. Havenstein, Brief v. 28. 5. 1944).[35] Was hier privat geäußert wird, erscheint nach der Befreiung als argumentativer Topos in der Öffentlichkeit. Friedrich Meinecke, geb. 1862, verkörpert wie keiner diese kulturkritische Tradition, wenn er in seiner Bilanz *Die deutsche Katastrophe* (1946) die »Vermassung« mit der Mobilisierung der Unterschichten während der Französischen Revolution beginnen läßt und im falschen Streben nach dem »unerreichbaren Menschenglück der Massen« das Syndrom einer »verfallenden Kultur« sieht. Ortega y Gassets *Der Aufstand der Massen* (dt. 1931) erscheint 1947 in einer Auflage von 50.000 Exemplaren! Hendrik de Mans *Vermassung und Kulturverfall* (1951), um ein weiteres Erfolgsbuch zu nennen, variiert Elemente der Kulturkritik und bestimmt die eigene Epoche als »Verfallsphase«. Hitler als »Volksführer« charakterisierten nun einmal andere Lebensgesetze als die »der Bildungs- und Büchermenschen«, heißt es bei G. Ritter. Die Dämonisierung des Führers als alleinigem Verführer erhält durch die These von der Vermassung ihr einfaches Äquivalent. So gilt der Nationalsozialismus als Verkörperung des Massenzeitalters, als dessen Gegenspieler die Vertreter von »Bildung« und »Kultur« erscheinen. Im Schuldzusammenhang vom Führer und seiner Masse, die kein »Persönlichkeitsgefühl« (A. E. Brinkmann 1948) besitze, kommen die alten Eliten nicht vor. Gerade deshalb ist ihnen das kulturkritische Diskurselement »Vermassung« als semantische Entnazifizierung dienlich und willkommen.

Hinzu kommt: In der Nachkriegszeit vollzieht sich unter der Kennmarke des Abendländischen eine Reaktivierung des Bildungsideals, eine Aufwertung der »Persönlichkeit« gegen »Fremdbestimmung« und »Masse«, ein Rückzug ins Private und Geistige.[36] Versuche, die alten Grenzen im Reich der »Kultur« wieder zu markieren, bemühen die Traditionsmacht der Antike, der Renaissance und der Goethezeit. Die Politik mit ihren Ideologien und Ismen hat in diesem Reich der geistigen Elite keinen Platz. »Kultur« wird häufig gepflegt, aber selten hinterfragt. Zwei Beobachter »von außen«, ein junger Schweizer Schriftsteller und ein deutscher Emigrant, sollen hier zu Wort kommen. Max Frisch spricht 1949 von der »Kultur als Alibi«. In Deutschland würde wieder »Kultur« gemacht, »aber meistens ohne Versuch, den deutschen und vielleicht abendländischen Begriff von Kultur, der so offenkundig versagt hat, einer Prüfung zu unterwerfen.«[37] Unter Politik verstehe man, im Unterschied zur Schweiz, »schlechterdings das Niedrige, womit der geistige Mensch, der berühmte Kulturträger, sich nicht beschmutzen soll«. Theodor W. Adorno, gerade wieder nach Deutschland zurückgekehrt, ist überrascht über die »geistige Energie«, die »auf Fragen der Deutung und Auslegung bestehender Gebilde, Dichtungen und Philosophie verlagert« wird.[38] Er rechnete angesichts der täglichen Sorge mit dem Abbau der »Kultur«. Er erlebt aber eine »Auferstehung der Kultur«, die ihm fragwürdig erscheint, weil sie sich auf das blinde Bewahren beschränkt und sich auf die »ewigen Werte« beruft. Adorno, ganz Vertreter der künstlerischen Moderne, bescheinigt dieser Auferstehung eine gewisse Sterilität und Provinzialität, habe es sich doch noch nicht herumgesprochen, daß »Kultur im traditionellen Sinne tot« sei. Er sieht »Bildungsphilister« am Werk, und er kritisiert die politische Wirkung der fragwürdigen Auferstehung. Für ihn dient »Kultur«, isoliert von den gesellschaftlichen Beziehungen, dazu, den »Rückfall in die Barbarei zu vertuschen«.

Die Reaktivierung des Deutungsmusters entsteht aus jener typischen Nachkriegshaltung der erlebten Katastrophe und der »Unfähigkeit zu trauern« (A. Mitscherlich), des Mißtrauens gegenüber der Politik und des Rückzugs in die Privatheit. Der Nationalsozialismus hinterläßt keine »geistige Dürre«, auch kein »Vakuum«. Solch anschauliche Metaphorik überspielt einen komplexeren Sachverhalt: Offen nationalsozialistische Ideologeme und Kunstwerke sind nach 1945 weitgehend verboten bzw. disqualifiziert. Die Moderne ist in Deutschland nahezu verdrängt. Bekannt ist aber das, was im Nazi-Regime als anerkannte deutsche »Kultur« – dazu zählt auch die »ideale Habe« des Bildungsbürgertums – gepflegt werden durfte. Im Unterschied zur Zeit nach dem I. Weltkrieg gibt es keinen großen intellektuellen Fundus, der sich unter den Bedingungen der Freiheit entfalten kann. Es gibt aber die Erfahrung des diktatorischen Eingriffs. Von daher werden Bemühungen verständlich, sich nach dem Kriege auf die »Bildung« der Person und die Autonomie der »Kultur« zurückzuziehen. Die von Autoren der jüngeren Generation ausgerufene »Stunde Null« ist lediglich die einfache Negation eines erhöhten Traditionsbedarfs aus politischer Enttäuschung und kulturellen Informationsdefiziten.

Westorientierung und Wirtschaftswunder besiegeln
die Auflösung des Deutungsmusters

Die Rückkehr des Deutungsmusters ist keine Wiederkehr des Gleichen. Gerade wegen der Bindung an die skizzierte Nachkriegshaltung bleibt seine Reaktivierung ein kurzfristiges Phänomen. »Die gemeinschaftsbildende Kraft der Kultur« (H. G. Gadamer 1945) kann noch beschworen, aber nicht mehr hergestellt werden. Denn dem Deutungsmuster fehlt auch jetzt eine stabile Trägerschicht. Und ihm wird sich eine verstärkt industrialisierte und kommerzialisierte Welt entziehen. Die unerwartete ökonomische und politische Stabilität, die Westorientierung und das »Wirtschaftswunder« besiegeln seinen Funktionsverlust. Das bedeutet nicht nur den Verlust seiner Fähigkeit zur symbolischen Vergesellschaftung, sondern auch die Entwertung der Begriffe für die Weltdeutung. Es gibt freilich noch kulturkritisches Räsonnement; etwa in den Attacken gegen die »Konsumgesellschaft« und ihre Massenmedien, vornehmlich das Fernsehen. Auf dem *I. Internationalen Kulturkritikerkongreß* in München 1958 – er wird auch der letzte sein – beklagt ein Redner die »allzu auf oberflächliche Genüsse und Vergnügungen eingestellte Konsumgesellschaft«, die »vielen Erscheinungen, die man als kulturelle Dekadenzerscheinungen bezeichnen« müsse.[39] Kirchliche Kreise kritisieren einen »Materialismus«, der die »hohen kulturellen Werte an Blutleere absterben läßt«.[40] Aber der breite Strom kulturkritischen Räsonnements verebbt. Das Wort »Kulturkritik« veraltet. Aber noch müssen sich Wissenschaftler, die sich mit ihrem Denken auf der Höhe der Zeit wähnen, von ihm distanzieren: »Nichts liegt mir ferner als eine kulturkritische Fragestellung«, versichert 1961 Helmut Schelsky.[41]
Das Lebensgefühl der bundesrepublikanischen Gesellschaft ist geprägt von dem Streben nach Besitz und Wohlstand, nach Freizeit und Konsum.[42] Markante Berufsprofile und habituelle Differenzen schleifen sich ab. Die akademisch Ausgebildeten pflegen immer weniger eine »standesgemäße Lebensführung« mit Hausmusik und literarischen Abenden. Auch sie sind Käufer der neuen Wohlstandsgüter und werden, wenn auch feine Unterschiede beachtend, zu Konsumenten der »Kulturindustrie«. Die verbreitete Rede von

der »nivellierten Mittelstandsgesellschaft« (H. Schelsky) verfehlt
die Wirklichkeit der Arbeitswelt, wenngleich ihre These »vom Ab-
stieg ganzer sozialer Gruppen« der Mittel- und Bildungsschichten
zutrifft. Ein Bildungsbürgertum mit ausgeprägter Identität im
Sinne von Zusammenhalt nach innen und Abgrenzung nach außen
gibt es jedenfalls nicht mehr. Ehedem gängige Selbstthematisierun-
gen wie »gebildeter Mittelstand« oder »gebildetes Bürgertum« sind
passé.
Mit der veränderten historischen Situation verschwindet im geistigen Erfahrungskapital auch der Bedarf an »Weltanschauung« und
»Vulgäridealismus«. Das liegt nicht nur an der Enttäuschung durch
den Zusammenbruch des »Tausendjährigen Reiches«; oder an der
Erfahrung, daß im Namen des »Idealismus« Taten gefordert wurden, die Untaten waren. Vor allem die jüngere »skeptische Generation« denkt in der Sehnsucht nach Aufstieg und Wohlstand an
Amerika. Was noch in den zwanziger Jahren mit der Vorstellung
einer wahren »Kultur« an der »Yankeezivilisation« kritisiert wurde,
das erscheint nun als »American Dream«. Die wenigen Hinweise
mögen genügen. Unterhalb der politischen Systeme, der Weimarer
Republik, der NS-Zeit und der Bundesrepublik, läßt sich eine langfristige Kontinuitätslinie des Funktionsverlustes der Begriffe beobachten: Konsumistische Massenkultur und soziale Mobilität sind
keine Signatur der Nachkriegszeit. Aber erst der erfolgreiche Kapitalismus des Wirtschaftswunders verblendet der Kulturkritik den
besorgten Blick und entzieht ihr die Interessenten.[43]
Versprengte Reste des Bildungsbürgertums und seiner Semantik
sind (oder besser waren?) noch an den philosophischen Fakultäten
auszumachen. In deren institutionellem Schutz überleben alte Einstellungen des Deutungsmusters, wie das Ziel der normativen
Grundeinstimmung des Lebens durch die Wissenschaft, die akademische Freiheit, oder die Erkenntnisgleichheit im Dialog zwischen
Professor und Student. So könnte man es mit mildem Blick freundlich sehen. Zu den Einstellungen zählen aber auch antimoderne
Affekte, die wir aus der Zeit vor 1933 kennen: Verachtung der
Massen, Mißtrauen gegen gesellschaftliche Interessen, vermeintliche Überparteilichkeit, der Appell an die Schutzmacht des Obrigkeitsstaates.[44] Noch 1956 bestätigt Hermann Heimpel der deutschen Universität, daß die ihr zugrunde liegende »Bildungsidee des

deutschen Idealismus im Sinne Fichtes vielleicht erschüttert, aber nicht bestritten ist«. Rhetorisch bleibt das klassische Bildungsideal der offiziöse Leitstern der deutschen Universität. Faktisch aber ist das Konzept der idealistischen »Bildung« auf einen schrumpfenden Bereich innerhalb der Geisteswissenschaften beschränkt. Freilich bleiben bis heute die Ausdrücke diskursiv hochgradig präsent. Die Kontinuität der Zeichen zeugt jedoch keineswegs von der Kontinuität der Begriffe und ihrer Verwendungsgeschichte. »Bildung« und »Kultur« überwölben nicht mehr vielfältige Praxisbereiche. Hinter den gleichen Zeichen stehen höchst heterogene Bedeutungen und Praxen. In den einzelnen Wissenschaften, sei es unter systematischen oder historischen Vorzeichen, verliert »Kultur« den singulären und normativen Anspruch. Der Ausdruck erhält in den Sozialwissenschaften, etwa der Geschichte, der Soziologie, der Anthropologie oder der Ethnologie, einen weiten Bedeutungsumfang. Sein Inhalt entledigt sich der Traditionen des deutschen Idealismus und Neuhumanismus. Er nimmt die spezifisch deutsche semantische Innovation zurück und schließt sich wieder westlichen Wissensbeständen an, deren Ursprung im »Zivilisationsbegriff« der europäischen Aufklärung liegt. Die 17. Auflage des *Brockhaus* (1970) bestimmt »Kultur« als »die Gesamtheit der typischen Lebensformen einer Bevölkerung einschließlich der sie tragenden Geistesverfassung«. »Kultur« kann relativierend im Plural gebraucht werden, kann der Beschreibung unterschiedlicher Lebenszusammenhänge dienen.[45] »Bildung«, Ausbildung und Erziehung rücken nun enger zusammen.[46] Innerhalb der akademischen Wissensbestände gehen die idealistisch imprägnierten Bedeutungen jedoch nicht verloren. Sie werden von der Philosophie und der Pädagogik bewahrt und neuen Deutungen unterzogen. Aber sie prägen kein ideatives Bewußtsein, das Endzwecke setzen kann, und ihnen fehlen stabilisierende Institutionen. Heute sind die alten Begriffe, leger formuliert, akademische Pflegefälle. Lediglich das ist sozialgeschichtlich aufschlußreich.

In der gesellschaftlichen Kommunikation, in der Umgangssprache, in der Publizistik und der Politik, spielen die Ausdrücke jedoch unvermindert eine große Rolle.[47] Die oft bemühte »Erweiterung des Kulturbegriffs« enthält ein anti-bürgerliches und anti-elitäres Moment. Sie richtet sich gegen die etablierte Kunst, gegen die großen Theater, Opernhäuser und Museen. Sie will die »Kulturverwaltung« für eine »alternative Kultur« gewinnen. Insofern handelt es sich dabei auch um Definitions- und Verteilungskämpfe innerhalb dessen, was »Kulturbetrieb« genannt wird. Das Wort hat weiterhin einen guten Ruf und soll nahezu allem zu einem guten Ruf verhelfen. So ist z. B. von einer »Eßkultur« oder einer »Bestattungskultur« die Rede. Die Möbelbranche wirbt mit der »Wohnkultur«, der Sanitärbedarf mit der »Badezimmerkultur«. Der Bundestag beschließt am 4. 12. 1986, »Kultur« sei »ein wichtiger Beitrag zur Identitätsfindung«, der Bundeskanzler versichert am 18. 3. 1987: »Wir sind Industriegesellschaft und Kulturgesellschaft«. »Mehr Sinnerfüllung in einer farbigen Kulturgesellschaft« fordert die CDU. »Neue Chancen kultureller Lebensgestaltung« sieht die FDP. »Auf dem Weg zur Kulturgesellschaft« möchte auch die SPD mit dabei sein. Für die GRÜNEN ist die »Entwicklung der Kulturindustrie besonders negativ«.[48]

Die kommunikative Präsenz erklärt der Tatbestand, daß die Worte keine Sachdimension haben, wohl aber eine Sozialdimension. Denn sie bleiben evaluativ unbestritten. Was man »Bildung« nennt, ist häufig der Wunsch, sich durch ein Dokument oder einen Titel auszuweisen. Heute gibt es einen *Bildungsrat* und einen *Deutschen Kulturrat*. Das klingt nach wie vor besser als »Erziehungsrat« oder »Zivilisationsrat«. Die Bundesrepublik versteht sich weiterhin, wie dem Artikel 35 des Einigungsvertrags zu entnehmen, als »Kulturstaat«. Besonders nach der Wiedervereinigung wird die gemeinschaftsbildende Kraft der »deutschen Kulturnation« oder der »Nationalkultur« beschworen. Jedoch ohne Erfolg. Die »Nationalkultur« war eine Sache des Bildungsbürgertums. Diese Schicht existiert heute nur noch als Objekt der Geschichtswissenschaft. Ihr Deutungsmuster ist zerfasert. Ihm fehlen Kontur und Kraft zur imaginären Totalisierung. Sein Ende ist schon Geschichte.

Was bleibt? Es ist offensichtlich: Die Ausdrücke sind bis heute im alltäglichen wie im publizistisch-politischen Sprachgebrauch präsent; sie erfahren zudem als Termini in den einzelnen Fachwissenschaften eine theoretisch-systematische Einbettung. Diese Präsenz sollte aber nicht über die Entwertung des Deutungsmusters hinwegtäuschen. Mit »Bildung« und »Kultur« werden nicht mehr, geschichtlich folgenreich, Wahrnehmungen geleitet, Erfahrungen verarbeitet und Verhaltensweisen motiviert. Das beziehungsreiche Verhältnis von sprachlicher Repräsentation und gesellschaftlicher Konstellation ist mit dem Ende des Bildungsbürgertums aufgekündigt. Die Ausdrücke sind als Stellvertreter für nationalgeschichtliche Entwicklungslinien entmachtet.

Wie aber steht es mit Konzepten, die unter Berufung auf »Bildung« und »Kultur« Gesamtzuständigkeit beanspruchen und Sinngebung anbieten? Eine erneute Reaktivierung kulturkritischer Deutungen ist nicht auszuschließen, wie jüngst der medienwirksame Beitrag eines erfolgreichen Schriftstellers belegt.[49] In ihm, und das ist bezeichnend, distanziert sich der Autor, Botho Strauß, von der »kulturkritischen Sorge« und dem »Kulturpessimismus«. Zudem vermeidet er es, die »Kultur-Zivilisations-Antithese« zu benennen. Daran zeigt sich, wie sehr die Ausdrücke in Mißkredit geraten sind, was aber B. Strauß nicht daran hindert, alte Klischees der »Kultur-Zivilisations-Antithese« aufzufrischen. Seine hochmütige Ablehnung des »Aufklärungshochmuts«, seine Zurückweisung des »Ökonomismus«, der »liberalen Selbstgerechtigkeit« und der »politisierten Gesellschaft«, seine Aburteilung der »Masse«, seine Verherrlichung von »Autorität« und »Meistertum«, sein Glauben an die »Überlieferung« und den »Außenseiterheros« stammen aus dem diskursiven Arsenal der reaktionären Kulturkritik vor 1933. Seine Polemik gegen das »elektronische Schaugewerbe« erinnert an die Dämonisierung des Fernsehens in den 50er Jahren. Schon damals erschien Technikkritik im Gewand der Medienkritik. – Es dürfte nicht überraschen, daß wir auch bei B. Strauß den vertrauten Zusammenhang von Sensibilisierung, Desorientierung und totalitären Ordnungswünschen finden. In einer bemüht hohen Stillage prophezeit der pontifikale Unheilsverkünder einen kommenden Krieg und einen fundamentalen »Kulturschock«. Und er beruft sich auf Leitwerte, die vor 1945 Konjunktur hatten: »Volksgemeinschaft« und »Blutopfer«, »Dienst« und »Autorität«. Strauß möchte jenen »devotionsfeindlichen Kulturbegriff« verabschieden, der »im Gefolge Nietzsches unseren geistigen Lebensraum mit unzähligen Spöttern, Atheisten und frivolen Insurgenten übervölkert«. »Kultur« (die »echte«, nicht die der »Massen«, versteht sich) erscheint nicht nur als weihevolle Pflege abendländischer Geistestraditionen durch wenige Auserlesene. Sie dient auch als Norm der Gesellschaftskritik. Mit den Kulturvorstellungen ist ein Totalitätsanspruch, eine Zuständigkeit fürs Große-Ganze verbunden. Der kulturkritische Theaterdichter will über die »niedergehende Gesellschaft« tief sinnen – das Resultat: er denkt flach. Er bietet Meinungen statt Analyse, Prophetien statt Prognosen. Seine Kulturkritik votiert für die versprengten Einzelgänger, sie gibt sich vornehm und nonkonformistisch. Untergründig aber paßt sie in jene inszenierte demokratische Öffentlichkeit, für die, um mit C. Schmitt zu sprechen, nicht das Argument, sondern die »plakatmäßig eindringliche Suggestion« charakteristisch ist.

Die kulturkritische Deutung stammt von vorgestern, und sie könnte doch morgen bei einer sinnbedürftigen literarisch-künstlerischen Intelligenz wieder mehr Resonanz finden. Insofern kann Straußens »anschwellender Bocksgesang« als Omen wahrgenommen werden. Doch wie läßt sich das mögliche wachsende Interesse für die alten Formeln der Kulturkritik erklären? Offenbar hält das Theorie-Design postmoderner Beliebigkeit der Erfahrung neuer Krisen nicht stand. Der Marxismus, seit längerem hochgradig Gulag-verdächtig, scheint diskreditiert und indiskutabel. Die Attitude der vornehmen Verneinung von »Massenkultur« und der Anspruch, im Namen der »Kultur« (für die man sich zuständig glaubt) die Welt zu überblicken und durchzumustern, stellen ein attraktives Ideologieangebot dar, ein Angebot, so sollte hinzugefügt werden, neben anderen. Die Reaktivierung kulturkritischer Deutungen geht allerdings nicht mit einer Restauration des Deutungsmusters einher. Dazu fehlt eine hegemoniefähige Trägerschicht, wie sie einst das Bildungsbürgertum verkörperte.

Zu erwähnen ist noch die Kompensationstheorie; jene heute übliche und leichtfertig verordnete Therapie, die mit der »Kultur« – darunter werden auch die »Kultur«- bzw. Geisteswissenschaften verstanden – allgemeine Mängel und Schäden kompensieren will, die durch die beschleunigte naturwissenschaftliche und technische Innovation entstehen. Die Kompensationstheorie, so zeitgemäß sie sich auch gibt, schreibt fest, was bereits in der vergangenen Welt des »Bildungsphilisters« funktionierte. Der richtete sich in der »Kultur« ein, trennte sie von der »Kälte« des Alltags, vergoldete mit ihr, sich unterhaltend und entlastend, den Feierabend. Ideengeschichtlich ist der Kompensationsgedanke dem Rechtshegelianismus entlehnt. Seine Neubelebung setzt nach O. Marquard »im Augenblick der Krise des Fortschrittsgedankens« nach dem Ersten und Zweiten Weltkrieg ein.[50] Für die Kompensationstheorie ist die »Kultur« nicht mehr Medium einer emanzipatorischen »Bildung«, sondern Garant nötiger Gesellschaftsstabilisierung. Sie will »Bildung durch Geschichten« (O. Marquard), will historische »Bildung« als historisch-hermeneutische Traditionspflege, um Orientierungshilfe zu leisten. Sie sieht in der »modernen Zivilisation« eine »historisch beispiellose Dynamik«, aus der ein wachsendes Interesse an »herkunftsabhängigen kulturellen Besonderheit(en)« (H. Lübbe) entsteht. Die Indienstnahme der »Kultur« für ein stabiles Gleichgewicht braucht eine »devotionsfreundliche« Kulturvorstellung. Nur das, was lebensweltliche Verluste und Modernisierungsschäden zu lindern verspricht, kann Geltung erlangen, nicht das, was irritiert oder gar radikal kritisiert – von daher die Ablehnung der kulturellen Moderne. Der kompensationstheoretische Funktionalismus ist deskriptiv, wenn er bestimmte Umgangsformen mit der »Kultur«, sozusagen narrativ-anschaulich, herausstellt.[51] Und er ist doch normativ unterfüttert, wenn er, ganz auf Stabilität eingeschworen, nur eine bestimmte »Kultur« gelten läßt.

Neu ist an der Kompensationstheorie die Anerkennung der technisch-wissenschaftlichen Moderne in Verbindung mit der Festlegung der »Kultur« auf ihren affirmativen Charakter. Nicht ohne Grund spricht H. Lübbe ohne kulturkritische Ressentiments von der »modernen Zivilisation«. »Kultur« dient nicht mehr als Norm für Gesellschaftskritik, in ihrem Namen wird keine Zuständigkeit fürs Große-Ganze beansprucht. Darin unterscheidet sich die Kompensationstheorie von der Kulturkritik. Dennoch läßt sich eine untergründige Verbindungslinie ausmachen, wurzelt doch der Kompensationsgedanke in einer nun funktional aufeinander bezogenen Gegenüberstellung der »wissenschaftlich-technische Moderne«, der die Menschen schicksalhaft ausgeliefert sein sollen, und einer entlastenden »Kultur«, in der sich die Menschen zu Hause fühlen dürfen. Zweifellos ist die Kompensationstheorie wirklichkeitsnäher und praxisfähiger als eine reaktivierte Kulturkritik. Sie kann sich auf »kompensatorische« Verhaltensweisen berufen und, als »Geschäftsgrundlage neokonservativer Kulturpolitik« (H. Schnädelbach), kompensationsfreundliche Verhältnisse schaffen.

Die Anerkennung der »modernen Zivilisation« findet sich schon bei den Vorgängern mit größerem Format, bei Freyer und Gehlen. Allerdings befragen beide den Kapitalismus noch nach seinen historischen Qualitäten und analysieren dessen Zumutungen. Die Vertreter der Kompensationstheorie sind hingegen Bejahungshelfer und verkappte geschichtsphilosophische Ideologen, wenn sie einen historischen Augenblick zum Endpunkt der Geschichte erklären, statt wie z. B. Freyer ohne heilsgeschichtlichen Zwangspfeil an der »Vorläufigkeit und Nichtvollendbarkeit der Geschichte« festzuhalten.

Mit der erledigten Geschichte des Deutungsmusters muß die Idee der »Bildung« und »Kultur« noch nicht erledigt sein. Wer sich freilich heute auf deren emphatisch-genuinen Sinn beruft, der wirkt altzopfig und nostalgisch. Das Konzept kann nicht gerettet werden, selbst wenn man es gegen seine Verwendungsgeschichte aufpoliert. Ob aber die Idee der »Selbstbildung aller« und einer geglückten Identität obsolet ist, das darf bezweifelt werden. Denn die Menschen machen nicht nur Erfahrungen, sondern sie haben auch Erwartungen – auch das gehört zur Vorläufigkeit und Nichtvollendbarkeit der Geschichte.

Anmerkungen

I. Von der Macht eines Deutungsmusters. Annäherungen

1 *Stenographische Berichte über die Verhandlungen des Preußischen Hauses der Abgeordneten.* 21. Legislaturperiode, III. Session 1910, Bd. 2-5. Berlin 1910, S. 5. – Daraus auch die folgenden Zitate der Debatte.

2 Der Unterschied zwischen traditioneller Begriffsgeschichte auf der einen Seite und historischer Semantik bzw. Diskursanalyse auf der anderen Seite wird hier ausgeblendet. Er mag dann relevant sein, wenn man der Begriffsgeschichte »eine sprachtheoretische Unsicherheit« bescheinigt, weil sie den Begriffen eine qualifizierte Form sprachlicher Zeichen zuspreche statt die »Analyse der Voraussetzungen kommunikativen Handelns zu betreiben«. So D. Busse, *Historische Semantik. Analyse eines Programms*, Stuttgart 1987, S. 73. Die vorliegende Arbeit versucht dies zu vermeiden. – Für P. Schöttler ist die Diskursanalyse »breiter« als die »punktuelle Begriffsgeschichte« (*Mentalitäten, Ideologien, Diskurse. Zur sozialgeschichtlichen Thematisierung der »3. Ebene«*, in: *Alltagsgeschichte. Zur Rekonstruktion historischer Erfahrungen und Lebensweisen*, hg. v. A. Lüdtke, Frankfurt a. M./New York 1989, S. 116). – Entscheidende Hinweise verdanke ich Cl. Knobloch, *Überlegungen zur Theorie der Begriffsgeschichte aus sprach- und kommunikationswissenschaftlicher Sicht*, in: *Archiv für Begriffsgeschichte*, 35, 1992, S. 7-24.

3 In Deutschland gilt die Begriffsgeschichte als Paradigma der historischen Semantik. Begriffsgeschichtliche Praxis vollzieht sich vorrangig in zwei wissenschaftlichen Kontexten, dem philosophiegeschichtlichen und dem sozialhistorischen. Das manifestiert sich in drei großen Forschungsprojekten: *Historisches Wörterbuch der Philosophie*, hg. v. J. Ritter/K. Gründer, Basel/Stuttgart, 1971 ff.; *Geschichtliche Grundbegriffe. Historisches Lexikon zur politisch-sozialen Sprache in Deutschland*, hg. v. O. Brunner/W. Conze/R. Koselleck, Stuttgart 1972 ff. (von nun an mit *GG* zitiert); *Handbuch politisch-sozialer Grundbegriffe in Frankreich*, hg. v. R. Reichardt/E. Schmitt, München 1985 ff.
Die Philosophie hat eine genauere Zielvorstellung für die Begriffsgeschichte: Ihr geht es »diagnostisch« um die Genese terminologischer Verwirrung und »therapeutisch« um eine Präzisierung für neuerliche Verwendungen. Vgl. dazu H. G. Meier, Artikel *Begriffsgeschichte*, in:

J. Ritter (Hg.), *Historisches Wörterbuch der Philosophie*, Bd. 1, Basel 1971, S. 788-808. – In der deutschen Geschichtswissenschaft dürften neben der Rezeption der *Annales Histoire* die Arbeiten Reinhart Kosellecks das Interesse an einer Begriffsgeschichte als Sozialgeschichte verstärkt haben, auch wenn sich bereits seit den dreißiger Jahren dieses Jahrhunderts, etwa in O. Brunners *Land und Herrschaft*, eine Verschränkung von Sozial- und Begriffsgeschichte andeutet. Zur Geschichte der Begriffsgeschichte vgl. R. Koselleck, *Sozialgeschichte und Begriffsgeschichte*, in: W. Schieder/V. Sellin (Hg.), *Sozialgeschichte in Deutschland*, Bd. 1, Göttingen 1986, S. 90 f. Von den zahlreichen Beiträgen Kosellecks soll hier noch ein weiterer angeführt werden, der Begriffsgeschichte als eigenständige Disziplin etablieren möchte: *Begriffsgeschichte und Sozialgeschichte*, in: Ders., *Vergangene Zukunft. Zur Semantik geschichtlicher Zeiten*, Frankfurt a. M. 1979, S. 107-129.
Wie früh die *Annales* sich mit dem Verhältnis von Sprache und Geschichte beschäftigt haben, zeigt der Tatbestand, daß sie seit 1930 eine Rubrik »Sachen und Wörter« haben. Eine frühe begriffsgeschichtliche Untersuchung liefert L. Febvre, *Zur Entwicklung des Wortes und der Vorstellung von »Civilisation«*, 1930, in: Ders., *Das Gewissen des Historikers*, hg. v. U. Raulff, Berlin 1988, S. 39-77. Vgl. auch L. Girard, *Histoire et lexicographie*, in: *Annales*, 18, 1963, S. 1128-1132. Umfassend unter Einbeziehung der Diskurstheorie R. Robin, *Histoire et Linguistique*, Paris 1973. – Für den angelsächsischen Bereich vgl. R. Williams, *Culture and Society*, London 1958; P. Burke/R. Porter (Hg.), *The Social History of Language*, Cambridge 1987; G. Stedman Jones, *Klassen, Politik, Sprache. Für eine theorieorientierte Sozialgeschichte*, hg. v. P. Schöttler, Münster 1988. – Für die Soziologie liegt es nahe, das Sprechen den symbolischen Macht- und Herrschaftsformen zuzurechnen. Vgl. dazu R. A. Hall, *Th. Veblen and Linguistic Theory*, in: *American Speech*, 35, 1960, S. 124-130; P. Bourdieu, *Was heißt sprechen? Die Ökonomie des sprachlichen Tauschs*, hg. v. G. Kremnitz, Wien 1990. – In den letzten Jahren findet die historische Semantik auch in der Sprachwissenschaft Beachtung. Das ist neu und notwendig. Denn die Enthistorisierung der Linguistik nach Saussure führte, trotz anhaltender lexikologischer Diskussionen und begriffs- wie wortgeschichtlicher Studien in der »alten« germanistischen Sprachwissenschaft, zu einer Vernachlässigung der historischen Semantik. So ist jüngst eine Wende zu einer kommunikativ-pragmatischen Geschichtsschreibung zu beobachten. Vgl. dazu B. Schlieben-Lange/J. Gessinger (Hg.), *Sprachgeschichte und Sozialgeschichte*. Göttingen 1982 (= Ztschr. f. Literaturwissenschaft und Linguistik, 12, H. 47); P. Burke, *Zur Sozialgeschichte der Sprache. Eine Einführung*, in:

Ders., *Sprache und Umgangssprache in der Neuzeit*, Berlin 1989. Eine systematisierte historische Semantik steht allerdings noch aus.

4 Die theoriegeschichtliche Diskussion wird unter dem Titel »Bildung« und »Kultur« bei »X« oder in der Zeit »Y« jeweils untersucht. Das ist sinnvoll, aber nicht Gegenstand dieser Arbeit. Um das Forschungsinteresse der vorliegenden Arbeit zu erläutern und um perspektivische Irrtümer zu vermeiden, sollen hier mit Blick auf »Bildung« und »Kultur« (eher idealtypisch) unterschiedliche Forschungsaspekte betont werden:
I. Sachgeschichten der »Bildung« und »Kultur«.
II. Der Gebrauch der Wortkörper innerhalb unterschiedlicher theoretischer Entwürfe und Disziplinen (z. B. Philosophie, Pädagogik, Anthropologie, Ethnologie, Psychologie) unter synthetischen Vorzeichen, d. h. integriert in einen etablierten Kanon der Fachthemen. Die Wortkörper können hier unterschiedlich präzise terminologisiert sein.
III. Der Gebrauch der Wortkörper innerhalb unterschiedlicher Entwürfe und Disziplinen unter aspektmonistischen und abstraktiven Vorzeichen, d. h. die Wortkörper sind nicht nur durch theoretisch-systematische Einbettung terminologisiert, sondern sie bestimmen als Termini auch das Ganze der Theorie. Häufig deuten Komposita wie »Kulturphilosophie«, »Kultursoziologie« oder »Bildungstheorie« diesen aspektmonistischen und abstraktiven Gebrauch an. Eine Übersicht über den Gebrauch von »Kultur« (im Sinne von II. und III.) bieten A. L. Kroeber/C. Kluckhohn, *Culture. A Critical Review of Concepts and Definitions*, New York 1952; F. Steinbacher, *Kultur. Begriff-Theorie-Funktion*, Stuttgart 1976; H. P. Thurn, *Soziologie der Kultur*, Stuttgart 1976; H. Brackert/F. Wefelmeyer (Hg.), *Naturplan und Verfallskritik. Zu Begriff und Geschichte der Kultur*, Frankfurt a. M. 1984; dies., *Kultur. Bestimmungen im 20. Jahrhundert*, Frankfurt a. M. 1990.
IV. Die wissenschaftstheoretische Analyse der Termini als logische Analyse der Wissenschaften oder Beschreibung der wissenschaftlichen Praxis. Dazu als Beispiel O. Schwemmer, *Handlung und Struktur. Zur Wissenschaftstheorie der Kulturwissenschaften*, Frankfurt a. M. 1987.
V. Wortgeschichtliche Untersuchungen.
VI. Begriffsgeschichten unter dem Vorzeichen der Philosophie- und Pädagogikgeschichte. Bei ihnen geht es vorrangig um Kognitionsformen und weniger um Sozialgeschichte und Kommunikationsformen. So werden sie auch in den einschlägigen Fachlexika abgehandelt. Vgl. B. Kopp, *Beiträge zur Kulturphilosophie der deutschen Klassik. Eine Untersuchung im Zusammenhang mit dem Bedeutungswandel des Wortes »Kultur«* (1941), Meisenhain am Glan 1974; J. Niedermann, *Kultur. Werden und Wand-*

lungen des Begriffs und seiner Ersatzbegriffe von Cicero bis Herder, Florenz 1941; I. Schaarschmidt, *Der Bedeutungswandel der Worte »bilden« und »Bildung«,* Berlin 1931; E. Lichtenstein, *Zur Entwicklung des Bildungsbegriffs von Meister Eckart bis Hegel,* Heidelberg 1966. VII. Begriffsgeschichte oder historische Semantik als Sozialgeschichte.

5 Die Vorstellung, Begriffe bündelten die Vielfalt geschichtlicher Erfahrungen, in sie ginge die Fülle eines politisch-sozialen Bedeutungszusammenhangs ein, überschätzt die bedeutungsstiftende Rolle einzelner Wörter und unterschätzt die bedeutungsstiftende Rolle kommunikativer Handlungen und sozialgeschichtlicher Zusammenhänge. Sprachtheoretisch ist die Auffassung von Begriffen als kognitiven Entitäten höchst ungenau. Der Zusammenhang von sprachlicher Kommunikation und erfahrungsbildender Sachverhaltkonstitution läßt sich nicht einzelnen Wörtern zuschreiben. Nehmen wir z. B. »Kultur«. In diesem Fall lockt die Beschränkung auf das isolierte Wort offensichtlich in eine semantische Falle. Denn der Wortkörper steht jeweils in unterschiedlichen Kontexten für unterschiedliche Bedeutungen und Verwendungsweisen. Damit ist nicht nur die große Verwendungsspanne vom politischen Schlagwort bis zum wissenschaftlichen Terminus gemeint, sondern auch der Tatbestand ganz unterschiedlicher Bedeutungsebenen. Demnach finden wir »Kultur« etwa im traditionellen Sinne von Pflege, aber auch als Produkt und Lebensbedingung der Menschen. Und schließlich, darauf richtet sich unser Interesse, kann der Wortkörper auch auf einen Verwendungszusammenhang verweisen, in dem »Kultur« so hochgeschätzt wird, daß sich ein relativierender Plural verbietet. F. Mauthner hat dies in einem schönen Diktum angesprochen: »Kultur ist der Sollzustand, zu welchem sich ein Mensch oder ein Volk hinaufentwickeln mag; die Kulturen der verschiedenen Völker bezeichnen einen Istzustand. Menschenfresserei kann einer bestimmten Kultur angehören, beileibe aber nicht einem Volke, welches Kultur hat« (*Wörterbuch der Philosophie,* Bd. 2, Leipzig 1910, S. 42).

6 M. Foucault, *Archäologie des Wissens,* Frankfurt a. M. 1973, S. 74.

7 In diesem allgemeinen Sinne hebt P. Burke vier für den Sozialhistoriker relevante Punkte hervor: »1. Different social groups use different varieties of language. – 2. The same people employ different varieties of language in different situations. – 3. Language reflects the society (or culture) in which it is spoken. – 4. Language shapes the society in which it is spoken« (*Introduction,* in: P. Burke/R. Porter (Hg.), *The Social History of Language,* a.a.O., S. 3 f.).

8 Eine Begriffsgeschichte oder historische Semantik als Sozialgeschichte bedarf deshalb einer breiten Quellenbasis, die dem angesprochenen kon-

textuellen Vermischungsverhältnis gerecht wird. Im einzelnen heißt dies, daß die notwendige Praxis des Sammelns und Ordnens von Belegen für einzelne Wortkörperverwendungen lediglich als Verweise für einen umfassenderen Ermöglichungs- und Funktionszusammenhang aufgefaßt wird. In unserem Fall wird damit auch deutlich, was das Deutungsmuster ausblendet – nämlich die Politik und berufsspezifisches (insbesondere naturwissenschaftliches) Leistungswissen. – Im Unterschied zur Ideengeschichte verlangt die sozialgeschichtliche Orientierung eine Berücksichtigung der Quellen aus allen Sprachschichten, denn ihr Kriterium sind nicht die großen Gedanken, sondern die großen Wirkungen. Vgl. dazu R. Koselleck, *Richtlinien für das Lexikon politisch-sozialer Begriffe der Neuzeit*, in: *Archiv für Begriffsgeschichte*, 1, 1967, S. 81; R. Reichardt, *Einleitung*, in: *Handbuch politisch-sozialer Grundbegriffe in Frankreich 1680-1820*, Heft 1/2, München 1985, S. 48 ff.

9 Mit dem Aspekt der individuellen Sinngebung und der symbolischen Vergesellschaftung sind hier unter methodischen Vorzeichen, d. h. auch dominant pragmatisch und ohne systematisierenden theoretischen Anspruch, zwei unterschiedliche theoretische Ansätze miteinander verknüpft. Zum einen ein phänomenologischer – vgl. dazu H. U. Gumbrecht, *Für eine phänomenologische Fundierung der sozialhistorischen Begriffsgeschichte*, in: R. Koselleck (Hg.), *Historische Semantik und Begriffsgeschichte*, Stuttgart 1979, S. 75-101. Allerdings wird hier – im Gegensatz zu Gumbrecht – die Phänomenologie nicht als das geeignete Medium angesehen, um Sprache, Gesellschaft und Geschichte zu erfassen, weil sie in der von Gumbrecht vorgestellten Form »Grundelemente des Wissens« als »Letztinstanz« behauptet und damit den »jeweiligen gesamten Wissensvorrat« (und nicht die gesellschaftlichen Verhältnisse) als Hintergrund der Begriffsgeschichte bestimmt. So wird Geschichte als »Wandel von Formen der Welterfahrung« bestimmt (ebd. S. 78). Das ist, wie noch zu zeigen, eine unzulässige Verengung für die Erforschung des Ermöglichungs- und Funktionszusammenhangs der Begriffe. Mit Foucault bleibt daher zum anderen zu beachten, daß sich die Beschreibung der Diskurse »in der Dimension einer allgemeinen Geschichte« entfaltet, die jenes »ganze Gebiet der Institutionen, ökonomischen Prozesse und gesellschaftlichen Beziehungen« umfaßt (*Archäologie des Wissens*, a.a.O., S. 235). Deshalb wird hier, unter pragmatischen Vorzeichen, an eine Theorie der symbolischen Vergesellschaftung angeknüpft, wie sie Mead formuliert hat, eine Theorie, die flexibel genug ist, um auch auf die Organisation gesellschaftlicher Beziehungen ausgedehnt werden zu können (vgl. dazu G. H. Mead, *Geist, Identität und Gesellschaft*, Frankfurt a. M. 1968). Diese Ausdehnung geschieht freilich in dem Bewußtsein,

daß Mead die allgemeinen Konturen der Koevolution von Bewußtsein, sozialer wie personaler Identität und gesellschaftlicher Ordnung nahezu ausschließlich in der »symbolvermittelten Interaktion« skizziert hat. Eine historische Konkretisierung dieses Programms ist bei Mead nicht zu finden.

10 So etwa bei N. Elias, *Studien über die Deutschen. Machtkämpfe und Habitusentwicklung im 19. und 20. Jahrhundert*, hg. v. M. Schröter, Frankfurt a. M. 1989.

11 Weitere Belege bei J. Starobinski, *Das Wort Zivilisation*, in: Ders., *Das Rettende in der Gefahr. Kunstgriffe der Aufklärung*, Frankfurt a. M. 1990, S. 38 ff.

12 Zu Recht verwirft F. K. Ringer in seiner wissenssoziologischen Untersuchung über die deutschen Professoren die Differenz »konservativ« – »liberal« und schlägt statt dessen eine Unterscheidung zwischen »orthodox« und »modernistisch« vor (*Die Gelehrten. Der Niedergang der deutschen Mandarine 1890-1933*, Stuttgart 1983, S.9).

13 Auf eine Auflistung der Beiträge zum Historikerstreit und zur Sonderwegdebatte wird hier verzichtet. Einen ersten Überblick bietet R. Evans, *Im Schatten Hitlers?*, Frankfurt a. M. 1991.

14 Eine solche Wechselwirkung zwischen philosophischen oder pädagogischen Entwürfen und sozialgeschichtlich relevanten Begriffen läßt sich, soweit ich dies sehe, bei anderen geistes- oder (vorsichtiger formuliert) wissensgeschichtlichen Untersuchungen nicht ausmachen. Vgl. z. B. H. Günther, *Der Herren eigener Geist*, 1935, Berlin/Weimar 1981; H. Plessner, *Die verspätete Nation*, 1935, Frankfurt a. M. 1974; G. Lukács, *Die Zerstörung der Vernunft*, Darmstadt 1962; F. Stern, *Kulturpessimismus als politische Gefahr. Eine Analyse nationaler Ideologie in Deutschland*, Bern/Stuttgart/Wien 1963; L. Krieger, *The German Idea of Freedom. History of a Political Tradition*, Chicago/London 1972; H. Kohn, *Wege und Irrwege. Vom Geist des deutschen Bürgertums*, Düsseldorf 1964. Das gilt auch für die neuere Arbeit von L. Dumont, *L'idéologie allemande. France-Allemagne et retour*, Paris 1991. Dieser Arbeit kommt das große Verdienst zu, in Anlehnung an M. Mauss »Bildung« nicht einfach als Idee oder Programm aufzufassen, sondern als Institution. Dennoch bleibt sie problemgeschichtlich ausgerichtet und nicht sozialgeschichtlich, wenngleich sie »Bildung« als einen Schlüsselbegriff herausstellt: »Ayant choisi d'étudier la Bildung comme représentive de la culture allemande tout entière [...]« (S. 59).

15 Wenn R. Williams mit »industry, democracy, class, art, culture« fünf wichtige Konzepte für den angelsächsischen Raum untersucht, dann wird am Beispiel von »culture« die Sonderrolle von »Kultur« deutlich;

denn »culture« ist für Williams nicht nur ein System intellektueller und imaginativer Arbeit, sie besteht »hauptsächlich auch aus der gesamten Lebensweise« (*Gesellschaftstheorie als Begriffsgeschichte. Studien zur historischen Semantik von »Kultur«*, München 1972, S. 389). In seinen *Keywords* (New York 1976) versucht Williams in kurzen begriffsgeschichtlichen Analysen das zentrale »Vocabulary of Culture and Society« darzustellen. – Dieser weite Kulturbegriff, der die materielle, soziale und geistige »Kultur« umfaßt, gründet, wie noch zu zeigen, im Denken der Aufklärung und bleibt als fachwissenschaftlicher Begriff in der Anthropologie, Ethnologie, Geschichtswissenschaft und Volkskunde lebendig. Er kann in den »Kulturwissenschaften« auch eine aspektmonistische, d. h. zentral-konstitutive Funktion erhalten. In diesem Sinne kann »Kultur« als Synonym für »Zivilisation« gelten, soweit diese als Kollektivsingular nicht normativ bestimmt wird, sondern offen für Relativierung und Historisierung bleibt.

16 Auf die »religiöse Funktion der deutschen Kultur« verweist H. Plessner in *Die verspätete Nation*, a.a.O., S. 73 ff.

17 Um noch ein Beispiel zu nennen: Es spricht (in diesem Punkt) für die Klugheit von J.-F. Lyotard, wenn er eine Übersetzung von »Bildung« vermeidet. Vgl. *La condition postmoderne. Rapport sur le savoir*, Paris 1985, S. 55 f.

18 Nietzsches Kritik gründet in dem wehmütig vermerkten Gegensatz von umfassender Bildung auf der einen und industrieller Wissensproduktion wie moderner Arbeitsteilung auf der anderen Seite. So heißt es in *Über die Zukunft unserer Bildungsanstalten*: »Die Arbeitstheilung in der Wissenschaft strebt [...] nach einer Verringerung der Bildung, ja nach einer Vernichtung derselben« (*Sämtliche Werke. Kritische Studienausgabe* (KSA), hg. v. G. Colli/M. Montinari, Bd. 1, München/Berlin/New York 1988, S. 670). – So kritisiert H. Marcuse – auch angesichts eines Bildungsbürgertums, das gegenüber dem Nationalsozialismus versagt – die »affirmative Kultur« und charakterisiert zugleich die »Kunst als Vorbote möglicher Wahrheit« (*Über den affirmativen Charakter der Kultur*, 1937, in: Ders., *Kultur und Gesellschaft 1*, Frankfurt a. M. 1968, S. 85). Später plädiert Marcuse für eine »Reorganisation der Kultur« gegenüber der »technologischen Zivilisation« (*Bemerkungen zu einer Neubestimmung der Kultur*, 1965, in: Ders., *Kultur und Gesellschaft 2*, Frankfurt a. M. 1968, S. 151 und 163).

19 H. Marcuse, *Bemerkungen zu einer Neubestimmung der Kultur*, a.a.O., S. 151.

20 Darauf verweist F. K. Ringer, *Die Gelehrten*, a.a.O., S. 219. Für H. Freyer steht fest: »Die deutsche Soziologie [...] hat diesen Glauben

an den positiven Strukturwert der industriellen Gesellschaft [...] nie aufgebracht« (*Zur Bildungskrise der Gegenwart*, in: *Die Erziehung. Monatsschrift für den Zusammenhang von Kultur und Erziehung in Wissenschaft und Leben*, 6, 1931, S. 610).

21 H. Freyer, *Zur Bildungskrise der Gegenwart*, a.a.O., S. 608. Freyer, der Marx vehement ablehnt, bedient sich bei der sozialgeschichtlichen Fundierung des Bildungsbegriffs bis in die Formulierung hinein Marxscher Gedanken, wenn er behauptet: »[...] im Übergang vom Feudalsystem zur kapitalistischen Gesellschaft, in einer Zeit, wo es nicht mehr Stände und noch nicht Klassen gibt, wird der soziale Raum frei für den Gedanken, daß der Mensch zuerst und zuletzt individuelle Person sei«(ebd. S. 606). - Für die Entstehungsgeschichte des Bildungsbürgertums betont U. Engelhardt den Übergang von der »(alt-)ständischen zur (modern-)bürgerlichen Gesellschaft« (*»Bildungsbürgertum«. Begriffs- und Dogmengeschichte eines Etiketts*, Stuttgart 1986, S. 30). - Für die Mandarine, d. h. für die Professoren stellt F. K. Ringer fest: »Es gedeiht zwischen der primär agrarischen Stufe der ökonomischen Organisation und der vollständigen Industrialisierung« (*Die Gelehrten*, a.a.O., S. 16).

22 Vgl. dazu Th. Nipperdey, *Probleme der Modernisierung in Deutschland*, in: *Saeculum*, 30, 1979, S. 292-303. Für Nipperdeys Großprojekt einer »Deutschen Geschichte« erlangt »Modernisierung« keinen kontinuitätsstiftenden Charakter, weil für ihn unter Berufung auf Ranke jede Zeit ihren eigenen Sinn und Wert hat. Hingegen ist in dem anderen Großprojekt der Darstellung deutscher Geschichte ein an M. Weber ausgerichtetes, reflektiertes Konzept von »Modernisierung« die Grundlage darstellbarer Kontinuitäten. Gemeint ist H.-U. Wehler, *Deutsche Gesellschaftsgeschichte*, Bd. 1: *Vom Feudalismus des alten Reiches bis zur defensiven Modernisierung der Reformära 1700-1815*, München 1987, S. 21-25. Allerdings erhält hier, entgegen der Absicht des Autors, die »Modernisierung« den Charakter eines innerweltlichen Entwicklungsplans mit geschichtsphilosophischen Zügen. Auch hier veranschaulichen dies die Metaphern. Wehler bevorzugt die Radmetaphorik. Bei ihm »greifen einige Zahnräder der Evolution« ineinander, wirken »Kolonialressourcen« und der Überseehandel wie »gewaltige Schwungräder«. Gelegentlich läßt er ganz allgemein »das Rad der Geschichte laufen« (ebd. S. 15, 21, 24, 48, 67, 210, 332).

23 In seiner berühmten Freiburger Antrittsrede (1896) kritisiert M. Weber im Namen der »bürgerlichen Klassen« die Macht der preußischen Junker mit dem Hinweis, es sei gefährlich für die Nation, wenn eine »ökonomisch sinkende Klasse die politische Herrschaft in der Hand«

halte (*Der Nationalstaat und die Volkswirtschaftspolitik. Akademische Antrittsrede*, in: Gesammelte politische Schriften, hg. v. J. Winckelmann, Tübingen ²1958, S. 19). Zugleich ist aber dieses wilhelminische Deutschland auch eine hochmoderne, industrielle Gesellschaft mit einer führenden Stellung in den Wachstumsindustrien Chemie und Elektrotechnik, mit beachtlichen Forschungsinstitutionen und einer effizienten Verwaltung. Zu seiner Wirklichkeit zählt der operettenhafte Pomp am Kaiserhofe ebenso wie die nüchterne Rationalität der Siemenswerke. Ja, der Kaiser selbst verkörpert diesen Widerspruch mit seiner Vorliebe für Zeremonien und wechselnde Uniformen auf der einen Seite und, auf der anderen Seite, einer Politik, die Handel und Gewerbe nach Kräften fördert. Was politisch mit dem Maßstab der parlamentarischen Demokratie als verwerflich erscheint, muß sich ökonomisch keineswegs als hinderlich erweisen.

II. Von alten Wörtern zu modernen Begriffen

1. »Kultur« in der abendländischen Tradition der Gelehrtensprache

1 Vergebens sucht man entsprechende Einträge selbst bei J. F. Roth (*Gemeinnütziges Lexikon für Leser aller Klassen*, ³1807), J. H. Campe (*Wörterbuch der Deutschen Sprache*, 1807; nur Stichwort »Bildung« vorhanden) oder J. S. Ersch/J. G. Gruber (*Allgemeine Encyclopädie der Wissenschaften und Künste*, 1818 ff.). – Im übrigen findet sich der früheste lexikalische Beleg für »Kultur« in der 4. Auflage von Walchs *Philosophischem Lexicon*, 1775: »Cultur, zeigt eine Verbesserung einer Sache an, so durch hülfreiches Zuthun und Bemühen erreicht wird. Man sagt sowohl von leblosen als auch von lebenden Dingen, sie sind cultivirt, wenn sie nämlich in einen vollkommnern Zustand versetzet worden, in welchem sie nicht von Natur sich befinden. Man cultivirt den Ackerbau, die Pflanzen, Blumen, Menschen, u.s.w.«.

2 J. G. Herder, *Idee zum ersten patriotischen Institut für den Allgemeingeist Deutschlands*, in: Sämtliche Werke, hg. v. B. Suphan, Bd. 16, Berlin 1887, S. 605.

3 A. Frhr. v. Knigge, *Über den Umgang mit Menschen*, ³1790, München 1984, S. 97.

4 So J. Fisch, *Zivilisation*, in: GG, Bd. 7, Stuttgart 1992, S. 682.

5 Vgl. O. Gigon, *Theorie und Praxis bei Platon und Aristoteles*, in: *Museum Helveticum*, 30, 1973, S. 163 ff; Chr. Meier, *Die Entstehung des Politischen bei den Griechen*, Frankfurt a. M. 1980; J. P. Vernant, *Mythe*

et pensée chez les Grécs, Paris 1965; P. Veyne, *Brot und Spiele. Gesell-schaftliche Macht und politische Herrschaft in der Antike*, Frankfurt a. M./New York 1992.

6 Vgl. E. Struck, *Bedeutungslehre. Grundzüge einer lateinischen und grie-chischen Semasiologie*, Leipzig/Berlin 1940, S. 40 ff. Viele Belege bei J. Niedermann, *Kultur*, a.a.O., S. 16 ff. Systematischer und überschau-barer die Entwicklung im Lateinischen durch Jörg Fisch (*Zivilisation*, a.a.O.).

7 In den *Tusculanen* Ciceros heißt es: »Wie ein Acker (ager), auch wenn er fruchtbar ist, ohne Pflege (sine cultura) keine Frucht tragen kann, so auch die Seele (animus) nicht ohne Belehrung (sine doctrina). [...] Pflege der Seele ist aber die Philosophie (cultura autem animi philoso-phia est)« (II, 13; übers. v. O. Gigon, München 1970). – »Animus« ist der Inbegriff aller nicht-körperlichen Fähigkeiten des Menschen, des Denkens, Fühlens, Wollens. – Zu »cultus« findet sich eine reiche Beleg-sammlung im *Thesaurus linguae Latinae*, Bd. 4, 1909, S. 1320 ff; zum selteneren »cultura« vgl. ebd., S. 1324 ff.

8 Tacitus, *Germania*, hg. v. A. Önnerfors, Stuttgart 1983, 2,1.

9 J. Fisch sieht darin ein »soziales Phänomen«, nämlich den Tatbestand, daß »mehr und mehr« nur noch Kleriker schreiben, und damit die reli-giös-kultische Bedeutung dominiert. Er führt eine Stelle von Gregor von Tours an (um 573), in der nochmals die »Geisteskultur« erscheint, zugleich aber auch deren Aussterben konstatiert wird: »[...] decedente atque immo potius pereunte ab urbibus Gallicanis liberalium cultum litterarum« (J. Fisch, *Zivilisation*, a.a.O., S. 690).

10 Siehe Augustinus, *Sermo* 87, I/1: »Colimus enim Deum, et colit nos Deus. Sed non sic Deum colimus, ut nos eum meliorem colendo faci-amus. Colimus enim eum adorando, non arando. Ille autem colit nos tanquam agricola agrum. Quod ergo nos ille colit, meliores nos reddit; quia et agricola agrum colendo facit meliorem: et ipsum fructum in nobis quaerit, ut cum colamus. Cultura ipsius est in nos, quod non cessat verbo suo exstirpare semina mala de cordibus notris, aperire cor nostrum tanquam aratro sermonis, plantare semina praeceptorum, ex-spectare fructum pietatis. Cum enim istam culturam in cor nostrum sic acceperimus, ut cum bene colamus, non existimus ingrati agricolae nostro, sed fructum reddimus quo gaudeat« (PL 38, S. 530 f.).

11 Vgl. dazu A. J. Gurjewitsch, *Das Weltbild des mittelalterlichen Men-schen*, Dresden 1978, S. 54 ff.

12 Vgl. dazu J. Fisch, *Zivilisation*, a.a.O., S. 696 ff.

13 Vgl. dazu E. Panofsky, *Die Perspektive als symbolische Form*, in: Ders., *Aufsätze zu Grundfragen der Kunstwissenschaft*, hg. v. H. Obe-rer/E. Verhegen, Berlin 1964, S. 109 f.

14 Vgl. dazu H. Wenzel, *Die Autobiographie des späten Mittelalters und der frühen Neuzeit* (Bd. 1: *Die Selbstdeutung des Adels*, Bd. 2: *Die Selbstdeutung des Stadtbürgertums*), München 1980.

15 Zum Gesamtkomplex vgl. W. Conze, *Arbeit*, in: *GG*, Bd. 1, Stuttgart 1972.

16 Vgl. dazu A. Buck, *Humanismus. Seine europäische Entwicklung in Dokumenten und Darstellungen*, Freiburg/München 1987, S. 253 ff.

17 Vgl. K. Garber, *Gelehrtenadel und feudalabsolutistischer Staat. Zehn Thesen zur Sozial- und Mentalitätsgeschichte der »Intelligenz« in der Frühen Neuzeit*, in: *Kultur zwischen Bürgertum und Volk*, hg. v. J. Held, Berlin 1983, S. 31 ff.

18 So J. Fisch, *Zivilisation*, a.a.O., S. 679 ff.

19 A. Müller, *Die Elemente der Staatskunst*, 1809, in: Ders., *Vom Geiste der Gemeinschaft*, hg. v. F. Bülow, Leipzig 1931, S. 221.

20 Ausführlich dazu J. Niedermann, *Kultur*, a.a.O., S. 20 ff.

21 Diesen Hinweis verdanke ich J. Fisch, *Zivilisation*, a.a.O., S. 701. – Zu Bacons Stellung innerhalb der Herausbildung des neuzeitlichen Denkens vgl. F. Borkenau, *Der Übergang vom feudalen zum bürgerlichen Weltbild. Studien zur Geschichte der Philosophie der Manufakturperiode*, 1934, Darmstadt 1976, S. 87 ff.; H. Blumenberg, *Die Legitimität der Neuzeit*, Frankfurt a. M. 1966, S. 383 ff.

22 Zur philosophischen Terminologie der Neuzeit immer noch lesbar R. Eucken, *Geschichte der philosophischen Terminologie. Im Umriss*, 1879, Hildesheim 1964, S. 79 ff.

23 Vgl. dazu die wesentlichen Arbeiten zu diesem Gegenstand: L. Febvre/M. Mauss/É. Tonnelat/A. Nicoforo/L. Weber, *Civilisation. Le mot et l'idée*, Paris 1930 (L. Febvres Beitrag, der das frühe Interesse der *Annales Histoire* an einen historischen Semantik anzeigt, ist auch in einer deutschen Übersetzung erschienen: Ders., *Das Gewissen des Historikers*, hg. v. U. Raulff, Berlin 1988, S. 39-77); J. Moras, *Ursprung und Entwicklung des Begriffs der Zivilisation in Frankreich (1756 bis 1830)*, Hamburg 1930; R. A. Lochore, *History of the Idea of Civilization in France (1830-1870)*, Bonn 1935; A. Banuls, *Les mots »culture« et »civilisation« en français et allemand*, in: *Etudes germaniques*, April/Juni 1969, S. 171-180; J. Starobinski, *Das Wort Zivilisation*, in: Ders., *Das Rettende in der Gefahr*, a.a.O., S. 9 ff. (bei Starobinski finden sich weitere Literaturhinweise). – Für »culture« und »civilization« im Englischen und Amerikanischen vgl. H. Hilgers-Schell/M. Karuth, *Culture und Civilization im Englischen und Amerikanischen bis zum Beginn des 20. Jahrhunderts*, in: *Europäische Schlüsselwörter. Wortvergleichende und wortgeschichtliche Studien*, hg. vom Sprachwissen-

schaftlichen Colloquium (Bonn), München 1967, S. 135 ff. In diesem
Sammelband finden sich auch Beiträge zum französischen und italieni-
schen Wortgebrauch.

24 Vgl. die reiche Belegsammlung im *Thesaurus linguae Latinae*, Bd. 3,
1906, S. 1219 ff.

25 Dazu bietet einen ersten Überblick mit weiterführender Literatur
J. Fisch, *Zivilisation*, a.a.O., S. 697 ff.

26 N. Elias, *Über den Prozeß der Zivilisation. Soziogenetische und psychogenetische Untersuchungen*, Bd. 1: *Wandlungen des Verhaltens in den
weltlichen Oberschichten des Abendlandes*, 1936, Frankfurt a. M. 1977,
S. 94.

27 So im *Dictionnaire* von Furetière, hier zitiert nach J. Starobinski, *Das
Wort Zivilisation*, a.a.O., S. 21. – Vgl. auch R. Chartier, *Civilité*, in:
Handbuch politisch-sozialer Grundbegriffe in Frankreich 1680-1820,
hg. v. R. Reichardt/E. Schmitt, H. 4, München 1986, S. 7 ff.

28 I. Kant, *Idee zu einer allgemeinen Geschichte in weltbürgerlicher Absicht*, 1784, Akademie-Textausgabe, Bd. VIII, Berlin 1968, S. 26. – Kants
Begriffe von »Kultur« und »Zivilisation« erhalten systematischen Stellenwert in der *Kritik der Urteilskraft*. Hier werden sie im Rahmen einer
regulativen Geschichtsteleologie entfaltet, die nach Möglichkeiten
sucht, den Gegensatz zwischen der Kausalität der Natur und der Kausalität der Freiheit zu überbrücken. »Zivilisation« und »Kultur« sind so
Stufen auf dem Weg des Menschen zur vollendeten, gelebten Moralität:
»Das Übergewicht der Übel, welche die Verfeinerung des Geschmacks
bis zur Idealisirung desselben und selbst der Luxus in Wissenschaften,
als einer Nahrung für die Eitelkeit, durch die unzubefriedigende Menge
der dadurch erzeugten Reizungen über uns ausschüttet, ist nicht zu
bestreiten: dagegen aber der Zweck der Natur auch nicht zu verkennen,
der Rohigkeit und dem Ungestüm derjenigen Neigungen, welche mehr
der Thierheit in uns angehören und der Ausbildung zu unserer höheren
Bestimmung am meisten entgegen sind (der Neigungen des Genusses),
immer mehr abzugewinnen und der Entwickelung der Menschheit
Platz zu machen. Schöne Kunst und Wissenschaften, die durch eine
Lust, die sich allgemein mittheilen läßt, und durch Geschliffenheit und
Verfeinerung für die Gesellschaft, wenn gleich den Menschen nicht sitt-
lich besser, doch gesittet machen, gewinnen der Tyrannei des Sinnen-
hangs sehr viel ab und bereiten dadurch den Menschen zu einer
Herrschaft vor, in welcher die Vernunft allein Gewalt haben soll« (*Kri-
tik der Urteilskraft*, Akademie-Textausgabe, Bd. V, Berlin 1968,
S. 433).

29 Condorcet, *Esquisse d'un tableau des progrès de l'esprit humain*, 1794. –

Condorcet entwirft darin nach der Erörterung der Ungleichheit der Nationen und der »Demütigung« und »Verarmung« der überseeischen Völker eine fortschrittsgewisse Perspektive von Aufklärung und »Zivilisation«: »In diesen unermeßlichen Ländern wird es zahlreiche Völker geben, die anscheinend nur darauf warten, von uns die Mittel zu erhalten, die sie zu ihrer Zivilisation benötigen, die hoffen, in den Europäern Brüder zu finden, um deren Freunde und Schüler zu werden« (*Entwurf einer historischen Darstellung der Fortschritte des menschlichen Geistes,* hg. v. W. Alff, Frankfurt a. M. 1976, S. 197).

30 J. G. Herder, *Briefe zur Beförderung der Humanität,* in: *Werke,* hg. v. B. Suphan, Bd. 18, Berlin 1883, S. 161 (9. Sammlung, 111. Brief).

31 Die erste deutsche Pufendorf-Ausgabe von 1711 übersetzt »cultura animi« traditionell: »Cum autem ex duabus partibus homo constet anima & corpore, quarum illa actionum homini propriarum origo & principium est, hoc instrumenti vicem obit, illius cura & cultura merito primas sibi partes vindicat (so muß die Besorgung der Seelen nothwendig voranstehen). – Cultura animi, ad quam capessendam omnes homines obstringuntur...(Was nun die Besorgung der Seelen anbelangt, welche allen und jeden Menschen oblieget...)« (*De jure naturae et gentium,* 1688, hg. v. W. Simons, Oxford/London 1934, II 4,1/2; *Acht Bücher vom Natur- und Völcker-Rechte,* Frankfurt a. M. 1711).

32 Diesen Hinweis verdanke ich Borkenau, *Vom feudalen zum bürgerlichen Weltbild,* a.a.O., S. 90.

33 Ausführlich dazu Niedermann, *Kultur,* a.a.O., S. 132 ff. – Um die im Pufendorfschen »cultura animi« enthaltene Steigerung der Rechte und Pflichten des Menschen auszudrücken, übersetzt die englische Ausgabe zu Recht den Ausdruck nicht mit »culture of the mind«, sondern mit dem aktiveren »cultivation of the mind« (*De jure naturae et gentium,* a.a.O.; ins Engl. übers. v. C.H. und W. A. Oldfather).

34 Dazu H. Medick, *Naturzustand und Naturgeschichte der bürgerlichen Gesellschaft. Die Ursprünge der bürgerlichen Sozialtheorie als Geschichtsphilosophie und Sozialwissenschaft bei Samuel Pufendorf, John Locke und Adam Smith,* Göttingen 1973, S. 40 ff.

35 Eigene Übersetzung. Das lateinische Original lautet: »Altero modo statum hominis naturalem consideravimus, prout opponitur illi culturae, quae vitae humanae es auxilio, industria, et inventis aliorum hominum propria meditatione et ope, aut divino monitu accessit« (*Specimen controversiarum. cp. III: De statu hominum naturali,* § 3, 1686; zit. nach Niedermann, *Kultur,* a.a.O., S. 165). – Die »zweite Weise« meint hier eine Auffassung vom »status naturalis« als Gegenüberstellung zu dem, was durch des Menschen, eigenes oder fremdes, Tun dazugekommen

ist. Zu den verschiedenen Schichtungen des »status naturalis« vgl. H. Medick, *Naturzustand*, a.a.O., S. 49 ff.

36 Vgl. J. Fisch, *Zivilisation*, a.a.O., S. 704; G. W. Leibniz, *Unvorgreifliche Gedanken, betreffend die Ausübung und Verbesserung der deutschen Sprache*, 1717, Stuttgart 1983.

37 H. Maier, *Die ältere deutsche Staats- und Verwaltungslehre*, München 1986, S.181.

38 Chr. Wolff, *Gesammelte Werke*, 1. Abteilung: *Deutsche Schriften*, Bd. 5, hg. v. H. W. Arndt, Hildesheim/New York 1975, S. 491 f.

39 J. H. G. v. Justi, *Die Grundfeste zu der Macht und Glückseeligkeit der Staaten*, 1760, Reprint Aalen 1965, S. 31 f. Allerdings warnt Justi vor der einseitigen Betonung des fürstlichen »Cameralinteresses« (vgl. dazu H. Maier, *Die ältere deutsche Staats- und Verwaltungslehre*, a.a.O., S. 183). – Welchen Stellenwert das Wort »Kultur« über den Kameralismus hinaus hat, belegt das häufige Auftreten des Kompositums »Kulturpolizei« in den Staatslehren des 19. Jahrhunderts. So nennt K. H. L. Poelitz in seiner *Staatslehre* (1808) als Gebiete der »Kulturpolizei«: Bevölkerungspolizei, Industriepolizei, Sittenpolizei, Religions- und Kirchenpolizei, Polizei der Aufklärung, Erziehungspolizei. Den umfassenden, funktionalen Bedeutungsumfang zeigt seine Definition. Er stellt »Kulturpolizei« vor »als Inbegriff aller Anstalten der Polizei, wodurch die Kultur der Staatsbürger nach ihrem ganzen Umfange begründet, befördert, erhalten und erhöht wird« (*Die Staatslehre für denkende Geschäftsmänner, Kameralisten und gebildete Leser*, Leipzig 1808, 2. Teil, S. 369). Zu diesem Komplex siehe auch den Artikel *Kulturpolizei* in: *Deutsches Staats-Wörterbuch*, hg. v. J. C. Bluntschli/K. Brater, Bd. 6, Stuttgart/Leipzig 1861: »Die Verstandesbildung, die Ausbildung der Sittlichkeit und die Ausbildung des Sinnes für das Schöne sind die drei Richtungen aller Kulturpflege und Kulturpolizei« (ebd., S. 152), durch Schulaufsicht, den Schutz der Kirche, Förderung des öffentlichen Kunstsinns (Museen, Akademien, Theater).

40 Vgl. dazu W. Bleek, *Kameralistische Beamtenbildung im 18. Jahrhundert*, in: U. Herrmann (Hg.), *»Die Bildung des Bürgers«. Die Formierung der bürgerlichen Gesellschaft und die Gebildeten im 18. Jahrhundert*, Weinheim/Basel 1982, S. 306 ff.

41 Im Gegensatz zu Deutschland bleibt in Frankreich, befördert durch den Physiokratismus, »culture« stärker an eine landwirtschaftliche Bedeutung angebunden. Vgl. M. Pflaum, *Die Kultur-Zivilisations-Antithese im Deutschen*, in: *Europäische Schlüsselwörter. Wortvergleichende und wortgeschichtliche Studien*, hg. v. Sprachwissenschaftlichen Colloquium, Bd. 3: *Kultur und Zivilisation*, hg. v. J. Knoblauch, H. Moser u. a., München 1967, S. 288-427 (hier S. 289).

42 *Über die Protestantischen Universitäten in Deutschland. Neues Raison-nement von einigen Patrioten*, Straßburg 1769, S. 139 f.

43 *Von der Education, und Kultur des Landvolkes, eine Rede, welche in Gegenwart der gnädigst aufgestellten churfürstlichen Schulcommißion bey öffentlicher Beschenkung der Trivialschulkinder auf dem Rathhause in der churfürstlich. Haupt und Residenzstadt München 1778 abgelesen worden von Florian Pichlmair*, zit. nach H. Böning/R. Siegert, *Volks-aufklärung. Bibliographisches Handbuch zur Popularisierung aufkläre-rischen Denkens im deutschen Sprachraum von den Anfängen bis 1850*, Bd. I: *Die Genese der Volksaufklärung und ihre Entwicklung bis 1780*, Stuttgart 1990, S. 632 f.

44 Ich übernehme diese Metapher von D. Busse, der »mots-pivot« als »Angelpunktwörter« übersetzt (*Historische Semantik. Analyse eines Programms*, Stuttgart 1987, S. 75).

45 Vgl. dazu R. Eucken, *Geschichte der philosophischen Terminologie*, a.a.O.

46 D. Jenisch, *Universalhistorischer Ueberblick der Entwickelung des Menschengeschlechts, als eines sich fortbildenden Ganzen. Eine Philoso-phie der Culturgeschichte*, Bd. 1, Berlin 1801, S. 35.

47 Zur diskursiven Bündelung siehe A. Bergk: »Was ist nun formelle Auf-klärung? Sie ist die durch die Entwicklung und Ausbildung aller Anlagen des Menschen ihrem Naturzweck gemäß erworbene Tauglich-keit und Fertigkeit aller Kräfte zu jedem selbsttätigen Gebrauch. Kultur und Aufklärung sind hier gleichbedeutend« (*Bewirkt die Aufklärung Revolutionen?*, 1795, in: Z. Batscha (Hg.), *Aufklärung und Gedanken-freiheit*, Frankfurt a. M. 1975, S. 206-214, hier S. 206).
Siehe auch J. Chr. Fr. GutsMuths: »Cultur ist nicht Verfeinerung; jene ist ächte Bildung des geistigen und körperlichen Menschen, diese eine geschmackvolle Verzärtelung unserer Sinnlichkeit; jene, wahre Vervoll-kommnung unseres ganzen Wesens, diese, eine modische Schminke, ihm vom Geiste des Zeitalters aufgelegt; jene wirkt wahre Kraftvermeh-rung, diese, Schwächung unserer Kräfte« (*Gymnastik für die Jugend*, Schnepfenthal 1793, S. 193).
Siehe auch J. H. Campe, der aus dem revolutionären Paris berichtet: »Wahrlich, die Vorsehung konnte den unaussprechlich großen Segen, den die Veredelung einer Nation durch Cultur und Aufklärung mit sich führt, den Menschen nicht sinnlicher und handgreiflicher darstellen, als in dem Betragen dieses Volks während der nunmehr verflossenen ersten vier Wochen einer Revolution, welche in jedem minder cultivirten Staate nothwendig Ströme von Menschenblut gekostet und die größten Abscheulichkeiten veranlaßt haben würde« (*Briefe aus Paris zur Zeit*

der Revolution geschrieben, 1790, hg. v. H.-W. Jäger, Hildesheim 1977, S. 211).

48 d' Alembert, *Eléments de Philosophie I: Mélanges de Litérature, d' Histoire et de Philosophie*, 1758, IV, S. 1 ff; hier zit. nach E. Cassirer, *Die Philosophie der Aufklärung*, Tübingen ²1932, S. 1 ff.

49 Vgl. J. Starobinski, *Das Wort Zivilisation*, a.a.O., S. 12.

50 Vgl. E. Zilsel, *The Genesis of the Concept of Scientific Progess*, in: *Journal of the History of Ideas*, 6, 1945, S. 325 ff.

51 A. v. Einsiedel, *Ideen 1776-1797*, hg. v. W. Dobbek, Berlin 1957, S. 161.

52 J. Fr. Reitemeier, *Über die höhere Kultur, deren Erhaltung, Vervollkommnung und Verbreitung im Staat, oder Grundsätze von der zweckmäßigen Einrichtung der Volksschulen, Gymnasien, Universitäten und Gelehrten Gesellschaften*, Frankfurt a. d. Oder 1799, Reprint Meisenheim/Glan 1980, S. 1 f.
Zum Zusammenhang von Verbesserungserfahrungen und Kulturbegriff siehe auch M. Mendelssohn: »Bildung, Cultur und Aufklärung sind Modificationen des geselligen Lebens, Wirkungen des Fleißes und der Bemühungen der Menschen, ihren geselligen Zustand zu verbessern« (*Ueber die Frage: Was heisst aufklären?*, 1784, in: Ders., *Ästhetische Schriften in Auswahl*, hg. v. O. F. Best, Darmstadt 1974, S. 266).
Siehe auch J. S. Ith: »Es ist zwar auch die Kraft der Natur, welche das Wachsthum in den Pflanzen bewirkt; aber der Mensch vermag es doch, diese Kraft nach seiner Absicht zu lenken. Der Baum wächst da, wo der Mensch will; Er ist es, der denselben zieht und formt nach seinem eignen Gutbefinden; indem er seiner pflegt, ihn nährt, so gedeiht derselbe glücklicher, sprosst höher, bringt reichere edlere Früchte. Nicht anders treibt auch schon die Natur den Menschen zur Vollkommenheit; aber die Vernunft kann den Gang der Natur regieren, beschleunigen, weiter führen, und so gewinnt die Menschheit unter der Pflege eigener Cultur eine Vortrefflichkeit, zu welcher sie unter der Leitung der langsamen einförmigen Natur nimmermehr gelangt wäre« (*Ueber Menschen Veredlung. Eine Abhandlung in zwei Reden*, in: *Philosophisches Journal*, hg. v. J.G. Fichte/F.I. Niethammer, 7, 1797, S. 21-55, hier S. 30).
Siehe auch D. Jenisch: »Alles zusammengenommen sind wir durch unsern Kunst- und Erwerb-Fleiß, durch unsre wissenschaftliche Aufklärung, durch unsre Staats- und bürgerliche Verfassung, und besonders auch durch die Milde unserer ganzen Art zu seyn, den wahren Zwecken der Menschheit, – der Veredlung und Beglückung, – näher, als es, in allen diesen Rücksichten, die Alten waren. Eine Industrie, welche jedem Einzelnen ein sichres Auskommen gewährt, und durch ihre Verbreitung

zu jener großen Verbrüderung des Menschengeschlechts hinwirkt; eine wissenschaftliche Aufklärung, welche uns immer tiefer in die Erkenntniß der Dinge einführt, und ihre natürliche Eigenschaften zu unsrem Gebrauch anwenden lehrt, unseren Geist von Irrthümern reiniget, unser Gemüth zu moralischen Gesinnungen weckt; Staatsverfassungen, sicher und ruhig im Innern, und auf die allgemeine Wohlfahrt berechnet, – bringen das Menschengeschlecht jenen erhabenen Zwecken ohne Zweifel näher, als vernachläßigter Erwerbfleiß, als höchst beschränkter, die technischen Lebenszwecke gar nicht berücksichtigende Aufklärung, als Verfassungen, welche, schwankend und unbestimmt, den Leidenschaften der Staatsverwalter und der Gehorchenden freyes Spiel verstatten, und mehr die Herrschsucht einiger Wenigen bezwecken, als das Glück Aller« (*Universalhistorischer Ueberblick der Entwickelung des Menschengeschlechts*, Bd. 2, a. a. O., S. 490 f.).

53 J. G. Herder, *Ideen zur Philosophie der Geschichte der Menschheit*, in: *Werke*, hg. v. B. Suphan, Bd. 14, Berlin, S. 486.

54 Vgl. R. Koselleck, *Fortschritt*, in: *GG*, Bd. 2, Stuttgart 1975, S. 351 ff.

55 Chr. M. Wieland, *Das Geheimnis des Kosmopoliten-Ordens*, 1788, in: *Gesammelte Schriften*, 1. Abteilung, Bd. 15, Berlin 1930, S. 223.

56 Chr. Garve, *Über die Moden*, 1792, hg. v. Thomas Pittrof, Frankfurt a. M. 1987, S. 23, 28.

57 Der vermutlich früheste Beleg für »Nationalkultur« findet sich bei Herder (*Auch eine Philosophie der Geschichte zur Bildung der Menschheit*, 1774, in: *Werke*, hg. v. B. Suphan, Bd. 5, Berlin 1891, S. 563). – Siehe auch J. W. Goethe: »Welcher deutsche geschätzte Schriftsteller [...] wird nicht mit bescheidener Trauer gestehen, daß er oft genug nach Gelegenheit geseufzt habe, früher die Eigenheiten seines originellen Genius einer allgemeinen Nationalkultur, die er leider nicht vorfand, zu unterwerfen? Denn die Bildung der höheren Klassen durch fremde Sitten und ausländische Literatur, soviel Vorteil sie uns auch gebracht hat, hinderte doch den Deutschen als Deutschen sich früher zu entwickeln« (*Literarischer Sansculotismus*, 1795, in: *Werke*, Berliner Ausgabe, Bd. 17, Berlin 1970, S. 324).

58 Novalis, *Die Christenheit oder Europa*, 1799, in: *Werke, Tagebücher, Briefe*, Bd. 2: *Das philosophisch-theoretische Werk*, hg. v. H.-J. Mähl, München 1978, S. 744.

59 Vgl. dazu H. Günther, *Geschichte*, in: *GG*, Bd. 2, Stuttgart 1975, S. 639; Ernst Cassirer, *Die Philosophie der Aufklärung*, a. a. O., S. 45. Zum Anwachsen des Linearismus im 17. Jahrhundert vgl. R. Wendorff, *Zeit und Kultur*, Opladen 1980, S. 233.

60 Vgl. U. im Hof, *Isaak Iselin und die Spätaufklärung*, Bern und München 1967, S. 84.

61 Fr. Jodl nennt Voltaires *Essai sur les mœurs et l'esprit des nations* »das erste Muster einer kulturgeschichtlichen Behandlung« (*Die Culturgeschichtsschreibung – ihre Entwicklung und ihr Problem*, Halle 1878, S. 3). – Zum dominierenden Einfluß Voltaires und anderer französischer Autoren auf die deutsche »Kulturgeschichtsschreibung« vgl. J. Dagen, *L'Histoire de l'esprit humain dans la pensée française de Fontenelle à Condorcet*, Paris 1977. – Zu den »Göttingern« vgl. auch G. G. Iggers, *Die Göttinger Historiker und die Geschichtswissenschaft des 18. Jahrhunderts*, in: *Mentalitäten und Lebensverhältnisse. Beispiele aus der Sozialgeschichte der Neuzeit. Rudolf Vierhaus zum 60. Geburtstag*, Göttingen 1982, S. 385 ff.

62 K. F. v. Irwing, *Erfahrungen und Untersuchungen über den Menschen*, Bd. 3, Berlin 1779, S. 122 f.

63 R. Koselleck, *Geschichte*, in: GG, Bd. 2, Stuttgart 1975, S. 648.

64 J. G. Herder, *Vom Fortschreiten einer Schule mit der Zeit*, 1798, in: *Werke*, hg. v. B. Suphan, Bd. 30, Berlin 1889, S. 239 ff.

65 Vgl. dazu J. Garber, *Politisch-soziale Partizipationstheorien im Übergang vom Ancien régime zur bürgerlichen Gesellschaft*, in: P. Steinbach (Hg.), *Probleme politischer Partizipation im Modernisierungsprozeß*, Stuttgart 1982, S. 23 ff. – Siehe auch J. B. Erhard, *Rezension von Fichtes »Beitrag zur Berichtigung der Urteile des Publikums über die französische Revolution«*, 1795, in: Ders., *Über das Recht des Volkes zu einer Revolution und andere Schriften*, hg. v. H. G. Haasis, München 1970, S. 158; J. Möser, *Über die deutsche Sprache und Literatur. Schreiben an einen Freund*, 1781, in: Ders., *Anwalt des Vaterlands. Ausgewählte Werke*, hg v. Fr. Berger, Leipzig/Weimar 1987, S. 400 ff.

66 J. Chr. Adelung, *Versuch einer Geschichte der Cultur des menschlichen Geschlechts*, 1782, Leipzig ²1800, Reprint Königstein/Ts. 1979, Vorrede, p. 2 f.

67 J. Garber ordnet den »materiellen Kulturbegriff« dem »Bedürfnistheorem« und den »intellektuellen Kulturbegriff« dem »Aufklärungstheorem« zu (*Von der Menschheitsgeschichte zur Kulturgeschichte. Zum geschichtstheoretischen Kulturbegriff der deutschen Spätaufklärung*, in: *Kultur zwischen Bürgertum und Volk*, a.a.O., S. 78). – Hier sollen keineswegs die Einflüsse heilsgeschichtlicher Vorstellungen auf die Geschichtsphilosophie der deutschen Spätaufklärung – es sei nur an die mystisch-pietistischen Traditionen bei Herder erinnert – geleugnet werden. Das ändert aber nichts an dem Tatbestand, daß Geschichte zunehmend einen Eigengehalt gewinnt. Man könnte von einer Überwindung der traditionellen, heilstheologischen Geschichtsauffassung auf nichtatheistischem Wege sprechen. Vgl. dazu Th. Litt, *Die Befreiung des geschichtlichen Bewußtseins durch J. G. Herder*, Leipzig 1942.

68 Siehe »ästhetische Kultur« bei E. Forster/K. W. Breyer, *Über den Begriff der Universalgeschichte*, Landshut 1805, S. 24 ff.; »moralische Kultur« bei A. v. Einsiedel, *Ideen*, a.a.O., S. 142; »geistige« und »physische Kultur« bei Chr. W. Hufeland, *Die Kunst das menschliche Leben zu verlängern*, Jena ²1798, S. 444; »ökonomische«, »technische«, »sittliche«, »politische Kultur« bei J. Fr. Reitemeier, *Über die höhere Kultur*, a.a.O., S. 67 ff.; »sinnliche«, »intellektuelle«, »moralische Kultur« bei A. Bergk, *Bewirkt die Aufklärung Revolutionen?*, a.a.O., S. 211; »subjektive« und »objektive Kultur« bei Fr. A. Carus, *Ideen zur Geschichte der Menschheit*, 1804, in: *Nachgelassene Werke*, hg. v. F. Hand, Bd. 6, Leipzig 1809, S. 52.

69 Vgl. H. Medick, *Naturzustand und Naturgeschichte der bürgerlichen Gesellschaft*, a.a.O., S. 151 ff.

70 S. Ascher, *Ideen zur natürlichen Geschichte der politischen Revolutionen*, 1802, Reprint Kronberg/Ts. 1975, S. 103 f.

71 Unüberbietbar scheint der anthropologische und geschichtsphilosophische Optimismus, den Adam Weishaupt, Gründer des Illuminaten-Ordens, dem u. a. Herder, Knigge und Goethe angehörten, an den Tag legt, wenn er »Aufklärung« und »Kultur« zum Ziel jeder möglichen Geschichte ernennt: »Jeder Staat will blühen, und andere übertreffen; jeder Regent will mächtig und reich seyn. Wie kann aber Reichthum oder Macht seyn, wo weder Handel noch Industrie ist? Wie kann Handel und Industrie aufleben, wo Einsichten und Bedürfnisse mangeln? Wie kann ein ausgebreiteter Handel ohne Verkehr mit andern Völkern gedacht werden? Wie ist es bey einem ausgebreiteten Handel möglich, fremden Licht den Eingang zu versagen? Und Menschen, welche so viel sehen und erfahren, wie können diese gehindert werden, zu vergleichen und einzusehen, was besser oder schlechter ist? Wie können sie aufhören, das Bessere zu wünschen? Ich weiß wohl, daß man nur eine gewisse Art von Kenntnissen vor Augen hat, wenn von Einschränkung der Vernunft die Rede ist. Aber hat man auch bedacht, daß die Lust zu denken, wenn sie einmal erwacht, keine Grenzen kennt? Daß alle Kenntnisse einander die Hände bieten, und sehr natürlich auf einander führen? Daß man zwar mit Romanen und Dichtern anfängt, aber mit ernsthaften Schriften endigt? Daß man vor allen andern das Studium der Geschichte verbieten müßte? daß man folglich gegen die Vernunft entweder gar nichts oder alles unternehmen, daß man alles, sogar bis auf die Buchstaben und Handschriften, vertilgen müßte? Wo sind aber die Mittel, deren man sich zu dieser Absicht mit Erfolg bedienen könnte? Der vollständigste Vandalismus, die Zerstörung aller Bibliotheken, aller öffentlichen Denkmäler, aller Spuren der vergangenen Zeiten würde nichts helfen.

Ich bin sogar versichert, daß, wenn es möglich wäre, alle Spuren der
Cultur von der Erde zu vernichten, und selbst das Menschengeschlecht
bis auf ein einziges Paar zu vertilgen, wenn man noch überdieß, ausser
der Zeugungskraft, diesen beiden Zurückgebliebenen alle Ausbildung
des Geistes hinwegnehmen, und sie bis zum Zustand eines Thieres her-
abwürdigen könnte, – doch die Nachkommen dieser Elenden nach dem
Verlauf einiger Jahrtausende beyläufig wieder auf der Stuffe von Cultur
stehen würden, auf welcher wir gegenwärtig stehen« (*Ueber Wahrheit
und sittliche Vollkommenheit*, Bd. 3, 1797, Reprint Brüssel 1969,
S. 348 f.).

72 So erscheint Frankreich bereits als Ort der bloßen Konvention. Siehe
dazu A. Hennings: »Und die Franzosen mehr Cultur, die Engeländer
mehr Aufklärung? Liebster Mendelssohn, wie wollen Sie das behaupten? Lassen Sie den Franzosen Politur, Glattheit, Geschliffenheit; aber
wo war auf dem Erdenrund mehr Kultur, als in Engeland?« (Brief an
M. Mendelssohn v. 21. 10. 1784, in: M. Mendelssohn, *Gesammelte
Schriften*, Bd. 13: *Briefwechsel*, hg. v. A. Altmann, Stuttgart/Bad Cannstatt 1977, S. 228.)
Siehe auch I. Kant: »Die französische Nation charakterisiert sich unter
allen andern durch den Conversationsgeschmack, in Ansehung dessen
sie das Muster aller übrigen ist. Sie ist höflich, vornehmlich gegen den
Fremden, der sie besucht, wenn es gleich jetzt außer der Mode ist hö-
fisch zu sein. Der Franzose ist es nicht aus Interesse, sondern aus
unmittelbarem Geschmacksbedürfniß sich mitzutheilen« (*Anthropologie in pragmatischer Hinsicht*, 1798, in: *Werke*, Akademie-Textausgabe,
Bd. VII, Berlin 1968, S. 313).
Siehe auch Chr. Garve: »Die Beobachter des gesellschaftlichen Lebens
in Frankreich vor der Revolution haben uns mit den Conventionen
bekannt gemacht, die unter der feinen und großen Welt herrschten. Sie
giengen in Absicht der Art, wie man beym Essen und Trinken, an der
Tafel und beym Spiel jede Sache thun mußte, bis zu einer unglaublichen
und oft lächerlichen Subtilität: aber sie waren doch immer auf die Absicht, einen gewissen Uebelstand zu vermeiden, und den Anwesenden
einen unangenehmen Eindruck zu ersparen, gegründet« (*Ueber Gesellschaft und Einsamkeit*, Bd. 2, Breslau 1800, Reprint Hildesheim 1985,
S. 8 f.).

73 Chr. M. Wieland, *Kosmopoliten-Orden*, a.a.O., S. 223.

74 A. v. Einsiedel, *Ideen*, a.a.O., S. 106.

75 Vgl. N. Elias, *Über den Prozeß der Zivilisation*, a.a.O., S. 9.

76 J. Moras, *Ursprung und Entwicklung des Begriffs der Zivilisation in
Frankreich*, a.a.O., S. 38.

77 D. H. Hegewisch, *Allgemeine Uebersicht der deutschen Kulturge-schichte bis zu Maximilian dem Ersten*, Hamburg 1788, S. Vf.

78 D. Jenisch, *Geist und Charakter des achtzehnten Jahrhunderts* (alt. Titel: *Cultur-Charakter des achtzehnten Jahrhunderts, nach bürgerlicher Verfassung, Sittlichkeit, Kunstgeschmack und Wissenschaft*), Bd. 1, Berlin 1800, S. 89 f.

79 Den Zusammenhang von Geschichtsphilosophie und Metaphorik begründet H.-D. Kittsteiner folgendermaßen: »Alle gesellschaftlichen Verhältnisse, sagt Marx, ›können in der Sprache nur als Begriffe ausgedrückt werden. Daß diese Allgemeinheiten und Begriffe als mysteriöse Mächte gelten, ist eine notwendige Folge der Verselbstständigung der realen Verhältnisse, deren Ausdruck sie sind‹ [...] Diese ›Begriffe‹ für gesellschaftliche Zusammenhänge und ihre Bewegung sind gerade keine ›präzisen Definitionen‹, in denen das vom Menschen selbst Erzeugte vorgeführt werden kann, sondern sie sind offen für alle Metaphorik von Angst und Hoffnung, für das Gefühl, einer fremden Macht unterworfen zu sein, ebenso wie für den Wunsch, diese Macht unter humane Kontrolle zu bringen. Es handelt sich um geschichtsphilosophische Begriffe« (*Naturabsicht und unsichtbare Hand. Zur Kritik des geschichtsphilosophischen Denkens*, Frankfurt a. M. 1980, S. 23).

80 A. Frhr. v. Knigge, *Josephs von Wurmbrand, Kaiserlich abyssinischer ExMinisters, jezzigen Notarii caesarii publici in der Reichsstadt Bopfingen, politisches Glaubensbekenntniß, mit Hinsicht auf die französische Revolution und deren Folgen*, 1792, hg. v. G. Steiner, Frankfurt a. M. 1968, S. 107.

81 A. v. Einsiedel, *Ideen*, a.a.O., S. 70.

82 Fr. Nicolai, *Beschreibung einer Reise durch Deutschland und die Schweiz im Jahre 1781*, Bd. 5, Berlin/Stettin 1785, S. 205.

83 Brief vom 27. 11. 1784, in: M. Mendelssohn, *Gesammelte Schriften*, Bd. 13: *Briefwechsel*, a.a.O., S. 235. – Zur Definition selbst vgl. J. Garber, *Von der Menschheitsgeschichte*, a.a.O., S. 78 f.

84 D. Jenisch, *Universalhistorischer Ueberblick*, a.a.O., Bd. 1, S. 35. – Zum Verfasser vgl. G. Sauder, *Popularphilosophie und Kant-Exegese: Daniel Jenisch*, in: Chr. Jamme/G. Kurz (Hg.), *Idealismus und Aufklärung. Kontinuität und Kritik der Aufklärung in Philosophie und Poesie um 1800*, Stuttgart 1980, S. 162 ff.

85 Zur Sprache der deutschen Philosophie vgl. auch E. A. Blackall, *Die Entwicklung des Deutschen zur Literatursprache 1700-1775*, mit einem Bericht über neue Forschungsergebnisse v. D. Kimpel, Stuttgart 1966, S. 15 ff.

86 J. C. Wezel, *Ueber Sprache, Wissenschaften und Geschmack der Teut-

schen, 1781, in: *Kritische Schriften*, hg. v. A. R. Schmitt, Bd. 3, Stuttgart 1975, S. 388 ff. – Schon der Titel läßt erkennen, daß Wezels Schrift auch eine Entgegnung auf Friedrich II. Pamphlet *De la littérature allemande* ist.

87 So R. Schenda, *Volk ohne Buch. Studien zur Sozialgeschichte der populären Lesestoffe*, Frankfurt a. M. 1970, S. 443. Nach R. Engelsing umfaßt das Lesepublikum um 1800 nur rund 300.000 Menschen (*Analphabetentum und Lektüre. Zur Sozialgeschichte des Lesens in Deutschland zwischen feudaler und industrieller Gesellschaft*, Stuttgart 1973, S. 59). Zusammenfassend mit einer ausführlichen Bibliographie L. Winckler, *Autor – Markt – Publikum. Zur Geschichte der Literaturproduktion in Deutschland*, Berlin 1986. Zur Geschichte des Buchhandels vgl. R. Wittmann, *Geschichte des deutschen Buchhandels. Ein Überblick*, München 1991.

88 Zum Gesamtkomplex vgl. O. Dann (Hg.), *Lesegesellschaften und bürgerliche Emanzipation. Ein europäischer Vergleich*, München 1981. Zu den Aufklärungsgesellschaften als Medium bürgerlicher Selbstfindung und politischer Bewußtseinswerdung vgl. R. van Dülmen, *Die Aufklärungsgesellschaften in Deutschland als Forschungsproblem*, in: U. Herrmann (Hg.), »*Die Bildung des Bürgers*«, a.a.O., S. 81 ff. – R. Engelsing, der den Begriff der Leserevolution eingeführt hat, geht davon aus, daß Lesen in die Vereinzelung und soziale Isolierung führe. Dabei zeichnet sich die neue Öffentlichkeit dadurch aus, daß mit ihr Lektüre zum Medium sozialer Kommunikation werden kann.

89 J. H. Chr. Beutler/J. Chr. Fr. GutsMuths, *Allgemeines Sachregister über die wichtigsten deutschen Zeit und Wochenschriften*, 1790, Hildesheim 1976, S. II. Zeitschriften sind für die Verfasser »Vorratskammern des menschlichen Verstandes« (ebd., S. VI). – Einige Jahre später sieht E. Brandes drei Ursachen, die »auf den Zeitgeist in Deutschland wirkten«. Neben der Französischen Revolution und der »Idee von dem steten Fortschreiten der Menschheit« führt er als dritte Ursache »die schnelle Verbreitung der Begebenheiten und Ideen des Tages durch Zeitungen, Journale, Flugschriften« an (*Betrachtungen über den Zeitgeist in Deutschland in den letzten Decennien des vorigen Jahrhunderts*, Hannover 1808, Reprint Kronberg/Ts. 1977, S. 180).

90 Das Problem der Phasenbildung erörtert näher R. van Dülmen, *Zum Strukturwandel der Aufklärung in Bayern*, in: *Festschrift für K. Bosl*, ZBLG, 36, 1973, S. 662 f.

91 Vgl. dazu auf der breiten Quellengrundlage von 93 selbständigen Schriften zum Gegenstandsbereich »Menschheitsgeschichte« und »Culturgeschichte« (für den Zeitraum 1750-1815) J. Garber, *Von der Menschheitsgeschichte zur Kulturgeschichte*, a.a.O., S. 79 f.

92 Vgl. dazu J. Fisch, *Zivilisation*, a.a.O., S. 723. Nach Fisch ist »Zivilisa-
    tion« »auch im Deutschen geläufig geworden, wenngleich es auch
    weiterhin im Schatten von ›Kultur‹ stand«.

93 Vgl. dazu J. Garber, *Politisch-soziale Partizipationstheorien im Über-
    gang vom Ancien régime zur bürgerlichen Gesellschaft*, a.a.O.

94 I. Iselin, *Über die Geschichte der Menschheit*, Basel 1786, Reprint Hil-
    desheim/New York 1976, Bd. 2, S. 383.

95 D. Jenisch, *Geist und Charakter des achtzehnten Jahrhunderts*, Bd. 1,
    a.a.O., S. 97,101.

96 J. Fr. Reitemeier, *Über die höhere Kultur*, a.a.O., S. 63.

97 Vgl. dazu H. Bausinger, *Bürgerlichkeit und Kultur*, in: J. Kocka (Hg.),
    Bürger und Bürgerlichkeit im 19. Jahrhundert, Göttingen 1987,
    S. 121 ff.

98 Vgl. dazu Th. Nipperdey, *Probleme der Modernisierung in Deutsch-
    land*, a.a.O., S. 294 ff.

2. Die spezifisch deutsche semantische Innovation

99   Ch. Villers, *Coup d'œil sur l'état actuel de la littérature ancienne et de
     l'histoire en Allemagne*, Amsterdam/Paris 1809, S. 118.

100 Vgl. dazu G. G. Iggers, *Die Göttinger Historiker und die Geschichts-
     wissenschaft des 18. Jahrhunderts*, a.a.O., S. 385 ff.

101 Darauf verweist E. Cassirer, *Die Philosophie der Aufklärung*, a.a.O.,
     S. 263 ff. So heißt es in dem bekannten *Athenäums-Fragment* 116:
     »Die französische Revolution, Fichtes Wissenschaftslehre und Goe-
     thes Meister sind die größten Tendenzen des Zeitalters. Wer an dieser
     Zusammenstellung Anstoß nimmt, wem keine Revolution wichtig
     scheinen kann, die nicht laut und materiell ist, der hat sich noch nicht
     auf den hohen weiten Standpunkt der Geschichte der Menschheit er-
     hoben. Selbst in unsern dürftigen Kulturgeschichten, die meistens
     einer mit fortlaufendem Kommentar begleiteten Variantensammlung,
     wozu der klassische Text verlorenging, gleichen, spielt manches kleine
     Buch, von dem die lärmende Menge seinerzeit nicht viel Notiz nahm,
     eine größere Rolle als alles, was diese trieb« (Fr. Schlegel, *Kritische
     Schriften*, hg. v. W. Rasch, München 1971, S. 48). Auch Novalis kriti-
     siert die »Philanthropen« und »Aufklärer«, die die »Zuflucht zur
     Geschichte« verhinderten, »indem man die Geschichte zu einem häus-
     lichen und bürgerlichen Sitten- und Familien-Gemählde zu veredeln
     sich bemühte« (*Die Christenheit oder Europa*, a.a.O., S. 742).

102 K. Marx/F. Engels, *Deutsche Ideologie*, in: *MEW*, Bd. 3, Berlin 1969,
     S. 28.

103 Exemplarisch dafür eine Stelle aus Guizots *Histoire de la civilisation en Europe* (1829): »Zwei Begebenheiten umfaßt dieses große Geschehen; es besteht unter zwei Bedingungen und zeigt sich unter zwei Erscheinungsformen: der Entwicklung der gesellschaftlichen Tätigkeit und der der individuellen Aktivität, dem Fortschritt der Gesellschaft und dem Fortschritt der Menschheit. Überall dort, wo die äußeren Bedingungen des Menschen sich ausdehnen, sich beleben, sich verbessern, und überall dort, wo die innere Natur des Menschen sich mit Glanz und mit Größe zeigt; bei diesen beiden Zeichen, und oft trotz der tiefen Unvollkommenheit des gesellschaftlichen Zustands, gibt das Menschengeschlecht seine Zustimmung und verkündet die Zivilisation« (zit. nach J. Starobinski, *Das Wort Zivilisation*, a.a.O., S. 14).

104 Vgl. dazu E. Schaumkell, *Geschichte der deutschen Kulturgeschichtsschreibung von der Mitte des 18. Jahrhunderts bis zur Romantik*, 1905, Leipzig 1970. – Wissenschaftsgeschichtlich ist es interessant, daß engl. »culture« als Fachausdruck der Anthropologen, Ethnologen und Historiker aus der Tradition der deutschen Kulturgeschichtsschreibung entlehnt wird. Der »wide ethnographic sense« von »culture or civilization«, den E. B. Tylor, ein bedeutender Ethnologe des 19. Jahrhunderts, in seiner *Primitive Culture* (1871) betont, ist ausdrücklich G. Klemms Arbeit *Allgemeine Cultur-Geschichte der Menschheit* (10 Bde., Leipzig 1843-1853) verpflichtet. Vgl. dazu A. L. Kroeber/C. Kluckhohn, *Culture. A Critical Review of Concepts and Definitions*, New York 1952, S. 44 ff.

105 E. A. Evers, *Über die Schulbildung zur Bestialität*, 1807, in: *Kleine Pädagogische Texte*, Heft 17: *Dokumente des Neuhumanismus*, hg. v. R. Joerden, Weinheim 1962, S. 77.

106 Bergk spricht 1795 von »moralischer« und »intellektueller Kultur«, Görres 1798 von »moralischer Kultur«, Reitemeier 1799 von »höherer Kultur«, Irwing 1779 von »Kultur auf Geisteszwecke gerichtet«. Für Garve ist 1800 »Cultur« identisch mit »ächter Bildung« und »Erziehung«. Synonym werden die Wörter gebraucht bei Forster 1789 oder etwa Jenisch 1801.

107 I. Kant, *Kritik der Urteilskraft*, a.a.O., S. 429 ff. An anderer Stelle spricht Kant von der »physischen Cultur« und der »Cultur der Moralität« und betont die »Pflicht« als Triebfeder der Handlungen (*Metaphysik der Sitten*, 1797, in: *Werke*, Akademie-Textausgabe, Bd. VI, Berlin 1968, S. 392 f.).

108 I. Kant, *Über Pädagogik*, 1803, in: *Werke*, Akademie-Textausgabe, Bd. IX, Berlin 1968, S. 449.

109 J. Chr. Adelung, *Versuch eines vollständigen grammatisch-kritischen*

Wörterbuchs der hochdeutschen Mundart, 1. Teil, Leipzig 1774, Spalte 914.

110 Zu dieser Unterscheidung vgl. R. Vierhaus, *Bildung*, in: *GG*, Bd. 1, Stuttgart 1972, S. 510. – Ausgangspunkt für den mystischen Gebrauch des Zeitworts »bilden« ist die Vorstellung, daß Gott sich selbst den Menschen geboren hat, als er ihn nach sich bildete. Darum soll der Mensch Gott abermals gebären oder wiederbilden. Die Wiedergeburt des Menschen wird identisch mit der Wiedergeburt Gottes. Zu den geistesgeschichtlichen Vorstufen des Bildungsbegriffs vgl. auch I. Schaarschmidt, *Der Bedeutungswandel der Worte »bilden« und »Bildung« in der Literaturepoche von Gottsched und Herder*, 1930, in: F. Rauhut (Hg.), *Beiträge zur Geschichte des Bildungsbegriffs*, Weinheim 1965, S. 25 ff.

111 Vgl. I. Schaarschmidt, ebd., S. 39 f.

112 J. G. Herder, *Journal meiner Reise im Jahre 1769*, in: *Werke*, hg. v. B. Suphan, Bd. 4, S. 353. In *Auch eine Philosophie der Geschichte zur Bildung der Menschheit* (1774) heißt es: »Das große göttliche Werk, Menschheit zu bilden – still, stark, verborgen, ewig«.

113 So spricht er im 3. Gesang des *Messias* von »himmlischer Bildung«, läßt einen Engel sagen: »Orion, und ich erzogen der Jünglinge Seelen«, und rühmt: »Noch ward in heiligen Stunden / Keine so himmlische Seele vom großen Schöpfer gebildet, / Als die unschuldige Seele Johannes« (F. G. Klopstock, *Ausgewählte Werke*, hg. v. K. A. Schleiden, München 1962, S. 245 ff.).

114 Vgl. dazu P. Kondylis, *Die Aufklärung im Rahmen des neuzeitlichen Rationalismus*, München 1986, S. 537 ff. Vgl. auch R. Ciafardone (Hg.), *Die Philosophie der deutschen Aufklärung. Texte und Darstellungen*, Stuttgart 1990.

115 Dazu E. Troeltsch, *Protestantismus und moderne Welt*, in: *Gesammelte Schriften*, Bd. 4, S. 215 ff.

116 Vgl. dazu H. D. Kittsteiner, *Die Entstehung des modernen Gewissens*, Frankfurt a. M./Leipzig 1991.

117 I. Kant, *Idee zu einer allgemeinen Geschichte in weltbürgerlicher Absicht*, a.a.O., S. 26. Eine ähnliche Abstufung, wenn auch ohne das geschichtsphilosophische Problembewußtsein Kants, findet sich auch bei J. S. Ith. Für Ith wirkt »auf der Bahn der Vervollkommnung« ein »Bildungstrieb, der eben so unabhängig von unserm Willen, aber doch auf eine bestimmte Form hinarbeitet«. Ith unterscheidet verschiedene »Stufen der Cultur«: Die erste Stufe ist die der »Verfeinerung« (Ausbildung der Sinnlichkeit, Knabenalter, die angehende Jugend der Menschheit), die zweite Stufe »auf dem Pfade der Cultur heißt die

Aufklärung« (»gesezmäßiges Selbstdenken«, »Erhöhung der Kenntnisse«), die »höchste Stufe der Cultur ist die Veredlung«; sie ist der
»Menschen Adel. Unererbbar, unübertragbar, nicht dem Namen, sondern der Person eigen, muß er selbst erworben, selbst errungen seyn«
(*Ueber MenschenVeredlung*, a.a.O., S. 30 ff.).

118 Siehe J. G. Sulzer, *Versuch von der Erziehung und Unterweisung der
     Kinder*, Zürich 1745. Zu Gellerts »Bildung des Herzens zur Tugend«
     vgl. I. Schaarschmidt, *Der Bedeutungswandel der Begriffe »Bildung«
     und »bilden«*, a.a.O., S. 60 ff.

119 S. Baur, *Charakteristik der Erziehungsschriftsteller Deutschlands*,
     Leipzig 1790, S. 20.

120 Chr. W. Dohm, *Nacherinnerung* zu *Über die Einrichtung einer Volks-
     lehre*, in: *Deutsches Museum*, 2, 1777, zit. nach R. Vierhaus, *Bildung*,
     a.a.O., S. 513.

121 Zu unterschiedlichen Bedeutungsebenen aus pädagogischer Sicht vgl.
     L. Froese, *Erziehung und Bildung in Schule und Gesellschaft. Erzie-
     hungswissenschaftliche Fragestellungen*, Weinheim/Berlin ²1967,
     S. 44 ff.

122 Vgl. dazu H. H. Gerth, *Bürgerliche Intelligenz um 1800. Zur Soziolo-
     gie des deutschen Frühliberalismus*, Göttingen 1976, S. 30.

123 Es wäre daher falsch, die Leibnizsche Metaphysik als eine statische zu
     bezeichnen. Sein später verspottetes Konzept von der besten aller
     möglichen Welten läßt Raum für Fortschritte im einzelnen, denn die
     existierende Welt ist deshalb die bestmögliche, weil sie stetig besser
     werden kann. Leibniz charakterisiert diese Fortschritte ausdrücklich
     als solche der »Kultur«: »Es muß im Ganzen auch ein gewisser stetiger
     und durchaus freier Fortschritt des ganzen Universums zur Schönheit
     und Vollkommenheit aller göttlichen Werke anerkannt werden, so daß
     die Kultur immer höher wird, wie ja in unsrer Zeit ein großer Teil
     unserer Erde Kultur erhalten hat und mehr und mehr erhalten wird
     (...ita ut ad majorem semper cultum procedat. Quemadmodum nunc
     magna pars terrae nostrae culturam recepit et recepiet magis magis-
     que). [...] Wenn man aber einwenden könnte, auf diese Weise müßte
     die Welt offenbar schon längst ein Paradies geworden sein, so ist darauf
     die Antwort zu geben: Wenn auch viele Substanzen schon zu großer
     Vollkommenheit gelangt sind, so sind doch – wegen der unendlichen
     Teilbarkeit des Kontinuums – die im Abgrunde der Dinge noch schla-
     fenden Teile zu erwecken und zu etwas Größerem und Besserem, mit
     einem Wort: zu einer besseren Kultur hinzuführen. Folglich wird der
     Fortschritt niemals zu einem Ende gelangen (...et ad majus meliusque
     et ut verbo dicam, ad meliorem cultum provehendas. Nec proinde

unquam ad Terminum progressus perveneri)« (*Vom ersten Ursprung der Dinge*, 1697, in: G. W. Leibniz, *Fünf Schriften zur Logik und Metaphysik*, hg. v. H. Herring, Stuttgart 1966, S. 49 f.; *De rerum originatione radicali*, in: Ders., *Die philosophischen Schriften*, hg. v. C.J. Gerhardt, Bd. 7, Berlin 1890, S. 308). – Zur Bedeutung der Leibnizschen Monadologie für die Entstehung des Bildungsbegriffs vgl. I. Schaarschmidt, *Der Bedeutungswandel*, a.a.O., S. 48; vgl. auch E. Lichtenstein, *Zur Entwicklung des Bildungsbegriffs im 18. Jahrhundert*, a.a.O., S. 165 f. Zu Leibnizens Wirkung auf Humboldt vgl. C. Menze, *Die Bildungsreform Wilhelm von Humboldts*, Hannover 1975, S. 15 f.

124 Siehe *Unterredung Antons, Grafens von Shaftesburys, mit sich selbst, oder Unterricht für Schriftsteller*, übers. v. Georg Vensky, Magdeburg/Leipzig 1738. – »Ausbildung«, so übersetzen 1776/79 H. Hölty und J. L. Benzler. Diese Übersetzung liegt auch der Neuausgabe von K.-H. Schwabe zugrunde: A. E. of Shaftesbury, *Der gesellige Enthusiast. Philosophische Essays*, München/Leipzig/Weimar 1990, S. 188. – Siehe auch G. E. Lessing, *Briefe, die neueste Literatur betreffend*, in denen er sich über die Wertlosigkeit der deutschen Shaftesbury-Übersetzungen beklagt (7. Brief). – Eine Bibliographie der deutschen Übersetzungen findet sich bei Chr. Fr. Weiser, *Shaftesbury und das deutsche Geistesleben*, 1916, Darmstadt 1969, S. 557 ff. – Zu Shaftesbury und seiner Wirkung im 18. Jahrhundert vgl. O. Walzel, *Shaftesbury und das deutsche Geistesleben des 18. Jahrhunderts*, in: *GRM*, 1909, S. 416-437; I. Schaarschmidt, *Der Bedeutungswandel*, a.a.O., S. 48 ff.; H. Weil, *Die Entstehung des deutschen Bildungsprinzips*, Bonn ²1967, S. 27 ff.

125 G. W. F. Hegel, *Fragmente über Volksreligion und Christentum*, 1794/94, in: *Werke*, hg. v. E. Moldenhauer/K. M. Michel, Bd. 1, Frankfurt a. M. 1979, S. 74.

126 Zur gemeinsamen Wirkung von Shaftesbury und Rousseau vgl. D. Schlegel, *Shaftesbury and the French Deist*, Chapel Hill 1956.

127 Zur Wirkung Rousseaus auf Basedow vgl. A. H. Niemeyer, *Ansichten der deutschen Pädagogik und ihrer Geschichte im 18. Jahrhundert*, Halle 1801, S. 46; vgl. auch die Kommentierung des *Émile* in Campes *Revisionswerk*; vgl. auch K. Guthke, *Zur Frühgeschichte des Rousseauismus in Deutschland*, in: *ZfdPh*, 77, 1958, S. 384 ff.

128 J.-J. Rousseau, *Discours sur l'origine et les fondemens de l'inegalité parmi les hommes*, 1755, übers. v. M. Mendelssohn, 1756, in: Ders., *Gesammelte Schriften*, Bd. 6/2, Stuttgart 1981, S. 102.

129 Vgl. dazu H. Blankertz (Hg.), *Bildung und Brauchbarkeit. Texte von*

J. H. Campe und P. Villaume zur Theorie utilitärer Erziehung, Braunschweig 1965.

130 Mit dem englischen Wort »education« verbindet sich nicht die Bedeutungsfülle von »Bildung«. Deshalb ist diese Übersetzung zwar unvermeidlich, aber problematisch. Vgl. Herders *Yet Another Philosophy of History for the Education of Humanity*, hg. v. E. Herzfeld, Columbia University 1968.

131 Darauf verweist H. Wolff, *Der junge Herder und die Entwicklungsidee Rousseaus*, in: *PMLA*, 57, 1942, S. 769.

132 J. G. Herder, *Ideen zur Philosophie der Geschichte der Menschheit*, in: *Werke*, hg. v. B. Suphan, Bd. 13, Berlin 1887, S. 353.

133 J. G. Herder, *Schulreden. Schluß des Examens*, in: *Werke*, hg. v. B. Suphan, Bd. 30, Berlin 1889, S. 252. – Herder nutzt die sprachlichen Möglichkeiten des Wortes »bilden« in ähnlicher Weise wie die mittelalterlichen Mystiker: er spricht von »ausbilden«, »einbilden«, »anbilden«, »umbilden«, »nachbilden«, »zubilden«, »hinaufbilden«, »fortbilden«. Darauf verweist Schaarschmidt, *Der Bedeutungswandel*, a.a.O., S. 70.

134 J. G. Herder, *Ideen zur Philosophie der Geschichte der Menschheit*, a.a.O., S. 414. – Auch wenn Herder häufig »Kultur« und »Bildung« synonym gebraucht, so sollte doch nicht übersehen werden, daß »Bildung« den mystisch-pietistischen und philosophischen Traditionslinien seines Denkens eher entspricht. Seine »Geschichte der Menschheit« ist nicht als »Geschichte der Kultur« konzipiert, dies wäre seiner Meinung nach zu wenig, da »Kultur« oft nur »verfeinerte Schwachheit« sei. Außerdem sei »nichts unbestimmter als dieses Wort« (ebd., Vorrede, S. 4). Zum Kulturbegriff bei Herder vgl. A. Gulyga, *Johann Gottfried Herder*, Frankfurt a. M. 1978, S. 45 ff.; F. Wefelmeyer, *Glück und Aporie des Kulturtheoretikers. Zu Johann Gottfried Herder und seiner Konzeption der Kultur*, in: H. Brackert/F. Wefelmeyer (Hg.), *Naturplan und Verfallskritik. Zu Begriff und Geschichte der Kultur*, Frankfurt 1984, S. 94 ff.

135 Fr. Meinecke weist bereits darauf hin, daß bei Herder die Anerkennung des Individuellen nur mit Hilfe der Metaphysik dem Relativismus entgeht (*Die Entstehung des Historismus*, hg. v. D. Hinrichs, München 1959, S. 397, 407).

136 Zur Bedeutung Herders für die »Kulturgeschichtsschreibung« vgl. Schaumkell, *Geschichte der deutschen Kulturgeschichtsschreibung*, a.a.O. – Während in Westeuropa eine positivistische Historiographie die Geschichtsschreibung über »Kultur« bzw. »Zivilisation« befördert, widmen sich in Deutschland nur wenige Professoren (wie

W. Wachsmuth, J. Scherr, K. Biedermann, W. H. Riehl) der »Kulturgeschichtsschreibung«. Sie bleibt ansonsten popularhistorischen Schriftstellern überlassen (wie G. F. Kolb, E. Vehse, F. A. Heller v. Hellwald, J. Lippert). – K. Lamprecht hingegen versucht, Herder und die vielgeschmähte Spätaufklärung für sein Konzept einer »Kultur- und Universalgeschichte« aufzuwerten; vgl. ders., *Die Entwicklung der deutschen Geschichtswissenschaft vornehmlich seit Herder*, 1898, in: H. Schleier (Hg.), *Karl Lamprecht. Alternative zu Ranke. Schriften zur Geschichtstheorie*, Leipzig 1988. S. 307 ff.

137 W. v. Humboldt, *Bericht der Sektion des Kultus und Unterrichts v. 1. 12. 1809*, in: *Schriften*, Bd. 10, hg. v. B. Gebhardt, Berlin 1903, S. 205. Zu Humboldts Bildungsbegriff vgl. auch H. Weil, *Die Entstehung des deutschen Bildungsprinzips*, a.a.O., S. 10 ff.

138 I. H. Fichte: *Johann Gottlieb Fichte's Leben und literarischer Briefwechsel*, Bd. 1: *Das Leben*, Leipzig ²1862, S. 55.

139 P. Villaume, *Ob und in wie fern bei der Erziehung die Vollkommenheit des einzelnen Menschen seiner Brauchbarkeit aufzuopfern sey?*, in: *Allgemeine Revision des gesammten Schul- und Erziehungswesens*, hg. v. J. H. Campe, Bd. 3, Hamburg 1785, S. 531.

140 J. H. Pestalozzi, *Die Abendstunde eines Einsiedlers*, 1779/1780, in: *Auswahl aus seinen Schriften*, Bd. 1, hg. v. A. Brühlmeier, Bern/Stuttgart 1977, S. 27.

141 Siehe J. Chr. Vollbeding, *Über die Bildung des Bürgers, der Bildung des Menschen untergeordnet*, Leipzig 1789.

142 E. Brandes, *Betrachtungen über den Zeitgeist in den letzten Decennien des vorigen Jahrhunderts*, a.a.O., S. 237, 243.

143 Fr. Schlegel, *Über das Studium der griechischen Poesie*, 1797, in: *Kritische Schriften*, a.a.O., S. 156, 131.

144 Zum Gesamtkomplex vgl. W. Grab, *Ein Volk muß seine Freiheit selbst erobern. Zur Geschichte der deutschen Jakobiner*, Frankfurt a. M. 1984.

145 Vgl. dazu R. Eucken, *Geschichte der philosophischen Terminologie*, a.a.O., S. 136 ff.

146 Siehe I. Kant, *Idee zu einer allgemeinen Geschichte in weltbürgerlicher Absicht*. Zur theoriegeschichtlichen Problematik von »unvollständigem Individuum« und planvoller Gattungsgeschichte vgl. P. Kondylis, *Die Aufklärung*, a.a.O., S. 642 f.

147 Eucken spricht von einem »beträchtlichen Sinken gegen Kant« (*Geschichte der philosophischen Terminologie*, a.a.O., S. 150).

148 Die mangelnde Berücksichtigung der onomasiologischen Perspektive führt in einzelnen verdienstvollen Darstellungen zu einer problemge-

schichtlichen Verengung. Bei H. Weil, *Die Entstehung des deutschen Bildungsprinzips* (a.a.O.) folgt auf Herder gleich Humboldt. Bei B. Kopp (*Beiträge zur Kulturphilosophie der deutschen Klassik*, a.a.O.) befördert die Orientierung am sprachlichen Ausdruck »Kultur« die mangelnde Differenzierung der damit verbundenen heterogenen Vorstellungen, etwa von »Kultur« als individueller Entfaltung, als »Wandlungskontinuum« der Geschichtsschreibung, oder als geschichtsphilosophische Kategorie.

149 Die seit Kopp in der Forschung immer wieder vertretene Auffassung, Goethe verwende das Wort selten, ist unzutreffend (Kopp, *Beiträge zur Kulturphilosophie*, a.a.O., S. 54). Es findet sich selbst an prominenter Stelle im *Faust I*. Dort heißt es: »die Kultur, die alle Welt beleckt, hat auf den Teufel sich erstreckt« *(Hexenküche)*.
Goethe trug sich sogar 1801 mit dem Gedanken an eine Preisfrage zum Begriff und zur Geschichte der »Kultur«. Die Anregung dazu kam von außen: »In diesen Zeiten meldete sich auch bei mir Graf Zenobio, um die fünfzig Karolin wieder zu empfangen, die er vor einigen Jahren bei mir niedergelegt hatte. Sie waren als Preis ausgesetzt für die beste Auflösung einer von ihm gestellten Frage, die ich gegenwärtig nicht mehr zu artikulieren wüßte, die aber auf eine wunderliche Weise da hinausging: wie es eigentlich von jeher mit der Bildung der Menschen und menschlicher Gesellschaft zugegangen sei. Man hätte sagen mögen, die Antwort sei in Herders ›Ideen‹ und sonstigen Schriften der Art schon enthalten gewesen; auch hätte Herder in seinem früheren Vigor, um diesen Preis zu gewinnen, wohl noch einmal zu einem faßlichen Resümee seine Feder walten lassen« (J. W. Goethe, *Tag- und Jahreshefte*, 1804, in: *Werke*, Berliner Ausgabe, Bd. 16, S. 132). Nähere Informationen über die geplante, doch nicht realisierte Preisaufgabe finden sich in zwei Briefen an Schiller: »Wegen der Preisfrage sind wir ganz einig. Man könnte verlangen – Eine gedrängte, lichtvolle Darstellung des Bestehenden im Menschen, mit Entwicklung der Phänomene der Kultur aus demselben. Man betrachte sie nun als ein Ganzes der Gegenwart oder der Sukzession oder als beides zugleich« (Brief v. 11. 3. 1801, in: Goethe/Schiller, *Briefwechsel*, hg. v. H. G. Gräf/A. Leitzmann, Frankfurt a. M. 1964, S. 723). – »Beim Nachdenken übers Beharrende im Menschen, worauf sich die Phänomene der Kultur beziehen ließen, habe ich bis jetzt nur vier Grundzustände gefunden: des Genießens, des Strebens, der Resignation, der Gewohnheit« (Brief v. 25. 3. 1801, in: Goethe/Schiller, *Briefwechsel*, a.a.O., S. 731).

150 Vgl. dazu H. Steinecke (Hg.): *Romanpoetik in Deutschland von Hegel bis Fontane*, Tübingen 1984.

151 Chr. Garve, *Ueber Gesellschaft und Einsamkeit*, Bd. 2, 1800, a.a.O., S. 51 f.

152 G. Buck, *Rückwege aus der Entfremdung. Studien zur Entwicklung der deutschen humanistischen Bildungsphilosophie*, Paderborn/München 1984, S. 188. Vgl. auch E. Lichtenstein, *Zur Entwicklung des Bildungsbegriffs*, a.a.O., S. 36 ff. – Die Bedeutung der Arbeit bei Hegel für eine marxistische Ontologie betont G. Lukács, *Ontologie-Arbeit*, Neuwied/Darmstadt 1973, S. 23 ff.

153 Den Ausdruck prägte C. B. Macpherson, *Die politische Theorie des Besitzindividualismus*, Frankfurt a. M. 1968; zur Fragestellung der Selbsterhaltung vgl. auch H. Ebeling (Hg.), *Subjektivität und Selbsterhaltung. Beiträge zur Diagnose der Moderne*, Frankfurt a. M. 1976.

154 »Die charakteristische Form, die der auf wirklichen Klasseninteressen beruhende französische Liberalismus in Deutschland annahm, finden wir wieder bei Kant. Er sowohl wie die deutschen Bürger, deren beschönigender Wortführer er war, merkten nicht, daß diesen theoretischen Gedanken der Bourgeois materielle Interessen und ein durch die materiellen Produktionsverhältnisse bedingter und bestimmter *Wille* zugrunde lag; er trennte daher diesen theoretischen Ausdruck von den Interessen, die er ausdrückt, machte die materiell motivierten Bestimmungen des Willens der französischen Bourgeois zu *reinen* Selbstbestimmungen des ›freien Willens‹, des Willens an und für sich, des menschlichen Willens, und verwandelte ihn so in rein ideologische Begriffsbestimmungen und moralische Postulate« (*Die deutsche Ideologie, in: MEW*, Bd. 3, Berlin 1969, S. 178).

155 Zit. nach F. Schnabel, *Deutsche Geschichte im neunzehnten Jahrhundert*, Bd. 1: *Die Grundlagen*, Freiburg ⁵1959, S. 288.

156 Diesen Hinweis verdanke ich der Studie G. Bucks, *Rückwege aus der Entfremdung*, a.a.O., S. 17. Zum Begriffsgebrauch von »Kultur« bei Schiller vgl. Kopp, *Die Kulturphilosophie der deutschen Klassik*, a.a.O., S. 41 ff. Zum politischen Konzept und den zeitgeschichtlichen Zusammenhängen der »ästhetischen Erziehung« vgl. D. Borchmeyer, *Aufklärung und praktische Kultur*, in: H. Brackert/F. Wefelmeyer (Hg.), *Naturplan und Verfallskritik*, a.a.O., S. 127 ff.

157 *Ankündigung: Die Horen, eine Monatsschrift, von einer Gesellschaft verfaßt und herausgegeben von Schiller*, in: *Schillers Werke*, Nationalausgabe, Bd. 22: *Vermischte Schriften*, hg. v. H. Meyer, Weimar 1958, S. 106. Zum Gesamtkomplex vgl. H. Tümmler, *Der Friede des klassischen Weimar*, in: Ders., *Goethe in Staat und Politik*, Köln 1964.

158 Fr. Schiller, *Über naive und sentimentalische Dichtung*, in: *Schillers Werke*, Nationalausgabe, Bd. 20: *Philosophische Schriften*, 1. Teil, hg. v. B. v. Wiese, Weimar 1962, S. 428.

159 Condorcet, *Entwurf einer historischen Darstellung der Fortschritte des menschlichen Geistes*, a.a.O., S. 193 ff.

160 H. Freyer konstatiert 1931, daß die deutsche Soziologie »den Glauben an den positiven Strukturwert der industriellen Gesellschaft nie aufgebracht hat« (*Zur Bildungskrise der Gegenwart*, a.a.O., S. 610).

161 Brief an Fr. Chr. v. Augustenburg v. 13. 7. 1793, in: *Werke*, Nationalausgabe, Bd. 26, Berlin 1992, S. 267. Zuvor heißt es hier: »Politische und bürgerliche Freiheit bleibt immer und ewig das Heiligste aller Güter, das würdigste Ziel aller Anstrengungen und das große Centrum aller Cultur – aber man wird diesen herrlichen Bau nur auf dem festen Grund eines veredelten Karakters aufführen, man wird damit anfangen müssen für die Verfassung Bürger zu erschaffen, ehe man den Bürgern eine Verfassung geben kann« (ebd., S. 265). Siehe auch J. H. Tieftrunk: »Der Aufgeklärte ist vollends überzeugt, daß das Gesetz der Tugend aller Gesellschaft vorangehen müsse, daß man zum voraus ein guter Mensch sein müsse, um ein guter Bürger zu sein« (*Über den Einfluß der Aufklärung auf Revolutionen*, 1794, in: *Aufklärung und Gedankenfreiheit*, hg. v. Z. Batscha, Frankfurt a. M. 1977, S. 200). Siehe auch J. H. Jung-Stilling: »(Es) gibt wahrlich nur einen sanften, friedlichen und wohlthätigen Weg, auf welchem alle Mißbräuche, so viel es in dieser unvollkommenen Welt nur immer möglich ist, abgeschafft werden können, und dieser ist ganz gewiß allgemeines Streben nach sittlicher Vollkommenheit, Veredlung seiner selbst und Vermeidung des Luxus; mit einem Wort: allgemeine und praktische Cultur der reinen und wahren christlichen Religion. [...] Nicht der empörende Revolutionsgeist, sondern der alles tragende und durch Beispiel und sanfte Ueberzeugung belehrende Geist der Gottes- und Menschenliebe ist das einzige und wahre Mittel sowohl uns selbst, als unsre Regenten und unsere Staatsverfassungen zu veredeln« (*Ueber den Revolutionsgeist unserer Zeit zur Belehrung der bürgerlichen Stände*, 1793, in: *Sämmtliche Schriften*, Bd. 14, Stuttgart 1838, S. 335).

162 W. v. Humboldt, Ueber Göthes Hermann und Dorothea, 1799, in: Gesammelte Schriften, Bd. 2, Berlin 1904, S. 304 f.

163 W. v. Humboldt, *Über die Verschiedenheit des menschlichen Sprachbaus und ihren Einfluß auf die geistige Entwicklung des Menschengeschlechts*, in: *Schriften*, Bd. 7, hg. v. A. Leitzmann, Berlin 1907, S. 30. – Wenn J. Fisch in der Unterscheidung zwischen »Kultur« und »Zivilisation« keine wertende Abstufung erkennt (*Zivilisation*, a.a.O., S. 724 ff.), so liegt dies an den beiden grundlegenden Defiziten seines Artikels, nämlich der mangelnden Berücksichtigung ideengeschichtli-

cher wie sozialgeschichtlicher Zusammenhänge. Deshalb verkennt er die spezifisch deutsche semantische Innovation von »Bildung« und »Kultur« – im Unterschied zu R. Vierhaus, dem Verfasser des Artikels *Bildung* in den *GG*.

164 Siehe F. Jacobs: »(Wer) möchte leugnen, daß auf vielen Gymnasien die Beschäftigung der Lehrer und Lernenden durch eitlen Wortkram erschöpft wurde, bei welchem die Werke des klassischen Altertums nur als ein Mittel dienten, das, was durch eine heillose Umkehrung aus dem Mittel zur Hauptsache gemacht worden, daran zu knüpfen? Daher galten jene Angriffe wohlmeinender Pädagogen nicht eigentlich dem Studium des Altertums, sondern der Verkehrtheit, mit welcher es betrieben wurde. Aber indem sie einen unleugbaren Irrtum rügten, schweiften sie selbst auf einen andern Irrweg ab, bekriegten die gelehrten Anstalten in ihrem Mittelpunkte, stürzten die Altäre und Tempel der Alten um, und setzten dem Unterrichte der Jugend, statt der Bildung, den nächsten Nutzen zum Ziel. Durch diesen ökonomischen Geist, welcher die Blicke der Jugend auf ein materielles und Nahes beschränkte, welcher sie gewöhnte, nur solche Bestrebungen zu achten, welche die schnellsten Früchte erwarten ließen, durch diesen rechnenden Geist, wurden die Gemüter unvermeidlich herabgezogen, die Einbildungskraft erstickt, und das Götzenbild dieses Vorteils auf den Altar der Tugend erhoben« (*Antrittsrede im Lyceum zu München*, 1807, in: *Kleine pädagogische Texte*, Heft 17: *Dokumente des Neuhumanismus*, a.a.O., S. 44).
Siehe auch F. A. Wolf: »Den Griechen [...] verdanken die Neuern vorzüglich, dass bei ihnen, die das Schöne immer nach dem Nützlichen suchten, nicht alles Wissen wiederum kastenmässig, dass die bessere Cultur nicht gänzlich in den Dienst der Civilisation zurückgewiesen worden, dass sogar verschiedene Studien, die als eine Art von Luxus unbelohnt bleiben müssen, wenigstens niemanden, der auf des Staates Hülfe verzichtet, untersagt werden« (F. A. Wolf, *Darstellung der Althertums-Wissenschaft nach Begriff, Umfang Zweck und Werth*, 1807, Weinheim 1986, S. 21 f.).
Siehe auch F. I. Niethammer: »Es ist die höchste Zeit, daß wir zu der Besonnenheit kommen, einzusehen, daß unsre Sucht nach vielem Wissen und unser wechselseitiges Ueberbieten durch Mehr Wissen eine Verirrung sey, die uns um alle wahre Bildung im Ganzen und im Einzelnen bringt, daß wohlverstandner Eifer für Erhaltung und Erhöhung der Cultur nichts dringender von uns fordere, als daß wir auf den falschen Ruhm des Alles Wissens Aller ganz verzichten, daß nicht jeder Einzelne das Wissen als seine Bestimmung betrachte und in sei-

ner weitesten Ausdehnung suche, sondern vielmehr anerkenne, daß
das Wissen nur Weniger, das Thun aber Aller Beruf in der Welt sey,
und Alle dem Wissen nur so viel Kraft und Zeit widmen sollen, als sie
nicht verhindert, durch Thun in ihrem Berufe das Höchste zu leisten«
(*Der Streit des Philanthropinismus und Humanismus in der Theorie
des Erziehungs-Unterrichts unsrer Zeit*, 1808, in: Ders., *Philanthropinismus – Humanismus. Texte zur Schulreform*, hg. v. W. Hillebrecht,
Weinheim/Berlin/Basel 1968, S. 238).

165 Darauf verweist G. Buck, *Rückwege aus der Entfremdung*, a.a.O.,
S. 23. Für E. Lichtenstein ist Humboldts Bildungsbegriff als »reinste
Ausformung der Leibniz'schen Monadologie« »eher rückwärts- als
vorwärtsgewandt« (*Zur Entwicklung des Bildungsbegriffs*, a.a.O.,
S. 23). Auf die Leistungen des Sprachphilosophen W. v. Humboldt
kann hier nicht eingegangen werden.

166 W. v. Humboldt, *Theorie der Bildung des Menschen*, 1793, in: *Schriften*, Bd. 1, hg. v. A. Leitzmann, Berlin 1903, S. 282 ff.). In der Hum-
boldt-Forschung wird mit unterschiedlichen Akzenten auf die Vereinfachung des Weltbezugs des Bildungssubjekts hingewiesen. Vgl. dazu
E. Lichtenstein, *Zur Entwicklung des Bildungsbegriffs*, a.a.O., S. 24 f.;
C. Menze, *W. v. Humboldts Lehre und Bild vom Menschen*, Ratingen
1965, S. 36; G. Buck, *Rückwege aus der Entfremdung*, a.a.O.,
S. 223 ff.

167 Zu den Traditionen im Humboldtschen Bildungsdenken vgl.
C. Menze, *Die Bildungsreform Wilhelm von Humboldts*, a.a.O. Zur
Beziehung zwischen Shaftesbury und Humboldt vgl. H. Weil, *Die
Entstehung des deutschen Bildungsprinzips*, a.a.O., S. 125.

168 Vgl. dazu U. Engelhardt, »*Bildungsbürgertum*«, a.a.O., S. 69.

169 Die Mathematik ist für die Neuhumanisten als eine Wissensform von
hohem Verallgemeinerungsgrad von Interesse. Vgl. dazu H. N. Jahnke,
Mathematik und Bildung in der Humboldtschen Reform, Göttingen
1990. Auf die institutionellen Unterschiede zwischen dem Gymnasium (hier spielen die Sprachen und die Mathematik eine größere Rolle
als die Philosophie) und der Universität kann hier nicht eingegangen
werden.

170 F. A. Wolf, *Darstellung der Altherums-Wissenschaft*, a.a.O., S. 97. –
Zur Abwertung des weiten aufklärerischen Kulturbegriffs siehe auch
J. W. Süvern: »Reich sind wir an Gewerbefleiß, an Gütern, Bequem-
lichkeiten, an Anstalten aller Art zum Leben; aber das Beste eben
fehlt, das innere Lebensprinzip, das nicht in dem Haufen aller jener
Güter und Anstalten steckt, sondern in uns selbst geboren werden
muß, wenn unser Dasein Wert haben, unser Zeitalter nicht der Welt

zum Spott und Abscheu werden soll« (*Vorlesungen über die politische Geschichte von Europa*, 1807, in: Ders., *Die Reform des Bildungswesens. Schriften zum Verhältnis von Pädagogik und Politik*, hg. v. H. G. Große Jäger/H.-E. Jeismann, Paderborn 1981, S. 33).

171 »Es ist unwidersprechlich: Es mangeln der Massakultur unsers Geschlechts und der einzig möglichen Massabehandlung desselben wesentliche Fundamente, deren festes, gesichertes Dasein die Individualkultur desselben wesentlich anspricht und ansprechen muss. – Mehr noch: Sie, die Massakultur unsers Geschlechts, ruht *als solche* wesentlich auf Fundamenten, die den Ansprüchen unserer Individualkultur unwidersprechlich entgegenstehen. Die Massakultur und mit ihr die wesentlichen Formen und Gestaltungen des gesellschaftlichen Zustands gehen unwidersprechlich überwiegend von den Ansprüchen unsers Fleisches und unsers Blutes aus. Die Individualkultur und die wesentlichen Bedürfnisse unserer sittlichen und geistigen Veredlung sowie unseres häuslichen Lebens und Wohlstands gehen überwiegend von den Ansprüchen unsers innern, höhern und göttlichen Wesens aus« (J. H. Pestalozzi, *Figuren zu meinem ABC-Buch*, 1823, in: Ders., *Auswahl aus seinen Schriften*, hg. v. A. Brühlmeier, Bd. 1, a.a.O., S. 286).

172 F. I. Niethammer, *Der Streit des Philanthropinismus und Humanismus*, a.a.O., S. 104, 116 ff.

173 Chr. M. Wieland, *Plan einer Academie zu Bildung des Verstandes und des Herzens junger Leute*, 1758, in: *Gesammelte Schriften*, 1. Abt., Bd. 4, Berlin 1916, S. 185 ff. Siehe auch J. J. Winckelmann, *Gedanken über die Nachahmung der Griechischen Werke in der Malerey und Bildhauerkunst*, 1756, Baden-Baden 1962. – Zur Griechenlandbegeisterung als europäischem Phänomen vgl. A. Buck, *Humanismus. Seine europäische Entwicklung in Dokumenten und Darstellungen*, Freiburg/München 1987, S. 359 ff. – Aus einer anglozentrischen Sicht der Griechenlandwirkung findet sich in dem Kapitel über »Die zweite Renaissance« (damit ist die Zeit von 1750 bis 1830 gemeint) nicht einmal ein Hinweis auf Winckelmann, Goethe oder W. v. Humboldt, wird die pädagogische Seite des Themas nicht behandelt (O. Taplin, *»Feuer vom Olymp«. Die moderne Welt und die Kultur der Griechen*, Reinbek 1991). – Für M. Landfester ist die Griechenlandbegeisterung ein Kennzeichen für den deutschen »Sonderweg« (*Humanismus und Gesellschaft im 19. Jahrhundert. Untersuchungen zur politischen und gesellschaftlichen Bedeutung der humanistischen Bildung in Deutschland*, Darmstadt 1988. S. 1 ff).

174 Dies nicht nur bei Schiller oder W. v. Humboldt. Deshalb hier ein längeres Zitat, das auch den Niveauverlust gegenüber Schiller dokumen-

tiert. So schreibt der Neuhumanist D. G. A. Fr. Ast: »Ganz entgegengesetzt diesem Charakter der griechischen Bildung ist der Geist unserer Bildung. Unser inneres, künstlerisches und wissenschaftliches Leben ist reicher als das griechische, teils durch die fortschreitende Bildung der Menschheit, teils durch unsere Zurückgezogenheit von dem äußeren Leben und den geistigeren Charakter unseres Zeitalters. Aber wenn wir das öffentliche und gemeinsame Leben in unserer Zeit mit dem öffentlichen und nationalen Leben der Griechen vergleichen, so sind wir Barbaren gegen die Griechen«. Ast führt diesen Gedanken nicht politisch aus, sondern gibt ihm eine moralische und ästhetische Richtung: »Denn statt der Volksliebe huldigen wir der Eigenliebe, statt des Enthusiasmus, der nur in dem begeisterten Gemüte eines gesamten, harmonischen verbundenen Volks leben kann, dem Verstande, der nicht, wie der Enthusiasmus, für die Größe und Schönheit eines Ganzen wirkt, sondern mit beschränkter Klugheit den Vorteil des Einzelnen berechnet, und bloß für die Selbstheit handelt«. Ast rät »Bildung« an »den Musterbildern der griechischen Kunst und Wissenschaft« zu orientieren, fänden wir doch in ihnen »die Urformen und höchsten Gesetze der Schönheit und Wahrheit selbst« (*Über den Geist des Altertums und dessen Bedeutung für unser Zeitalter*, in: *Kleine pädagogische Texte*, Bd. 17: *Dokumente des Neuhumanismus*, a.a.O., S. 16 f.).

175 In dem bereits erwähnten Brief Schillers an Herder (4. 11. 1795), in dem er die »Übermacht der Prosa« beklagt und einen Rückzug aus »der wirklichen Welt« fordert, verteidigt er die griechischen Mythen als Vergegenwärtigungen »eines fernen, fremden und idealischen Zeitalters«. Herder fordert dagegen eine nordische, d. h. nationale Mythologie der Deutschen.

176 Schillers *Ästhetische Erziehung* erscheint so zuerst in den *Horen*. Humboldt veröffentlicht 1792 Teile aus seinem *Versuch, die Grenzen der Wirksamkeit des Staates zu bestimmen* vorab in Schillers *Neuer Thalia* in der *Berliner Monatsschrift*. Forsters Aufsatz *Über lokale und allgemeine Bildung* erscheint zuerst 1791 im *Neuen Deutschen Museum*.

177 Vgl. dazu E. Lichtenstein, *Zur Entwicklung des Bildungsbegriffs*, a.a.O., S. 25 ff.; G. Buck, *Rückwege aus der Entfremdung*, a.a.O., S. 231 ff. – Zu Fichtes Subjektkonzeption innerhalb der Theorie des bürgerlichen Subjekts vgl. B. Willms, *Revolution und Protest oder Glanz und Elend des bürgerlichen Subjekts. Hobbes, Fichte, Hegel, Marx, Marcuse.* Stuttgart 1969, S. 33 ff.

178 Schiller, [*Deutsche Grösse*], in: *Schillers Werke*, Nationalausgabe,

Bd. 2/1, Gedichte, hg. von N. Oellers, Weimar 1983, S. 431 f. (Zugestanden sei, daß die Datierungsfrage des Gedicht-Fragments nicht gänzlich geklärt ist.)

III. Vom Humanitätspostulat zur »reaktionären Modernisierung«. Die soziale Verwendungsgeschichte des Deutungsmusters

1. »Bildung« und Bürgertum

1 H. Graf Kessler, *Gesichter und Zeiten. Erinnerungen*, 1935, Berlin 1962, S. 145 f.

2 F. A. Lange, *Geschichte des Materialismus und Kritik seiner Bedeutung in der Gegenwart*, 1866, Bd. 2, Frankfurt a. M. 1974, S. 535.

3 So schreibt A. Hennings am 21. 10. 1784 an M. Mendelssohn: »(Wo) war auf dem Erdenrund mehr Kultur, als in Engeland? Nehmen Sie die schönen Künste aus, was sind dagegen die Griechen? O! daß nicht ganz Europa einsiehet, daß Engeland nieder zureißen, dem höchsten Grade der Bildung den Krieg ankündigen, und zur Fahne der Barbarei schwören heißt!« (in: M. Mendelssohn, *Gesammelte Schriften*, Bd. 13: *Briefwechsel*, a.a.O., S. 228). Am 3. 12. 1784 schreibt er weiter: »Nur noch ein paar Worte von meiner Vorliebe für die Engeländer. Ganz nach meinen Neigungen zu urtheilen liebe ich die Engeländer, individualisirt gar nicht, die Franzosen dagegen vielleicht mehr, als irgend eine andere Nation, wiederum wie sich es versteht, individualisirt. Aber, als Nation, achte ich kein Volk auf Erden [...] so sehr, als das Englische. Ich nehme hier die Maße der Aufklärung in allen ihren Würkungen auf die Menschheit im Ganzen zusammen, und die Summe, die ich dann in Hinsicht auf Volkesfreiheit im Gewerben, im Eigenthum, im Denken, herausbringe, so wie die daraus fließende Resultate der Cultur, der Beförderung nützlicher Kenntnisse, der Wohlfahrt aller Stände, des Fleißes, der Bevölkerung, der innern Stärke der Nation, übertreffen, nach meinen Berechnungen, alles was [...] die Annalen der Menschheit aufzuweisen haben« (ebd., S. 244 f.).

Siehe auch die Zeitschrift *London und Paris*, die in Reiseberichten den Deutschen die Vorzüge und Errungenschaften der dortigen »Kultur« vor Augen führt: »Durch ganz London und durch ganz Engeland [...] herrscht ein Zug vor, der jedem beobachtenden Reisenden mächtig aufgefallen seyn muß: Hang zur Gemächlichkeit. Diesen Hang fühlt jeder Landesbewohner, und jeder strebt gleichsam instinctartig zur gegenseitigen Befriedigung desselben das Seinige beyzutragen. So erzeugt sich der

Luxus. Und dieser, in wie fern er subjectiv ist, wird in England so genugthuend, so ausschließend vergnügt, daß die Engländer, nach Durchreisung der ganzen Welt behaupten, und mit Recht behaupten, es gebe kein Land, wo man seines Lebens so froh werden könne als das ihrige. Daher haben sie sich auch ein ganz eigenes Wort erschaffen um den objectiven Luxus zu bezeichnen. Sie nennen ihn Comfort« (*London und Paris*, hg. v. F. Bertuch, Bd. 5, 1800, 4. Stück, S. 255).

Noch bei Schleiermacher wirkt die aufklärerische Hochschätzung Englands nach, wenn er in den Auseinandersetzungen um die Richtung der preußischen Bildungspolitik für eine allgemeine Bürgerbildung plädiert: »(Es wird) höchst wünschenswert, daß recht viele, die auch nicht, was man nennt, studieren wollen, dennoch unsern Gymnasialkursus in seiner ganzen Strenge durchmachen möchten. Ja man sollte dieses, soviel als möglich, allen wohlhabenden Eltern des Mittelstandes zu einem Ehrenpunkt machen, und in der Tat, wie kann sich die Liberalität, die die erste schöne Folge des Wohlstandes sein soll, besser und an einem wichtigeren Gegenstande äußern, als dadurch, daß nicht geeilt wird, die Jugend in den wirklichen Erwerb einzuspannen. Nur auf diesem Wege können wir uns jener allgemeinen Verbreitung intellektueller Kultur nähern, durch welche sich England auszeichnet, und auf welcher dort sowohl die Würde des öffentlichen Lebens, als der kräftige Aufschwung der höheren Gewerbe beruht« (*Votum vom 10. Juli 1814 zu Süverns Gesamtinstruktion*, in: *Schulreform in Preußen. Entwürfe und Gutachten*, hg. v. L. Schweim, Weinheim 1966, S. 104).

4 Exemplarisch dafür W. Wundt, *Die Nationen und ihre Philosophie: Ein Kapitel zum Weltkrieg*, Leipzig ²1915.

5 Einer der ersten, der so zwischen »Zivilisation« und »Kultur« trennt, ist F. A. Wolf: »Dort sehen wir in den schönsten Gegenden der alten Welt nach und neben einander eine Reihe von Völkern handelnd auftreten, die noch heute ihr vormaliges Leben und Wirken in mehrern oder wenigern Ueberresten ankündigen. Man möchte gern alle solche Völker zusammen zu Einer Kunde umfassen; doch vielerlei Ursachen machen hier eine Trennung nothwendig, und erlauben uns nicht, Aegyptier, Hebräer, Perser und andere Nationen des Orients auf Einer Linie mit den Griechen und Römern aufzustellen. Eine der wichtigsten Verschiedenheiten unter jenen und diesen Nationen ist die, dass die erstern gar nicht oder nur wenige Stufen sich über die Art von Bildung erhoben, welche man *bürgerliche Policirung* oder *Civilisation*, im Gegensatze *höherer eigentlicher Geistescultur*, nennen sollte. Jene Art von Cultur (deren Name übrigens gleichgültig seyn mag, wenn nur die Sache genauer als bisher unterschieden wird) ist mit den Bedingungen eines Sicherheit, Ordnung und

Bequemlichkeit bedürfenden Lebens fleissig beschäftigt; sie gebraucht dazu selbst gewisse edlere Erfindungen und Kenntnisse, die jedoch meistens auf unwissenschaftlichen Wegen gefunden [...]; sie braucht hingegen weder, noch schafft sie eine *Litteratur*, d.i. einen Vorrath von Schriften, worin nicht eine einzelne Kaste nach amtlichen Zwecken und Nothdurften, sondern jeder aus der Nation, welcher bessern Einsichten vertrauet, Beiträge zur Aufklärung der Zeitgenossen darlegt. Das letztere, was bei einem glücklich organisirten Volke schon früher anfangen kann als Ordnung und Ruhe des äussern Lebens, ist vor den Griechen überhaupt von keinem Volke geschehen, und keines gewann vor ihnen jene höhere Cultur, die geistige oder litterarische [...]. So bleiben uns denn nur zwei Nationen des Alterthums, deren Kenntniss eine gleichartige Wissenschaft bilden kann, Griechen und Römer. *Asiaten* und *Afrikaner* werden als litterarisch nicht cultivirte, nur civilisirte Völker, unbedenklich von unsern Grenzen ausgeschlossen« (*Darstellung der Alterthums-Wissenschaft*, a.a.O., S. 15 ff.).

6 Siehe Fr. I. Niethammer: »[...] von Rechtswegen sollte zu den höheren Berufsarten des Staatsdienstes, der Regierung, der Gesetzgebung, der Rechtsverwaltung, der Sittenbildung, der Religionsverkündigung etc. deren Object in den Ideen ist, der Zugang Keinem gestattet werden, der sich nicht durch Bildung in dem Gebiete der Geistesideen hinreichend dazu legitimirt hätte. – Die Forderung ist von der höchsten Wichtigkeit. Denn, die von der Menschheit errungne Cultur – die unerschütterlichste Grundlage der Humanität – soll nicht bloß *überhaupt erhalten* werden, d.h. in todten Buchstaben, in Büchern und Bibliotheken aufbewahrt, und nur von den wenigen Wärtern des mysteriösen, für alle Uebrigen bloß in der Einbildung existirenden, Schatzes gekannt seyn; sondern sie soll *lebendig erhalten*, d.h. als das Eigenthum aller Nationen und Zeiten, in jeder Nation so weit nur immer möglich verbreitet werden, und vor allem andern allem öffentlichen Leben einer Nation Regsamkeit und Richtung geben. Dazu aber ist unerläßlich, daß alle die, die vorzugsweise das öffentliche Gemeinleben einer Nation zu leiten den Beruf haben, in jenem Heiligthum des höchsten geistigen Lebens eingeweiht seyen. Durch sie geht am unfehlbarsten das höhere geistige Leben auch in die Nation über, und wird eigentlich national [...] Daraus dringt sich mir zum Schlusse von selbst die Bemerkung auf, die ich der allgemeinsten Aufmerksamkeit würdig erachte: daß der Staat, der in dem *Gelehrten-Stande* eine Vernachlässigung dieser *Universalität der Bildung* zuläßt, oder wohl gar selbst der Bildung jenes Standes die Richtung ausschließend auf die Brod- d.i. Berufs-Wissenschaften giebt, nicht nur seiner Stelle in dem Range gebildeter Nationen verlustig werde, sondern auch

aufhöre, in dem geistigen Weltreiche der Bildung der Menschheit ein
actives Mitglied zu seyn« (*Der Streit des Philanthropinismus und Humanismus*, a.a.O., S. 443 ff.).
Siehe auch Fr. Schleiermacher: »Die Kenntnis der alten Sprachen in
einem solchen Umfange, in welchem allein sie wahre, durchgreifende
Bildungsmittel sind, gehört nach meiner Überzeugung für alle diejenigen wesentlich, welche in einem gewissen Sinne über der Nationalität
stehen, also die gesamte Bildung des Volkes in seinem Zusammensein
mit andern und in seiner Abhängigkeit von früheren Zeitaltern auffas-
sen und verstehen sollen. Dies sollen aber alle diejenigen, welche leitend
in die öffentlichen Angelegenheiten eingreifen. Insofern nun dieses nur
die höheren Staatsbeamten sind, und für diese, wenn sie sich auch nicht
auf den höheren wissenschaftlichen Standpunkt wirklich erheben, den
die Universität eigentlich ausbilden soll, dennoch der Durchgang durch
die Universität eine notwendige Form bleibt, so ist jener Satz vollkom-
men richtig« (*Votum zu Süverns Gesamtinstruktion*, a.a.O., S. 103 f.).

7 So W. H. Bruford, *The German tradition of self-cultivation. »Bildung«
   from Humboldt to Thomas Mann*, London 1975.

8 Wird der Aspekt der Emanzipationsansprüche übergangen, dann er-
   scheint die »klassische Bildungsidee« als »Kern« einer bildungspoliti-
   schen Fehlentwicklung. So bei R. Fiedler, *Die klassische deutsche
   Bildungsidee*, Weinheim 1972. Werden die Emanzipationsansprüche
   überschätzt, dann »konterkariert« die bildungsbügerliche Praxis die
   Theorie. So bei M. Kraul, *Bildung und Bürgerlichkeit*, in: J. Kocka
   (Hg.), *Bürgertum im 19. Jahrhundert. Deutschland im europäischen
   Vergleich*, Bd. 3, München 1988, S. 45-73.

9 Ich übernehme hier Anregungen von A. Gehlen zur Institutionalisierung. Vgl. ders., *Der Mensch. Seine Natur und seine Stellung in der
   Welt*, Frankfurt a. M./Bonn [8]1966; *Urmensch und Spätkultur*, Wiesbaden [5]1986. Vgl. auch Fr. Jonas, *Die Institutionenlehre Arnold Gehlens*,
   Tübingen 1966.

10 J. H. Tieftrunk, *Über den Einfluß der Aufklärung auf Revolutionen*,
   1794, a.a.O., S. 203. – Zum Gesamtkomplex der politischen Partizipa-
   tionsvorstellungen vgl. J. Garber, *Politisch-soziale Partizipationstheorien im Übergang vom Ancien régime zur bürgerlichen Gesellschaft*,
   a.a.O.

11 Vgl. dazu W. Treue, *Adam Smith in Deutschland. Zum Problem des
   »politischen Professors« zwischen 1776-1810*, in: *Festschrift für Hans
   Rothfels*, Düsseldorf 1951, S. 101-133. Zur Bedeutung von Smith für die
   wirtschaftlichen Reformen in Preußen vgl. R. Koselleck, *Preußen zwischen Reform und Revolution 1791-1848*, Stuttgart 1975, S. 167. Vgl.

auch A. Arndt, *Tauschen und Sprechen. Zur Rezeption der bürgerlichen
Ökonomie in der philosophischen Ethik Friedrich Schleiermachers
1805/1806, dargestellt aufgrund einer unveröffentlichten Vorlesungs-
nachschrift*, in: *Philosophisches Jahrbuch*, 91, 1984, 2. Halbbd., S. 357
bis 376.

12 Vgl. dazu W. Treue, *Adam Smith in Deutschland*, a.a.O., S. 127 ff.

13 Vgl. dazu L. Gall, *Liberalismus und »bürgerliche Gesellschaft«. Zu
Charakter und Entwicklung der liberalen Bewegung in Deutschland*,
in: Ders. (Hg.), *Liberalismus*, Köln 1976, 162 ff.

14 Exemplarisch läßt sich dies bei Schiller beobachten. Wenn er im 5. Brief
über die *ästhetische Erziehung des Menschen* sein Leitbild des »gebildeten Menschen« mit den Zuständen des »jetzigen Zeitalters« vergleicht
und dabei, sozusagen »proto-soziologisch«, den Zustand der »höheren« und »niederen Klassen« als Zustand der »Erschlaffung« bzw.
»Verwilderung« ausmacht und die wachsende Arbeitsteilung kritisiert,
so wird dies im folgenden Brief nicht mit der »bürgerlichen Gesellschaft«, d. h. hier der Gesamtheit der Lebensverhältnisse in Verbindung
gebracht. Schiller übergeht die »Klassen«, indem er vom konkreten Individuum gleich zum idealen kommt, und er rechnet die Arbeitsteilung,
hier ganz den rückständigen ökonomischen Verhältnissen Deutschlands
verhaftet, dem »Naturstaat« zu (vgl. Fr. Schiller, *Über die ästhetische
Erziehung des Menschen*, in: *Werke*, Nationalausgabe, Bd. 20, hg. v. B.
v. Wiese, Weimar 1962, S. 319 f.).– In Adam Fergusons wirkungsmäch-
tigem *Essay on the History of Civil Society* (1767) steht die Gesellschaft
im Zeichen des politisch aktiven Bürgers, gelten als »zivilisierte Menschen« »Gelehrte, Leute von Welt und Händler« (*Versuch über die
Geschichte der bürgerlichen Gesellschaft*, hg. v. Z. Batscha/H. Medick,
Frankfurt a. M. 1968, S. 369 f.). – Es ist übrigens kein Zufall, daß Hegels
Philosophie unter idealistischen Vorzeichen »Bildung« durch Arbeit
und Arbeit durch »Bildung« begründet und zugleich eine Vorstellung
von der »bürgerlichen Gesellschaft« (im Sinne von »civil society« bzw.
»société civile«) entfaltet. Philosophiegeschichtlich ist dies, nicht nur
mit Blick auf Marx, bedeutsam. Für die Genese des Bildungsbegriffs
und die Funktion des Deutungsmusters ist dies allerdings weniger bedeutsam. Vgl. dazu W. Schröder, *Zur Interpretation des Hegelschen
Begriffs »Bürgerliche Gesellschaft«*, in: *Hegel-Jahrbuch*, 1971, Meisen-
heim am Glan 1972, S. 133-147.

15 Vgl. dazu J. Starobinski, *Das Wort Zivilisation*, a.a.O., S. 20. Zum englischen Begriffsgebrauch vgl. auch J. Fisch, *Zivilisation*, a.a.O., S. 732,
736, 756 f.

16 Siehe Fr. Schleiermacher: »Ich bin gänzlich damit einverstanden, daß

die alten Sprachen nicht nur durch die Kenntnis und den Genuß der in ihnen verfaßten Werke Bildungsmittel sind, sondern auch als eigentümliche und in einem vorzüglichen Grade vollendete Formen des Vernunftausdrucks. Allein wenngleich beide Wertungsarten dem Maße nach verschieden sind, so lassen sie sich doch in der Wirklichkeit nicht voneinander trennen. Denn auch als Formen betrachtet können die alten Sprachen nur demjenigen lebendig sein und bleiben, der sich durch fortgesetzten Umgang mit den Werken der klassischen Schriftsteller die Geläufigkeit erhält, sie zu gebrauchen und sie sich immer gegenwärtig zu erhalten. Sie können also auch ihre bildende Kraft nur an demjenigen beweisen, der zu diesem fortgesetzten Umgang fähig wird, welches nur das Resultat eines vollendeten Gymnasialkursus sein kann« (*Votum zu Süverns Gesamtinstruktion,* a.a.O., S. 102).

17 Zit. nach U. Hübner, *Wilhelm von Humboldt und die Bildungspolitik. Eine Untersuchung zum Humboldt-Bild als Prolegomena zu einer Theorie der Historischen Pädagogik,* München 1983, S. 191. – »Cultus« meint den Aufgabenbereich des geistlichen Schul- und Armenwesens.

18 Dazu mit einer ausführlichen Bibliographie und einem informativen Nachwort E. Müller (Hg.), *Gelegentliche Gedanken über Universitäten von Engel, Erhard, Wolf, Fichte, Schleiermacher, Savigny, v. Humboldt, Hegel,* Leipzig 1990.

19 Zit. bei E. Müller, ebd., S. 46

20 W. v. Humboldt, *Über die innere und äußere Organisation der höheren wissenschaftlichen Anstalten in Berlin,* in: *Schriften,* Bd. 10. hg. v. B. Gebhardt, Berlin 1903, S. 251.

21 Ebd., S. 251 f.

22 H. Steffens, *Vorlesungen über die Idee der Universitäten,* 1808/1809, in: *Die Idee der deutschen Universität. Die fünf Grundschriften aus der Zeit ihrer Neubegründung durch klassischen Idealismus und romantischen Realismus,* Darmstadt 1956, S. 324, 352.

23 H. Schelsky, *Einsamkeit und Freiheit,* Düsseldorf ²1971, S. 47. Zum Gesamtkomplex vgl. R. Steven Turner, *Universitäten,* in: K. E. Jeismann/P. Lundgren (Hg.), *Handbuch der deutschen Bildungsgeschichte,* Bd. III: *1800-1870. Von der Neuordnung Deutschlands bis zur Gründung des deutschen Reiches,* München 1987, S. 221 ff; vgl. auch U. Hübner, *Wilhelm von Humboldt,* a.a.O.

24 I. Kant, *Streit der Fakultäten,* in: *Werke,* Akademie-Textausgabe, Bd. VII, Berlin 1968, S. 79 ff. – Vgl. dazu E. Müller, *Von Gelehrten, Staatsmännern und Geschäftsleuten. Zur historischen Perspektivierung ihres Widerstreits,* in: E. Müller/K. L. Pfeiffer/B. Wagner (Hg.), *Geisteswissen. Vom wissenschaftspolitischen Problem zur problemorientierten Wissenschaft,* Frankfurt a. M. 1991, S. 9 ff.

25 Aus Sicht einer Geschichte der »älteren Staats- und Verwaltungslehre« erscheint dies als »Revolutionierung des philosophischen Unterrichts«. Vgl. Hans Maier, *Die ältere Staats- und Verwaltungslehre*, a.a.O., S. 191.

26 *Verordnung über die veränderte Verfassung aller obersten Staatsbehörden in der Preußischen Monarchie*, 27. 10. 1810, GSlg *für die Preußischen Staaten*, Berlin 1811, S. 14.

27 In diesem Zusammenhang kann auf Pädagogik und Bildungspolitik nicht näher eingegangen werden. Vgl. dazu R. Hinz, *Pestalozzi in Preußen. Zur Rezeption der Pestalozzischen Pädagogik in der preußischen Reformzeit (1806/7-1812/13)*, Frankfurt a. M. 1991; U. Hübner, *Wilhelm von Humboldt*, a.a.O., S. 196.

28 *Preußisches Edikt über Lehramtsprüfungen*, 1810, zit. nach U. Engelhardt, *»Bildungsbürgertum«*, a.a.O., S. 78.

29 Zit. nach F. Schnabel, *Deutsche Geschichte im neunzehnten Jahrhundert*, Bd. 1: *Die Grundlagen*, a.a.O., S. 439. - Für G. G. Iggers, der Göttingen für »ein Muster« hält, »das in vieler Hinsicht der modernen Universität des neunzehnten Jahrhunderts entsprach«, ist diese Universität aber auch noch »eng mit den vorrevolutionären Verhältnissen in Deutschland verbunden, wo ständische Anschauungen das Bürgertum« prägten (*Die Göttinger Historiker und die Geschichtswissenschaft des 18. Jahrhunderts*, a.a.O., S. 387, 398).

30 Zum Prozeß der Auflösung und Neugründung wie der inneren Organisation der Universitäten vgl. R. Steven Turner, *Universitäten*, a.a.O., S. 221 ff.

31 So heißt es im *Bericht der Sektion des Kultus und Unterrichts* vom 1. 12. 1809: »Das hauptsächlichste Bestreben muß daher dahin gehen, durch die ganze Nation nur nach Maßgabe der Fassungskraft der verschiedenen Stände, die Empfindung nur auf klaren und bestimmten Begriffen beruhen zu lassen und die Begriffe so tief einzupflanzen, daß sie im Handeln und im Charakter sichtbar werden, und nie zu vergessen, daß religiöse Gefühle dazu das sicherste und beste Bindungsmittel an die Hand geben« (in: W. v. Humboldt, *Schriften*, Bd. 10, a.a.O., S. 200). – Fichte erlegt den »niederen Volksklassen« die Pflicht auf, »die Mitglieder der höheren Klassen zu ehren«. Verlangt werden darf »Achtung« für »höher gebildete Menschen«, weil diese »mehr verstehen, und weiter sehen«, und daher der »Geist des Einen grossen Ganzen der Menschheit« sind, während die »niederen Klassen« die »Gliedmaassen desselben« verkörpern (*Das System der Sittenlehre*, 1798, in: *Werke*, hg. v. I. H. Fichte, Bd. IV, Berlin 1971, S. 363 f.). In seinem *Plan einer zu Berlin zu errichtenden höhern Lehranstalt* (1807) trennt Fichte scharf

zwischen einem »höhern, wissenschaftlich ausgebildeten Stande« – »einen andern höhern Stand gibt es nicht« – und dem »Volk«: »Volk« ist alles, »was nicht wissenschaftlich ausgebildet ist« (zit. nach U. Engelhardt, *»Bildungsbürgertum«*, a.a.O., S. 81).

32 Ich übernehme diese treffende Formulierung (und zudem wichtige Anregungen) von H. Schelsky, *Einsamkeit und Freiheit*, a.a.O., S. 105.

33 F. W. J. Schelling, *Vorlesungen über die Methode des akademischen Studiums*, hg. v. W. E. Ehrhardt, Hamburg 1974, S. 23.

34 Es war vermutlich Fichte, der das Kompositum »Kulturstaat« geprägt hat, en passant, 1805, in der 13. Vorlesung über *Die Grundzüge des gegenwärtigen Zeitalters*. Er spricht hier vom Christentum als dem leitenden und schöpferischen Prinzip der nach-antiken, neuen Zeit, ein Prinzip, das kraft seines universalen Anspruchs dem Staat dessen eigenen Zweck vor Augen geführt habe, nämlich die »Errichtung absoluter Gleichheit, der persönlichen sowie der bürgerlichen Freiheit aller«. Der »Einen wahren Religion« entspreche daher »der Eine Staat der Cultur und des Christenthums«, ein ständiges Korrektiv nationalstaatlicher Wirklichkeiten. Der Souverän muß es sich gefallen lassen, der »öffentlichen Meinung des gesammten Culturstaates« ausgesetzt zu sein (*Werke*, Bd. VII, Berlin 1971, S. 191).
Strenger faßt dann 1837 der liberale Jurist H. Ahrens den Begriff des »Kulturstaats«: Er fordert, »daß der Staat überhaupt alle menschlich-geselligen Bildungszwecke nur *ermöglichen* soll, hierfür aber nicht blos negativ durch Wegräumung der Hindernisse, sondern auch positiv durch fördernde, der *freien* Benutzung aller zugängliche Anstalten und durch anordnende Gesetze und Maßregeln sorgen soll«. »So besteht der Staat *für* den Menschheitszweck, verwirklicht denselben aber nicht selbst, unmittelbar, sondern nur *vermittelst* des Rechts. [...] Nach unserer Theorie ist also der Staat gemeinhin zu reden, ebensowohl *Culturstaat* als *Rechtsstaat*; aber es ist Ein Princip, welches beide Richtungen zusammenfaßt« (*Juristische Encyclopädie*, Wien 1837, S. 759).

35 Vgl. M. Kraul, *Das deutsche Gymnasium 1780-1980*, Frankfurt a. M. 1984; dies., *Bildung und Bürgerlichkeit*, in: J. Kocka (Hg.), *Bürgertum im 19. Jahrhundert. Deutschland im europäischen Vergleich*, Bd. 3, a.a.O., S. 45-73.

36 Insgesamt beziffert man 1841 die Zahl der Analphabeten unter den Rekruten in Preußen auf 9 Prozent. Vgl. R Engelsing, *Analphabetentum und Lektüre*, Stuttgart 1973, S. 97. Eine gute Zusammenfassung über *Die Ausdehnung des literarisch-publizistischen Marktes und die Verdichtung der öffentlichen Kommunikation* bietet H. U. Wehler, *Deutsche Gesellschaftsgeschichte*, Bd. 2: *1815-1845/49*, München 1987. S. 521 ff.

37 E. Brandes, *Betrachtungen über den Zeitgeist in Deutschland in den letzten Decennien des vorigen Jahrhunderts*, a.a.O., S. 217.

38 *Rheinisches Conversationslexicon oder encyclopädisches Handwörterbuch für gebildete Stände*, Köln 1824, Bd. 2, S. 389 f.

39 Eine kleine Revue einschlägiger Lexikon-Artikel:
»Cultur, 1) die Anbauung des Erdbodens; – 2) die Ausbildung und Verfeinerung des Geistes, sowohl einzelner Menschen, als eines Volkes oder Zeitalters, durch Wissenschaften und Künste« (*Allgemeines deutsches Sachwörterbuch aller menschlichen Kenntnisse und Fertigkeiten*, hg. v. J. M. v. Lichtenstein/A. Schiffner, Bd. 1, Meißen 1824).

»Bildung in diesem allgemeinen Sinn ist daher die durch zweckmäßigen Unterricht und geregelte Selbstthätigkeit zu bewerkstelligende harmonische Entwickelung der gesammten Menschenkraft zur Gottähnlichkeit, und weil diese Aufgabe nur eine unendliche Annäherung verstattet, nennen wir den gebildet, der bereits glückliche Fortschritte zum Ziele der Menschheit gemacht hat. Eine Bildung, die diesem Begriffe entspricht, wird eben so sehr den Forderungen der Gesellschaft an das zu bildende Subject Genüge leisten, als sie seinen eignen Geistes- und Herzensbedürfnissen vollkommene Befriedigung gewährt, und es kommt nur darauf an, daß diese Bildung Allen gemein werde und der Vergeistigungsprozeß, in dem die Menschheit begriffen ist, eine entschiedene Richtung auf ihren heiligen Endzweck gewinne, um die frommen Wünsche der Weltbürger und Menschenfreunde zur glücklichsten Erfüllung zu bringen« (*Bildung*, in: *Allgemeines Conversations-Taschenlexikon oder Real-Encyklopädie der für die gebildeten Stände nothwendigen Kenntnisse und Wissenschaften*, Bd. 1, Quedlinburg/Leipzig 1828).

»Cultur, (v. lat.) höhere Ausbildung von Etwas, das seiner Naturanlage nach einer Veredlung oder eines höhern Grades von Vollkommenheit fähig ist, welchen es aber blos unter begünstigenden Verhältnissen, durch gefliessentliche Einwirkung erreicht« (*Allgemeines deutsches encyclopädisches Handwörterbuch oder wohlfeilstes Taschen-Conversations-Lexikon für alle Stände*, Bd. 2, Augsburg 1828).

»Bildung, im weitern Sinne so viel als Gestaltung irgend eines Stoffes, im engern Sinne gleichbedeutend mit Cultur. Letztere ist die Entwickelung der Anlagen im Menschen zur Selbstthätigkeit. Wenn es auch viele Hülfsmittel der Bildung giebt, als: Erziehung, Gewöhnung, Anweisung, Umgang mit gebildeten Menschen, gleiche Beschaffenheit des Staats, der Religion und Kirche, Künste und Wissenschaften, so kann doch die wahre Bildung nur aus dem Innersten des Menschen selbst hervorgehen« (*Bildung*, in: *Neues elegantestes Conversations-Lexicon*

für Gebildete aus allen Ständen, hg. v. O. L. B. Wolff, Bd. 1, Leipzig
1834).

»Indessen wird, wenn von menschlicher Cultur die Rede ist, doch nur
diejenige höhere Ausbildung darunter verstanden, die a) entweder der
Mensch in Verbindung mit andern zu einem Volk erlangt, wodurch
dann dieses zu einer *cultivirten Nation* wird, wenn es, unter einer weisen Regierung, zu einem Zustand innerer Sicherheit und allmählig auch
durch Industrie, Gewerbe und Handel zu einem Wohlstand sich erhebt,
der jedem eine verhältnißmäßige Sphäre freier Wirksamkeit eröffnet;
oder die b) auch der Einzelne erringt, wenn seine Anlagen dafür sorgfältig gepflegt und die zu ihrer Entwickelung ihm dargebotenen Mittel
gehörig benutzt werden. Es ist dann die höhere *individuelle Cultur*
eben so das Werk einer darauf angelegten Erziehung, als der Preis eines
angelegentlichen eignen Bemühens« (*Cultur*, in: *Universal-Lexikon
oder vollständiges encyclopädisches Wörterbuch*, hg. v. H. A. Pierer,
Bd. 6, Altenburg 1835).

»Bildung ist ein vielfach gebrauchter, aber auch eben so häufig falsch
verstandener und gemißbrauchter Ausdruck. [...] In der ersten Hinsicht ist [...] die Bildung der Standpunkt der menschlichen Geistesentwicklung [...]. Diese Art der Bildung ist aber die, welche wir
gewöhnlich *Cultur* nennen und welche von dem Zustande der Wissenschaften abhängig, und diesen umfassend, in verschiedenen Stufen
stattfinden kann [...]. Bedenken wir nun [...], daß wir mit dem Begriffe
derselben immer den eines edlern Zustandes verbinden und in ihr jedes-
mal eine Stufe auf der Leiter zum höchsten Ziele der Menschheit finden;
so wird uns auch deutlich, wie innig sie mit der Bildung in der zweiten
Hinsicht [...] verbunden ist. [...] (Diese) Bildung, die man auch die
besondere nennen kann, (ist) der Besitz aller der edlen Eigenschaften,
welche (den Menschen) vor den übrigen lebenden Wesen auszeichnet
[...]. Eine solche Bildung kann nur einzelnen Menschen beigelegt werden; denn sie ist eben die vollendete Form des Menschen von Seiten
seiner Willenskräfte und gestaltet sich in jedem Individuum etwas anders« (*Bildung*, in: *Allgemeines deutsches Conversations-Lexicon für
die Gebildeten eines jeden Standes*, hg. v. einem Vereine Gelehrter,
Leipzig ²1839, Bd. 2).

»Sehr häufig nennt man auch den unbestimmten Inbegriff Dessen, was
ein Individuum, ein Volk wie ein Zeitalter [...] erreicht hat, ganz allgemein die Bildung desselben. Würde man nun den Versuch machen,
sowol die Gesammtheit der möglichen menschlichen Thätigkeiten als
ihrer Producte und Wirkungssphären [...] zusammenzufassen [...], so
würde daraus der Begriff eines Systems der Bildung oder Cultur her-

vorgehen [...]. Die Untersuchung und Darstellung des historischen Verlaufs dagegen, den die Bildung des Menschengeschlechts bei verschiedenen Völkern und zu verschiedenen Zeiten genommen hat, fällt der Culturgeschichte anheim. Das Gegentheil der Bildung ist Roheit, Mangel an Bildung und Verbildung, die zum Theil Überbildung sein kann« (*Bildung*, in: *Allgemeine deutsche Real-Encyclopädie für die gebildeten Stände*, Bd. 2, Leipzig ¹⁰1851).

»Der Begriff der *Bildung* [...], in sofern diese der Wildheit entgegengesetzt wird, ist ein sehr weiter und umfaßt namentlich zwei sich mannichfach berührende, aber doch in vieler Weise verschiedene Arten, die man mit den Worten *Kultur* und *Civilisation* bezeichnet« (*Kultur*, in: *Meyer's Conversations-Lexicon*, Bd. 19, Hildburghausen 1851).

40 *Allgemeine deutsche Real-Encyklopädie für die gebildeten Stände* (Brockhaus), Leipzig ⁷1830.

41 »Bildung im weitern Sinne ist Gestaltung oder Formation irgend eines gegebnen Stoffes [...]. Allein das Wort *Bildung* hat noch eine *engere* Bedeutung, wo es insonderheit auf den Menschen bezogen und mit *Cultur* gleichgeltend gebraucht wird. Diese Bildung ist nichts anders als Entwickelung der ursprünglichen, sowohl körperlichen als geistigen, Anlagen des Menschen, wobei der Mensch selbst mit der Natur zusammenwirkt, um sein eigner Bildner zu werden. Sie zerfällt daher zuvörderst in die *körperliche* und die *geistige* Bildung. Beide sind aber unzertrennlich verbunden, wenn der Mensch durchaus oder allseitig und harmonisch gebildet sein soll. Ebendies gilt von der geistigen Bildung insonderheit. Denn wenn man auch dieselbe nicht mit Unrecht in Bildung des *Kopfes* oder *Verstandes* (intellectuale Cultur), Bildung des *Herzens* (moralische C.) und B. des *Geschmacks* (ästhetische C.) eintheilt: so ist doch offenbar, daß dies nur drei Zweige eines und desselben Stammes sind. Es würde folglich eine höchst einseitige Bildung, mithin eigentlich *Verbildung*, entstehen, wenn Jemand seinen Kopf oder sein Herz oder seinen Geschmack allein bilden wollte. Dennoch findet man solche verbildete Menschen in Menge; ja es fällt beinahe bei allen Gebildeten auf die eine oder andre Seite ein gewisses Übergewicht. Es ist daher eine Hauptaufgabe der Erziehungskunst, [...] den Menschen von Jugend auf so zu behandeln, daß er ebenmäßig gebildet und zugleich in Stand gesetzt werde, auch nach erlangter Mündigkeit fortwährend sein eigner Bildner in demselben Ebenmaße zu werden. Denn das ist eben der Vorzug des Menschen vor dem Thiere, daß er dies werden kann; und es ist ebendarum auch seine Pflicht, in dieser Bildung seiner selbst nie still zu stehn. Somit fällt auch die paradoxe Behauptung *Rousseau's* und andrer Sonderlinge über den Haufen, daß *Bildung* oder

Cultur etwas Schädliches für den Menschen sei, weil er dadurch von seiner natürlichen Bestimmung abweiche; *Unbildung* oder *Uncultur* sei vielmehr der wahre Naturstand des Menschen, in welchen man daher auch zurückkehren müsse, wenn man glückselig werden wolle. Jene Männer dachten dabei immer nur an eine sehr einseitige Bildung, an eine Art von Halbcultur, die nur in äußerer Verfeinerung der Sitten, in einem gewissen Raffinement des geselligen Umgangs und des Lebensgenusses besteht; wobei der Mensch doch in sittlicher Hinsicht sehr tief stehen kann. Das ist aber mehr Verbildung als wahrhafte Bildung. Diese muß immer als möglichst allseitig gedacht werden. Dann schadet sie gewiß keinem Menschen; auch weicht der Mensch dadurch nicht von seiner natürlichen Bestimmung ab; vielmehr besteht diese eben in einer möglichst allseitigen Bildung. Es ist auch nicht wahr, daß ungebildete oder rohe Menschen besser und glückseliger seien, als gebildete. Vielmehr findet gerade das Gegentheil statt. Es wird daher auch kein wahrhaft Gebildeter mit dem Ungebildeten tauschen, in den Zustand der Uncultur oder Roheit zurückkehren wollen. Er würde dadurch nicht nur die schönsten und edelsten Genüsse aufgeben, sondern auch an persönlichem Werthe verlieren. Uebrigens ergiebt sich hieraus von selbst, daß es ebensowohl verschiedne *Bildungsstufen* (Grade der Cultur) als verschiedne *Bildungskreise* (Arten der Cultur) geben müsse und daß kein Mensch in irgend einem Kreise die höchste Stufe erreichen könne. Dennoch soll er danach streben« (*Bildung*, in: W. T. Krug, *Allgemeines Handwörterbuch der philosophischen Wissenschaften*, Bd. 1, Leipzig 1832). – »Im Ganzen aber steht das Menschengeschlecht, wie die Welt überhaupt, unter dem allgemeinen Gesetze der Entwickelung, vermöge dessen alles im Fortgange oder Fortschritte begriffen ist. Beim Menschen kommt noch überdies ein eigner Trieb zur Vervollkommnung hinzu, der wohl zuweilen in seiner Wirksamkeit gehemmt, aber nicht völlig unterdrückt werden kann. Daher steht das Menschengeschlecht unstreitig jetzt auf einer höhern Bildungsstufe, als zu irgend einer frühern Zeit, sowohl extensiv wie intensiv« (*Fortgang oder Fortschritt*, in: Ebd., Bd. 2, Leipzig 1833).

42 »*Cultur*, die Anbauung, Bearbeitung, der Anbau (des Landes); die Bildung, Ausbildung des Geistes« (Th. Heinsius, *Volksthümliches Wörterbuch der Deutschen Sprache*, Hannover 1818).

43 *Kultur,* in: Meyer's Conversations-Lexicon, a.a.O.

44 *Bildung,* in: *Allgemeine deutsche Real-Encyklopädie für die gebildeten Stände*, Bd. 1, Leipzig ⁵1820; *Nation*, in: *Conversations-Lexicon oder encyklopädisches Handwörterbuch für gebildete Stände*, Bd. 6, Leipzig/Altenburg ²1815.

45 »Civilisation [...] ist die aus dem Bürgerthume überhaupt hervorge-
hende Gesittung oder Bildung« (*Civilisation*, in: W. T. Krug, *Allgemeines Handwörterbuch der philosophischen Wissenschaften*, a.a.O., Bd. 1);
»Civilisation, Gesittung ist ein Zweig der Bildung« und bedeutet das
Fortschreiten eines Volks zu einem geregelten Staatsleben« (*Civilisation*, in: *Allgemeines deutsches Conversations-Lexicon für die Gebildeten eines jeden Standes*, a.a.O., Bd. 2).

46 Vgl. dazu J. Starobinski, *Das Rettende in der Gefahr. Kunstgriffe der
Aufklärung*, a.a.O. – Der Aspekt der Umstände und Bedürfnisse findet
sich exemplarisch im Artikel *Mœurs* der *Enzyklopädie*; siehe M. Naumann (Hg.), *Artikel aus der von Diderot und d'Alembert herausgegebenen Enzyklopädie*, Frankfurt a. M. 1972, S. 809 f.

47 L. v. Beckedorff, *Beurteilung des Süvernschen Unterrichtsgesetzent-
wurfs*, 1819, in: L. Schweim (Hg.), *Schulreform in Preußen 1809 -1819*,
a.a.O., S. 222 ff.

48 Zit. nach Engelhardt, *»Bildungsbürgertum«*, a.a.O., S. 94.

49 Siehe z. B. J. W. Goethe, *Die Leiden des jungen Werther*, in: *Werke*,
Berliner Ausgabe, Bd. 9, Berlin 1976, S. 198.

50 F. I. Niethammer, *Der Streit des Philanthropinismus und Humanismus*,
a.a.O., S. 279 f. – Zahlreiche Belege für die Selbstbeschreibung finden
sich bei U. Engelhardt, *»Bildungsbürgertum«*, a.a.O.; vgl. dazu auch
H. E. Bödeker, *Die »gebildeten Stände« im späten 18. und frühen
19. Jahrhundert: Zugehörigkeiten und Abgrenzungen. Mentalitäten
und Handlungspotentiale*, in: *Bildungsbürgertum im 19. Jahrhundert*,
Teil 4: *Politischer Einfluß und gesellschaftliche Formation*, hg. v.
J. Kocka, Stuttgart 1988, S. 21 ff.

51 Siehe G. H. Mead, *Geist, Identität und Gesellschaft*, a.a.O.

52 Deshalb wird das Wort »Bildungsbügertum« in englischsprachigen,
fachwissenschaftlichen Texten übernommen. Beispiele finden sich bei
Engelhardt, *»Bildungsbürgertum«*, a.a.O., S. 213 f. Zum europäischen
Vergleich vgl. die einzelnen Beiträge von Hobshawm, Meriggi, Bruck-
müller/Stekl, Tanner, Strath, Ránki, Dlugoborski, Hroch und Kac-
zynska bei J. Kocka (Hg.), *Bürgertum im 19. Jahrhundert. Deutschland
im europäischen Vergleich*, 3 Bde., München 1988. Dieser Vergleich
zeigt eine für Deutschland charakteristische Verschränkung von nationaler Semantik und nationaler Trägerschicht. Diese Verschränkung ist
wichtig. So wird verständlich, daß einzelne russische, französische oder
englische Intellektuelle den deutschen Kulturbegriff zwar aufgreifen
(das prominenteste Beispiel dürfte M. Arnolds *Culture and Anarchy*,
1869, sein), ohne jedoch damit die nationale Semantik zu prägen. Zum
Wortgebrauch in den verschiedenen europäischen Sprachen vgl. *Euro-*

päische Schlüsselwörter. Wortvergleichende und wortgeschichtliche Studien, a.a.O.

53 Zum Gesamtkomplex vgl. L. Balet/E. Gerhard, *Die Verbürgerlichung der deutschen Kunst, Literatur und Musik im 18. Jahrhundert*, hg. v. G. Mattenklott, Frankfurt a. M./Berlin/Wien 1979; Th. Nipperdey, *Kommentar:* »*Bürgerlich*« *als Kultur*, in: J. Kocka (Hg.), *Bürger und Bürgerlichkeit im 19. Jahrhundert*, Göttingen 1987, S. 143 ff.; W. Kaschuba, *Deutsche Bürgerlichkeit nach 1800. Kultur und symbolische Praxis*, in: J. Kocka (Hg.), *Bürgertum im 19. Jahrhundert. Deutschland im europäischen Vergleich*, Bd. 3, a.a.O., S. 9 ff.

54 Dazu H. Feidel-Mertz, *Zur Ideologie der Arbeiterbildung*, Frankfurt a. M. ²1972, S. 47 ff. – Die Wirkung der bildungsbürgerlichen Semantik in der deutschen Arbeiterbewegung kann hier nur angedeutet werden. Sie bedarf einer eigenen Untersuchung. Auswirkungen lassen sich zudem nicht nur in der sozialdemokratischen, sondern auch in der kommunistischen Intelligenz ausmachen. Marx hingegen bricht theoretisch mit dem Bildungsideal, indem er die Hegelsche Vorstellung, daß Arbeit bildet, aufgreift, sie aber auch kritisiert. Für Marx sieht Hegel bei der Arbeit nur die positiven, nicht die negativen Seiten; anerkennt Hegel nur die abstrakt-geistige Arbeit (vgl. K. Marx, *Ökonomisch-philosophische Manuskripte*, in: *MEW*, Ergänzungsband, 1. Teil, S. 573 ff.). Hinzu kommt: Für Marx ist das »menschliche Wesen«, wie es in der 6. Feuerbach-These heißt, »kein dem einzelnen Individuum innewohnendes Abstraktum. In seiner Wirklichkeit ist es das Ensemble der gesellschaftlichen Verhältnisse« (in: *MEW*, Bd. 3, S. 534). Wenn gelegentlich bei Marx (und häufiger bei Engels) von »Kultur« oder »Kulturstufen« die Rede ist, dann im Sinne des weiten Kulturbegriffs. Der Ausdruck »Kultur« spielt jedoch in der Theoriegeschichte des Marxismus eine Rolle; vgl. dazu D. Mühlberg, Artikel *Kulturwissenschaften*, in: H. J. Sandkühler (Hg.), *Europäische Enzyklopädie zu Philosophie und Wissenschaften*, Bd. 2. Hamburg 1990, S. 912 ff.

55 Eine anschauliche Zusammenfassung der Ergebnisse bietet U. Engelhardt, »*Bildungsbürgertum*«, a.a.O., S. 112 ff.

56 Brief an R. H. Schnee vom 6. 10. 1856. Zu Storm und der bildungsbürgerlichen Geselligkeit vgl. G. Bollenbeck, *Theodor Storm. Eine Biographie*, Frankfurt a. M. 1988, S. 164 ff.

57 Zur unterschiedlichen »kulturellen« Praxis der unterschiedlichen Generationen vgl. W. Kaschuba, *Deutsche Bürgerlichkeit nach 1800*, a.a.O., S. 13.

58 Zit. nach U. Engelhardt, »*Bildungsbürgertum*«, a.a.O., S. 11.

59 Artikel *Dritter Stand*, in: J. C. Bluntschli/K. Brater, *Deutsches Staats-Wörterbuch*, Bd. 3., Stuttgart/Leipzig 1858, S. 180.

60 P. Burke, *Europäische Volkskultur in der frühen Neuzeit*, hg. v.
    R. Schenda. Stuttgart 1981. Der englische Titel lautet *Popular Culture in
    Early Modern Europe* (1978). Auch hier ist die Übersetzung problema-
    tisch, denn die englische Bezeichnung »Popular Culture« ist eher
    nüchtern-deskriptiv, während in »Volkskultur« ein spezifisch deutscher
    Begriff von »Volk« eingeht, im Sinne einer eher mythischen Idee. Vgl.
    dazu W. Emmerich, *Zur Kritik der Volkstumsideologie*, Frankfurt a. M.
    1971, S. 40 ff.

61 G. A. Bürger, *Vorrede* zur Ausgabe der *Gedichte*, 1789, in: *Sämtliche
    Werke*, hg. v. G. u. H. Häntzschel, München 1987, S. 11 f.

62 »Das *Volk* im vollsten höchsten Sinn des Wortes ist die zum Staate
    geeinigte und staatlich organisirte *politische Person*. Regierende und Re-
    gierte in jedem Staate bilden zusammen das Volk dieses Staates. [...]
    Das Volk in diesem Sinne hat einen einheitlichen Willen, der in seiner
    Gesetzgebung ausgesprochen wird, eine Repräsentation, durch die es
    mit andern Völkern und Staaten in rechtliche Beziehungen tritt. Es ist
    ein Rechtswesen. [...] Das Volk ist also das *Staatsindividuum*, das
    wahre *Staatswesen*, das Volk und nicht das Haupt allein, noch der
    Rumpf allein, das Volk in Haupt und Gliedern als Ein einheitliches
    Wesen« (*Nation und Volk*, in: *Deutsches Staats-Wörterbuch*, Bd. 7, 1862,
    S. 154).

63 Vgl. dazu H. Bausinger, *Bürgerlichkeit und Kultur*, in: J. Kocka, *Bürger
    und Bürgerlichkeit im 19. Jahrhundert*, Göttingen 1987, S. 135 ff.; vgl.
    G. Bollenbeck, *Das »Volksbuch« als nationale Projektionsformel*, in:
    J. Kühnel/H. D. Mück/U. Müller (Hg.), *Mittelalter-Rezeption. Gesam-
    melte Vorträge des Salzburger Symposiums »Die Rezeption mittelalter-
    licher Dichter und ihrer Werke in Literatur, bildender Kunst und Musik
    des 19. und 20. Jahrhunderts«*, Göppingen 1979, S. 141 ff.

64 Vgl. Fr. Meinecke, *Die Entstehung des Historismus*, hg. v. C. Hinrichs,
    München [4]1965. Zum Verhältnis von Philosophie und Historismus vgl.
    H. Schnädelbach, *Philosophie in Deutschland 1831-1933*, Frankfurt
    a. M. 1983, S. 51 ff.

65 Vgl. Fr. Meinecke, *Die Entstehung des Historismus*, a.a.O.; vgl. auch
    E. Troeltsch, *Der Historismus und seine Überwindung*, Berlin 1924,
    S. 24 f. Troeltsch betont hier die Hochschätzung der Güter des geistigen
    Lebens in der Tradition des deutschen Idealismus. Demgegenüber habe
    das westeuropäische Denken »mit seiner Neigung zum monistischen
    Empirismus die Güter aus den Bedürfnissen und der Entwicklung der
    Gesellschaft herzuleiten versucht und ein System soziologisch begrün-
    deter Werte gestaltet«.

66 L. v. Ranke, *Weltgeschichte*, Teil 1, Leipzig [2]1881, S. V. Zu Rankes Kul-

turbegriff vgl. F. Meinecke, *Ranke und Burckhardt*, in: *Werke*, Bd. VII,
S. 111 f. – Im Unterschied zu Ranke lehnt Burckhardt den Staat generell
ab. Dessen Macht erscheint ihm als »böse an sich«. Nach Burkhardts
Auffassung manifestiert sich der Geist in drei heterogenen, nicht koor-
dinierbaren Potenzen: Staat, Religion, Kultur. Nur in der Kultur kann
sich für ihn der Geist spontan entwickeln. »Kultur«, schreibt Burckhardt, »ist der Inbegriff all dessen, was zur Förderung des materiellen
und als Ausdruck des geistig-sittlichen Lebens *spontan* zustande gekommen ist, alle Geselligkeit, alle Techniken, Künste, Dichtungen und
Wissenschaften. Sie ist die Welt des Beweglichen, Freien, nicht notwendig Universalen, desjenigen, was keine Zwangsgeltung in Anspruch
nimmt« (*Weltgeschichtliche Betrachtungen*, hg. v. R. Marx, Stuttgart
1978, S. 29). Mit »Kultur« kann daher auch der Bereich des Handels
gemeint sein; bei den Phöniziern, so Burckhardt, sei »Kultur« gleich
Geschäft gewesen. Bezeichnend, daß dies Meinecke, ganz in der Tradition des Deutungsmusters, irritiert: »Wenn denn nun einmal Kultur
etwas Höheres im menschlichen Leben darstellen soll, sträubt man sich
gegen diese Nobilitierung des bloßen Geschäftssinns« (*Ranke und
Burckhardt*, a.a.O., S. 114). – Zu J. Burckhardt vgl. H. Brackert, *Reflektiertes Können und individuierter Geist. Zu Jacob Burckhardts Kulturgeschichtsschreibung*, in: Ders./F. Wefelmeyer (Hg.), *Naturplan und
Verfallskritik*, a.a.O., S. 289 ff.
67 Vgl. G. G. Iggers, *Die Göttinger Historiker und die Geschichtswissen-
    schaft des 18. Jahrhunderts*, a.a.O., S. 397 f. – Die Macht des spezifisch
    deutschen Kulturbegriffs in der etablierten Zunft zeigt gegen Ende des
    Jahrhunderts der Methodenstreit um K. Lamprecht, der für eine stär-
    kere Berücksichtigung der Wirtschaftsgeschichte gegenüber der politi-
    schen Geschichte plädiert. Lamprecht ist Monarchist und Sozialkonser-
    vativer. Er wird aber wegen seiner »Methode« dem Verdacht des
    Positivismus und Materialismus ausgesetzt. Vgl. dazu Hans Schleier,
    *Karl Lamprecht. Alternative zur Ranke. Schriften zur Geschichtsthe-
    orie*, a.a.O., S. 17 ff.
68 Vgl. G. Zweckbronnner, *Je besser als Techniker, desto einseitiger sein
    Blick? Probleme des technischen Fortschritts und Bildungsfragen in der
    Ingenieurerziehung im Deutschen Kaiserreich*, in: U. Troitzsch/
    G. Wohlhauf (Hg.), *Technik-Geschichte. Historische und neuere An-
    sätze*, Frankfurt a. M. 1980, S. 328 ff.
69 Zit. ebd., S. 335.
70 Eine brillante Zusammenfassung der »Kunstauffassung« und »Kunst-
    praxis« des Bildungsbürgertums bietet Th. Nipperdey, *Deutsche Ge-
    schichte 1800-1866. Bürgerwelt und starker Staat*, München 1983,

S. 533. – Auf die Musik kann hier nicht eingegangen werden. Sie spielt zwar innerhalb der Kunstpraxis eine zentrale Rolle, unterliegt aber wegen ihres »asemantischen Charakters« nicht den Nachwirkungen der klassisch-idealistischen Kunsttheorie. Vielleicht ist dies eine Voraussetzung dafür, daß sie, im Unterschied zu Malerei und Literatur, im 19. Jh. Weltgeltung erlangt. Vgl. dazu C. Dahlhaus, *Das deutsche Bildungsbürgertum und die Musik*, in: *Bildungsbürgertum im 19. Jahrhundert*, Teil 2: *Bildungsgüter und Bildungswissen*, hg. v. R. Koselleck, Stuttgart 1990, S. 220 ff.

71 Interessant, was der Pädagoge und Popularphilosoph J. H. Campe, einer der ersten deutschen Besucher im revolutionären Paris, über die unterschiedlichen Entwicklungen schreibt. Zunächst bezieht er sich auf die üblich gewordene Eingrenzung (er kann sie nicht akzeptieren) des weiten spätaufklärerischen Kulturbegriffs, um nachfolgend eine Differenz zwischen der Entwicklung in Deutschland und Frankreich herauszustellen: »Wir sind gewohnt, das Maaß der Cultur eines Volks – ich weiß nicht warum – *nur* nach den Producten desselben im Fache der schönen Künste und Wissenschaften zu berechnen. [...] Wir sagten daher: der französische Geist hat sich erschöpft; seine schöne Periode, wenn er anders je eine hatte, ist vorüber; die Cultur dieses Volks steht still, hat vielleicht gar schon wieder angefangen, rückwärts zu gehen. Allein wir hatten Unrecht, so zu sagen. – Denn wir merkten nur nicht, daß die Thätigkeit des Geistes in diesem Lande eine andere Richtung genommen hatte. Sie hatte sich von der Poesie zur politischen Beredsamkeit, von der Bearbeitung der schönen Wissenschaften überhaupt zum Nachdenken über die Rechte der Könige und ihrer Unterthanen, von den theatralischen Belustigungen zur Erörterung wichtiger Fragen aus den Staatswissenschaften gewandt« (*Briefe aus Paris zur Zeit der Revolution geschrieben*, a.a.O., 11. August 1789, S. 136 f.).

72 Ähnlich H. Heine 1833 über die Goetheaner. Vgl. *Die romantische Schule*, in: *Werke und Briefe*, hg. v. H. Kaufmann, Bd. 5, Berlin 1980, S. 48.

73 Vgl. dazu E. Auerbach, *Mimesis. Dargestellte Wirklichkeit in der abendländischen Literatur*, Bern ⁴1967, S. 478; G. Bollenbeck, *Der Roman als Gesellschaftspanorama der bürgerlichen Epoche. Der psychologische Roman und die Bourgeoisie*, in: *Propyläen Geschichte der Literatur*, Bd. 5: *Das bürgerliche Zeitalter 1830-1914*, Berlin 1984, S. 166 ff.

74 W. v. Humboldt, *Über Schiller und den Gang seiner Geistesentwicklung*, 1830, in: *Schriften*, hg. v. A. Leitzmann, Bd. 6, Berlin 1907, S. 505.

75 Vgl. G. Bollenbeck, *Dichtung*, in: *Europäische Enzyklopädie zu Philosophie und Wissenschaften*, Bd. 1, Hamburg 1990, S. 570 ff.

76 Zum Funktionswandel am Beispiel der Lyrik vgl. G. Bollenbeck, »*Mich lockt der Wald mit grünen Zweigen aus dumpfer Stadt und trüber Luft*«: *Zu Trivialisierungstendenzen des Wandermotivs in der Lyrik des 19. Jahrhunderts*, in: *Sprachkunst. Beiträge zur Literaturwissenschaft*, IX, 1978, 2. Halbband, S. 241-271.

77 Zit. nach P. Paret, *Die Berliner Secession. Moderne Kunst und ihre Feinde im kaiserlichen Deutschland*, Berlin 1981, S. 41.

78 Fr. D. Bassermann, *Denkwürdigkeiten*, hg. v. Fr. und E. v. Bassermann-Jordan, Frankfurt a. M. 1925, S. 1.

79 Interessant, wie unterschiedlich, hier eher »freundlich«, dort eher »kritisch«, der deutsche Liberalismus von Th. Nipperdey und H.-U. Wehler eingeschätzt wird. Vgl. Th. Nipperdey, *Deutsche Geschichte*, a.a.O., S. 286 ff; H.-U. Wehler, *Deutsche Gesellschaftsgeschichte*, Bd. 2, a.a.O., S. 413 ff.

80 Vgl. dazu auch R. Vierhaus, *Bildung*, a.a.O., S. 542. Zum Verhältnis zwischen Bildungsbürgertum und Liberalismus vgl. D. Langewische, *Bildungsbürgertum und Liberalismus im 19. Jahrhundert*, in: R. Koselleck, *Bildungsbürgertum*, a.a.O., S. 95 ff.

81 Siehe C. v. Rotteck/C. Welcker, *Das Staats-Lexikon. Encyklopädie der sämmtlichen Staatswissenschaften für alle Stände*, Bd. 2, Altona 1846, S. 513 ff.

82 E. Brandes, *Betrachtungen über den Zeitgeist*, a.a.O., S. 1. – Siehe auch den Artikel *Nation und Volk* im *Deutschen Staats-Wörterbuch*: »Die Sprache ist das eigenste Gut jeder Nation, in der Sprache gibt sich die eigenthümliche Geistesart derselben kund, die Sprache ist das stärkste Band, welches die Genossen der Nation zu einer Kulturgemeinschaft verbindet« (a.a.O., S. 156).

83 Zit. nach U. Engelhardt, »*Bildungsbürgertum*«, a.a.O., S. 147.

84 Artikel *Bildung*, in: Bd. 1, Leipzig ⁵1820.

85 Rahel Varnhagen, *Rahel-Bibliothek*, in: *Gesammelte Werke*, hg. v. K. Feilchenfeldt/U. Schweikert/R. E. Steiner, Bd. 1, S. 325.

86 Auf der Grundlage von 30 gedruckten Lebenserinnerungen überwiegend männlicher Autoren der Jahrgänge zwischen 1790 und 1805 stellt dies W. Kaschuba fest (*Deutsche Bürgerlichkeit nach 1800*, a.a.O., S. 30 ff.).

87 G. Bancroft an A. Wortow, 9. 3. 1820, zit. nach C. Diehl, *Americans and German Scholarship 1770-1870*, New Haven/London 1978, S. 88 f.

88 Siehe Victor Cousin, *Défense de l'Université et de la philosophie*, 1844, hg. v. D. Rancière, Paris 1977.

89 Vgl. dazu W. Treue/K. Mauel (Hg.), *Naturwissenschaft, Technik und Wirtschaft im 19. Jahrhundert*, 2 Bde., Göttingen 1976; P. Schiera, *La-*

boratorium der bürgerlichen Welt. Deutsche Wissenschaft im 19. Jahrhundert, Frankfurt a. M. 1992.

2. Veraltet und doch zählebig. Die Krise des Deutungsmusters

90 P. de Lagarde, *Ueber die gegenwärtige Lage des deutschen Reiches*, 1875, in: Ders., *Deutsche Schriften*, Göttingen 1891, S. 127.

91 L. Bamberger, *Die Sezession*, 1881, in: Ders., *Schriften*, Bd. V, Berlin 1897, S. 82. – Bei Nietzsche heißt es in den *Unzeitgemässen Betrachtungen*, es sei ein Irrtum der öffentlichen Meinung, »dass auch die deutsche Kultur in jenem Kampfe gesiegt habe [...]. Dieser Wahn ist höchst verderblich [...], weil er im Stande ist, unseren Sieg in eine völlige Niederlage zu verwandeln: in die Niederlage, ja Exstirpation des deutschen Geistes zu Gunsten des ›deutschen Reiches‹« (*KSA*, Bd. 1, a.a.O., S. 159 f.). – Um ein weiteres Beispiel zu nennen: In seinen *Vorlesungen über Goethe* stellt H. Grimm die Ära Bismarcks als Zeit des Materialismus kritisch dem »Goethezeitalter« als Grundlage der »deutschen Kultur« gegenüber.

92 Zur Wirkung Lagardes vgl. F. Stern, *Kulturpessimismus als politische Gefahr*, a.a.O., S. 111 ff.

93 P. de Lagarde, *Die Reorganisation des Adels*, 1881, in: *Deutsche Schriften*, a.a.O., S. 290.

94 Ders., *Diagnose*, 1874, in: *Deutsche Schriften*, a.a.O., S. 93 f.

95 E. Du Bois-Reymond, *Culturgeschichte und Naturwissenschaft*, o. O. 1877, S. 21.

96 Zit. nach H. J. Heydorn/G. Konefke, *Zur Bildungsgeschichte des deutschen Imperialismus. Die Schulkonferenzen 1890, 1900 und 1920*, in: Dies., *Studien zur Sozialgeschichte und Philosophie der Bildung. Aspekte des 19. Jahrhunderts in Deutschland*, München 1973, S. 184.

97 E. Du Bois-Reymond, *Culturgeschichte*, a.a.O., S. 24 f.

98 Ebd., S. 37.

99 R. von Nostitz-Rieneck (S. J.), *Das Problem der Cultur*, Freiburg 1888, S. 253 ff.

100 Wie wenig die beiden Begriffe bezeichnungsfest sind, wie mit »Kultur« auch »Bildung« gemeint sein kann, mag Nietzsche belegen: »Jene neuen Pflichten sind nicht die Pflichten eines Vereinsamten, man gehört vielmehr mit ihnen in eine mächtige Gemeinsamkeit hinein, welche zwar nicht durch äusserliche Formen und Gesetze, aber wohl durch einen Grundgedanken zusammengehalten wird. Es ist dies der Grundgedanke der *Kultur*, insofern diese jedem Einzelnen von uns

nur Eine Aufgabe zu stellen weiss: *die Erzeugung des Philosophen, des Künstlers und des Heiligen in uns und ausser uns zu fördern und dadurch an der Vollendung der Natur zu arbeiten*« (*Schopenhauer als Erzieher*, 1874, in: *KSA*, Bd. 1, S. 381 f.).

101 R. Goldscheid, *Soziologie*, in: D. Sarason (Hg.), *Das Jahr 1913. Ein Gesamtbild der Kulturentwicklung*, Leipzig/Berlin 1913, S. 433.

102 Moeller van den Bruck, *Die Deutschen. Unsere Menschheitsgeschichte.* Bd. 1, Minden 1904, S. 1.

103 Redaktionelle Vorbemerkung zur Umfrage *Die Zukunft unserer Kultur* in der *Frankfurter Zeitung*, 11. 4. 1907. – An der Umfrage beteiligten sich (in chronologischer Reihenfolge): Richard Dehmel (11. 4.), Ludwig Gurlitt (11. 4.), Julius Hart (11. 4.), Kurd Lasswitz (11. 4.), Friedrich Naumann (11. 4.), Bertha v. Suttner (11. 4.), Ferdinand Avenarius (14. 4.), Peter Behrens (14. 4.), Helene Lange (14. 4.), Georg Simmel (14. 4.), Peter Altenberg (15. 4.), Karl Lamprecht (15. 4.), Karl Scheffler (15. 4.), Alfred Frhr. v. Berger (16. 4.), Georg Göhler (16. 4.), Henry van de Velde (16. 4.).

104 F. Avenarius, *Kultur und Zivilisation*, 1913, in: *Avenarius-Buch*, hg. v. W. Stapel, München 1916, S. 85.

105 A. Weber, *Der Kulturtypus und seine Wandlung*, 1910, in: Ders., *Ideen zur Staats- und Kultursoziologie*, Karlsruhe 1927, S. 76. – Im Zusammenhang mit dem Scheitern der »liberalistischen« Forderungen nach Achtung der »Persönlichkeitswerte« schreibt Fr. Meinecke: »Schicksalhaft war die ganze Umwandlung des Daseins durch die Mächte des 19. Jahrhunderts – Kapitalismus, Großbetrieb, Technik, enormer Bevölkerungszuwachs – und die daraus folgende Auflösung aller gewachsenen Bindungen und Kulturtraditionen« (*Autobiographische Schriften*, hg. v. E. Kessel, Stuttgart 1969, S. 316).

106 Der Demokrat H. Schultze-Delitzsch erwägt 1861, der neugegründeten Partei der »entschiedenen Liberalen«, der *Deutschen Fortschrittspartei*, den Namen »Nationale Partei« zu geben. – W. von Siemens berichtet in seinen Erinnerungen, daß Schultze-Delitzsch die Partei auch »deutsche Partei« nennen will (*Lebenserinnerungen*, Berlin ²1893, S. 186 ff.). – Zum Gesamtkomplex vgl. auch D. Langewiesche, *Bildungsbürgertum und Liberalismus im 19. Jahrhundert*, a.a.O.

107 Zu den Zusammenhängen vgl. G. Bermann Fischer, *Bedroht – Bewahrt. Der Weg eines Verlegers*, Frankfurt 1971, S. 77 ff. Dort ist auch der *Protest* mit der Liste der Unterzeichner abgedruckt.

108 Zum Komplex der Auflösung des »humanistisch-zivilisatorischen Kanons« durch ein »verbürgerlichtes Kriegerethos« verdanke ich wesentliche Anregungen N. Elias, *Studien über die Deutschen. Machtkämpfe*

und Habitusentwicklung im 19. und 20. Jahrhundert, hg. v. M. Schröter, Frankfurt a. M. 1989.

109 W. v. Siemens, *Lebenserinnerungen*, a.a.O., S. 168.

110 J. Fröbel, *Ein Lebenslauf. Aufzeichnungen, Erinnerungen und Bekenntnisse*. 2 Bde., Stuttgart 1890/91, S. 31.

111 J. Langbehn, *Rembrandt als Erzieher. Von einem Deutschen*, Leipzig 1890, S. 248 f. Das Buch kostete 2 Mark, es war als Bestseller angelegt. 1891 erschien es bereits in der 33. Auflage.

112 J. Niederer, *Was heißt Methode*, 1807, in: *Kleine pädagogische Texte*, H. 17: *Dokumente des Neuhumanismus*, a.a.O., S. 126.

113 J. Ortega y Gasset, *Das zweigeteilte Deutschland*, 1908, in: *Gesammelte Werke*, Bd. V, Stuttgart 1978, S. 27 ff.

114 Nach Nietzsche ist der »Bildungphilister«, bei völligem Mangel an Selbsterkenntnis, davon überzeugt, »dass seine ›Bildung‹ gerade der satte Ausdruck der rechten deutschen Kultur sei: und da er überall Gebildete seiner Art vorfindet, und alle öffentlichen Institutionen, Schul- Bildungs- und Kunstanstalten gemäss seiner Gebildetheit und nach seinen Bedürfnissen eingerichtet sind, so trägt er auch überall hin das siegreiche Gefühl mit sich herum, der würdige Vertreter der jetzigen deutschen Kultur zu sein« (*Unzeitgemässe Betrachtungen*, in: *KSA*, Bd. 1, S. 165). – Vgl. auch K. Gründer, Artikel *Bildungsphilister*, in: *Historisches Wörterbuch der Philosophie*, Bd. 1, Basel 1971, S. 937 f.

115 Siehe F. Avenarius: »Kenntnisse und immer wieder Kenntnisse senken uns unsere Schulen ein. […] Das Streben, die Sinne, durch Schulung, zu scharfem Beobachten; den Verstand, durch Schulung, zu scharfem Erfassen, – zur Erzeugung von Kenntnissen, die Phantasie, durch Übung – zum Erzeugen von Bildern zu tüchtigen, ist sicherlich bei jedem guten Pädagogen vorhanden, vom Geiste der Zeit aber zurückgedrängt hinter das andere, fertige Kenntnisse und Bilder zu geben. Gilt doch in der ›feinen Gesellschaft‹ schlechtweg der Kenntnisreiche für den Gebildeten. Und doch ist selbst der Gelehrte, der, ein hochnützlicher Arbeiter der Wissenschaft, sein Forschungsgebiet aufs Genaueste kennt und vielleicht eines Weltruhms genießen mag, deshalb noch kein Gebildeter. Ja: an Bildung steht er hinter dem Bauern zurück, der einen fremden Denkprozeß etwa schneller zu folgen, ein fremdes Empfinden schneller mitzufühlen, eine fremde Anschauung schneller nachzubilden vermöchte, als er« (*Bildung*, 1887, in: Avenarius-Buch, hg. v. W. Stapel, München 1916, S. 62 ff.). Siehe R. Eucken: »Bei allem siegreichen Fortschritt der Kulturbewegung kommt der lebendige Mensch, der Mensch als Ganzes, zu kurz.

Die unermeßlich wachsende Ausbreitung und Verzweigung der Arbeit verdrängt die Sorge um die Einheit des Ganzen, das wilde Hasten und Jagen nach greifbaren Erfolgen erstickt die Frage nach dem Wohlsein des eigenen Innern, dem Befinden unseres Selbst. Der tiefste Grund der menschlichen Natur wird nicht in die Thätigkeit hineingezogen, zwischen Wirken und Wesen entsteht eine Kluft; je mehr sie sich erweitert, desto fühlbarer wird der Mangel einer charaktervollen Geisteswelt, die unserem Leben einen deutlichen Inhalt gäbe und unser Thun auf feste Ziele richtete« (*Die Lebensanschauung der grossen Denker*, Leipzig 1890, S. 1).

Siehe H. Lange: »Jede Kultur zeitigt ihre besondere Unkultur. Der Intellektualismus hat wohl eine Riesensumme objektiver Leistungen geschaffen, aber das innere Leben einseitig aufgesogen, die Gefühlswerte im Kurs heruntergesetzt, das schöne Ideal organischer persönlicher Bildung zerstört und die große Mehrzahl der Menschen allen Gefahren der Halbbildung ausgesetzt. [...] Zeitschriften von hohem Niveau haben die ›vernunftlose‹ Frau als die Erlöserin von den Nöten des Intellektualismus gefeiert. Aber Vernunftlosigkeit ist noch nicht Gefühlskraft, ebenso wie Verdummung nicht Religiosität und Unlogik nicht Kunstsinn ist. Die Einseitigkeit des Intellektualismus wird nicht von den Unintellektuellen erkannt und noch viel weniger überwunden werden [...]. Wenn daher von den Frauen erwartet wird, daß sie gegenüber der Leistung wieder die Persönlichkeit, gegenüber der Kraft des Verstandes wieder die des Gefühls zu Ehren bringen, so kann das nur dadurch geschehen, daß sie den Intellektualismus in sich überwinden durch ein neues, höheres Bildungsideal« (*Antwort auf Umfrage der Frankfurter Zeitung: Die Zukunft unserer Kultur*, 14. 4. 1907).

Siehe W. Wundt: »Nur eine Umkehr, die dem herrschenden egoistischen Utilitarismus gegenüber sein volles Gegenbild, jenen Idealismus, der dem einzelnen gegenüber die Gemeinschaft und in ihr die geistigen Güter zur Herrschaft bringt, kann eine neue Zukunft der europäischen Kultur herbeiführen. Und wenn es eines unter den europäischen Völkern gibt, das in seiner Geschichte die Zeugnisse für eine solche Wendung der Gesinnung erblicken darf, so ist es das deutsche« (*Erlebtes und Erkanntes*, Stuttgart 1920, S. 390 ff.).

116 Fr. Paulsen, *Die deutschen Universitäten und das Universitätsstudium vom Ausgang des Mittelalters bis zur Gegenwart*, Berlin 1902, S. 149 f.

117 In seiner Novelle *Unordnung und frühes Leid* (1925) erzählt Thomas Mann von einem bildungsbürgerlichen Haushalt, in dem das Geld für

die alte Lebensweise fehlt, der Habitus (Bedienstete, ärmliches, aber mehrgängiges Essen) jedoch noch besteht.

118 H. Mommsen, *Die Stellung der Beamtenschaft in Reich, Ländern und Gemeinden in der Ära Brüning*, in: *Vierteljahreshefte für Zeitgeschichte*, 21, 1973, S. 160 ff.

119 K. Liebknecht, *Rede im preußischen Abgeordnetenhaus, 28. April 1910*, zit. nach ders., *Gedanken über Kunst. Schriften, Reden, Briefe.* Leipzig 1988, S. 90. – Wie kein anderer verkörpert Franz Mehring, lebensgeschichtlich und werkgeschichtlich, die Kontinuität von einer bildungsbürgerlich-emanzipatorischen und sozialistisch-emanzipatorischen Semantik. Auf die Verwerfungen zwischen kollektiven Ausbeutungserfahrungen, politischem Emanzipationsanspruch und Traditionsbeständen aus der Semantik des Bildungsbürgertums kann hier jedoch nicht näher eingegangen werden. Für den Bereich der Literatur läßt sich jedenfalls eine Orientierung an bildungsbügerlichen Normen ausmachen; vgl. dazu G. Bollenbeck, *Zur Theorie und Geschichte der frühen Arbeiterlebenserinnerungen*, Frankfurt a. M. 1976. – *Arbeiter-Bildung* oder *Kulturwille* heißen wichtige Zeitschriften der »Arbeiterkultur«-Bewegung der zwanziger Jahre. Vgl. dazu wie auch zur »Sozialdemokratischen Kulturtheorie« (Anna Siemsen, Gustav Radbruch, Hendrik de Man) W. van der Will/R. Burns (Hg.), *Arbeiterkulturbewegung in der Weimarer Republik. Texte, Dokumente, Bilder*, Frankfurt a. M./Berlin/Wien 1982.

120 Vgl. dazu R. Walther, *Stand/Klasse*, in: *GG*, Bd. 6, Stuttgart 1990, S. 155-284.

121 Auf die Wiedergabe einzelner Zahlen wird hier verzichtet. Vgl. dazu K.-E. Jeisman/P. Lundgreen (Hg.), *Handbuch der deutschen Bildungsgeschichte*, Bd. III: *1800-1870*, München 1987, S. 241 f.; Th. Nipperdey, *Deutsche Geschichte. 1866-1918*, Bd. I: *Arbeitswelt und Bürgergeist*, München 1990, S. 547.

122 Vgl. dazu B. vom Brocke (Hg.), *Wissenschaftsgeschichte und Wissenschaftspolitik im Industriezeitalter. Das System Althoff in historischer Perspektive*, Hildesheim 1991.

123 A. Grabowsky, *Die Partei der Gebildeten*, in: *Die Grenzboten. Zeitschrift für Politik und Literatur*, Leipzig 1911, S. 1533 ff. – Nach einer Partei der Gebildeten wird im Kaiserreich wiederholt gerufen. Zum Scheitern des 1901 gegründeten Goethe-Bundes, einer überparteilichen Sammlungsbewegung, schreibt der Sozialdemokrat H. Schulz in der *Neuen Zeit* 1908: »Die Partei der ›Ungebildeten‹ wird ein Volk der Gebildeten schaffen« (II, S. 217 ff.). – Zum Gesamtkomplex vgl. R. vom Bruch, *Kulturstaat – Sinndeutung von oben?*, in: R. v.

Bruch/F. W. Graf/G. Hübinger (Hg.), *Kultur und Kulturwissenschaften um 1900*, Stuttgart 1989, S. 85 ff.

124 K. Jaspers, *Die geistige Situation der Zeit*, Leipzig 1931, S. 102. – Mit der sozialgeschichtlichen Bedeutungslosigkeit der Schicht ist die sozial-reputative Funktion der »Bildung« keineswegs entwertet. So schreibt F. Tönnies (nicht ohne bildungsbürgerlichen Dünkel?) in der Einführung zum *Reichshandbuch der deutschen Gesellschaft* 1930: Unter »Personen der Gesellschaft« seien alle zu verstehen, »die man insgemein zu den ›Gebildeten‹ zählt – wenn auch darunter Herr Raffke und Frau Neureich sein mögen, die am wenigsten gebildet scheinen möchten [...]« (zit. nach U. Engelhardt, »*Bildungsbürgertum*«, a.a.O., S. 174). – Für Th. Geiger ist 1932 der Bildungbürger ein Element der Gesellschaft des vorigen Jahrhunderts (*Die soziale Schichtung des deutschen Volkes. Soziographischer Versuch auf statistischer Grundlage*, Stuttgart 1932).

125 A. Reichensperger, *Phrasen und Schlagwörter. Ein Noth- und Hülfsbüchlein für Zeitungsleser*, Paderborn ³1872, S. 18 f.

126 G. Steinhausen, *Häusliches und gesellschaftliches Leben im neunzehnten Jahrhundert*, Berlin 1898, S. 7.

127 Vgl. dazu L. Gall, *Liberalismus und »bürgerliche Gesellschaft«. Zu Charakter und Entwicklung der liberalen Bewegung in Deutschland*, in: *Historische Zeitschrift*, 220, 1975, S. 328.

128 Am Beispiel literarischer Quellen hat dies untersucht: H.-W. Niessmann, *Das Bild des industriellen Unternehmers in den deutschen Romanen der Jahre 1890 bis 1945*, Berlin 1982.

129 Fr. Paulsen, *Die deutschen Universitäten und das Universitätsstudium*, Berlin 1902, S. 559.

130 G. Freytag, *Bilder aus der deutschen Vergangenheit*, Bd. 4: *Aus neuer Zeit*, Leipzig 1867, S. 317. – Storms Gedicht *Für meine Söhne* (1854) ist ein beeindruckendes Dokument bildungsbürgerlichen Selbstbewußtseins »nach unten und oben«. In der 4. Strophe heißt es : »Wo zum Weibe nicht die Tochter / Wagen würdest zu begehren, / Halte dich zu wert, um gastlich / In dem Hause zu verkehren«. Das Gedicht kann auch als Antwort auf einen Disput mit Fontane gelesen werden, dessen Behauptung, es gebe nirgendwo »eine sowenig ›exklusive‹ Gesellschaft‹« wie in Preußen, Storms Widerspruch provoziert. »Ein junger Mann sollte zu stolz sein, in einem Hause zu verkehren, wovon er bestimmt weiß, daß man ihm die Tochter nicht zur Frau geben würde« (Brief v. 3. 6. 1853). Wie sich die Frontstellung gegen den Adel auf »Bildung« beruft, zeigt der Brief an Fontane v. 27. 3. 1853: »Es ist, meine ich, das, daß auch in den gebildeten Kreisen man den Schwer-

punkt nicht in die Persönlichkeit, sondern in Rang, Titel, Orden und dergleichen Nippes legt [...]. Es scheint mir im ganzen ›goldene Rücksichtslosigkeit‹ zu fehlen, die allein den Menschen innerlich frei macht und die nach meiner Meinung das letzte und höchste Resultat jeder Bildung sein muß« (*Theodor Storm/Theodor Fontane. Briefwechsel*, hg. v. J. Steiner, Berlin 1981, S. 25 ff.).

131 Als Beleg dafür hat N. Elias den spezifisch deutschen Mensur- und Ehrenkanon untersucht (*Studien über die Deutschen*, a.a.O., S. 82 ff.). Vgl. auch U. Frevert, *Ehrenmänner. Das Duell in der bürgerlichen Gesellschaft*, München 1991, S. 167 ff.

132 Fr. Meinecke, *Die Kulturfragen und die Parteien*, 1925, *in: Politische Schriften und Reden*, hg. v. G. Kotowski, Darmstadt 1958, S. 388. – Vgl. dazu K. H. Jarausch, *Die Krise des Bildungsbürgertums 1900 bis 1930*, in: *Bildungsbürgertum im 19. Jahrhundert*, Teil IV: *Politischer Einfluß und gesellschaftliche Formation*, a.a.O., S. 180-205.

133 Der Aspekt der »Hintergrundserfüllung« ist von A. Gehlen übernommen (*Urmensch und Spätkultur*, Frankfurt a. M. 1975, S. 50 f.). – K. Jarausch betont: »Selbst während der guten Jahre gewannen die akademischen Berufe ihre frühere Position kaum ganz zurück« (*Die unfreien Professionen. Überlegungen zu den Wandlungsprozessen im deutschen Bildungsbürgertum 1900-1955*, in: J. Kocka (Hg.), *Bürgertum im 19. Jahrhundert. Deutschland im europäischen Vergleich*, Bd. 2, München 1988, S. 135. – Zur veränderten ökonomischen Situation der »Rentenintellektuellen« siehe A. Weber, *Die Not der geistigen Arbeiter*, München/Leipzig 1923.

134 »Wenn ich die Jahre um 1890 herum als eine neue Gärungszeit erlebte, so waren es freilich noch nicht die politischen Probleme der Zeit, die mich in die stärkste Bewegung brachten«, schreibt Fr. Meinecke. »Wohl aber war es ein zeitloses politisches Problem, das mich jetzt ganz persönlich traf – das Verhältnis von individueller Freiheit und staatlicher Bindung. Ich las zum ersten Male Wilhelm von Humboldts Ideen über die Grenzen der Wirksamkeit des Staates und fühlte mich gewaltig angepackt. Hatte er nicht recht damit, daß Individuum und Staat in einem ewigen inneren Konflikte miteinander stehen?« (*Autobiographische Schriften*, a.a.O., S. 104). Meinecke kann darüber reflektieren, gerade weil der Staat ihn in einer politischen »Gärungszeit« von der Politik entlastet.

135 Vgl. dazu H. Mommsen, *Die Auflösung des Bürgertums seit dem späten 19. Jahrhundert*, in: J. Kocka (Hg.), *Bürger und Bürgerlichkeit im 19. Jahrhundert*, Göttingen 1987, S. 303.

136 Ortega y Gasset schreibt 1908: »Jedoch: was war von dem glorreichen

deutschen Liberalismus geblieben? Ein paar nichtssagende Programme, verkündet von einigen Leuten ohne politisches Profil« (*Die deutsche Solidarität*, 1908, in: *Gesammelte Werke*, Bd. V, a.a.O., S. 32 f.).

137 Siehe Fr. Panzer: »Die Kultur eines Volkes ist [...] keine Pflanze, die nun in heimischer Erde aus sich selber leicht und willig wüchse, wo nur Sonne und Regen sie erreichen. Sie will gepflegt und gehegt sein auf bereitetem Boden von kundiger Hand, genährt und getränkt, beschnitten und gebunden, daß sie wahrhaft blühe und fruchte. Hier ist auch uns Gelehrten unsere Pflicht gewiesen. Wissenschaft allein schafft freilich keine Kultur, dazu gehören vor allem jene großen Schöpfer, die der Himmel uns schenken muß; aber mitarbeiten können und müssen wir an ihr. Und wir Philologen im besonderen können vor jenen Großen einhergehen wie der Täufer vor dem Herrn, daß sie ein bereites Volk finden, und unser schönes Amt ist es, zu deuten und zu verkünden, was sie, Morgensonne im Antlitz, wenigen erst erkennbar und fühlbar, gesprochen und getan. Und indem wir die Vergangenheit erforschen, können wir wieder tönen machen, was einst stark und gut erklang und doch verklungen ist, können manche verborgenen Kräfte wecken und den Zugang öffnen zu verschütteten Quellen. Können und sollen aber derartige Einsichten in nationale Vergangenheit und Art die Kultur der gesamten Nation fördern, so dürfen sie nicht Eigentum der Gelehrten bleiben, sie müssen Gemeingut aller Gebildeten werden, der Jugend vor allem schon zu Fleisch und Blut wachsen« (*Einleitungsvortrag*, in: *Verhandlungen bei der Gründung des Deutschen Germanisten-Verbandes in der Akademie zu Frankfurt a.M. am 29. Mai 1912*, Leipzig /Berlin 1912 = *Zeitschrift für den deutschen Unterricht*, 7. Ergänzungsheft, S. 12).

138 D. Schäfer, *Deutsches Nationalbewußtsein im Lichte der Geschichte*, Jena 1884, S. 31.

139 W. Ostwald, *Die Philosophie der Werte*, Leipzig 1913, S. 267 f.

140 Vgl. dazu J. Mittelstraß, *Neuzeit und Aufklärung*, Berlin/New York 1970, S. 166 ff. – Zum Gesamtkomplex »Funktionswandel und Strukturwandel der Wissenschaften« vgl. H. Plessner, *Zur Soziologie der modernen Forschung und ihrer Organisation in der deutschen Universität*, in: Ders., *Diesseits der Utopie*, Frankfurt a.M. 1974, S. 121; im Zusammenhang einer problemgeschichtlichen Untersuchung über die Philosophie vgl. H. Schnädelbach, *Philosophie in Deutschland 1831 bis 1933*, Frankfurt a.M. 1983, S. 88 ff.

141 So nimmt auch die Zahl der Zeitschriften rapide zu, die »Kultur« im Titel führen: *Zeitschrift für Kulturgeschichte*, 1893 ff.; *Archiv für Kul-*

turgeschichte, 1903 ff.; *Die Kultur. Zeitschrift für Wissenschaft, Litteratur und Kunst*, 1899 ff.; *Ethische Kultur. Wochenschrift für sozialethische Reformen*, 1894 ff.; *Kulturfragen. Monatsschrift für Volkswirtschaft, soziale Kultur, Literatur und Kunst*, 1905 ff.; *Der Kulturmensch. Zeitschrift für körperliche und geistige Selbstzucht*, 1904 ff.; *Deutsche Kultur*, 1905 ff.; *Kultur der Gegenwart*, 1906 ff.; *Harmonische Kultur*, 1912 ff.; *Deutsche Kultur in der Welt*, 1915 ff.; *Religiöse Kultur*, 1916 ff.; *Theosophische Kultur*, 1919 ff.

142 Siehe L. Stein, *An der Wende des Jahrhunderts. Versuch einer Kulturphilosophie*, Freiburg 1899; H. Leser, *Das Wahrheitsproblem unter kulturphilosophischem Gesichtspunkt*, Leipzig 1901; E. Grisebach, *Die kulturphilosophische Arbeit der Gegenwart. Eine synthetische Darstellung ihrer besonderer Denkweisen*, Jena 1914.

143 Die Unterscheidung zwischen »formaler« und »materialer« Kulturphilosophie ist von W. Perpeet übernommen. Der »formalen Kulturphilosophie« des südwestdeutschen Neukantianismus geht es um eine Logik und Erkenntnistheorie der Kulturwissenschaften. Die »materiale Kulturphilosophie« hat hingegen »mehr« im Blick, sie bezieht sich auf die »Kultur im Ganzen«. Vgl. W. Perpeet, *Kulturphilosophie*, in: *Archiv für Begriffsgeschichte*, 20, 1976, S. 42 ff. – Eine sinnvolle, auch zeitliche Ablösungen erklärende Unterscheidung schlägt W. K. Schulz vor. Für ihn wird der neukantianische Kulturbegriff durch lebensphilosophisch-phänomenologische Ansätze abgelöst. Vgl. ders., *Wert – Symbol – Wissen. Anmerkungen zum Paradigmawechsel in der Kulturtheorie der Weimarer Zeit*, in: H. Brackert/F. Wefelmeyer (Hg.), *Kultur. Bestimmungen im 20. Jahrhundert*, a.a.O., S. 132 ff.

144 H. Rickert, *Kulturwissenschaft und Naturwissenschaft*, Tübingen ³1925, S. 28.

145 G. Simmel, *Der Begriff und die Tragödie der Kultur*, 1911, in: Ders., *Philosophische Kultur. Gesammelte Essays*, 1923, Reprint Berlin 1983, S. 185. Simmel nimmt es mit der Terminologie nicht so genau. Später spricht er in diesem Zusammenhang vom »Konflikt der modernen Kultur«, der »Krisis der Kultur« oder der »Pathologie der Kultur« (siehe *Der Krieg und die geistigen Entscheidungen*, München/Leipzig 1917).

146 M. Weber, *Die »Objektivität« sozialwissenschaftlicher und sozialpolitischer Erkenntnis*, 1904, in: Ders., *Methodologische Schriften*, hg. v. J. Winckelmann, Frankfurt a. M. 1968, S. 28.

147 A. Weber, *Der soziologische Kulturbegriff*, 1912, in: Ders., *Ideen zur Staats- und Kultursoziologie*, Karlsruhe 1927, S. 37 ff.; ders., Artikel *Kultursoziologie*, in: A. Vierkandt (Hg.), *Handwörterbuch der Soziologie*, 1931, Stuttgart 1959, S. 284 ff.

148 Zum Gesamtkomplex vgl. G. Hübinger, *Kapitalismus und Kulturgeschichte*, in: *Kultur und Kulturwissenschaften um 1900*, a.a.O., S. 25 ff.
– Zur Aufwertung von »Kulturgeschichte« siehe die entsprechenden Artikel in *Meyer's Konversations-Lexikon*, Leipzig [3]1874-84, [4]1885-92; *Universal-Lexikon oder vollständiges enzyklopädisches Wörterbuch*, hg. v. H. A. Pierer/J. Kürschner, Altenburg [7]1888-94; *Volks-Lexikon. Nachschlagebuch für sämmtliche Wissenszweige*, Nürnberg 1896; *Brockhaus Konversationslexikon*, Leipzig [14]1901; *Meyer's großes Konversationslexikon*, Leipzig/Wien [6]1903. – Ein Beispiel: »*Kulturgeschichte*, die Geschichte des innern Lebens der Menschheit in seiner natürlichen Entwickelung sowohl nach der materiellen als besonders nach der geistigen Seite, im Gegensatz zu der früher schlechthin als Weltgeschichte bezeichneten politischen oder Staatengeschichte, ein jüngerer, aber in neuerer Zeit mit besonderer Vorliebe gepflegter Zweig der allgemeinen Geschichtsschreibung« (*Meyer's Konversations-Lexikon*, 4. Aufl., a.a.O.)
149 Siehe K. Lamprecht: »Im übrigen läßt sich aus den zuletzt geschilderten Zusammenhängen ohne weiteres folgern, daß die Kulturschichtsschreibung als Ganzes sich immer mehr als eine geschlossene Tätigkeit über die Einzeldisziplinen erhebt und in die Lücke eintritt, die sich zwischen deren Verlauf und den Intentionen einer zu neuem starken Leben erwachten Philosophie [...] befindet. Das Zeitalter der großen philosophischen Geschichtssysteme ist vorüber, und die Distanz zwischen dem, was man allenfalls noch Geschichtsphilosophie nennen könnte, und den Werken zusammenfassenden kulturgeschichtlichen Denkens verringert sich immer mehr« (*Neue Kulturgeschichte*, in: *Das Jahr 1913. Ein Gesamtbild der Kulturentwicklung*, a.a.O., S. 461 f.).
150 Eine kleine Auswahl: G. Klemm, *Allgemeine Cultur-Geschichte der Menschheit*, 10 Bde, 1843-52; W. Wachsmuth, *Allgemeine Culturgeschichte*, 3 Bde, 1850-52; J. Scherr, *Deutsche Kultur- und Sittengeschichte*, 1858; H. Riehl, *Culturstudien aus drei Jahrhunderten*, Stuttgart 1859; G. F. Kolb, *Culturgeschichte der Menschheit. Eine allgemeine Weltgeschichte nach den Bedürfnissen der Jetztzeit*, 2 Bde, 1868-70; J. J. Honegger, *Grundsteine einer allgemeinen Kulturgeschichte der neuesten Zeit*, 5 Bde, 1868-74; Fr. v. Hellwald, *Die Culturgeschichte in ihrer natürlichen Entwicklung bis zur Gegenwart*, 1874; O. Henne am Rhyn, *Allgemeine Kulturgeschichte*, 6 Bde, 1877-78; J. Lippert, *Kulturgeschichte der Menschheit*, 2 Bde, 1886-87; G. Hirth, *Kulturgeschichtliches Bilderbuch*, 6 Bde, 1881-1890.
151 Siehe F. Jodl, *Die Culturgeschichtsschreibung, ihre Entwicklung und*

ihr Problem, Halle 1878; E. Schaumkell, *Geschichte der deutschen Kulturgeschichtsschreibung*, a.a.O.; E. Spranger, *Allgemeine Kulturgeschichte und Methodenlehre*, in: *Archiv für Kulturgeschichte*, 9, 1911, S. 363 ff. (Literaturbericht); R. Vierhaus, *Kulturgeschichte*, in: *Handbuch der Geschichtsdidaktik*, hg. v. K. Bergmann u. a., Düsseldorf ²1985, S. 187 ff.

152 K. Lamprecht, *Was ist Kulturgeschichte?*, 1897, in: H. Schleier, *Karl Lamprecht. Alternative zu Ranke. Schriften zur Geschichtstheorie*, a.a.O., S. 213 ff.

153 Siehe E. Gothein, *Die Aufgaben der Kulturgeschichte*, Leipzig 1889.

154 Bis heute bleibt der Ausdruck, unterschiedlich terminologisiert, in den unterschiedlichsten Wissenschaften präsent. Allerdings sollte nicht übersehen werden, daß er sich auf zwei heterogene Traditionen bezieht: 1. auf die des weiten Kulturbegriffs der Aufklärung, der nahezu identisch mit dem Zivilisationsbegriff ist, und 2. auf den spezifisch deutschen, engen Kulturbegriff.

155 Vgl. dazu R. Noltenius, *Dichterfeiern in Deutschland*, München 1984, S. 249 f.

156 Zahlreiche Belege finden sich bei H. W. Rosenhaupt, *Der deutsche Dichter um die Jahrhundertwende und seine Abgelöstheit von der Gesellschaft*, Bern/Leipzig 1939.

157 Zum Wandel der Konzepte des Autors vgl. R. Bäumer, *Autor*, in: D. Borchmeyer/V. Zmegač, *Moderne Literatur in Grundbegriffen*, Frankfurt 1987, S. 29 ff. Vgl. auch H. Kreuzer, *Die Bohème. Analyse und Dokumentation der intellektuellen Subkultur vom 19. Jahrhundert bis zur Gegenwart*, Stuttgart 1971. Zum Verhältnis von »Moderne« und »Avantgarde« vgl. G. Bollenbeck, *Die Avantgarde als Bohème. Ein Diskussionsvorschlag*, in: J. M. Fischer/K. Prümm/ H. Scheuer (Hg.), *Erkundungen. Beiträge zu einem erweiterten Literaturbegriff*, Göttingen 1987, S. 10 ff. Auf eine nähere Bestimmung der künstlerischen Moderne wird hier verzicht. Vgl. dazu Viktor Zmegač, *Moderne/Modernität*, in: D. Borchmeyer/ders. (Hg.), *Moderne Literatur in Grundbegriffen*, a.a.O., S. 246 ff.

158 A. Wahl, *Deutsche Geschichte von der Reichsgründung bis zum Ausbruch des Weltkrieges*, Bd. 3, Stuttgart 1932, S. 85 f.

159 D. Sarason (Hg.), *Das Jahr 1913*, a.a.O., S. V.

160 J. Strzygowski, *Malerei, Plastik, Kunstforschung*, in: D. Sarason (Hg.), *Das Jahr 1913*, a.a.O., S. 480 f.; R. Wallaschek, *Musik*, in: ebd., S. 504.

161 H. Plessner etwa faßt 1924 »Buchhandel, Kunsthandel, Presse, Theater« unter dem Begriff »Kulturindustrie« zusammen (*Zur Soziologie*

der modernen Forschung und ihrer Organisation in der deutschen Universität, in: Ders., *Diesseits der Utopie*, Frankfurt a. M. 1974, S. 131).

162 *Kunst und Handwerk*, in: *Werke*, Berliner Ausgabe, Bd. 19, S. 261 f.

163 E. Troeltsch, *Die Revolution in der Wissenschaft*, in: *Schmollers Jahrbuch*, 45, 1921, H. 4, S. 66.

164 S. Fischer, *Bemerkungen zur Bücherkrise*, in: *Die literarische Welt*, 22. 10. 1926, S. 1 f.

165 E. Diederichs, *Die neue ›Tat‹*, in: *Die Tat*, H. 7, Oktober 1929, S. 481 ff.

166 Vgl. dazu K. Fritzsche, *Politische Romantik und Gegenrevolution. Fluchtwege in der Krise der bürgerlichen Gesellschaft: Das Beispiel des »Tat«-Kreises*, Frankfurt a. M. 1976, S. 45 ff.

167 Paul Valéry, *Die Krise des Geistes*, Frankfurt a. M. 1976, S. 7 f.

168 *Der Kampfbund für deutsche Kultur*, in: *Nationalsozialistische Monatshefte*, 2, Februar 1931, Nr. 11, S. 61 ff.

169 Vgl. dazu auch mit zahlreichen Belegen für den heterogenen Sprachgebrauch M. Pflaum, *Die Kultur-Zivilisation-Antithese im Deutschen*, a.a.O., S. 288.

170 A. Schäffle, *Abriß der Soziologie*, Tübingen 1906, S. 24.

171 R. Eucken, *Geistige Strömungen der Gegenwart*, Berlin/Leipzig ⁶1920, S. 244.

172 R. Goldscheid, *Soziologie*, in: D. Sarason (Hg.), *Das Jahr 1913*, a.a.O., S. 433. – Zur möglichen Begriffserweiterung von »Kultur« siehe *Brockhaus Konversationslexikon* 1901: »Kultur [...] bezeichnet teils die Thätigkeit, die auf einen Gegenstand gewendet wird, um ihn zu veredeln oder zu gewissen Zwecken geschickt zu machen, teils den Erfolg dieser Thätigkeit. Man spricht daher ebensowohl von der Kultur eines Ackers [...] als von der Kultur (Ausbildung) des Geistes, der Kultur (Pflege) der Wissenschaften, Künste u.s.w., wie endlich in ähnlichem Sinne wie Civilisation, indem man darunter die Arbeit und deren Ergebnis begreift, welche von einem Volke oder in einer Epoche oder im Laufe der Geschichte überhaupt zur Veredelung des Menschen und Vervollkommnung der menschlichen Gesellschaft vollbracht worden ist«.

173 Zwei Beispiele für die angestrengten Differenzierungs-Bemühungen:
»Nicht nur das Kultursubjekt, der Einzelne kennt eine nach innen gerichtete, sich genügende, intensive Strebigkeit neben einer nach aussen gewendeten, extensiven, sondern jede einzelne Willensrichtung ist von diesen beiden Daseinsweisen beherrscht. Hier heissen sie Zivilisa-

tion und Kultur, oder die kultur-technische und die kulturästhetische Phase im Kulturakt. Zivilisation bedeutet die Eroberungsphase einer jeglichen Willensrichtung, ihre ›künstliche‹ Periode und wirkt extensiv, während Kultur im engen Sinne des Ausdrucks zur Bejahung der personifizierten, sich genügenden Aktivität führt. [...] (Kultur) ruft individualisierte Totalitäten hervor, stellt die ›künstlerische‹ Periode der Willensrichtung dar, und wirkt intensiv. Die extensive und intensive, die künstliche und künstlerische oder die Zivilisations- und Kulturphase im engeren Sinne vermögen gar nicht auf die Dauer einander zu entbehren. ›Zivilisation‹ und ›Kultur‹ in meiner Darstellung machen den ›Körper‹ und die ›Seele‹ der Willensrichtungen und somit des Kulturaktes aus. Die dauerhafte Vernachlässigung einer dieser Bestimmungen oder die einseitige, übertriebene Kultivierung einer von beiden zieht den Zustand der Dekadenz nach sich. Die Zivilisationsphase verfällt dem chaotischen Naturzustand, während die ›künstlerische‹ Kulturphase in hohlen Kultus ausartet« (D. Koigen, *Ideen zur Philosophie der Kultur. Der Kulturakt*, München/Leipzig 1910, S. 573).

»Stellt man ›Kultur‹ einfach der ›Natur‹ gegenüber, so umfaßt sie alles, was seinen Ursprung in dem von Werten geleiteten menschlichen Tun hat, also auch rein technische Errungenschaften. Anders wenn Kultur (wie auch hier geschehen soll) zugleich in Gegensatz zu Zivilisation gebracht wird. Dann ist Kultur eine Einheit, nicht ein bloßes Nebeneinander von einzelnen zweckdienlichen Einrichtungen. [...] Kultureinheit wird [...] nur verwirklicht durch lebendige Form; ohne sie gibt es nur vereinzelte Kulturgüter und vereinzelte Personen, die durch Anteil an den Kulturgütern vielleicht Persönlichkeiten werden, niemals aber eine zugleich persönliche und sachliche Gesamtkultur. Wie Kultur, so hat auch Zivilisation eine persönliche und eine sachliche Bedeutung. Persönlich genommen ist sie die Summe äußerer Gewöhnungen und Unterordnungen, die den einzelnen zum brauchbaren Teile einer geordneten Gemeinschaft macht [...]. Sachlich verstanden ist Zivilisation die Summe der Einrichtungen, die das Leben einer geordneten Gemeinschaft ermöglichen oder erleichtern. Zivilisation geht indessen noch nicht dadurch in Kultur über, daß sie zur moralischen Pflicht wird. Setzt sich der Geist Gemeinschaft zum Ziele, dann muß er auch die äußere Ordnung dieser Gemeinschaft wollen; und zweifellos können Einrichtungen, die diese äußere Ordnung verbessern, zum Lebensberuf und damit zum Zentrum einer bewußten Persönlichkeit werden. Wenn aber keine Übersetzung in lebendige Formen eintritt [...], so bleibt der einzelne trotz aller Arbeit für die andern isolierte

Persönlichkeit« (J. Cohn, *Der Sinn der gegenwärtigen Kultur. Ein philosophischer Versuch*, Leipzig 1914, S. 111 f.).

174 H. St. Chamberlain, *Die Grundlagen des XIX. Jahrhunderts*, 1899, München 1909, Bd. 1., S. 305. Chamberlain unterscheidet werthierarchisch zwischen »Wissen« (= »Entdeckung und Wissenschaft«), »Civilisation« (= »Industrie, Wirtschaft, Politik und Kirche«) und »Kultur« (= »Weltanschauung, einschließlich Religion und Sittenlehre, Kunst«) (ebd., Bd. 2, S. 870 ff.).

175 Fr. Nietzsche, *Der Antichrist*, 1888, in: KSA, Bd. 6, S. 244. Selbstverständlich lassen sich bei Nietzsche auch Belege für die »Kultur-Zivilisation-Antithese« finden: »Die Höhepunkte der Cultur und der Civilisation liegen auseinander: man soll sich über den abgründlichen Antagonismus von Cultur und Civilisation nicht irreführen lassen. Die großen Momente der Cultur waren immer, moralisch geredet, Zeiten der Corruption; und wiederum waren die Epochen der gewollten und erzwungenen *Thierzähmung* des Menschen (›Civilisation‹ –) Zeiten der Unduldsamkeit für die geistigsten und kühnsten Naturen. Civilisation will etwas Anderes, als Cultur will: vielleicht etwas Umgekehrtes« (*Nachgelassene Fragmente*, 1888, in: KSA, Bd. 13, S. 485 f.). Auch daran zeigt sich, daß bei ihm der Begriffsgebrauch nicht terminologisiert ist.
Im übrigen wird die Pyramidenmetapher häufiger zur Veranschaulichung der funktionalen Abstufung gebraucht. So heißt es bei dem sozialdemokratischen Rechtswissenschaftler G. Radbruch: »Auf der breiten Grundfläche der Technik und Zivilisation steigt Stufe um Stufe der gewaltige Pyramidenbau der Kultur« (*Kulturlehre und Sozialismus. Ideologische Betrachtungen*, 1922, Berlin ³1949, S. 71). – In der 4., 5. und 6. Auflage von *Meyer's Konversationslexikon* enthält der Artikel *Zivilisation* eine funktionale Abstufung und eine temporale Abfolge: »Auch sonst versteht man unter Zivilisation noch nicht die vollendete und wahre, alle Seiten des innern und äußern Menschen umfassende Bildung, sondern erst die äußere Grundlage einer solchen, die Entäußerung der auf ungezügeltem Egoismus beruhenden und die Rechte der Mitmenschen beeinträchtigenden Handlungen, Sitten und Gewohnheiten. Die Zivilisation ist die Stufe, durch die ein barbarisches Volk hindurchgehen muß, um zur höhern Kultur in Industrie, Kunst, Wissenschaft und Gesinnung zu gelangen« (6. Aufl.).

176 C. Schmitt, *Der Wert des Staates und die Bedeutung des Einzelnen*, Tübingen 1914, S. 14. – Schmitt nicht nur als Kritiker von Weimar, sondern der wilhelminischen Gesellschaft stellt heraus P. P. Portinaro, *Kulturpessimismus und die Grenzen der Entzauberung*, in: *Kultur und Kulturwissenschaft um 1900*, a.a.O., S. 175 ff.

177 Vgl. dazu D. Groh, *Negative Integration und revolutionärer Attentis-mus. Die deutsche Sozialdemokratie am Vorabend des Ersten Welt-kriegs*, Frankfurt a. M./Berlin/Wien 1973, S. 663 ff.

178 Zum Aufkommen des Begriffs vgl. R. vom Bruch, *Weltpolitik als Kul-turmission. Auswärtige Kulturpolitik und Bildungsbürgertum in Deutschland am Vorabend des Ersten Weltkrieges*, Paderborn/Mün-chen/Wien/Zürich 1982, S. 14.

179 Zit. ebd., S. 15.

180 E. Troeltsch, *Die Ideen von 1914*, 1914, in: *Deutscher Geist und West-europa. Gesammelte kulturphilosophische Aufsätze und Reden*, hg. v. H. Baron. Tübingen 1925, S. 52 f.

181 *Aufruf an die Kulturwelt*, 4. 10. 1914, in: *Aufrufe und Reden deutscher Professoren im Ersten Weltkrieg*, hg. v. K. Böhme, Stuttgart 1975, S. 48 f. Vgl. auch die Sammlung *Deutsche Reden in schwerer Zeit*, 3 Bde. Berlin 1914/15 (Beiträge u. a. von U. v. Wilamowitz-Moellen-dorff, H. Delbrück, A. v. Harnack, Fr. Delitzsch, R. Leonhard, R. Stammler, Fr. Meinecke, E. Troeltsch).

182 Ausdrücklich verteidigt so E. Troeltsch den »Sonderweg« der Deut-schen, des Deutschen: »In der Tat, die Anklagen haben recht: Wir sind anders als die andern. Freilich hat nun das Anderssein auf diesem Ge-biete einen mehrfachen Sinn und verschiedenartige praktische Folgen. [...] Denn erstlich bedeutet dieses Anderssein in der Tat eine Zurück-gebliebenheit unserer politischen Entwickelung und Erziehung hinter der des Westens. [...] Hier müssen wir allerdings zu einer größeren Ausgleichung und Einheitlichkeit, zu einer breiteren Durchführung der im Westen längst selbstverständlichen Errungenschaften kommen. Zweitens bedeutet unser Anderssein eine mit unserer Geschichte und geographischen Lage gesetzte Notwendigkeit, die Folgerungen der westlichen Freiheitsideen einzuschränken durch die Aufrechterhal-tung einer starken zentralen Autorität. [...] Drittens aber und vor allem liegt in dem deutschen Geist und Wesen der Trieb, die moderne Freiheitsidee [...] anders zu empfinden und zu fühlen, sie in der Wur-zel anders zu begründen und in ihrem Wachstum anders auszurichten, als das im Westen geschehen ist« (*Die deutsche Idee von der Freiheit*, in: *Deutsche Zukunft*, Berlin 1916, S. 17 f.).
Siehe auch H. Oncken: »Heute stehen wir in einem Machtringen der nationalen Kulturen, in dem eine jede alle von ihr hervorgebrachten Werte zu einer großen Kraft zusammengeballt hat; und *unsere* Über-legenheit besteht darin, daß wir die lebensvollste Kombination *aller* Arten von Kulturwerten, der ideellen wie der materiellen, der histori-schen wie der modernen, der ethischen und der organisatorischen

verkörpern. Das aber bleibt nach dem Kriege die edelste Aufgabe: daß
der Zugang zu den nationalen Kulturgütern, unter Niederlegung aller
klassenmäßigen Hemmungen, allen, die daran teilhaben können, auch
tatsächlich eröffnet wird, daß die Bildung des einzelnen in einem noch
höheren Grade als bisher eine Ehrensache der staatlichen Gemeinschaft wird« (*Die Deutschen auf dem Wege zur einigen und freien
Nation*, 1915, in: *Aufrufe und Reden deutscher Professoren im Ersten
Weltkrieg*, a.a.O., S. 108).
Der amerikanische Soziologe Th. Veblen sieht 1915 den deutschen
»Sonderweg« eher als einen Zick-Zack-Kurs zwischen zwei Polen,
einer forcierten Industrialisierung einerseits, dem Beharren in überkommenen, feudalen Strukturen andererseits – »the chief distinctive
characteristic of the German culture being a retarded adherence to
certain mediaeval or submediaeval habits of thought [...]. So seen in its
historical setting and in the light of the circumstances that have shaped
it and that will continue to determine its further life-history [...] – this
variant of the Western civilisation is evidently an exceptionally un-
stable, transitory, and in a sense unripe phase. Compromising, rather
than combining, certain archaic elements – as [...] its traditional penchant for Romantic metaphysics and feudalistic loyalty – together with
some of the latest ramifications of the machine industry, it necessarily
lacks the degreee of homogeneity in its logic and orientation that
would characterise a maturer cultural complex. [...] Such is, of course,
not the appraisal of the spokesmen of this culture, in whose apprehen-
sion it necessarily stands as a finality, since it is all their own. And
doubtless, sound and kindly men as they are, they are sincerely con-
cerned to benefit mankind at large by its extension over the civilised
world. Indeed, in their appraisal, as it abundantly comes into view,
much is made of the stability, poise, deliberation and ›profundity‹ of
the national character in which this culture is conceived to be embed-
ded. Doubtless, a penchant for profundity and deliberation bulks large
among the habits of those who cultivate this culture. But nothing can
be more profoundly and meticulously deliberate than the measured
footsteps of the man who no longer knows where he is going, though
he is on his way« (Th. Veblen, *Imperial Germany and the Industrial
Revolution*, 1915, New York ⁴1954, S. 238 ff.).
183 Von E. R. Curtius stammt der Hinweis auf die Inschrift eines französischen Kriegerdenkmals in Les Eyzies (Dordogne): »Tous ceux qui
sont morts pour la civilisation« (*Wandlungen des französischen Kulturbewußtseins*, in: *Deutsch-französische Rundschau*, 1, 1928, H. 9,
S. 728). Ob dieser Hinweis allerdings den Schluß erlaubt, daß »der

Krieg zum Kampf für oder gegen die Kultur bzw. Zivilisation« wurde, wie J. Fisch behauptet, kann bezweifelt werden (*Zivilisation*, a.a.O., S. 759).

In der französischen Propaganda spielt die vermeintliche Lebensweise der Deutschen, charakterisiert durch Gefräßigkeit und Trinklust, mangelnden Sparsinn, Gewinnsucht, fehlende Moral und Menschlichkeit, eine große Rolle. Vgl. dazu G. Huber, *Die französische Propaganda im Weltkrieg gegen Deutschland 1914 bis 1918*, München 1918. – Aus französischer Perspektive É. Durkheim, »*Deutschland über alles*«. *Die deutsche Gesinnung und der Krieg*, Lausanne 1915. Er unternimmt hier den Versuch, aus den Schriften H. v. Treitschkes ihre Grundzüge zu bestimmen: »Welches sind die wesentlichen Merkmale dieser Gesinnung? – Man hat sie bisweilen als materialistisch bezeichnet. Der Ausdruck ist unrichtig und ungerecht. Treitschke, Bernhardi, alle Theoretiker der alldeutschen Bewegung halten, im Gegenteil, den Materialismus für einen Feind, den man nicht heftig genug bekämpfen könne. [...] Sie verherrlichen, dagegen, den Krieg, weil er eine Schule der Selbstaufopferung sei. Nachsicht gegen sinnliche Begierden würde man schwerlich bei ihnen finden, im Gegenteil, ihre ganze Lehre durchzieht gleichsam ein Hauch asketischen und mystischen Idealismus. Der Zweck, dem die Menschen, wie sie verlangen, sich aufopfern sollen, überragt unendlich die Sphäre der materiellen Interessen. – Dieser Idealismus, jedoch, hat etwas Abnormes und Schädliches, und ist deshalb eine Gefahr für die ganze Menschheit« (S. 45).

184 »(Unsere) Aufmerksamkeit (richtete sich) mehr und mehr auf den geistigen Krieg, den Kulturkrieg, den unsere Gegner in der ganzen Welt, bei sich, bei den Neutralen, ja bei den Kolonialen gegen uns schüren und hetzen. [...] Wir lernten in ihm eines der ernstesten und gefährlichsten Kriegsmittel, dessen Gefährlichkeit darin besteht, daß es unabhängig von den militärischen Entscheidungen fortgeht und deren politische Wirkungen aufzuheben trachtet, daß es überhaupt dem Krieg der Waffen, der Diplomatie, der wirtschaftlichen Gütervernichtung, der Aushungerung noch ein ganz besonderes, dauerhaftes geistig-seelisches Gift beimischt. Dieses Gift verpestet alle Brunnen der öffentlichen Meinung und kann durch Erfolge der Waffen nicht auch seinerseits beseitigt werden, sondern ist bestimmt, sie zu überdauern als der Same neuen Hasses und neuen Krieges« (E. Troeltsch, *Der Kulturkrieg*, 1915, in: *Deutsche Reden in schwerer Zeit*, Bd. 3, Berlin 1915, S. 210 f.).

K. Joel bezeichnet den Weltkrieg als »Kulturkampf«, nicht ohne »Kultur« von »Zivilisation« nationalistisch abzugrenzen: »Wie aber kann man um Kultur kämpfen? Ist Kultur nicht das gemeinsame und darum einigende Gut der Völker, ihre Ausgleichung zur Weltbürgerlichkeit, ihre Zähmung und Sänftigung gegenüber der Barbarei partikularer Leidenschaften? Dann wäre Kultur eins mit Zivilisation, mit der bürgerlichen Einfriedung der Menschheit, mit ihrer Ausglättung zur allgemeinen Gesellschaft; dann allerdings gäbe es keinen Streit um Kultur, weil es keine nationalen Kulturen gäbe, wie es eben nur eine Zivilisation gibt. Denn sie ist die Abschleifung, der allgemeine Schliff, der die Menschen uniformiert. Sie kommt wie Schere und Öl über sie, das wilde Gelock gleichmäßig frisierend. Sie kommt wie Seife und Handschuh; sie säubert, aber sie nährt nicht; sie verdeckt die Natur, aber sie entfaltet sie nicht; sie formt, aber sie bildet nicht. Und in alledem ist ihre Ergänzung die Kultur, d. h. die Ausbildung einer vorhandenen Natur [...]. Die Zivilisation ordnet als Sitte das Verhältnis der Menschen und verfeinert persönliche Formen; die Kultur schafft Werte als sachliche Inhalte [...]. Die Zivilisation regelt von außen, mechanisch; die Kultur entfaltet von innen organisch« (*Neue Weltkultur*, Leipzig 1915, S. 5 f.). – Zu den »Ideen von 1914« vgl. Fr. Fischer, *Griff nach der Weltmacht*, Düsseldorf ⁴1971, S. 184 ff. – Zum »Kulturkrieg« vgl. Fr. K. Ringer, *Die Gelehrten*, a.a.O., S. 170 ff.

185 Den Prozeß der kollektiven Ernüchterung beschreibt, aus Sicht der revolutionären Sozialdemokratie und sich auf »Kultur« berufend, Rosa Luxemburg: »Die Szene hat gründlich gewechselt. Der Marsch in sechs Wochen nach Paris hat sich zu einem Weltdrama ausgewachsen; die Massenschlächterei ist zum ermüdend eintönigen Tagesgeschäft geworden [...]. – Vorbei ist der Rausch. Vorbei der patriotische Lärm in den Straßen [...]. – Die Regie ist aus. Die deutschen Gelehrten, die ›wankenden Lemuren‹, sind längst zurückgepfiffen. Die Reservistenzüge werden nicht mehr vom lauten Jubel der nachstürzenden Jungfrauen begleitet [...]. – In der nüchternen Atmosphäre des bleichen Tages tönt ein anderer Chorus: der heisere Schrei der Geier und Hyänen des Schlachtfeldes. Zehntausend Zeltbahnen, garantiert vorschriftsmäßig! Hunderttausend Kilo Speck, Kakaopulver, Kaffee-Ersatz, nur per Kasse, sofort lieferbar! [...] – Geschändet, entehrt, im Blute watend, von Schmutz triefend – so steht die bürgerliche Gesellschaft da, so ist sie. Nicht wenn sie, geleckt und sittsam, Kultur, Philosophie und Ethik, Ordnung, Frieden und Rechtsstaat mimt – als reißende Bestie, als Hexensabbat der Anarchie, als Pesthauch für Kultur und Menschheit, so zeigt sie sich in ihrer wahren, nackten Gestalt« (*Die Krise der Sozialdemokratie*, 1916, in: *Gesammelte Werke*, Bd. 4, Berlin-O. 1979, S. 51 ff.).

186 H. St. Chamberlain, *Die Grundlagen des XIX. Jahrhunderts*, a.a.O.,
     Bd. 2, S. 878. – Zum Ausdruck und seiner Genese im Zusammenhang
     des Untergangs der großen Systeme des deutschen Idealismus vgl.
     H. Schnädelbach, *Weltanschauung*, in: *Lexikon zur Geschichte der Po-
     litik im 20. Jahrhundert*, Bd. 3, München 1974, S. 858 f.

187 F. A. Lange, *Geschichte des Materialismus*, a.a.O., Bd. 2, S. 897 ff. –
     Ein Beispiel dafür, daß der Kritiker des Kulturkritikers von dessen
     »spähendem Jägerblick« beeindruckt wird, ist Adornos Essay über
     Oswald Spengler: *Spengler nach dem Untergang*, in: *Prismen. Kultur-
     kritik und Gesellschaft*, Frankfurt a. M. 1955, S. 51 ff.

188 Vgl. dazu F. Stern, *Kulturpessimismus als politische Gefahr*, a.a.O.

189 O. Spengler, *Der Untergang des Abendlandes*, Bd. 1, 1918, München
     ⁶⁶1931, S. 43

190 *Tafel »gleichzeitiger« Kunstepochen*, ebd., S. 67 ff. Programmatischer
     gefaßt, mit fatalistischem Pessimismus: »Der Untergang des Abend-
     landes [...] bedeutet nichts Geringeres als das Problem der *Zivilisa-
     tion*. [...] Die Zivilisation ist das unausweichliche *Schicksal* einer
     Kultur. Hier ist der Gipfel erreicht [...]. Zivilisationen sind die *äußer-
     sten* und *künstlichsten* Zustände, deren eine höhere Art von Menschen
     fähig ist. Sie sind ein Abschluß; sie folgen dem Werden als das Gewor-
     dene, dem Leben als der Tod, der Entwicklung als die Starrheit, dem
     Lande und der seelischen Kindheit [...] als das geistige Greisentum
     und die steinerne, versteinernde Weltstadt. Sie sind ein *Ende*, unwider-
     ruflich, aber sie sind mit innerster Notwendigkeit immer wieder
     erreicht worden« (ebd., S. 41).

191 W. Rathenau, *Zur Mechanik des Geistes oder vom Reich der Seele*,
     1913, in: *Hauptwerke und Gespräche*, hg. v. E. Schulin, Mün-
     chen/Heidelberg 1977, S. 125. Zu Rathenau vgl. H. D. Hellige, *Wal-
     ther Rathenau: ein Kritiker der Moderne als Organisator des Kapita-
     lismus. Entgegnung auf T. P. Hughes' systemhistorische Rathenau
     Interpretation*, in: *Ein Mann vieler Eigenschaften. Walther Rathenau
     und die Kultur der Moderne*, hg. v. T. Buddensieg u. a., Berlin 1990,
     S. 32 ff.

192 W. Rathenau, *Von kommenden Dingen*, 1917, in: *Hauptwerke und
     Gespräche*, a.a.O., S. 347. Siehe auch *Zur Mechanik des Geistes*,
     a.a.O.: »Nicht Einrichtungen, Gesetze und Menschen schaffen das
     neue Leben, sondern Gesinnungen; den Gesinnungen des neuen Le-
     bens aber folgen widerstandslos Einrichtungen, Gesetze und Men-
     schen« (S. 280).

193 »If culture, then, is a study of perfection, and of harmonious perfec-
     tion, general perfection, and perfection which consists in becoming

something rather than in having something, in an inward condition of
the mind and spirit, not in an outward set of circumstances, – it is clear
that culture, instead of being the frivolous and useless thing which [...]
many [...] Liberals are apt to call it, has a very important function to
fulfil for mankind. And this function is particulary important in our
modern world, of which the whole civilization is, to a much greater
degree than the civilization of Greece and Rome, mechanical and ex-
ternal, and tends constantly to become more so« (M. Arnold, *Culture
and Anarchy*, 1867, hg. v. R. H. Super, Ann Arbor 1980, S. 95). – Zu
unterscheiden wäre zwischen einer »philosophischen« Kritik an der
Fortschrittsgläubigkeit, wie sie bereits bei Novalis, E. Burke, A. Müller, dann bei Schopenhauer, Kierkegaard oder Nietzsche zu finden ist,
und der theoriegeschichtlich weniger interessanten, aber sozialgeschichtlich folgenreicheren »Kulturkritik«. Vgl. dazu W. v. Bre-
dow/Th. Noetzel, *»Lehren« des Abgrunds. Politische Theorie für das
19. Jahrhundert*, Münster 1991.

194 Vgl. J. Starobinski, *Das Wort Zivilisation*, a.a.O., S. 20.

195 H. Heller, *Rechtsstaat oder Diktatur?*, Tübingen 1930, S. 17 f.

196 E. Spranger, *Das deutsche Bildungsideal der Gegenwart in geschichts-
philosophischer Beleuchtung*, 1926, in: *Gesammelte Schriften*, Bd. V:
Kulturphilosophie und Kulturkritik, hg. v. H. Wenke, Tübingen 1969,
S. 103.

197 Vgl. dazu H. Lethen, *Neue Sachlichkeit 1924-1932. Studien zur Literatur des »Weißen Sozialismus«*, Stuttgart ²1975. – Auf eine Auflistung
der zahlreichen Beiträge zur Geschichte wie zur »Kultur« der Weimarer Republik wird hier verzichtet. Einen interessanten Versuch, Modernisierung und Modernisierungskrise historiographisch darzustellen, bietet D. Peukert, *Die Weimarer Republik. Krisenjahre der
klassischen Moderne*. Frankfurt a. M. 1987. Einen souveränen Überblick, auch mit vergleichendem Rückblick in die Vorkriegszeit, bietet
H. Kreuzer, *Kultur und Gesellschaft in der Weimarer Republik*, in:
P. Seibert/R. Bäumer/G. Bollenbeck (Hg.), *Helmut Kreuzer. Aufklärung über Literatur. Epochen, Probleme, Tendenzen* (= Ausgewählte
Aufsätze, Bd. 1), Heidelberg 1992, S. 100 ff.

198 Siehe A. Halfeld, *Amerika und der Amerikanismus. Kritische Betrachtungen eines Deutschen und Europäers*, Jena 1927, S. 49 ff. – In einem
Brief an seinen Autor A. Halfeld schreibt der Verleger E. Diederichs
am 7.12. 1927, das Buch werde wenig beachtet, auch weil die deutsche
Presse »veramerikanisiert« sei; es fehlten die Stimmen, »die auf die
innere Entscheidung aufmerksam machen: mechanisiertes Leben oder
organische Lebensauffassung. Und doch lebt im Volke eine ganze

Schicht, die sich gegen die Amerikanisierung auflehnt« (in: L. v. Strauß und Torney-Diederichs (Hg.), *Eugen Diederichs. Leben und Werk*, Jena 1936, S. 412).

199 Brief von M. Havenstein an O. Schumann, 25. 3. 1932, in: *Deutsche Bildung? Briefwechsel zweier Schulmänner. Otto Schumann - Martin Havenstein 1930-1944*, hg. v. N. Hammerstein, Frankfurt a. M. 1988, S. 48. Zum Wahlverhalten vgl. J. W. Falter, *Hitlers Wähler*, München 1991.

200 »Wir stehen heute vor der Tatsache, daß Hand in Hand mit dem von volksfeindlichen Kräften geförderten politischen Niedergang auch ein planmäßiger Kampf gegen sämtliche deutsche Kulturwerte geführt wird. Rassefremdes Literatentum, verbündet mit den Abfällen der Großstädte, gefördert und finanziert durch gleichgerichtete, schmarotzende Emporkömmlinge, hat sich mehr denn je zusammengetan, um dem deutschen Charakter seine letzte Widerstandskraft gegen ihm feindliches Wesen zu rauben. [...] An Stelle des Volksgemäßen tritt auf allen kulturellen Gebieten der internationale Bastard offen in den Vordergrund, selbstbewußt gemacht durch die Kenntnis der Macht der hinter ihm stehenden finanzkapitalistischen Kräfte und der internationalen, nur zufällig noch deutsch-geschriebenen Presse. An Stelle der germanischen Werte von Mut, Ehre, Rechtlichkeit werden bereits nahezu ohne jede Gegenwirkung Pazifismus, Feigheit, Schiebertum als fortschrittlich und geistig gepriesen« (A. Rosenberg, *Kampf gegen den kulturellen Niedergang*, 1928, in: *Blut und Ehre. Ein Kampf für deutsche Wiedergeburt. Reden und Aufsätze aus den Jahren 1919-1933*, München 1934, S. 231). – »(Genau) so, wie wir gegen den Begriff einer bürgerlichen Kultur protestierten, so glaubten wir auch, ihr nicht den Begriff einer Arbeiterkultur gegenüberstellen zu können, weil dieser Begriff einer Arbeiterkultur zu einem neuen fremden Element werden könnte, das nicht fruchtbar sich für Deutschland auswirken konnte, und weil wir der Überzeugung sind, daß es keine Arbeiterkultur und keine Bürgerkultur, sondern nur eine deutsche Volkskultur gibt« (ders., *Arbeitertum und Kultur*, 1934, in: *Gestaltung der Idee. Reden und Aufsätze von 1933-1935*, München 1936, S. 188).

IV. Das unrühmliche Ende des semantischen Sonderwegs

1 H. Freyer, *Zur Bildungskrise der Gegenwart*, a.a.O., S. 597. Zu Freyer vgl. G. Schäfer, *Wider die Inszenierung des Vergessens. Hans Freyer und die Soziologie in Leipzig 1925-1945*, in: *Jahrbuch für Soziologiegeschichte*, 1990, S. 121 ff.

2 Ein ähnlicher soziologischer Befund findet sich beim jungen Horkheimer: »Die Grade der zeitgemässen Bildung haben völlig aufgehört, Stufen der Erkenntnis zu sein; sie bezeichnen Unterschiede einer eitlen, mit dem Anschein philosophischer Tiefe operierenden Routine. In dem, was sich in der sogenannten geistigen Welt abspielt, so beschlagen zu sein, dass es Verwandtschaft mit ihr verrät, das Tragen einer zeitgemässen kulturellen Montur – bedeutet heute grössere und endgültigere Entfernung von der Sache der Freiheit als ein gut sitzender Anzug aus richtigem Stoff. Diesen kann man ausziehen, jene Verwandtschaft bloss verleugnen« (*Dämmerung. Notizen in Deutschland*, Zürich 1934, S. 150).

3 C. Schmitt, *Das Zeitalter der Neutralisierungen und Entpolitisierungen*, in: Ders., *Der Begriff des Politischen*, 1927, Berlin 1963, S. 94. – Ein ähnliches Verhältnis von Anerkennung und Bruch ist auch für E. Jünger charakteristisch, wenn er schreibt: »Wenn [...] die Zeitkritik den vollkommenen Untergang feststellt und mit Symbolen belegt, so sei ihr diese Feststellung unbestritten eingeräumt. Dieses Urteil kann jedoch nur für die Zeit Gültigkeit beanspruchen, der die Kritik selbst angehört. Ihre Aufgabe ist die Schilderung des ungeheuren Todesprozesses, dessen wir Zeugen sind. Dieses Streben bezieht sich auf die bürgerliche Welt und die Werte, die sie verwaltet hat. Es greift insofern über die bürgerliche Welt hinaus, als der Bürger selbst nur Erbe und nichts als Erbe ist und mit seinem Untergang ein sehr altes Erbteil als aufgezehrt erscheint« (*Der Arbeiter. Herrschaft und Gestalt*, 1932, Stuttgart 1982, S. 205; diese Ausgabe gibt den Text der 3. Auflage 1942 wieder). Zum *Arbeiter* als »Entwurf eines ästhetischen faschistischen Modernitätskonzepts« vgl. U.-K. Ketelsen, *Ernst Jüngers »Der Arbeiter« – Ein faschistisches Modernitätsprinzip*, in: H. Brackert/F. Wefelmeyer (Hg.), *Kultur. Bestimmungen im 20. Jahrhundert*, a.a.O., S. 219 ff.

4 Zur Freund-Feind-Unterscheidung bei Freyer vgl. ders., *Das Politische als Problem der Philosophie*, 1935, in: *Herrschaft, Planung und Technik*, hg. v. E. Üner, Weinheim 1987, S. 53. Für Freyer ist »das Politische« das »Feld der Taten«, auf ihm wächst nicht die »Kultur überhaupt« – diese wird mit dem emphatischen Singular abgelehnt –, »sondern diese Religion, diese Kunst, diese Wissenschaft und Philosophie«. Zum »Kulturstaat« schreibt er: »Jeder *Dualismus* zwischen Kultur als einer in sich geschloßnen Wertgestalt und dem Staat als einem realen Subjekt, das diesen idealen Sinngehalt praktisch zu realisieren hätte, sogar jeder Dualismus, der Staat und Kultur wie Form und Inhalt in Beziehung setzt, führt so oder so zum Begriff des ›Kulturstaates‹, wie er um 1900 im Schwange war. Dieser Begriff des Kulturstaates ist *au fonds* liberal, denn er läßt es mindestens dahingestellt, ob sich nicht die Kultur, auf Grund

ihrer eigenen Strahlungskraft, auch unpolitisch in der Wirklichkeit durchzusetzen vermöchte« (ebd., S. 63 f.).

5 Vgl. dazu I. Kershaw, *Der Hitler-Mythus. Volksmeinung und Propaganda im Dritten Reich*, Stuttgart 1980, S. 27 f. – Zur Disposition der Mandarine, zum Zusammenhang von »Gemeinschaft«, dem »Ganzen«, Haß auf die Klassengesellschaft und »Kulturverfall« vgl. F. K. Ringer, *Die Gelehrten*, a.a.O., S. 385 ff.

6 Schrille, antibürgerliche Töne gibt es, sie sollten aber nicht überschätzt werden. »Wenn ich Kultur höre«, sagt Friedrich Thiemann, ein Kamerad Schlageters, »entsichere ich meinen Browning« (Hanns Johst, *Schlageter. Schauspiel*, München 1933, S. 26).

7 J. P. Faye, *Totalitäre Sprachen. Kritik der narrativen Vernunft. Kritik der narrativen Ökonomie*, Berlin 1977, Bd. 2, S. 643. Faye bezieht sich auf E. v. Salomon, der berichtet, daß Hans Zehrer Hitler (und die Nationalsozialisten) als »stummen Gast« innerhalb der Debatten vor 1933 bezeichnet habe (siehe *Der Fragebogen*, 1951, Reinbek b. Hamburg 1991, S. 182 f.).

8 A. Rosenberg, *Der Mythus des 20. Jahrhunderts. Eine Wertung der seelisch-geistigen Gestaltungskämpfe unserer Zeit*, 1930, München 1943. S. 154.

9 A. Hitler, *Mein Kampf*, 1925/1927, München 1941, S. 469.

10 A. Speer, *Erinnerungen*, Frankfurt a. M. 1970, S. 73.

11 Vgl. dazu H. Heiber, *Universität unterm Hakenkreuz*, Teil II: *Die Kapitulation der Hohen Schulen*, Bd. 1: *Das Jahr 1933 und seine Themen*, München/London/New York/Paris 1992; K. H. Jarausch, *Die unfreien Professionen. Überlegungen zu den Wandlungsprozessen im deutschen Bildungsbürgertum 1900-1955*, a.a.O., S. 124 ff.

12 L. Kühn, *Kulturerneuerung und Kulturhöhe*, in: *Die deutsche Kämpferin. Stimmen zur Gestaltung der wahrhaftigen Volksgemeinschaft*, 1934; zit. nach U. Engelhardt, *»Bildungsbürgertum«*, a.a.O., S. 172.

13 Vgl. R. Williams, *Mobile Privatisierung*, in: *Argument*, 144, S. 260 ff.; H. D. Schäfer, *Das gespaltene Bewußtsein. Über die Lebenswirklichkeit in Deutschland 1933-1945*, München 1981, S. 114 ff.

14 Vgl. dazu H. D. Schäfer, *Amerikanismus im Dritten Reich*, in: M. Prinz/R. Zitelmann (Hg.), *Nationalsozialismus und Modernisierung*, Darmstadt 1991, S. 199 ff.

15 E. Spranger, *März 1933*, in: *Die Erziehung*, 8, 1932/33, H. 7, S. 408.

16 K. Löwith, *Mein Leben in Deutschland vor und nach 1933. Ein Bericht*, Frankfurt a. M. 1989, S. 114.

17 A. Rosenberg, *Kultur und Technik*, 1935, in: Ders., *Gestaltung der Idee*, a.a.O., S. 319 f. »Technik« geht für Rosenberg »auf einen ewigen

germanischen Antrieb« zurück (*Der Mythus des 20. Jahrhunderts*, a.a.O., S. 142).

Ein Beispiel für den Unterschied zwischen dem alten zivilisations- und technikkritischen Räsonnement einerseits, dem nationalsozialistischen Versprechen einer Versöhnung von Technik und erdnahem »Sein« andererseits? J. Gaulke klagt 1913: »Unsere Kultur ist auf den toten Punkt gelangt und wird infolge der rapiden technischen Entwicklung wohl bald als eine historische Erscheinung in Betracht kommen. Jede neue technische Erfindung bringt uns dem kulturellen Verfall näher. Dem Automobil, jenem bevorzugten Vehikel der herrschenden Klasse, das den Neid, aber noch mehr den Unwillen der Besitzlosen erregt, ist eine symbolische Bedeutung beizumessen. Es symbolisiert durch sein rasendes Tempo so recht die Anschauungswelt des kapitalistischen Menschen, der, von Erwerbsplänen beherrscht, sich keine Zeit mehr gönnt zum Genießen, und infolgedessen auch gar nicht dazu kommt, sich Kultur anzueignen. Wir leben nur noch von der Tradition, neue Kulturwerte werden nicht mehr geschaffen« (*Die ästhetische Kultur des Kapitalismus*, Berlin 1909, S. 174). – A. Rosenberg schreibt: »Jetzt sind alle Wege frei, um unbefangen eine strenge ingenieursmäßige Gesetzmäßigkeit mit der auf die ewigen Werte und Formen der eigenen Überlieferung, der eigenen Art überhaupt zurückgehenden Kraft zu gestalten. Eine kommende Zeit wird deshalb nie mehr Fabriken wie Villen bauen und nie Wohnhäuser wie Operationssäle, sondern wird jede Aufgabe von ihrer inneren Notwendigkeit, eben auf der Grundlage einer neu erfühlten und weltanschaulich endlich gefestigten Weise zu gestalten suchen. Und während früher die Technik nicht selten die deutsche Landschaft zerstörte, entsteht aus dem Willen des Führers heraus heute eine nie dagewesene, durchaus unserer Zeit gehörige, mit allen technischen Mitteln des 20. Jahrhunderts ausgestattete Reichsautobahn, die aber nicht in öder Form die deutsche Landschaft mißbraucht, sondern aus einer neuen, Natur und Technik verbindenden weltanschaulichen Haltung heraus die Schönheit Deutschlands auch allen jenen neu erschließen wird, die bisher in den Großstädten nicht immer ihrer teilhaftig werden konnten« (*Kultur und Technik*, a.a.O., S. 326 f.).

18 In seinen Erinnerungen berichtet Löwith von einem befreundeten Physiker, der nach 1933 rasch »Anschluß« fand, nicht nur deshalb, weil er die angestrebte ordentliche Professur bekam. Der Grund dafür lag für Löwith auch »in einem weltanschaulichen Technizismus, für den er in E. Jünger die geistige Anregung fand. Was ihn am Nationalsozialismus anzog, war weder das Nationale noch das Soziale«. Es war »die radikale Rationalisierung des Lebens durch die politische Anwendung aller

technischen Möglichkeiten« (*Mein Leben in Deutschland*, a.a.O., S. 73).

19 Wichtige Anregungen verdanke ich U. Maas, *»Als der Geist der Gemeinschaft eine Sprache fand«. Sprache im Nationalsozialismus. Versuch einer historischen Argumentationsanalyse*, Opladen 1984. Vgl. auch K. Ehlich (Hg.), *Sprache im Faschismus*, Frankfurt a. M. 1989.

20 So heißt es bei A. Rosenberg über Lagarde: »Unter den Männern, die einst als Propheten der neuen Weltanschauung und Miterbauer des völkischen Staates genannt sein werden, strahlt einer besonders heraus: Paul de Lagarde« (*Paul de Lagarde*, in: *Blut und Ehre. Ein Kampf für deutsche Wiedergeburt*, a.a.O., S. 228).

21 Im Exil läßt sich eine Gegenbewegung beobachten, die »Bildung«, vor allem aber »Kultur« einen verstärkt emanzipatorischen Begriffsinhalt verleiht. Ein Höhepunkt dieses Bestrebens ist der *Internationale Schriftstellerkongress zur Verteidigung der Kultur*, der im Juni 1935 in Paris stattfand. Der Aufruf zum Kongreß enthält einen Arbeitsplan mit acht übergreifenden Themen, die dem Deutungsmuster entnommen sind: »1. Das Kulturerbe, 2. Humanismus, 3. Nation und Kultur, 4. Individuum, 5. Die Würde des Denkens, 6. Die Rolle des Schriftstellers in der Gesellschaft, 7. Literarisches Schaffen, 8. Die Tätigkeit des Schriftstellers zur Verteidigung der Kultur«. Vgl. dazu D. Schiller/K. Pech/R. Herrmann/M. Hahn, *Exil in Frankreich*, Frankfurt a. M. 1981, S. 207. – Auch die französische Linke beruft sich in ihrem Kampf auf »culture« und nicht auf »civilisation«. Bei Jacques Duclos (KPF) heißt es 1935: »En luttant contre le fascisme, nous luttons pour la culture« (zit. nach J. Fisch, *Zivilisation*, a.a.O., S. 767). Fisch vermutet zu Recht, daß die europäische Linke den Ausdruck »Kultur« unter dem Einfluß des russischen »kultura« bevorzuge. Allerdings sollte die Wirkung des Vorbilds Sowjetunion nicht überschätzt werden. Wichtiger scheint mir, gerade mit Blick auf das Frankreich der 20er und 30er Jahre, der wachsende Einfluß des deutschen Geisteslebens wie auch Krisenerfahrungen, die den fortschrittsgewissen Zivilisationsbegriff unterminieren. – Die Funktion des emanzipatorischen Begriffsinhalts von »Kultur« innerhalb des Antifaschismus wäre eine eigene Untersuchung wert. Am Beispiel Th. Manns vgl. G. Bollenbeck, *Politik drängt sich auf. »Bürgerliches Künstlertum« und reflexives Sonderwegbewußtsein bei Th. Mann*, in: H. Scheuer (Hg.), *Die Dichter und ihre Nation*. Frankfurt a. M. 1992, S. 392.

22 Auf eine Präsentation der Einzelwissenschaften wird hier verzichtet. 1942 prägt E. Rothacker mit »Kulturanthropologie« ein neues Kompositum, das nach dem Krieg, auch dank Gehlens, Karriere macht. Wissen-

schaftsgeschichtlich wäre es wert zu untersuchen, wie sich mit dem Wort Vorstellungen der semantischen Teilmodernisierung verbinden, die mit dem Deutungsmuster brechen. So etwa 1942 bei A. Gehlen, wenn er definiert: »(Unter) *Handlung* soll die voraussehende, planende Veränderung der Wirklichkeit verstanden werden, und der Inbegriff der so veränderten bzw. neugeschaffenen Tatsachen samt der dazu nötigen Mittel, sowohl der ›Vorstellungsmittel‹, als der ›Sachmittel‹ soll *Kultur* heißen« (*Zur Systematik der Anthropologie*, in: N. Hartmann [Hg.], *Systematische Philosophie*, Stuttgart/Berlin 1942, S. 12).

23 Chr. Steding, *Das Reich und die Krankheit der europäischen Kultur*, Hamburg 1938, S. XXXIX.

24 W. Flitner, *Die deutsche Erziehungslage nach dem 5. März 1933*, in: *Die Erziehung*, 8, 1932/33, H. 7, S. 409 ff. – Vorsichtiger, auch skeptischer äußert sich Th. Litt: er pocht gegenüber dem Nationalsozialismus, dessen geschichtliche und politische Macht er anerkennt, auf das klassisch-humanistische Ideal der Autonomie der Geisteswissenschaften: »Es ist die erfüllte Aktualität des geschichtlichen Augenblicks, die uns in Gestalt dieses Staates gegenübertritt und uns in ihren Bann zieht. Andererseits ›die Geisteswissenschaften‹: das ist nicht eine der geschichtlichen Stunde verhaftete, in den Wandel der geschichtlichen Ereignisse hineingeflochtene Frage und Aufgabe. Vielmehr ist mit diesem Wort eine Art des Sehens und Deutens bezeichnet, die grundsätzlich *allen* erdenklichen geschichtlichen Lagen, Wandlungen und Ereignissen gegenüber nicht nur möglich, sondern gefordert ist« (*Die Stellung der Geisteswissenschaften im nationalsozialistischen Staate*, in: *Die Erziehung*, 9, 1933/34, H. 1, S. 12).

25 F. Martini, *Verfall und Neuordnung in der deutschen Dichtung seit dem 19. Jahrhundert*, in: *Von deutscher Art und Dichtung*, hg. v. G. Fricke/F. Koch/K. Lugowski, Bd. 4, Stuttgart/Berlin 1941, S. 367 f.

26 Zit. nach A. Reif (Hg.), *Albert Speer. Technik und Macht*, Esslingen am Neckar, 1979, S. 79 f.

27 P. Rohrbach, *Der Deutsche Gedanke in der Welt*, Neubearbeitung 1940 (193.-202. Tsd.), Leipzig 1940, S. 173, 161.

28 Chr. Steding, *Das Reich*, a.a.O., S. 499 f.

29 Vgl. dazu J. Herf, *Reactionary modernism. Technology, culture, and politics in Weimar and the Third Reich*, Cambridge 1984. Von einem »Stoß in die Modernität« durch den Nationalsozialismus spricht R. Dahrendorf (*Gesellschaft und Demokratie in Deutschland*, München 1965, S. 445). Die These von einer paradoxen nationalsozialistischen »Doppelrevolution« der Zwecke und der Mittel, die den Kampf gegen die bürgerlich-industrielle Gesellschaft mit den Mitteln der modernen In-

dustriegesellschaft geführt habe, vertritt D. Schoenbaum, *Die braune Revolution. Eine Sozialgeschichte des Dritten Reichs*, München 1968. Daß die Frage nach dem Verhältnis von Modernisierung und Nationalsozialismus zur »Verharmlosung« des Regimes führen kann, indem die nötige Historisierung in eine Relativierung umschlägt, zeigen einzelne Beiträge des Sammelwerks *Nationalsozialismus und Modernisierung*, hg. v. M. Prinz/R. Zitelmann, Darmstadt 1991. Verbindet man, wie H. Mommsen, Modernisierung mit dem generellen Leitkriterium der »Effizienz«, dann kann der Nationalsozialismus als »vorgetäuschte Modernisierung« charakterisiert werden (*Nationalsozialismus als vorgetäuschte Modernisierung*, in: W. H. Pehle [Hg.], *Der historische Ort des Nationalsozialismus. Annäherungen*, Frankfurt a. M. 1990, S. 31 ff.). – Welche Rolle in diesem Zusammenhang die oft angeführte »Ästhetisierung der Politik« spielt, kann hier nicht behandelt werden; vgl. dazu P. Reichel, *Der schöne Schein des Dritten Reiches*, München 1991. Mehr als einen ersten Überblick bietet C. Klinger, *Faschismus – der deutsche Fundamentalismus?*, in: *Merkur*, 49, 1992, H. 522/23, S. 782 ff.

30 Zit. nach R. Dahrendorf, *Gesellschaft und Demokratie in Deutschland*, München 1965, S. 443.

31 So schreibt H. Koch 1941 im Vorwort zu dem fünf Bände umfassenden repräsentativen Sammelwerk *Von deutscher Art in Sprache und Dichtung*: »Der totale Krieg, wie wir ihn erleben, ist nicht nur eine militärische, sondern zugleich auch eine geistig-kulturelle Auseinandersetzung größten Maßes«. Deutschland müsse dem »neuen Europa auch eine neue geistige Ordnung« geben. Dabei komme der Germanistik »eine Schlüsselstellung« zu (a.a.O., Bd. 1, S. V f.). – Anläßlich der *Kriegseinsatztagung deutscher Hochschulgermanisten* in Weimar vom 5. bis 7. Juli 1940 ist von »einer neuen geistig-kulturellen Auseinandersetzung des deutschen mit dem fremden Geist« die Rede. »Der Deutschwissenschaft fällt dabei im besonderen die Schlüsselstellung zu, einer kritischen Erfassung der westeuropäischen Zivilisation durch Anglistik und Romanistik Herkunft, Wesen und Ziel des deutschen Kulturwillens mit gesammelten Kräften nach fester Planung gegenüberzustellen« (in: *Materialien zur Ideologiegeschichte der deutschen Literaturwissenschaft*, hg. v. G. Reiss, Bd. 2: *Vom Ersten Weltkrieg bis 1945*, Tübingen 1973, S. 133 f.). – »Die ›Kultur‹«, schrieb einige Jahre zuvor E. Jünger, »ist nicht propagandistisch auszumünzen, und selbst eine Haltung, die sie in diesem Sinne auszuspielen sucht, ist ihr sehr entfremdet«. Deutschland sei es daher versagt geblieben, im Weltkrieg ein dem Geist der *»civilisation«* »überlegenes Prinzip vor dem eigenen Bewußtsein oder vor dem der Welt als gültig aufzustellen« (*Die totale Mobilmachung*, Berlin ²1934, S. 21 f.).

32 G. Friedrich, *Der Kulturbund zur demokratischen Erneuerung Deutschlands. Geschichte und Funktion*, Köln 1952. S. 7 f. Zum »Kulturbund« und dessen Verbot vgl. auch W. Wende-Hohenberger, *Ein neuer Anfang? Schriftsteller-Reden zwischen 1945 und 1949*, Stuttgart 1990, S. 58 ff. – Zur Bedeutung eines Kulturbegriffs, der sich aufs »bürgerliche Erbe« beruft, es für den Sozialismus beanspruchte und gegen die BRD ausspielte vgl. F. Trommler, *Kulturpolitik der Deutschen Demokratischen Republik*, in: *Kulturpolitisches Wörterbuch. Bundesrepublik Deutschland/DDR im Vergleich*, hg. v. W. R. Langenbucher/R. Rytlewski/B. Weyergraf, Stuttgart 1983, S. 390 ff.

33 Vgl. K. Saller (Hg.) *Von der Verantwortung des deutschen Geistes I. Die Deutsche Kulturtagung in Bayreuth vom 24. bis 26. Oktober 1952*, o.O. 1952. Hierbei handelte es sich um eine verbotene Veranstaltung des verbotenen *Kulturbundes*. Das Verbot des Bayrischen Staatsministeriums des Innern weist darauf hin, daß es sich nicht um eine »Kulturtagung«, sondern um eine »kommunistische Tarnveranstaltung« handele.
Die folgenden Ausführungen beschränken sich auf die Entwicklung in Westdeutschland. Wenige Hinweise zur semantischen Lage in der DDR mögen hier genügen. – Dort spielt im Gegensatz zu »Bildung« im offiziellen Sprachgebrauch der Ausdruck »Kultur« eine zentrale Rolle. Es gibt ein »Kulturministerium«, »Kulturhäuser«, einen »Kulturpalast«, einen Verlag »Kultur und Fortschritt«, »Kulturschaffende«. Das auf dem VI. Parteitag 1963 beschlossene Programm der sozialistischen Einheitspartei enthält ein eigenes Kapitel »Die Aufgaben der Sozialistischen Einheitspartei Deutschlands auf dem Gebiet der Ideologie, Erziehung und Kultur«, mit dem Unterabschnitt »Die sozialistische Nationalkultur als die Erfüllung der humanistischen Kultur des deutschen Volkes« (vgl. dazu M. Pflaum, *Die Kultur-Zivilisations-Antithese*, a.a.O., S. 398 ff.). Mit der sozialistischen »Nationalkultur«, die das »kulturelle Erbe« bewahren soll, die »fortschrittlich und humanistisch« sein will, sind Überlegenheitsansprüche gegenüber der »Kultur im Imperialismus« verbunden (vgl. dazu *Imperialismus und Kultur*, hg. v. Institut für Gesellschaftswissenschaften beim ZK der SED, Lehrstuhl für marxistisch-leninistische Kultur- und Kunstwissenschaften, Berlin 1975). – Zwei unterschiedliche Traditionslinien lassen sich ausmachen. Zum einen wirkt noch der weite Kulturbegriff der Aufklärung nach, wenn in politisch-programmatischen Verlautbarungen, aber auch in der Forschung, »Kultur« und »Lebensweise« aufeinander bezogen werden. Zum anderen bleibt »Kultur«, in der Tradition einer spezifisch deutschen semantischen Innovation, eng auf die Pflege des künstlerischen

»Erbes« bezogen. Vgl. zu den unterschiedlichen Traditionslinien E. John u. a., *Persönlichkeit – Kunst – Lebensweise*, Berlin 1983. – H. Koch betitelt den 1. Teil seiner Anthologie *Marx, Engels, Lenin. Über Kultur, Ästhetik, Literatur* (Leipzig 1971) »Bewegungsgesetze der menschlichen Kultur«, ohne sich allerdings die Frage zu stellen, warum Marx und Engels den Ausdruck »Kultur« weitgehend vermeiden. – Auch in der DDR verliert das Deutungsmuster an Prägekraft. Dort wird schärfer als in Westdeutschland mit der Tradition des Bildungsbürgertums gebrochen: institutionell äußert sich dies in der Bevorzugung der »Arbeiterklassenkinder« beim Zugang zum Hochschulstudium. Damit ist aber die komplexe Situation noch nicht erfaßt. Sicherlich, Erziehung, nicht »Bildung«, ist Programm. Und wenn von »Kultur« gesprochen wird, dann spielen auch die Bemühungen um eine materialistische Kulturtheorie eine Rolle. Zugleich aber finden sich in den Vorstellungen einer »Nationalkultur« Restbestände bildungsbürgerlicher Vorstellungen, die auch in die »Kulturpolitik« eingehen (»die große humanistische Kunst«). Auch von daher wird das Mißtrauen gegenüber der Moderne verständlich. Damit entsteht eine paradoxe Situation. Der Staat ist nicht »Kulturstaat« im Sinne des alten Liberalismus; Hochschule und Forschung besitzen keine Autonomie im Sinne Humboldts; aber in der Achtung und Förderung der Künste finden sich bildungsbürgerliche Einstellungen. Die »Kulturpolitik« treibt Reste des Bildungsbürgertums (die Pfarrer, einige Hochschullehrer, Teile der künstlerisch-literarischen Intelligenz) in Nischen. Zugleich aber versorgt sie diese Nischen mit Verlagsprogrammen, mit der Pflege von Theater und Musik.

34 F. Meinecke, *Die deutsche Katastrophe*, 1946, in: *Autobiographische Schriften*, Stuttgart 1969, S. 442; G. Ritter, *Gegenwärtige Lage und Zukunftsaufgaben deutscher Geschichtswissenschaft*, in: *Historische Zeitschrift*, 170, 1950, S. 1 f. (Eröffnungsvortrag zum ersten Historikertag, München September 1949, nach dem Ende der Nationalsozialistischen Diktatur).

35 »Kulturkritik« mit dem Nationalsozialismus als deren Objekt wird vom Regime nicht geduldet. Es dürfte sie aber gegeben haben. So berichtet N. Sombart von einem Versuch seines Vaters, mit den Umtrieben der Nazis abzurechnen, indem er eine *Theorie der Kultur* verfaßte (*Jugend in Berlin. 1933-1943*, Frankfurt a. M. 1991, S. 38 f.). – In J. Huizingas Streitschrift *Im Schatten von morgen. Eine Diagnose des kulturellen Leidens unserer Zeit*, Zürich/Leipzig 1935 (das Vorwort zur 5. Auflage ist mit 1937 datiert), wird auch unter Berufung auf Spengler eine epochale »Kulturkrise« diagnostiziert, ein Befund, in dem sich traditionelle

Elemente der »Kulturkritik« mit einer Polemik gegen die »Statuierung des Politischen als selbständiger Kategorie« – wie expressis verbis bei Schmitt und Freyer – verbinden. Allerdings, Huizingas Buch war in Deutschland verboten, es steht auf der *Liste des schädlichen und unerwünschten Schrifttums* (Stand 31. 12. 1938).

36 Siehe etwa *Abendländisches Bildungsideal. Fünf Essays* v. H. O. Burger/K. A. Ott/M. Schütt/E. S. Randall/K. Voßler, Stuttgart 1948: »Erst, wenn klar ist, daß nicht zuletzt wir Deutschen das einheitliche, alle verpflichtende Bildungsideal verloren haben, ja, daß kein Volk so unerbittlich darauf hingewiesen ist, das große abendländische Erbe neu zu erwerben, kann der Weg zu echter, fruchtbarer Besinnung freiwerden« (ebd., S. 8).

37 M. Frisch, *Kultur als Alibi*, in: *Der Monat*, 1, 1949, Nr. 7, S. 84. – Zur Semantik der Nachkriegszeit vgl. J. Hermand, *Kultur im Wiederaufbau. Die Bundesrepublik Deutschland 1945-1965*, München 1986, S. 42 ff.

38 Th. W. Adorno, *Auferstehung der Kultur in Deutschland?*, in: *Frankfurter Hefte*, 1950, H. 5, S. 469. – Zur »Kulturgeschichte« der Nachkriegszeit vgl. H. Glaser, *Kulturgeschichte der Bundesrepublik Deutschland*, Bd. 1: *1945- 1948*, Bd. 2: *1949-1967*, Frankfurt 1990.

39 N. Monzel, *Diskussionsbeitrag*, in: *Untergang oder Übergang. 1. Internationaler Kulturkritikerkongreß in München 1958*. München-Gräfelfing 1959, S. 208.

40 O. Nell-Breuning, *Unsere Gesellschaft und ihr kulturelles Gesicht*, in: *Untergang oder Übergang*, a.a.O., S. 140.

41 H. Schelsky, *Der Mensch in der wissenschaftlichen Zivilisation*, 1961, in: Ders., *Auf der Suche nach der Wirklichkeit. Gesammelte Aufsätze*, Köln 1965, S. 443.

42 Vgl. dazu F. H. Tenbruck, *Alltagsnormen und Lebensgefühle in der Bundesrepublik*, in: R. Löwenthal/H. P. Schwarz (Hg.), *Die zweite Republik. 25 Jahre Bundesrepublik Deutschland – eine Bilanz*, Stuttgart 1974, S. 289 ff.

43 Einige Nachwirkungen sollen kurz angesprochen werden. – Erledigt ist eine »Kulturkritik«, die im Namen eines normativen Begriffs die gesamte Gegenwart deuten will. Erledigt sind jedoch nicht einzelne kulturkritische Elemente. Sie wirken in heterogenen Denkrichtungen, denen anzumerken ist, daß sie dem semantischen Gefängnis entkommen sind. Das gilt, wenn auch mit unterschiedlichen Akzenten, für den »technokratischen Konservatismus« eines Freyer oder Gehlen wie für die Frankfurter Schule, insbesondere für Adorno und Marcuse. Gemeinsam ist ihnen eine kulturpessimistische Skepsis gegenüber der kapitalistischen Moderne. – Bei Freyer und Gehlen zeigt sich diese

Skepsis als halbherzige Aussöhnung. Die Technik und die Sachgesetz-lichkeiten des Kapitalismus werden als »sekundäre Systeme«, die sich dem Zugriff der Menschen entziehen, anerkannt. Deren Zumutungen werden nicht ausgeblendet, wohl aber festgeschrieben. Daher bietet nur die Vorstellung einer transhistorischen »Person« einen Ausweg aus die-ser Gefangenschaft in der Moderne: »Freiheit« und »Selbstbestim-mung« werden nicht durch Geschichte, Gesellschaft oder »Kultur« gewährt, sondern müssen voluntaristisch behauptet werden. – Das Konzept der »Verdinglichung« und ein geschichtsphilosophischer Pes-simismus bestimmen auch die »Dialektik der Aufklärung«. Deren Ausweg, »Versöhnung« von Mensch und Natur, ist historisch ebenso unbestimmt und unbestimmbar wie die Idee der »Person« bei Freyer. – Wenn schließlich H. Marcuse für eine »Reorganisation der Kultur« vo-tiert – er meint damit die »Wahrheiten« der Kunst und das emanzipato-rische Ziel einer »intellektuellen und persönlichen Unabhängigkeit« –, dann erhebt er den engen Bereich der »Kultur«, Gegensatz zum Bereich der »technologischen Zivilisation«, zum Ausgangspunkt für eine er-hoffte Veränderung der Welt: Marcuse ist so der Schiller der Frankfurter Schule. – Vgl. zu diesem Komplex M. Th. Greven, *Konservative Kultur- und Zivilisationskritik in »Dialektik der Aufklärung« und »Schwelle der Zeiten«*, in: *Konservatismus. Eine Gefahr für die Freiheit. Für Iring Fetscher*, hg. v. E. Henning/R. Saage, München 1983, S. 144 ff. In der lediglich »halbherzigen Aussöhnung mit der Moderne« sieht J. Haber-mas den Unterschied zwischen der »Kulturkritik der Neokonservativen in den USA und in der Bundesrepublik« (*Die Neue Unübersichtlich-keit. Kleine politische Schriften V*, Frankfurt a. M. 1985, S. 30 ff.).

44 Diese eher freundliche Sichtweise findet sich bei H. Schelsky, *Einsam-keit und Freiheit*, Düsseldorf ²1971, S. 98 f. Die 1. Auflage 1963 ist noch, wie der Verfasser 1970 resigniert feststellt, in der Absicht geschrieben, »die Idee der deutschen Universität in ihrem historischen Gestaltwan-del zu vergegenwärtigen, daraus Kriterien zur Beurteilung der gegen-wärtigen Krisen abzuleiten und durch ›Rückkehr zu den Anfängen‹ jene Grundsätze der Universitätsreform zu gewinnen, die dieses Vorha-ben zu einer Neugestaltung und nicht zu einer bloßen Anpassung an die Zeitumstände machten«. – Eine kritische Sichtweise findet sich bei J. Habermas, *Die deutschen Mandarine*, 1971, in: Ders., *Philosophisch-politische Profile*, Frankfurt a. M. 1981, S. 466 f.

45 Auf eine Auflistung der einzelnen Wissenschaften wird hier verzichtet. Einen ersten Überblick bieten I. M. Greverus, *Kultur*, in: *Kulturpoliti-sches Wörterbuch*, a.a.O., S. 344 ff.; K. Maase, *Kultur*, in: *Europäische Enzyklopädie zu Philosophie und Wissenschaften*, hg. v. H. J. Sandküh-ler, Bd. 2. Hamburg 1990, S. 900 ff.

46 Es fehlt zunächst auch nicht an Versuchen, das »Bildungsideal« zu »bewahren«. So etwa in der populärwissenschaftlichen Schrift von Th. Litt, *Das Bildungsideal der deutschen Klassik und die moderne Arbeitswelt*, Bochum o. J. (1959). Zur »Krise der humanistischen Pädagogik« und zum Wandel des Bildungsbegriffs vgl. L. Froese, *Erziehung und Bildung in Schule und Gesellschaft. Erziehungswissenschaftliche Fragestellungen*, Weinheim/Berlin ²1967, S. 39 ff.; vgl. auch U. Bracht u. a., *Erziehung und Bildung*, in: *Europäische Enzyklopädie zu Philosophie und Wissenschaften*, Bd. 2, a.a.O., S. 918 ff.

47 Siehe H. Küpper, *Illustriertes Lexikon der deutschen Umgangssprache*, 8 Bde, Stuttgart 1984 ff.; H. Glaser/K. H. Sahl, *Bürgerrecht Kultur*, Frankfurt a. M./Berlin 1983. Eine Fundgrube für den Sprachgebrauch im politischen Diskurs bieten K. Fohrbeck/A. Wiesand, *Von der Industriegesellschaft zur Kulturgesellschaft?*, München 1989 (Schriftenreihe des Bundeskanzleramtes, Bd. 9). Auch Vertreter der Postmoderne benutzen den Ausdruck. Bei P. Koslowski, welche Ironie, erscheint gänzlich »vormodern« die »spontane Kultur« der »dauerhaften Lebensordnungen der Religion« bedürftig (*Die postmoderne Kultur. Gesellschaftlich-kulturelle Konsequenzen der technischen Entwicklung*, München 1987, Schriftenreihe des Bundeskanzleramtes, Bd. 2, S. 11). Wie postpostmodern wirken dagegen W. Humboldt oder Goethe!

48 Die Beispiele sind entnommen K. Fohrbeck/A. Wiesand, *Von der Industriegesellschaft zur Kulturgesellschaft*, a.a.O., S. 140 ff.

49 B. Strauß, *Anschwellender Bocksgesang*, in: *Der Spiegel*, Nr. 6, 1993, S. 202 ff. – Die große, oft ablehnende Resonanz, die Straußens Beitrag fand, gründet meiner Meinung nach darin, daß in einem gleichsam offiziösen Medium der demokratischen Öffentlichkeit Vorstellungen und Ausdrücke gebraucht wurden, die nach 1945 nur in der marginalisierten Rechtspresse zu finden waren. Daß Strauß sich ansonsten selbst eines »konformen Vokabulars« bedient, daß er den »hohen Ton« nicht halten kann, weist M. Maar in einer brillanten Kritik nach (*Das Angerichtete. Botho Strauß oder die Unfähigkeit zum Stil*, in: *FAZ*, 9. 3. 1993).

50 O. Marquard, *Apologie des Zufälligen*, Stuttgart 1986, S. 32. Zur Kritik an der Kompensationstheorie vgl. H. Schnädelbach, *Kritik der Kompensation*, In: *Kursbuch*, 91, 1988, S. 35 ff.

51 Vgl. H. Lübbe, *Geschichtsinteresse in einer dynamischen Zivilisation. Das historische Bewußtsein ist als Common sense ebenso unvermeidlich wie nötig*, in: *FAZ*, 18. 3. 1987.

Literaturverzeichnis

Der Verfasser ist vielen zu Dank verpflichtet. Das Ministerium für Wissenschaft und Forschung des Landes NRW und die Universität-GHS Siegen stellten Geldmittel für Mitarbeiter bereit, die mich bei der Erstellung einer Quellen-Datei unterstützten. Diese Unterstützung war für den Zentralartikel »Kultur« des geplanten *Historischen Wörterbuchs der ästhetischen Grundbegriffe* gedacht. Von ihr profitierte aber auch die vorliegende Arbeit. Wer einen großen Zeitraum mit unterschiedlichen Problemlagen untersucht, der setzt sich dem Verdacht des Dilettantismus aus. Deshalb habe ich den Rat der jeweiligen Experten gesucht, der Linguisten, Philosophen, Pädagogen und Historiker. Allen voran sollen hier namentlich genannt werden die Freunde und Mitarbeiter: Clemens Knobloch, Tom La Presti, Thomas Reuter und Heinz Thoma.

Um das Literaturverzeichnis nicht noch umfangreicher werden zu lassen, sind nur die Quellen aufgenommen. Weiterführende Titel sind in den Anmerkungen nachgewiesen.

Adelung, J. C.: Versuch eines vollständigen grammatisch-kritischen Wörterbuchs der Hochdeutschen Mundart, 5 Bde., Leipzig 1774-1786, 2. Auflage 1793-1801

Adelung, J. C.: Versuch einer Geschichte der Cultur des menschlichen Geschlechts, Leipzig 1800, Reprint Königstein/Ts. 1979

Adorno, Th. W.: Auferstehung der Kultur in Deutschland?, in: Frankfurter Hefte, 1950, H. 5, S. 469 ff.

Adorno, Th. W.: Prismen. Kulturkritik und Gesellschaft, Frankfurt a. M. 1955

Adorno, Th. W.: Résumé über Kulturindustrie, in: Ohne Leitbild. Parva Aesthetica, Frankfurt a. M. 1967, S. 60-70

Adorno, Th. W.: Auf die Frage »Was ist deutsch«, in: Stichworte. Kritische Modelle 2, Frankfurt a. M. 1969, S. 102-112

Adorno, Th. W.: Notiz über Geisteswissenschaft und Bildung, in: Eingriffe. Neun kritische Modelle, Frankfurt a. M. 1970, S. 54-58

Adorno, Th. W.: Theorie der Halbbildung, 1959, in: Gesammelte Schriften, Bd. 8: Soziologische Schriften I, Frankfurt a. M. 1972, S. 93-121

Ahrens, H.: Juristische Encyclopädie, oder organische Darstellung der Rechts- und Staatswissenschaft, auf Grundlage einer ethischen Rechtsphilosophie, Wien 1857

Das kluge Alphabet. Ein Lexikon für jedermann in 3 Bänden, Berlin 1957

Altenberg, P.: Antwort auf Umfrage der Frankfurter Zeitung: »Die Zukunft unserer Kultur«, 15.4.1907

Ammon, O.: Die Gesellschaftsordnung und ihre natürlichen Grundlagen. Entwurf einer Sozial-Anthropologie zum Gebrauch für alle Gebildeten, die sich mit sozialen Fragen befassen, Jena 1895

Arendt, R. H.: Illustrirtes Haus- und Familien-Lexikon. Ein Handbuch für das praktische Leben, Leipzig 1861

Arnold, M.: Culture and Anarchy, ed. by R. H. Super, Ann Arbor 1980

Arp, Wilhelm: Deutsche Bildung im Kampf um Begriff und Gestalt unseres arteigenen Menschentums, Leipzig 1943

Ascher, Saul: Ideen zur natürlichen Geschichte der politischen Revolutionen, 1802, Reprint Kronberg/Ts. 1975

Aufklärung und Gedankenfreiheit. Fünfzehn Anregungen, aus der Geschichte zu lernen, hg. v. Z. Batscha, Frankfurt a. M. 1977

Aufrufe und Reden deutscher Professoren im Ersten Weltkrieg, hg. v. Klaus Böhme, Stuttgart 1975

Augustinus: Sermones, PL 38

Aus alten Börsenblättern. Ein Anzeigen-Querschnitt, hg. v. K. G. Saur und E. Heinold, München-Pullach 1968

Avenarius-Buch, hg. v. Wilhelm Stapel, München 1916

Avenarius, F.: Antwort auf Umfrage der Frankfurter Zeitung: »Die Zukunft unserer Kultur«, 14.4.1907

Bahr, H.: Tagebuch, Berlin 1909

Bahrdt, K. F.: Ueber den Zweck der Erziehung, in: Allgemeine Revision des gesammten Schul- und Erziehungswesen, Bd. 1, Hamburg 1785

Bamberger, L.: Die culturgeschichtliche Bedeutung des Socialistengesetzes, Leipzig 1878

Bartels, A.: Geschlechtsleben und Dichtung. Vortrag gehalten auf der 18. Konferenz der deutschen Vereine zur Förderung der Sittlichkeit in Hannover vom 14.-16. Oktober 1906, Berlin 1906

Bartels, A.: Weimar und die deutsche Kultur, Weimar 1937

Bassermann, F. D.: Denkwürdigkeiten, hg. v. Fr. von Bassermann-Jordan und E. von Bassermann-Jordan, Frankfurt a. M. 1925

Baumgarten, H.: Historische und politische Aufsätze und Reden, mit einer biographischen Einleitung von Erich Marcks, Straßburg 1894

Becker, R. Z.: Noth- und Hülfsbüchlein für Bauersleute, welches lehret, wie man vergnügt leben, mit Ehren reich werden, und sich und Andern in allerhand Nothfällen helfen könne, 1788, Reprint Dortmund 1980

Behrens, P.: Antwort auf Umfrage der Frankfurter Zeitung: »Die Zukunft unserer Kultur«, 14.4.1907

Below, G. von: Die deutsche Geschichtsschreibung von den Befreiungs-
kriegen bis zu unseren Tagen, München/Berlin 1916.

Bense, M.: Die abendländische Leidenschaft oder Zur Kritik der Existenz,
München/Berlin 1938

Berger, A. F.: Antwort auf Umfrage der Frankfurter Zeitung: »Die Zukunft unserer Kultur«, 16.4.1907

Bermann Fischer, G.: Bedroht - Bewahrt. Der Weg eines Verlegers, Frankfurt 1971

Beutler, J. H. C./Gutsmuths, J. C. F.: Allgemeines Sachregister über die
wichtigsten Zeit- und Wochenschriften, 1790, Nachdruck Hildesheim
1976

Abendländisches Bildungsideal. Fünf Essays v. H. O. Burger/
K. A. Ott/M. Schütt/E. S. Randall/K. Voßler, Stuttgart 1948

Binzer, A. H.; fortgesetzt v. H. A. Pierer: Encyclopädisches Wörterbuch
der Wissenschaften, Künste und Gewerbe, Altenburg 1824-36

Blätter für Polizei und Kultur, hg. v. A. Chr. H. Niemann, Tübingen 1801-
1803

Blankertz H. (Hg.): Bildung und Brauchbarkeit. Texte von J. H. Campe
und P. Villaume zur Theorie utilitärer Erziehung, Braunschweig 1965

Bluntschli, J. C. H./Brater, K. H.: Deutsches Staats-Wörterbuch, Stutt-
gart/Leipzig 1857

Bölsche, W.: Die naturwissenschaftlichen Grundlagen der Poesie. Prolegomena einer realistischen Ästhetik, hg. v. Johannes J. Braakenburg, Tübingen 1976

Bölsche, W.: Das Liebesleben in der Natur, 3 Bde, Jena 1922

Brandes, E.: Betrachtungen über den Zeitgeist in Deutschland in den letzten Decennien des vorigen Jahrhunderts, 1808, Reprint Kronberg/Ts.
1977

Braun, L.: Memoiren einer Sozialistin, Bd. 1: Lehrjahre, Bd. 2: Kampf-
jahre, München 1926

Breyer, K. W./Forster, E.: Über den Begriff der Universalgeschichte,
Landshut 1805

(Brockhaus) Conversations-Lexicon oder encyclopädisches Handwörterbuch für gebildete Stände, Leipzig/Altenburg 1814-15

(Brockhaus) Allgemeine deutsche Real-Encyclopädie für die gebildeten
Stände, Leipzig 1820

(Brockhaus) Allgemeine deutsche Real-Encyklopädie für die gebildeten
Stände, Leipzig 1830

(Brockhaus) Allgemeine deutsche Real-Encyklopädie für die gebildeten
Stände, Leipzig 1842-47

(Brockhaus) Allgemeine deutsche Real-Encyklopädie für die gebildeten
Stände, Leipzig 1851

(Brockhaus) Allgemeine deutsche Real-Encyklopädie für die gebildeten Stände, Leipzig 1864-68

Brockhaus' Conversations-Lexikon, Leipzig 1875-79

Brockhaus' Konversations-Lexikon, Leipzig/Berlin/Wien 1902

Der große Brockhaus, Leipzig 1928-35

Der große Brockhaus, Wiesbaden 1952-57

Büchner, L.: Kraft und Stoff oder Grundzüge der natürlichen Weltordnung, Leipzig 1902

Bürger, G. A.: Vorrede zur Ausgabe der Gedichte, 1789, in: Sämtliche Werke, hg. v. G. u. H. Häntzschel, München 1987

Bunsen, M.: Die Welt, in der ich lebte. Erinnerungen aus glücklichen Jahren 1860-1912, Leipzig 1929

Burckhardt, J.: Weltgeschichtliche Betrachtungen, hg. v. Rudolf Marx, Stuttgart 1978

Campe, J. H.: Briefe aus Paris zur Zeit der Revolution geschrieben, 1790, hg. v. H.-W. Jäger, Hildesheim 1977

Campe, J. H.: Wörterbuch der Deutschen Sprache, Braunschweig 1807-1811

Carus, K. Fr. A.: Nachgelassene Werke, hg. v. F. Hand, Leipzig 1809

Cassirer, E: Zur Logik der Kulturwissenschaften, 1942, Darmstadt 1961

Chamberlain, H. St.: Die Grundlagen des XIX. Jahrhunderts, München 1909

Cicero: Tusculanen, übers. v. O. Gigon, München 1970

Cohn, J.: Der Sinn der gegenwärtigen Kultur. Ein philosophischer Versuch, Leipzig 1914

Condorcet: Entwurf einer historischen Darstellung der Fortschritte des menschlichen Geistes, hg. v. W. Alff, Frankfurt a. M. 1976

Conrad, J.: Handwörterbuch der Staatswissenschaften, Jena 1890

Rheinisches Conversations-Lexicon oder encyclopädisches Handwörterbuch für gebildete Stände, hg. v. einer Gesellschaft rheinländischer Gelehrten, Köln/Bonn 1824

Allgemeines Conversations-Taschenlexikon oder Realencyklopädie der für die gebildeten Stände nothwendigen Kenntnisse und Wissenschaften, Quedlinburg/Leipzig 1828-1832

Allgemeines deutsches Conversations-Lexicon für die Gebildeten eines jeden Standes in X Bänden, hg. v. einem Vereine Gelehrter, Leipzig 1834

Neuestes Damen-Conversations-Lexikon, Leipzig 1856

Neues Conversations-Lexikon. Staats- und Gesellschaftslexikon. In Verbindung mit deutschen Gelehrten und Staatsmännern hg. v. H. Wagner, Berlin 1859-67

Cousin, Victor: Défense de l'Université et de la philosophie, 1844, hg. v. D. Rancière, Paris 1977

Curtius, E. R.: Wandlungen des französischen Kulturbewußtseins, in: Deutsch-französische Rundschau, 1, 1928, H. 9

Curtius, E. R.: Die französische Kultur. Eine Einführung, Berlin/Leipzig 1930

Dehmel, R.: Antwort auf Umfrage der Frankfurter Zeitung: »Die Zukunft unserer Kultur«, 11.4.1907

Deutsche Bildung? Briefwechsel zweier Schulmänner. Otto Schumann – Martin Havenstein 1930-1944, hg. v. N. Hammerstein, Frankfurt a. M. 1988

Deutsche Enzyklopädie oder allgemeines Realwörterbuch aller Künste und Wissenschaften, hg. v. H. M. G. Köster und J. F. Roos. Frankfurt a. M. 1778-1807

Diederichs, E.: Die neue ›Tat‹, in: Die Tat, H. 7, Oktober 1929, S. 481 ff.

Eugen Diederichs – Leben und Werk. Ausgewählte Briefe und Dokumente, hg. v. Lulu von Strauß und Torney-Diederichs, Jena 1936

Dilthey, W.: Der Aufbau der geschichtlichen Welt in den Geisteswissenschaften, hg. v. M. Riedel, Frankfurt a. M. 1974

Du Bois-Reymond, E.: Culturgeschichte und Naturwissenschaft, o. O. 1877 (Separat-Druck aus der »Deutschen Rundschau«)

Du Bois-Reymond, E.: Goethe und kein Ende. Leipzig 1883

Durkheim, É.: »Deutschland über alles«. Die deutsche Gesinnung und der Krieg, Lausanne 1915

Eckermann, J. P.: Gespräche mit Goethe, hg. v. E. Beutler, München 1976

Einsiedel, A. v.: Ideen, hg. v. W. Dobbek, Berlin 1957

Eisler, R.: Wörterbuch der philosophischen Begriffe, Berlin 1904

Eisler, R.: Handwörterbuch der Philosophie, Berlin 1922

Engels, Fr.: Der Ursprung der Familie, des Privateigenthums und des Staats, Berlin 1962 (= MEW, Bd. 21)

Erhard, J. B.: Ueber die Einrichtung und den Zweck der höhern Lehranstalten, Berlin 1802

Erhard, J. B.: Über das Recht des Volks zu einer Revolution und andere Schriften, hg. v. H. G. Haasis, München 1970

Eucken, R.: Geschichte der philosophischen Terminologie. Im Umriss, 1879, Hildesheim 1964

Eucken, R.: Die Lebensanschauungen der grossen Denker. Eine Entwicklungsgeschichte des Lebensproblems der Menschheit von Plato bis zur Gegenwart, Leipzig 1890

Eucken, R.: Geistige Strömungen der Gegenwart, Berlin/Leipzig 1920

Falke, J.: Die deutsche Kulturgeschichte, in: Zeitschrift für deutsche Kulturgeschichte, hg. v. J. Müller und J. Falke, 1, 1856, S. 5-30

Ferguson, A.: Versuch über die Geschichte der bürgerlichen Gesellschaft, hg. v. Z. Batscha und H. Medick, Frankfurt a. M. 1968

Fichte, I. H.: Johann Gottlieb Fichte's Leben und literarischer Briefwechsel, Bd. 1: Das Leben, Leipzig 1862

Fichte, J. G.: Werke, hg. v. I. H. Fichte, Berlin 1971

Fischer, J. C.: Tagebücher, hg. v. K. Schib, Schaffhausen 1951

Fischer, S.: Bemerkungen zur Bücherkrise, in: Die literarische Welt, 22. 10. 1926, S. 1 f.

Flitner, W.: Die deutsche Erziehungslage nach dem 5. März 1933, in: Die Erziehung, 8, 1932/33, H. 7, S.408-416

Flögel, C. F.: Geschichte des menschlichen Verstandes, 1778, Reprint Frankfurt a. M. 1972

Fohrbeck, K./Wiesand, A.: Von der Industriegesellschaft zur Kulturgesellschaft?, München 1989 (= Schriftenreihe des Bundeskanzleramtes, Bd. 9)

Forster, G.: Werke, hg. v. G. Steiner, Berlin 1963 ff.

Frankfurter Zeitung: Die Zukunft unserer Kultur. Stimmen über Kulturtendenzen und Kulturpolitik. Umfrage, 11. 4.-16. 4. 1907

Freud, S.: Abriss der Psychoanalyse. Das Unhagen in der Kultur, Frankfurt a. M. 1973

Freyer, H.: Prometheus. Ideen zur Philosophie der Kultur. Jena 1923

Freyer, H.: Zur Bildungskrise der Gegenwart, in: Die Erziehung, 6, 1930/31, S. 597-626.

Freyer, H.: Gedanken zur Industriegesellschaft, Mainz 1970

Freyer, H.: Herrschaft, Planung und Technik. Aufsätze zur politischen Soziologie, hg. v. E. Üner, Weinheim 1987

Freytag, G.: Bilder aus der deutschen Vergangenheit, Bd. 4: Aus neuer Zeit, Leipzig 1867

Friedrich, G.: Der Kulturbund zur demokratischen Erneuerung Deutschlands. Geschichte und Funktion, Köln 1952

Frisch, M.: Kultur als Alibi, in: Der Monat, 1, 1949, Nr. 7

Fröbel, F. W. A.: Die Menschenerziehung: die Erziehungs-, Unterrichtsund Lehrkunst, hg. v. H. Zimmermann, Leipzig 1913

Fröbel, J.: Ein Lebenslauf. Aufzeichnungen, Erinnerungen und Bekenntnisse, 2 Bde, Stuttgart 1890

Garve, Chr.: Ueber Gesellschaft und Einsamkeit, 1800, Reprint Hildesheim 1985 (= Gesammelte Werke, hg. v. K. Wölfel, 1. Abteilung, Band II)

Garve, Chr.: Über die Moden, hg. v. Th. Pittrof, Frankfurt a. M. 1987

Gaulke, J.: Die ästhetische Kultur des Kapitalismus, Berlin 1909

Gehlen, A.: Rasse und Staat, in: Die Erziehung, 9, 1933/34, H. 4, S. 201 bis 204

Gehlen, A.: Zur Systematik der Anthropologie, in: N. Hartmann (Hg.), Systematische Philosophie, Stuttgart/Berlin 1942, S. 3-53 (= Deutsche Philosophie. Philosophische Gemeinschaftsarbeit deutscher Geisteswissenschaften, hg. v. F. Weinhandl, Bd. 4)

Glaser H./Sahl, K. H.: Bürgerrecht Kultur, Frankfurt a. M./Berlin 1983

Göhler, G.: Antwort auf Umfrage der Frankfurter Zeitung: »Die Zukunft unserer Kultur«, 16.4.1907

Goethe, J. W.: Werke, Berliner Ausgabe, Berlin 1970 ff.

Der Briefwechsel zwischen Schiller und Goethe, hg. v. H. G. Gräf und A. Leitzmann, Frankfurt a. M. 1964

Götze, A. H. (Hg.): Trübners Deutsches Wörterbuch, Berlin 1943

Goldstein, L.: Untersuchungen zum Kulturproblem der Gegenwart, 1899

Goltz, B.: Ein Jugendleben. Biographisches Idyll aus Westpreußen, Leipzig 1865

Gothein, E.: Die Aufgaben der Kulturgeschichte, Leipzig 1889

Grabowsky, A.: Die Partei der Gebildeten, in: Die Grenzboten. Zeitschrift für Politik und Literatur, Leipzig 1911, S. 1533 ff.

Graf, O. M.: Einige Notizen über Bildung, in: An manchen Tagen. Reden, Gedanken und Zeitbetrachtungen, hg. v. W. F. Schöller, Frankfurt a. M. 1988, S. 121-127

Grimm, J./Grimm, W.: Deutsches Wörterbuch, Leipzig 1860 ff.

Grisebach, E.: Die kulturphilosophische Arbeit der Gegenwart. Eine synthetische Darstellung ihrer besonderen Denkweisen, Jena 1914.

Großmann, K.: Kulturzeitalter und Zeitalter der Weltgeschichte, in: Archiv für Kulturgeschichte, 29, 1939, S. 257-275

Günther, H.: Der Herren eigener Geist, 1935, Berlin/Weimar 1981

Gurlitt, L.: Antwort auf Umfrage der Frankfurter Zeitung: »Die Zukunft unserer Kultur«, 11. 4. 1907

GutsMuths, J. C. F.: Gymnastik für die Jugend, Schnepfenthal 1793

Habbels Konversations-Lexikon. Regensburg 1912-18

Haeckel, E.: Die Welträtsel. Gemeinverständliche Studien über Monistische Philosophie, Berlin 1960

Hamann, J. G.: Briefwechsel, hg. v. W. Ziesemer und A. Henkel, Wiesbaden 1955/56

Allgemeines deutsches encyclopädisches Handwörterbuch oder wohlfeilstes Taschen-Conversations-Lexikon für alle Stände, Augsburg 1828

Harnack, Adolf: Die sittliche und soziale Bedeutung des modernen Bildungsstrebens (1902), in: Reden und Aufsätze, 2. Bd., Gieszen 1904, S. 79-106

Hart, J.: Antwort auf Umfrage der Frankfurter Zeitung: »Die Zukunft unserer Kultur«, 11. 4. 1907

Hartkopf, W./Wangermann, G. (Hg.): Dokumente zur Geschichte der Berliner Akademie der Wissenschaften von 1700 bis 1990, Berlin/Heidelberg/New York 1991

Hebbel, F.: Tagebücher, hg. v. K. Pörnbacher, München 1984

Hegel, G. W. F.: Werke, hg. v. E. Moldenhauer und K. M. Michel, Frankfurt a. M. 1974

Hegewisch, D. H.: Allgemeine Uebersicht der deutschen Kulturgeschichte bis zu Maximilian dem Ersten, Hamburg 1788

Heine H.: Die romantische Schule, in: Werke und Briefe, hg. v. H. Kaufmann, Bd. 5, Berlin 1980

Heinsius, T.: Volksthuemliches Woerterbuch der deutschen Sprache mit Bezeichnung der Aussprache und Betonung für die Geschäfts- und Lesewelt, Hannover 1818

Heller, H.: Rechtsstaat oder Diktatur?, Tübingen 1930

Hellwald, F.: Culturgeschichte in ihrer natürlichen Entwicklung bis zur Gegenwart, Augsburg 1875

Herder, J. G.: Sämtliche Werke, hg. v. B. Suphan, Berlin 1880 ff.

Heyne, M.: Deutsches Wörterbuch, Leipzig 1906

Hirsch, M.: Kulturdefizit am Ende des 19. Jahrhunderts, Frankfurt a. M. 1893

Hirzels Haus-Lexikon, Leipzig 1858-63

Hitler, A.: Mein Kampf, München 1941

Honegger, J.J.: Grundsteine einer Allgemeinen Culturgeschichte der Neuesten Zeit, Leipzig 1874

Horkheimer, M.: Dämmerung. Notizen in Deutschland, Zürich 1934

Hottinger, C. G.: Suchbuch. Ein Nachschlagebuch für den täglichen Gebrauch, Straßburg 1886

Huber, G.: Die französische Propaganda im Weltkrieg gegen Deutschland 1914 bis 1918, München 1928

Hufeland, Chr .W.: Die Kunst das menschliche Leben zu verlängern, Jena 1798

Huizinga, J.: Im Schatten von morgen. Eine Diagnose des kulturellen Leidens unsrer Zeit, Bern/Leipzig 1935

Humboldt, A. v.: Kosmos. Entwurf einer physischen Weltbeschreibung, Stuttgart 1889

Humboldt, W. v.: Gesammelte Schriften, hg. v. A. Leitzmann, Berlin 1903 ff.

Irwing, K. F.: Erfahrungen und Untersuchungen über den Menschen, Bd. 3, Berlin 1779

Iselin, I.: Über die Geschichte der Menschheit, 1786, Reprint Hildesheim/New York 1976

Ith, J. S.: Ueber MenschenVeredlung. Eine Abhandlung in zwei Reden, in: Philosophisches Journal, hg. v. J. G. Fichte und F. I. Niethammer, 7, 1797, S. 21-55

Jäckh, E.: Das größere Mitteleuropa. Ein Werkbund-Vortrag, Weimar 1916

Jahn, F. L.: Deutsches Volksthum, in: Friedrich Ludwig Jahns Erbe. Ein Auszug aus seinen Schriften, hg. v. H. Gerstenberg, Hamburg o. J.

Janota, J. (Hg.): Wissenschaftsgeschichte der Germanistik, Bd. 3: Eine Wissenschaft etabliert sich 1810-1870, Tübingen 1980

Jaspers, K.: Die geistige Situation der Zeit, Berlin/Leipzig 1931

Jenisch, D.: Cultur-Charakter des achtzehnten Jahrhunderts, nach bürgerlicher Verfassung, Sittlichkeit, Kunstgeschmack und Wissenschaft, Berlin 1800-01

Jenisch, D.: Universalhistorischer Ueberblick der Entwickelung des Menschengeschlechts, als eines sich fortbildenden Ganzen. Eine Philosophie der Culturgeschichte, Berlin 1801

Jodl, F.: Die Culturgeschichtsschreibung – ihre Entwicklung und ihr Problem, Halle 1878

Joël, K.: Antibarbarus. Vorträge und Aufsätze, Jena 1914

Joël, K.: Neue Weltkultur, Leipzig 1915

Johst, H.: Schlageter. Schauspiel, München 1933

Jünger, E.: Die totale Mobilmachung, Berlin 1934

Jünger, E.: Der Arbeiter. Herrschaft und Gestalt, Stuttgart 1982

Jünger, E.: Das abenteuerliche Herz (1. Fassung), Stuttgart 1987

Jung-Stilling, J. H.: Über den Revolutionsgeist unserer Zeit, in: Sämtliche Schriften, Bd. 14, Stuttgart 1838

Justi, J. H. G.: Die Grundfeste zu der Macht und Glückseeligkeit der Staaten; oder ausführliche Vorstellung der gesamten Policey-Wissenschaft, 1760-61, Reprint Aalen 1965

Der Kampfbund für deutsche Kultur, in: Nationalsozialistische Monatshefte, 2, Februar 1931, Nr. 11, S. 61 ff.

Kant, I.: Werke, Akademie-Textausgabe, Berlin 1968

Kern, F.: Zur Entwicklung der Kulturgeschichte, in: Archiv für Kulturgeschichte, 19, 1929, S. 1-9

Kessler, H. Graf: Gesichter und Zeiten. Erinnerungen, Berlin 1962

Klemm, G.: Allgemeine Culturwissenschaft. Die materiellen Grundlagen menschlicher Cultur, Leipzig 1855

Klemperer, V.: LTI. Notizbuch eines Philologen, Berlin 1947

Klopstock, F. G.: Ausgewählte Werke, hg. v. K. A. Schleiden, München 1962

Knigge, A. F.: Josephs von Wurmbrand, Kaiserlich abyssinischen Ex-Ministers, jezzigen Notarii caesarii publici in der Reichstadt Bopfingen, politisches Glaubensbekenntniß, mit Hinsicht auf die französische Revolution und deren Folgen, hg. v. G. Steiner, Frankfurt a. M. 1968

Knigge, A. F.: Über den Umgang mit Menschen, München 1984

Koigen, D.: Ideen zur Philosophie der Kultur. Der Kulturakt, München/Leipzig 1910

Koslowski, P.: Die postmoderne Kultur. Gesellschaftlich-kulturelle Konsequenzen der technischen Entwicklung, München 1987 (= Schriftenreihe des Bundeskanzleramtes, Bd. 2)

Krug, W. T.: Allgemeines Handwörterbuch der philosophischen Wissenschaften, nebst ihrer Literatur und Geschichte, Leipzig 1832

Krupp, A.: Briefe 1826-1887, hg. v. W. Berdrow, Berlin 1928

H. Küpper, Illustriertes Lexikon der deutschen Umgangssprache, 8 Bde., Stuttgart 1982 ff.

Kürschner, J. H.: Universal-Konversations-Lexikon, Berlin/Eisenach/Leipzig 1901

Kurz, H.: Jugenderinnerungen, Stuttgart 1874 (= Gesammelte Werke, hg. v. P. Heyse, Bd. 8)

Lagarde, P. de: Deutsche Schriften, Göttingen 1891

Lamprecht, K.: Antwort auf Umfrage der Frankfurter Zeitung: »Die Zukunft unserer Kultur«, 15. 4. 1907

Lamprecht, K.: Krieg und Kultur. Drei vaterländische Vorträge, Leipzig 1914 (= Zwischen Krieg und Frieden, Heft 7)

Langbehn, A. J.: Rembrandt als Erzieher. Von einem Deutschen, Leipzig 1890

Lange, F. A.: Geschichte des Materialismus und Kritik seiner Bedeutung in der Gegenwart, 1866, Frankfurt a. M. 1974

Lange, H.: Antwort auf Umfrage der Frankfurter Zeitung: »Die Zukunft unserer Kultur«, 14. 4. 1907

Langenbucher, W. R./Rytlewski, R./Weyergraf, B. (Hg.): Kulturpolitisches Wörterbuch. Bundesrepublik Deutschland und Deutsche Demokratische Republik im Vergleich, Stuttgart 1983

Lassalle, F.: Reden und Schriften, hg. v. H. J. Friederici, Köln 1987

Laßwitz, K.: Antwort auf Umfrage der Frankfurter Zeitung: »Die Zukunft unserer Kultur«, 11. 4. 1907

Lavater, J. C.: Vollkommenheit, des Menschen Bestimmung und Gottes Werk. Eine Predigt gehalten am 22. Junius 1783 zu Offenbach am Mayn, in: Sämtliche kleinere prosaische Schriften 1763-1783, Bd. 1, Reprint Hildesheim 1987, S. 323-342

Leibniz, G. W.: Hauptschriften zur Grundlegung der Philosophie, hg. v. E. Cassirer, Hamburg 1966

Leibniz, G. W.: Fünf Schriften zur Logik und Metaphysik, hg. v. H. Herring, Stuttgart 1966

Leser, H.: Das Wahrheitsproblem unter kulturphilosophischem Gesichtspunkt, Leipzig 1901

Lichtenstein, J. M. H./Schiffner, A. H.: Allgemeines deutsches Sachwörterbuch, Meißen 1824-30

Liebig, J.: Chemische Briefe, Leipzig/Heidelberg 1878

Liebknecht, K.: Gedanken über Kunst. Schriften, Reden, Briefe. Leipzig 1988

Lippert, J.: Kulturgeschichte der Menschheit in ihrem organischen Aufbau, Stuttgart 1886-87

Litt, Th.: Die Stellung der Geisteswissenschaften im nationalsozialistischen Staate, in: Die Erziehung, 9, 1933/34, H. 1, S. 12-32

Litt, Th.: Das Bildungsideal der deutschen Klassik und die moderne Arbeitswelt, Bochum o.J. (1959)

Löwith, K.: Mein Leben in Deutschland vor und nach 1933. Ein Bericht, 1940, Frankfurt a. M. 1989

London, in: London und Paris, hg. v. Fr. Bertuch, 5, 1800

H. Lübbe, Geschichtsinteresse in einer dynamischen Zivilisation. Das historische Bewußtsein ist als common sense ebenso unvermeidlich wie nötig, in: FAZ, 18. 3. 1987

Luxemburg, R.: Die Krise der Sozialdemokratie, 1916, in: Gesammelte Werke, Bd. 4, Berlin 1979

Maier, F.: Zur Kulturgeschichte der Völker. Historische Untersuchungen, Leipzig 1798

Mannheim, K.: Strukturen des Denkens, hg. v. D. Kettler u. a., Frankfurt a. M. 1980

Marcuse, H.: Kultur und Gesellschaft, 2 Bde, Frankfurt a. M. 1968

Marquard, O.: Apologie des Zufälligen, Stuttgart 1986

Marx, K./Engels, Fr.: Die deutsche Ideologie, Berlin 1969 (= MEW Bd. 3)

Marx, K.: Ökonomisch-philosophische Manuskripte, Berlin 1974 (= MEW, Ergänzungsband 1)

Mauthner, F.: Wörterbuch der Philosophie. Neue Beiträge zu einer Kritik der Sprache, München/Leipzig 1910

Meinecke, Fr.: Autobiographische Schriften, hg. v. E. Kessel, Stuttgart 1969

Meinecke, Fr.: Die Entstehung des Historismus, hg. v. C. Hinrichs, München 1965

Meinecke, Fr.: Politische Schriften und Reden, Darmstadt 1958

Meinecke, Fr.: Weltbürgertum und Nationalstaat, hg. v. H. Herzfeld, Darmstadt 1969

Mendelssohn, M.: Ästhetische Schriften in Auswahl, hg. v. O. F. Best, Darmstadt 1974

Mendelssohn, M.: Gesammelte Schriften, Bd. 12/13: Briefwechsel, hg. v. A. Altmann, Stuttgart/Bad Cannstatt 1976

Meyer's Conversations-Lexicon, Hildburghausen 1840-55

Meyer's Konversations-Lexikon. Eine Encyklopädie des allgemeinen Wissens, Leipzig 1874-84

Meyer's Konversations-Lexikon. Eine Encyklopädie des allgemeinen Wissens, Leipzig 1885-92

Meyers Großes Konversations-Lexikon. Ein Nachschlagewerk des allgemeinen Wissens, Leipzig/Wien 1905

Meyers Lexikon, Leipzig 1924-35

Meyers Lexikon, Leipzig 1936-42

Meyer, J. B.: Die Fortbildungsschule in unserer Zeit, Berlin 1873

Moeller van den Bruck: Die Deutschen. Unsere Menschheitsgeschichte, Minden 1904-10

Moeller van den Bruck: Konservativ, Berlin 1921

Moeller van den Bruck: Das dritte Reich, Hamburg/Berlin/Leipzig 1931

Moeller van den Bruck: Der preußische Stil, Breslau 1931

Möser, J.: Anwalt des Vaterlands. Ausgewählte Werke, hg. v. F. Berger, Leipzig/Weimar 1978

Müller, A.: Vom Geiste der Gemeinschaft, hg. v. Fr. Bülow, Leipzig 1931

Müller, E. (Hg.): Gelegentliche Gedanken über Universitäten von J. J. Engel, Erhard, Wolf, Fichte, Schleiermacher, v. Humboldt, Hegel, Leipzig 1990

Mushacke, E. (Hg.): Die Preußischen Real- und höheren Bürgerschulen. Eine Sammlung aller noch gültigen das Preußische Realschulwesen betreffenden Gesetze und Verordnungen, Berlin 1851

Naumann, F.: Antwort auf Umfrage der Frankfurter Zeitung: »Die Zukunft unserer Kultur«, 11. 4. 1907

Naumann, F.: Werke, Bd. 6: Ästhetische Schriften, hg. v. H. Ladendorf, Köln/Opladen 1964

Naumann M. (Hg.): Artikel aus der von Diderot und d'Alembert herausgegebenen Enzyklopädie, Frankfurt a. M. 1972

(Neuhumanismus) Dokumente des Neuhumanismus, hg. v. R. Joerdens,

Weinheim 1962 (= Kleine pädagogische Texte, hg. v. E. Blochmann, H. 17)

Nicolai, Fr.: Beschreibung einer Reise durch Deutschland und die Schweiz im Jahre 1781, Bd. 5, Berlin/Stettin 1785

Niethammer, F. I.: Philanthropinismus - Humanismus. Texte zur Schulreform, hg. v. W. Hillebrecht, Weinheim/Berlin/Basel 1968

Nietzsche, Fr.: Sämtliche Werke (KSA), hg. v. G. Colli und M. Montinari, München 1988

Nordau, M.: Die conventionellen Lügen der Kulturmenschheit, Leipzig 1883

Nostitz-Rieneck, R.: Das Problem der Cultur, Freiburg 1889 (= Stimmen aus Maria-Laach. Katholische Blätter, XI. Ergänzungsband, S.253-418)

Novalis: Werke, Tagebücher und Briefe, Bd. 2: Das philosophisch-theoretische Werk, hg. v. H.-J. Mähl, München 1978

Ortega y Gasset, J.: Gesammelte Werke, Stuttgart 1978

Ostwald, W.: Der energetische Imperativ, Leipzig 1912

Ostwald, W.: Die Philosophie der Werte, Leipzig 1913

Ostwald, W.: Grosse Männer. Studien zur Biologie des Genies, Leipzig 1919

Pachnicke, H.: Liberalismus als Kulturpolitik, Berlin 1907

Paulsen, Fr.: Die deutschen Universitäten und das Universitätsstudium vom Ausgang des Mittelalters bis zur Gegenwart, Berlin 1902

Pestalozzi, J. H.: Auswahl aus seinen Schriften, hg. v. A. Brühlmeier, Bern/Stuttgart 1977

Pfennig-Encyclopädie oder neues elegantestes Conversations-Lexicon, hg. v. O. L. B. Wolff, Leipzig 1834-37

Pichlmair, F.: Von der Education, und Kultur des Landvolkes, München 1778

Pierer, H. A.: Universal-Lexikon oder vollständiges encyclopädisches Wörterbuch, Altenburg 1835

Pierer, H. A.: Universal-Lexikon oder vollständiges encyklopädisches Wörterbuch, Altenburg 1849-52

Pierer's Universal-Lexikon der Vergangenheit und Gegenwart oder neuestes encyclopädisches Wörterbuch der Wissenschaften, Künste und Gewerbe, Altenburg 1857-62

Pierer's Universal-Lexikon der Vergangenheit und Gegenwart oder neuestes encyclopädisches Wörterbuch der Wissenschaften, Künste und Gewerbe, Altenburg 1868-72

Pierer's Universal-Lexikon oder vollständiges encyclopädisches Wörterbuch, Oberhausen/Leipzig 1875-79

Pierers Konversations-Lexikon, hg. v. J. Kürschner, Stuttgart 1888-94

Plessner, H.: Die verspätete Nation, 1935, Frankfurt a. M. 1974
Plessner, H.: Diesseits der Utopie, Frankfurt a. M. 1974
Poelitz, K. H.: Die Staatslehre für denkende Geschäftsmänner, Kamerali-
   sten und gebildete Leser, Leipzig 1808
Pufendorf, S.: Acht Bücher vom Natur- und Völcker-Rechte, Frankfurt
   a. M. 1711
Pufendorf, S.: De Jure Naturae et Gentium, hg. v. W. Simons, Ox-
   ford/London 1934
Radbruch, G.: Kulturlehre des Sozialismus. Ideologische Betrachtungen,
   1922, Berlin 1949
Ranke, L. v.: Denkschrift [über Akademische Vereine], in: Historische
   Zeitschrift, 1, 1859
Ranke, L. v.: Weltgeschichte, Teil 1, Leipzig 1881
Rathenau, W.: Hauptwerke und Gespräche, hg. v. E. Schulin, Mün-
   chen/Heidelberg 1977
Ratzel, F.: Städte- und Culturbilder aus Nordamerika, Leipzig 1876
Allgemeine Realencyklopädie oder Conversations-Lexikon für das katholi-
   sche Deutschland, Regensburg 1846-50
Deutsche Reden in schwerer Zeit, 3 Bde, Berlin 1914/15
Rehberg, A. W.: Prüfung der Erziehungskunst, 1792, Reprint Meisen-
   heim/Glan 1979
Reichensperger, A.: Phrasen und Schlagwörter. Ein Noth- und Hülfsbüch-
   lein für Zeitungsleser, Paderborn 1872
Reiss, G. (Hg.): Materialien zur Ideologiegeschichte der deutschen Litera-
   turwissenschaft, Bd. 2: Vom Ersten Weltkrieg bis 1945, Tübingen 1973
Reitemeier, J. F.: Über die höhere Kultur, deren Erhaltung, Vervollkomm-
   nung und Verbreitung im Staat, oder Grundsätze von der zweckmäßigen
   Einrichtung der Volksschulen, Gymnasien, Universitäten und Gelehrten
   Gesellschaften, 1799, Reprint Meisenheim/Glan 1980
Rickert, H.: Kulturwissenschaft und Naturwissenschaft, Tübingen 1925
Riehl, W. H.: Die Naturgeschichte des Volkes, Stuttgart 1866-73
Ritter, G.: Gegenwärtige Lage und Zukunftsaufgaben deutscher Ge-
   schichtswissenschaft, in: Historische Zeitschrift, 170, 1950, S. 1-22
Röder, Adam: Kulturkonservatismus, Stuttgart 1911
Röpke, Wilhelm: Das Kulturideal des Liberalismus, Frankfurt a. M. 1947
Rohrbach, P.: Der deutsche Gedanke in der Welt, Königstein/Ts. 1940
Rosenberg, A.: Der Mythus des 20. Jahrhunderts. Eine Wertung der see-
   lisch-geistigen Gestaltenkämpfe unserer Zeit, München 1930
Rosenberg, A.: Blut und Ehre. Ein Kampf für deutsche Wiedergeburt. Re-
   den und Aufsätze von 1919-1933, München 1934
Rosenberg, A.: Gestaltung der Idee. Reden und Aufsätze von 1933-1935,
   München 1936

Roth, J. F.: Gemeinnütziges Lexikon für Leser aller Klassen, Nürnberg 1807

Rothacker, E.: Probleme der Kulturanthropologie, in: N. Hartmann (Hg.), Systematische Philosophie, Stuttgart/Berlin 1942, S. 55-198

Rothacker, E.: Die Kriegswichtigkeit der Philosophie, Bonn 1944 (= Kriegsvorträge der Rheinischen Friedrich-Wilhelms-Universität Bonn, Heft 37)

Rotteck, C./Welcker, C.: Das Staatslexikon. Enzyklopädie der sämtlichen Staatswissenschaften für alle Stände, Altona 1846

Rousseau, J.-J.: Abhandlung von dem Ursprunge der Ungleichheit unter den Menschen, und worauf sie sich gründe, übers. v. M. Mendelssohn, Stuttgart 1981 (= M. Mendelssohn, Gesammelte Schriften, Bd. 6/2)

Saller K. (Hg.): Von der Verantwortung des deutschen Geistes I. Die Deutsche Kulturtagung in Bayreuth vom 24. bis 26. Oktober 1952, o.O. 1952

Salomon, E. v.: Der Fragebogen, 1950, Reinbek b. Hamburg 1990

Sanders, D.: Wörterbuch der deutschen Sprache, Leipzig 1860

Sarason, D. (Hg.): Das Jahr 1913. Ein Gesamtbild der Kulturentwicklung, Leipzig/Berlin 1913

Savigny, F. C.: Vom Beruf unserer Zeit für Gesetzgebung und Rechtswissenschaft, Heidelberg 1840

Schäfer, D.: Deutsches Nationalbewußtsein im Lichte der Geschichte, Jena 1884

Schäffle, A.: Abriß der Soziologie, Tübingen 1906

Scheffler, K.: Antwort auf Umfrage der Frankfurter Zeitung: »Die Zukunft unserer Kultur«, 15. 4. 1907

Scheler, M.: Der Genius des Krieges und der deutsche Krieg, Leipzig 1915

Schelsky, H.: Der Mensch in der wissenschaftlichen Zivilisation, 1961, in: Ders., Auf der Suche nach der Wirklichkeit. Gesammelte Aufsätze, Köln 1965

Schelsky, H.: Einsamkeit und Freiheit, Düsseldorf 1971

Schelling, F. W. J.: Vorlesungen über die Methode des akademischen Studiums, hg. v. W. E. Ehrhardt, Hamburg 1974

Schiller, Fr.: Werke, Nationalausgabe, Weimar/Berlin 1943 ff

Schlegel, Fr.: Kritische Schriften, hg. v. W. Rasch, München 1971

Schleier H. (Hg.): Karl Lamprecht. Alternative zu Ranke. Schriften zur Geschichtstheorie, Leipzig 1988

Schleiermacher, Fr.: Pädagogische Schriften, hg. v. E. Weniger, Frankfurt a. M./Berlin/Wien 1983

Schmitt, C.: Der Wert des Staates und die Bedeutung des Einzelnen, Tübingen 1914

Schmitt, C.: Das Zeitalter der Neutralisierungen und Entpolitisierungen, in: Ders., Der Begriff des Politischen, 1927, Berlin 1963

Schneider, R.: Tagebuch 1930-1935, hg. v. J. Rast, Frankfurt a. M. 1983

Schulreform in Preußen 1809-1819. Entwürfe und Gutachten, hg. v. L. Schweim, Weinheim 1966

Schulz, G. E.: Psychische Anthropologie, Göttingen 1819

Schulze-Delitzsch, H.: [Über den Krieg zwischen Preußen und Österreich], in: Historisches Lesebuch 1, 1815-1871, hg. v. W. Pöls, Frankfurt a. M. 1966, S. 298

Shaftesbury, A. E. of: Der gesellige Enthusiast. Philosophische Essays, München/Leipzig/Weimar 1990

Siemens, W. v.: Lebenserinnerungen, Berlin 1893

Simmel, G.: Antwort auf Umfrage der Frankfurter Zeitung: »Die Zukunft unserer Kultur«, 14. 4. 1907

Simmel, G.: Philosophische Kultur. Gesammelte Essais, 1911, Reprint Berlin 1983

Simmel, G.: Der Krieg und die geistigen Entscheidungen. Reden und Aufsätze, München/Leipzig 1917

Simmel, G.: Brücke und Tür. Essays, hg. v. M. Landmann, Stuttgart 1957

Simmel, G.: Das individuelle Gesetz. Philosophische Exkurse, hg. v. M. Landmann, Frankfurt a. M. 1968

Simmel, G.: Schriften zur Soziologie, hg. v. H.-J. Dahme und O. Rammstedt, Frankfurt a. M. 1983

Sonnenfels, J. v.: Grundsätze der Polizey- Handlung- und Finanzwissenschaft, Wien 1777

Spamer, O.: Illustriertes Konversations-Lexikon, Leipzig/Berlin 1870-82

Spamer, O.: Spamers Illustrirtes Konversations-Lexikon. Nachschlagebuch für den täglichen Gebrauch, Leipzig 1893

Speer, A.: Erinnerungen, Frankfurt a. M./Berlin 1970

Spengler, O.: Der Untergang des Abendlandes. Umrisse einer Morphologie der Weltgeschichte, München 1931

Spengler, O.: Der Mensch und die Technik. Beitrag zu einer Philosophie des Lebens, München 1933

Spranger, E: Allgemeine Kulturgeschichte und Methodenlehre, in: Archiv für Kulturgeschichte, 9, 1911, S. 363-381

Spranger, E.: März 1933, in: Die Erziehung, 8, 1932/33, H. 7, S. 401-408

Spranger, E.: Gesammelte Schriften, Bd. V: Kulturphilosophie und Kulturkritik, hg. v. H. Wenke, Tübingen 1969

Spranger, E.: Gesammelte Schriften, Bd. XI: Erzieher zur Humanität, hg. v. O. Dürr, Tübingen/Heidelberg 1972

Stang, W.: Weltanschauung und Kunst, Berlin 1937 (= Grundlagen nationalsozialistischer Kulturpflege, Heft 2)

Steding, Chr.: Das Reich und die Krankheit der europäischen Kultur,
Hamburg 1938

Steffens, H.: Vorlesungen über die Idee der Universitäten, 1808/1809, in:
Die Idee der deutschen Universität. Die fünf Grundschriften aus der Zeit
ihrer Neubegründung durch klassischen Idealismus und romantischen
Realismus, Darmstadt 1956

Stein, L.: An der Wende des Jahrhunderts. Versuch einer Kulturphilosophie, Freiburg/Brsg. 1899

Steinhausen, G.: Häusliches und gesellschaftliches Leben im neunzehnten
Jahrhundert, Berlin 1898

Stenographische Berichte über die Verhandlungen des Preußischen Hauses
der Abgeordneten, 21. Legislaturperiode, III. Session 1910, Bd. 2-5, Berlin 1910

Storm, Th.: Briefwechsel mit Theodor Fontane, hg. v. J. Steiner, Berlin
1981

Strauß, B.: Anschwellender Bocksgesang, in: Der Spiegel, Nr. 6, 1993,
S. 202 ff.

Strauß, D. F.: Der alte und der neue Glaube. Ein Bekenntniß, Leipzig
1872

Sturm und Drang. Weltanschauliche und ästhetische Schriften, hg. v.
P. Müller, Berlin/Weimar 1978

Süskind, W. E.: Artikel »Kulturschaffende«, in: D. Sternberger/G. Storz/
W.E. Süskind: Aus dem Wörterbuch des Unmenschen, München 1962

Süvern, J. W.: Die Reform des Bildungswesens. Schriften zum Verhältnis
von Pädagogik und Politik, hg. v. H.-G. Große Jäger und K.-E. Jeismann, Paderborn 1981

Sulzer, J. G.: Versuch von der Erziehung und Unterweisung der Kinder,
Zürich 1745

Suttner, B. v.: Antwort auf Umfrage der Frankfurter Zeitung: »Die Zukunft unserer Kultur«, 11. 4. 1907

Tacitus: Germania, hg. v. A. Önnerfors, Stuttgart 1983

Tetens, J. N.: Philosophische Versuche über die menschliche Natur und
ihre Entwickelung, Bd. 2, 1777, Reprint Hildesheim/New York 1979

Thesaurus linguae Latinae, Bd. 4, 1909

Tönnies, F.: Gemeinschaft und Gesellschaft. Grundbegriffe der reinen Soziologie, 1887, Darmstadt 1979

Troeltsch, E.: Deutsche Zukunft, Berlin 1916

Troeltsch, E.: Die Revolution in der Wissenschaft, in: Schmollers Jahrbuch,
45, 1921, H. 4

Troeltsch, E.: Der Historismus und seine Überwindung, Berlin 1924

Troeltsch, E.: Gesammelte Schriften, Bd. 4: Aufsätze zur Geistesgeschichte und Religionssoziologie, hg. v. H. Baron, Tübingen 1925

Troeltsch, E.: Deutscher Geist und Westeuropa. Gesammelte kulturphilosophische Aufsätze und Reden, hg. v. H. Baron, Tübingen 1925

Ueber die Kultur der Menschen, in: Deutsches Museum, Dez. 1776, S. 1075-1077

Über die Protestantischen Universitäten in Deutschland. Neues Raisonnement von einigen Patrioten, Straßburg 1769

Untergang oder Übergang, hg. v. B. Freudenfeld, 1. Internationaler Kulturkritikerkongreß in München 1958, München-Gräfelfing 1959

Valéry, P.: Die Krise des Geistes, Frankfurt a. M. 1976, S. 7 f.

Varnhagen, Rahel: Rahel-Bibliothek, in: Gesammelte Werke, hg. v. K. Feilchenfeldt/U. Schweikert/R. E. Steiner, Bd. 1

Veblen, T.: Imperial Germany and the Industrial Revolution, 1915, New York 1954

Velde, H. v.: Antwort auf Umfrage der Frankfurter Zeitung: »Die Zukunft unserer Kultur«, 16. 4. 1907

Verhandlungen der Germanisten zu Frankfurt am Main am 24., 25. und 26. September 1846, Frankfurt a. M. 1847

Verhandlungen bei der Gründung des Deutschen Germanisten-Verbandes in der Akademie zu Frankfurt a. M. am 29. Mai 1912, Leipzig/Berlin 1912 (= Zeitschrift für den deutschen Unterricht, 7. Ergänzungsheft)

Verordnung über die veränderte Verfassung aller obersten Staatsbehörden in der Preußischen Monarchie, 27. 10. 1810, GSlg für die Preußischen Staaten, Berlin 1811

Vierkandt, A.: Die Stetigkeit im Kulturwandel, Leipzig 1908

Vierkandt, A. (Hg.): Handwörterbuch der Soziologie, 1931, Stuttgart 1959

Villaume, P.: Ob und in wie fern bei der Erziehung die Vollkommenheit des einzelnen Menschen seiner Brauchbarkeit aufzuopfern sey?, in: Allgemeine Revision des gesammten Schul- und Erziehungswesens, hg. v. J. H. Campe, Bd. 3, Hamburg 1785

Villers, Ch.: Coup d'œil sur l'état actuel de la littérature ancienne et de l'histoire en Allemagne, Amsterdam/Paris 1809

Vollbeding, J. Chr.: Über die Bildung des Bürgers, der Bildung des Menschen untergeordnet, Leipzig 1789

Von deutscher Art in Sprache und Dichtung, hg. v. G. Fricke/F. Koch/K. Lugowski, Stuttgart/Berlin 1941

Wachsmuth, W.: Europäische Sittengeschichte vom Ursprunge volksthümlicher Gestaltungen bis auf unsere Zeit, Leipzig 1831

Wachsmuth, W.: Allgemeine Culturgeschichte, Leipzig 1850

Wahl, A.: Deutsche Geschichte von der Reichsgründung bis zum Ausbruch des Weltkrieges, Bd. 3, Stuttgart 1932

Walch, J. G.: Philosophisches Lexicon, darin die in allen Theilen der Philosophie vorkommenden Materien und Kunstwörter erklärt, 4. Auflage verm. und fortgesetzt v. J. Chr. Hennings, Leipzig 1775

Weber, A.: Die Not der geistigen Arbeiter, München/Leipzig 1923

Weber, A.: Ideen zur Staats- und Kultursoziologie. Karlsruhe 1927

Weber, M.: Der Nationalstaat und die Volkswirtschaftspolitik. Akademische Antrittsrede (1895), in: Gesammelte Politische Schriften, hg. v. J. Winckelmann, Tübingen 1958

Weber, M.: Methodologische Schriften, hg. v. J. Winckelmann, Frankfurt a. M. 1968

Weishaupt, A.: Ueber Wahrheit und sittliche Vollkommenheit, Bd. 3: Ueber die Zwecke oder Finalursachen, 1797, Reprint Brüssel 1969

Wezel, J. C.: Kritische Schriften, hg. v. A. R. Schmitt, Stuttgart 1971-75

Wieland, Chr. M.: Plan einer Academie zu Bildung des Verstandes und des Herzens junger Leute, 1758, in: Gesammelte Schriften, 1. Abt., Bd. 4, Berlin 1916

Wieland, Chr. M.: Das Geheimnis des Kosmopoliten-Ordens, 1788, in: Gesammelte Schriften, 1. Abteilung, Bd. 15, Berlin 1930

Wiese, L. v. (Hg.): Sammlung der Verordnungen und Gesetze für die höheren Schulen in Preussen. Dritte Ausgabe, bearbeitet von O. Köhler, Berlin 1886-88

Wigand, O.: Conversationslexicon für alle Stände, Leipzig 1845-52

Winckelmann, J. J.: Gedanken über die Nachahmung der Griechischen Werke in der Malerey und Bildhauerkunst, 1756, Baden-Baden 1962

Wolf, F. A.: Darstellung der Alterthums-Wissenschaft nach Begriff, Umfang, Zweck und Werth, 1807, Reprint Weinheim 1986

Wolff, Chr.: Vernünfftige Gedancken Von der Menschen Thun und Lassen, Zu Beförderung ihrer Glückseeligkeit, 1733, Reprint Hildesheim/New York 1976 (= Gesammelte Werke, 1. Abteilung: Deutsche Schriften, Bd. 4, hg. v. H. W. Arndt)

Wolff, Chr.: Vernünfftige Gedancken Von dem Gesellschafftlichen Leben der Menschen Und insonderheit Dem gemeinen Wesen Zu Beförderung der Glückseeligkeit des menschlichen Geschlechtes, 1736, Reprint Hildesheim/New York 1975 (= Gesammelte Werke, 1. Abteilung: Deutsche Schriften, Bd. 5, hg. v. H. W. Arndt)

Wundt, W.: Die Nationen und ihre Philosophie: Ein Kapitel zum Weltkrieg, Leipzig 1915

Wundt, W.: Erlebtes und Erkanntes, Stuttgart 1920

Wurm, E.: Volks-Lexikon. Nachschlagebuch für sämmtliche Wissenszweige mit besonderer Berücksichtigung der Arbeiter-Gesetzgebung,
Gesundheitspflege, Handelswissenschaften, Sozial-Politik, Nürnberg
1894-99

(Zedler) Großes vollständiges Universal-Lexikon aller Wissenschaften und
Künste, Halle/Leipzig 1732-54